凉山年鉴

LIANGSHAN YEARBOOK

2014

凉山彝族自治州人民政府　主办

凉山彝族自治州史志办公室　编纂

方志出版社
Publishing House of Local Records

图书在版编目（CIP）数据

凉山年鉴. 2014 / 凉山彝族自治州史志办公室编.
—北京 : 方志出版社, 2015.5
ISBN 978-7-5144-1601-5

Ⅰ. ①凉… Ⅱ. ①凉… Ⅲ. ①凉山彝族自治州—2014—年鉴 Ⅳ. ①Z527.12

中国版本图书馆 CIP 数据核字(2015)第 085377 号

凉山年鉴（2014）

编　　者：凉山彝族自治州史志办公室
责任编辑：罗　滔
出 版 人：冀祥德
出 版 者：方志出版社
地址　北京市朝阳区潘家园东里 9 号（国家方志馆 4 层）
邮编　100021
网址　http:// www.fzph.org
发　　行：方志出版社发行中心
电话（010）67110500
经　　销：各地新华书店
设计制作：四川省天隆文化传播有限公司
印　　刷：四川金邦印务有限公司
开　　本：889×1194　　1/16
印　　张：29
字　　数：809 千字
版　　次：2015 年 5 月第 1 版　　2015 年 5 月第 1 次印刷
印　　数：001~800 册
ISBN 978-7-5144-1601-5　　定价：320.00 元

CALENDAR

2015

January

MON	TUE	WED	THU	FRI	SAT	SUN
			1	2	3	4
5	6	7	8	9	10	11
12	13	14	15	16	17	18
19	20	21	22	23	24	25
26	27	28	29	30	31	

February

MON	TUE	WED	THU	FRI	SAT	SUN
						1
2	3	4	5	6	7	8
9	10	11	12	13	14	15
16	17	18	19	20	21	22
23	24	25	26	27	28	

March

MON	TUE	WED	THU	FRI	SAT	SUN
						1
2	3	4	5	6	7	8
9	10	11	12	13	14	15
16	17	18	19	20	21	22
23/30	24/31	25	26	27	28	29

April

MON	TUE	WED	THU	FRI	SAT	SUN
		1	2	3	4	5
6	7	8	9	10	11	12
13	14	15	16	17	18	19
20	21	22	23	24	25	26
27	28	29	30			

May

MON	TUE	WED	THU	FRI	SAT	SUN
				1	2	3
4	5	6	7	8	9	10
11	12	13	14	15	16	17
18	19	20	21	22	23	24
25	26	27	28	29	30	31

June

MON	TUE	WED	THU	FRI	SAT	SUN
1	2	3	4	5	6	7
8	9	10	11	12	13	14
15	16	17	18	19	20	21
22	23	24	25	26	27	28
29	30					

July

MON	TUE	WED	THU	FRI	SAT	SUN
		1	2	3	4	5
6	7	8	9	10	11	12
13	14	15	16	17	18	19
20	21	22	23	24	25	26
27	28	29	30	31		

August

MON	TUE	WED	THU	FRI	SAT	SUN
					1	2
3	4	5	6	7	8	9
10	11	12	13	14	15	16
17	18	19	20	21	22	23
24/31	25	26	27	28	29	30

September

MON	TUE	WED	THU	FRI	SAT	SUN
	1	2	3	4	5	6
7	8	9	10	11	12	13
14	15	16	17	18	19	20
21	22	23	24	25	26	27
28	29	30				

October

MON	TUE	WED	THU	FRI	SAT	SUN
			1	2	3	4
5	6	7	8	9	10	11
12	13	14	15	16	17	18
19	20	21	22	23	24	25
26	27	28	29	30	31	

November

MON	TUE	WED	THU	FRI	SAT	SUN
						1
2	3	4	5	6	7	8
9	10	11	12	13	14	15
16	17	18	19	20	21	22
23/30	24	25	26	27	28	29

December

MON	TUE	WED	THU	FRI	SAT	SUN
	1	2	3	4	5	6
7	8	9	10	11	12	13
14	15	16	17	18	19	20
21	22	23	24	25	26	27
28	29	30	31			

凉山彝族自治州行政区划图

此图各要素不作实际界定依据，资料截止2006年。

项　目	单 位	数 据	全省位次	在全国30个少数民族自治州中的位次
人　口	人	5064178		1
国内生产总值	万元	12144022	7	1
第一产业增加值	万元	2338852		1
第二产业增加值	万元	6422079		1
第三产业增加值	万元	3383091		2
民营经济增加值	万元	6848699	7	
全社会固定资产投资总额	万元	9754059	5	3
社会消费品零售总额	万元	3797173	10	2
地方财政总收入	万元	1503424		
地方财政一般预算收入	万元	1100148	2	1
地方财政支出	万元	3330204	2	1
年末金融机构存款余额	万元	12718936		
年末金融机构贷款余额	万元	6254424		
各级各类学校	所	1707		
卫生机构数	个	1112		
城镇居民人均可支配收入	元	21699	13	9
农民人均纯收入	元	7359	17	6

县市	国内生产总值（万元）	全州排位	规模以上工业增加值增速（%）	全州排位	公共财政总收入（万元）	全州排位	地方公共财政收入（万元）	全州排位	城镇居民人均可支配收入（元）	全州排位	农民人均纯收入（元）	全州排位
西昌市	3735410	1	22.68	5	361657	1	288171	1	25819	1	10340	1
德昌县	580942	6	19.96	6	62416	6	48360	6	21757	3	10155	2
会理县	2056728	2	13.16	9	191468	2	140133	2	21925	2	10107	3
会东县	1134580	3	2.29	12	109836	3	85566	3	19946	5	9765	4
宁南县	448485	8	30.99	3	46318	9	38406	9	19882	6	9107	5
普格县	216157	14	1.28	14	20333	12	14014	12	19331	10	5562	8
布拖县	239311	12	16.09	8	14861	17	11507	16	19630	9	4704	13
昭觉县	214503	15	7.66	10	15667	16	11509	15	18524	16	4919	12
金阳县	242538	11	19.24	7	17235	15	12559	14	19118	11	4659	14
雷波县	455305	7	25.63	4	54758	7	42296	8	18592	15	5258	9
美姑县	181698	17	-10.20	16	17947	13	14068	11	18683	14	4556	17
甘洛县	237708	13	-56.40	17	27922	11	13580	13	18872	12	4597	16
越西县	347079	9	3.98	11	28180	10	23111	10	18816	13	5213	10
喜德县	197930	16	1.85	13	17700	14	10920	17	17495	17	4650	15
冕宁县	839948	4	36.76	2	79335	5	58122	5	19821	7	8498	6
盐源县	770642	5	-4.3	15	109169	4	77106	4	19988	4	6582	7
木里县	245058	10	71.61	1	53009	8	44768	7	19631	8	4967	11

领导调研

2013 年 4 月 16 日，原中共中央政治局常委、全国政协主席贾庆林在昭觉县民族重点寄宿制小学调研

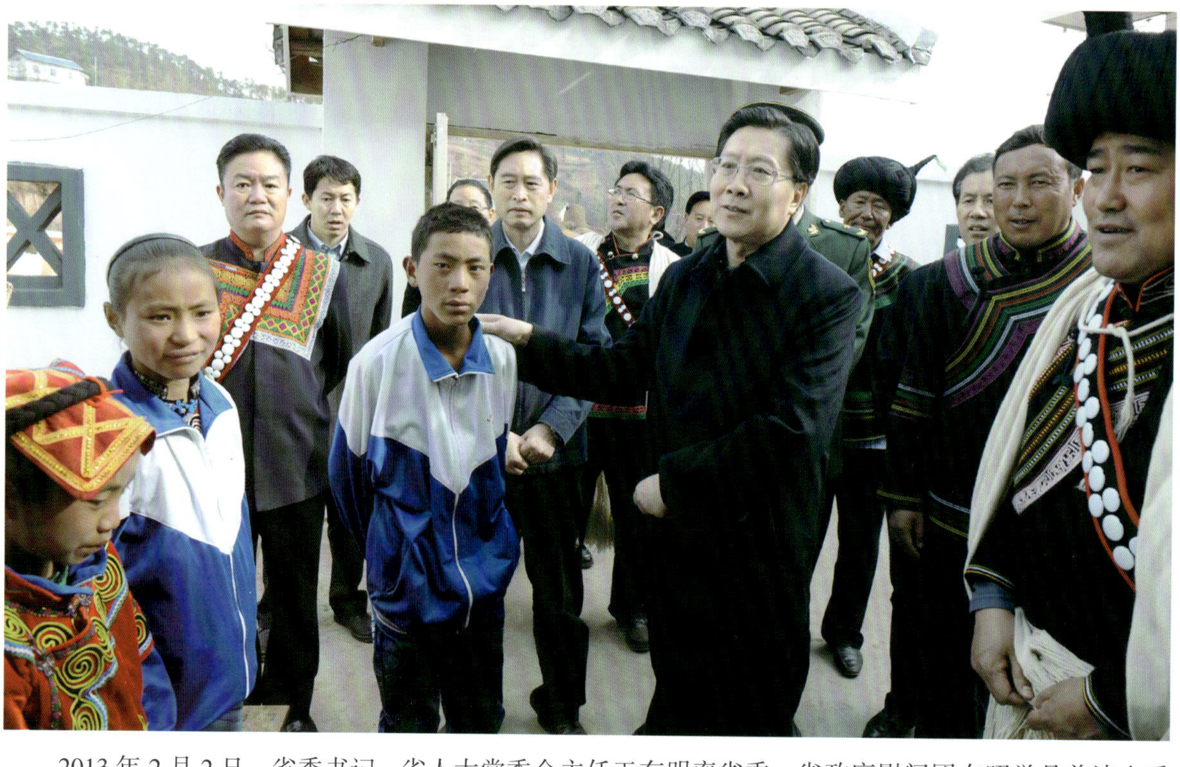

2013 年 2 月 2 日，省委书记、省人大常委会主任王东明率省委、省政府慰问团在昭觉县普诗乡看望基层干部群众

2013 年 7 月 2 日，全国人大农业与农村委员会副主任张中伟在邛海湿地调研

2013 年 7 月 7 日，国务院扶贫办主任范小建在普格县调研

2013 年 10 月 16 日，省委副书记、省政府省长魏宏在昭觉县尼地乡瓦里村调研

2013 年 3 月 13 日，省委常委、省纪委书记王怀臣在西昌钢钒基地调研

2013 年 11 月 10 日，省委常委、省政府常务副省长钟勉在川烟公司西昌分厂调研

2014 年 3 月 8 日，省委常委、组织部部长范锐平在凉山看望彝族群众

2013 年 6 月 22 日，省委常委、政法委书记刘玉顺在木里县康坞大寺调研

2013 年 2 月 28 日，省委常委、宣传部部长吴靖平在凉山文广传媒集团调研

2013 年 10 月 15 日，省人大常委会副主任刘道平在西昌市第四小学调研

2013 年 2 月 26 日，省政府副省长黄彦蓉在西昌市调研

2013 年 12 月 25 日，省政府副省长甘霖在州农村信用联社航天信用社调研

2013 年 9 月 9 日，省政协副主席、州委书记翟占一在普格县五道箐乡中心校慰问教师

2013年12月18日，州委副书记、州长罗凉清在白鹤滩水电站建设工地调研

2013年11月12日，州人大常委会主任王金铁在宁南县谊兴丝业公司调研

2013年5月21日，州政协主席邓显祥在冕宁县调研

2013年12月3日，州委副书记、西昌市委书记赵世勇在西昌市巴汝乡中伙村调研

2013年2月4日，州委副书记苏嘎尔布在喜德县调研

2013年1月7日，州委常委、州纪委书记张强陪同省纪委领导在州公共资源交易中心调研

2013年12月3日，州委常委、常务副州长滕中平在宁南县新建乡慰问联系贫困户

2013年12月13日，州委常委、州国资委党委书记胡坤在冕宁县漫水湾镇沙尔村调研

2014年12月29日，州委常委、宣传部部长王阿呷在越西县慰问贫困户

2014 年 4 月 1 日，州委常委、组织部部长冯斌在西昌市东城街道办事处调研

2013 年 4 月 9 日，州委常委、统战部部长达久木甲在布拖县特木里镇民主村彝家新寨建设点调研

2014 年 12 月 25 日，州委常委、政法委书记杨文泉在雷波县调研禁毒工作

2013 年 7 月 19 日，州委常委、州委秘书长、州总工会主席龙伟在川烟公司西昌分厂调研

2013 年 7 月 2 日，州委常委、州纪委书记张力在木里县调研

2013 年 5 月 2 日，州委常委、凉山军分区政委叶佩带领民兵分队为芦山地震灾区群众收割油菜

2013 年 4 月 26 日，州人大常委会副主任熊正林在越西县南箐乡慰问贫困户

2013 年 5 月 13 日，州人大常委会副主任刘建蓉在甘洛县调研

2013 年 5 月 7 日，州人大常委会副主任钟承先在会东县柏杉乡慰问贫困户

2013年5月27日，州人大常委会副主任何绍忠在布拖县拖觉镇阿省日达村调研

2013年5月28日，州人大常委会副主任海来木呷在冕宁县彝海乡慰问贫困户

2013年5月3日，州人大常委会副主任李军在木里河电站调研

2013 年 5 月 16 日，州人大常委会副主任周斌在美姑县调研

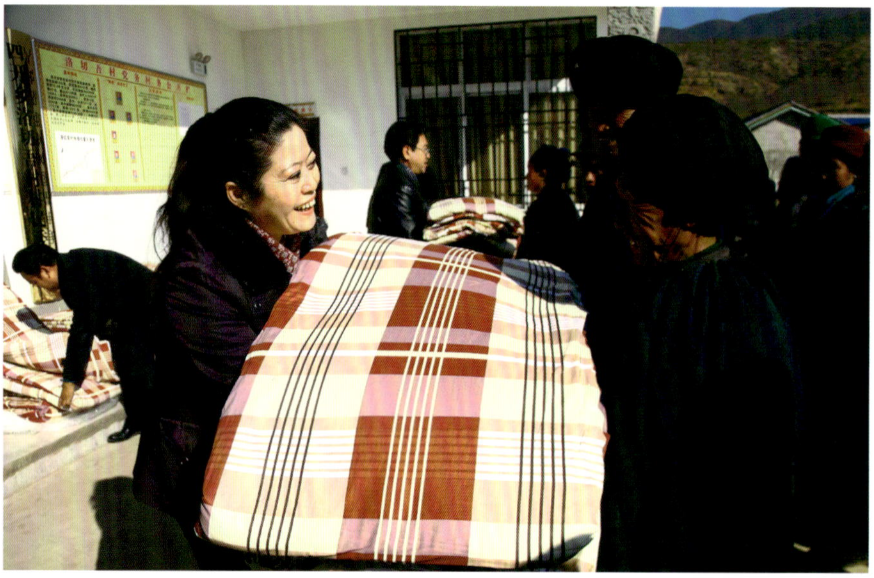

2014 年 1 月 23 日，州政府副州长杨卉在昭觉县四开乡慰问贫困户

2014 年 4 月 30 日，州政府副州长周德文在会理县调研烟叶基础设施建设

2013 年 4 月 28 日，州政府副州长施遐在州红十字会调研

2013 年 2 月 5 日，州政府副州长、州公安局局长余毅在西昌市公安局慰问特巡警

2013 年 1 月 23 日，州政府副州长白云在喜德县慰问“8·31”特大泥石流灾害受灾群众

2013 年 5 月 8 日，州政府副州长肖春在冕宁县科技创新型企业调研

2013 年 5 月 31 日，州政府副州长熊自力在金阳县调研县城滑坡治理工作

2014 年 9 月 22 日，州政府副州长朱学雷在雷波县调研

2013 年 6 月 25 日，州政协副主席黄志富在越西县中所镇和平村彝家新寨调研

2013 年 3 月 18 日，州政协副主席香根·边玛仁青在木里县苦巴店大寺调研

2013 年 6 月 19 日，州政协副主席熊仿秋在盐源县梅雨镇树子洼村调研

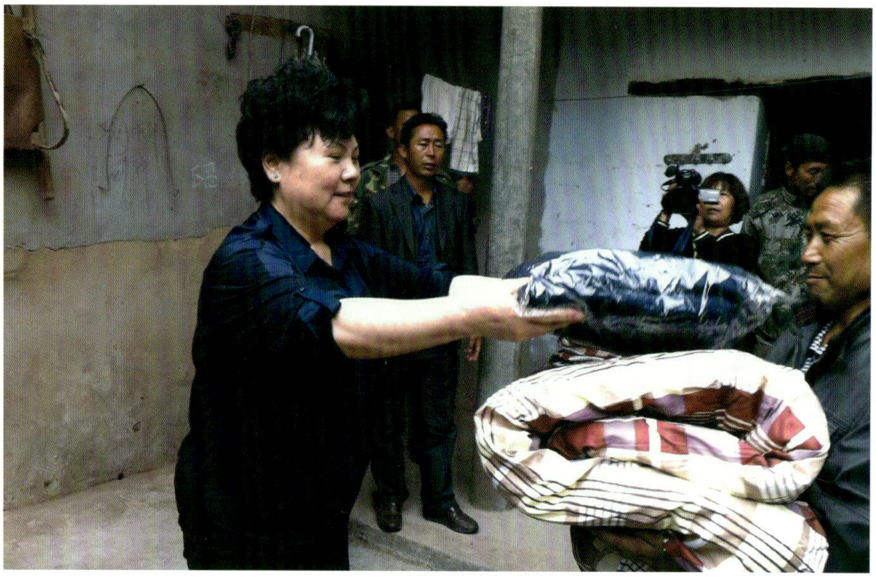

2013 年 5 月 17 日，州政协副主席季晓静在喜德县慰问联系贫困户

2013 年 5 月 7 日，州政协副主席蒋若枫在甘洛县前进乡尔姑村慰问“一帮一”特困户

2013 年 12 月 2 日，州政协副主席马报在西昌市圣家老年服务中心调研

2013 年 5 月 27 日，州政协副主席宋光明在普格县黎安乡中心校捐赠图书

2013 年 8 月 22 日，州政协副主席杨洪清在雷波县观库电站调研

2013 年 8 月 29 日，州政协副主席苏燕凌在宁南县俱乐乡青龙村慰问贫困户

2013年10月23日，州政协副主席王萌现场督办提案办理工作

2013年5月6日，州中级人民法院院长李俊在西昌市人民法院审判大楼建设现场调研

2013年1月20日，州人民检察院检察长米滨在会理县调研

2013 年 12 月 4 日，省委政法委副书记陈明国在凉山州中级人民法院调研

2013 年 9 月 26 日，凉山州中级人民法院领导班子成员与到会州领导、州中院退休老领导合影

凉山军分区

2013 年 3 月 15 日，成都军区政治部主任柴绍良参观凉山军分区军史馆

省军区政治部主任谢武忠在凉山军分区政委叶佩的陪同下在甘洛县人武部调研

2013 年 12 月，凉山军分区司令员申玮在普格县人武部调研

2013 年 5 月，凉山军分区副司令员郭友谊在芦山县指挥抗震救灾

2013 年 4 月 20 日，凉山军分区参谋长崔伟、政治部主任朱安平、后勤部部长陈硕在芦山县龙门乡青龙场村组织部署抗震救灾工作

凉山军分区机关体能考核

官兵及民兵参与抢险救灾

州纪委（监察局）

2013 年 7 月 17 日，州委常委、州纪委书记张力在公安基层站所调研

2013 年 7 月 3 日，州委常委、州纪委书记张力在木里藏区调研

2013 年 9 月 24 日，州委常委、州纪委书记张力在昭觉县彝家新寨建设点调研

2013 年 8 月 22 日，州委常委、州纪委书记张力在会理县慰问贫困群众

2013 年 10 月 9 日，州委常委、州纪委书记张力主讲党风廉政建设专题讲座

州委组织部

2014 年 3 月 11 日，省委常委、组织部部长范锐平听取州委常委、组织部部长冯斌的工作汇报

2014 年 5 月 13 日，省政府副省长黄彦蓉在州委常委、组织部部长冯斌的陪同下在昭觉县调研

2014 年 2 月 8 日，州委在西昌邛海宾馆召开党的群众路线教育实践活动工作会议

中共四川省宁南县委员
中共云南省巧家县委员
共长江三峡集团公司白鹤滩筹备组临时委
中国共产党

四川好医生攀西药业有限责任公司
凉山州首家省级院士（专家）工作站
挂牌仪式

凉山州2013年统筹公选科级领导干部
州级机关面试考场

州人力资源社会保障局

州委组织部副部长、州人社局局长罗卫平一行在甘洛县则拉乡中心校捐资助学

凉山州暨西昌市2014年“春风行动”现场招聘会

州财政局

2013 年 11 月 28 日，凉山州财政局召开学习贯彻党的十八届三中全会精神大会

2013 年 1 月 21 日，凉山州财政局党组书记、局长吴闯与班子成员廉政谈话

2013 年 6 月 2 日，凉山州财政局召开科级领导职务竞争（聘）上岗民主推荐大会

《凉山年鉴》编纂委员会

《凉山年鉴》编辑部

地　　址： 四川省西昌市三岔口南路 55 号
凉山州人民政府 4 楼（州史志办公室）

电　　话：（0834）3865357

传　　真：（0834）3865357

邮　　编： 615000

编辑说明

一、《凉山年鉴（2014）》是在中共凉山州委的领导下，由凉山州人民政府主办、凉山州史志办公室承办、《凉山年鉴》编辑部组织编纂的一部大型综合性和年度资料性文献。其宗旨是全面、系统、准确反映凉山彝族自治州政治、经济、文化、社会和生态文明建设情况，为各级领导和部门科学决策、制定发展规划提供依据，为科研和教学工作提供新的信息，为招商引资、商贸活动提供权威资讯，为国内外各界人士了解、认识凉山提供参考，为加快建设美丽富饶文明和谐新凉山提供资政服务。

二、《凉山年鉴（2014）》坚持以马列主义、毛泽东思想、邓小平理论、“三个代表”重要思想和科学发展观为指导，适应新常态，迎接新挑战，力求新发展，全面体现地方特色、民族特色、时代特色，做到思想性、科学性、文献性和可读性相统一，全面、系统、综合地反映2013年度凉山彝族自治州各行各业、各条战线在“五个文明”建设中取得的新成就、新经验和遇到的新问题。

三、《凉山年鉴（2014）》内容包括专述、凉山概况、大事记、党委、人大、政府、政协、军事、民主党派·工商联、群众团体、法治、经济管理、农业与农村经济、财税·金融、旅游、社会事业、公共建设、企业、县市概况、附录、索引21个大类。

四、《凉山年鉴（2014）》文体结构由类目、分目、条目三个层次组成，类目、分目、条目标题分别用不同字体加以区别。

五、《凉山年鉴（2014）》卷首有中文和英文目录，卷末有按汉语拼音排列的主题分析索引，全书所有信息可通过目录、索引获取，检索方便。

六、《凉山年鉴（2014）》所用资料、图片、数据均由各供稿单位提供，并经所属单位领导审核送编。主要经济指标数据均采用统计部门年报数，并经统计部门审核。全书由《凉山年鉴》编委会审定，向国内外公开出版发行。

七、《凉山年鉴（2014）》采用现代语体文记述，力求言简意赅、文风朴实、语言流畅、设计新颖、图文并茂；内文采用双色印刷，装帧美观大方，特点突出，特色鲜明。

八、《凉山年鉴（2014）》编辑出版得到了全州各级领导的关心重视，得到了各地各部门、各事企业单位和社会各界的大力支持，在此谨表谢意。同时真诚欢迎社会各族各界人士提出宝贵意见，以便帮助我们改进工作。

《凉山年鉴》编辑部

2014年12月

目录

专　述

凉山概况

大事记

党　委

人　大

政　府

政　协

军　事

民主党派·工商联

群众团体

法　治

经济管理

农业与农村经济

财税·金融

旅 游

社会事业

公共建设

企　业

县市概况

附　录

索　引

CONTENTS

Special

Liangshan Prefecture Introduction

Events

Party Committee

The Standing Committee of the NPC

Government

Political Consultative Committee

Military

Democratic Parties & Federation of Industry and Commerce

Non-governmental Organization

Political and Legal

Economic Management

Agriculture and Rural Economy

Finance and Tax

Tourist

Social Undertakings

Public construction

Enterprises

Counties & Cities

Addendum

Index

专 述

Special

在中共凉山彝族自治州委七届五次全会第一次全体会议上的工作报告

（2014 年 2 月 24 日）

省政协副主席、州委书记　翟占一

同志们：

这次州委全会，是在我州全面深化改革开放、推进追赶跨越发展、加快同步全面小康建设的关键时刻召开的一次重要会议。会议的主要任务是，贯彻落实党的十八届三中全会、省委十届四次全会精神，总结报告州委常委会工作，审议通过《关于贯彻落实党的十八届三中全会精神全面深化改革的决定》，安排部署我州全面深化改革工作。下面，我受州委常委会委托，向全会作工作报告，并就推进我州全面深化改革讲几点意见。

州委七届四次全会以来，在省委坚强领导下，州委常委会紧紧依靠全州各级党组织、党员干部和各族群众，认真贯彻党的十八大、十八届一中、二中、三中全会和省委十届三次全会精神，坚持科学发展、加快发展工作指导思想，深入实施“三大发展战略”，统筹推进发展、民生、稳定各项工作，全州经济快速增长、民生持续改善、民族团结和睦、社会和谐稳定，实现同步全面小康“三级跳”第二级跨越良好开局。

一是认真贯彻落实中央和省委重大部署，科学谋划全州改革发展。把学习贯彻习近平总书记系列重要讲话精神作为一项重大政治任务，组织开展党的十八大、十八届三中全会、省委十届三次全会精神宣讲和“中国梦”主题教育活动，加强州委中心组专题学习，集中开展“调研月”活动，推动中央和省委重大决策部署具体化，争当全国民族地区科学发展排头兵。深化资源富集、集中连片特困、多民族聚居地区和长江上游重要生态屏障等特殊州情认识，确立坚持“两手抓”、推进“双提升”、锁定“三级跳”、同步“奔小康”的工作主线，突出绿色、循环、低碳的发展模式和资源型、生态型、开放型经济等发展重点。研制并落实《关于实施多点多极支撑发展战略推进全域凉山建设的意见》，推进安宁河谷地区、大凉山彝区、木里藏区“三大片区”互动联动、协调发展，形成了全域竞相发展、追赶跨越的生动格局。

二是全力推进经济提速增量提质增效，着力保持追赶跨越发展良好态势。牢牢把握加快发展第一要务，积极应对复杂宏观经济形势，着力工业强州、生态立州、开放兴州，“两化”互动、“三化”联动、城乡统筹，突出投资拉动、产业支撑、转型升级，促进经济持续稳健发展。官地、锦屏一级、溪洛渡水电站机组投产发电，一批重点矿冶项目建成投产。“工业凉山”“大凉山”特色优质农产品生产加工基地、四川旅游次中心和川滇结合部重要的商贸物流金融中心加快建设，工业集中度达61.8%，“大凉山”品牌包装产品达900余种。重点领域改革实现新突破，减少州级行政审批101项。津凉、荷凉、成凉、厅州等产业、区域、部门合作务实推进，引进丹麦嘉士伯集团建设啤酒大麦原料基地和中国西部啤酒生产基地，全州招商引资到位资金突破500亿元。总投资1223亿元的交通大会战全面启动，城镇、水利、能源、通讯保障能力不断提高，科技贡献率达43.4%。生态文明建设取得新成效，关停污染超标排放企业24家，环邛海五、六期湿地加快建设，邛海湿地成功创建“国家生态文明教育基地”“国家湿地公园（试点）”。

三是深入推进扶贫攻坚和新村新寨等重大民生工程，不断提高群众生产生活水平。始终将保障和改善民生作为一切工作的出发点和落脚点，完善以民生为导向的财政支出机制，扎实推进一批重大民生工程，“五管齐下”实施综合扶贫开发，“五新一体”建设新村新寨，深入开展彝区健康文明新生活运动“回头看”，推进社会事业全面发展，增强民生保障“托底”之力，让群众共享改革发展成果。减少贫困人口9.04万元，新建成新村新寨487个、惠及群众5.91万户，彝区人居环境不断改善。西昌教育园区规划建设、高等职业技术学院筹建等有序推进，初中毕业生接受以职业教育为重点的高中阶段教育实现“应招尽招”。劳务开发“双百工程”提前两年实现劳务收入破百亿，农村居民收入快于经济增长和城镇居民收入增长水平。“五大保险”覆盖面不断扩大，65.96万名城乡困难群众纳入最低生活保障，2.6万名孤儿和特困儿童纳入基本生活保障。

四是积极抓好宣传思想文化工作，切实增强追赶跨越发展的精神动力。充分发挥宣传思想文化工作引领社会、凝聚人心、推动发展的重大作用，着力转作风、正学风、改文风，为全州经济社会发展提供强大思想保证。扎实抓好理论学习宣传教育，各级党组织、领导班子和干部队伍理论自信、道路自信、制度自信更加坚定。推进社会主义核心价值体系建设，广泛开展公民道德宣传教育和群众性精神文明创建活动，大力学习宣传兰辉和王顺友、马剑霞、杜萍等身边先进典型，凝聚发展正能量。牢牢把握正确舆论导向，拓展对内对外宣传平台，依法加强网络宣传管理，展示凉山形象，不断提升凉山知名度和美誉度。泸沽湖“摩梭家园”试点村即将建成，摩梭文化博物馆竣工开馆。文化体制改革有序推进，文化旅游产业加快发展，群众精神文化生活不断丰富。

五是全面加强依法治州和民主政治建设，大力营造良好法治环境和社会氛围。研究制定《依法治州实施意见》，推进科学立法、严格执法、公正司法、全民守法，努力提升各级领导干部运用法治思维和法治方式解决问题的能力，不断提高全社会法治化管理水平。严格执行民主集中制，召开常委会33次，集体讨论决定“三重一大”事项120多项，完善“常委包片、州长分线、人大和政协领导切块”的分工负责制，充分发挥民主党派、工商联等智囊作用和工会、共青团、妇联等群团组织优势，高度重视决策咨询工作，加强军政军民警民团结，广泛凝聚各方力量。支持州人大常委会科学立法、民主立法，加强对“一府两院”的法律监督和工作监督，开展重点工作调研和执法监督检查，提高代表履职能力和水平。支持州政协围绕中心大局积极建言献策，开展专题协商、民主评议，重点提案办理质量进一步提升。加强基层民主政治建设，完成第九届村（居）民委员会换届选举，乡镇政务公开和村（居）务公开面达100%，各族群众政治参与热情和干事创业激情明显增强。

六是坚决筑牢藏区和全州维稳防线，努力维护安定有序、和谐稳定的社会大局。严格落实稳定第一责任，突出藏区维稳重中之重，推进社会管理和治理方式创新，加强“平安凉山”建设，推动“保稳定”向“创稳定、促和谐”转变，努力把凉山建成全国最平安、最稳定、最和谐的民族地区之一。藏传佛教“文明和谐寺庙”创建和寺庙依法管理走在全省藏区前列，主动维稳、发展创稳、强基促稳、创新抓稳的“木里实践”经验得到省委、省政府领导的充分肯定，木里持续成为“全国最稳定的藏区”。社会稳定风险评估制度全面施行，“大调解”工作体系和对接联动联调机制更加健全，各类矛盾纠纷成功调解率达 94.8%，西昌网格化管理经验在全省推广。全国最大的戒毒康复基地“凉山绿色家园”加快建设，突出治安问题得到有效整治。安全生产形势总体平稳，实现重特大安全事故“零发生”。

七是扎实开展党的群众路线教育，着力建强引领凉山科学发展的钢班子铁队伍。党的群众路线教育实践活动第一批启动以来，常委班子带头边学边改、立行立改，以整风精神精心组织召开专题民主生活会，在认真落实中央、省作风建设相关规定的基础上，制定出台改进工作作风密切联系群众“十项规定”，切实处理好民族地区“热情好客”与厉行节约的关系、尊重民族习惯与移风易俗的关系，作出接待“不专门宰杀牛、不安排迎宾礼仪”等专门规定，开展以婚丧嫁娶大操大办等为重点的正风肃纪专项整治，查处违反作风建设相关规定问题 132 个、处理 102 人，通报典型案例 61 件、处分 32 人。以“十万干部走基层、百万群众得实惠”为主题集中开展“走基层”活动，深化落实“一线工作法”“五个一”直接联系服务群众制度，扎实推进“连心共建”“连心牵手”行动，切实解决群众反映强烈的突出问题。深入实施“钢班子铁队伍”工程，遵循“好干部”标准，鲜明“三重”用人导向，创新干部培养、选拔、管理方式，紧紧围绕凉山改革发展建班子、带队伍、选干部、聚人才。州委常委会研究干部任用 410 人，统筹公选科级领导干部 112 名。全面落实党建工作责任制，大力建设以“服务型”为重点的“四型”党组织，深入推行“苏施”党支部建设，扎实开展边界区域党建，圆满完成村（社区）党组织换届，基层组织凝聚力、战斗力、创造力全面提升。严格执行“一岗双责”和“四个一”述职述廉制度，制定并执行党风廉政建设约谈制度，落实《党政机关厉行节约反对浪费条例》和领导干部廉洁从政各项规定，立案调查违法违纪案件 552 件、处分 545 人，以反腐倡廉实际成效取信于民。

成绩来之不易，需要倍加珍惜。凉山能有今天这样的大好局面，与省委省政府的坚强领导密不可分，与州四大班子的团结拼搏密不可分，与各级党组织和广大党员干部的超常努力密不可分，与全州各族人民的艰苦奋斗密不可分。事实证明，只要我们始终把党和人民的事业放在最高位置，紧紧围绕中央和省州重大部署，紧紧依靠广大干部群众的智慧和力量，紧紧抓住发展、民生、稳定三件大事，咬定青山不放松、坚定目标不动摇，凝心聚力、真抓实干，攻坚克难、开拓进取，就没有克服不了的困难、攻克不了的难关，就能将凉山各项工作不断推向前进。

当然，我们也清醒地认识到，工作中还有一些问题或不足，特别是如何在经济下行压力加大的形势下，统筹做好稳增长、调结构、增效益工作，尚需理念创新、方法创新，同时，区域发展不平衡、发展方式粗放、企业核心竞争力不足、基础设施薄弱、城镇化水平不高等问题仍然存在，扶贫攻坚、禁毒防艾任务艰巨，一些基层党组织战斗力不强，有的党员干部作风不实、甚至违纪违法。对这些问题，我们将通过全面深化改革、加强党风廉政建设切实加以解决。

党的十八届三中全会着眼“两个一百年”目标的战略全局，对全面深化改革作出重大部署，全会通过的《决定》描绘了改革的宏伟蓝图。省委十届四次全会审议通过了《贯彻落实党的十八届三中全会精神全面深化改革的决定》，对我省改革发出了动员令，吹响了进军号。当前，凉山正处于追赶跨越发展、同步全面小康建设的关键时期。全面深化改革，是破解各种现实难题，实现追赶跨越发展、同步全面小康的又一重大历史机遇。州委、州政府高度重视全面深化改革工作，成立了全面深化改革领导小组，按照中央、省委《决定》确定的目标任务，研究制定《贯彻落实党的十八届三中全会精神全面深化改革的决定》，旨在大兴改革创新之风，力行真抓实干之举，进一步激发全民创新创造活力，进一步挖掘经济持续稳健增长潜力，进一步增强追赶跨越发展动力，切实加快富民强州兴凉步伐。

州委常委会领导《决定》起草工作，去年底召开的县市分片、机关分口工作座谈会已就改革发展相关工作听取建议、深入调研。省委全会后，州委又专门成立《决定》起草组，融会贯通中央、省委精神和凉山实际，广泛征求各方意见建议，反复修改，数易其稿，州委常委会专题研究，形成了《决定》（讨论稿）。《决定》（讨论稿）主要有以下几个特点。一是贯彻中央和省委精神，贴近凉山实际。坚持把中央和省委部署要求与凉山州情和发展阶段性特征紧密结合起来，以改革统领凉山经济社会发展全局，科学确立改革的方向、目标、举措，切实增强指导性、针对性，确保《决定》既全面贯彻中央和省委精神，又充分体现凉山特色特点，主题鲜明、重点突出、切实可行。二是坚持重大问题导向，抓住关键环节。坚持把深化改革的过程作为发现问题、分析问题、解决问题的过程，围绕抓好发展、民生、稳定三件大事，巩固成熟经验，找准制约瓶颈，扭住难点焦点，以问题倒逼改革，有什么问题就解决什么问题，什么问题突出就着重解决什么问题，不生搬硬套、急于求成，做到积极稳妥、有序推进、注重实效。三是广泛征询各方意见，汇聚集体智慧。州委《决定》从提纲草拟开始，到初稿、征求意见稿，再到讨论稿的形成，都充分发扬民主、集思广益。州委常委会和州人大、州政府、州政协党组及17县市、30多个州级部门参与讨论研究，广泛征求并吸纳了州委委员、候补委员，州纪委委员，州级党员领导干部，各县市县级党员领导干部，州委各部委办局、州直各部门负责同志，州人大、州政协专委会党员负责同志，科研院所、学校和国有企业党员负责同志，州老领导及专家学者、省第十次党代会州第七次党代会基层代表的意见建议，最大限度地统一思想、凝聚共识。

在讨论研究和征求意见中，大家认为州委《决定》总揽凉山改革发展大势和大局，明晰了全面深化改革的战略重点、优先顺序、主攻方向，明确了工作机制、推进方式和目标任务，符合凉山实际，顺应群众期盼，回应社会关切，把《决定》确立的各项改革落实到位，就一定能推动凉山在新起点上实现新跨越。全州上下一定要认真贯彻落实州委《决定》精神，把握好总体方向、重点难点、基本方法，以更大的决心和勇气把凉山改革发展事业全面推向前进。

一、全面深化改革，必须统一思想、凝聚共识，把握改革的总体方向

州委《决定》为新形势下我州全面深化改革提供了行动纲领和工作指南，制定了总的时间表和路线图。各地各部门要将思想和行动统一到州委《决定》精神上来，将智慧和力量凝聚到州委决策部署上来，增强改革的主动性、坚定性、自觉性，树立强烈的进取意识、机遇意识、责任意识，在新的起点上开启全域凉山改革发展新征程。

一要把握全面深化改革的总体要求。回顾创业历程，实现由“一步跨千年”到“经济跨千亿”、地区生产总值和地方公共财政收入跃居全国30个少数民族自治州首位的历史巨变，靠的是改革开放。着眼未来发展，加快追赶跨越步伐，与全国全省同步实现全面小康，根本出路在全面深化改革。全面深化改革，必须高举中国特色社会主义伟大旗帜，坚持社会主义市场经济改革方向，以促进社会公平正义、增进全州人民福祉为出发点和落脚点，进一步解放思想、解放和发展社会生产力、解放和增强社会活力，统筹推进“五位一体”改革和党的建设制度改革，坚决破除各方面体制机制弊端，为加快建设美丽富饶文明和谐新凉山提供强大动力。要围绕中央确立的“完善和发展中国特色社会主义制度，推进国家治理体系和治理能力现代化”总目标，坚持党的领导，强化全局意识，突出问题导向，增强改革的系统性、整体性、协调性，统筹兼顾、科学实施，以逢山开路、遇河架桥的开拓精神，以壮士断腕、刮骨疗伤的勇气决心，智慧破解前进道路上的种种困难和问题，积极探索符合凉山实际的改革开放之路，努力走出资源富集地区科学发展、

跨越提升之路，民族地区改善民生、富民和谐之路，争当全国民族地区科学发展排头兵。到2020年，完成州委《决定》提出的改革任务，在重要领域和关键环节改革上取得决定性成果，形成系统完备、科学规范、运行有效的制度体系，让一切劳动、知识、技术、管理、资本的活力竞相迸发，让一切创造社会财富的源泉充分涌流，让发展成果更多更公平地惠及全州各族人民。

二要坚持社会主义市场经济的改革方向。我国35年的改革历程，就是从传统计划经济走向社会主义市场经济的历程。研判凉山当前发展实际，制约影响发展的突出问题和体制障碍，主要表现为现代市场体系还不健全、市场发育还不充分、政府与市场的关系尚未完全理顺，市场主体的活力不足。我们必须把坚持社会主义市场经济改革方向作为全面深化改革的基本遵循，使市场在资源配置中起决定性作用和更好发挥政府作用，围绕建成全国重要的清洁能源基地、钒钛稀土资源综合利用基地、优质烟叶花卉蚕桑特色农产品生产基地和打造千亿水电、千亿矿冶、百亿绿色农业、特色旅游“四大产业集群”目标，为优势资源科学开发，投资拉动、产业支撑，工业强州、生态立州、开放兴州，“两化”互动、“三化”联动、城乡统筹提供体制机制保障，以此牵引和带动其他领域改革，使各方面改革协同推进、形成合力，以改革开放的蓬勃生机和强大能量，推动全域凉山全面协调可持续发展。

三要坚定一切从群众根本利益出发的核心立场。全心全意为人民服务，是党的根本宗旨。人民对美好生活的向往，是改革的根本动力。促进公平正义、增进人民福祉，既是全面深化改革的最大共识所在，更是取得改革成功的深厚根基所在。要把顺应群众意愿期盼作为推动全州改革发展的主旨，回答好改革“为了谁、依靠谁”这一核心问题，倾听群众呼声，了解群众需求，征求群众意见，民生制度安排与惠民政策创新一起抓，扶贫攻坚与解决面上民生问题一起推，既深化改革、扩大开放，努力把“蛋糕”做大，又尽力而为、量力而行，注重把“蛋糕”分好，寻求改革的“最大公约数”，切实维护好、实现好、发展好各族群众的根本利益，让改革红利充分释放。

二、全面深化改革，必须抓住关键、集中攻坚，把握改革的重点难点

全面深化改革既要系统推进，又要突出重点，必须抓住影响全局的关键性问题实施重点突破。要按照州委《决定》明确的战略重点、优先顺序和主攻方向，以经济体制改革为重点，全方位推进政治、文化、社会和生态文明体制改革和党的建设制度改革，不断开创凉山改革发展新局面。

（一）突出问题导向，紧扣“三件大事”，努力走出具有凉山特色的改革发展之路。问题是时代的声音，也是改革的起源，改革是由问题倒逼而产生。要坚持重大问题导向原则，找准影响制约凉山发展、民生、稳定三件大事的主要症结，统筹推进，重点突破。

第一，要着眼破解发展难题加快转型发展机制创新。发展不足、质量不优，区域、城乡发展不平衡，“一条腿长、一条腿短”，仍是制约全域凉山建设、同步全面小康的最大难题，必须把经济建设作为富民强州之要，坚持产业兴州、工业强州，深化“资源型经济”“生态型经济”“开放型经济”认识，发挥经济体制改革的牵引作用，构建有利于科学发展、加快发展的体制机制，促进经济发展提速增量、提质增效，增强发展的全面性、协调性和可持续性。

未来赢在资源，资源是凉山最大的潜力和最现实的优势。要用全新的视野审视资源，深入实施优势资源开发与保护战略，建立完善自然资源有偿使用和生态补偿制度，着力形成反映市场供求关系、资源稀缺程度、环境损害成本的资源价格形成机制，善用市场机制引导优势资源向优势企业集中，积极探索资源入股、政府参股、群众直接受益长期受益等资源开发模式，推动资源优势向经济优势、发展优势转化。要着力推进资源要素配置市场化，建立统一的公共资源交易平台，改进行政审批方式，营造廉洁高效的政务服务环境，建立权利平等、机会平等、规则平等的公平透明市场机制，着力解决“玻璃门”“弹簧门”“旋转门”问题，消除市场壁垒，支持非公有制经济和现代服务业健康快速发展，增强经济发展活力。要着力推进创新驱动发展，深入实施大企业大集团带动战略，建立企业为主体的技术创新体系、成果转化机制，健全科技创新激励机制，实施“四大创新工程”、打造“三大科技洼地”，加快建设攀西战略资源创新开发试验区，提高资源科学开发和综合利用水平，带动“7+3”产业做大做强，走出一条科技含量高、经济效益好、资源消耗低、环境污染少的资源开发路子。要坚持开放兴州，牢固树立“开放也是改革”“凉山要大发展，一定要大开放”的理念，深入实施充分开放合作战略，加快国际产业合作、区域经济合作、企地合作、银政合作和开放载体建设等机制创新，推动州内优势资源与州外优势资本集聚融合，打造四川南向开放“桥头堡”和民族地区开放合作新高地。

统筹城乡发展是破解城乡二元结构的现实选择。要完善新型城镇化健康发展体制机制，推进城市建设管理创新，加快构建形态适宜、产城融合、城乡一体、集约高效的新型城镇化发展格局，加快建设现代化的生态田园西昌和“一圈四群”特色城镇体系。要加快在户籍制度改革、农村产权制度改革、用地制度改革等方面取得实质性突破，加快构建新型农业经营体系，推动城乡生产要素平等交换和城乡公共资源均衡配置，推进城乡规划、产业发展、市场体制、基础设施、公共服务、社会管理“六个一体化”，积极探索以城带乡、以工促农、城乡互动、协调发展的路子，让城市与乡村都一样生机勃发、美丽繁荣。

实施“三大片区发展战略”，是推进全域凉山全面协调可持续发展的重大举措。要坚持“两手抓”，统筹推进、分类指导、差异化发展，创新区域联动协调、多点多极支撑发展机制，健全完善安宁河谷地区、大凉山彝区和木里藏区发展工作推进机制，支持西昌“三先发展”，“再造一个产业西昌”，加快西昌德昌冕宁同城化发展和会理会东宁南一体化发展，推动安宁河谷地区率先发展，打造西昌经济圈核心增长极和金沙江下游沿江经济带重要增长极；创新扶贫开发机制，支持“大凉山”特色优质农产品生产加工基地建设，打造大凉山彝区“三化”联动、协调发展创新区；落实稳藏兴藏政策，丰富完善“木里实践”，建设木里藏区长治久安、生态文明示范区。

第二，要着眼破解民生难题完善民生制度安排。改变“贫困面大、贫困人口多、贫困程度深”的落后面貌，仍是保障和改善民生的主攻方向，必须创新扶贫开发工作机制，逐步提高民生支出占公共财政支出比重，加快社会事业发展，构建覆盖城乡、富民惠民的民生保障体系，以改革促群众生产生活条件改善。

坚持扶贫、禁毒、防艾、职教、倡导现代文明生活方式“五管齐下”的工作思路，把提高贫困人口生活水平和减少贫困人口数量作为贫困县考核的重要标准，以精准扶贫为重点创新扶贫开发工作机制，实现责任、措施、资金、项目、工作“五到户”，发挥东西扶贫协作、省内定点扶贫、州内“4+5”对口帮扶和“挂包帮”在社会扶贫中的引领作用，在更大范围内整合配置扶贫开发资源，加快构建政府、市场、社会协同推进的大扶贫工作格局，做到“贫困群众不脱贫、帮扶工作不脱钩”，确保到2020年全州减贫107.8万人，实现扶贫对象“两不愁、三保障”目标。

完善新村、新居、新产业、新农民、新生活“五新一体”的新村新寨建设模式，深入实施水、电、路、气、房、环境改善“六到农家”行动，产村相融、成片推进以彝家新寨为重点的“百乡千村”新村建设工程，确保到2020年全州60%以上的村民住上好房子、过上好日子，享受现代文明生活。

推动彝区健康文明新生活运动常态化长效化，以群众生活方式改变倒逼生产方式变革，推进城乡基本公共服务均等化发展，把教育放在更加突出的位置，统筹推动教育、就业、医疗、养老等社会事业发展创新，逐步建立以权利公平、机会公平、规则公平为主要内容的社会公平保障体系。

第三，要着眼破解维稳难题加强社会治理方式创新。推进藏区长治久安、建设法治凉山，仍是确保全州社会大局和谐稳定的基础性工作，必须加快构建科学有效的社会治理体系，促进社会治理制度化、规范化、程序化，推动“保稳定”向“创稳定、促和谐”转变，努力把凉山建成全国最平安、最稳定、最和谐的民族地区之一。

突出藏区长治久安，配套完善藏区治理政策法规体系，更加注重通过制度安排做好藏区民生工作，强化寺庙依法管理创新和“文明和谐寺庙”创建，促进藏传佛教管理与国家治理体系和治理能力现代化相适应，进一步健全完善“大事不出、中事不出、小事可控”的工作机制，使木里持续成为“全国最稳定的藏区”。

深入推进依法治州、法治凉山建设，建立健全党委领导、政府负责、社会协同、公众参与、法治保障的社会治理体制，形成办事依法、遇事找法、解决问题用法、化解矛盾靠法的社会环境，推动重大决策社会稳定风险评估工作全覆盖，推进网格化建设与服务管理，加快社会组织管理体制创新，完善“大调解”工作体系，依法规范信访秩序和行为，纠正“信访不信法”现象，加快建设“凉山绿色家园”，完善“管、教、控、打、防”禁毒防艾工作机制，确保全州社会大局安定有序。

（二）注重统筹协调，围绕“五位一体”扎实有效推进经济社会各领域改革。全面深化改革，必须注重改革的系统性、整体性、协同性，同频共振、共同给力，为凉山追赶跨越发展、同步全面小康建设提供源源不断的动力。

一要统筹处理好政府和市场的关系，深化经济体制改革，为经济发展提速增量、提质增效提供体制机制保障。政府与市场是配置资源的两种主要形式。促进资源高效优化配置，必须发挥市场在资源配置中的决定性作用和更好发挥政府作用，让市场“无形之手”与政府“有形之手”兼容并蓄、相得益彰，推动经济发展更有活力更有效益更有质量。一方面要充分激发市场主体活力。坚持“两个毫不动摇”，废除对非公有制经济的不合理规定，引导民间资本进入实体经济，允许社会资本通过特许经营等方式参与基础设施投资和运营，鼓励、引导、支持非公有制经济实现更大发展。积极发展混合所有制经济，合理界定国有企业功能，分类制定改革方案，推进国有企业开放性市场化重组，打造国企“航母”，推动国有资本加快从一般性竞争领域退出，以股权多元化实现企业治理现代化。实行“非禁即入”，制定负面清单，推进工商注册制度便利化，加快金融改革创新，加强市场监管体系和社会征信体系建设，形成企业自主经营、公平竞争，消费者自由选择、自主消费，商品和要素自由流动、平等交换的现代市场体系。另一方面要切实转变政府职能。着力解决好政府“放”与“管”的问题，凡是政府能不管的就放手让市场发挥作用，对该管的，管住管好，解决管理失位、不到位的问题，有效弥补市场失灵。要加强政府对经济发展的宏观引导和统筹协调功能，健全以中长期发展战略和规划为导向，以财政、金融、产业、价格等政策为支撑的调节体系，改善经济调节方式，更多地运用经济手段、法律手段并辅之以必要的行政手段调节经济活动。深化投融资体制改革、行政审批制度改革、政府机构改革、财税体制改革、事业单位分类改革，推行各级政府及其工作部门权力清单制度，进一步加强政府公共服务、市场监管、社会管理、环境保护等职责，努力实现政府职能向创造良好发展环境、提供优质公共服务、维护社会公平正义转变。

二要统筹处理好国家权力与公民权利的关系，深化政治体制改革，更好地规范权力运行和保障人民当家作主的权利。政治体制改革是推进国家治理体系和治理能力现代化的关键性改革。法治是治国理政的基本方式，是推进国家治理体系和治理能力现代化的必由之路。深化政治体制改革，必须突出依法治理，全面落实《依法治州实施意见》，坚持依法治州、依法执政、依法行政共同推进，坚持法治凉山、法治政府、法治社会一体建设，确保到2020年法治精神深入人心，公共权力依法规范公开运行，公民依法享有权利和履行义务，经济社会发展各项事业全面纳入法治化轨道，形成尚法守制、公平正义、诚信文明、安定有序的法治良序。要注重发挥法治在保障和推动全面深化改革中的重要作用，用好民族区域自治地方立法权优势，构建具有凉山特色的法规体系，确保改革于法有据。要规范依法行政行为，保证行政机关“正确地做事”和“做正确的事”。要积极推进以提升司法公信力为重点的司法体制改革，让人民群众在每一个司法案件中都感受到公平正义。要坚持国家根本政治制度和基本政治制度不动摇，扩大公民有序政治参与，积极发展基层民主。要推动人民代表大会制度与时俱进，健全“一府两院”对人大负责、受人大监督制度，促进地方人大工作创新发展。要推动协商民主广泛多层制度化发展，构建程序合理、环节完整的协商民主体系。要强化权力运行制约和监督体系，坚持用制度管权管人管事，围绕决策科学、执行坚决、监督有力的目标，加快构建科学有效的权力制约和协商机制，改革党的纪律检查体制，推动纪委双重领导体制具体化、程序化、制度化，健全惩治和预防腐败体系，让权力受人民监督、在阳光下运行，实现干部清正、政府清廉、政治清明。

三要统筹处理好社会效益与经济效益的关系，深化文化体制改革，增强我州文化软实力、生产力和竞争力，推动民族文化资源大州向民族文化强州转变。文化是民族的血脉，是人民的精神家园，具有引领风尚、教育人民、服务社会、推动发展的作用。凉山民族文化资源丰富多样，培育文化软实力优势明显。要坚持社会效益和经济效益并重、文化事业和文化产业并重、发展繁荣和引导管理并重，不断深化文化体制改革，增强文化繁荣发展的动力。要健全文化管理体制，理顺党政部门与其所属文化企事业文化单位的关系，推动政府部门由办文化向管文化转变。坚持文旅融合发展，加快推进“摩梭家园”、藏羌彝文化走廊建设，大力发展文化旅游、演艺娱乐、出版发行、影视创意等文化产业，构建现代文化市场体系，推动文化产业成为我州又一重要支柱产业。要加快完善现代公共文化体系，促进基本公共文化服务标准化、均等化、社会化。要强化党委对互联网建设和管理的领导责任，加强网络法制建设和舆论引导，确保可管可控。

四要统筹处理好社会建设与社会治理的关系，深化社会体制改革，着力构建既充满活力又和谐有序的社会发展环境。全面深化改革的出发点和落脚点是促进社会公平正义、增进人民福祉。社会领域改革直接涉及群众切身利益，是老百姓最为关注、最直观体现公平正义程度的改革领域，必须紧扣更好保障和改善民生、促进社会公平正义要求，全面推进社会事业改革，积极推进社会治理创新，确保人民安居乐业、社会安定有序。要完善民生制度安排，兜住民生底线，促进发展直接惠民、长期惠民。着眼提高社会保障水平，建立更加公平可持续的社会保障制度，健全社会保障财政投入制度，做到保基本、全覆盖、相衔接，基本构建起就业、社保、住房、养老服务体系。着眼提高城乡居民收入水平，健全促进就业创业的体制机制，完善劳动报酬增长机制，加大分配调节力度，形成合理有序的收入分配格局。着眼提高公共服务均等化水平，加快教育、医药卫生等领域改革，让城乡群众更直接更公平地享受到社会公共服务。坚持系统治理、依法治理、综合治理、源头治理，创新社会治理方式，充分发挥群团组织作用，注重激发社会组织活力，凝聚群众力量积极参与社会治理，完善预防和化解社会矛盾机制，健全公共安全体系，构建起由党委、政府、社会组织和公民个人等多元力量共同参与的社会共同治理格局，促进社会更加和谐稳定。

五要统筹处理好经济发展与环境保护的关系，深化生态文明体制改革，建设资源节约型、环境友好型社会。保护生态环境就是保护生产力，改善生态环境就是发展生产力。深化生态文明体制改革，要统筹当前和长远，标本兼治推进生态环境治理和保护，绝不能以破坏资源、牺牲环境为代价换取一时的增长，要对人的健康和生命负责，为子孙后代留下蓝天净土、绿水青山。坚持生态立州，把环境保护放在更加重要的位置，坚持资源节约集约利用，着力推进绿色发展、循环发展、低碳发展，促进经济效益、社会效益、生态效益高度统一。要改革生态环境保护管理体制，调整优化部门职能，建立大生态建设与环境保护管理格局。要积极创建邛海“国际重要湿地”。深入实施主体功能区战略，科学划定生态功能保护红线，建立健全严格的生态环境保护机制，进一步完善全州防灾减灾体系，让凉山天更蓝、山更青、水更绿，人与自然更加和谐。

（三）深化党的建设制度改革，为推进凉山改革发展提供坚强政治保证。全面深化改革是一项复杂的系统工程，各项改革之间的关联性、耦合性要求非常高。这就要求各级党组织要以改革创新精神加强和改进党的建设，坚持“一名干部一根标杆、一名党员一面旗帜、一个支部一个战斗堡垒”，不断提高领导改革的能力和水平，把各级党组织和党员干部队伍建设得更加坚强有力。

全面深化改革，需要强有力的组织保证和人才支撑。要坚持钢班子带铁队伍，认真落实《党政领导干部选拔任用工作条例》，构建有效管用、简便易行的选人用人机制，建立分区域差异化综合考核评价体系，改进和完善政绩考核办法，完善干部教育培训和实践锻炼制度，健全“大督查”工作机制，不断提高各级党组织和党员干部队伍科学执政、民主执政、依法执政的能力和水平，把基层组织工作重心转到服务改革、服务发展、服务群众上来，形成“拼干部、比工作、赛作风、争一流”的浓厚干事创业氛围。要积极探索面向全社会广纳贤才的机制办法，打破体制壁垒、扫除身份障碍，让人人都有成长成才、脱颖而出的通道，让各类人才都有施展才华的广阔天地。

良好作风是全面深化改革的重要保障。加强作风建设归根到底要靠制度改革。要坚持为民务实清廉，深化“一线工作法”“五个一”直接联系服务群众工作和“四个一”述职述廉制度，坚决反对“四风”，进一步健全完善改进文风会风、控制“三公”经费支出、治理吃拿卡要和婚丧嫁娶大操大办等制度，推动解决作风问题由“割韭菜”变为“连根拔”，织密扎牢制度笼子，不断密切党群干群关系，以良好党风政风带民风社风。

党的领导是各项事业成功的根本保证，全面深化改革必须加强和改善党的领导。要充分发挥党总揽全局、协调各方的领导核心作用，抓好重大改革举措的组织实施，确保改革领导有力、方向正确、推进有序。州委全面深化改革领导小组要对重大改革事项把关定向，负责全州全面深化改革工作的组织领导、统筹协调、整体推进、督促落实。要践行党的群众路线，从群众中来，到群众中去，坚持群众主体，畅通民意渠道，尊重群众意愿，把改善人民生活作为正确处理改革发展稳定关系的结合点，紧紧依靠群众推动改革，做到谋划改革汲取人民智慧、推动改革凝聚人民力量、检验改革成效接受人民评判，形成人人支持改革、人人参与改革、人人受益改革的生动局面。

三、全面深化改革，必须解放思想、实事求是，把握改革的基本方法

全面深化改革不仅要有正确的思想方法，而且要有正确的工作方法。党的十八大以来，习近平总书记围绕全面深化改革发表了一系列重要论述，为全面深化改革提供了方法论指导。省委王东明书记要求在推动改革部署落实中注意处理好“六大关系”“六个问题”。我们要把贯彻落实党的十八大、十八届三中全会精神与深入学习习近平总书记一系列重要讲话、省委王东明书记要求紧密结合起来，不断强化对全面深化改革内在规律的认识，以创新的思路谋划改革，以科学的方法推动改革，确保全面深化改革各项任务落到实处、取得实效。

一要坚持知行合一，思想自觉与行动自觉相结合。知是行的前提，行是知的目的。全面深化改革，既要领会改革精神，更要让行动说话。要始终把解放思想作为推动改革的“总开关”，在解放思想中统一思想，增进改革共识，坚定改革信心，把思想高度统一到全面深化改革的决策部署上来，坚决破除自我封闭、因循守旧、消极畏难的观念束缚，以勇于变革、永不停滞、永不僵化的精神状态，提出新思路、采取新办法、创造新机制，努力破解凉山追赶

跨越发展中的困难和问题，在锐意改革中寻求新的发展机遇和动力。要强化改革的主动性，不当改革的旁观者，不做改革的局外人，要积极主动地去抓，而不是被动等待上级来推。要强化改革的执行力，不打折扣、不搞变通、坚决落实好中央和省州委已经明确的改革事项，抓紧制定本地区本部门改革的具体方案，切实把功夫下在抓落实上，把改革的原则要求变为可操作的措施，一项一项把改革部署落到实处，一步一步把改革蓝图变为美好现实。要强化改革的大局观，敢于从自身改起，克服本位主义，舍得放弃眼前利益，顾全整体利益，不做改革的绊脚石。

二要坚持上下联动，顶层设计与基层探索相结合。全面深化改革必须“上下呼应”，既要加强顶层设计，解决好改革的方向和思路问题；又要注重基层探索，解决好改革的动力和活力问题。坚持顶层设计，必须牢固树立改革的大局观，从战略和全局的高度系统谋划和全面推动改革，防止改革“碎片化”。州委《决定》是我州全面深化改革的顶层设计，各个领域改革都必须在《决定》确定的方向和框架下推进。州直部门要充分发挥职能作用，细化出台具体的改革措施，承担起本行业改革方案的指导把关责任。坚持基层探索，必须牢固树立改革的群众观，问需于民、问计于民、问政于民，在基层实践中找到解决问题的规律和办法。要充分发扬基层创新精神，善于“摸着石头过河”，鼓励地方、农村、企事业单位等大胆试验、大胆突破，对基层探索已经取得成效的，要及时总结经验，上升为规律性认识，在面上进行推广；对基层自发的改革探索，要满腔热忱地给予支持和鼓励，保护好改革热情，同时对发生偏差的，要正确对待、给予指导。

三要坚持点面协调，整体推进与重点突破相结合。改革是一场深刻全面的革命，各领域改革紧密联系，任何一个领域的改革都会对其他改革产生重要影响，每项改革都需要其他改革协同配合，必须眼前与长远相统筹、全局与局部相配套、渐进与突破相衔接。要坚持统筹协调，学会“弹钢琴”，从全局上谋划、从整体上推进，加强改革措施的配套和衔接，注重改革实施整体效果，避免畸轻畸重、单兵突进、顾此失彼，形成各领域改革系统设计、统筹谋划、整体推进的局面。要突出重点领域，紧紧抓住“牵一发而动全身”的关键性问题进行集中攻坚，以重点突破带动改革全局。要把握主要矛盾，推进各个领域改革不能平均用力，要在众多矛盾和挑战中，分清主要矛盾和矛盾的主要方面，区别轻重缓急，按照近期推开、先行试点、深入研究后再行推开三个层次，着力在重点领域和关键环节突破。各地各部门要结合各自实际，认真分析研究制约自身发展的重点问题，并予以重点击破，切实增强改革的针对性和实效性。

四要坚持积极稳妥，胆子要大与步子要稳相结合。改革需要勇气，更需要智慧。没有勇气，胆子不大，改革就会寸步难行；没有智慧，步子不稳，改革又会矛盾重重。这就要求我们把积极稳妥的原则贯穿于改革的全过程，把改革力度、发展速度和社会可承受程度统一起来，在保持社会稳定中推进改革发展，通过改革发展促进社会和谐稳定。“胆子大”要求我们积极作为，敢于啃硬骨头、闯激流涉险滩，勇于冲破思想观念的束缚和利益固化的藩篱，吃透中央和省州委精神，对条件成熟的改革迅速启动、抓紧抓实。“步子稳”要求我们务实沉稳，循序渐进、谨慎从事，谋定而后动，把握好改革政策出台的时机、方式和节奏，既不畏首畏尾、裹足不前，也不凭空臆断、盲目蛮干。要强化底线思维，源头防范和化解社会风险，暂时看不准或条件不成熟的可先行试点、逐步推开，不求轰动效应，坚决避免因决策不当、虑事不周引发矛盾、干扰大局。

改革开放再出发，追赶跨越又一程。让我们紧密团结在以习近平同志为总书记的党中央周围，高举改革开放旗帜，以逢山开路的闯劲、甩开膀子的干劲、久久为功的韧劲，全州一盘棋、上下一条心、各方一股劲，奋力推动改革大船乘风破浪、勇往直前，为实现同步全面小康、加快建设美丽富饶文明和谐新凉山而努力奋斗！

在凉山彝族自治州第十届人民代表大会第四次会议上的工作报告

（2014 年 2 月 19 日）

州人大常委会主任　王金铁

各位代表：

我受凉山彝族自治州第十届人民代表大会常务委员会委托，向大会报告工作，请予审查。

2013 年的主要工作

一年来，在州委的坚强领导下，州人大常委会认真学习贯彻党的十八大、十八届三中全会和省委十届三次、州委七届四次全会精神，紧紧围绕州委中心工作和全州发展大局，切实履行宪法法律赋予的职权，努力助推全州经济社会发展，圆满完成了州十届人大三次会议确定的各项任务。

一、立足实际，有序推进地方立法

州人大常委会坚持从凉山实际出发，把地方立法与涉及全州改革发展稳定的重大事项、人民群众切实关注的重大问题紧密结合，加强组织协调，完善工作程序，扩大社会各界和公民有序参与，大力推进科学立法、民主立法。

一是加强地方立法工作。编制出台了《凉山州人大常委会 2013—2017 年立法规划》，将《凉山彝族自治州邛海保护条例》和《凉山彝族自治州东西河飞播林区保护管理条例》的修订纳入常委会任期需完成的工作，将《凉山彝族自治州西昌古城古镇保护条例》和《凉山彝族自治州地理标志产品保护条例》纳入开展前期立法调研工作。目前，《凉山彝族自治州邛海保护条例》（修订草案）已经过州十届人大常委会第十一次会议初审，并按照程序进入广泛征求意见阶段。

二是切实开展立法调研。认真开展了《凉山彝族自治州东西河飞播林区保护管理条例》修订工作的前期立法调研，协助全国人大常委会开展了社区矫正立法调研工作，配合、协助省人大及其常委会完成了四川省专利保护条例、财政收支审计条例、城镇住房保障条例、法律援助条例、野生植物保护条例等法律法规的立法调研工作。对省人大常委会下发的 16 部法律法规草案认真组织调研，及时上报修改意见建议。

二、突出重点，认真履行监督职权

全面贯彻实施监督法，完善监督方式方法，加强法律监督和工作监督，支持“一府两院”依法开展工作，推动国家、省、州重大决策部署贯彻落实。

一是加强对经济工作的监督。紧紧把握全州经济社会发展态势，围绕关键环节和重点领域，扎实有效开展对经济工作的监督，促进经济健康持续发展。听取和审议了州人民政府关于 2013 年计划、财政、审计等工作情况报告，审查和批准了 2012 年州本级财政决算。围绕科学发展、加快发展主题，加强对重点领域开展专题调研，提出了一些有针对性的建议和意见，并形成了一批调研课题，对推进全州经济社会发展发挥了积极作用。

二是加强对依法行政和公正司法的监督。加强法律法规实施情况执法检查，开展了对传染病防治法、人民防空法、气象法和凉山州大桥水库工程管理条例、彝族语言文字工作条例等法律法规实施情况的执法检查。协助省人大常委会开展了对可再生能源法、农民专业合作社法、义务教育法、民族区域自治法等法律法规实施情况的执法检查。听取和审议了州中级人民法院关于涉诉信访工作专项报告。

三是加强对民生和社会事业工作的监督。始终把保障和改善民生作为一切工作的出发点和落脚点，着力加强对民生和社会事业工作的监督，督促“一府两院”切实解决好人民群众最关心、最直接、最现实的利益问题。听取和审议了全州公安监管场所基础设施建设情况的报告、全州水务工作的情况报告，组织全国、省、州人大代表开展了对西昌城区空气质量及工业企业节能减排情况专题调研。

四是认真做好规范性文件备案审查工作。加大全州规范性文件备案审查工作力度，对州十届人大及其常委会颁布的决议决定，及时报送省人大常委会备案；对各县市人大常委会的决议、决定等规范性文件，进行认真审查；对州政府依法报送的规章和规范性文件进行备案和审查。

三、认真开展重大事项决定和人事任免工作

紧紧围绕州委重大战略决策，牢牢抓住事关全州经济社会发展根本性、全局性、长远性的重大事项，密切关注与人民群众切身利益相关的重大问题，认真听取和审议有关工作报告，依法作出有关决议、决定，内容涉及财政、经济、司法、人大工作等，努力把党的主张通过法定程序上升为国家意志和全州各族人民共同遵守的行为规范，着力推进“一府两院”决策科学化、民主化。始终坚持党管干部和人大依法任免相统一，以对党、对人民、对被任免人员高度负责的精神，不断完善和创新人事任免机制，规范人事任免程序，依法做好人事任免工作。全年共任免国家机关工作人员63人次，其中任职43人、免职20人，接受辞职4人。在人事任免工作中，坚持干部任前法律知识考试和任前供职报告、听取年终述职报告并开展满意度测评等方式，进一步强化任后监督。

四、与时俱进，切实做好代表工作

认真贯彻落实党的十八大对代表工作提出的新要求，进一步加强同代表联系，支持和保障人大代表依法履行职权，充分发挥人大代表依法参与管理国家事务的作用。

一是认真督办代表建议。始终把促进代表建议转化为现实成果放在重要位置，认真督促有关部门办理好代表建议。州十届人大三次会议期间代表提出的116件建议已全部办理完毕并答复代表，一些事关我州产业结构调整、基础设施建设、扶贫开发、医疗卫生和教育文化等方面的建议得到较好落实，代表满意率达97%以上。

二是加强代表联系群众工作。健全和完善常委会组成人员联系人大代表制度，要求常委会每一位组成人员固定联系2~3名人大代表，及时听取和反映人民群众关心的热点难点问题等。创新开展人大代表联系群众工作，制定出台《凉山州人民代表大会代表联系群众工作办法》，进一步明确了州人大代表联系群众工作的指导思想、内容和方式等，使我州人大代表联系群众工作迈入规范化轨道。

三是认真开展闭会期间代表活动。组织全国、省、州人大代表，调研和视察了喜德“8·31”特大洪灾灾后恢复重建、冕宁县稀土工业园区建设、宁南和普格“两化”互动、统筹城乡发展及彝家新寨建设情况。开展了驻州新任省人大代表履职培训，组织驻州省人大代表参加了省人大常委会举办的代表培训班。加强代表常态化建设和学习，为州人大代表订阅《民主法制建设》和《人民权力报》等学习资料。扩大代表对常委会工作的参与，全年共邀请36名省、州人大代表列席州人大常委会会议。

五、改进作风，切实加强机关自身建设

以开展“中国梦”主题教育活动为契机，切实加强机关建设，不断提升履职能力。

一是狠抓作风建设。坚持党要管党、从严治党的方针，认真贯彻落实中央“八项规定”和省委、州委“十项规定”，广泛开展党风廉政和反腐倡廉建设宣传教育活动，严格落实《廉政准则》各项规定，深入推进惩防体系建设创新发展，认真落实党风廉政建设工作责任制，将“实现伟大中国梦、建设美丽繁荣和谐

四川”主题教育活动及“正风肃纪”活动，融入常委会机关建设和日常工作，切实履行党风廉政建设责任制，把党风廉政建设和反腐败工作部署落实到位，努力实现干部清正、为政清廉、政治清明，为常委会机关依法履职提供可靠的政治纪律保障。

二是强化学习和宣传。注重州人大常委会组成人员、干部职工和全州人大系统学习提高。强化党组中心组集中学习制度，积极组织机关干部职工开展各种专题学习。制定出台了常委会组成人员出席常委会会议有关规定，严肃会议纪律，提高会议质量。每次召开省人大常委会，都安排一位副主任列席会议参加学习。省人大常委会召开后，及时形成传达提纲，传达贯彻到州人大常委会每一位组成人员。通过电视、网络、报刊等媒体，加强对人大制度的宣传，及时报道人大工作情况。邀请公民旁听州人大常委会会议，进一步加强了社会各界对人大工作的认识和支持。

三是努力做好人大信访工作。认真办理群众信访，全年共接待办理信访781件次，接待来访238批500人次，督促“一府两院”依法处理了一批涉及经济纠纷、工伤医疗、劳动保障、合同纠纷等群众反映强烈的信访案件，维护了人民群众合法权益和社会和谐稳定。

四是认真完成州委安排的其他任务。扎实开展“五个一”“走基层”和“挂包帮”活动，常委会领导亲力亲为，深入实际、深入基层、深入群众，积极宣讲党的十八大和十八届三中全会精神、省州党代会精神。认真完成州委交办的督导、检查、考核考评等各项工作，常委会领导督导检查“中国梦”开展情况、重大项目建设情况、“开门红”“双过半”以及经济社会发展目标完成情况等工作50余次。

各位代表，2013年常委会各项工作取得的成绩，是在州委正确领导下，州人大代表、常委会组成人员、各专门委员会和常委会各办事工作机构辛勤努力的结果，是“一府两院”密切配合的结果，也是全州各级人大和广大人民群众大力支持的结果。在此，我谨代表州十届人大常委会表示诚挚的敬意和衷心的感谢！

同时，我们也清醒地看到，常委会的工作离新形势、新任务的要求和全州人民的期望还有一定的差距。主要是：地方立法工作还不适应经济社会发展新形势要求，监督工作实效有待进一步强化，代表主体作用有待进一步发挥，讨论决定重大事项的机制还需探索和完善，议案和代表建议、批评、意见的办理机制还需进一步改进，常委会和机关自身建设还需不断加强。对工作中存在的问题和不足，我们将在今后的工作中切实加以改进。

2014年主要工作任务

2014年是全面深化改革的起步之年，是实施“十二五”规划、实现凉山“三级跳”第二级跨越的关键之年。州人大常委会工作的总体要求是：高举中国特色社会主义伟大旗帜，以马列主义、毛泽东思想、邓小平理论、“三个代表”重要思想和科学发展观为指导，认真贯彻落实习近平总书记系列讲话精神，紧紧围绕州委中心工作，团结动员全州各族人民，坚持科学发展、加快发展的工作指导思想和“稳中求进、改革创新、分类推进、统筹发展”的工作基调，以促进社会公平正义，增进全州人民福祉为出发点和落脚点，依法有效履职、切实保障民生、全力推动跨越，与时俱进开展人大常委会工作，为推进全域凉山全面协调可持续发展、争当全国民族地区科学发展排头兵提供有力保障。

一、积极推进立法工作

认真贯彻落实《四川省依法治省纲要》和《凉山州依法治州实施意见》，围绕中心、服务大局，扎实开展与国家和省法律法规相配套、体现凉山特色的实施性地方立法。把推动和保障全面深化改革作为立法工作的重点，研究制定促进我州特色产业发展、资源开发利用、生态环境保护和民生重大问题等方面法规，加强立法工作组织协调，完善立法工作机制和程序，多渠道扩大公众的有序参与和意愿表达，着力提高法规的科学性、针对性和系统性。围绕我州经济社会发展中出现的新情况、新问题，进一步充实完善凉山州“五五”立法规划，不断提高依法治州水平，加快建设法制凉山。加快推进《凉山彝族自治州邛海保护条例》和《凉山彝族自治州东西河飞播林区保护管理条例》的修订工作，适时修订《凉山彝族自治州实施〈四川省人口与计划生育条例〉补充规定》和《凉山彝族自治州施行〈四川省禁毒条例〉补充规定》，扎实开展好凉山州地理标志产品保护条例制定和泸沽湖保护条例修订的立法调研工作。

二、进一步强化监督工作

健全“一府两院”由人大产生、对人大负责、受人大监督制度，综合运用审议报告、执法检查、专题询问、组织人大代表视察等形式，监督依法治州有关工作的落实情况。加强对财政预决算审查监督，依法严格审查批准党政机关公务支出预算，加强预算执行情况和厉行节约、反对浪费工作的监督。听取和审议州人民政府关于全州旅游、现代畜牧业、禁毒等工作情况报告，针对经济社会发展的重点领域和关键环节开展专题调研，提出有针对性的建议和意见。听取和审议州人民法院、州人民检察院有关工作报告，促进公正司法。扎实开展对环境保护法、城乡规划法、食品安全法等法律法规实施情况的执法检查，协助完成上级人大委托的执法检查工作，确保国家、省、州有关法律法规在我州遵守和执行。

三、切实加强讨论决定重大事项和人事任免工作

健全和完善人大讨论、决定重大事项有关制度，进一步细化重大事项的范围，规范讨论决定程序，保障人大重大事项决定权得到有效行使。特别是着眼于改革、发展、稳定大局，努力将州委关于全州经济社会发展和深化改革、扩大开放的重大决策部署，通过法定程序转化为全州各族人民的共同意志和自觉行动。探索建立政府重大决策出台前向本级人大报告制度，适时作出推进依法治州等方面的决定决议。坚持党管干部和人大依法任免有机统一，依法做好人事任免工作，加强干部任后监督，促进干部清正、政府清廉、政治清明。

四、切实做好代表工作

坚持和完善人大代表联系群众工作制度，认真开展“人大代表在行动”活动，推动常委会组成人员联系代表，代表联系群众工作常态化、规范化。加强代表任职培训，组织州十届人大代表进行专题履职培训。丰富闭会期间代表活动内容，组织州人大代表围绕经济社会发展的热点、难点问题开展专题调研和视察，促进解决群众实际困难和问题。加大代表议案、批评、建议和意见办理的监督力度，提高办理质量和水平。继续邀请省、州人大代表列席常委会会议，组织代表广泛参与常委会立法、监督、调研等各项工作。加强协调和服务，为凉山州全国、省人大代表和州人大代表出席人代会做好相关服务工作。

五、切实提升人大常委会履职能力和水平

按照中央和省、州党委的统一部署，切实把开展党的群众路线教育实践活动作为常委会重大政治任务来抓，紧密联系实际，紧紧围绕为民务实清廉主题，以反对“四风”为主要内容，按照“照镜子、正衣冠、洗洗澡、治治病”总要求，加强领导、周密部署，精心组织、狠抓落实，推动活动在州人大常委会扎实深入开展，确保党的群众路线教育实践活动取得实效。以全面深化改革为动力，积极探索、完善地方国家权力机关的科学决策机制、监督工作机制、民主选举机制和代表履职机制，推进地方人大工作制度化、规范化、程序化。重视人大基层基础建设，及时总结推广基层在改革实践中创造的成功经验，扎实推进县市人大工作完善发展。加强对人民代表大会制度、人大立法全过程、人大工作和人大代表活动的宣传，丰富宣传内容，增强宣传效果。

各位代表，实现改革发展新跨越、谱写美好生活新篇章需要全州人民的不懈努力。让我们紧密团结在以习近平同志为总书记的党中央周围，认真贯彻落实党的十八大、十八届三中全会和省委十届四次全会精神，在州委的坚强领导下，依法履职、锐意进取，以更加坚定的信念、更加饱满的热情、更加扎实的工作，为推进全域凉山全面协调可持续发展、争当全国民族地区科学发展排头兵而努力奋斗！

在凉山彝族自治州第十届人民代表大会第四次会议上的工作报告

（2014 年 2 月 18 日）

州人民政府州长　罗凉清

各位代表：

我代表州人民政府，向大会报告过去一年的政府工作，对今年工作提出建议，请予审查，并请州政协委员提出意见。

2013 年工作回顾

2013 年，在省委、省政府和州委的坚强领导下，在州人大及其常委会、州政协的监督支持下，州人民政府紧紧依靠全州各族人民，沉着应对宏观经济下行压力加大、影响加重等艰难复杂局面，扎实抓好发展、民生、稳定三件大事，统筹推进各方面工作，保持了全州经济社会良好发展势头。

经济平稳较快增长。实现地区生产总值 1214.4 亿元，增长 10.2%；地方公共财政收入 110 亿元，增长 10%；规模以上工业增加值增长 13%；固定资产投资 975.5 亿元，增长 10.2%；社会消费品零售总额 379.7 亿元，增长 13.7%；城镇居民人均可支配收入 21699 元、农民人均纯收入 7359 元，分别增长 9.4%、14.6%；居民消费价格上涨 2.9%。“7+3”特色优势产业和战略性新兴产业加快发展；锦屏一二级水电站 6 台机组、溪洛渡水电站 12 台机组、官地水电站全部机组投产发电，攀钢西昌钢钒 210 万吨冷轧、会东大梁矿业技改扩能等一批重点项目顺利推进；创建省级重点产业园区 2 个、循环经济示范园区 3 个、新型工业化产业示范基地 1 个，工业集中度达 61.8%；新增规模以上工业企业 29 户。粮食总产量 207 万吨，增产 7.76 万吨；烟叶、蚕茧、花卉、肉类等特色农产品提质增效；新增农业产业化龙头企业 10 户、农民合作组织 150 个；荣获“中国苦荞之都”“中国茧丝之都”称号，创建国家地理标志保护产品 3 个，获得无公害、绿色、有机食品认证 21 个；劳务收入突破百亿元。实现服务业增加值 338.3 亿元，增长 5%；成功创建省级旅游标准化示范州，圆满承办第四届中国国际自驾游交易博览会，全年接待游客 2865 万人次，实现旅游总收入 138 亿元，分别增长 6.7%和 46.7%；各项存款余额 1271.9 亿元、贷款余额 575.5 亿元，分别增长 17.9%、15.1%；实现保费收入 19.2 亿元、增长 7.5%，支付赔款 6.9 亿元、增长 20.4%；证券累计交易量 351.1 亿元，增长 107.3%。

基础建设加力提速。实施交通大会战，强力推进综合交通网络建设，建成国省干线公路 156.6 公里、农村公路 2452.3 公里；国道 108 线“双示范工程”通过验收，G5 泸黄高速改扩建工程试验段开工建设；京昆、成丽、都香 3 条高速公路进入国家路网，新增普通国道 7 条，实现国道县市全覆盖；西昌经昆明至广州航线开通。建成高标准基本农田 59.6 万亩，开发整理土地 18.2 万亩，新增耕地 1.85 万亩；新建沼气池 2.42 万口、乡村机耕道 1500 公里；会东新马灌区水源工程、盐源老沟水库等骨干水利工程加快建设，整治病险水库 61 座，新增有效灌面 7.3 万亩、节水灌面 7.5 万亩；解决了 29.2 万人的饮水安全问题。建成投用污水处理厂 1 个、试运行 2 个，在建垃圾填埋场 7 个。

木里水洛500千伏等一批输变电工程建成投运，惠及40万群众的无电地区电力建设全面启动，“气化凉山”“太阳能热水器进农村”等项目加快推进。“三网”融合加快实施，农村通信、邮政、金融服务设施不断完善。

改革开放和科技创新深入推进。清理行政权力，减少行政审批事项101项；食品药品监管体制改革、农村集体土地所有权登记工作顺利完成；人事制度改革进一步深化，收入分配制度逐步完善；财政预算管理、国库集中收付、支出绩效评价、投资评审、公务卡改革不断深化；“营改增”试点工作稳步推进；国企改革、事业单位分类改革积极推进；29家县级公立医院全面取消以药补医。国际产业合作进一步加强，区域、厅（局）州、政企、政银合作不断深化，与3个省级部门、高校和11家金融机构签署战略合作协议，引进到位州外资金540.6亿元，增长21.7%；外贸进出口总额8098万美元，增长20%。非公有制经济实现增加值684.9亿元，占全州GDP的56.4%。科技创新取得新突破，首次被评为“全国科技进步先进州”，获得省科技进步奖5项、授权专利189件，建成全省民族地区首个院士工作站、14个省州农业科技示范园区，实现首轮省科技富民强县项目全覆盖，科技进步对经济增长的贡献率达43.4%。

区域城乡统筹步伐加快。攀西战略资源创新开发试验区建设全面启动，大凉山彝区“三化”联动创新区、木里藏区生态文明示范区建设扎实推进，西昌、德昌、冕宁同城化发展格局加快形成，会理、会东、宁南一体化发展积极推进，西昌领先发展、全域多点突破、多极支撑、追赶跨越的格局初步形成。“百镇建设试点行动”深入开展，会理撤县设市方案已报国务院待批，全州撤并14个乡、新设10个镇，新增城镇建成区面积5.8平方公里，城镇化率30.57%。建成新村新寨487个、新农村综合体28个、幸福美丽新村34个、“1+N”村民活动中心472个，5.91万户农户受益。

生态建设和环境保护切实加强。实施天然林保护二期工程3385万亩、巩固退耕还林成果163.5万亩、营造林93.2万亩，建成退牧还草围栏130.4万亩；邛海湿地成功创建国家生态文明教育基地、国家湿地公园（试点），五、六期湿地恢复工程全面开工；16个国家级生态乡镇创建工作通过省级预验收；治理水土流失面积328平方公里；实施地质灾害防治项目152个，避险搬迁安置农户3398户，成功预警、避让地质灾害45起，安全转移群众5224人。认真治理高耗能高污染行业，完成2户企业重金属污染综合整治、8户工业企业污染限期治理任务，促进攀钢西昌钢钒脱硫除尘项目建设，推进攀钢西昌新钢业落后产能淘汰工作，关停7个不具备安全生产条件的煤矿，主要污染物排放年度控制目标基本完成。

民生和社会事业加快发展。各项民生支出263.78亿元，占公共财政支出的79.1%；完成扶贫开发投资12.92亿元，增长10.4%，9.04万名群众脱贫解困；完成“十项民生工程”投资118.7亿元，增长24%。新增城镇就业18954人，城镇登记失业率3.92%。五大保险参保117.19万人次，新型农村和城镇居民养老保险试点覆盖173.39万人、发放养老金21.8亿元；65.96万城乡困难群众纳入最低生活保障，发放低保金8.83亿元；新农合参合率达98.69%，城乡医疗救助74.85万人次；25799名孤儿、艾滋病毒感染儿童和特殊困难儿童纳入基本保障，免费治愈165名先心病患儿，建成州儿童福利院；发放80周岁以上老年人高龄补贴673万元、暖冬行动棉衣被2.53万件；“惠农保”试点覆盖182万人，提供风险保障1105.6亿元；新建保障性住房3620套，改造棚户区住房4956户、农村D级危房18822户。搬迁安置大中型水库移民5853人，兑现后期扶持直补资金2343.7万元。各级学校办学条件持续改善，88万名学生享受各类资助，71.77万名义务教育阶段学生全部纳入“营养改善计划”，学前教育三年毛入园率提高7.8个百分点，达42.1%，初中毕业生实现应读尽读。基本药物制度覆盖常住人口453.6万人，基层医疗卫生机构药价平均下降24.1%。人口自然增长率控制在6.87‰以内。建成农家书屋3761个，实现行政村全覆盖；非遗项目获第四届国际非遗节组委会最高奖1项、最佳表演奖3项；成功申报国家级重点文物保护单位1处、省级24处；摩梭家园建设顺利推进。全民健身运动深入开展，圆满举办第四届州运会。积极支持雅安芦山地震灾区抗震救灾，盐源地震、喜德特大洪灾灾后恢复重建取得阶段性成效，防震减灾工作在全国市州级综合考核中名列第九位。

社会治理水平不断提高。网格化社会服务管理试点建设成效明显，新经济、新社会组织健康发展，各类矛盾纠纷化解率达86%，办结重大疑难信访积案和挂牌督办案件411件，刑事案件破案率和治安案件查处率分别提高10.1%、3%；禁毒工作深入开展，“绿色家园”项目有序推进，州公安局禁毒局被评为全国“成绩突出的先进单位”；“六五”普法全面开展；第九届村（居）委会换届选举工作稳步推进。安全生产形势持续好转，食品药品安全监管力度加大。民族和宗教工作取得新成绩，“木里实践”得到省委、省政府充分肯定。精神文明创建活动深入开展，彝区健康文明新生活运动持续推进。

各位代表，成绩来之不易，这是全州各族人民艰苦奋斗、各方面团结协作的结果。在此，我代表州人民政府，向全州各族人民，向各民主党派、工商联、无党派人士、各人民团体、中央和省驻州单位，向人民解放军驻州部队指战员、武警官兵、政法干警和民兵预备役人员，向所有关心、支持、参与凉山改革发展的各界人士，表示衷心感谢并致以崇高敬意！

过去的一年，困难众多、压力巨大。尽管取得了较好的成绩，但我们也清醒地看到，政府工作还存在不足，部分难题还未从根本上解决，一些矛盾还没有得到有效化解，特别是去年全州一度市场低迷、部分企业亏损、三产下滑，影响了地区生产总值、规模以上工业增加值、城乡居民收入、城镇化率等预期目标的实现。同时，我州经济发展面临的结构性矛盾凸显，发展质量不优、发展不平衡不协调的问题仍然突出；交通、水利、电力等瓶颈制约依然严重；城镇化发展水平较低；扶贫攻坚、禁毒防艾任务艰巨；增加城乡居民收入、保障和改善民生任务繁重；政府公共服务和社会治理能力有待提升。这些问题，我们将认真分析研究，强化措施，逐一解决。

2014年工作安排

2014年是全面深化改革的开局之年，是实施“十二五”规划、实现凉山“三级跳”第二级跨越的关键之年。机遇与挑战并存，希望与困难同在。一方面，攀西战略资源创新开发试验区建设、乌蒙山片区区域发展与扶贫攻坚等一系列支持政策持续发力，一批重大产业项目陆续建成投产，我们有条件、有基础在未来一段时间内保持适度快于全国全省的经济增长。另一方面，我国经济发展已全面进入增长速度换档期、结构调整阵痛期、前期刺激政策消化期，各方面要素供给和资源环境约束趋紧，我州经济长期积累的矛盾进一步显现，经济潜在增长率明显下降，目前回升基础尚不稳固，不确定性因素依然较多。我们必须更加理性地确定增长预期，坚持创新驱动、市场牵动、多方联动，抢抓机遇，迎难而上，继续保持经济社会向好发展势头。

今年政府工作的总体要求是：深入学习贯彻党的十八大和十八届二中、三中全会精神，全面落实中央、省委、州委经济工作和城镇化工作会议部署，用改革统领经济社会发展全局，坚持科学发展、加快发展的工作指导思想和稳中求进、改革创新、分类推进、统筹发展的工作基调，深入实施工业强州、生态立州、开放兴州发展战略，投资拉动、产业支撑，着力充分释放改革动力、挖掘经济增长潜力、全面激发市场活力，切实保障和改善民生，促进经济提速增量、提质增效，保持社会大局和谐稳定，为凉山全面建成小康社会积蓄跨越能量。

今年全州经济社会发展的主要预期目标是：地区生产总值增长10%，地方公共财政收入增长9%，规模以上工业增加值增长13%，全社会固定资产投资完成1000亿元以上，社会消费品零售总额增长12%以上，居民消费价格涨幅控制在3.5%以内，城镇化率提高2个百分点，新增城镇就业17100人，城乡居民收入分别增长10%、12%，完成省下达的节能减排任务。

围绕上述要求和目标，我们将重点抓好以下工作。

一、坚定不移推进转型升级，着力做强追赶跨越发展、同步全面小康的产业支撑

优化投向稳定投资。扎实深入做好项目前期工作，加大要素保障力度，突出抓好省州重点项目建设。着力稳定政府性投资，主动对接国家、省政策支持和投资结构调整方向，充分用好基本建设资金，发挥融资平台作用，考虑中长期资金平衡，突出抓好扶贫开发、交通建设、城镇基础设施、保障性安居工程、节能环保等领域的投资。支持企业加大技术改造和科技创新投入，确保完成技改投资142.46亿元。探索建立民间投资负面清单管理制度，最大限度缩小审批和审核范围，降低准入门槛，落实企业投资自主权，激发社会投资热情。

推进工业转型升级。加快建设攀西战略资源创新开发试验区，以科技创新为突破，吸引优势市场主体参与资源深度开发，推进“7+3”产业发展和产品结构调整，大力发展精深加工和高端应用，提高资源综合利用率，加快打造百亿、千亿级产业集群。加快重点工业项目建设，确保攀钢西昌钢钒210万吨冷轧、冕宁江铜牦牛坪稀土矿综合开发、德昌志能2000吨高精度稀土抛光粉等项目竣工投产；协助三峡公司争取白鹤滩和乌东德水电站项目通过核准，力争重钢200万吨钒钛资源综合利用、铜镍“10+10”、铅锌“10+10”、雷波110万吨磷铵、盐源200万吨原煤等项目开工建设。提升园区发展水平，整合经久、太和、德昌工业园区共建钒钛经开区，整合冕宁、德昌工业园区共建稀土科技产业园区，整合会理、会东有色资源共建有色产业园区，积极创建国家级、省级高新区、经开区和新型工业化产业示范基地，抓好一批州级重点产业园区建设。加快企业培育，争取组建四川攀西轻稀土集团和凉山矿冶投资控股集团，重点发展30户科技型优势企业，新增百亿级企业1户、50亿级企业2户、10亿级企业3户，培育中小企业100户。

推进农业转型升级。坚持农业基础地位不动摇，加快推进农业现代化，确保第一产业增加值增长3.8%以上。落实国家粮食安全战略要求，保障粮食安全有效供给，确保产粮208万吨以上。加大特色农业产业基地建设力度，建成国家级优质烟叶综合标准化示范州，加快创建会东优质特色烟叶生产、冕宁现代烟草农业要素综合集成两个全国一流县，支持宁南建设世界优质茧丝生产基地，继续抓好省级现代农业、畜牧业、林业重点县和产业强县建设，培育一批州级畜牧业、林业示范县，确保产马铃薯鲜薯350万吨、园林水果110万吨、蚕茧50万担、优质蔬菜248万吨、肉类45.2万吨，收购烟叶263万担，建设以核桃为重点的现代林业产业基地100万亩。新增农业产业化重点龙头企业5户、农民合作组织100个以上。深入推进“大凉山特色农产品”品牌建设，力争创建中国驰名商标1个、省著名商标3个，培育国家地理标志保护产品3个、省名牌产品6个。

推进现代服务业转型升级。完善落实服务业发展规划和政策措施，促进服务业发展提速、比重提高、水平提升，确保第三产业增加值增长9%以上。抓好邛海泸山创国家AAAAA级景区和国家级旅游度假区工作，启动泸沽湖创国家AAAAA级景区和会理古城、雷波马湖、西昌卫星发射基地创国家AAAA级景区工作，加快建设木里洛克九百里、越西文昌故里、喜德小相岭等新兴旅游目的地，实现旅游总收入180亿元以上。加快建设德昌省级物流示范园区，力争启动建设省级区域现代商贸物流中心、西昌电子商务园区，培育5户服务业重点企业，着力打造现代服务业聚集区；引导金融机构加大对实体经济的支持力度，新增贷款余额70亿元以上；大力发展养老托幼、休闲健康、家政服务等生活性服务业，加快发展研发设计、科技服务、信息等生产性服务业，积极发展电子商务、服务外包等新兴服务业。大力拓展消费市场，积极搭建各类促销平台，举办10个以上地方性促销活动；积极培育新的消费热点，推动节能环保和再生产品消费；完善市场流通体系，加强产销对接和农超对接。

推进文化产业转型升级。加强民族文化资源的挖掘、保护和开发利用，支持优秀文艺作品创作，加快推进摩梭家园等重点项目和文化品牌建设，加快发展文化创意、数字出版、移动多媒体、动漫游戏等新兴文化产业，积极发展出版发行、影视制作、印刷、广告、演艺、娱乐、会展等传统文化产业，规范发展文化产业园区。组建凉山文旅投资集团，引导社会资本以多种形式投资文化产业，做大做强文化企业。推动文化产业与旅游、体育、信息、建筑等产业融合发展。

二、坚定不移推进改革开放，充分激发追赶跨越发展、同步全面小康的动力活力

全面深化各项改革。深化国企改革，加快完善现代企业制度，进一步推进股份制改革，完善国有资产监管体制。深化金融改革，积极发展各类地方性金融机构和新兴金融组织，加快推进州商业银行改革发展，支持州农信社改制为州农商行。深化财税体制改革，建立健全政府债务风险防控机制，改革预算编制管理办法和国库集中收付制度，深入推进财政绩效评价工作，强化财政支出预算管理，扩大乡镇基本财力保障机制试点和“营改增”试点范围。深化投融资体制改革，制订政府核准投资目录，规范政府投融资平台管理。推进资源和要素价格改革，完善资源开发利益补偿和生态环境损害赔偿机制，优化销售电价水价结构。深化农村土地制度改革，加快农村金融制度创新。深化户籍制度改革，全面放开户籍限制，逐步实施流动人口居住证制度。深化收入分配制度改革，适时调整最低工资标准，推进企业工资集体协商。深化行政体制改革，完成州、县市政府部门机构改革，完善事业单位分类改革配套政策。深化科技体制改革，健全技术创新市场导向和激励机制，构建公开透明的科研资源管理和项目评价机制。推进教育领域综合改革，统筹城乡义务教育资源均衡配置，促进教育公平。推进医疗卫生体制改革，做好基本医保和医疗救助结算衔接，积极推进医疗费用异地即时结算。建立健全红十字会法人治理结构。

纵深拓展开放合作。加快建设四川南向开放重要桥头堡和民族地区开放合作新高地。巩固与津巴布韦、荷兰、泰国、丹麦等国家的产业合作；深化成凉、攀凉、川滇黔12市州区域合作，积极参与“8+3”、珠三角、长三角、东盟自贸区等区域合作，扩大厅（局）州、政企、政银合作成果。充分利用“中外知名企业四川行”、第十五届西博会和火把节等平台，积极承接重大产业转移，围绕产业链、供应链和价值链招商选资、招大引强，确保引进到位州外资金300亿元。强化对重点外贸企业的协调服务，推进经久和成凉工业园区创建省级外贸出口基地，加快建设西昌铁路二类口岸，确保实现外贸进出口总额8100万美元。

加快推进区域协调发展。深入实施多点多极支撑发展战略，建立完善三大片区州级统筹协调机制。加快实施金沙江下游沿江经济带和安宁河谷地区跨越式发展规划，突出抓好安宁河谷地区新型工业化、新型城镇化、农业现代化和基础设施建设。支持西昌建设攀西城市群中心城市和川滇结合部重要的商贸、物流、金融中心，在创新驱动、高端引进、产业升级等方面走在前列。加快推进西昌、德昌、冕宁同城化和会理、会东、宁南一体化发展。集中力量抓好大凉山彝区扶贫攻坚、特色农业发展、禁毒防艾、彝家新寨建设、生态保护、交通建设、公共服务等重点工作，推动跨越提升。统筹抓好木里藏区生态保护、资源开发、民生改善、社会稳定，促进跨越发展和长治久安。

深入实施创新驱动战略。加大财政科技投入，整合科技资源，大力实施“四大创新工程”，力争科技进步对经济增长的贡献率提高到44%。争取设立国家级稀土开发应用研究中心，尽快突破关键技术瓶颈。组织实施重点科技成果转化项目50项，技术合同交易额增长30%以上，带动实现产值100亿元以上。力争创建国家高新技术企业2户、省级创新型企业10户。积极推进邛海湿地创建国家科普教育示范基地、西昌市创建全省可持续发展试验区。加强知识产权保护。强化借脑引智，坚持引进与培养相结合，统筹各类创新人才发展，加快建设西部民族地区人才高地。

大力发展非公有制经济。全面落实支持政策，废除不合理规定，依法保护企业合法权益，优化发展环境，激发企业活力，促进非公有制经济健康发展，力争增加值占全州GDP的比重达56.8%以上。坚持非禁即入，鼓励非公有制企业参与国企改革，发展非公有资本控股的混合所有制企业，引导民间资本进入能源、金融、电信及市政公共事业等领域。加快推进直接融资，努力拓宽中小微企业融资渠道。

三、坚定不移推进基础建设，大力提升追赶跨越发展、同步全面小康的保障能力

强力推进交通大会战。开工建设国省干线公路495公里，建成通乡油路350公里、通村公路1250公里，实施农村公路安保工程800公里。全面开工建设G5泸黄高速改扩建工程，以及西昌—昭觉、西昌—宁南—会东等国省干线公路；争取开工建设成昆铁路复线凉山段，力争都香高速西昌至泸沽湖、西昌至昭通段招商成功；加快推进西昌绕城、永会和“两会”一级畅通联网工程，以及乐山至昭觉高速公路、攀昭遵和西宜铁路等项目前期工作。抓好凉山港总体规划，实施金沙江、雅砻江航道整治工程。

大力加强农田水利建设。全面完成会东新华水库渠系配套、甘洛斯觉大堰工程；加快建设会东新马灌区水源工程和会理大海子、盐源老沟水库；开工建设德昌和平水库、宁南竹寿水库除险加固工程；加快推进大桥水库灌区二期、西昌引调水工程，以及盐源龙塘和马鹿塘、喜德米市、会理横山水库等项目前期工作。推进“五小水利工程”、小农水重点县和烟水配套工程建设，抓好重点堤防和中小流域综合治理工程建设，整治病险水库60座，治理水土流失面积30平方公里，新增有效灌面5万亩、节水灌面5.6万亩，解决25万农村人口的饮水安全问题。新建高标准基本农田55.86万亩、新增耕地1.61万亩，建设沼气池1.29万口、机耕道400公里。

加快推进能源信息网络建设。开工建设美姑河220千伏、甘洛海田110千伏等输变电工程；加快推进木里卡基娃500千伏和盐源、普格、冕宁220千伏，以及宁南、布拖110千伏输变电工程；基本完成无电地区电力建设，抓好城市配网建设。有序推进中小水电、风能、太阳能开发和垃圾焚烧发电。力争启动缅气入凉项目，实施好“气化凉山”“太阳能热水器进农村”工程。加快“三网”融合，积极推进4G网络建设和应用。

科学有序推进新型城镇化。抓好城乡建设规划编制，强化规划执行，优化“一圈四群”城镇布局形态。加快建设现代化生态田园西昌，力争会理撤县设市获批，切实抓好全省第二批“百镇建设试点行动”和州小城镇建设试点。突出生态、绿色、低碳、宜居、宜业、宜商，注重保护城镇水系和生态本底，保护和传承城市文化，加强城镇交通、供排水、垃圾处理等基础设施建设，完善城镇功能，提升城镇内在品质。坚持产城融合，统筹抓好产业园区和城市新区建设，同步推动产业与人口聚集。稳步推进农业转移人口市民化，继续实施“农民工住房保障行动”，完善农民工养老、失业、医疗、子女入学等社会保障和公共服务体系。坚持城乡统筹，建立完善城乡一体化发展机制，推动城镇化与新村新寨协调发展。全面启动幸福美丽新村建设，抓好278个安宁河谷地区新村、207个彝家新寨、20个木里藏区新村、4个第二轮省级新农村示范县建设。

更加重视生态建设和环境保护。坚持保护优先，在保护中发展，在发展中保护。深入实施生态州、生态县建设规划，积极创建国家级、省级生态县；开展生态文明建设试点示范，启动生态红线划定工作；实施新一轮退耕还林工程，完成营造林100万亩以上，建设退牧还草围栏231万亩，继续实施草原生态保护补助奖励政策；推进邛海国家湿地公园（试点）建设，全面建成2万亩湿地，实现邛海全域恢复、全面保护。争取实施20个重大地质灾害工程治理、10个中小型排危除险项目；严守耕地保护红线，严格执行节约集约用地制度。加强重点领域节能降耗工作，扎实推进公共机构节能；抓好工业企业、重点流域、农村环境等重点领域污染治理，加强饮用水源保护和地下水污染防治；全面完成攀钢西昌新钢业落后产能淘汰工作，限期完成攀钢西昌钢钒公司脱硫除尘改造；支持成立民间环保协会，强化环境影响评价和环境监管；加大环保执法力度，依法惩处环境违法行为，构筑环保高压线。

四、坚定不移促进富民和谐，广泛凝聚追赶跨越发展、同步全面小康的智慧力量

坚决打好扶贫攻坚战。创新扶贫开发工作机制，加快构建政府、市场、社会协同推进的大扶贫开发格局，瞄准贫困对象精准扶贫，集中力量解决突出问题，加快贫困群众脱贫致富、贫困地区全面小康步伐，减少贫困人口10万人。制定实施乌蒙山片区和藏区（凉山部分）区域发展与扶贫攻坚规划，大力推进“五大扶贫工程”，深入实施扶贫两资重点民生工程，突出抓好大凉山彝区“六大民生工程行动计划”。配合开展好大凉山综合扶贫试点中期绩效评估工作。深化浙江、珠海东西扶贫协作，做好国家机关、企业定点扶贫的协调服务，深化州内“4+5”对口帮扶，支持公益慈善组织及个人开展各类帮扶。注重发挥群众主体作用，引导、鼓励和支持群众自力更生、脱贫致富。

深入实施重点民生工程。州级财政安排2.5亿元，办好省委、省政府19件和州委、州政府10件民生实事。继续抓好“十项民生工程”。建设保障性住房和改造棚户区住房23991套，基本建成2622套、竣工7307套，为农民工提供公共租赁住房458套。建立资源开发与就业协调推进责任制，加强就业服务平台建设，加大就业促进力度，确保城镇登记失业率控制在4%以内；培训农村劳动力11万人、转移输出110万人，实现劳务收入126亿元。完善城乡社会保障体系，推进城乡居民养老保险、基本医疗保险制度并轨，扩大城乡居民大病保险试点，提高保障水平；继续开展“惠农保”试点工作；完善各类困难群体救助机制，加强孤儿、艾滋病毒感染儿童和特殊困难儿童保障工作，新增“五保”对象、“三无”人员和孤儿集中供养床位5000张。有序推进水电移民安置及后期扶持工作。基本完成盐源地震、喜德特大洪灾灾后恢复重建。强化价格监管，保持物价总水平基本稳定。

统筹推进社会事业发展。努力办好人民满意的教育，免除义务教育阶段学生作业本费，资助2.14万名普通高中和2.03万名中职学校家庭困难学生，减免10.46万名贫困家庭及民族地区在园幼儿保教费，实施高海拔民族地区义务教育学校取暖补助政策；新建城乡公办幼儿园20所，切实做好西昌教育园区建设和州民中高中部迁建工作，加快建设省民族幼儿师范专科学校和北外西昌分校；启动《15年义务教育条例》制定工作。加强基层医疗卫生服务体系建设，完善村级卫生服务网络，稳步提高新农合参合率；加大艾滋病等重大传染病防控力度，提升公共卫生应急能力和服务水平；推进民族聚居区中彝医院建设；实行免费婚前体检。逐步完善生育政策，启动实施“单独二孩”政策，严格控制超生，人口自然增长率控制在8.5‰以内。广泛开展群众性文化活动，启动公共文化服务示范站点建设，加快推进凉山彝语译制中心、博物馆和文化馆建设；深入实施文化惠民工程，抓好“乡村（社区）文化院坝”建设；办好第四届州民族文化艺术节，积极申办中国舞蹈“荷花奖”民族民间舞大赛；加大彝族古籍抢救保护和彝语文推广使用工作力度，在公共交通场所增加彝语播报；力争彝族火把节申遗成功。加强体育设施建设，抓好全民健身活动，办好首届中国·西昌邛海湿地国际马拉松赛，力争在第十二届省运会和第十四届省民运会上取得好成绩。大力推动社会福利、妇女儿童、残疾人和老龄事业健康发展。做好第三次全国经济普查工作。

切实加强和创新社会治理。积极探索创新社会治理体制机制，促进社会安定有序、充满活力。全面推进基层网格化服务管理系统建设，加强社会组织培育管理。创新有效预防和化解社会矛盾机制，加强重大决策社会稳定风险评估，推动大调解体系向纵深延伸。畅通和规范群众诉求表达渠道，实行网上受理信访制度。深入推进平安凉山建设，继续实施社会治安专项行动，大力开展禁毒斗争，依法打击各类违法犯罪活动。加强“一标三实”信息采集和特殊人群的服务管理，健全社区矫正制度。健全应急管理体制机制，加强应急管理体系建设，完善预案，强化演练，全面提高防灾避险和应对各类突发事件的能力。强化安全生产大检查，扎实开展“打非治违”和“道路交通安全综合整治年”活动，夯实安全生产基层基础，推动安全生产形势持续稳定好转。切实加强食品药品安全日常监管，建立完善覆盖全过程的质量监管机制，营造安全放心的消费环境。加快建设社会信用体系，构筑诚实守信的经济社会环境。加强社会主义精神文明建设，积极创建国家级、省级卫生城镇和文明城镇，抓好道德领域突出问题专项教育和治理。认真落实党的民族、宗教政策，深化民族团结进步创建活动，切实维护宗教领域和谐稳定。加强国防建设，深化国防教育，做好国防动员、民兵预备役、征兵、拥军优属和退役士兵安置工作，巩固军政军民团结。

关于政府自身建设

去年，我们严格执行中央“八项规定”、省州“十项规定”，扎实开展“走基层、解难题、办实事、惠民生”活动，深入开展“五个一”“挂包帮”等活动，用心走基层，真情解民忧，务实转作风，取得了良好成效。修订发布《凉山州行政程序规定》，出台《凉山州行政复议规范化建设工作细则》，完善州政府党组会、全体会、常务会规则，在全国30个少数民族自治州中率先开通政务微博发布厅，公开州本级财政预决算和14个州级部门“三公”经费信息，强化监察、审计职能，扎实开展“正风肃纪”活动，严肃查处违规违纪行为，加强惩防体系建设，推动政府自身建设取得了新成效。我们将以开展第二批党的群众路线教育实践活动为契机，大力推进政府管理创新，依法行政、为民施政、廉洁从政，让人民满意。

努力在依法行政上取得新进展。认真贯彻实施《凉山彝族自治州依法治州实施意见》，推进法治凉山建设。健全政府学法制度和普法教育机制，深入开展普法教育。完善行政执法程序，减少行政执法层级，强化行政执法监督。规范行政执法自由裁量权，推进行政执法与刑事司法衔接。加强行政复议和行政调解，扎实做好法律服务和法律援助工作，依法化解矛盾纠纷。自觉接受州人大及其常委会的法律监督和工作监督，主动接受州政协的民主监督，认真办理人大代表议案、建议、批评意见和政协委员提案，广泛听取各民主党派、工商联、无党派人士和人民团体的意见，高度重视司法、舆论和公众监督。

努力在转变职能上取得新突破。充分发挥市场在资源配置中的决定性作用，加快转变政府职能，规范政府行为，认真处理好政府与市场、政府与社会的关系，努力创造更加公平有序的发展环境。大力简政放权，减少行政审批事项150项以上；优化行政审批流程，加快推进并联审批和网上审批；统一规划建设州市政务服务中心、州公共资源交易和信息中心，加强行政效能建设，努力打造行政审批事项最少、流程最短、效率最高、服务最优的政务环境。

努力在改进作风上展现新风貌。坚决执行中央“八项规定”和省州“十项规定”，扎实开展好第二批党的群众路线教育实践活动，大力整治“四风”问题，开门整风，取信于民。深入开展“走基层、解难题、办实事、惠民生”活动，深化拓展“五个一”“挂包帮”和“一线工作法”，精文简会，深入基层调查研究，真心实意为群众排忧解难。优化政府目标管理绩效考核办法，强化督查问责，层层传导压力，推进工作落实。

努力在廉政建设上取得新成效。推行权力清单制度，依法公开权力运行流程。加大政务信息公开力度，加强电子政务大厅和电子监察平台建设。严格执行领导干部待遇标准，严控“三公”经费和一般性支出，厉行勤俭节约，反对铺张浪费。加强廉政制度建设，提高制度执行力，对违规违纪行为“零容忍”，努力营造干部清正、政府清廉、政治清明的良好环境。

各位代表，使命催生责任，压力激发动力。今年的任务虽然艰巨，但为者常成，行者常至。

让我们紧密团结在以习近平同志为总书记的党中央周围，在省委、省政府和州委的坚强领导下，改革创新，团结奋进，为推进凉山追赶跨越发展、同步全面小康，增进全州各族人民福祉而努力奋斗！

名词解释和说明：

1. “7+3”产业：即水能水电、冶金矿产、金属材料、铸材建材、装备制造、烟草化工、食品药品7大优势资源产业和钒钛、稀土、新能源3大战略性新兴产业。

2. 交通大会战：即州委、州政府争取国家、省支持，实施为期三年（2013—2015年）的交通建设攻坚战。到2015年底，力争新建公路9091公里（国省干线公路1591公里，农村公路7500公里），使公路总里程达到26032公里，较2011年增加4000公里；建成县级客运站3个，农村客运站95个；建设凉山港作业区2个，整治金沙江航道58公里，完成农村渡口改造50个。

3. 双示范工程：即交通运输部示范工程和我州交通大会战建设项目示范工程。

4. 京昆高速：即北京至昆明高速公路；成丽高速：即成都至丽江高速公路；都香高速：即贵州都匀至香格里拉高速公路；永会、“西会”一级畅通联网工程：即德昌永郎至会理县城、会理至会东一级畅通联网工程；攀昭遵铁路：即攀枝花经昭通至遵义铁路；西宜铁路：即西昌至宜宾铁路。

5. “三网”融合：即整合电信网络、有线电视网络和互联网络为一体的信息通信网络。

6. 营改增：即把原缴纳营业税的应税项目改为缴纳增值税。

7. 攀西战略资源创新开发试验区：即2013年3月国家发改委正式批准设立、目前我国唯一的资源开发综合利用试验区，涵盖我州西昌、冕宁、德昌、会理、会东、宁南6县市，攀枝花市全境以及雅安市石棉、汉源2县，规划面积近3万平方公里，纳入开发的战略资源包括钒、钛、稀土、碲、铋。

8. 金沙江下游沿江经济带：即《四川省金沙江下游沿江经济带发展规划（2015—2017年）》涵盖的我州会理、会东、宁南、布拖、金阳、雷波6县，攀枝花市仁和区、西区、东区、盐边县，宜宾市屏山县、宜宾县、翠屏区，总面积2.65万平方公里的经济带。

9. 百镇建设试点行动：即省政府从2013—2015年，每年在全省县城以下建制镇中遴选100个小城镇，给予资金和政策支持，提升城镇发展水平，带动全省小城镇加快发展，为就近就地转移农业人口创造条件。2013年，我州西昌市安宁镇、会理县黎溪镇、德昌县麻栗镇、冕宁县复兴镇纳入试点；2014年，西昌市礼州镇、会东县姜州镇、宁南县松新镇、越西县中所镇纳入试点。

10. 幸福美丽新村：即以业兴、家富、人和、村美为目标，以建制村为单位，实行基础设施、新型村庄、产业发展、公共服务和社会管理综合配套，新建聚居点、改造提升旧村庄与保护传统院落民居相结合而打造的新农村升级版。

11. “1+N”村民活动中心：即在新村新寨建设中，统一规划建设便民超市、卫生室、文化活动室、农家书屋、村级事务代办点、留守儿童之家等各种基础硬件设施设备。

12. 五大保险：即养老保险、医疗保险、工伤保险、失业保险和生育保险。

13. 惠农保：即我州试点开展的覆盖农村群众的自然灾害公众责任险、农村住房险、农村小额人身险三个组合商业保险。

14. 网格化社会服务管理：即全面整合与社会管理相关的党政机关管理资源、信息资源以及社会资源，系统构建全地区统一的综合社会管理信息系统。

15. 绿色家园：即利用盐源监狱搬迁后留下的闲置土地和房屋资产建设的集公安强制隔离戒毒、劳动技能培训、身心矫治康复和社区康复安置为一体，总体容量近2万人的全国特大型综合戒毒康复基地。

16. 木里实践：即木里县按照省、州部署要求，积极探索“主动维稳、发展创稳、强基促稳、创新抓稳”，推动保稳定向创稳定、促和谐转变，促进跨越发展和长治久安，持续成为全国最稳定的藏区之一，被魏宏省长称为“木里实践”。

17. “8＋3”区域合作：即成、德、绵、遂、乐、雅、眉、资8市和阿、甘、凉3州合作共建国家级国际化大都市经济圈。

18. 三大片区：即安宁河谷地区、大凉山彝区和木里藏区。

19. 四大创新工程：即企业创新主体培育、产业创新牵引升级、区域创新发展示范、产学研用协同创新工程。

20. 五小水利工程：即小水窖、小水池、小泵站、小塘坝和小水渠工程。

21. 缅气入凉：即通过中缅天然气管道将缅甸天然气引入凉山。

22. “一圈四群”城镇布局：一圈即西昌经济圈；四群即分别以会理、越西、昭觉、盐源为区域中心城市的南部、北部、东部、西部城镇群。

23. 乌蒙山片区区域发展与扶贫攻坚规划：即国家支持乌蒙山集中连片特殊困难地区扶贫开发攻坚的规划，涵盖四川、云南、贵州三省10个毗邻市州的38个县（市、区），我州昭觉、布拖、美姑、金阳、雷波、越西、喜德和普格8个县纳入规划。

24. 五大扶贫工程：即基础扶贫、产业扶贫、新村扶贫、能力扶贫、生态扶贫。

25. 六大民生工程行动计划：即省委、省政府支持大小凉山彝区扶贫开发制定的教育扶贫提升、环境卫生提升、彝家新寨建设、基础设施建设、劳务就业培训和文化发展繁荣六项行动计划。

26. “4+5”对口帮扶：即西昌、德昌、会理、会东4县市分别对口帮扶昭觉、金阳、布拖、美姑、木里5个国家扶贫开发工作重点县，加快推进区域协调发展。

27. 大调解体系：即党委、政府统一领导，政法机构综合协调，司法、行政、法制部门和人民法院分别牵头，有关部门各司其职，社会广泛参与，人民调解、行政调解和司法调解既充分发挥作用，又相互衔接配合的工作体系。

28. “一标三实”：“一标”即七段式警用标准地址（包括行政区划、街路巷、门牌号、楼栋号、单元号、楼层号、户号）；“三实”即辖区内实有房屋、实有人口、实有单位。

29. “三公”经费：即公务出国（境）经费、公务用车购置及运行费、公务接待经费。

30. “四风”问题：即形式主义、官僚主义、享乐主义和奢靡之风。

31. 五个一：即州级领导干部分别联系一个乡镇（街道办事处）、一个贫困村、一户贫困农户、一个项目和一户企业的直接联系服务群众制度。

在政协凉山彝族自治州第十一届委员会第三次会议上的工作报告

（2014年2月17日）

州政协主席　邓显祥

各位委员，同志们：

我受政协凉山彝族自治州第十一届委员会常务委员会委托，向大会报告工作，请各位委员审议，请同志们提出意见。

一、2013年工作回顾

2013年，在中共凉山州委的坚强领导下，我们高举中国特色社会主义伟大旗帜，坚持团结民主主题，认真履行政治协商、民主监督、参政议政职能，组织各党派团体和广大政协委员，较好地完成了全年政协工作任务，为助推凉山经济快速发展、民生持续改善、民族团结进步、社会和谐稳定做出了积极贡献。

（一）围绕重大决策开展政治协商

充分发挥政协政治协商职能，围绕州委重大决策，自觉把促进发展作为政协履职的第一要务，深入开展调研，积极协商议政，倾力为助推凉山科学发展、加快发展、跨越发展献计出力。

突出主题主线协商议政。坚持主题，把握主线，竭力为助推凉山经济社会持续快速健康发展建言献策。州政协十一届七次常委会围绕“建设美丽凉山”主题开展专题协商议政，提出“树立生态文明理念、构建生态保护屏障、打造生态建设品牌、强化生态环境监管”等建议意见；州政协十一届八次常委会围绕“转变经济发展方式”主题开展专题协商议政，提出“实施创新驱动发展战略、加快产业结构优化升级、加大改革开放力度、推进生态环境保护”等建议意见；州政协十一届九次常委会围绕“助推彝家新寨建设”主题开展专题协商议政，提出“强化政策支撑、突出科学规划、坚持因地制宜、完善保障措施”等建议意见。这些建议意见，对促进党委政府科学决策、民主决策发挥了积极作用。

聚焦重点热点深入调研。充分发挥政协人才优势，多形式、多渠道开展重点课题调研，努力为破解发展难题献智出力。组织开展“凉山民族聚居区小康社会建设”重点课题调研，形成《凉山民族聚居区全面小康社会建设的现状、困难及对策建议》调研报告，提出“统一思想认识、争取政策支持、突破瓶颈制约”等9条建议意见，助推我州民族聚居区按期同步建成小康社会；组织开展“促进民营经济发展”重点课题调研，形成《用活支持政策，加快发展壮大凉山民营经济》调研报告，提出“强化政策支撑、优化产业结构、提高创新能力、推进品牌战略、改善服务环境、加强人才建设”等建议意见，推进民营经济更好更快发展；组织开展“加强民族地区干部保健工作”热点课题调研，形成《关于加强干部保健工作的几点建议》调研报告，为改进和加强干部保健工作献智出力。

（二）围绕重大举措加强民主监督

充分发挥政协民主监督职能，围绕州委重大举措，自觉把履职为民作为政协工作的根本取向，使民主监督有效融入政协各项工作之中，努力推动党委、政府重大举措贯彻落实和相关部门改进工作。

提案督办重落实。健全完善领导牵头督办重点提案、提案办理情况通报、提案落实跟踪督查等工作机制，推动提案办理由重提出向重办理转变。主席会议成员牵头督办“关于加快推进攀西——六盘水地区资源开发规划前期工作的建议”“关于加快推进民族地区新型城镇化的建议”等10件重点提案。在十一届州政协第十次常委会上，邀请州政府领导作关于提案办理落实情况的通报。开展“提案办理回头看”活动，提案办结后，及时跟踪了解提案办理中存在的问题，选择问题比较集中或办理提案较多的部门，开展督查活动，促进提案办理落到实处，力求做到委员满意，群众受益。十一届州政协二次会议以来，共收到委员提案392件，经审查立案358件，办结358件，答复满意率98%。

民主评议求实效。认真开展对州公安局的民主评议工作，在全面深入调研、严谨客观评价的基础上，形成评议主体报告和7个单项评议意见。评议结束后，向州委提交了《关于对州公安局开展民主评议的情况报告》，提出“着力加强领导班子建设、着力解决突出治安问题、着力保障社会公共安全、着力加强公安队伍建设”等建议意见。这些建议意见对促进部门作风转变、助推困难问题解决、推动公安工作健康发展、促进平安凉山建设等将起到积极的作用。

反映民意畅渠道。坚持把反映社情民意作为政协协助党委政府知民情、达民意、解民忧的重要途径，摆上位置、畅通渠道、常抓不懈。鼓励政协委员深入基层了解实情，对热点难点问题诸如劳动就业、环境治理、农民增收、社会治安、食品药品安全等方面的社情民意信息做到及时掌握、及时反映，促进民意通畅、通达和问题的解决。坚持邀请公民旁听州政协常委会议，广泛听取民意。

改善民生献真情。坚持把履职为民作为政协工作的出发点和落脚点，发挥优势，调动资源，积极为服务民生改善做贡献。情系灾区献爱心。组织参加州政协十一届二次全会的全体委员和工作人员向雅安芦山“4·20”地震灾区捐款24.8万元。搭建平台办实事。充分发挥政协联系广泛优势，搭建内引外联平台，引进社会扶贫资金及物资价值总计950万元，全州共有4099名贫困学生受助。扶贫帮困出实力。扎实开展“五个一”联系工作，主席会议成员为“五个一”联系点协调项目20个，资金806万元；州政协机关为“挂包帮”联点乡协调争取项目资金746万元，为联点乡学校师生和极度贫困村群众捐赠体育器材、学习用具及生活物品价值16万元。

（三）围绕重大部署积极参政议政

充分发挥政协参政议政职能，围绕州委重大部署，自觉把政协工作放到全局工作中去谋划和推进，做到党委政府工作推进到哪里，政协工作就跟进到哪里，着力推动政协工作在服务中履职，在发展中献策，在助推中尽责。

围绕重大部署开展专题视察。充分发挥州政协常委会平台，听取州政府“建设美丽凉山”“转变经济发展方式”“推进彝家新寨建设”等工作情况通报，听取州纪委“2013年全州党风廉政建设”情况通报，组织委员对“工业园区建设”“城乡环境综合治理”“新型城镇化建设”“实施交通大会战”“重点建设项目推进”“灾后恢复重建”“物流业发展”“农民工维权”“农贸市场建设”“规范彝汉文使用”“食品药品安全”等情况开展专项视察，让委员知情明政，了解全州重点工作，发挥主体作用，积极参政议政、献计献策。

紧扣重点工作尽责出力。按照州委安排，州政协主席会议成员分别承担重大项目推进、招商引资、生态建设、旅游发展、精神文明建设、彝区健康文明新生活运动、新农村建设等24项重点工作领导小组的副组长和“实现伟大中国梦、建设美丽繁荣和谐四川”主题教育活动、当前重点工作等督查任务。在履职过程中，州政协党组、主席会议科学统筹，牵头领导各司其职、各负其责，下基层、访民情、办实事、抓落实，保证了各项重点工作和督查任务有序有力有效推进。

（四）围绕促进和谐发挥独特优势

充分发挥政协统战机构功能，自觉把团结

民主两大主题融入政协各方面工作之中，着力围绕党委、政府工作大局凝心聚力、促进和谐、维护稳定，积极营造民主团结和谐氛围。

团结联合各界人士。切实加强与各党派、团体和各族各界人士的沟通交流，营造民主协商、联合议政的合作氛围。坚持政协党组成员联系走访各民主党派、工商联制度，支持党派、团体在政协各种会议上发表意见建议。突出政协界别特点，活跃委员界别小组活动，扩大界别之间的交流。重视加强同新经济组织、新社会组织的联系，扩大团结面，增强包容性，凝聚正能量。

广泛开展联谊交流。举办新春茶话会、中秋联谊会，开展走访慰问，加强同各族各界人士的联系与交流，增进共识，凝聚人心。协助完成全国政协“推进乌蒙山片区区域发展与扶贫攻坚，促进民族地区生态文明建设与经济社会建设协调发展”“加快攀西战略资源创新开发试验区建设”，省政协“培育壮大四川省农产品品牌促进农民增收”“四川四大城市群发展中的机制与政策研究”“民族地区综合扶贫开发和基础设施建设情况”“协商民主在基层政协的现状及对策建议”“民族地区教育发展情况”等课题调研任务。圆满完成全省政协农业委员会工作座谈会、全省政协民族和宗教委员会主任座谈会在凉山召开的会务承办工作。热情接待省内外兄弟政协的来访考察，促进交流，增进感情，宣传凉山。

促进社会和谐稳定。强化稳定第一责任意识，以实实在在的工作成效，协助党委政府做好促和谐、保稳定工作。协力维护藏区稳定。深入藏区宣讲党的民族宗教政策，收集反映藏区社情民意信息，为党委政府决策提供参考和依据。充分发挥爱国宗教界人士的特殊作用，协助做好藏区维护稳定工作，发挥了重要作用。组成调研组深入木里县三大寺庙，就藏区发展稳定工作，开展为期一周的调研，向省政协提交的调研报告受到重视。竭力化解社会矛盾。主席会议成员积极参与群众上访接待，协力做好协调关系、理顺情绪、化解矛盾、促进和谐工作。增进各族各界团结。充分发挥民族界、宗教界委员的作用，引导其运用民族习俗及个人影响力，参与民事调解，化解矛盾纠纷，收到了事半功倍的效果。

努力扩大社会影响。加强政协文史和新闻宣传工作，开展文史专辑《凉山州领导机构沿革》的征集编辑，办好《凉山政协》会刊和州政协网站，加强与新闻媒体的协作，不断扩大凉山州政协的社会影响力。2013 年州政协新闻宣传工作被省政协评为先进。

（五）围绕改进作风加强自身建设

自觉以科学发展观统领政协工作全局，着力加强思想建设、制度建设、作风建设，不断提升履行职能的能力和水平。

加强思想建设，夯实共同团结奋斗的思想政治基础。举办州政协委员培训会、全州政协主席学习会，健全州政协党组、主席学习会制度，加强州政协机关党组理论中心组学习、机关干部职工学习活动，深入学习贯彻中共十八大、十八届二中、三中全会和省委十届三次、四次及州委七届四次全会精神，不断增强道路自信、理论自信、制度自信，筑牢共同团结奋斗的思想政治基础，始终保持政协工作的正确方向。

深化制度建设，不断提升政协工作科学化水平。扎实开展“实现伟大中国梦、建设美丽繁荣和谐四川”主题教育活动，以此为契机，新建立和修订完善 13 项制度，着力提升政协工作制度化、规范化、程序化水平，为州政协工作更加规范有序、高质高效运转奠定坚实基础。

强化作风建设，努力为政协工作持续健康发展提供坚实保证。认真贯彻落实中央八项规定和省委、州委十项规定精神，制定《政协凉山州委员会关于改进工作作风、密切联系群众的规定》，并严格遵照执行，清正廉洁、求真务实之风进一步得到弘扬。在州政协机关开展文明创建活动，荣获省级最佳文明单位称号，以此为载体，推动机关建设迈上一个新的台阶。

一年来，州政协开展各种层次的协商议政活动 32 次，提交专项建议报告 22 份；开展专题调研 14 项，提交调研报告 13 份；开展常委、委员视察 17 次，提交视察报告 11 份，协助配合全国政协、省政协相关部门开展调研13次。

一年来取得的工作成绩，是中共凉山州委坚强领导的结果，是全州各级党委、人大、政府和社会各界大力支持的结果，是政协各级组织、各参加单位和广大政协委员团结奋斗的结果。在此，我代表十一届州政协常委会表示衷心的感谢并致以崇高的敬意！

总结一年的工作，我们也清醒地认识到工作中仍存在一些问题和不足。主要是，在注重界别特色、发挥委员主体作用、提升建言献策质量和各级政协机关队伍建设等方面有待进一步加强和改进。真诚希望广大委员对常委会工作提出意见建议，帮助我们把工作做得更好。

二、2014年工作建议

2014年，州政协工作的总体要求是：高举中国特色社会主义伟大旗帜，以马克思列宁主义、毛泽东思想、邓小平理论、“三个代表”重要思想、科学发展观为指导，深入学习贯彻中共十八大和十八届三中全会精神，认真学习习近平总书记系列讲话精神，在中共凉山州委的坚强领导下，坚持团结民主主题，发挥政协作为协商民主重要渠道作用，围绕稳中求进、改革创新、分类推进、统筹发展履行职能、服务大局，为加快推进凉山追赶跨越发展、同步全面小康做出新的更大贡献。

（一）着力贯彻落实中共十八届三中全会精神，努力在增共识聚合力添动力上积极作为

中共十八届三中全会对全面深化改革作出战略部署，对人民政协履行职能、开展工作提出许多重大课题和新的更高要求。我们要把学习贯彻中共十八届三中全会精神作为当前和今后一个时期的首要政治任务，准确领会精神实质，全面把握丰富内涵，充分发挥政协作为协商民主重要渠道作用，把广大政协委员和各族各界的思想和行动统一到会议精神上来，把智慧和力量凝聚到服务全面深化改革的履职实践中去，推进协商民主广泛多层制度化发展。要进一步增强责任感和使命感，找准政协履职与深化改革的切入点和着力点，凝心聚力、献智出力，为全面助推凉山政治、经济、文化、社会、生态文明建设等各方面的改革发展贡献智慧和力量。

（二）着力围绕中心、服务大局，努力在助推凉山追赶跨越发展、同步全面小康上积极作为

坚持发展第一要务，更加积极主动地把政协工作融入全州工作大局，多搞实地调查，多做深入研究，多谋发展大计，多献务实之策。要在助推经济转型升级、提质增效上献智出力。围绕推进工业、农业、现代服务业、文化产业转型升级，抓住促进产业和产品结构调整升级、提升工业园区发展水平、发展现代农业、推进品牌建设、促进旅游、商贸、物流、金融、信息等服务业快速发展、加强民族文化资源保护与利用等关键问题，深入开展调研，广泛协商议政，提出有价值、有分量的意见和建议。要在深化改革开放、激发内生动力上主动作为。围绕促进体制机制改革、拓展开放合作领域、实施创新驱动战略、大力发展民营经济等问题，组织视察调研，开展专题监督，为深化改革开放行助推之力，建务实之言。要在破解发展难题、夯实发展基础上尽责出力。围绕制约凉山跨越发展的交通、水利、能源、资源环境、城镇发展等瓶颈问题，积极建言献策、参政议政，为党委政府科学决策提供有效参考。

（三）着力提升履职实效，努力在推进协商民主广泛多层制度化发展上积极作为

按照中央和全国政协、省政协部署，结合凉山实际，积极配合州委适时出台推进人民政协协商民主建设意见，推进人民政协协商民主制度化、规范化、程序化建设。充分发挥政协作为协商民主重要渠道作用，更加活跃有序地组织专题协商、对口协商、界别协商、提案办理协商，增加协商密度，提高协商实效，不断推进协商民主广泛多层制度化发展。充分认识社会主义协商民主制度在推进中国特色社会主义民主政治建设中的重要作用，深化协商民主理论认识，推动协商民主实践创新，积极探索协商民主的有效形式、方法和途径，进一步规

范协商内容、协商程序，不断提升人民政协履行职能的质量和效果。

（四）着力把握履职为民根本取向，努力在服务民生改善上积极作为

牢固树立民本意识，以开展“走基层、解难题、办实事、惠民生”活动为抓手，积极为服务民生改善尽责出力。聚焦民生热点和社会事业发展重点，围绕“新村建设、环境治理、就业、住房、教育、医疗卫生、社会保障、食品安全、社会治安”等方面的突出问题开展专题调研、专项视察和检查监督，促进民生工程实施，维护社会公平正义。继续开展引资引智活动，动员和组织社会力量，发挥政协委员联系广泛的人脉资源优势，引进项目、资金、技术，助推经济社会事业发展。深化领导干部“五个一”联系工作和“挂包帮”活动，解难题、办实事、惠民生。

（五）着力团结民主两大主题，努力在促进社会和谐上积极作为

坚持把发扬民主、增进团结、协调关系、化解矛盾作为履行职能的重要任务，积极促进社会和谐稳定。发挥民族界、宗教界委员的特殊作用，汇聚和引领民意，促进各党派、各团体、各民族、各阶层的团结联合、融汇和谐。召开社会各界人士座谈会、联谊会，进一步交流信息、深化合作、增进团结、扩大共识。加强反映社情民意信息工作，使党政领导和决策部门能够及时听到各方面的意见和建议。加强政协文化建设，做好文史整理工作和新闻宣传工作，凝心聚力，鼓舞斗志，为营造团结和谐氛围提供精神动力，努力把人民政协建设成为团结之家、民主之家、和谐之家。

（六）着力加强自身建设，努力在夯实履职基础上积极作为

认真开展党的群众路线教育实践活动，坚持不懈地推进思想、作风、能力、制度建设，夯实履职基础。把党的群众路线教育实践活动贯穿于政协自身建设的全过程，切实解决在“四风”方面存在的突出问题。大力提倡求真务实的作风，深入基层，勤于调研，善谋良策，多做实事。进一步密切与民主党派、工商联和无党派代表人士的联系，深化党派合作。按照“德才兼备、以德为先”和干部“四化”标准，深入实施“钢班子带铁队伍”工程，着力优化充实政协机关力量。着力加强政协机关干部队伍建设，努力打造一支政治坚定、作风优良、学识丰富、业务熟悉、年富力强的政协工作干部队伍，不断提高政协履行职能的科学化水平。按照“求专、求精、求效”的要求，提升专委会工作水平。坚持以专委会为依托，以界别为纽带，以委员小组活动为平台开展工作，在实践中不断提高委员履职尽责的能力。在广大委员中开展“立足岗位作奉献、履职尽责促发展”履职实践活动，切实发挥委员在本职工作中的带头作用、政协工作中的主体作用、界别群众中的代表作用，充分展现广大委员的才智和风采。

各位委员，同志们！扬帆起航正当时，砥砺奋进又一春。让我们紧密团结在以习近平同志为总书记的中共中央周围，在中共凉山州委的坚强领导下，凝心聚力、奋发有为，开拓创新、努力工作，为加快建设美丽富饶文明和谐新凉山、全面建成小康社会、实现中华民族伟大复兴的中国梦而努力奋斗！

凉山概况

Liangshan Prefecture Introduction

【基本情况】　凉山彝族自治州位于四川省西南部，北起大渡河与雅安市、甘孜州接壤，南至金沙江与云南省相望，东临云南省昭通市和四川省宜宾市、乐山市，西连甘孜州。地处北纬26°03′~29°18′，东经100°03′~103°52′之间。全州辖区面积60423平方千米，辖西昌市、德昌、会理、会东、宁南、普格、布拖、昭觉、金阳、雷波、美姑、甘洛、越西、喜德、冕宁、盐源县和木里藏族自治县17个县（市），610个乡镇（街道）；2013年全州总人口506.24万人，增长1.8%。其中，少数民族人口277.07万人，增长2.9%，彝族人口为259.7万人、占总人口的51.3%。境内居住着彝族、汉族、藏族、回族、苗族、蒙古族、傈僳族、傣族、纳西族、布依族、壮族、白族、满族、土家族等14个世居民族，是全国最大的彝族聚居区，是四川省民族类别最多、少数民族人口最多的地区。州府所在地西昌市，海拔1510米，冬暖夏凉，四季如春，天空洁净清朗，月亮晶莹皎洁，素有“月城”之称，是一座春天栖息的城市，也是举世闻名的中国航天城。

【地质地貌】　凉山地处川西南横断山系东北缘，界于四川盆地和云南高原之间，地质地貌复杂。地质构造位置处于扬子地台西南缘，居康滇地轴中段：表现为南北向构造—岩浆活动带；西部跨入盐源—丽江台缘凹陷及松潘—甘孜地槽褶皱系；其东部则为上扬子台坳。凉山处于中国东部地台区和西部地槽区的分界部位、太平洋构造域与特提斯构造域的交接部。

地势西北高、东南低。山脉多呈南北走向，岭谷相同，从东至西主要有小凉山、大凉山、小相岭、螺髻山、牦牛山、银屏山、柏林山、鲁南山等山脉，这些山脉分别属于大凉山山系、小相岭—鲁南山山系、大雪山山系。海拔最高处为木里县恰朗多吉峰5958米，海拔最低处为雷波县大岩洞金沙江谷底325米，相对高差5633米。境内以山地、高原为主，占全州辖区面积的90%以上，丘陵、盆地、平原不到10%。

【气候状况】　凉山属亚热带季风气候，气温日较差大、年较差小，冬无严寒，夏无酷暑，干雨季分明，立体气候显著。境内最热为7月，最冷为1月，无霜期230~306天。年平均气温14℃~17℃，年日照时数2000~2400小时，日照辐射总量120~150千卡/平方厘米·年。全年降水量的水平分布是东部多于西部，南北差异不明显，年降水量600~2000毫米。

【历史文化】　凉山自古就是通往祖国西南边陲的重要通道，是古代“南方丝绸之路”和“茶马古道”的必经之地。秦汉时期，中央王朝就在凉山设置郡县进行管理。历史上许多著名人物如西汉司马迁、蜀汉诸葛亮、元世祖忽必烈、著名旅行家徐霞客、马可·波罗等都曾有在凉山游历、活动的记载。1935 年中国工农红军长征过凉山，途经境内 10 个县市，发生了巧渡金沙江、会理会议、彝海结盟等重大历史事件。1950 年凉山解放，1952 年凉山彝族自治区人民政府正式成立。1956 年实行民主改革，凉山“一步跨千年”由奴隶社会直接进入社会主义社会。1979 年，原凉山州和西昌地区合并，成立凉山彝族自治州，凉山迈入新的发展时期。

【自然资源】　凉山是攀西国家战略资源创新开发试验区的核心区，资源富集度高、组合性好、开发潜力巨大。水能资源：可开发量 6924 万千瓦，占全国的 15%、全省的 57%，国家在金沙江、雅砻江、大渡河“三江”流域规划建设的 14 座 100 万千瓦以上电站中，凉山占 10 座、总装机 5700 多万千瓦，是国家“西电东送”的重要基地和骨干电源点。矿产资源：已探明矿种 103 种，有相当储量的 60 种，特大型、大型矿床 30 处。其中轻稀土氧化物保有储量 27.8 亿千克、全国第二，有色金属矿产储量全省第一，铁矿资源保有储量 1.5 万亿千克，钒钛磁铁矿 1.2 万亿千克、全省第二。农业资源：是四川三大林区、三大牧区之一，安宁河谷平原是四川第二大平原（960 平方千米），被誉为“川南粮仓”。烟叶、蚕茧、马铃薯、苦荞麦、花卉、水果等特色优质农产品享誉全国，是全国市州级第二大优质烟区。生物资源：国家一级珍贵树种 8 种，国家二级珍贵树种 14 种。野生动物 661 种，鸟类 442 种，其中国家和省级重点保护野生动物 97 种。旅游资源：地处“大香格里拉旅游环线”腹心地带，有代表性景区景点 160 多个、国家 AAAA 级景区 3 个，国家和省级风景名胜区、自然保护区 7 个，邛海—泸山、螺髻山、泸沽湖、西昌卫星发射中心等闻名中外。

【国民经济】　2013 年，完成地区生产总值 1214.40 亿元，比 2012 年增长 10.2%。其中：第一产业增加值 233.89 亿元，增长 4.8%；第二产业增加值 642.21 亿元，增长 14.8%；第三产业增加值 338.31 亿元，增长 12.5%。人均 GDP 达到 26556 元，比 2012 年增长 7.6%。公共财政总收入完成 150.34 亿元，增长 9.1%；地方公共财政收入完成 110 亿元，增长 10%，其中：税收性收入 64.94 亿元，增长 9.12%。公共财政支出完成 333.02 亿元，增长 10.83%。全州实现工业增加值 486.28 亿元，增长 13%；固定资产投资 975.5 亿元，增长 10.2%。地区生产总值、地方公共财政收入分别位列四川 21 个市州第七位、第二位，均居全国 30 个少数民族自治州首位。

【民生状况】　2013 年，全州城镇居民人均可支配收入 21699 元，比 2012 年增长 9.4%；社会消费品零售总额 379.7 亿元，增长 13.7%。人均消费支出 15261 元，增长 9.6%。农民人均纯收入 7359 元，比 2012 年净增 940 元，增长 14.6%；农民消费支出 4311 元，增长 4.0%。全州城乡居民年末储蓄余额 625.44 亿元，增长 18.44%。城镇纳入最低生活保障 8.08 万人，农村纳入最低生活保障 57.88 万人。新农合参合率 98.69%，增长 1.01%。普通高校在校生人数 15066 人，增长 3.2%，中小学生在校生人数 784814 人，下降 1.4%。全州广播覆盖率 81.73%，增长 0.03%，电视覆盖率 92.14%，增长 0.04%。

（审核：尹克发　刘尧平/撰稿：罗艳）

大事记

Events

2013 年大事记

1 月

4 日　由凉山日报社主办的《凉山城市新报》正式创刊，当日出版第 1 期，共 16 个版，为四开彩色报纸。

6 日　州委经济工作会议在西昌召开。翟占一、罗凉清、王金铁、赵世勇、苏嘎尔布出席会议。州委、州人大、州政府、州政协、凉山军分区领导，17 县市主要负责人，州直各部门负责人参加会议。

7 日至 9 日　州人大十届二次会议在西昌召开。大会应到代表 407 人，实到代表 402 人。大会通过州人大十届二次会议选举办法、州人大十届二次会议日程，选举产生凉山州出席四川省第十二届人民代表大会代表。

8 日　凉山州与雅砻江公司在西昌召开雅砻江中下游水电开发建设工作会议。翟占一，罗凉清，雅砻江公司总经理、党委书记陈云华，赵世勇出席会议。雅砻江流域水电开发有限公司副总经理祁宁春主持会议。会上，滕中平代表州政府与西昌市、冕宁县、盐源县、木里县签订锦屏、官地、杨房沟、卡拉、卡杨公路工程 2013 年度工作目标责任书。达久木甲、杨文泉、龙伟、白云，雅砻江流域水电开发有限公司副总经理吴世勇、冉懋鸽，州级相关部门、相关县市负责人参加会议。

10 日　州委、州政府印发《关于加快对外经济贸易发展的意见》（凉委发〔2013〕1 号）。

11 日　成都、德阳、绵阳、遂宁、乐山、雅安、眉山、资阳、阿坝、甘孜、凉山 11 个市州的书记、市（州）长齐聚蓉城，认真贯彻落实省委经济工作会议精神。省委常委、成都市委书记黄新初，成都市委副书记、市长葛红林出席并讲话。翟占一作交流发言，罗凉清、赵世勇出席。

15 日　凉山军分区党委十四届九次全体（扩大）会议在西昌召开。会议表彰受省以上表彰的先进单位和个人，以及凉山军分区 2012 年先进单位和个人。

16 日　州科学技术协会第四次代表大会在西昌召开。翟占一，省科协党组书记、副主席吴凯出席并讲话。罗凉清、王金铁、邓显祥、施遐出席会议。

▲　翟占一在西昌会见鞍钢集团董事长、党委书记张广宁一行。王金铁、邓显祥、赵世勇、苏嘎尔布、施遐、毕志强，鞍钢集团副总经理姚林，攀钢股份公司总经理张大德，攀钢

西昌钢钒公司总经理李文谱、党委书记谭克建等参加会见。

16 日至 17 日　罗凉清率领州党政代表团赴山东省日照市考察并与日照市及日照钢铁控股集团有限公司进行座谈。胡坤，州级相关部门和相关县负责人随同考察。

17 日　2013 年春节慰问老干部暨情况通报会在西昌召开。翟占一出席会议并通报全州经济社会发展情况。冯斌主持会议并宣读州委、州政府致全州离退休老领导、老干部的慰问信。全州在西昌的离休干部和担任过正县级职务以上退休干部参加会议。

▲　翟占一在西昌市调研并听取工作汇报，赵世勇参加调研，达久木甲、杨卉，州级相关部门、西昌市负责人参加汇报会。

18 日　州委召开专题会议，传达学习省委、省政府关于改进工作作风密切联系群众的规定。翟占一、王金铁、邓显祥、苏嘎尔布出席。张强、王阿呷、冯斌、杨文泉、杨卉、施遐、余毅、白云、黄志富、米滨、邹楠，州级相关部门负责人参加会议。

▲　德昌县政府与重钢西昌矿业公司在成都签订钒钛资源综合利用项目建设战略合作协议。罗凉清、胡坤，重钢集团公司总经理、副董事长、党委副书记赵世庆，重钢集团公司副总经理董荣华，重钢集团公司副总工程师、矿业公司董事长梁正明出席签约仪式。德昌县及州级相关部门负责人参加签约仪式。

▲　州委办、州政府办印发《凉山州 2013 年安宁河谷地区重大项目推进工作方案的通知》（凉委办发〔2013〕2 号）。

27 日　翟占一在政协四川省十一届一次会议选举大会上，当选为政协四川省第十一届委员会副主席。

28 日　全州政法工作电视电话会议召开。翟占一、罗凉清就做好新形势下全州政法工作作出批示。杨文泉传达批示和全省政法工作会议精神，并作全州政法工作报告。余毅主持，周斌、马报参加会议。

2 月

1 日至 2 日　省委常委、副省长钟勉率省委、省政府慰问团到凉山州，看望慰问困难群众、老党员、驻州部队、武警官兵和公安民警。翟占一、罗凉清、赵世勇、苏嘎尔布一同慰问。

2 日至 3 日　省委书记、省人大常委会主任王东明率省委、省政府慰问团，前往凉山州看望基层干部群众，代表省委、省政府向困难群众送上慰问品和慰问金，并致以节日的问候和新春的祝福。王东明到昭觉县普诗乡四呷村彝族群众家中调研慰问。省委常委、秘书长陈光志，武警四川省总队司令员肖凤合一同看望慰问并调研。翟占一、罗凉清陪同看望慰问和调研。

3 日　翟占一主持召开七届州委第 28 次常委（扩大）会议，传达省十二届人大一次会议、省政协十一届一次会议精神，传达省委书记、省人大常委会主任王东明在凉山调研时的重要指示精神，传达省纪委十届二次全会第一次大会、省总工会十二届七次全委会精神，研究贯彻意见；审议《州委州政府关于改进工作作风、密切联系群众的规定》。罗凉清、赵世勇、苏嘎尔布、张强、滕中平、胡坤、王阿呷、冯斌、达久木甲、杨文泉、龙伟出席会议。王金铁、邓显祥，州人大常委会副主任、州政府副州长、州政协副主席、州检察院检察长，州级相关部门，相关县市负责人列席会议。

▲　武警凉山州支队党委一届十次全体（扩大）会议在西昌召开。翟占一出席并讲话，苏嘎尔布、杨文泉、龙伟、余毅、邹楠参加会议，唐新茂主持会议。

4 日　省经济和信息化委员会调研组赴凉山州调研。翟占一，省经济和信息化委员会副主任、党组副书记、调研组组长张支铁，罗凉清一同调研。

5 日　翟占一率慰问组看望慰问困难群众、老党员和老干部，代表州委、州人大、州政府、州政协向全州各族人民致以新春问候和良好祝愿。熊正林、黄志富一同慰问。

▲　由共青团凉山州委、凉山州青年联合会共同主办的“幸福凉山、暖冬关爱”大型公益活动在西昌举行。翟占一，共青团四川省委书记张彤，罗凉清、龙伟、施遐、马报等参加活动。

▲　凉山州在西昌召开迎春茶话会。翟占一、罗凉清、王金铁、邓显祥、阿什老轨、苏嘎尔布等领导以及凉山军分区主官，在昌部分州老领导和省政协委员同各民主党派、工商联负责人和无党派人士代表、宗教界、侨属以及各族各界人士代表出席茶话会。茶话会由达久木甲主持，熊仿秋发言。

6日　罗凉清率队到武警凉山州支队，代表州委、州政府和全州各族人民，亲切慰问广大官兵，杨文泉、余毅、石一鲁实参加慰问。

▲ 罗凉清率队到西昌市沃尔玛超市等地，检查节日市场供应、食品安全等工作，滕中平，石一鲁实，州食品药品监管、工商、质监等部门及西昌市负责人参加检查。

▲　赵世勇率何绍忠、施遐及西昌市相关负责人，分别看望慰问老领导和贫困党员。

▲　州委、州政府印发《关于改进工作作风、密切联系群众的规定的通知》（凉委发〔2013〕4号）。

8日　罗凉清走访慰问值守在基层工作一线的干部职工，送上诚挚祝福。石一鲁实及州经信、交通等部门负责人参加慰问。

19日　翟占一主持召开七届州委第31次常委会议，专题研究当前经济工作；会议传达全省新农村建设成片推进暨现代农业建设电视电话会议精神、全省宣传部部长会议和全省统战部部长会议精神，研究贯彻意见；会议还对农业生产、护林防火、安全生产等工作提出要求。罗凉清、赵世勇、苏嘎尔布、张强、滕中平、胡坤、王阿呷、冯斌、达久木甲、杨文泉、龙伟出席会议。王金铁、邓显祥、杨卉、白云、李俊，州级相关部门负责人列席会议。

▲　州委召开重点工作推进会。翟占一主持会议并讲话。罗凉清出席会议并讲话，王金铁、邓显祥出席会议，赵世勇、苏嘎尔布、张强、滕中平、胡坤、王阿呷、冯斌、达久木甲、杨文泉、龙伟参加会议并发言。州人大、州政府、州政协领导，州级相关部门，17县市党政负责人参加会议。

20日　翟占一主持召开七届州委第33次常委会议，会议传达全国、全省组织部部长会议精神，罗凉清、赵世勇、苏嘎尔布、张强、滕中平、胡坤、王阿呷、冯斌、达久木甲、杨文泉、龙伟出席会议。王金铁、邓显祥列席会议。

▲　西昌市创建全国文明城市推进大会召开，赵世勇出席会议并讲话。

21日　州委、州政府印发《凉山彝族自治州农村扶贫开发规划（2011—2020年）的通知》（凉委发〔2013〕5号）。

22日　罗凉清主持召开十届州政府第11次常务会议，审议通过《中共凉山州委、凉山州人民政府关于贯彻落实〈四川省金沙江下游沿江经济带发展规划（2012—2017年）〉的实施意见》；会议原则通过《中国攀西战略资源创新开发试验区德昌集中发展区总体规划》；会议同意将州本级法律援助工作经费纳入财政预算；会议审议通过《凉山州建设工程抗震设防要求管理办法》；研究发放自主就业退役士兵地方经济补助的有关问题。滕中平、杨卉、周德文、施遐、肖春、石一鲁实出席会议。

25日至26日　副省长黄彦蓉到联系点西昌市开展调研并召开座谈会，翟占一陪同调研。罗凉清、赵世勇、省住房和建设厅厅长何健、省旅游局局长郝康理分段参加调研。杨卉、肖春、马布都，州级相关部门、西昌市负责人参加座谈会。

26日至28日　省委常委、宣传部部长吴靖平到西昌、盐源等县市进行调研，翟占一陪同调研。省纪委常委、监察厅副厅长贾瑞云，省委组织部副部长戴允康，省住建厅副厅长杨光，赵世勇、滕中平、王阿呷、毕志强分段参加调研。

27日　州纪委七届三次全会在西昌召开。翟占一出席并讲话，罗凉清、王金铁、邓显祥、苏嘎尔布、胡坤、冯斌、杨文泉、龙伟参加会议，张强主持会议并传达省纪委十届二次全会精神。会议表彰2008—2012年全州惩防体系建设先进集体、全州乡镇纪检组织建设先进集体和先进个人。州人大、州政府、州政协有关领导在西昌主会场参加会议。

28日　翟占一主持召开七届州委第34次常委会议，研究凉山州实施多点多极支撑发展；传达全省农村工作会议精神。赵世勇、苏嘎尔布、张强、滕中平、胡坤、王阿呷、达久木甲、杨文泉、龙伟出席会议。王金铁、邓显祥、杨卉、周德文、施遐、余毅、肖春、米滨，州级相关部门负责人列席会议。

▲　全州招商引资工作会议在西昌召开，赵世勇出席并主持会议。会上，州政府与各县（市）签订2013年招商引资目标责任书。李军、杨卉出席会议。

▲　全州统战部部长会议在西昌召开，苏嘎尔布、达久木甲出席会议并讲话。会议通报2012年度统战工作先进县市名单和单项统战工作先进县市名单。熊正林、黄志富参加会议。

▲　全州检察长工作会在西昌召开。苏嘎尔布、杨文泉出席会议并讲话。米滨通报2012年工作，并对2013年工作进行安排部署。各县（市）检察院检察长分别签订2013年党风廉政建设暨"一岗双责"责任书。

3月

4日　凉山州关心下一代工作座谈会在西昌举行。省关工委执行主任谢世杰出席并讲话。翟占一主持。省关工委副主任杜江、李正培，苏嘎尔布出席会议。冯斌汇报凉山州关心下一代工作，钟承先，州关工委执行主任秦在高，州关工委常务副主任张中由、马开源、沈明祥，州级相关部门负责人参加会议。

▲　民建凉山州第五届、西昌市第六届委员会第七次全委会议在西昌召开。苏嘎尔布出席会议，达久木甲出席会议并讲话。会议选举王萌为民建凉山州第五届、西昌市第六届委员会主委。

5日　翟占一到联系点西昌市安哈镇开展调研，龙伟，州级相关部门、西昌市有关领导一同调研。

6日　翟占一到冕宁、德昌县调研并听取冕宁、德昌工作情况汇报，胡坤、达久木甲、龙伟，州级相关部门，冕宁、德昌等县负责人一同调研。

7日　凉山军分区领导班子调整命令大会在西昌举行。省军区政治部主任谢武忠宣布中央军委命令和四川省军区通知：叶佩任凉山军分区政治委员。翟占一出席并讲话，王金铁、邓显祥、苏嘎尔布、白云参加会议，叶佩参加会议并讲话。

12日　凉山州与省烟草专卖局（公司）在成都举行座谈会。翟占一，省烟草专卖局（公司）主要负责人胡存忠出席并讲话。滕中平、龙伟、周德文、戚天福，省烟草专卖局（公司）、州烟草专卖局（公司）有关负责人参加会议。

12日至14日　省委常委、省纪委书记王怀臣到西昌、冕宁调研，翟占一陪同调研。省纪委常委鞠波，省预防腐败局专职副局长刘光辉，赵世勇、张强、滕中平，省纪委研究室，西昌、冕宁等县市负责人分段参加调研。

18日　州委办、州政府办印发《关于对全州重点项目实行州级领导联系制度的通知》（凉委办发〔2013〕8号）。

19日　凉山州与省电力公司座谈会在西昌举行。翟占一、省电力公司总经理王抒祥出席并讲话。罗凉清主持，赵世勇出席。滕中平、胡坤、龙伟，省电力公司副总经济师刘洋，省电力公司证券部、办公室，西昌电业局负责人参加会议。

20日　翟占一主持召开七届州委第35次常委（扩大）会议，传达学习十二届全国人大一次会议、全国政协十二届一次会议精神，研究贯彻意见。全国人大代表罗凉清传达十二届全国人大一次会议精神，全国政协常委阿什老轨传达全国政协十二届一次会议精神。赵世勇、苏嘎尔布、张强、滕中平、胡坤、王阿呷、冯斌、达久木甲、杨文泉、龙伟出席会议。王金铁、邓显祥、州人大常委会副主任、州政府副州长、州政协副主席、州法检"两长"列席会议。

21日 罗凉清在西昌会见广东碧桂园集团董事局主席杨国强一行。赵世勇、滕中平，州级相关部门及西昌市负责人参加会见。

22日 罗凉清主持召开十届州政府第12次常务会议，研究审议《凉山州人民政府工作规则》《凉山州人民政府关于加快凉山州花卉产业发展的意见》《凉山州人民政府办理人大代表建议和政协委员提案办法》《凉山州本级财政支出绩效评价管理办法》，研究全州安全生产工作。

23日至24日 人力资源和社会保障部副部长胡晓义到西昌、普格等县市，调研人力资源和社会保障、城镇居民基本医疗保险、“金保”工程建设和新型农村社会养老保险等工作开展情况。省委组织部副部长、省人力资源和社会保障厅厅长、省公务员局局长王建军，罗凉清一同调研。人力资源和社会保障部办公厅、农村社会保险司、信息中心负责人，省人力资源和社会保障厅副厅长刘功勋，滕中平等参加调研。

24日 州委办、州政府办文件印发《2013年开展州级领导干部“五个一”联系工作的通知》（凉委办发〔2013〕10号）。

25日 全州领导干部“五个一”联系工作会议在西昌召开。翟占一出席并讲话，罗凉清对全州重点项目联系工作进行安排。王金铁、邓显祥出席会议。赵世勇宣读《2013年开展州级领导干部“五个一”联系工作的通知》。张强、滕中平、胡坤、王阿呷、达久木甲、杨文泉、龙伟、州人大常委会副主任、州政府副州长、州政协副主席、州检察院检察长，州级相关部门，17县市，州属企业负责人参加会议。

27日 凉山州与三峡集团公司金沙江下游水电开发工作第六次联席会议在成都举行。翟占一，三峡集团公司董事长曹广晶出席并讲话。罗凉清，省扶贫和移民工作局局长张谷，赵世勇，三峡集团公司副总经理毕亚雄，三峡集团公司总经理助理、移民工作局党委书记梁福林，四川省扶贫和移民工作局副局长向伟益出席。三峡集团公司副总经理樊启祥主持会议。滕中平、杨文泉、余毅、白云，省能源局、省扶贫和移民工作局，州级相关部门、相关县市，三峡集团公司办公厅、财务部、工程建设管理局、移民工作局，成都勘测设计研究院、中南勘测设计研究院、华东勘测设计研究院、长江勘测设计研究院负责人参加会议。

▲ 凉山州与省级金融部门对接会在成都举行。翟占一，人民银行成都分行行长周晓强，四川银监局局长王筠权出席并讲话，罗凉清致辞。省政府金融办副主任艾毓斌主持会议。省级八家金融机构负责人，赵世勇、滕中平、杨卉出席会议。凉山州政府分别与人民银行成都分行、四川省银监局签署合作备忘录，与八家省级金融机构签署银政合作协议，协议授信金额达522.2亿元。

28日 凉山州召开首批学习成都市统筹城乡工作挂职干部动员会。赵世勇出席会议并讲话。首批选派到成都挂职学习的14名挂职干部以及州委组织部、西昌市委组织部相关负责人参加会议。

4月

2日 凉山州56个重点项目集中开工。翟占一宣布项目开工。罗凉清致辞，邓显祥出席，赵世勇主持。滕中平、龙伟、海来木呷，州级相关部门，各县市相关负责人及项目业主单位和施工单位代表参加开工仪式。

▲ 州委农村工作会议在西昌召开，翟占一，罗凉清就全州“三农”工作作出重要批示。达久木甲、白云、马报出席会议。

7日 翟占一主持召开七届州委第38次常委会议，审议《州委、州政府关于贯彻落实〈四川省金沙江下游沿江经济带发展规划（2012—2017年）〉的实施意见》。罗凉清、赵世勇、苏嘎尔布、张强、滕中平、胡坤、冯斌、达久木甲、杨文泉、龙伟出席会议，王金铁、邓显祥、熊正林、李军、杨卉、周德文、施遐、余毅、白云、黄志富、马报、李俊、米滨，州级相关部门负责人列席会议。

9日 凉山州与川渝中烟工业公司在成都

举行座谈会。翟占一、罗凉清、川渝中烟工业有限责任公司总经理吴应禄出席。龙伟、周德文、戚天福，川渝中烟工业有限责任公司、州烟草办、州烟草公司、西昌烟厂相关负责人参加会议。

10日　凉山州与江西铜业集团公司座谈会在西昌举行。翟占一、江西铜业集团公司、江西铜业股份有限公司董事长、党委书记李保民，江西铜业股份有限公司总经理龙子平出席。罗凉清主持。胡坤，州级相关部门、西昌、德昌、冕宁等县市负责人，江西铜业股份有限公司党委副书记汪波，副总经理江春林、黄明金，江西铜业股份有限公司计划发展部、财务管理部，四川康西铜业有限责任公司负责人参加会议。

11日　翟占一、罗凉清前往宁南、普格交界处的白水河滑坡灾害点，检查地质灾害防治工作，并在普格县听取宁南、普格两县关于白水河滑坡地质灾害防治工作情况汇报。杨卉，州交通运输局、州水务局、州国土资源局、州应急办，普格、宁南县负责人参加查勘和座谈会。

12日　凉山州与成都企业家座谈会在西昌举行。翟占一，罗凉清，王金铁，成都市人大常委会副主任、民建成都市委主委仰协出席。赵世勇介绍凉山州招商引资情况。杨卉，王萌，民建成都市委副主委兼秘书长史红平，四川运达化工集团有限公司、四川九博生物药业有限公司、四川宏泰置业有限公司等负责人参加会议。

▲　州政府在西昌与省测绘地理信息局正式签订战略合作协议。罗凉清、省测绘地理信息局局长马赟出席签约仪式并共同为凉山州测绘地理信息局授牌。杨卉、省测绘地理信息局副局长杨升参加签约仪式。

▲　州委、州政府在西昌召开全州史志工作会议，肖春出席会议并讲话。

15日　省委书记、省人大常委会主任王东明专程前往邛海湿地保护区调研生态建设情况，翟占一、罗凉清等陪同调研。

15日至18日　原中共中央政治局常委、全国政协主席贾庆林到昭觉县碗厂乡大石头村燕麦地社、解放乡燕子洛村、昭觉县民族重点寄宿制小学，德昌县麻栗乡大坝村，西昌市邛海湿地保护区、天喜花卉、凉山奴隶社会博物馆、攀钢西昌钢钒公司，看望慰问各族干部群众，听取凉山州经济社会发展、优势资源开发与保护、生态建设、综合扶贫开发、彝家新寨建设、彝区健康文明新生活运动等情况汇报。翟占一陪同调研。

16日　罗凉清率凉山州代表团参加四川与全国知名民营企业投资合作洽谈会。凉山州签约项目12个，总投资额296.64亿元。

▲　省委书记、省人大常委会主任王东明会见山东日照钢铁控股集团公司董事长杜双华一行。罗凉清、胡坤、熊自力、宋光明参加会见。

▲　2013年全州艾滋病防治暨爱国卫生工作会议在西昌召开，罗凉清对艾滋病防治工作作出批示，王阿呷出席会议并讲话，国家疾控局副巡视员孙新华应邀出席会议。施遐主持会议。

18日　翟占一主持召开七届州委第39次常委（扩大）会议，传达原中共中央政治局常委、全国政协主席贾庆林在凉山考察时的重要指示精神，省委书记、省人大常委会主任王东明在凉山调研时的重要指示精神，四川与全国知名民营企业投资合作洽谈会议精神，研究贯彻意见。罗凉清、赵世勇、苏嘎尔布、张强、滕中平、胡坤、冯斌、杨文泉、龙伟出席会议。王金铁、邓显祥、州人大常委会副主任、州政府副州长、州政协副主席、州法检“两长”，州级相关部门负责人列席会议。

▲　雅砻江水电凉山有限公司挂牌成立。翟占一，罗凉清，雅砻江公司总经理、党委书记陈云华，赵世勇出席。滕中平、龙伟、余毅，雅砻江公司总会计师姚勇，州级相关部门，雅砻江公司，雅砻江水电凉山有限公司相关负责人参加会议。

18日至20日　全国政协民宗委调研组到普格县沙合莫村、五道箐小学、昭觉县碗厂乡大石头村燕麦地社等地调研综合扶贫开发、彝家新寨建设、彝区健康文明新生活运动、教育事业发展、生态环境保护等工作，并于20日在西昌听取凉山州工作汇报。全国政协委员、民族和宗教委员会副主任、广西壮族自治区政协原主席马铁山，全国政协委员、民族和宗教委员会副主任、云南省政协原主席王学仁，全国政协委员、民族和宗教委员会副主任、新疆生产建设兵团原司令、中国新建集团公司原总经理华士飞，全国政协委员、民族和宗教委员会委员、中央纪委驻国土资源部纪检组组长、国土资源部党组成员王寿祥，全国政协调研组成员梁骧、阿什老轨等出席会议。翟占一主持，罗凉清汇报相关工作，王金铁、邓显祥、苏嘎尔布出席。龙伟、白云、马报，省政协副秘书长聂卉，省政协办公厅民族宗教处，州级相关部门，凉山州纳入乌蒙山片区规划的8个县负责人参加会议。

19日至24日　政协凉山州十一届二次会议在西昌召开。开幕大会应到委员408人，实到委员369人。大会表决通过邓显祥作的工作报告、季晓静作的提案工作情况报告，大会补选政协凉山州第十一届委员会副主席3人、秘书长1人，杨洪清、苏燕凌、王萌当选为政协凉山州第十一届委员会副主席，邹学军当选为政协凉山州第十一届委员会秘书长。

20日至24日　州人大十届三次会议在西昌召开。大会应到代表410人，实到代表402人。大会听取并审议通过“一府两院”及州人大常委会、计划、财政预决算工作报告。大会补选州人大十届常务委员会副主任1名、委员2名，刘建蓉当选州人大十届常务委员会副主任，付荣、禄兴云当选为州人大十届常务委员会委员。

▲　州委召开全州党风廉政建设工作会。赵世勇主持会议，张强、冯斌出席会议。

28日　州委、州政府印发《关于2013年党风廉政建设和反腐败工作的意见》（凉委发〔2013〕10号）。

5月

3日　罗凉清主持召开十届州政府第13次常务会议，审议并原则通过《凉山州重点项目规划（2013—2017年）》；会议审议《中共凉山州委凉山州人民政府关于贯彻落实〈四川省民族地区教育发展十年行动计划（2011—2020年）〉的实施意见》；会议审议并原则通过《冕宁稀土高新产业园区总体规划》；会议研究审议《越西县工业集中区产业发展规划》《凉山州住房公积金提取管理办法》《凉山州住房公积金贷款管理办法》《凉山州住房公积金内部稽核审计办法》《凉山州农村五保供养工作实施办法》，研究提高凉山州农村五保供养对象供养标准的有关问题。

7日　罗凉清主持召开十届州政府第14次常务会议，传达学习全省市州长专题会议精神，安排近期重点工作。滕中平、杨卉、周德文、施遐、余毅、白云、肖春、熊自力、石一鲁实出席会议。

8日　翟占一主持召开七届州委第41次常委（扩大）会议，传达省委开展“实现伟大中国梦、建设美丽繁荣和谐四川”主题教育活动动员大会精神，研究贯彻意见。罗凉清、苏嘎尔布、张强、滕中平、王阿呷、冯斌、达久木甲、龙伟出席会议，王金铁、邓显祥，州人大常委会副主任、州政府副州长、州政协副主席、州法检“两长”，州级相关部门负责人列席会议。

▲　赵世勇在会东主持召开会理、会东、宁南三县一体化发展座谈会，胡坤、钟承先参加座谈会并讲话。州级相关部门和会理、会东、宁南三县主要负责人参加会议并发言。

9日　州委中心学习组学习（扩大）会议在西昌举行。翟占一主持。省政协副主席解洪作报告。罗凉清、王金铁、邓显祥、苏嘎尔布出席。解洪以《加快试验区建设，奋力实现跨越突破》为题，对国家批准设立攀西战略资源创新开发试验区的历史背景、重大意义、战略目的等进行解读。州委、州人大、州政府、州政协、凉山军分区领导，州委中心学习组全体成员，州直各部门、州属企事业单位、垂管系统驻州有关单位领导班子及骨干，西昌市党政领导干部及各行各业代表共计900人参加会议。

▲　凉山州青年代表座谈会在西昌举行。翟占一出席并讲话，苏嘎尔布出席，龙伟主持座谈会。团州委、四川省青年文明号代表、四川省优秀共青团干部代表，17县市团委、学校、医院、企业、州直机关、武警代表参加会议。

8日至10日　省政协攀西战略资源创新开发试验区调研组到凉山州德昌县银鹿工业园区、攀钢西昌钢钒公司调研，并于10日在西昌听取凉山州工作情况汇报。翟占一主持会议。省政协副主席解洪出席会议。罗凉清汇报凉山州相关工作情况。邓显祥、苏嘎尔布，省政协经济委特邀副主任、省政协办公厅巡视员惠蜀，省发改委巡视员吴应伟，省政协经济委专职副主任杨平出席。蒋若枫、杨洪清，省政协攀西战略资源创新开发试验区调研组全体成员，州级相关部门、相关县市负责人参加会议。

10日　罗凉清参加全州消防工作会议并讲话，会上，州政府与各县市政府签订2013—2015年度消防站建设工作目标责任书及2013年度消防工作目标责任书，余毅参加会议。

15日　翟占一主持召开七届州委第42次常委（扩大）会议，传达贯彻十届省委三次全会，省委书记、省人大常委会主任王东明，省委副书记、省长魏宏的重要指示精神，研究贯彻意见。赵世勇、苏嘎尔布、张强、滕中平、胡坤、王阿呷、冯斌、达久木甲、杨文泉、龙伟出席会议。王金铁、邓显祥、州人大常委会副主任、州政府副州长、州政协副主席，州法检“两长”，州级相关部门负责人列席会议。

17日　凉山州与三峡集团新能源公司在四川与中央企业深化合作座谈会上签订总装机65万千瓦的《风能、太阳能开发投资合作协议》。合作协议签订后，凉山州与三峡集团随即召开座谈会。翟占一，罗凉清，赵世勇，三峡集团公司总经理陈飞，三峡集团公司副总经理毕亚雄、总经理助理王锦程出席。杨卉，州级相关部门负责人，三峡金沙江川云水电开发有限公司总经理赵木森，三峡集团新能源公司党委书记、副总经理钱锁明参加会议。

19日　由省科技厅、省委宣传部、省科协和州政府联合举办的四川省2013年科技活动周暨国家科技惠民项目启动仪式在西昌举行。省科技厅党组书记、厅长彭宇行，罗凉清共同启动活动。王金铁、邓显祥出席启动仪式。省科协巡视员陈善蜀、省科技厅机关党委书记吴成、省委宣传部副秘书长曹雨真，王阿呷、施遐、肖春、熊仿秋参加启动仪式。

20日　全州科技创新大会在西昌举行。翟占一出席并讲话。王金铁、邓显祥，省科技厅副厅长周孟林，赵世勇、苏嘎尔布出席。滕中平主持会议，王阿呷宣读授奖决定。张强、胡坤、冯斌、达久木甲、龙伟、肖春、米滨，州级相关部门，17县市负责人，凉山州杰出贡献获奖人员，县市科技进步考核优秀获奖单位，科技进步奖项目代表参加会议。

22日至23日　州委七届四次全会在西昌召开。全会由州委常委会主持，全会总结州第七次党代会以来州委常委会工作。全会听取和讨论翟占一受州委常委会委托所作的工作报告，审议通过《中共凉山州委关于深入贯彻落实党的十八大精神为与全国全省同步全面建成小康社会而奋斗的决定》。罗凉清就《决定（讨论稿）》向全会作说明。出席会议的有州委委员55人，候补州委委员10人。有关方面负责人列席会议。

23日　翟占一主持召开七届州委第43次常委会议，会议听取七届州委四次全体会议分组讨论情况报告。赵世勇、张强、滕中平、冯斌、达久木甲、杨文泉、龙伟出席会议，王金铁、邓显祥列席会议。

▲　凉山州交通运输工作座谈会在西昌举行。翟占一，省交通运输厅党组书记、厅长彭琳出席并讲话。罗凉清介绍《凉山州2013—2015年公路水路交通建设推进方案》实施情况，赵世勇，省交通运输厅副厅长鲜雄、张晓燕出席。滕中平、胡坤、蒋若枫，州级相关部门、西昌市相关负责人，省交通运输厅公路局局长朱学雷，省交通投资集团副总经理张志英，四川高速公路建设开发总公司总经理王孝国，省交通运输厅相关院所、处室负责人参加会议。

24日至25日　全国政协副主席、民革中

央委员会常务副主席厉无畏在凉山州考察。省人大常委会副主任刘家强，翟占一、罗凉清、邓显祥分段陪同。省政协副秘书长、民革四川省委副主委何一立，龙伟，西昌市负责人参加考察。

26日至27日　国务院扶贫办调研组赴凉山州调研并召开凉山州扶贫工作座谈会。国务院扶贫办副主任王国良，省政府资政张作哈，翟占一，省扶贫和移民局局长张谷，罗凉清、王金铁出席座谈会。国务院扶贫办外资中心主任欧青平，国家能源局电力司副巡视员郭伟，国务院扶贫办规划财务司副司长张广平，省扶贫移民局副局长刘维嘉，达久木甲、龙伟、白云、熊自力、蒋若枫，州级相关部门、11个国家扶贫开发工作重点县相关负责人，国务院扶贫办政策法规司、规划财务司，农业部发展计划司，国家旅游局规划计划司，省扶贫移民局相关参加会议。在凉山州期间，调研组一行还前往布拖县瓦都乡瓦都村、火烈乡约呷村等地，召开乡村座谈会、走访贫困户、调研基础设施建设及产业发展情况，详细了解综合扶贫开发相关情况。

27日　凉山州与重钢集团在西昌举行座谈会。翟占一、罗凉清，重钢集团公司董事长、党委书记刘加才，重钢集团公司总经理朱建派出席会议。胡坤，重钢集团副总经理董荣华、袁进夫，州级相关部门、相关县市，重钢集团技术发展办公室、建设公司、重钢西昌矿业公司负责人参加会议。

▲　州委印发《关于深入贯彻落实党的十八大精神为与全国全省同步全面建成小康社会而奋斗的决定》(凉委发〔2013〕14号)。

▲　州委、州政府印发《关于实施多点多极支撑发展战略推进全域凉山建设的意见》(凉委发〔2013〕15号)。

28日　全省银行业支持凉山新寨新村建设暨产村相融发展推进会在西昌举行。翟占一、省银监局局长王筠权出席并讲话。罗凉清致辞并与省级银行业金融机构签署协议。王金铁、赵世勇出席。省级各金融机构负责人出席会议并发言。胡坤、杨卉、蒋若枫，17县市、州级相关部门，州级金融机构负责人参加会议。

28日至29日　省委省政府决策咨询委员会主任甘道明率省决咨委新型城镇化调研组一行，在罗凉清、阿什老轨、赵世勇的陪同下，先后到冕宁稀土工业园区、冕宁县建设村、西昌市海门渔村、西昌市海河天街、邛海湿地保护工程三、四期等地调研凉山州新型城镇化建设情况。调研组听取凉山州相关工作汇报。阿什老轨出席会议，苏嘎尔布主持汇报会，周文安、滕中平、胡坤、何绍忠、杨卉参加会议。

31日　省委组织部副部长刘东率调研组在凉山邛海宾馆召开专题调研座谈会。赵世勇就凉山州贯彻落实省委十届三次全会精神及开展“实现伟大中国梦、建设美丽繁荣和谐四川”主题教育活动情况作专题汇报，冯斌主持座谈会，苏燕凌参加座谈会。

6月

1日　财政部驻四川省财政监察专员办事处财政专员杜恒率检查组一行，在西昌就中央财政教育专项资金的使用情况与州委、州政府交换意见。苏嘎尔布出席会议，施遐参加会议。

4日　翟占一主持召开七届州委第44次常委会议，专题听取凉山州“实现伟大中国梦、建设美丽繁荣和谐四川”主题教育活动开展情况，会议传达攀西战略资源创新开发试验区建设工作领导小组第一次会议精神，研究贯彻意见。罗凉清、赵世勇、苏嘎尔布、张强、滕中平、胡坤、冯斌、达久木甲、杨文泉、龙伟出席会议，王金铁、邓显祥、周德文、白云、肖春、李俊、米滨，州级相关部门负责人列席会议。

5日　翟占一专题调研中等职业教育发展并在凉山州农业学校召开州属中等职业学校工作座谈会。龙伟、施遐，州委组织部、州委宣传部、州农办、州教育局，西昌市相关负责人参加调研。

▲　罗凉清到“五个一”联系点——会理县老街乡指导工作、了解群众生产生活情况，检查龙泉乡通乡公路建设情况，石一鲁实，州

发改、财政、交通等部门负责人陪同调研。

6日　省委宣讲团“学习贯彻省委十届三次全会精神、奋力谱写中国梦四川篇章”宣讲报告会在西昌举行。翟占一主持。省委宣讲团成员、省委党校科社教研部主任杨继荣作主题宣讲。赵世勇、苏嘎尔布出席。州委、州人大、州政府、州政协、凉山军分区领导，州委中心学习组全体成员，州直部门、州属事企业单位、垂管系统驻州有关单位主要负责人，西昌市党政领导干部代表共计300余人参加专题学习。

6日至7日　罗凉清在金阳县督查“实现伟大中国梦、建设美丽繁荣和谐四川”主题教育活动、二季度“双过半”、安全生产、信访维稳、新农村建设等工作，实地察看金阳道路交通建设、城镇建设等情况。王萌，石一鲁实，州发改、财政、移民、安监等部门负责人参加调研。

7日　翟占一前往西昌市就“实现伟大中国梦、建设美丽繁荣和谐四川”主题教育活动开展、二季度“双过半”、安全生产、安全度汛和防灾减灾、创新社会管理等重点工作进行督查，周德文、宋光明，州级相关部门、西昌市负责人参加督查。

▲　西昌、德昌、冕宁三县市同城化发展座谈会在冕宁县召开，赵世勇主持会议，胡坤、杨卉参加座谈会并讲话。州级相关部门和西昌、德昌、冕宁三县市主要负责人参会并发言。

▲　州委办、州政府办印发《关于开展事业单位分类工作的实施意见》（凉委办发〔2013〕15号）。

8日　邛海湿地五期、六期暨西昌绕城环线规划设计方案汇报会在西昌举行。会议听取西昌市委市政府、中国城市规划设计院、同济规划院、省交通勘察设计院关于邛海湿地保护区五期“四季花海”、六期“梦回田园”及西昌市绕城环线公路规划设计方案的汇报。翟占一、罗凉清、苏嘎尔布出席，杨卉、白云、肖春，州级相关部门，西昌市，中国城市规划设计院、同济规划院、省交通勘察设计院相关负责人参加会议。

9日　全省安全生产电视电话会议召开后，凉山州立即召开全州安全生产电视电话会议，传达全省会议精神，省委书记、省人大常委会主任王东明重要批示和省委副书记、省长魏宏重要讲话精神。翟占一出席并讲话。罗凉清在省主会场参加会议并与省政府签订目标责任书。苏嘎尔布主持会议，滕中平对全州安全生产工作进行安排部署。

14日　凉山州与省国土资源厅在成都举行座谈会。翟占一、省国土资源厅厅长杨冬生出席并讲话。罗凉清介绍凉山州国土资源工作情况。杨卉、熊自力，州发改委、财政局、国土资源局，西昌市负责人，省国土资源厅副厅长王平、徐志文，省国土资源厅总规划师王浩、机关党委书记隆爱军，省国土资源厅建管处、规划处、矿管处、地勘处、地环处负责人参加会议。

▲　州委办、州政府办印发《关于凉山州交通投资开发有限责任公司组建方案的通知》（凉委办发〔2013〕16号）。

18日　省委第二巡视组组长朱定国率巡视组一行，到凉山州专项巡视“实现伟大中国梦、建设美丽繁荣和谐四川”主题教育活动开展情况，赵世勇、冯斌陪同巡视。

▲　苏嘎尔布先后到宁南县白水河特大滑坡泥石流地质灾害防治点、幸福牧业、海子乡中坪村、幸福乡、稻谷乡等地，对宁南县主题教育活动、二季度“双过半”、安全生产、安全度汛、社会稳定等当前重点工作进行督查调研。周斌参加督查。

19日　州委办、州政府办转发《凉山州禁毒工作目标考核办法和凉山州毒品危害重点部位挂牌整治和摘牌程序规定的通知》（凉委办发〔2013〕17号）。

20日　翟占一主持召开七届州委第45次常委会议，传达学习习近平总书记在党的群众路线教育实践活动工作会议上的重要讲话精神，省委书记、省人大常委会主任王东明，省委副书记、省长魏宏在省委学习贯彻党的十八大和省委十届三次全会精神读书班上的讲话精神，研究贯彻意见；会议传达全省扶贫开发工作暨总结表彰大会、全省落实农民增收县（市、区）委书记和县（市、区）长负责制工作电视电话会议精神。罗凉清、赵世勇、胡坤、王阿呷、达久木甲、杨文泉出席会议。王金铁、熊正林、李军、周斌、杨卉、周德文、施遐、熊自力、杨洪清、李俊、米滨，州级相关部门负责人列席会议。

20日至22日　省委常委、政法委书记刘玉顺在翟占一的陪同下，到西昌、盐源、木里等县市调研，省委政法委副书记陈明国，杨文泉、李俊，州级相关部门，西昌、盐源、木里相关负责人参加调研。

24日至26日　省政协教育委员会视察组到喜德县热柯依达乡中心校、则约乡中心校、喜德县中学、县机关幼儿园、西昌学院、西昌现代职业技术学校、西昌民族中学、邛海湿地保护区等地视察，并于26日在西昌听取凉山州教育工作汇报。翟占一、省政协教育委员会主任王宗榜出席并讲话，邓显祥出席。龙伟、杨洪清，省政协教育委员会专职副主任席晓艳，州教育局、州扶贫办、州民宗委，西昌市有关负责人，省政协教育委员会视察组成员参加视察或会议。

26日　全州禁毒工作电视电话会议在西昌召开。苏嘎尔布出席会议并讲话，杨文泉、周斌、余毅、马报、崔伟参加会议。

7月

1日　凉山州庆祝建党92周年暨“中国梦”主题教育活动工作会议在西昌举行。翟占一出席并讲话。罗凉清主持，王金铁、邓显祥、赵世勇、苏嘎尔布出席。州委、州人大、州政府、州政协、凉山军分区领导，州直各部门，各县市负责人，州老党员代表和先进基层党组织负责人、优秀共产党员代表，州“实现伟大中国梦、建设美丽繁荣和谐四川”主题教育活动领导小组成员参加会议。

▲　全州重点工作督查专题会在西昌举行。翟占一出席会议并讲话，罗凉清、王金铁、邓显祥、赵世勇、苏嘎尔布出席。州委、州人大、州政府、州政协领导，州级相关部门，17县市负责人参加会议。

1日至4日　中国粮食行业协会副会长张桂凤一行到西昌、冕宁、普格等县市考察凉山州苦荞产业发展情况，并于1日在西昌举行“中国苦荞之都——凉山”授牌仪式。授牌仪式上，翟占一致辞。张桂凤宣读中国粮食行业协会会长、中国粮食经济学会会长白美清发来的贺信。中国粮食行业协会副会长、杂粮分会理事长、北京市粮食行业协会会长田鸿儒宣读命名决定。罗凉清主持。王金铁、邓显祥出席。滕中平、达久木甲、白云、石一鲁实，州农业农村工作领导小组成员单位，17县市相关负责人和州内苦荞生产企业代表参加授牌仪式。

2日至3日　珠海市党政代表团在凉山州考察，并召开珠海市凉山州经济社会协作工作座谈会。广东省委常委、珠海市委书记李嘉，翟占一，省扶贫移民局局长张谷，罗凉清，珠海市委副书记、市长何宁卡出席并讲话。王金铁、邓显祥、赵世勇、苏嘎尔布出席，滕中平、达久木甲、龙伟、余毅、白云，珠海市副市长刘嘉文，凉山州、珠海市相关部门，凉山州相关县市负责人参加座谈会或陪同考察。

2日至6日　省关工委常务副主任张中伟到西昌、冕宁等县市调研关心下一代工作和生态建设、优势资源开发与保护、全面开发开放、农业产业化发展等情况。翟占一，罗凉清，省关工委副主任雷新乾，赵世勇、冯斌分段参加调研。

4日　翟占一主持召开七届州委第47次常委（扩大）会议，传达四川省党的群众路线教育实践工作会议和省委书记王东明、中央第七督导组组长陆浩重要讲话精神，研究深化州级领导“五个一”联系工作。赵世勇、苏嘎尔布、滕中平、胡坤、王阿呷、冯斌、达久木甲、杨文泉、龙伟、张力出席会议，王金铁、邓显祥、州人大常委会副主任、州政府副州长、州政协副主席、州法检“两长”，州级相关部门负责人列席会议。

5日至7日　国务院扶贫开发领导小组副组长、国务院扶贫办主任范小建在凉山州调研扶贫开发工作并出席全国东西扶贫协作培训班开班仪式。副省长曲木史哈出席培训班开班仪式并致辞。翟占一，省政府副秘书长赵学谦，省扶贫移民局局长张谷，罗凉清分段陪同调研或出席开班仪式。国务院扶贫办副主任郑文凯主持培训班开班仪式。国务院扶贫办国际合作和社会扶贫司司长李春光、副司长刘书文，达久木甲出席开班仪式或陪同调研。

9日至11日　翟占一在普格、宁南、会东、会理调研，在会理县召开工作座谈会，听取会理县工作情况汇报。滕中平、张力、余毅，州级相关部门，普格、宁南、会东、会理等县负责分别参加调研和座谈会。

10日至12日　州人大常委会组织驻州全国、省、州部分人大代表前往喜德、冕宁对灾后重建和稀土高新产业园区建设进行调研，对《凉山彝族自治州大桥水库工程管理条例》实施情况进行执法检查，并召开座谈会听取工作汇报。罗凉清、王金铁、阿什老轨、刘明书、海来木呷、李俊、米滨参加调研。

11日　罗凉清主持召开十届州政府第16次常务会议，要求切实抓好地质灾害防治工作，确保安全度汛。会议审议通过《凉山州全民健身实施计划》《凉山州遏制与防治艾滋病“十二五”行动计划》《凉山州“十二五”基础测绘发展规划》，会议研究恢复重建冕宁大桥水库地震专用监测台网的有关问题。杨卉、周德文、施遐、白云、石一鲁实出席会议。

13日　凉山州与省烟草专卖局（公司）在西昌召开烟草工作座谈会。翟占一，省烟草专卖局（公司）局长、党组书记胡存忠出席并讲话。罗凉清介绍凉山烟草发展情况。王金铁、邓显祥出席。龙伟主持座谈会，周德文、戚天福，州级相关部门，省烟草专卖局相关处室负责人参加会议。

14日　在全省防汛减灾工作电视电话会议结束后，凉山州立即召开全州防汛减灾工作电视电话会议，传达省委常委会、省委王东明书记重要指示，贯彻全省会议和省委副书记、省长魏宏重要讲话精神。翟占一出席并讲话。罗凉清对当前防汛减灾工作进行安排部署。达久木甲、叶佩、杨卉、白云、熊自力、石一鲁实，州级相关部门负责人参加会议，17县市党委、政府主要负责人在各县市分会场参加会议。

15日　副省长黄彦蓉，翟占一检查凉山州防汛减灾工作部署情况，省政府副秘书长王七章，省教育厅厅长朱世宏，省住建厅厅长何健，滕中平、杨卉、石一鲁实，州级相关部门，西昌市负责人参加检查。

▲　凉山州与西门子医疗（中国）有限公司在西昌举行座谈会，省投资促进局副局长易军，赵世勇、刘建蓉、宋光明，西门子（中国）有限公司医疗中国区副总裁西区总经理林丛，西门子（中国）有限公司医疗西南区总经理张鹏，成都汇银融资租赁有限公司总裁施军出席座谈会。

16日　全省政协农业委员会工作座谈会在西昌举行。翟占一出席并讲话。省政协副秘书长、农业委员会副主任刘宇主持会议。王金铁、邓显祥，省政协农业委员会副主任厉国民、刘键、傅志康、白文彬、李华锋、杜春明，成都市政协副主席戴晓雁出席。达久木甲、白云、蒋若枫、宋光明，各市州政协分管副主席、各市州政协农业委负责人参加会议。

17日　省政协“培育壮大四川省农产品品牌，促进农民增收”专题调研组赴凉山州调研，并召开调研座谈会。翟占一出席并讲话，邓显祥主持会议。省政协副秘书长、省政协农业委员会副主任刘宇，苏嘎尔布，省政协农业委员会副主任厉国民、傅志康、白文彬、李华锋、杜春明出席会议并发言。达久木甲介绍凉山州“大凉山”特色农产品建设情况。白云、蒋若枫、宋光明等参加调研或座谈会。

▲　凉山州与丹麦嘉士伯集团举行座谈。赵世勇，嘉士伯集团中国区首席执行官马儒超出席座谈会。嘉士伯集团中国区首席财务官黎启基，重啤集团总经理赵泽凯，重啤集团副总经理张静涛出席座谈会，杨卉出席座谈会并介绍凉山有关情况。

18日　在四川省军区和公安、武警防汛减灾再动员电视电话会议结束后，凉山州立即召开电视电话会议，传达贯彻全省会议和省委书记、省军区党委第一书记王东明重要讲话精神。

翟占一出席并讲话。苏嘎尔布出席，叶佩主持会议。余毅、邹楠、张宏伟对公安干警、武警和森警官兵扎实做好防汛减灾工作做出安排部署。

19日　翟占一在喜德、冕宁两县检查指导防汛减灾工作。白云，州级相关部门负责人参加检查指导。

21日至23日　国务院安委会综合督查第十一组赴凉山州督查。国资委综合局副局长刘源，国务院安委会督查组成员柳长森、张庆龄、包艳春、吕向东、李凤超、郝振昆、嵇建军、侯玉喜参加督查。督查组一行随机抽检攀钢西昌钢钒公司、重钢西昌矿业公司、西昌旅游集散服务中心、邛海码头、西昌烟厂、火把广场、德昌士达碳素有限公司、州消防支队、锦屏电站、西昌攀钢梅塞尔气体产品有限公司、中石油四川凉山销售公司、九天烟花爆竹批发公司等单位开展督查安全生产工作情况。翟占一、省安全监管局局长孙建军，罗凉清、赵世勇、苏嘎尔布、滕中平、胡坤、杨卉、省安全监管局副局长苏国超，省安委会相关处室，州安委会成员单位负责人分别参加安全生产汇报会和督查意见反馈会。

22日　翟占一主持召开七届州委第48次常委会议，通报全州上半年经济运行情况，研究部署下半年经济工作；会议听取全州防汛减灾工作情况汇报；传达国务院扶贫办主任范小建在凉山调研时重要讲话精神、全省“4·20”芦山强烈地震灾后恢复重建工作会议精神、全省组织工作专题研讨会精神、省总工会十三次代表大会精神，研究贯彻意见。罗凉清、赵世勇、苏嘎尔布、滕中平、胡坤、王阿呷、冯斌、达久木甲、杨文泉、龙伟、张力出席会议，王金铁、邓显祥、杨卉、施逻、余毅、苏燕凌、李俊、米滨、邹楠，州级相关部门负责人列席会议。

▲　由州纪委、州委组织部、州委宣传部、州监察局、州文广局主办的“中国梦·清风正气满彝州”廉政文艺晚会在西昌金鹰影剧院举行。翟占一、罗凉清、邓显祥、赵世勇、苏嘎尔布、滕中平、冯斌、龙伟、张力、海来木呷、余毅、苏燕凌、李俊、米滨等观看演出。

23日　凉山州与攀钢集团座谈会在西昌举行。翟占一，攀钢集团有限公司董事长、党委书记姚林出席并讲话。罗凉清主持会议。攀钢集团有限公司总经理张大德介绍攀钢西昌钢钒公司运行情况。滕中平、胡坤、杨卉、毕志强，攀钢集团副总经理周一平、段向东，总会计师尚洪德，州级相关部门，西昌市负责人，攀钢集团西昌钢钒有限公司、钢铁钒钛股份有限公司、西昌新钢业有限公司、西昌广丰公司等负责人参加会议。

▲　州委、州政府印发《关于深入实施创新驱动发展战略的意见》（凉委发〔2013〕16号）。

▲　州委办印发《凉山州党风廉政建设约谈暂行办法的通知》（凉委办发〔2013〕19号）。

24日　凉山州与西南民族大学战略合作座谈会暨校地合作协议签署仪式在西昌举行。翟占一、西南民族大学党委书记罗布江村出席并讲话。罗凉清致辞并与西南民族大学校长赵心愚签订战略合作协议。王阿呷、钟承先、施逻、杨洪清，西南民族大学副校长沙马拉毅、曾明、王永，州级相关部门负责人、西南民族大学相关处室负责人参加座谈会和签约仪式。

▲ 罗凉清主持召开十届州政府第17次常务会议，分析上半年全州经济运行情况，研究下半年经济工作；对当前防汛减灾工作进行安排部署。

▲　凉山州召开各民主党派州市委领导班子建设座谈会，苏嘎尔布出席会议并讲话，达久木甲主持会议并讲话，刘建蓉、肖春、熊仿秋、王萌出席会议，州级相关部门负责人，州民革、州民盟、州民建、州九三学社等民主党派负责人参加会议。

25日　罗凉清主持召开十届州政府三次全体会议暨全州上半年经济运行和社会事业工作分析电视电话会议，滕中平、杨卉、周德文、施逻、余毅、白云、肖春、熊自力就各自分管工作发言，石一鲁实出席会议。熊正林、马报列席会议。

26日　罗凉清代表州委、州政府向离退休老干部通报凉山州上半年经济社会发展情况、当前面临形势和下一步工作思路。冯斌主持通报会，石一鲁实出席。

29日　翟占一参观新村新寨建设暨彝区健康文明新生活运动摄影展，王阿呷、达久木甲一同参观展览。

30日　凉山州暨西昌市“八一”军政座谈会在西昌举行，州、市党政军领导与驻州、驻训部队主官欢聚一堂，庆祝中国人民解放军建军86周年。翟占一出席会议并讲话。63790部队领导李尚福、孙保卫、赵民、吴双铁出席。罗凉清主持，邓显祥、苏嘎尔布出席。孙保卫，78029部队领导海祥，驻训某部政委魏大波，武警凉山州支队桂甲传在会上发言。龙伟、周斌，78029部队冯建新、黄宗文，成空司训大队杨光荣、陈永雄，西昌军代处宋四新，州武警森林支队张宏伟、刘永刚，州武警消防支队谢百洋、许满凯，驻训部队主官和州级相关部门，西昌市有关负责人参加座谈会。

31日至8月2日　中央党的群众路线教育实践活动第七督导组到西昌、德昌、昭觉等县市调研，于8月2日召开座谈会，听取凉山州工作情况汇报。中央党的群众路线教育实践活动第七督导组组长陆浩、副组长刘上洋，省委常委、组织部部长范锐平，省人才办专职副主任李国贵参加调研。翟占一、罗凉清、王金铁、邓显祥、赵世勇、苏嘎尔布分段陪同或参加座谈会。州委、州人大、州政府、州政协和凉山军分区领导，州级相关部门、17县市负责人参加调研或座谈会。

8月

7日　翟占一主持召开七届州委第49次常委（扩大）会议，传达中央党的群众路线教育实践活动第七督导组在凉山州调研时的重要指示精神、全省党的群众路线教育实践活动正风肃纪动员会暨会员卡清退工作会议、全省推进产业园区发展大会精神，研究贯彻意见。罗凉清、赵世勇、苏嘎尔布、滕中平、胡坤、王阿呷、冯斌、达久木甲、杨文泉、张力出席会议。王金铁、邓显祥、州人大常委会副主任、州政府副州长、州政协副主席、州法检“两长”，州级相关部门负责人列席会议。

8日　全州扶贫开发工作暨总结表彰电视电话会议在西昌召开。翟占一出席会议并讲话。罗凉清主持，王金铁、邓显祥、赵世勇、苏嘎尔布出席。达久木甲宣读州委、州政府《关于表彰凉山州十年扶贫开发工作先进集体和先进个人的决定》。滕中平、白云、熊仿秋，州级相关部门、垂管系统驻州各单位和驻州部队、科研单位、大中专院校、国有事企业单位主要负责人，全州十年扶贫开发工作先进集体和先进个人代表在主会场参加会议，17县市主要负责人、相关部门在分会场参加会议。

▲　州第四届运动会在西昌开幕，翟占一出席开幕式并宣布本届运动会开幕。罗凉清、王金铁、邓显祥、赵世勇、苏嘎尔布、滕中平、钟承先、苏燕凌出席，王阿呷致开幕词，施遐主持。

9日　总投资125亿元的53个全州第三季度重点项目集中开工。翟占一宣布开工，罗凉清讲话，王金铁、邓显祥出席，滕中平主持，龙伟、李军、宋光明、石一鲁实，州级相关部门、17县市相关负责人，部分项目业主、施工单位代表参加开工仪式。

12日　凉山军分区召开“4·20”芦山抗震救灾总结表彰大会，总结抗震救灾工作，褒奖抗震救灾先进典型。罗凉清出席并讲话，叶佩主持大会，白云，凉山军分区郭友谊、崔伟、朱安平、陈硕出席会议。

▲　罗凉清出席交通大会战具体项目推进对接会并讲话，胡坤主持会议。

13日　凉山州召开全州深化平安凉山建设暨社会管理创新西昌现场推进会。苏嘎尔布出席会议并讲话，杨文泉传达全省深化平安四川建设工作会议精神，安排部署深化平安凉山建设及社会管理创新工作。周斌、余毅、马报、米滨、邹楠参加会议。

14日　省政协委员视察“雅西高速公路”及凉山经济社会发展情况座谈会在西昌举行。

省政协副主席兼秘书长高烽，罗凉清、王金铁、邓显祥、苏嘎尔布、黄志富、季晓静、蒋若枫、宋光明出席会议。

15 日　全州正风肃纪工作动员电视电话会召开，苏嘎尔布主持会议并讲话，张力对全州正风肃纪工作进行全面动员部署。周斌、苏燕凌出席会议，各县市党委、政府主要领导以及相关单位负责人在分会场参加会议。

21 日　翟占一主持召开七届州委第 50 次常委会议，传达全省加快推进新型城镇化工作现场会精神、四川省推进民营经济发展工作会议精神、省政府研究摩梭家园建设暨摩梭文化保护项目启动工作专题会议精神，研究贯彻意见；审议《关于开展凉山交通大会战的实施意见》和《关于评定凉山州第七批学术和技术带头人及后备人选的请示》；听取凉山州赴台湾考察现代农业发展的情况汇报。罗凉清、赵世勇、苏嘎尔布、滕中平、胡坤、王阿呷、冯斌、杨文泉、龙伟、张力出席会议，王金铁、邓显祥、李俊、米滨，州级相关部门负责人列席会议。

23 日至 24 日　全国政协经济委员会攀西战略资源创新开发试验区建设调研组到西昌、德昌等县市调研，于 24 日召开会议，听取攀西战略资源创新开发试验区建设凉山工作情况汇报。全国政协常委、经济委副主任彭小枫，全国政协常委、经济委副主任孙永福，全国政协常委、经济委副主任张国宝，调研组成员孙朝晖、许强、沈叙健、陈惠丰、彭丽文参加调研。省政协副主席解洪、翟占一、罗凉清，省政协经济委主任单晨光，省政协经济委特邀副主任、经济委原主任李亚平，王金铁、邓显祥、滕中平、熊自力、黄志富、熊仿秋、蒋若枫、苏燕凌、郭友谊，省政协经济委专职副主任杨平，省政协办公厅相关处室，州政协各专委会，州级相关部门，部分企业负责人参加调研或会议。

27 日　罗凉清主持召开十届州政府第 18 次常务会议，审议通过《凉山州烟区水源工程建设规划》；会议同意对凉山州现行最低工资标准进行调整；会议研究凉山州民族地区义务教育学生营养计划试点县扩大实施范围资金分担的有关问题。

▲　召开凉山州公安特警荣获全省特警比武竞赛团体第一名表彰座谈会，对参赛民警进行表彰奖励。苏嘎尔布出席会议并讲话，周斌、余毅、杨洪清出席表彰座谈会。

28 日　凉山州推进新型工业化新型城镇化暨园区建设工作电视电话会议举行。翟占一出席并讲话。罗凉清主持，王金铁、邓显祥、赵世勇、苏嘎尔布出席。滕中平、龙伟、李军、杨卉、蒋若枫，州级相关部门，全州 40 户重点企业，受表彰的企业家代表在州主会场参加会议，17 县市主要负责人在相关县市分会场参加会议。

30 日　雅砻江锦屏一级水电站投产发电劳动竞赛表彰大会举行，“西电东送”重点工程、拥有世界第一高坝的雅砻江锦屏一级水电站首批两台 60 万千瓦的机组投产发电。省委副书记、省长魏宏宣布雅砻江锦屏一级水电站投产发电。国家开发投资公司董事长、雅砻江公司董事长王会生，省委常委、总工会主席李登菊，翟占一讲话。武警水电指挥部领导马青春，63790 部队领导杨永安，省政府秘书长、办公厅主任叶壮，四川省投资集团有限公司董事长黄顺福，省发展改革委主任唐利民，省国资委主任刘国强，省总工会党组书记、副主席罗茂乡，省扶贫和移民局局长张谷，四川电监办专员张健，罗凉清、赵世勇出席。雅砻江公司总经理陈云华主持。龙伟，盐源、木里县负责人，雅砻江公司投资方、锦屏水电站各参建单位参加大会。

▲　凉山州 2013—2015 年公路水路交通建设方案推进大会在冕宁县拖乌乡举行，省委副书记、省长魏宏出席推进大会，并宣布方案正式启动。省政府副省长王宁讲话。翟占一主持。省政府秘书长、办公厅主任叶壮，省发展改革委主任唐利民出席。罗凉清介绍凉山州建设方案规划制定、项目准备、要素保障等情况。省交通运输厅副厅长鲜雄介绍《凉山彝族自治州 2013—2015 年公路水路交通建设推进方案》基本情况。苏嘎尔布出席，滕中平、胡坤、省交通运输厅公路局局长朱学雷，17 县市相关负责人参加大会。

9 月

4 日　翟占一出席全州新村新寨建设工作座谈会并讲话。龙伟、刘建蓉、白云、季晓静，州有关部门负责人参加会议。

9 日　凉山州与审计署成都特派办、省烟草专卖局举行“挂包帮”工作座谈会。翟占一、国家审计署成都特派办特派员张瑞民、省烟草专卖局局长胡存忠出席并讲话。国家审计署成都特派办副特派员王斌，苏嘎尔布出席。滕中平介绍凉山州相关工作情况，龙伟主持。周德文、黄志富，州级相关部门负责人参加会议。

▲　翟占一到普格县五道箐乡中心校，看望师生员工，调研学校工作，向全州教师、教育工作者、离退休教师致以节日的问候。州教育局，普格县相关负责人一同慰问。

10 日　翟占一主持召开七届州委第 51 次常委会议，传达全省组织工作会议精神，研究贯彻意见；会议研究讨论省委、省委组织部关于加强干部队伍建设、进一步转变作风等相关文件；研究贯彻全省组织工作会议具体意见。赵世勇、苏嘎尔布、滕中平、胡坤、冯斌、龙伟、张力出席会议。王金铁、李俊、米滨，州级相关部门负责人列席会议。

13 日　凉山州与四川省经济和信息化委员会在成都签署支持民族地区工业跨越发展战略合作协议。翟占一、省经信委主任王海林出席并讲话。罗凉清介绍凉山经济社会发展情况并与省经信委签署战略协议。省经信委副主任张支铁主持，赵世勇出席。胡坤，省经信委党组成员、总经济师兼办公室主任赵辉，省经信委相关处室，州经信委相关负责人参加会议。

16 日至 17 日　罗凉清率凉山州代表团在贵州省毕节市参加第四届川滇黔十二市州合作与发展峰会，并在会上作题为《顺应发展大势、深化区域合作、进一步开拓川滇黔毗邻地区合作新天地》的主题演讲。

22 日　翟占一出席全州交通大会战指挥部第一次全体扩大会议并讲话，赵世勇出席会议，胡坤在会议上发言。州交通运输局汇报“凉推”方案执行情况。李军、蒋若枫，州交通大会战指挥部全体成员，17 县市负责人参加会议。

25 日　翟占一在成都会见参加第十二届世界华商大会的泰国正大集团董事长谢国民。罗凉清、赵世勇、达久木甲，正大集团资深执行副总裁谢毅，正大集团农牧食品企业中国区资深副董事长白宇飞，侯映辉、何银友、王富杰、马川、李晓勇，州农业局、州外办、西昌市负责人参加会见。

26 日　四川省与国家烟草专卖局举行调研座谈会，国家烟草专卖局局长凌成兴听取四川省、凉山州现代烟草产业发展情况汇报。省委常委、农工委主任李昌平，副省长刘捷出席。翟占一汇报凉山州现代烟草产业发展情况。国家烟草专卖局副局长杨培森，国家烟草专卖局办公室主任张修连、发展计划司司长秦前浩、中国卷烟销售公司总经理曹华青出席。省经济和信息化委主任王海林，罗凉清，省烟草专卖局局长胡存忠，川渝中烟工业公司总经理吴应禄，省烟草办主任雷俊忠，省烟草专卖局川渝中烟工业公司相关负责人参加会议。

29 日　翟占一主持召开七届州委第 52 次常委会议，会议专题学习中央“八项规定”和省、州“十项规定”，通报和印发《中央纪委通报八起违反中央八项规定精神的典型问题》和《省纪委通报五起涉及“四风”问题典型案例》，州纪委关于《违反中央“八项规定”和省、州“十项规定”的典型案件通报》《违规操办婚丧喜庆事宜典型案例的通报》，与会人员就带头廉洁从政、厉行勤俭节约、落实“十项规定”等进行对照检查。会议研究州委、州政府关于支持民营经济又好又快发展的实施意见和具体政策措施。罗凉清、赵世勇、苏嘎尔布、滕中平、胡坤、王阿呷、达久木甲、杨文泉、龙伟、张力出席会议，王金铁、邓显祥列席会议。

30 日　凉山州推进民营经济发展工作电视电话会议在西昌召开。翟占一出席并讲话。罗凉清主持，王金铁、邓显祥、赵世勇、苏嘎尔布出席。州经信委、人行凉山州分行、州工商联作交流发言。州政协、州商务局、州政务中心、州工商局作书面发言。州委、州人大、州政府、州政协领导，州级相关部门负责人，民营企业代表在主会场参加会议。各县市主要负责人在分会场参加会议。

▲ 罗凉清主持召开十届州政府第19次常务会议，研究凉山州推进民营经济又好又快发展的政策意见。会议审议《中共凉山州委凉山州人民政府关于推进民营经济又好又快发展的实施意见》《凉山州人民政府关于贯彻省政府鼓励和支持民营经济又好又快发展若干政策措施的通知》两个送审稿。会议同意州政府参股成立凉山州小微企业融资担保有限公司，会议审议通过凉山州旅游业发展三大规划：《凉山州文化旅游发展规划》《凉山州生态旅游发展规划》《凉山州红色旅游发展规划》；会议原则通过新修订的《凉山州行政程序规定》；会议原则通过《凉山州结核病防治规划》；会议通过新修订出台的《凉山州“12345”州长公开电话运行管理办法》。

10月

10日　翟占一听取全州旅游工作汇报并讲话，罗凉清出席。龙伟、何绍忠、肖春、蒋若枫，州级相关部门，西昌市、冕宁县，邛泸管理局、螺髻山景区管理局、泸沽湖景区管理局负责人参加会议。

12日　凉山州与省博览事务局在成都举行会谈。翟占一、省博览事务局局长慕新海出席并讲话。赵世勇、杨卉出席，州外办、州招商局，省博览事务局办公室负责人参加会谈。

14日　11点18分57秒，昭觉县（北纬28.0°，东经102.8°）发生4.3级地震，震源深度19千米。震中在昭觉县新城镇，灾区范围60平方千米，昭觉县四开乡、大坝乡、城北乡、树平乡等47个乡镇均不同程度受灾。地震发生后，翟占一、罗凉清及时作出指示，12时20分，州防震减灾局地震现场工作组奔赴昭觉县调查了解核实灾情，指导抗震救灾工作。

14日至15日　省人大常委会《中华人民共和国义务教育法》执法检查组到西昌、德昌等县市，就凉山州贯彻实施《中华人民共和国义务教育法》情况进行检查并听取凉山州义务教育工作汇报。省人大常委会副主任刘道平带队，翟占一、王金铁分段陪同。省人大常委会委员、省人大常委会教科文卫委主任委员涂文涛，省人大常委会委员、省人大常委会法工委主任委员田万国，检查组成员李江、冉红玲、黄勇、马涛、罗亚兰、王建娥、贾贵洲参加检查。钟承先、施遐，州人大教科文卫委、州教育局负责人陪同和参加汇报会。

16日到17日　省委副书记、省长魏宏率省直有关部门负责人赴凉山州昭觉县和普格县等地调研扶贫开发和彝家新寨建设工作，看望慰问彝族贫困群众，听取凉山州及部分重点县推进彝家新寨建设情况汇报。副省长曲木史哈，翟占一参加调研。罗凉清、达久木甲、龙伟陪同调研。

20日　第四届中国国际自驾游交易博览会在西昌开幕。副省长黄彦蓉宣布第四届中国国际自驾游交易博览会开幕。翟占一致辞。省政府副秘书长王七章主持。罗凉清，省新闻出版局局长周国良，王金铁、邓显祥出席。省旅游局局长郝康理出席并发布“四川100个最美观景拍摄点”第四批名单；中国旅游车船协会副秘书长刘汉奇为四川省“中国自驾车旅游西南地区试点基地”授牌；宁夏回族自治区旅游局副局长卢志平代表西部十二省区市和新疆生产建设兵团旅游局致辞；第四届中国国际自驾游交易博览会为“中国西部自驾游示范营地”授牌。龙伟、何绍忠、肖春、杨洪清，西部十二省（区、市）、新疆生产建设兵团旅游局负责人，国内航空公司、国际连锁露营地、境内外知名自驾游俱乐部、户外运动俱乐部、自驾游投资管理公司代表，全省21市州旅游局负责人参加开幕式。

▲ 副省长黄彦蓉，翟占一到联系点西昌市安哈镇长板桥村调研。

21日　翟占一主持召开七届州委第54次常委会议，学习《习近平总书记在参加河北省委常委班子专题民主生活会时的讲话》；传达全省党的群众工作经验交流会精神；传达省委副书记、省长魏宏在凉山州调研时的指示精神；听取凉山州参加第十四届西博会筹备情况。罗凉清、赵世勇、苏嘎尔布、冯斌、达久木甲、杨文泉、龙伟、张力出席会议。王金铁、邓显祥、白云、肖春、李俊，州级相关部门负责人列席会议。

▲ 翟占一在西昌与州残联第五次代表大会部分代表座谈，罗凉清参加座谈，龙伟主持。

▲ 凉山州与省交通运输厅在成都召开交通发展座谈会，双方签订《交通运输发展战略合作协议》。翟占一讲话，省交通运输厅党组书记、厅长彭琳出席，罗凉清介绍凉山州交通建设情况并与彭琳签署战略合作协议，赵世勇出席，省交通运输厅副厅长周道平主持。座谈会上，州交投公司还分别与省交通运输厅交通勘察设计研究院、四川公路工程咨询监理公司签署S103、S307和S215项目代建协议。胡坤、蒋若枫，省交通运输厅副厅长鲜雄、张晓燕、副巡视员周奇奇、公路局局长朱学雷，州级相关部门负责人，省交通运输厅相关处室负责人参加座谈会。

22日 翟占一、罗凉清前往第十四届西部国际博览会四川农业博览馆凉山展馆，了解场馆布展情况。赵世勇、达久木甲、李军、杨卉、宋光明，州级相关部门、17县市负责人参加检查。

▲ 凉山州在成都举行西香高速公路BOT项目情况介绍会，向对该项目有投资合作意向的中铁二局股份有限公司（成都）、中国建筑股份有限公司（北京）等15家企业代表和嘉宾推介该项目。省交通运输厅副巡视员黄兴棣，赵世勇出席项目介绍会并讲话。胡坤主持，蒋若枫、省交通运输厅外经处、州级相关单位、西昌市、盐源县主要负责人参加介绍会。

23日 凉山州与丹麦嘉士伯集团在第十四届中国西部国际博览会上签署战略合作协议。省委副书记、省长魏宏会见嘉士伯全球总裁韦耀国并见证双方签约。翟占一参加会见并见证签约。罗凉清，省经济和信息化委员会主任王海林，省博览事务局局长慕新海，赵世勇，省政府外事办副主任张涛，省投资促进局副局长刘建平参加会见并见证签约。嘉士伯亚洲区企业事务部副总裁方军涛，嘉士伯中国区首席执行官马儒超参加会见并见证签约。

▲ 翟占一在成都会见前来参加第十四届中国西部博览会的嘉士伯集团全球总裁韦耀国一行。罗凉清、赵世勇、杨卉，州外办，嘉士伯亚洲区企业事务部副总裁方军涛、中国区首席执行官马儒超参加会见。签约仪式上，罗凉清与嘉士伯中国区首席执行官马儒超签署《凉山州人民政府与丹麦嘉士伯集团战略合作协议》；西昌市与重庆啤酒股份有限公司签署《西昌市人民政府与丹麦嘉士伯集团关于新建嘉士伯乐堡啤酒瓶装生产线项目投资框架协议》。胡坤、杨卉、宋光明，嘉士伯中国区企业事务部、重庆啤酒股份有限责任公司负责人参加签约仪式。

23日至24日 中央组织部党建研究所“加强基层服务型党组织建设研究”经验交流暨课题成果研讨会在凉山州召开。中央组织部党建研究所副所长彭立兵，副巡视员赵湘江，组织一局、组织二局相关人员出席会议并讲话，省委组织部副部长、省委党建办主任周国庆受省委常委、组织部部长范锐平委托，苏嘎尔布代表州委及翟占一书记分别在大会上致辞，省委党建办副主任黄林出席会议。会议期间，翟占一、罗凉清、王金铁、邓显祥、赵世勇，凉山军分区负责人分段陪同调研或看望参会代表。全国17个省区市委组织部，中央党校、武汉大学等党校高校及17个课题承担单位的负责人员60余人参加会议，凉山州州委党建领导小组成员单位负责人及部分县市委常委、组织部部长20人列席会议。

24日 “四川·凉山彝族自治州投资说明暨产业推介会”在成都举办。省委常委、省委农工委主任李昌平出席并讲话，翟占一在会上致辞。罗凉清作项目推介，赵世勇主持。省人大常委会副主任彭渝，省委副秘书长邵革军等领导以及通用电气、飞利浦、家乐福、重庆商会、山西商会等200多家企业集团和商协会的客商出席本次推介会。

▲ 翟占一在成都会见参加第十四届中国西部博览会的泰国北碧府府尹猜瓦。罗凉清、赵世勇，泰国北碧府副府尹卡鹏·干巴潘，泰国驻成都总领事馆总领事郭梅特参加会见。杨卉，州外办、州投资促进局，西昌市负责人，泰国北碧府红十字会会长蓬蒂，泰国驻成都总领事馆副总领事巴诺特、领事苏婉妮，泰国中部工业联合会，北碧府旅游体育局、能源管理委员会负责人参加会见。

28日 规划总面积达860余公顷的邛海湿地保护区五期“梦寻花海”、六期“梦回田园”正式开工建设。翟占一讲话并宣布开工建设。罗凉清主持，王金铁、邓显祥、苏嘎尔布出席，达久木甲、杨卉、肖春，州城乡建设和住房保障局、州环保局、州林业局、州旅游局、邛海泸山景区管理局，西昌市负责人参加开工。

29日 翟占一出席省政府在攀枝花市召开的攀西国家级战略资源创新开发试验区建设工作会议。罗凉清参加会议并发言。试验区涉及的西昌市、冕宁县、德昌县、会理县、会东县、宁南县及相关企业主要负责人参加会议。

31日 宜宾市党政代表团到凉山州考察，并召开凉山州宜宾市区域经济合作座谈会，双方签署《宜宾市—凉山州经济合作框架协议》。翟占一、宜宾市委书记王铭晖出席并讲话。罗凉清，宜宾市委副书记、市长徐进出席并签署框架协议。王金铁、邓显祥，宜宾市人大常委会主任陆振华，宜宾市政协主席葛燎原，赵世勇出席。胡坤、龙伟、米滨，州级相关部门；宜宾市委常委、秘书长周宇，市政府副市长肖渭明、李学焦，市检察院检察长蒋世林参加考察或座谈会。

11月

4日 翟占一在西昌会见华润集团总经理乔世波。罗凉清，华润电力董事局副主席、华润新能源公司总经理张沈文，滕中平、龙伟，州发改委、州“三江”办，华润燃气控股有限公司副总经理朱平，华润新能源公司副总经理、华润新能源水电事业部总经理刘凡顺，华润新能源公司副总经理李金英，四川华润鸭嘴河水电开发有限公司负责人参加会见。

5日 全州组织工作会议在西昌召开，会议贯彻全省组织工作会议精神，部署新形势下全州党的建设和组织工作。翟占一出席并讲话，罗凉清、王金铁出席，冯斌主持会议并就贯彻会议精神提出要求，滕中平、王阿呷、龙伟、张力、季晓静，州级相关部门、部分企事业单位主要负责人参加会议。各县市主要负责人在分会场参加会议。

▲ 州委、州政府印发《关于推进民营经济又好又快发展的实施意见》（凉委发〔2013〕19号）、《关于加快推进新十年扶贫开发工作的意见》（凉委发〔2013〕21号）。

6日 全州农村公路建设现场会在昭觉召开。罗凉清出席会议并讲话。胡坤主持会议，蒋若枫参加会议。昭觉、会理、德昌、金阳四县在会上作交流发言。

6日至8日 翟占一到布拖、美姑、金阳等县调研，白云，州级相关部门，昭觉、布拖、美姑、金阳负责人分段参加调研。

8日 罗凉清到重钢西昌矿业公司、西昌新钢业、西昌瑞康钛业等企业进行调研，胡坤，州级相关部门及西昌市负责人陪同调研。

10日至11日 省委常委、常务副省长钟勉在凉山调研，翟占一、罗凉清一同调研。省财政厅厅长王一宏，省国土资源厅厅长杨冬生参加调研。滕中平、龙伟，州财政局、州国土资源局，西昌市负责人分段参加调研。

11日 翟占一主持召开七届州委第55次常委会议，传达讨论《中共中央关于薄熙来严重违纪违法案及其教训的通报》；审议关于追授杜萍“优秀共产党员”称号的请示；传达全省宣传思想工作会议、全省坚持和发展枫桥经验电视电话会议精神，研究贯彻意见。罗凉清、赵世勇、苏嘎尔布、滕中平、胡坤、杨文泉、龙伟、张力出席会议，王金铁、邓显祥、余毅、苏燕凌、米滨，州级相关部门负责人列席会议。

12日 凉山州与西部矿业集团公司在西昌举行座谈会。翟占一、西部矿业集团公司董事长汪海涛出席并讲话。罗凉清主持。西昌市、会东县、州环保局在会议上发言。胡坤、杨卉，州级相关部门，西部矿业股份有限公司等负责人参加会议。

12日至14日　州人大常委会组织驻州全国、省、州部分人大代表前往宁南、普格进行视察。王金铁、苏嘎尔布、何绍忠、李俊、米滨参加视察。

13日　凉山州与甘孜州在西昌召开交通建设座谈会。翟占一，甘孜州委副书记、州长益西达瓦讲话。罗凉清主持会议，赵世勇出席。滕中平、胡坤、龙伟、余毅，州级相关部门，甘孜州领导唐强及相关州级部门、相关县负责人参加会议。

▲　凉山州人民政府与四川高速公路建设开发总公司在西昌签署G5京昆高速公路泸黄段改扩建项目合作协议。翟占一、省交通投资集团董事长朱以庄讲话。赵世勇主持。滕中平与省交投集团董事、川高公司董事长唐勇签署项目合作协议。胡坤、龙伟，州级相关部门、西昌、冕宁等县市负责人，省交投集团纪委书记江意华，省交投集团相关部门、川高公司负责人参加会议。

14日　翟占一主持召开七届州委第56次常委会议，学习党的十八届三中全会精神。罗凉清、赵世勇、滕中平、胡坤、王阿呷、达久木甲、龙伟、张力出席会议。州法院院长李俊，州级相关部门负责人列席会议。

▲　州委召开各民主党派工商联2012年调研成果汇报会。翟占一出席并讲话。罗凉清通报全州经济社会发展情况，赵世勇出席会议，民革凉山州委主委肖春，民盟凉山州委副主委张万明，民建凉山州委主委王萌，九三学社凉山州委副主委张林祥，州工商联主席宋光明先后进行专题汇报。达久木甲主持会议，周斌、黄志富、熊仿秋，州级相关部门负责人参加会议。

▲　凉山州与川渝中烟工业公司在成都举行座谈会。翟占一、罗凉清、川渝中烟工业有限责任公司总经理吴应禄出席。滕中平、龙伟、周德文、戚天福，州级相关部门负责人，川渝中烟工业公司吴宪、程晓苏、胡晓明，西昌烟厂负责人参加会议。

15日　全州进一步规范津补贴工作电视电话会在昌召开。会议全文学习国家四部委发布的《违规发放津贴补贴行为处分规定》，通报前阶段各地各单位规范津补贴自查整改情况，安排部署进一步清理规范津补贴工作。赵世勇出席会议并讲话，张力主持会议。周斌、黄志富出席会议。

18日　州委中心学习组学习（扩大）会议在西昌举行。翟占一主持。西南政法大学行政法学院副院长王学辉作专题辅导讲座。罗凉清、王金铁、邓显祥、赵世勇、苏嘎尔布出席。州委、州人大、州政府、州政协领导，州委中心学习组全体成员，州直各部门、州属各企事业单位、垂管系统驻州有关单位班子成员参加会议。

▲　罗凉清出席全州政府机构职能转变、深化行政审批制度改革暨推进依法行政工作电视电话会议并讲话，滕中平主持会议，石一鲁实参加会议。州级有关部门负责人在主会场参会，各县市政府负责人在分会场参会。

19日　罗凉清主持召开十届州政府第20次常务会议，传达学习党的十八届三中全会精神；会议同意并批准实施《凉山州土地整治规划（2011—2015年）》；会议审议通过《凉山州人民政府关于加强见义勇为人员权益保护工作的实施细则（试行）》；研究西礼灌区水利工程管理体制改革、西昌铁路二类口岸建设、调整西昌城市供水价格、行政权力清理、全州治安交通智能卡口建设等工作。

21日　四川省军区宣布凉山军分区领导班子调整命令大会在西昌举行。会上，四川省军区副司令员丁忠汉宣读中央军委命令：申玮任凉山军分区司令员。苏嘎尔布出席大会并讲话，叶佩主持大会，钟承先、白云、蒋若枫，凉山军分区崔伟、朱安平、陈硕出席大会。

25日　全省学习贯彻习近平总书记安全生产工作重要讲话精神电视电话会议结束后，凉山州旋即召开全州安全生产工作电视电话会议，罗凉清出席会议并讲话，杨卉、石一鲁实参加会议。

28日　州委召开会议，专题部署“走基层、解难题、办实事、惠民生”活动。翟占一出席并讲话，赵世勇出席。龙伟，州委办、州委组织部、州直属机关工委、州党的群众路线教育实践活动领导小组办公室负责人参加会议。

▲　州委、州政府印发《关于开展凉山交通大会战的实施意见》（凉委发〔2013〕23号）。

30日　翟占一主持召开州委七届57次常委会议，研究制定《关于在党的群众路线教育实践活动中集中开展“走基层、解难题、办实事、惠民生”活动的实施意见》。罗凉清、赵世勇、苏嘎尔布、胡坤、王阿呷、达久木甲、杨文泉、龙伟出席会议。王金铁、蒋若枫，州委“走基层”活动协调小组办公室相关负责人列席会议。

▲　州委“走基层”活动协调小组召开第一次会议，对全州“走基层、解难题、办实事、惠民生”活动进行研究部署。赵世勇出席会议并讲话。达久木甲、龙伟、张力参加会议。

▲　州委印发《关于在党的群众路线教育实践活动中集中开展“走基层、解难题、办实事、惠民生”活动的实施意见》（凉委发〔2013〕24号）。

12月

1日　全州“走基层、解难题、办实事、惠民生”活动工作会议举行。翟占一就扎实推进活动提出要求，赵世勇对活动进行安排部署。龙伟主持会议，胡坤、王阿呷、达久木甲、张力，州委“走基层”活动协调小组全体成员，州级相关部门、17县市负责人参加会议。

2日　翟占一到联系点西昌市安哈镇长板桥村，开展“走基层、解难题、办实事、惠民生”活动，宣讲党的十八届三中全会精神，看望基层干部群众，了解镇情村情民情，并就彝家新寨和基础设施建设，特色产业、旅游产业及教育事业发展等进行调研。

▲　罗凉清在会理县开展“走基层、解难题、办实事、惠民生”活动，宣讲党的十八届三中全会精神、指导农村基层组织建设、看望慰问困难群众。在会理期间，罗凉清还实地察看国道108升级改造工程，石一鲁实陪同调研。

3日　赵世勇在西昌市巴汝乡中伙村开展“走基层、解难题、办实事、惠民生”活动。

4日　凉山州2013年“12·4”法制宣传月暨“创建法治城市、建设法治凉山”大型主题宣传系列活动启动仪式在西昌市月城广场举行，苏嘎尔布出席活动，周斌、余毅、马报出席参加活动。

5日　全省百镇建设暨重点旅游项目推进现场会（凉山片区）在西昌举行。副省长黄彦蓉，翟占一出席并为大凉山南红玛瑙城授予“四川特色旅游商品开发示范基地”。省政府副秘书长王七章，省旅游局局长郝康理，王金铁出席。省发改委副主任雷开平，省交通运输厅副厅长黄英权，省文化厅副厅长窦维平，省旅游局副局长郑学炳，滕中平、王阿呷、杨卉、肖春、马报，全省21市州分管负责人、住房城乡建设局和旅游局负责人，西昌市负责人参加现场会。

▲　州委、州政府印发《凉山州重大决策社会稳定风险评估实施办法的通知》（凉委发〔2013〕25号）。

7日　四川省推进网格化服务管理建设培训会在西昌市举行。省委政法委副书记、省综治办主任王萍，罗凉清、苏嘎尔布出席培训会。省委政法委巡视员崔均主持会议，杨文泉、周斌、余毅、马报，全省21个市州委政法委、综治办主要领导，凉山州各县市相关领导参加会议。

9日　州委追授杜萍“全州优秀共产党员”称号暨先进事迹报告会在会理举行。苏嘎尔布出席会议并讲话，杨文泉主持会议。

10日　州委召开“走基层、解难题、办实事、惠民生”活动工作会议，听取州委“走基层”活动协调小组关于“走基层”活动开展情况汇报，传达全省“走基层”活动现场会精神对下一步开展“走基层”活动进行安排部署；会议学习中共中央、国务院印发的《党政机关厉行节约反对浪费条例》。翟占一出席并讲话。

王金铁、赵世勇、苏嘎尔布出席，滕中平、胡坤、王阿呷、杨文泉、张力、州人大常委会副主任、州政府副州长、州政协副主席、州法检“两长”，州委“走基层”活动协调小组全体成员参加会议。

▲ 赵世勇主持召开州委“走基层”活动协调小组第二次会议，传达全省“走基层”活动现场会及州委专题会议精神。胡坤、达久木甲、杨文泉，及州委“走基层”活动协调小组成员单位负责人，州级相关部门及17县市主要负责人参加会议。

12日 2013年全省电视新闻工作年会在西昌召开。罗凉清致辞，省委宣传部副部长邹吉祥，省广播电影电视局局长赵勇出席。四川省广播电视台党委书记、台长陈华，王阿呷、施遐，全省各市州电视台负责人参加会议。

13日 珠海市凉山州东西扶贫协作工作座谈会在广东省珠海市举行。四川省委常委、农工委主任李昌平，珠海市委副书记、市长何宁卡，罗凉清，四川省扶贫移民局局长张谷出席座谈会。珠海市委副书记、市纪委书记王衍诗主持座谈会。珠海市副市长刘嘉文，达久木甲，四川省扶贫移民局党组成员、总会计师廖蔚及两地相关部门负责人出席座谈会。

14日 赵世勇在美姑县主持召开凉山州东五县片区工作座谈会，听取五县工作情况汇报，钟承先出席会议并讲话。

16日 翟占一主持召开七届州委第60次常委会议，传达全省藏传佛教寺庙管理长效机制建设暨文明和谐寺庙创建活动表彰会、全省农田水利基本建设暨农村饮水安全工作现场会精神，研究贯彻意见；会议审议州人大常委会党组《关于召开凉山州十届人大四次会议的请示》、州政协党组《关于召开政协凉山州十一届三次会议的请示》。罗凉清、赵世勇、滕中平、胡坤、达久木甲、杨文泉、龙伟、叶佩出席会议。王金铁、邓显祥、熊正林、白云、黄志富、李俊、米滨，州级相关部门负责人列席会议。

▲ 罗凉清主持召开十届州政府第21次常务会议，审议并原则通过《凉山彝族自治州邛海保护条例（修订草案）》；会议研究户口在州级单位的低保对象住房保障有关问题；会议同意提高凉山州城乡居民最低生活保障标准；会议研究审议《凉山州政府性债务管理办法》。

17日 州委中心学习组召开“学习贯彻党的十八届三中全会精神”专题学习（扩大）会议。翟占一主持。省委宣讲团成员、省委党校教授彭穗宁作“学习贯彻党的十八届三中全会精神”专题辅导讲座。罗凉清、王金铁、赵世勇出席。州委、州人大、州政府、州政协、凉山军分区领导，州委中心学习组全体成员，州直各部门、州属企事业单位、垂管系统驻州有关单位领导班子及各行各业代表参加会议。

▲ 翟占一出席西昌、德昌、冕宁（片区）工作座谈会并讲话，邓显祥出席座谈会。州级相关部门，西昌、德昌、冕宁等县市负责人参加会议。

17日至18日 全省政协民宗委主任座谈会在西昌召开。省政协副主席、省委统战部部长崔保华出席并讲话。翟占一致辞。省政协民宗委主任宋光齐主持。邓显祥，省政协民宗委顾问、民宗委原主任、省委统战部原常务副部长董玉梅出席会议。

▲ 罗凉清到普格、宁南、会东等县的田间地头、厂矿车间、学校街道，对各县经济社会发展情况进行全面实地调研。杨卉、周德文等陪同调研。

18日 凉山州与江西铜业集团在西昌举行合作发展座谈会。翟占一，江铜集团公司、江西铜业股份有限公司董事长、党委书记李保民出席并讲话。赵世勇主持会议。滕中平、胡坤，州级相关部门，西昌、德昌、冕宁等县市，江西铜业股份有限公司副总经理黄明金，江铜康西铜业等负责人参加会议。

19日 罗凉清在会东县主持召开会理、会东、宁南、普格片区工作座谈会，王金铁出席座谈会并讲话。杨卉、周德文、石一鲁实参加座谈会。

20日 州政府在西昌召开全州道路交通安全专项整治工作电视电话会议。罗凉清出席会议并讲话。余毅主持会议，石一鲁实参加会议。

州交通运输、州安监、州公安局等单位负责人在会上发言。

24日　翟占一主持召开七届州委第61次常委（扩大）会议，学习中央经济工作会议精神，传达贯彻省委经济工作暨城镇化工作会议精神，研究贯彻意见。罗凉清、赵世勇、苏嘎尔布、滕中平、胡坤、王阿呷、冯斌、达久木甲、杨文泉、龙伟、张力、叶佩出席会议。王金铁、邓显祥、州人大常委会副主任、州政府副州长、州政协副主席、州法检“两长”，州级相关部门负责人列席会议。

25日　副省长甘霖在凉山调研并召开座谈会听取凉山州工作情况汇报，翟占一，罗凉清，四川银监局局长王筠权，省投资促进局局长刘中伯，四川博览事务局局长慕新海，杨卉，州级相关部门负责人分段参加调研或座谈会。

25日至26日　省县域经济学会顾问、省决策咨询委常务副主任、省政府原副省长李成云，省县域经济学会会长、省政府参事张成明，率调研组在凉山调研并与凉山州举行座谈会。罗凉清出席会议并讲话。赵世勇陪同调研并主持座谈会。

26日　苏嘎尔布主持召开盐源、木里片区工作座谈会，听取两县全年目标任务完成情况汇报，边玛仁青、熊仿秋、杨洪清参加会议。

31日　召开2013年度州委常委会民主生活会，副省长黄彦蓉，省纪委、省委组织部有关领导和人员到会指导。翟占一、罗凉清、赵世勇、苏嘎尔布、滕中平、胡坤、王阿呷、冯斌、达久木甲、杨文泉、龙伟、张力、叶佩出席会议。王金铁、邓显祥、杨卉、周德文、施遐、余毅、白云、朱学雷、李俊、米滨，部分省、州党代表列席会议。

▲　武警凉山州支队举行宣布命令大会。武警四川省总队副政委张启营宣布中国人民武装警察部队命令：唐新茂退休，赵小兵任武警凉山州支队政治委员。翟占一出席并讲话，苏嘎尔布、余毅参加会议，邹楠主持会议。

（审核：邓天友　骆国兴　尹克发/撰稿：郑宏扬　詹金涛　肖元东）

党 委

Party Committee

综 述

【概况】 2013年是凉山深入学习贯彻党的十八大精神的开局之年，推进同步全面小康“三级跳”第二级跨越的起始之年。一年来，面对宏观经济错综复杂形势的严峻考验，在省委的坚强领导下，州委、州政府将贯彻落实党的十八大、十八届三中全会、省委十届三次全会精神与凉山实际紧密结合，按照州委七届四次全会部署，制定落实《深入贯彻落实党的十八大精神、为与全国全省同步全面建成小康社会而奋斗的决定》《实施多点多极支撑发展战略推进全域凉山建设的意见》，确立“坚持‘两手抓’、推进‘双提升’、锁定‘三级跳’、同步‘奔小康’”工作主线，紧紧围绕全州改革发展大局，坚持“科学发展、加快发展”工作指导思想，抢抓国家正式批准设立攀西国家级战略资源创新开发试验区等重大机遇，以规划建设凉山钒钛稀土产业基地、西昌钒钛产业园、凉山稀土科技产业园、德昌循环经济产业园等为重要载体，进一步完善发展思路，优化战略布局，深入实施提速增量、提质增效“双提升”战略，全面推进工业强州、生态立州、开放兴州，“两化”互动、“三化”联动、城乡统筹，着力投资拉动，强化产业支撑，深化改革开放，狠抓创新驱动，努力保持追赶跨越发展强劲态势。团结带领全州各族人民埋头苦干、砥砺奋进，进一步优化发展格局、培育竞争优势、增强跨越动力，全州呈现经济快速增长、民生持续改善、民族团结和睦、社会事业全面进步、社会大局和谐稳定的良好局面。2013年实现地区生产总值1214.4亿元，增长10.2%；地方公共财政收入110亿元，增长10%；规模以上工业增加值增长13%；固定资产投资975.5亿元，增长10.2%；社会消费品零售总额379.7亿元，增长13.7%；城镇居民人均可支配收入21699元、农民人均纯收入7359元，分别增长9.4%、14.6%；居民消费价格上涨2.9%。

【工业凉山】 坚持优势资源开发与保护并重，加快优势资源科学开发、综合利用、链条延伸、就地转化，着力抓统筹促推动、抓要素强保障，保持项目建设密度和投资强度，以大资源建设大项目、促进大投资、拉动大发展，实施重点项目143个、完成投资674亿元，先后举行2次重点项目集中开工仪式，涉及项目108个、总投资297.6亿元。官地电站全部机组、锦屏一二级水电站6台机组和溪洛渡水电站12台机组投产发电，白鹤滩、乌东德水电站前期工作深入开展；会东大梁矿业技改扩能重点项目顺利推进；攀钢西昌钒钛资源综合利用、重钢西昌63亿千克钒钛磁铁矿采选、会理鸿鑫尾矿综合回收利用、冕宁江铜400万千克钕铁硼薄片等项目全面投产。实施大企业大集团倍增计划、新增规模以上企业30户。提升园区建设水平，建成产业园区（工业集中区）19个，西昌钒钛、会理有色产业园区被列为省级重点产业园区，全州入园企业增至216户，工业集中度达61.8%。创建省级重点产业园区2个、循环经济示范园区3个、新型工业化产业示范基地1个，工业集中度达61.8%。

【现代农业】 着力做特做优现代农业。推进"三大能力建设工程"，加快农业标准化、规模化、品牌化、产业化发展。全州农业增加值达218.8亿元、增长4.2%，粮食总产量20.40万千克、人均增收61.28元，烟叶收购1.3亿千克（260.05万担）、人均增收1200元，蚕茧产量2455万千克（49.1万担）、人均增收423元，畜牧业产值144.21亿元、人均增收85元，林业总产值77亿元、人均增收100元。农业产业化重点龙头企业增至141家、"大凉山"特色农产品实现国内销售总额170余亿元。农民专合组织增至2570个，新创建国家、省级名牌21个，创建国家地理标志保护产品3个，获得无公害、绿色、有机食品认证21个，统一使用"大凉山"特色农产品品牌包装产品达900种，成功创建"中国苦荞之都""中国茧丝之都"，超过1000家专合组织和140家企业与国内大型批发市场、流通企业建立供销关系。

【培育新的经济增长点】 着力做精做活现代服务业。实施旅游带动和精品旅游发展战略，以旅游业加快发展促进现代服务业全面发展。举办第四届中国国际自驾游交易博览会，西昌成为"中国自驾车旅游西南地区试点基地"，成功创建省级旅游标准化示范州，全州接待游客2819万人次、创收130亿元、增长37.9%。将服务业作为产业结构调整和优化升级的突破口，推动现代物流、商贸流通、金融保险、电子信息等服务业同步发展、加快发展，打造川滇结合部重要的商贸物流中心、金融中心、旅游中心。全州第三产业完成投资420亿元、增长39%；服务业增加值达334亿元、增长5.6%；各项存款余额1271.9亿元、贷款余额575.5亿元，分别增长17.9%、15.1%；实现保费收入19.2亿元、增长7.5%，支付赔款6.9亿元、增长20.4%；证券累计交易量351.1亿元，增长107.3%。

【基础设施建设】 实施交通大会战，强力推进综合交通网络建设，建成国省干线公路156.6千米、农村公路2452.3千米；乡村机耕道1500千米；国道108线"双示范工程"通过验收，G5泸黄高速改扩建工程试验段开工建设；京昆、成丽、都香3条高速公路进入国家路网，新增普通国道7条，实现国道县市全覆盖；西昌经昆明至广州航线开通。建成高标准基本农田3.97万公顷，开发整理土地1.21万公顷，新增耕地1233公顷；新建沼气池2.42万口。会东新马灌区水源工程、盐源老沟水库等骨干水利工程加快建设，整治病险水库61座，新增有效灌面4866.6公顷、节水灌面5000公顷；解决29.2万人的饮水安全问题。建成投用污水处理厂1个、试运行2个，在建垃圾填埋场7个。木里水洛500千伏等一批输变电工程建成投运，惠及40万群众的无电地区电力建设全面启动，"气化凉山""太阳能热水器进农村"等项目加快推进。"三网"融合加快实施，农村通信、邮政、金融服务设施不断完善。

【全面开发开放】 全面深化重点领域和关键环节改革，完善"超常规服务、零障碍推进"项目服务机制，国库管理制度改革、公务卡改革、人事制度改革、国企改革、事业单位分类改革、"营改增"试点等稳步推进，城乡建设用地增减挂钩试点、农村集体产权、金融服务、社会保障等改革不断深化，农业转移人口市民化有序推进。大力实施充分开放合作战略，务实推进与津巴布韦、荷兰、泰国等国际产业合作，成功引进丹麦嘉士伯集团建设啤酒大麦原料基地和中国西部中高端啤酒生产基地，持续加强与成都、攀枝花、川滇黔12市州及省内其他市州区域合作，厅（局）州战略合作增至13家，促成省级金融部门落实授信资金522亿元。借助"三大投资促进活动"、西博会、《财富》

全球论坛、世界华商大会等平台招商选资、招大引强，全州履约招商引资项目200个，累计到位资金500亿元，增长12.54%。加快对外经济贸易发展，开拓利用两个市场、两种资源，创优口岸通关环境，推进外企外资合作，全州外贸进出口获权企业达85户，全年实现外贸进出口总额7924万美元，新签约外资项目4个，实际利用外资4190万美元。

【社会事业发展】 各级学校办学条件持续改善，88万名学生享受各类资助，71.77万名义务教育阶段学生全部纳入“营养改善计划”，学前教育三年毛入园率提高7.8个百分点、达42.1%，初中毕业生实现应读尽读。基本药物制度覆盖常住人口453.6万人，基层医疗卫生机构药价平均下降24.1%。全民健身运动深入开展，圆满举办第四届州运会。建成农家书屋3761个，实现行政村全覆盖；“非遗”项目获第四届国际“非遗”节组委会最高奖1项、最佳表演奖3项；成功申报国家级重点文物保护单位1处、省级24处；摩梭家园建设顺利推进。

【防灾抗灾救灾】 积极支持雅安芦山地震灾区抗震救灾，盐源地震、喜德特大洪灾灾后恢复重建取得阶段性成效。健全应急管理体制机制，加强应急管理体系建设，完善预案，强化演练，全面提高防灾避险和应对各类突发事件的能力。扎实做好防汛抗灾、抢险救灾等工作，成功避让地质灾害45起，安全转移群众5224人，避免直接经济损失2470万元。实施地质灾害防治项目152个，避险搬迁安置农户3398户。争取实施20个重大地质灾害工程治理、10个中小型排危除险项目；防震减灾工作在全国市州级综合考核中名列第九位。

【改善民生】 全年各项民生支出263.78亿元，占公共财政支出的79.1%；完成扶贫开发投资12.92亿元，增长10.4%，9.04万群众脱贫解困；完成“十项民生工程”投资118.7亿元，增长24%。新增城镇就业18954人，城镇登记失业率3.92%；农村“五保”应保尽保、供养标准实现翻番；启动实施事业单位参加工伤保险，五大保险参保117.19万人次，新型农村和城镇居民养老保险试点覆盖173.39万人、发放养老金21.8亿元；充分发挥社会救助“托底保障”作用，65.96万城乡困难群众纳入最低生活保障，发放低保金8.83亿元；新农合参合率达98.69%，城乡医疗救助74.85万人次；25799名孤儿、艾滋病毒感染儿童和特殊困难儿童纳入基本保障，免费治愈165名先心病患儿，建成州儿童福利院；发放80周岁以上老年人高龄补贴673万元、暖冬行动棉衣被2.53万件；“惠农保”试点覆盖182万人，提供风险保障1105.6亿元；新建保障性住房3620套，改造棚户区住房4956户、农村D级危房18822户。搬迁安置大中型水库移民5853人，兑现后期扶持直补资金2343.7万元。

【彝区健康文明新生活运动】 把以彝家新寨为重点的新村新寨建设作为扶贫攻坚的首要任务，坚持安居乐业并举，按照“全域、全程、全面小康”和“产村相融、成片推进”要求，突出村落民居、基础设施、产业培育、公共服务、基层政权“五大重点”，新村、新居、新产业、新农民、新生活“五新一体”统筹推进，209个新建彝家新寨主体工程基本完工、完成投资20.1亿元，发放彝家新生活“四件套”19656套，建成入户路128.5千米。开展彝区健康文明新生活运动“回头看”，聚焦奢靡之风，开展铺张浪费专项治理，用制度规范巩固和扩大活动成果。大力推进“送板凳、送餐桌、送床铺”向“送信息、送技术、送项目”转变，增强帮扶对象自力更生、艰苦创业的能力，阻断贫困代际传递。制定实施《关于禁止领导干部及国家公职人员大操大办婚丧喜庆事宜的暂行规定》，规范领导干部和公职人员行为，带头推进移风易俗。引导成立道德评议会、彝俗会、红白理事会等群众组织，组建村民文明劝导队、卫生检查组等群众性监督组织，修订完善村规民约，落实喜事新办、丧事简办规定，促进彝区健康文明新生活运动长期化、常态化发展。

【城乡统筹发展】 全州城镇和村庄基础设施投资达10.65亿元。全州撤并14个乡、新设10个镇，新增城镇建成区面积5.8平方千米，城镇化率30.57%。深入开展城乡环境综合治理“五十百千环境优美示范工程”建设，建成新村新寨487个、新农村综合体28个、幸福美丽新村34个、“1+N”村民活动中心472个，5.91万农户受益。会理县和4个镇乡、45个村被省委、省政府授予“2012年度全省环境优美示范城镇乡村”称号。建设小型垃圾处理设施7个，镇（乡）小型污水治理项目13个。城市生活污水处理率、生活垃圾无害处理率分别比2012年提高2个百分点以上。园林绿化稳步推行，全年人均绿地面积达到9平方米；建成区绿化覆盖率35%；建成区绿地率29%，风景名胜区总规覆盖率100%。

【依法治州】 研究制定《依法治州实施意见》，坚持科学立法、民主立法、依法立法，围绕全州改革发展需求科学合理制定立法规划，改进和完善立法听证、专家咨询、公开征求意见等立法工作机制，完善地方立法体系，提升立法质量。全面推进法治政府建设，加强行政决策、行政执法、行政公开、行政权力监督、行政化解矛盾纠纷等制度体系建设，落实首问责任制、限时办结制、责任追究制行政效能“三项制度”，树立政府清简务本形象。严格执行民主集中制，召开常委会33次，集体讨论决定“三重一大”事项120多项，完善“常委包片、州长分线、人大和政协领导切块”的分工负责制，充分发挥民主党派、工商联等智囊作用和工会、共青团、妇联等群团组织优势，高度重视决策咨询工作，加强军政军民警民团结，广泛凝聚各方力量。支持州人大常委会科学立法、民主立法，加强对“一府两院”的法律监督和工作监督，开展重点工作调研和执法监督检查，提高代表履职能力和水平。弘扬社会主义法治精神，扎实推进西昌、会理等8县市法治县（市）创建工作，广泛开展“创建法治城市、建设法治凉山”主题宣传系列活动，不断推进普法工作社会化。全面推进基层群众自治机制建设，统筹抓好村（居）民委员会换届选举工作，完成第九届村（居）民委员会换届选举，乡镇政务公开和村（居）务公开面达100%，深化政务公开、村务公开和厂务公开，积极开展听证、民主恳谈、社区议事等基层民主协商，不断增强群众自我管理、自我服务、自我教育、自我监督能力。

【平安创建】 严格落实稳定第一责任，突出藏区维稳重中之重，推进社会管理和治理方式创新，加强“平安凉山”建设，推动“保稳定”向“创稳定、促和谐”转变，努力把凉山建成全国最平安、最稳定、最和谐的民族地区之一。藏传佛教“文明和谐寺庙”创建和寺庙依法管理走在全省藏区前列，主动维稳、发展创稳、强基促稳、创新抓稳的“木里实践”经验得到省委、省政府领导的充分肯定，木里持续成为“全国最稳定的藏区”。坚持用群众工作统揽信访工作，强化重大决策社会稳定风险评估，深入开展非访集访、重信重访问题专项治理，推动领导接访、干部下访制度化、常态化，完善州、县市、乡镇、村四级“大调解”工作体系，深入开展乡镇（街道）、社区“网格化、精细化”社会管理创新工作，西昌市网格化管理经验在全省推广，全州各类矛盾纠纷成功调解率达94.8%。深入开展打黑除恶和打击拐卖儿童妇女、“两抢一盗”等专项行动，与云南省8市州签署禁毒合作协议，构建禁毒联席会议机制，大力整治突出治安问题，群众安全感不断增强。完善“净土（无毒）社区”“支部加协会”等工作模式，全国最大的戒毒康复基地“凉山绿色家园”建设加紧推进。扎实抓好交通、消防、食品等安全生产，扎实做好防汛抗灾、抢险救灾等工作，成功避让地质灾害45起，避免可能造成的人员伤亡755人，实现重特大安全事故“零发生”，全州安全生产形势持续稳定。

【宣传思想文化】 充分发挥宣传思想文化工作引领社会、凝聚人心、推动发展的重大作用，着力转作风、正学风、改文风，为全州经济社会发展提供强大思想保证。扎实抓好理论学习宣传教育，各级党组织、领导班子和干部队伍理论自信、道路自信、制度自信更加坚定。推进社会主义核心价值体系建设，广泛开展公民道德宣传教育和群众性精神文明创建活动，大力学习宣传兰辉和王顺友、马剑霞、杜萍等身边先进典型，凝聚发展正能量。牢牢把握正确舆论导向，拓展对内对外宣传平台，依法加强网络宣传管理，展示凉山形象，不断提升凉山知名度和美誉度。泸沽湖“摩梭家园”试点村即将建成，摩梭文化博物馆竣工开馆。文化体制改革有序推进，文化旅游产业加快发展，群众精神文化生活不断丰富。

【党的建设】 始终把讲政治作为第一位的要求，着眼建设学习型党组织和创新型领导班子，深入开展党的十八大和十八届三中全会精神学习宣讲活动，把深入学习习近平总书记系列重要讲话精神作为最大政治任务，完善州委中心学习组学习制度，强化州委常委会“排头兵”作用，引导各级领导干部增强道路自信、理论自信和制度自信，在思想上政治上行动上始终与党中央保持高度一致，自觉用党的最新理论武装头脑、指导实践、推动工作。州委中心学习组开展集中学习13次，邀请省直部门领导或专家举办主题讲座4次。

扎实推进以“服务型”为重点的“四型”党组织建设，创新开展区域边界党组织“携手共建”活动，大力推进“苏施”党支部建设，1409名优秀党员、后备干部、青年人才进入村支部班子。认真抓好基层党组织带头人队伍建设，村（社区）党组织换届工作圆满完成。切实加强大学生村干部管理服务，完成750名大学生村干部选聘工作。加强城市党建工作，试点推进社区党组织功能型服务阵地建设，推行党员领导干部“直接联系”党建工作制度，全面推进“1+N”个体私营经济协会党组织管理模式，统筹抓好机关、高校、国企党组织规范化建设，不断提高基层党组织覆盖率。加强党员队伍建设，新发展党员4704名，党员教育培训全面加强，党员队伍结构更趋合理。

积极推进党的群众路线教育实践活动，广泛开展“中国梦”主题教育活动，制定实施改进工作作风、密切联系群众“十项规定”，着力解决“四风”方面存在的突出问题，教育引导领导干部践行为民宗旨、坚持务实作风、保持清廉本色。全州发文同比减少32%，会议经费同比大幅降低，“三公”经费压缩10%、其他一般性支出压缩5%以上。紧扣“十万干部走基层、百万群众得实惠”主题，集中开展“走基层、解难题、办实事、惠民生”活动，深入推进“连心共建”“连心牵手”行动，拓展延伸“五个一”直接联系服务群众工作制度，落实“一线工作法”，全州3.87万名干部职工深入联系点为群众排忧解难，协调落实项目帮扶资金12.4亿元，办实事好事1.1万件。严格执行《党政机关厉行节约反对浪费条例》，狠抓正风肃纪，从严控制“三公”经费支出，全面清理修建楼堂馆所和办公用房情况，专项治理党员干部婚丧嫁娶大操大办、相互攀比、铺张浪费行为，查处违反作风建设相关规定问题132个、处理102人，通报典型案例61件、处分32人。大力实施“钢班子铁队伍”工程，坚持“好干部”标准，鲜明“三重”用人导向，深化干部人事制度改革，创新推行干部选任“六步法”，加大干部竞争性选拔力度，注重培养选拔女干部和少数民族干部，注重从基层一线、艰苦环境、关键岗位发现选用干部，为凉山追赶跨越发展选好干部、配强班子、建好队伍、聚集人才。州委常委会研究干部任用410人，提拔为领导职务112人、非领导职务45人，面向全省、全州统筹公选121名科级领导干部。强化领导干部日常监督管理，严格执行诫勉谈话和函询、述职述廉、个人事项报告等制度，建立完善领导干部差异化管理考核体系。制定落实“1+9”人才工作政策，加大人才开发力度，把凉山加快建成西部民族地区人才高地。

全面落实“一岗双责”和“四个一”述职述廉制度，构建全域覆盖的责任网络体系，推动党风廉政建设常态化、长效化。保持惩治腐败的高压态势，严肃查办发生在领导机关和领导干部中滥用职权、玩忽职守、贪污贿赂等案件，坚决纠正损害群众利益的不正之风，全年纪检监察机关共立案486件、处分434人，收到查处一案、教育一片、治理一线、规范一方的执纪效果，形成风清气正、人心思进、人心思干的发展环境。

（审核：邓天友/撰稿：何承萤）

反腐倡廉建设

【概况】 2013年，全州各级党委、政府和纪检监察机关主动把握反腐倡廉新形势新要求，着眼全局谋纪检，紧贴中心抓纪检，全面落实党风廉政建设各项任务，为美丽富饶文明和谐新凉山建设提供坚强的纪律保证。全州党风廉政建设社会评价满意指数从2012年的77.44上升到2013年的80.36，提高2.92个百分点。97个州直部门和30个公共服务行业政风行风群众满意指数达84.72和83.81。全州纪检监察机关贯彻落实中央八项规定、开展关爱提醒教育、推进正风肃纪专项整治等工作受到中央纪委和省纪委的充分肯定。州纪委监察局荣获全州党风廉政建设责任制先进单位、“四好”活动先进班子、2010年至2013年度全州思想政治工作先进集体、凉山州十年扶贫开发先进集体、全州档案工作先进集体、全州“挂包帮”活动及百乡扶贫工程先进集体、全州耕地保护暨国土资源管理目标考核一等奖、全州城乡环境综合治理一等奖等殊荣。

【监督检查】 加强州委、州政府重大决策部署执行情况的监督检查，开展新村建设、藏区牧民定居建设、彝家新寨建设、加快转变经济发展方式的监督检查25批次，检查项目266个，发现和督促整改问题22个。开展教育收费、医药购销、新农合等关系民生服务项目专项检查449次，纠正存在问题179个。持续针对扶贫、社保、新农合、烟水配套等74个重点项目进行巡回检查。同步监督全州国家投资工程建设招标项目900个，参与政府采购现场监督1000余起，综合节资率达12%以上。开展国资系统干部兼职兼薪专项治理，清理兼职干部50人，清退兼薪260余万元。强化行政效能建设，将4184项政府公告项目纳入电子监察，延伸电子监察到53个部门和226个乡镇（街道）。开展治理“庸懒散奢”专项监察202次，提出整改措施87条，纠正问题50个，问责20个单位、67人。开展政务服务效能监察，查处问题19件，追责4个单位、22人，确保州委、州政府政令畅通、执行有力、落实到位。

【正风肃纪】 始终聚焦“四风”问题，不等不靠，先行先试，率先在全省市州推进正风肃纪工作，开展七项治理。全州发文同比减少32%，会议经费大幅降低，除保留4个重要民族节庆活动外，取消其余节庆活动。“三公”经费压缩10%，其他一般性支出压缩5%以上，停止已批未建楼堂馆所、办公用房项目7个。全州2997名纪检监察干部带头清退会员卡和商业预付卡，做到零持有、零报告。抓住元旦、春节、中秋、国庆等关键节点，采取明察暗访、电话督查、群众监督等方式，加强党员干部特别是领导干部执行落实中央八项规定和省州十项规定情况的督促检查。全年受理“四风”问题和违反省州十项规定的信访举报153件，查处问题152个，处理115人，给予党纪政纪处分56人。分两批实名通报10起典型案例，全州党风政风进一步好转。

【查办案件】 各级纪检监察机关增设纪检监察室18个，加强办案力量，充实办案人员，建立办案人才库。快速启动州法纪教育基地建设，着力提高办案基础保障。坚持资源向办案集中、力量向办案倾斜、人才向办案聚集，推行全员办案，重点查处贪污贿赂、钱权交易、失职渎职、“四风”问题和招投标等领域案件，全年初核646件、立案552件、处分545人，同比分别上升35.7%、33.7%、25.3%。查处县级干部11人、科级干部74人。查办“一把手”违纪案件27件、处分27人，农村党员违纪违法案件342件、处分368人，移送司法机关23人。特别是严肃查办了董小毛、木格布哈受贿案，“3·5”串标围标窃密案，卫生、规建、农机、农能等系统腐败窝案等一批典型案件，协助省纪委查办“永会路”腐败案，保持惩治腐败高压态势。健全完善依纪依法、安全文明、快查快移、优质高效的案件查办机制，提高办案质量，实现查办案件无错案、办案人员无违纪、办案安全无事故。坚持畅通群众诉求，健全来信来电、上门信访、网络举报等综合平台，全年受理信访举报2684件（次），同比上升67.5%，其中，中纪委和省纪委交办转办信访件789件。通过初核，为195名党员干部澄清是非，保护干部干事创业的积极性。以查办案件方式加强招投标监管，全年受理和查处招投标投诉举报76件，查处7人，移送司法机关5人，收缴违法所得1231万元，挽回经济损失1.8亿元。

【宣传教育】 围绕惩治和预防腐败体系建设要求，大力宣传贯彻落实中央八项规定和省州十项规定的新举措新成效，探索在主流媒体曝光反面典型案例和查办的重大案件，开办廉政教育大讲堂，深化任职前关爱教育，抓好关键节点提醒，推进廉政文化“八进”活动，举办“中国梦·清风正气满彝州”廉政文艺晚会，组织“促廉洁、树新风”优秀廉政公益广告展播。全州县处级及以上领导干部讲廉政党课600余场次，1.2万人次受教育，4.5万名党员干部观看“两片一书”。“凉山清风”互联网政务平台改版升级，月点击量达20万人次以上。凉山电视台《廉政纵横》栏目播出专题节目51期，《阳光政务》栏目播出“局长在线”38期，《凉山日报》专栏刊发新闻300余篇，发送廉政短信16万余条，特邀网评员撰写网评文章600余篇，营造了倡廉促廉兴廉良好氛围。

【抓早抓小】 注重防微杜渐，避免小错酿成大错。坚持廉政约谈盯重点，对17县市的书记和县市长，51个州直部门党组（党委）书记和纪检组长，由州纪委班子成员一对一约谈，听取履行“一岗双责”情况，收集党员干部的廉政动态，加强纪律提醒和组织监督。坚持关爱约谈真提醒，对7个县、5个州级部门进行巡视，对52名信访反映集中的领导干部进行约谈，及时纠偏提醒，把苗头性问题解决在萌芽状态。坚持诫勉约谈严管教，重点针对工作落实不力、群众反映较大、举报存在问题，经查实但不构成违纪处分的258名干部，实施诫勉谈话，严肃提醒整改。坚持任前谈话触灵魂，创新开展“高墙内”的廉政谈话，把新提任的81名县级领导廉政谈话地点安排到监狱。深化亲情守廉促廉活动，以“小手牵大手”“我是廉洁好家庭”等活动为载体，动员家属共同参与构建廉政“防火墙”。实行婚丧嫁娶事宜操办前的“卡片式温馨提示”，强化领导干部报告个人重大事项工作。开展受处分人员回访活动，达到“惩前毖后、治病救人”的效果。凉山州被中纪委列为全国关爱教育试点地区，并在中纪委座谈会上交流创新关爱教育的做法。

【自身建设】 坚持打铁还需自身硬，落实钢班子带铁队伍要求，强化对纪检监察干部从严要求、从严监督、从严管理。加快推进转职能转方式转作风，州和县市纪委监察局新增内设机构19个、优化调整36个，规范9个县的纪委书记分工，退出或不再参与议事协调机构103个。加强纪检监察干部教育培训，认真开展创建学习型、创新型机关“双创”活动，深入推进纪委书记下基层、纪委开放日、定点定期接访活动，提高纪检监察干部履职能力。加强纪检监察机关信息化建设，整合办公自动化、信访信息管理、案件管理和案件审理等业务应用。统筹开展“三项建设”“中国梦”“挂包帮”“走基层”活动，强化责任担当，强化纪律约束，强化作风建设，推进机关自身建设常态化。

（审核：李东明/撰稿：张国波）

组织工作

【概况】 2013年，州委组织部认真贯彻落实全国全省组织工作会议、组织部部长会议和州委经济工作会议精神，紧扣加强党的执政能力建设、先进性和纯洁性建设主线，以十八大、十八届三中全会精神学习培训、群众路线教育实践活动为重点，更加突出核心在党委、关键在干部、重点在党员、基础在基层、支撑在人才、带头在自身，集中力量抓大事，求实创新抓落实，较好地完成了全年各项工作任务。

【领导班子和干部队伍建设】 制定《关于进一步加强领导班子和干部队伍建设的实施意见》，紧紧围绕推进凉山追赶跨越发展选拔好干部、配强钢班子。坚持好干部标准，认真落实省委“重品行、重实干、重公认”的用人导向，积极为州委选人用人当好参谋助手，注重选好配强县级领导班子，做好县级领导班子的跟踪考察和调整补充工作，改善班子年龄知识专业结构，合理使用不同年龄段干部，增强班子整体功能。一年来，提请州委常委会研究干部410人次，其中：提拔为领导职务112人，提拔非领导职务45人。配合省委干部考察组完成3名州级领导干部推荐、考察工作，2名交流提拔厅级领导干部考察工作；完成“优秀年轻干部人才递进培养计划”的推荐、初审工作。严格党群系统职位管理，完成党群系统63人职务晋升审批、25人调动、7人调任、17人遴选，定向招录138名乡镇公务员、152名选调生工作，制定木里藏区首批“9+3”退役士兵考录招聘工作方案。

【干部人事制度改革】 扎实推进干部人事制度改革。认真贯彻落实省委“2+6”文件精神，研制凉山州《实施县级领导班子和领导干部差异化标准及结构模型化选配办法（试行）》《凉山州县级领导班子和领导干部综合考核评价实施办法（试行）》等组织工作“3+8”文件，着力提高组织工作科学化水平。坚持党管干部原则与发扬民主结合起来，总结完善“六步法”选拔领导干部，“1+5”模式选育后备干部方式，着力解决简单以票、以分取人等问题。加大推行“零门槛、开放式”统筹公选、定向公选领导干部力度，面向全州统筹公选121名科级领导干部。抓好调整不适宜担任现职干部办法的贯彻落实，推进乡镇党委书记和乡镇长“月考年评”制度向上向下拓展。完善竞争性选拔干部工作，采取“331”方式面向后备干部非定向公选5名州直部门纪检组长。完成喜德县公开竞争性选拔2个县级部门“一把手”的指导服务工作。

【干部教育】 狠抓各级干部队伍能力素质提升。突出抓好十八大、十八届三中全会精神的学习培训，按照“分层施教、分类培训、全面覆盖”原则，对全州1500名副县级领导干部、副县级后备干部，23900余名党员干部进行全覆盖培训。探索试行“培训+测评+考察”模式对干部进行周期性选拔、滚动式管理、差异化培养教育模式。围绕加强现代科技、新兴产业、民族文化、社会管理和舆情应对等，采用党校培训+高校学习+异地现场教学的“三段式”培训方式，培训干部4756人次、专业技术人才98314人次、村社区干部人才15751人次。选派39批、218名干部到牛津大学、浦东干部学院、浙江大学等知名学院学习；指导县市举办主体班146期，培训各级干部8753人次。精心组织629名干部参加县处级党政领导职务政治理论任职资格考试，合格率达66.6%。继续抓好干部在职学历教育，完成11名县级领导干部学历学位变更。

【干部监督】 强化领导干部的日常监督管理。认真贯彻州委从严管理干部规定，制定《关于从严加强干部监督管理的实施意见》《凉山州任期经济责任审计结果运用办法》，加强领导班子和干部队伍的监督管理。严格执行诫勉谈话和函询、述职述廉、个人事项报告等制度，对1名领导干部亲属子女拟提拔任用报省委组织部进行审批；对15个县市、30名乡镇党政正职在同一岗位任期不到3年因工作需要进行调整事项进行审查审批。委托州审计局对9名领导干部进行经济责任审计，完成56名省管干部和1366名州管领导干部个人事项报告工作。集中对2009年以来“带病提拔”的乡科级党政领导干部的选拔任用过程进行倒查，对县市、州级有关单位的自查情况及乡科级党政领导干部选任情况进行了复查和抽查。对108名县级领导干部进行任前公示，对有反映的3名干部进行了查核。认真做好举报受理工作，全年受理群众来信来访、举报反映246件次，调查核实56件，直接答复63件，转办74件，做到了有举必查、查必有果、纠必到位。

【基层党建】 抓好基层党建重点工作项目的突破。制定《关于开展“四型”党组织创建活动的实施意见》，深入开展学习型、服务型、创新型、纯洁型“四型”党组织创建活动。创新推进区域边界党建工作，制发《关于在实施“三大发展战略”中认真开展区域边界党组织“携手共建”活动的意见》，探索适应“三大发展”战略的党建工作模式，有62个乡镇、148个行政村，分别组建跨省、州、县、乡镇、村的边界区域联合党组织。大力推进“苏施”党支部建设，1409名“苏施”党支部培养的优秀党员、后备干部、青年人才进入村支部班子。“苏施”党支部做法得到省委书记王东明、副书记柯尊平，省委组织部副部长周国庆等领导批示。圆满完成中组部“加强基层服务型党组织建设研究”经验交流暨课题成果研讨会的承办，《基层党组织联系服务群众机制问题研究》课题报告得到25个省区市委组织部和17个课题承担单位肯定。认真抓好“带头人”队伍建设。深入学习“文建明工作法”和“春风经验”，加强基层党组织带头人队伍建设。抓好村（社区）党组织换届工作，探索采取的四票推荐、部门联审、信任测评、党委票决、广泛公示、差额选举“六步工作法”，得到省委组织部高度评价。截至2013年年底，全州3779个基层党组织中有2896个完成换届选举。全面提升服务群众的能力素质，组织1100余名大学生村干部、乡镇组织员分6期在省委党校、四川科技职工大学、江苏等培训基地培训。出台《进一步加强大学生村干部工作实施意见》，完成750名大学生村干部选聘工作。修订“三老”人员生活补助办法，按时足额发放14330名“三老”人员的生活补助。强化城市基层党建工作。将街道社区干部工资纳入县市财政预算，选拔76名“双好三强”型干部充实到社区队伍，109个社区全部实现有固定办公场所。进一步完善“两新”组织党建保障激励机制，推行党员领导“直接联系”党建工作制度，新遴选1000余名党建指导员；全面推进“1+N”个体私营经济协会党组织管理模式，提升党组织服务力。扎实开展“五百”工作，认真开展“双报到”和“三服务”活动，全州11264名在职党员到社区报到，帮助社区困难群众解决实际问题。扎实开展机关、高校、国企党组织规范化建设，统筹兼顾提升传统领域党建工作科学化水平。

【主题教育活动】 牵头抓好各阶段主题教育实践活动。代州委起草《关于在全州广泛开展“实现伟大中国梦、建设美丽繁荣和谐四川”主题教育活动的意见》。牵头组织全州17县市、13个大组、19.85万余名党员开展大讨论、大调研、大帮扶、大提升活动。牵头开展“走基层、解难题、办实事、惠民生”主题教育活动，迅速确定全州“十万干部走基层，百万群众得实惠”活动主题，将活动进行深化拓展，提出以党组织“连心共建”和干部群众“连心牵手”行动为抓手，用实际行动践行党的群众路线。认真做好群众路线教育实践活动各项筹备工作。

【人才队伍建设】 认真贯彻落实《凉山州中长期人才发展规划》及9个人才工作政策。抓好公开选聘高层次人才和紧缺专业优秀人才工作，完成州城乡规划建设和住房保障局、州移民局选聘总工程师的测评和面试、考察等工作。抓好凉山籍大学生（研究生）“英才计划”工作，拿出50个涵盖城市规划、工程建设、农林牧水、教育卫生、畜牧养殖等领域高级专业技术岗位，定向为11个少数民族聚居县培养。完成人才培养开发“金手指”计划申报、考察和评估，确定2个重点项目资助计划、10个一般项目资助计划。组织实施好重大人才工程。按照六类人才分类，完成全州优秀后备人才库建库工作。继续开展“人才服务年”、人才培养“百千万”等重大工程，组织100名省、州专家在藏区、彝区培训1000名骨干教师和1000名医务工作者，在平坝河谷地区培训10000名现代农业示范区农村实用人才。成功举办全州首家省级院士（专家）工作站在好医生攀西药业挂牌仪式。完成第13批有突出贡献拔尖人才的评选、第三批32名干部到成都学习统筹城乡工作和目标督察的挂职学习、第三批4名干部到省政府驻外办挂职的选派工作。

【自身建设】　深入开展“五带双争”活动。着力深化“和谐、创造、成长”的机关建设理念，以“坚持‘五带’，争做党和人民满意的‘五好’干部、争创党和人民信任的模范部门”主题教育活动为载体，狠抓组工干部思想素质建设，引导组工干部树立讲政治、重公道、业务精、作风好良好形象。按照“站位要高、视野要宽、定位要准”要求，实施新一轮组工干部大培训。带头落实干部人事制度改革，拿出1名科级干部、8名机关干部面向全州公选遴选；8名机关干部通过竞争上岗走上科级干部岗位；推荐1名干部到中组部研究室上挂锻炼，选派1名干部到扶贫联系点挂职，从基层选派3名同志到部机关上挂锻炼。注重搞好制度建设，完善《州委组织部机关制度汇编》《部机关目标管理办法》，提升机关效能，推动工作落实。

（审核：张剑/撰稿：张启琳）

宣传工作

【概况】　2013年，全州宣传思想工作坚持以邓小平理论、“三个代表”重要思想、科学发展观为指导，以学习贯彻党的十八大、十八届三中全会、省十次党代会和省委十届三次全会、州七次党代会和州委七届四次全会精神为主线，紧紧围绕州委、州政府的中心工作，创造性地开展工作，在理论武装、舆论引导、思想政治、文明创建、文化事业、队伍建设等方面取得新突破，为推进凉山的科学发展、加快发展提供强有力的理论指导、舆论支持和文化支撑。

【理论武装】　做好全州党委（党组）中心学习组服务工作，订阅和编写学习资料，坚持专家辅导与专题研讨相结合，组织召开9次州委中心组学习会，专题召开4次学习（扩大）会。以同心共筑“中国梦”和学习贯彻党的十八届三中全会精神为主题，组建宣讲团，编写宣讲提纲，举办培训会，广泛开展“大宣讲”“大调研”“大帮扶”“大调解”主题活动，同时使用汉彝（或藏）双语宣讲，辅以乐舞蹈、快板、母语小品等文艺宣讲，增强宣讲效果。着力打造《凉山党建》和《凉山日报——论坛专刊》两个理论宣传平台，截至12月共刊发理论调研文章72篇，联合有关单位组织凉山州第三届“中国梦·中国诵”国学经典诵读大赛，为推进社会主义核心价值体系建设，推进凉山文化的大繁荣大发展做出积极贡献。

【舆论引导】　按照全国和全省宣传思想工作会议精神要求，牢牢掌握意识形态工作的领导权、管理权、话语权，唱响主旋律，打好主动仗，着力构建大宣传大网络大舆情全媒体工作格局。深入宣传学习贯彻习近平总书记系列重要讲话精神，深入宣传州委七届四次全会精神，宣传全州各地按照州委、州政府的战略部署，大力实施“三大发展战略”、奋力推进凉山“两个跨越”的重大决策和具体办法。认真组织和统筹“两会”宣传，“学习雷锋精神”“弘扬抗震救灾精神”“主题教育活动”“大凉山农产品品牌建设”“加快推进新型城镇化”“走基层、解难题、办实事、惠民生”活动等专题宣传，充分展示凉山“六大建设”所取得的辉煌成就。加大对安全生产、食品药品、禁毒防艾、综合治理、网络安全、就业再就业、房地产市场、物价等关系群众切身利益的舆论引导，为全州的改革开放、稳定发展营造良好的社会舆论氛围。

【对外宣传】 坚持将西博会作为凉山实现“品牌化经营、市场化运作、国际化拓展”的重要平台，组织协调中央和省主流媒体以及国内知名网络媒体大力宣传凉山的参展情况和取得的成果，形成较强的宣传声势。采取“寓管理于服务”理念，提高媒体管理与服务。组建“凉山州互联网信息办公室”，全州县市网络舆情中心组建工作全部完成。大力发展凉山手机报，延伸网络舆论宣传触角。依法依规加强互联网管理工作，成功承办四川新闻网“麻辣社区走进凉山”版主年会。积极构建网上新闻发布主平台，在腾讯微博正式开通“五彩凉山信息微博发布厅”，成为全国 30 个少数民族自治州盟中第一个政务微博平台。顺利推进常规新闻发布工作，坚持及时准确的信息发布机制，积极选派州县两级新闻发言人参加省上新闻发言人培训班，举办全州首次政务微博发布工作培训，加强外宣队伍建设。

【思想政治】 积极组织开展好“实现伟大中国梦、建设美丽繁荣和谐四川”主题教育活动。大力开展形势教育，深入解读党的十八大、十八届三中全会，省委十届三次全会和州委七届四次全会精神。积极推进社会主义核心价值体系建设，广泛开展“万人签名践承诺、雷锋故事进校园、专题艺演到基层、部门帮扶到农家、志愿服务到村社”5 项活动；扎实开展公民道德宣传教育活动，加强“典型库”建设，树立仁青偏初、杜萍、李春阳等一批典型人物。发挥思想政治工作研究会的作用，形成 20 余篇宣传思想政治工作调研报告，完成 2 个大型调研课题。加强社区思想政治工作，建立县市“社区学习超市”，广泛开展群众思想政治工作。加强爱国主义基地的场所建设，增进服务措施，以演讲、歌舞等多种形式开展的内容丰富的爱国主义教育。

【精神文明】 深入推进彝区健康文明新生活运动，累计解决群众实际困难 28000 多件，协调、落实帮扶资金 140 多亿元。以贯彻落实中央“八项规定”和省州“十项规定”为契机，强化规章制度的建立，大力推进移风易俗，公民道德建设实践活动全面开展，深入开展道德领域突出问题专项教育和治理工作，继续开展文明交通、文明引导、文明餐桌、文明传播和廉政文化建设，不断探索“道德讲堂”建设工作。积极开展群众性精神文明创建工作，加大整治互联网、手机低俗之风专项行动力度，继续加强网吧的整治监管，扎实开展文艺表演、征文、演讲比赛、太空授课等主题教育实践活动。广泛宣传未成年人思想道德建设工作，加大青少年活动阵地建设力度，加快“乡村学校少年宫”自建项目建设工作，截至 2013 年底已建成 176 所，在建 72 所。

【文化建设】 投入专项资金打造“月城之春”惠民音乐会等文化品牌，“月城之春”惠民音乐会成功演出 80 余场，深入开展文化宣传及“三下乡”活动。抓好文化艺术“精品工程”，认真开展实现伟大中国梦“凉山歌舞团千乡播梦计划”在凉山 17 个县市的惠民演出。围绕重大事件积极开展文艺创作，加大“少数民族作家群”品牌的打造提升力度。成立凉山州文化旅游发展集团筹备领导小组，为顺利组建凉山“文旅”集团打下坚实基础，顺利完成《凉山城市新报》的筹办工作，为建立凉山日报报业集团打下坚实基础，积极筹建凉山州新华出版集团。摩梭家园建设暨摩梭文化保护工程稳步推进，凉山非物质文化遗产保护中心正式运行。组织州歌舞团赴加拿大等国家和地区演出。积极申报中央、省级文化产业专项资金项目 6 个，落实省级财政公共文化服务体系建设专项资金地方配套资金 62.25 万元。

【队伍建设】 加强各级宣传文化单位领导班子思想政治建设、思想建设、作风建设和执政能力建设，建立健全干部管理监督机制和考核评价机制。深化干部人事制度改革，建立和完善干部人事分类管理体制。加强人才培养力度，选派 2 名基层县市宣传部部长参加中宣部举办的培训班，13名县市宣传部部长和州社科联副主席参加四川省哲学社会科学教学骨干研修班的学习，抽调2名同志上挂锻炼。顺利完成州民干校80名民族音乐和舞蹈专业班学员的招生工作。继续抓好州级宣传系统下属单位班子成员及中层干部调整充实和竞聘组织建设工作，以及本部门中层干部调整、任免、充实等基础工作。大力推进作风建设，深入开展“走基层、转作风、改文风”活动，持续推进“三项学习教育”活动，着力打造信得过、靠得住、肯奉献的宣传干部队伍。

（审核：陈甫林/撰稿：宋兴龙）

统战工作

【概况】 2013年，中共凉山州委统战部深入学习贯彻党的十八大和十八届三中全会精神，按照州委工作部署，围绕中心、服务大局，找准促进发展的对接点，探索推动改革的着力点，打造改善民生的新亮点，不断提升全州统战工作科学化水平，各项工作取得新成效。

【开展学习教育活动】 把深入学习贯彻党的十八大和十八届三中全会精神作为重大政治任务，协助各民主党派深入开展形式多样的政治交接学习教育活动，组织召开纪念中共中央发布“五一口号”65周年座谈会、“中国梦”主题教育学习会、民主党派州委和州工商联负责人暑期学习会；传达学习党的十八届三中全会、省委十届三次全委会、州委七届四次全委会精神；向各民主党派、工商联、统一战线各界人士通报州委七届四次全会精神；举办全国工商联成立60周年纪念活动，组织非公有制经济发展形势政策报告会，广泛开展非公有制经济人士理想信念教育实践活动。州委统战部、州委新经济组织工委、州工商业联合会共同组建“深入民营企业宣讲分团”，深入基层广泛开展十八大精神宣讲活动，集中宣讲6场，互动交流2场，覆盖民营企业24户、企业商会组织5个，直接听众2000余人，实现党的十八大精神在州属非公经济组织中的覆盖目标。召开全州统一战线“三项”主题教育活动电视电话会，全州16县设分会场，州、市县统战机关干部和广大统一战线成员近700人参加会议；召开实现伟大中国梦与凉山民营企业家主题报告会，全州非公有制经济代表人士280余人参加报告会；部班子成员深入基层，到部门宣讲共7次，到基层宣讲共19次，听讲人数达30000余人。

【民主党派工作】 认真贯彻落实《关于进一步加强中国共产党领导的多党合作和政治协商制度建设的意见》《关于巩固和壮大新世纪新阶段统一战线的意见》精神，着力推动政治协商、参政议政、民主监督制度化、规范化建设，大力支持民主党派加强自身建设和开展社会服务工作，努力保持凉山州多党合作事业持续健康发展。协助党委、政府落实政治协商的有关规定。把政治协商纳入决策程序，就重大问题在决策前和决策执行中进行协商。州委、州政府全年召开协商会、征求意见会4次，委托州委统战部召开情况通报会3次。州委、州政府主要领导亲自签批民主党派意见建议8份，内容涉及产业结构调整、扶贫开发、新农村建设、环境保护、引进人才等方面的内容，吸纳合理化建议40多条。支持民主党派发挥参政议政、民主监督作用。指导四家民主党派举办培训班，系统培训120多名新进班子成员、新发展成员和参政议政骨干，帮助他们提高对国情、省情、州情的认识和提案、议案写作水平。积极支持各民主党派依托省、州“两会”平台开展参政议政、建议献策工作。各民主党派分别向省、州、县（市）三级“两会”提交提案、议案354件，建议56件，被列为重点提案、议案9件。支持民主党派开展民主监督。坚持年中和年底两次向各民主党派通报全州党风廉政建设和反腐败工作情况，定期听取意见建议。健全完善特约人员工作制度，明确特约人员职责和权利，切实发挥其作用。州政府11个部门和司法机关聘任35名民主党派成员担任特约人员，各民主党派共有40多人次参加各类视察、调研活动。支持民主党派加强自身建设。指导民建凉山州委圆满完成届中调整。形成各民主党派州委领导班子建设状况的专题调研报告。协助州委召开各民主党派州委领导班子建设座谈会，形成《凉山州各民主党派州委领导班子建设座谈会纪要》，使民主党派领导班子建设更加规范有序。坚持好中选优、优中选强的原则，推荐上报民主党派后备干部12人。坚持“三为主”方针，协助民主党派把好新成员“入口关”，全年新发展民主党派成员50名。支持民主党派加强制度建设，指导各民主党派州委按照相关规定，修订完善领导班子议事决策规则、民主生活会、机关财务管理、机关干部管理等规章制度，新建内部监督、班子成员述职报告两个制度。坚持把促进科学发展作为统一战线的履职要务，立足统一战线资源优势，充分调动统一战线广大成员着眼“五位一体”总体布局，认真落实“党委出题、党派调研、政府采纳、部门落实”调研制度，紧扣州委、州政府中心工作，向各民主党派、工商联协商安排20多个调研课题。协助州委召开2012年民主党派、工商联调研成果汇报会，将《2012年民主党派工商联调研报告汇编》分送州委常委、州政府副州长，推动调研成果转化。

【经济联络和“挂包帮”工作】 推动非公有制企业加快转型升级，增强创新能力。推荐西昌环太有限责任公司“立足优势资源、做强特色产业”案例参加全省“民营企业转变发展方式案例征集”活动，推荐西昌华宁公司3000万千克/年配合饲料技改项目为全国光彩事业重点项目，推荐西昌环太有限责任公司和华宁农牧科技有限责任公司为转型升级的优秀企业并获省表彰。深入推进“定点合作”“挂包帮”工作，更加积极主动、更加扎实有效地参与扶贫开发和新农村建设。凉山温州商会向昭觉县燕子洛村捐资20万元，修建1所希望小学（已连续4年修建学校4所，总投资80余万元）。民革、民盟、民建、九三学社州委分别与西昌、喜德、布拖、普格、昭觉等市县的10个村、6个小学建立长期对口帮扶联系，捐款捐物60余万元。开展送医、送药、送科技“三下乡”活动，义诊人数达到1200人次，发放科普资料和《新农村卫生健康手册》5000多份，培训农村实用技术骨干300多人次。会员企业新吸纳就业3000多人，安置下岗职工、退役军人和农村富余劳动力500多人。创新工作思路，强化归侨、台胞、港澳人士的接待联络工作，中央统战部陈喜庆副部长到凉山考察，协调中国海外联谊会捐资50万元，为昭觉县修建10个村卫生室。做好加拿大福慧教育基金会在布拖、昭觉、美姑的教育扶贫工作，该基金会7年来在凉山开展教育投入资金2000多万元。协调做好香港李锦记酱料集团“希望厨师班”免费招收6名凉山家庭贫困学生培训为厨师的协调工作。

【新经济组织党建工作】 坚持把促进非公有制经济快速健康和谐发展作为新经济组织党建工作的重要抓手。州委新经济组织工委所属州本级企业1526户，已建党组织87个，单独组建68个，党组织覆盖企业数845个。在走基层活动中，各基层党组织共解决影响和制约科学发展的突出问题128个，化解矛盾纠纷95件，为群众办实事好事600余件，落实帮扶资金50万元，有1245名在职党员参与志愿服务活动。强化新经济组织党组织的思想、组织、作风、制度建设，抓好典型示范，不断扩大党在新经济组织中的组织覆盖、工作覆盖和凝聚力覆盖，提升新经济组织党建工作整体水平。

【党外代表人士队伍建设】 认真贯彻中央4号、省委16号文件和全省党外代表人士队伍建设工作会议精神，协助州委制定出台《中共凉山州委关于加强新形势下党外代表人士队伍建设的实施意见》《州委常委联系州党外代表人士联谊交友制度》《州政府相关部门与各民主党派工商联对口联系制度》，形成在培养选拔党外干部工作中共同制定规划、共同物色选拔、共同培养教育、共同考察人选、共同讨论研究、共同督促检查的“六个共同”工作机制。明确州委每位常委联系的党外代表人士对象；19名州级领导干部与27名民主党派、无党派代表人士结成联系对子；19个州政府部门与4个民主党派和州工商联结为对口联系单位，建立民主党派、无党派、少数民族、宗教、非公有制、港澳台海外同胞6个领域党外代表人士后备人才队伍信息数据库，调整充实党外后备队伍，确保党外后备干部的数量和质量。全州建立630名副科级以上的党外代表人士和200名党外后备人才数据库，确定4名厅级、20名县处级、68名副处级和省、州人大代表、政协委员后备人选，形成层次合理、分布均衡、衔接有序、科学合理的人才后备队伍结构。建立教育培训规划制度，制定《2013—2017凉山州党外代表人士队伍建设规划》《2013—2017凉山州统一战线教育培训规划》，有针对性、分年批次轮训，确保5年内将全州党外代表人士全部轮训一遍。选派36名党外干部参加中央、省社会主义学院及各党派举办的党外干部培训班，州、县两级举办党外干部培训班8期，共培训400多名科级和30名县级党外干部；选派4名非公有制经济人士到清华、北大、浙江大学参加全省民营经济中高级管理人才培训班学习，温州商会党委书记到中央延安党校学习，5名市县工商联主席、副主席到省社会主义学院学习。5名县处级党外干部进行交流任职，选派1名副县级党外干部到省直部门挂职锻炼。3名党外干部走上厅级领导职务，5名党外干部分别担任州人大常委会副秘书长、州法院副院长、州司法局副局长、州卫生局副局长、州农校副校长领导职务，部门间交流2名县处级党外干部，既在数量上有突破，又拓宽党外干部在政府部门的任职渠道。州级部门和单位领导班子中配备党外干部26名，其中33个州政府工作部门配备党外干部的领导班子由8个扩展到11个，所占比例由1/4提高到1/3。全州有党外全国和省级人大代表、政协委员37名（党外全国人大常委1名），党外州、县（市）人大代表601名，党外州、县（市）政协委员1715名，党外州人大常委会副主任1名、州政府副州长1名、州政协副主席4名、州法院副院长1名，党外副县（市）长17名，党外县（处）级领导干部78名。党外干部队伍规模不断壮大，整体素质进一步提高。

【民族宗教工作】　加强藏传佛教寺庙依法管理制度创新。以寺庙依法管理制度创新为根本，指导木里大寺开展标准化示范建设，依法加强民间组织和社会团体管理工作，取缔非法藏区民间组织。加强宗教界代表人士培养教育工作，引导宗教界做好解经、讲经工作。安排2名宗教界代表人士到中国人民大学、省社会主义学院学习，指导灵山寺顺利完成方丈升座工作；建立木里大寺寺庙管理委员会和11个乡镇寺庙管理所，明确管委会编制并明确人员。建立僧人信息平台，全面完成548名僧尼信息采集工作。推荐5名文明和谐寺庙先进个人、2个文明和谐寺庙、1个佛协先进集体在全省藏传佛教寺庙长效机制建设暨文明和谐寺庙表彰会上进行表彰。按照“四个纳入”的要求，为木里县争取寺庙维修资金省级财政30万元，寺庙线路改造资金5万元，州级财政资金150万元。开展和谐寺庙创建活动，深入藏区开展督导检查和调研，了解相关工作的贯彻落实情况，牢牢把握敏感时期藏传佛教领域维稳工作主动权，充分发挥州委统战部牵头的宗教工作联席会议制度作用，实现部门协同，形成工作合力，解决重点难点问题，争取州、市财政投入1600万元用于解决西昌教区主教府建设用地。

【自身建设】　严格按照中央统战部制定的贯彻落实中央“八项规定”的具体措施和省、州“十项规定”，制定下发《中共凉山州委统战部关于改进工作作风密切联系群众的意见》，进一步转变工作作风，树立统战干部良好形象。开展“集中学习周”“主题学习月”“作风建设年”等活动，改变文风、会风、作风，推进“学习型、服务型、创新型”机关建设。深入开展创先争优活动，修订完善《部机关财务管理制度》等五项规章制度，健全统战工作督查机制，确保各项重大决策落到实处。严格落实廉洁从政各项规定，强化“一岗双责”，健全党风廉政建设责任制，全面推行统战部廉政风险防控机制建设，切实做好反腐倡廉工作。按照“调研兴部、制度建部、从严治部、人才强部、文化塑部”的理念，进一步增强统战干部的政治意识、大局意识、责任意识和忧患意识，不断提高业务能力和工作水平，努力培养一支“学习型、思考型、民主型、实干型”的干部队伍，把统战部建设成为深受党外人士欢迎的“团结之家、民主之家、交友之家、建言之家和温暖之家”，为不断开创全州统战工作新局面提供坚强保障。

（审核：高旦珠/撰稿：陈敏）

州直机关党建工作

【概况】　2013年，州直机关工委和机关各级党组织在州委的坚强领导下，以邓小平理论和“三个代表”重要思想为指导，深入贯彻落实科学发展观，认真学习贯彻党的十八大精神，省委十届三次全会、州委七届四次全会精神，创建“四型”党组织，认真开展“中国梦”主题教育活动、“走基层”活动，深化“挂包帮”活动和百乡教育扶贫工程，切实开展极度贫困村帮扶工作，坚持服务中心、建设队伍，扎实推进机关党的思想建设、组织建设、作风建设、反腐倡廉建设和制度建设，圆满完成了机关党建各项目标任务，为全州经济发展、社会稳定提供了有力的政治和组织保障。

【思想建设】　抓住学习贯彻党的十八大精神这条主线，部署开展学习教育活动。十八大召开后，组织开展“党员干部大讨论、理论骨干大宣讲”活动，举办宣讲100余场，1万多名党员干部听取了报告，并通过研讨、交流、演讲、竞赛、中心组学习和支部学习，确保十八大精神学习宣传“全覆盖”。确定2013年党建课题研讨的五个重点课题，征集230余篇党建理论研讨文章，评审出优秀获奖文章，在《凉山党建》上刊登。

【作风建设】　深入开展“挂包帮”活动和百乡教育扶贫工作，大力开展对极度贫困村定点扶贫工作，以更大的力度和有效的措施，加快推进我州扶贫攻坚、全面建成小康社会进程。牵头做好州级机关“走基层、解难题、办实事、惠民生”活动。承担指导五组的督促指导工作，重点对州级机关和事业单位集中走访基层听民意、化解矛盾纠纷促民和、多办实事好事解民难和建强基层组织聚民心等重点工作进行督查。活动共召开座谈会285场，走访群众47365人，收集意见建议2655条，结成联系帮扶对子11132对，解决民生难题281件，投入资金697万元，开展“暖冬行动”资金314万元。“走基层”活动得到省直机关工委的高度肯定。

【组织建设】　积极开展“四型”党组织创建活动。按照开展“四型”党组织创建活动的要求，及时召开机关党组织负责人会议进行专题部署，坚持把创建活动与领导班子创“四好”活动、基层党组织分类提升等有机结合，统筹推进。各机关党组织坚持把树立、宣传和学习身边不断涌现出来的先进典型作为一项经常性工作来抓，充分发挥典型的示范、导向和激励作用，营造学先进、比先进、赶先进的浓厚氛围。“七一”前夕，工委召开州直机关2011—2012年度“创先争优”活动总结表彰会，会上表彰了10个先进党组（党委）、81个先进基层党组织、179名优秀共产党员、81名优秀党务工作者、29名优秀基层党组织书记。牵头做好州级机关第一大组“实现伟大中国梦，建设美丽繁荣和谐四川”主题教育活动。以“忠诚、敬业是实现‘中国梦’的第一保障”为活动主题，组织第一大组12个单位听取专题党课、进行演讲比赛和党史知识竞赛。

【队伍建设】　实施“素质能力提升工程”，采取集中理论辅导和参观学习相结合的培训方式，举办州直机关党务干部培训班，对94名机关党务干部进行党的十八大精神、党史党建等方面的知识培训，通过培训有效提高了党务干部的政治理论水平和实际工作能力。举办州直机关2013年度入党积极分子培训班，对125名入党积极分子进行系统培训。

【反腐倡廉建设】 督促州级机关党组织学习省州纪委全会精神、《廉政准则》及《领导干部报告个人有关事项的规定》等党纪条规。开展对中央“八项规定”、省州“十项规定”情况专项督查，对贯彻不力的单位给予严肃批评，责令整改。州直各单位均成立“禁止用公款大吃大喝”专项治理活动领导小组，制定实施方案。通过学习《规定》、制定“三公”相关制度、公开党务政务、设立举报电话、开展监督自查、明察暗访等方式，治理大吃大喝专项工作成效明显。开展公车私用专项督查。在“五一”、中秋和国庆等重大节假日期间，加大督查力度。处理当事人5人，对3个单位的分管领导进行诫勉谈话。

【制度建设】 州委高度重视机关党建工作，出台《关于进一步加强和改进机关党的建设的意见》（凉委发〔2013〕11号），对机关党组织的机构设置、人员编制、经费保障等问题做出明确的规定，进一步推进机关党的建设工作科学化、民主化、规范化，确保机关党建始终走在基层组织建设的前头。州直机关工委加强自身建设，制定《关于进一步改进工作作风、密切联系群众的实施意见》，在机关大力倡导厉行节约、反对铺张浪费之风；修订完善《机关党的工作片区联系制度》。

【统战、群团工作】 举办州级机关第八届职工运动会，州级机关78个单位的1600多名职工参加了乒乓球等五个大项的比赛。承办州直机关第十七届职工“迎春登山活动”，活动纳入“2014年全国新年群众登山健身活动”的西昌分会场，中央电视台进行了录播，州直机关90个单位的1500余名职工积极参与。共协助6个工会进行换届选举，新建立工会4个。妇女、团组织活动开展有声有色。州级机关开展为雅安地震灾区捐款，共捐款2766961元。

【自身建设】 以考核促发展。年初对112个州级机关、17县市进行了综合目标考核。对州直机关各单位党风廉政建设、惩防体系建设、“四好”班子建设和机关党建工作进行了单项和综合考核。以述职促工作。召开州直机关2012年度党组织负责人述职报告会，州发改委机关党委等10名党组织负责人集中向工委进行述职。建好配强机关党组织。全年新发展党员168名，转正172名。共协助35个机关党组织进行调整和换届工作，新设机关党总支3个，新增直属党支部2个，有效促进机关党组织的班子建设，增强基层党组织的战斗力。进一步深化城乡环境综合治理“进机关”活动，制发《关于进一步深化城乡环境综合治理“进机关”活动的意见》。开展环境治理“进机关”攻坚促深化和自查、巡查活动，州国税局、公安局代表州直机关接受省巡查，受到充分肯定。2013年，州直各部门上报党建信息突破1000篇，编发上网110多条；编发“挂包帮”信息32期，省编发4篇。媒体多次宣传工委工作，其中《凉山日报》22次、凉山电视台13次、《时代先锋》杂志宣传6次、网站宣传25次。荣获省直工委2013年度机关党的信息工作一等奖及宣传工作一等奖。党风廉政建设、“挂包帮”等工作获州委、州政府表彰。

（审核：杨太荣/撰稿：王佳）

机构编制

【概况】 2013年，面对繁重的改革管理任务和“财政供养人员只减不增”的刚性压力，全州机构编制工作以党的十八大、十八届三中全会精神为指导，紧紧围绕主题主线，把握科学发展、加快发展的工作基调，深入推进行业体制改革、事业单位分类改革，强化机构编制管理，不断加强机关自身建设，圆满完成各项工作任务。为全州全面小康建设“三级跳”第二级跨越提供体制机制保障。

【事业单位分类改革】 在前期事业单位清理

规范及参加省培训会议的基础上，州委编办积极与省上、片区牵头编办、相邻市（州）编办联系，及时了解、交流改革新动向和解决工作中出现的新情况、新问题，广泛征求相关单位意见建议，按照州《关于开展事业单位分类工作的实施意见》，进行内部模拟分类，初步研究拟订州本级事业分类目录。及时召开全州分类推进事业单位改革培训会，指导推进县市事业单位分类改革工作。

【政府职能转变和机构改革】 指导德昌、会理、会东三县制定行政区划调整后的“三定”方案，对“三定”落实情况、机构挂牌运行情况进行检查监督，确保调整后各项工作运转正常。主动跟踪，认真分析各部门各单位履职情况，及时提出调整建议，促进各部门更加全面、规范地履行规定职责。结合17县市实际，分类别制定县市公安局“三定”规定，在清理基础数据的基础上，对县市公安机关职责调整、内设机构设立、领导职数等做出明确规定，7月底全面完成县市公安局“三定”。对部门职能的运转情况进行常态化研究，探索实行部门履行职能职责情况的考核评估和跟踪办法。积极推进州、县市食品药品监督管理体制改革工作。制定《关于改革完善我州食品药品监督管理体制的实施意见》和食药局“三定”规定，完成涉及食药局相关部门的职能机构整合、职责分工等工作，并会同州食药局召集17县市委编办主任及食药局局长召开座谈会，就改革中的具体工作、拟订“三定”等工作进行详细讲解。在编制极度紧张的情况下，根据省下达划转编制，保证食品药品监管力量用编，未达到省要求编制数的，通过资源整合、内部挖潜、盘活存量等办法进行调剂，解决食药局缺额编制。尽全力配齐配强食品药品监管执法队伍、基层监管队伍以及检验检测机构队伍，建立横向到边、纵向到底，一体化、广覆盖、专业化、高效率的食品药品基层监管体系。

【机构管理和编制配置】 坚持审批机构编制事宜先行调研制度，深入到州国土资源局、州总工会、州文广新局、州规建局、州旅游局、州交通运输局等部门和单位调研机构编制事宜，了解和掌握基本情况，为集体研究提供资料和依据。坚持按单位总编制控编5%的编制管理制度，进一步明确州直部门单位申请使用空缺编制的有关事项，并严格申请制度，加强机构编制前置管理。坚持按程序报批进人、用编等制度，全年审核：全州行政机关公招、遴选工作人员用编103名（其中州级机关77名、县级26名）。事业单位使用空缺编制471名（其中用于公招246名）。全州机关统筹公选副科级以上领导干部用编102名（其中统筹公选乡镇领导干部用编67名）；乡镇公招公务员、选调生用编190名；州级机关军转安置干部19名。坚持总量控制、动态调整，制定行政编制周转制度，规定行政周转编制只能用于公招或遴选工作人员。全年收回州级部门行政编制、乡镇周转编制、借用西昌市乡镇行政编制、机关后勤服务人员事业编制共30名；为州级相关部门增加“四大班子领导”单列管理行政编制。办理州级事业单位机构编制事宜24件，增加编制83名，17县市事业机构编制事宜11件。积极做好条件成熟宁南县、喜德县、金阳县工业集中区管委会的批复设立工作，并做好全州已设立工业集中区管委会的调研，与省委编办衔接，规范全州已设立工业集中区管委会机构编制管理，为全州工业经济发展服好务。规范设立保密机构、国有企业监事机构、双拥机构；规范全州纪检监察系统内设机构设置；设置州委巡视工作机构、法制机构，铁路建设机构，宣传部门文化产业工作、网络文化建设管理机构，为相关工作的顺利开展提供保障。做好盐源县摩梭家园建设保护与泸沽湖旅游景区管理调研工作，按程序向省上申报整合泸沽湖旅游景区管理局和盐源县摩梭家园建设及摩梭文化保护工作委员会，成立“凉山州摩梭家园暨泸沽湖旅游景区管理局”。协助相关部门做好乡村干部队伍、政法队伍、教师队伍、医疗卫生队伍、民族宗教队伍“五支队伍”建设工作中涉及的机构编制工作。积极向省上报告藏区县机构编制情况，特别是涉及维护社会稳定的机构编制情况，争取藏区机构编制政策倾斜，按要求做好省下达藏区编制分配工作，为全州藏区稳定大局服务。为县市增加县级事业编制4000名、乡镇事业编制1000名，支持县市引进公共卫生、教育事业、农业生产等行业紧缺人才。

【机构编制实名制信息平台建设】 进一步完善“机构编制统计及实名制网络管理系统”中的机构台账及人员审核工作，将电子平台管理与纸质卡片管理相结合，做好日常上、下编工作，强化实名制管理。截至2013年12月16日，办理州级行政事业单位下编461人，上编595人。全州在编人员100%录入信息平台，录入信息基本资料齐备，部分信息在省上要求的基础上进行延伸，信息平台建设得到中央编办、省委编办领导高度肯定。信息平台的完善和运用，为实现科学化、规范化实名制管理提供有效载体，对适时检索机关事业单位机构编制和人员情况，及时遏制超编、超职数、超配干部等违反机构编制纪律问题，汇总上报数据，优化部门职能配置、人员编制配备、年龄知识结构等，提供基础数据支撑。

【机构编制监督检查】 利用机构编制“三定”规定执行情况评估机制和机构编制报告制度，加大对机关事业单位执行“三定”规定情况的监督检查力度，杜绝擅自设立机构、提高机构规格、超职数配备领导干部、超编制违规进人。对机构编制管理法规、制度和编办履行机构编制管理职权逐一清理，对机构编制管理程序进行图示化，并经法制、纪委监察部门会审后，通过编办公示栏对外公示，利用凉山机构编制网向社会公开，广泛接受社会监督，方便服务对象有序办事。学习省委编办印发的《2013年机构编制管理工作考评标准》，加强对机构编制依法依规按程序管理的监督。组织学习违反机构编制管理规定典型案例，加强警示教育。特别对中编督函字〔2013〕4号文件通报的国家发改委价格认证中心在机构建设中干预地方机构设置和人员配备的查处情况，组织干部职工认真学习，并向相关领导和部门通报。通过州长信箱、“12310”举报平台和平时调研工作，及时解掌握机构编制违纪违规情况，认真做好举报问题的受理登记和请示汇报。

【机构编制宣传】 在州委常委会议、州长办公会议、州编委会议上对机构编制管理相关规定进行宣讲。利用到部门调研之机，向部门领导和干部职工宣传机构编制政策规定；开展各类培训或以会代训等形式学习《条例》《暂行规定》《解释》等机构编制的法规、政策，加强机构编制管理队伍的业务培训；以凉山州机构编制学会为平台，围绕全州经济社会发展情况，形成一批有质量的调研情况报告，并择优编印成册；积极加强机构编制对外宣传工作，全年共编发《凉山机构编制》59期，在州机构编制网、省机构编制网、州委党政网、州政府门户网站、《凉山日报》等媒体发布机构编制信息110余条。通过有力的宣传，争取到社会各界对机构编制工作的理解与支持。

【事业单位登记管理】 截至2013年5月15日，全州具备独立法人条件的事业单位4943个，已登记事业单位4877个，已登记数占全州事业单位总数的98.6%（按经费来源分：核定收支定额补助4235个，核定收支定项补助358个，核定收支经费自筹284个；按举办单位分，国家机关举办4873个，其他组织利用国有资产举办4个），年检合格的事业单位4815个，暂缓年检62个，年检率为98.7%；设立登记事业单位65个，注销登记事业单位28个，变更登记事业单位575个。全州州级及17县市全部进行网上登记工作，网上登记事业单位4871个，网上年检合格的事业单位4539个，网上年检率为93.1%。全州对设立、变更、注销登记的事业单位，严格按照《条例》的有关规定及时在相关网站及报刊上进行公告，公告率达到100%。

【自身建设】 将学习贯彻党的十八大及十八届三中全会、省委十届三次会议、州委七届四次会议等一系列会议精神作为学习教育的重要内容，建立学习制度、确定学习时间，找准学习与实际工作的契合点，将学习成果转化为分析和解决实际问题的能力，推动工作不断创新发展。在“中国梦”主题教育活动中，着重开展“五个一”活动：每名班子成员给职工上一次党课辅导，开展一次党史知识竞赛，召开一次座谈，参加一次演讲比赛，撰写一篇学习心得。及时启动“走基层、解难题、办实事”活动，用3个半月时间，以思想到位、人员到位、行动到位做保障，在动员部署、解决问题、总结提高三个阶段中，重点开展突出宣讲、深入调研、帮贫济困、悉心调解、提升能力等五个方面内容，统筹协调，确保活动取得实效。班子成员带领有关人员深入到帮扶点冕宁县曹古乡调研，积极协调联系有关部门，向省民委争取到扶贫资金20万元解决扯羊村人畜饮水困难。全办干部职工分别联系扯羊村20户农户（涉及92口人）。每名职工捐款200元购置过冬棉被，在彝族年之际，为自己联系的困难户送去温暖。通过组织开展党员观看纪录片《苦难辉煌》、骑车游览参观湿地公园三期、象棋比赛等系列活动庆祝编办成立党总支，庆祝“七一”建党节。响应州委、州政府的号召，积极参与为芦山地震灾区的募捐筹款活动。组织干部职工参加州直工委、州总工会、州体育局组织的迎面接力赛和“迎春登山活动”，并取得佳绩。全年认真办理人大代表和政协委员议案、提案8件，内容涉及教育、卫生、林业等社会民生相关事业。办领导高度重视回复工作，多次上门征求代表和委员意见，承办科室深入进行调查研究提出回复意见，得到州人大、州政协的充分肯定，代表和委员满意率达100%。

（审核：姚云成/撰稿：余攀）

政策研究

【概况】 2013年，州委政研室紧紧围绕州委中心工作和全州发展大局，紧扣州委重大战略、重大政策、重大决策和重大举措，充分发挥“参谋部”“智囊团”职能作用，突出“一网”“两书”“三刊”平台，抓好政策文件、领导讲话、调研文章三大重点，积极进取、主动作为，求实创新、超前谋划，深入开展政策研究与调查研究。全年完成州委州政府政策性文件、领导讲话及署名文章、调研报告等97件，审改各类文稿250件，编辑出版各类调研文集16本，在中央、省、州刊物发表署名文章30篇，为推动凉山科学发展、加快发展做出积极贡献。

【政策研究和政策服务】 以参与起草政策性文件和调研报告为平台，紧紧围绕省、州提出的“三大发展战略”开展研究，编辑完成《战略与实践》调研文集。一是围绕“多点多极支撑发展战略”开展研究。代州委起草完成《中共凉山州委、凉山州人民政府关于多点多极支撑发展战略的实施意见》；就加快西昌冕宁德昌“同城化”发展、加快会理会东宁南“一体化”发展开展研究，完成《携手同城、融合发展，加快打造多点多极支撑战略核心增长极》《整合资源、携手共进，加快推进会理宁南一体化发展》2篇调研报告；代州委起草《中共凉山州委、凉山州人民政府关于推进西昌德昌冕宁同城化发展的意见》《中共凉山州委、凉山州人民政府关于加快推进会理会东宁南三县一体化发展的意见》2个文件初稿。二是围绕“‘两化’互动、城乡统筹发展战略”开展研究。完成《积极探索、创新实践，加快构建具有凉山特色的城镇化发展新格局》《民族地区新型城镇化的探索与思考》2篇调研报告，集册编印《城镇化让生活更美好——凉山州新型城镇化探索》（第一辑、第二辑），在全省“推进新型城镇化和县域经济科学发展座谈会”上作为会议资料发放。三是围绕“创新驱动发展战略”开展研究。完成《创新驱动、转型发展，推动凉山与全国全省同步全面小康》《发动开放引擎、促进转型升级，推动凉山大开放促大发展》《把握发展新趋势，增强创新新动力》3篇调研报告。

【重大课题和专题调研】 坚持“三深入、三把握”，积极主动开展一系列重大课题研究和专题调研，形成一批具有较大影响力的调研成果。一是编辑出版《美丽乡村》系列丛书。深入冕宁县漫水湾镇西河村、西昌市黄水乡双龙村、西昌市西乡乡凤凰村、美姑县侯播乃拖乡板诺洛村、德昌县小高乡安宁村、布拖县特木里镇民主村等6个全面小康建设示范村调查研究，形成《建设全面小康新村的生动实践——对冕宁县漫水湾镇西河村的调查与思考》《腾飞的双龙——西昌市双龙村新村建设调查与思考》《西乡乡凤凰村全面建设小康新村的探索与实践》《板诺洛村建设小康新村的调查与思考》《美丽安宁建设之路》《迈向美丽乡村》等6篇调研报告，集册编印《美丽乡村》系列丛书6本，充分展示环境优美、村庄秀美、产业壮美、生活甜美、社会和美的美丽新村，为全面推进全州社会主义新农村建设提供示范和参考。二是围绕特色优势产业开展调研。围绕马铃薯、苦荞、油橄榄、生猪养殖等特色产业，完成《科兴薯业突破之路——对西昌市科兴薯业发展的调查》《凉山苦荞产业发展的调查与思考》《加快油橄榄产业发展，努力建设油橄榄之都》《会理县南阁村生猪家庭联合农场的探索实践》4篇调研报告。围绕县（市）特色农业发展，完成《创新模式，转型发展——关于德昌县特色农业发展的调查》。围绕推进农业现代化，着力开展新型农业经营主体研究，完成《探索培育家庭农场，推进现代农业发展》《强化专合组织服务功能，培育家庭农场经营模式》等13篇调研报告，集册编印《探路家庭农场》（专辑一）。三是围绕时政焦点热点开展调研。围绕同步全面小康建设，完成《全面建成小康社会，要在多点突破多极支撑上下功夫》《全面建成小康社会，要在全面建设上求深化》《全面建成小康社会，要在开拓创新上求突破》等8篇调研报告，集册编印《创新突破、聚力发展，推进凉山与全省同步全面小康》一书。围绕“实现伟大中国梦、建设美丽繁荣和谐四川”主题教育活动，完成《凝心聚力、拼搏进取，奋力谱写中国梦的凉山篇章》《带着梦想去思考》《带着梦想去奋斗》等10篇调研报告，集册编印《带着梦想去奋斗》一书。围绕学习贯彻党的十八届三中全会精神，完成《改革在中国道路上全面深化》《破解城乡二元结构，推动城乡一体发展》2篇调研报告。

【领导讲话和重要文稿】 立足服务凉山经济社会发展大局，紧贴州委中心工作，积极为州委、州政府战略决策和重大工作部署服务。一是做好服务州委领导文稿工作。完成州委领导在省、州重要会议上的讲话稿和会议材料50余件，包括《凝聚力量、务实创新，奋力谱写中国梦凉山篇章——中国梦主题教育暨学习贯彻州委七届四次全会宣讲报告》《会理县干部大会讲话》《西昌德昌冕宁同城化发展座谈会讲话》《会理会东宁南三县一体化发展工作座谈会讲话》《州人大十届三次会议会理会东宁南代表团讲话》《东五县片区工作座谈会讲话》《省十二届一次人代会发言》《督查会理县当前重点工作讲话》《金华—凉山东西扶贫协作座谈会讲话》《义乌—木里东西扶贫协作座谈会讲话》《州委保密委全体会议讲话》等。二是牵头完成州委领导课题。积极协调州直有关部门，加快推进22个州级领导牵头调研重大课题，圆满完成《统筹推进、重点突破，奋力开创凉山经济科学发展加快发展新局面》《多点突破、多极支撑，推动凉山在全省构建多点多极支撑格局中加快崛起》《打造邛海湿地、建设美丽凉山，谱写生态文明建设新篇章》《多点突破、多极支撑，推进凉山与全省同步全面小康》《发挥区位优势、强化首位带动，率先全面建成小康社会》《实施多点多极支撑发展战略，加快建设美丽富饶文明和谐新凉山》等31篇调研报告。在《学习与研究》《调查与决策》《县域经济》《凉山党建》《领导参阅》《学习与调研》等中央、省州刊物上推荐发表州级领导署名文章30篇，其中州委主要领导署名文章《打造邛海湿地、建设美丽凉山，谱写生态文明建设新篇章》在中央政研室主办的《学习与研究》上发表。三是协同完成其他专题材料。协同州烟草工作领导小组编制完成《凉山州现代烟草产业发展规划》；完成凉山州扶贫开发电视专题片《追梦腾飞大凉山》和四川农博会凉山展馆电视专题片《品牌大凉山》解说词撰写；先后对州委组织部拟出台的“‘3+8’文件”、对州政府研究室草拟的《政府工作报告》提出修改意见建议；编辑完成西昌市优秀青年干部培训教材《做建设西昌的好干部》。

【信息服务和平台建设】 围绕领导决策，提高信息服务质量，增强决策信息辅政效能，为州委、州政府科学决策提供准确、快捷、具有参考价值的信息服务。一是做好政策文件汇编。注重政策文件的分析与收集，整理编印《2012年凉山州政策文件选编》和《学习与研究——凉山州党政领导干部学习调研文章选编（2011—2012）》。二是抓好调研成果汇编。编辑出版各类调研文集15本，编辑印发《领导参阅》52期、《学习与调研》24期、《政研通报》7期，办好“凉山政研网”和“县域经济QQ群”，及时将调研成果转化为党委决策意见、建议。三是加强信息报送工作。撰写上报各类党委信息、工作动态28条，圆满完成州委下达信息任务；投送《凉山日报》并刊载政研信息、工作动态10篇，扩大对外宣传力度。四是完成调研文集发行工作。圆满完成3000册《四川当代县域经济·凉山卷》、500册《学习与研究——凉山州党政领导干部学习调研文章选编（2011—2012）》等15本调研文集的发行工作。

【队伍建设和作风建设】 着力“钢班子铁队伍”建设，强化干部队伍的培养、锻炼、使用，加大干部队伍作风建设力度，提升干部队伍的整体素质和服务水平。按照“2013年重点抓好政研干部队伍的素质和能力提升，建设一流党委写作班子”的要求，着力干部队伍建设。组织中心组集中学习12次、干部职工集中学习12次，推荐1名干部参加中纪委监察部在北戴河举办的纪检监察综合业务提高班集中培训和凉山州第43期县干班集中学习。新提任副县级纪检专员1名、副调研员1名、科长2名、副主任科员1名；新发展预备党员1名、入党积极分子1名。通过召开全州政研室主任业务培训会议、全州党委政研系统美丽乡村暨家庭农场座谈会等方式，加强对全州党委政研系统干部的业务培训。改进工作作风，组织室内干部先后深入西昌、冕宁、会理、会东、美姑、德昌、布拖等10个县（市）开展调研活动，不断研究新情况、分析新问题、提出新思路、寻找新对策，为州委、州政府领导科学决策提供第一手资料。组织室内干部11次深入布拖县乌科乡洛呷村，开展“挂包帮”活动和“走基层”活动，落实帮扶资金4万余元，赠送价值1万元的办公用具，组织乌科乡和洛呷村乡、村、组干部25人到冕宁县复兴镇建设村、漫水湾镇西河村和西昌市西乡乡凤凰村、大箐乡白庙村学习考察，学习先进经验，助推本地发展。着力加强纪检工作。配齐配强纪检监察力量，完成州纪委交办的“2012年度凉山州反腐倡廉建设32篇调研文章”终审工作。积极开展并按时报送正风肃纪、禁止公款购买印制寄送贺年卡等工作报告和相关信息、统计报表，纪检工作运行机制逐步健全，党风廉政建设进一步加强，为纪检工作的扎实有效开展提供坚强保障。

【专项活动和日常管理】 紧紧围绕提升机关效能，严格执行各项规章制度，大力抓好日常工作，强化管理考核，不断提高工作绩效与水平。一是认真开展“中国梦”主题教育活动。分阶段、分步骤开展“实现伟大中国梦、建设美丽繁荣和谐四川”主题教育活动；室主要领导受邀到州人力资源和社会保障局、州投资促进局、州供销社等部门开展宣讲活动；干部职工共撰写15份心得体会，做出15项公开承诺；共完成11期220份《简报》上报州委组织部；在《凉山日报》第一版刊发3条、在《凉山信息》刊发2条主题教育活动简讯；在《四川日报》《凉山日报》《凉山党建》发表调研文章4篇。二是聚合调研力量。代州委草拟出台《中共凉山州委关于进一步加强政策研究与调查研究工作的意见》，积极争取将调研工作列入各级领导班子和领导干部年度目标考核之中，引导各县市、各部门大兴调查研究之风；充分利用大专院校、研究机构、特约研究顾问、知名专家学者和州级部门、县市研究力量，建立多层次、广渠道、开放性调研工作体系，有效整合调研力量，完善调研网络，开展联合调研，形成“大调研”工作格局。三是抓好日常工作。严格执行各项规章制度，大力加强财务、公车管理，突出抓好公文处理、档案管理、保密工作、老干工作、史志工作、精神文明建设等，提高政务服务水平和能力。全年共收发文1035份，编印内部刊物7580份，征订报纸杂志6480份，清退涉密文件50余份。召开重阳节老干部慰问座谈会，组织老干部集中学习3次、就近参观考察2次，增加老干工作经费，全面落实老干部管理服务制度。定期组织开展党支部活动和工会活动，组织全体干部职工为“4·20”芦山地震捐款6000元。

（审核：马孝林/撰稿：李文静）

保密工作

【概况】 2013年，全州各级保密部门以保密工作为全州改革开放和经济建设服务的思想为引领，坚持“打基础、抓重点、破难题、强队伍”的工作思路，狠抓《凉山州“十二五”时期保密事业发展规划》的贯彻落实，扎实推进保密工作科学化、管理法制化、技术现代化、队伍专业化建设，为“坚持科学发展，构建和谐凉山”发挥了“保稳定、保发展、促和谐”的作用。

【宣传培训】 开展新中国成立以后全国最大规模保密干部全员培训，先后组织各级保密行政管理部门、各县市保密委领导、州直各部门保密专兼职干部210人参加四川大学保密学院的培训。全州的保密干部全员培训由州委组织部、州委党校、州委保密办、州国家保密局联合实施，并依托州委党校组织开展。从9月10日至11月11日，历时2个月，共举办培训班17期，培训人员1885人。州保密局领导带头，先后到州银监局、西昌学院、西昌电业局、攀西监狱、州委老干局、州卫生局、德昌、会东、布拖、普格等县开展保密宣讲。通联工作受到省保密局通报表彰。积极组织征订《保密知识读本》《密战警示录》《涉密经济数据泄露警示录》《全国窃密泄密案例警示教育展》等专题教育片，抓好《保密工作》杂志的学刊用刊工作，全州征订《保密工作》杂志1679份，比上年增长18.5个百分点，编制《凉山保密工作信息》13期，上报信息126条。“调查研究年”活动取得成效，形成调研报告21篇，其中：综合性调研报告10篇，专题研究报告11篇，筛选上报省国家保密局16篇。

【法制建设】 积极开展行政权力事项清理工作，清理后州保密局具有行政权力事项6项，其中：行政许可4项，行政处罚2项。全年州保密局开展保密行政执法86次，无行政复议和行政诉讼。报省审批涉密工程项目事项1件。

【保密管理】 切实履行保密监管职责，完成《凉山州保密事业“十二五”发展规划》中期检查工作，对照规划找准差距，力争实现规划要求。州直各部门重新确定要害部门部位，落实各项管理规定，配备涉密计算机、涉密移动存储介质、物理隔离卡、密码文件柜、碎纸机等保密防护设备。签订涉密载体销毁责任书107份，落实责任领导和责任人214人，集中销毁文件资料2万余千克；完成机关单位互联网接入口IP地址统计工作；加强教育、人事、财政、卫生、司法等部门组织的国家统一考试工作的保密监督和管理，制定《2013年高考试卷失泄密应急事件处理预案》，参加保密监管、试卷保密和考试巡考工作达100余人次。

【网络安全】 加强基础设备配备，全州保密行政管理部门共投入80多万元，配备计算机保密检查取证工具19套。配备环境检查设备3套，实现检测工具的从无到有。加强互联网络监管，发挥网络监督管理作用，进一步增强全州网络安全监测发现预警处置能力，形成管控、监测、预警、阻断、处置“五位一体”的工作机制。州国家保密局监测可疑信息近10万件（条），向州级相关单位发出保密督查通知22份，发出保密工作建议书22份，查办案件20起，处理责任人39人。

【监督检查】　把对保密法律法规执行情况的检查作为一项经常性的工作来抓，采取定期检查和经常检查相结合、普遍检查和重点检查相结合的方法，有重点、有针对性地对党政机关、企事业单位，国家各类统一考试等方面的情况进行认真检查。开展县市目标绩效管理完成情况检查，保密考核敢于逗硬，2013年，目标考核被扣分的县有2个，被扣分的州级单位有17个，有力地促进了保密工作的发展。

【专项工作】　认真组织开展全国保密普查工作，培训县（市）和州直部门普查人员180余人。州县保密部门组织人员对1694户保密普查单位进行系统录入，建立保密普查基础数据库，基本摸清全州涉密人员、要害部门部位、保密工作机构、兼职保密干部和涉密事项等基础数据。通过开展保密普查，有力地促进了全州保密管理标准由模糊向清晰转变、保密管理方式由粗放向精细转变、保密管理方法由定性向定量转变。落实省政协副主席、州委书记翟占一批示，开展全州电子公文安全保密大检查和保密工作大检查，州县保密部门抽调102人，组成36个检查组开展抽查，共抽查州级部门47个，县级部门368个，提出整改意见1200多条，有力地促进了电子公文保密管理规范化，积极营造保密安全发展环境。

【机关建设】　认真落实中保委《关于进一步加强保密机构队伍建设有关事项的通知》文件精神，明确州、县、市保密部门机构名称和执法主体，州保密局新增事业编制2名，新任科级领导（中心主任）1名；县市新增人员7人，全州基本配齐保密局局长。开展“实现伟大中国梦、建设美丽繁荣和谐四川”主题教育活动，要求全体干部职工对照“中国梦”要求，撰写心得体会，并在“七一”支部会议上进行发言，用“中国梦”统一党员思想。开展“抗震救灾精神和感恩奋进”教育，积极组织干部职工为“4·20”芦山地震捐款。开展“走基层”群众路线教育实践活动，成立领导小组，真帮真扶真服务。组织保密局干部职工捐款2次，慰问困难群众和村小学师生，送去捐赠物资价值达3万余元，“挂包帮”工作被评为州级先进单位。机关内部管理、党建目标、精神文明建设、信访、维稳、综治、老干、档案等工作有序推进。

（审核：伍斌/撰稿：刘忠）

群众工作

【概况】　2013年，全州信访工作围绕全州中心工作任务，贯彻落实中央、省、州决策部署，结合“实现伟大中国梦、建设美丽繁荣和谐四川”主题教育活动，把握领导干部接访、及时就地解决信访问题、夯实基层基础、规范信访秩序等工作重点，确保全州社会总体稳定，确保全国、全省、全州“两会”和党的十八届三中全会顺利召开，确保成都财富论坛、华商大会、西博会等敏感节点信访稳定。

【来信来访和网络投诉受理】　2013年，全州信访部门共受理群众来信来访10270件次，同比上升25.8%，其中受理来信1484件，同比上升685.2%；接待来访1780批、8786人次，同比批次下降0.1%、人次上升10.1%，其中集体上访366批、6520人次，分别同比上升60.5%。群众进京上访111批、165人次；到省上访158批、422人次。全年，共受理网上信访643件，同比增长13.6%，办结率100%。其中，受理省长信箱447件，办结率100%，按期回复率98.3%；受理人民网地方领导留言板120件，办结率、回复率均为100%。

【督查督办】　全年，办理中央、省级交办件

157件，到期结案率100%；州本级立案交办件97件，到期结案率90%，息诉罢访率达60%。全年共办结重大疑难信访积案和挂牌督办案件411件，结案率100%，息诉息访率72.3%。

【领导重视及接访下访】 2013年，州委常委会和政府常务会议多次听取信访工作汇报。州委、州政府6次召开信访工作专题会议，研究部署信访工作。省政协副主席、州委书记翟占一，州委副书记、州长罗凉清亲自包案解决疑难信访问题，接待群众来访，安排部署全国“两会”、党的十八届三中全会等重大敏感节点信访工作。分管领导多次深入问题突出的县市调研走访，协调、推动重大信访问题解决。17个县市、州直重点部门坚持把信访稳定工作摆在突出位置，召开党委常委会议、政府常务会议或专题会议专题安排部署，细化措施，明确责任，狠抓落实。州委、州政府主要领导带头接访，带动州级领导坚持每周一到州群众来访接待中心接访，县市每天有1名县级领导接访。2013年，州级领导接待群众来访79批、649人次，带头包案化解疑难复杂信访问题53件，有效解决信访问题70件；县市领导接访756件、3681人次。推动领导接访向州、县市部门延伸，向乡镇（街道）干部和企事业单位负责同志延伸，向人大代表、政协委员和律师延伸，形成“不怕访、愿接访、善办访”的良好格局。指导各县市各部门除在接待场所集中接访外，还主动约访、带案下访、真心家访、跟踪回访，解决了大量问题，密切了党群干群关系。

【主要工作】 基础工作。2013年，着重关注群众反映较多、影响较大的热点问题和联名信、集体访、越级访等难点问题。重点掌握农村土地征用、城镇房屋拆迁、国有企业改制、军队退役人员、矽肺病患者、医患纠纷、水电和矿山开发、农林水纠纷、涉法涉诉等重点领域。全年州级共排查梳理出矛盾纠纷381件，化解277件，化解率达72.8%；县市共排查梳理出矛盾纠纷1920件，化解1440件，化解率达75.0%。重点问题化解。全年省联席办交办的35件重点信访事项全部办结，其中化解14件，移送司法机关7件，教育稳控13件，依法终结1件。州级梳理交办的12件已全部化解。领导包案化解。全州集中排查交办重点案件354件，全部落实了领导包案，包案领导、责任单位认真总结十八大以来信访积案化解的成功经验，继续集中时间、集中力量、集中财力，扎实推动“事要解决”，已化解290件。专项资金化解。州上配套专项资金60万元，县市配套180万元，化解特殊疑难复杂信访45件。依法终结备案。加强复查复核工作，受理申请35件，办理18件，息诉息访16件。重点工作。优先阅办民生类来信，接谈民生类来访，带动全州化解民生类信访问题2100余件。敏感时段信访问题。全州各县市各部门及早谋划、精心部署、密切协作，确保全国、全省、全州“两会”，成都财富论坛、华商大会、西博会、火把节、党的十八届三中全会等重大活动顺利举行。重点领域和重点群体信访问题。把非法集资、征地拆迁、企业改制、劳动社保、金融行业、涉军信访等领域作为重点，坚持把乡镇八大员、复退伍军人、残疾人、硅肺病、水电移民、民办代课教师等群体作为重点，加强情报收集，及时获取相关群体的内幕性、行动性信息，及时将有关情况通报相关县市和部门，牢牢把握工作主动权。

【信访渠道信访秩序管理】 畅通信访渠道。2013年，按照“纵向打通、横向互联，完善功能、深化应用”的工作要求，全州各级各部门进一步完善人民网留言、省长信箱、全国信访信息系统等网络信访平台的应用机制，加强网络信访队伍和规范化流程建设，积极开展“信访事项办理群众满意度评价体系”试点工作。州联席办、州委群工局采取重点检查和定期、不定期抽查相结合的方式，加强对各县市各部门网上信访业务办理工作的督导检查，进一步提高全州网络信访业务办理水平。规范信访秩序。落实《信访条例》等规定，规范信访工作行为，维护正常信访秩序，严把问题解决和矛盾化解关，在处理非正常上访工作中，坚决防止重劝返轻化解处理的倾向，认真落实中信联发〔2008〕5号文件精神，严格坚持“两个一律”，依法依规抓好法制教育、思想疏导和稳控工作。

【自身建设】 开展“实现伟大中国梦、建设美丽繁荣和谐四川”主题教育活动工作。采取领导报告、典型介绍、集中辅导、实地参观、个人自学、网络学习等干部职工喜闻乐见的方式增强学习活动实效。交流讨论活动中，全局干部职工作出承诺20个，公开亮诺20个，解决实际问题5个，健全局机关管理制度等8项规章制度。推进改进工作作风、密切联系群众工作。严格执行中央、省、州关于精简会议活动、精简文件简报、简化接待工作、厉行勤俭节约的部署要求，坚决厉行勤俭节约、反对铺张浪费。紧密结合“百乡教育扶贫”联系点实际情况，主动协调省委宣传部、州文明办，为喜德县且拖乡中心校争取“乡村少年宫”建设项目资金20万元，其中房屋修缮、场地建设资金6万元，文化、体育基本设施设备采购资金14万元。开展以“听民意、解民难、办民事、促和谐”为主题的“走基层”活动。深入联系点喜德县尼波镇皆惹村，协调联系棉被90床、棉衣375套，帮助皆惹村困难群众解决过冬难问题。经过调研走访，州委群工局及时梳理出人畜饮水工程、村活动室建设、通村路修复、荒山荒坡发展林业等急需解决的帮扶项目，制定具体的帮扶措施，列出责任人、时间表，切实解决村民饮水难、用电难、出行难等问题，确保“走基层”活动取得实效。坚持推行新提拔的领导干部和选派优秀干部在群工部门挂职锻炼制度。一年来，州委组织部选派6名新提拔领导干部到州委群工局挂职锻炼；各县市选派34名后备干部、27名新提拔领导干部到群工部门挂职锻炼，有力提升全州群众和信访工作的整体水平。

（审核：杨成华/撰稿：张志杨）

精神文明建设

【概况】 2013年精神文明建设工作，按照“高举旗帜，围绕大局，服务人民，改革创新”的要求，紧紧围绕凉山州经济社会发展大局，认真贯彻落实党的十八大、十八届三中全会精神，以建设社会主义核心价值体系为根本，以提高城乡居民文明素质和社会文明程度为目标，深入开展彝区健康文明新生活运动、公民道德建设，推进未成年人思想道德建设、群众性精神文明创建活动、志愿服务活动等各项工作，为建设文明和谐新凉山提供强大精神动力和营造文明的社会环境。州精神文明办被全国“学雷锋做有道德的人”青少年爱国主义读书教育活动组委会评为组织特等奖；获全省2013年度精神文明宣传报道先进单位；获全省2013年群众性精神文明创建活动先进单位；获2013年全省中华经典诵读活动组织工作先进单位；获全省第二届广播电视公益广告创作优秀组织单位；获全省“关爱山川河流，建设美丽和谐四川”主题志愿服务活动组织奖；获全州2013年度机要文件交换工作优秀单位。

【彝区健康文明新生活运动】 2013年是集中开展彝区健康文明新生活运动的最后一年，全州上下加大宣传引导、教育培训和建章立制工作力度，不断推动彝区健康文明新生活运动向常态化、长效化开展。一是突出宣传教育，群众文明素质全面提升。充分发挥媒体宣传、网络宣传、社会宣传、主题教育实践等宣传平台的作用，因地制宜地开展富有特色、贴近群众的宣传教育活动，宣传普及健康文明知识，积极倡导现代文明生活方式。二是深化“板凳工程”，夯实发展基础。推动“板凳工程”向“送技术、送信息、送项目”转变，充分发挥基层教育培训阵地作用，广泛开展各类宣传培训活动，提高群众的综合素质。全州累计向彝区群众捐赠板凳171.1万根（户均拥有3根以上板凳）、餐桌、床、棉被、餐具和各类生活用品111.9万件（套）；累计开展各类培训活动8355次，培训人员85万余人次，向群众送技术6065项、送信息15万余条、送项目6114个，解决群众实际困难28111件，协调、落实帮扶资金140多亿元。三是完善规章制度，构建长效机制。以制定出台《关于禁止领导干部及国家公职人员大操大办婚丧喜庆事宜的暂行规定》和转变工作作风、密切联系群众的相关管理规定为契机，在规范领导干部和公职人员行为的同时，引导群众自发修订完善村规民约，组建监督组织，促进新生活运动制度化、长效化开展。全州共成立群众组织7748支，修改完善村规民11779条。

【公民道德建设】 强化公民道德建设宣传工作。以组织刊播“讲文明树新风”公益广告为契机，丰富公民道德建设宣传形式，宣传普及文明知识，弘扬时代新风，提升群众素质。全年，报纸、期刊共刊载公益广告132版；电视台及广场电子显示屏播放公益广告78条（次），累计播出1320分钟；广播电台在广告时段共播出绿色频率公益广告4950次，累计播出4950分钟；制作建筑工地围栏公益广告2325平方米。开展道德教育和治理工作。组织开展第四届全国道德模范、四川省第三届道德模范、“四川好人”推荐评选活动，发挥先进典型示范带动作用，形成崇德向善的精神力量。马剑霞、文国莲、殷显树、赖胜利4人荣获四川省第三届道德模范称号；邓显凤荣获“中国好人”称号，20人荣登“四川好人榜”。制定《凉山州关于深入开展道德领域突出问题专项教育和治理活动的实施方案》，协调相关执法部门开展专项整治行动，着力解决诚信缺失和道德失范两个突出问题，提升全社会整体道德水平。在省级以上文明单位开展“道德讲堂”规范化建设工作，充分发挥“道德讲堂”弘扬传统美德，传播凡人善举，引发道德觉悟，倡导修身律己的重要作用。全州已建成规范化“道德讲堂”49所。开展道德实践活动。深入开展文明交通、文明旅游、文明餐桌、文明传播和廉政文化建设，大兴文明礼仪、读书学习、勤俭节约、艰苦奋斗之风，推动良好社会风尚形成。并以“我们的节日”为主题，开展迎春晚会、民俗文化展演、祭扫烈士陵园、社区健身舞大赛、体育比赛等活动，培育民族精神和时代精神，丰富群众文化生活。

【未成年人思想道德建设】 建立健全工作机制。认真贯彻落实2013全国未成年人思想道德建设工作视频会精神，制定州委2013年度未成年人思想道德建设保证目标考核细则，全面落实未成年人思想道德建设专项工作经费。向省文明办积极争取青少年活动阵地项目和资金，全面完成18所2013年度中央专项彩票公益金支持的“乡村学校少年宫”建设和2个省支持的县级未成年人心理成长指导分中心建设，并采取各级文明单位结对帮扶的形式，加快“乡村学校少年宫”自建项目建设工作。净化社会文化环境。深化与相关部门的协调配合，出动执法人员7770人次，检查各类文化经营场所2068家次，受理举报110件，收缴违规软件1078张，侵权盗版光碟3421张，涉黄光碟30余张，盗版书籍560本；“五老”志愿者深入学校、社区、农村、企业开展各类宣传、宣讲、关爱活动610场次，受众388357人次。以中央电视台和四川台妇女儿童频道在凉山落地为契机，开设未成年人专题电视、广播栏目5个，播发新闻稿件192条；报纸刊登未成年人稿件200余篇，并组织州类各媒体和文化教育团体创作和推介了一批有利于未成年人健康成长的优秀节目和作品，丰富校园文化生活。开展主题活动。以“做一个有道德的人”主题实践为载体，广泛开展“学雷锋做一个有道德的人”青少年爱国主义读书教育活动、“我的中国梦”征文比赛、节日小报创作、优秀童谣评选、太空授课等主题教育实践活动，以及“美德少年”“文明洁美寝室”评选表彰活动。全年，共有175.3万名青少年参与了各类主题活动，举办各类主题教育活动5000多场次，创作童谣2500余首，创作节日小报3.6万份。24名中小学生分获“学雷锋做一个有道德的人”青少年爱国主义教育读书活动全国特等奖和一、二、三等奖；42名学生荣获省级优秀学生、三好生、优秀学生干部，6个班级荣获省级先进班集体称号；549名学生荣获州级三好学生、优秀学生干部，90个班级荣获州级先进班集体称号；曲比尔曲荣获省“十佳美德少年”称号，白露瑶、乃古莫次牛荣获省“美德少年”称号，陈龙荣获凉山州首届“美德少年特别奖”，10名学生被授予凉山州“十佳美德少年”称号，89名同学被授予凉山州“美德少年”称号，100个寝室被授予凉山州“文明洁美寝室”称号。

【三大创建】 文明城市创建。推荐西昌市、德昌县申报四川省第三届文明城市，强化对两县市创建工作指导，提高创建文明城市水平，两县市的创建工作接受了省检查组的检查验收，并荣获四川省第三届文明城市称号。结合凉山实际制定了对各县市城市公共文明指数测评标准，纳入州委对县市委的目标考核，凉山州（西昌市）在全省城市公共文明指数测评中取得第6名的好成绩。农村精神文明建设。以“建设美丽富饶文明和谐的安宁河谷”和“彝区健康文明新生活”为目标，广泛开展文明村、文明户、文明集市、和谐家园、百佳文明家庭、农村文化广场等创建活动，调动广大农民建设美好家园的积极性，全州共评选农村“三户”45.3万户，会理县小黑箐乡白沙村、昭觉县解放乡燕子洛村等5个村荣获省级文明村镇称号。文明单位创建。加强各级文明单位的常态化管理，结合中央、省上出台的文明单位测评体系（细则），强化业务指导，提高新申报单位的创建水平。推荐的州政协机关、昭觉中学、州公安消防支队、西昌市审计局等13家单位顺利通过省检查组验收，荣获省级（最佳）文明单位称号。

【志愿服务工作】 建立由各级文明委领导、各级文明办牵头、有关部门各负其责和社会各方广泛参与的领导机制，并成立志愿服务总队，下设州级部门、县市支队30支，大队198支，试点设立乡镇（社区）志愿服务站242个，注册志愿者112103人。以“学雷锋、树新风”为主题，开展“学雷锋树新风，倡导健康文明新生活”“四进四关爱”志愿服务（进农村、进社区、进校园、进企业）、文明交通志愿服务、文化志愿服务、“关爱山川河流”“关爱农民工”等主题志愿服务活动2733次，16.4万人次的志愿者为100多万人次的群众提供服务；近2万人参加了“关爱山川河流志愿服务知识竞赛”活动。依托省级以上文明单位，组建了417人的网络文明传播志愿者小组，开展“雷锋”的一天采访活动、道德故事会、“寻‘峰’觅影”等网络传播活动，全年网络志愿者共发布、转发微博4000余篇，上传“身边雷锋”做好事照片34张。积极争取省文明办“文爱家园”项目资金17万元，在甘洛县开展“四小一站”建设（小爱心图书室、小绿色网吧室、小文娱室、小健身室和志愿服务工作站），争取省文明办“新年圆梦”项目，为布拖县20名困难群众解决生活困难。凉山选送的公益广告《水韵凉山》和《瓶子里的记忆》分别荣获省级一、三等奖，两篇志愿者心得分别荣获省级一、三等奖，10人荣获全省“关爱山川河流知识竞赛”省级表扬。肖善文、伍忠明、李永华、罗平荣获“四川省优秀志愿者”称号。

【全州文明办主任会议】 召开全州文明办主任会议。2月26日全州文明办主任会在西昌召开，会议总结2013年度工作，对2014年工作进行安排部署，与17个县（市）文明办签订2014年目标责任书。并以会代训对17县市文明办主任进行党的十八届三中全会，全省文明办主任会精神的学习辅导和业务培训。

【调查研究】 完成《民族地区基层志愿服务站建设的探索与思考》《深入推进彝区健康文明新生活运动的思考》2篇调研报告。同时，开通四川文明网凉山联盟站暨凉山未成年人工作网，发挥网络平台作用，扩大教育宣传覆盖面。

【其他工作】 州文明办副主任宋海音参加中央文明办举办的为期两周的文明办主任培训班的学习。会同州社科联、州讲师团对极度贫困村盐源县盖租乡碧基村开展帮扶活动，出资1.3万余元，为该村群众购置62床棉被，确保群众温暖过冬，并为盖租乡中心校争取到中央文明办专项彩票公益金支持“乡村学校少年宫”项目资金25万元，提高学生综合素质。

（审核：李小雄/撰稿：宋海音　杨斌）

对外宣传

【概况】 2013年，全州对外宣传工作紧紧围绕州委、州政府中心工作，创新宣传形式、拓展宣传渠道、延伸宣传载体、形成宣传合力，不断提升对外影响力和传播力，为加快凉山追赶跨越发展、全面小康建设进程营造了良好的外部舆论环境。

【西博会凉山对外宣传】 按照文化搭台、宣传造势、经济唱戏的工作思路，切实增强西博会对外宣传的感染力和吸引力。一是依托主流媒体形成宣传声势，在《四川日报》《华西都市报》《成都商报》和四川电视台重要版面和时段，推出了《凉山产业发展豪迈走向世界：牵手丹麦新建西南地区最大的嘉士伯啤酒生产基地》等一大批有分量、有深度的报道。西博会期间《四川日报》刊发凉山31篇报道，《华西都市报》和《成都商报》刊发8篇报道，四川电视台播出28条报道，新华网、人民网、中国新闻网、凤凰卫视等160余家传统媒体和网络媒体刊发相关新闻超2300篇，形成了较强的宣传声势。二是利用新媒体丰富宣传方式，积极探索全媒体宣传手段。联合“天涯社区”和“麻辣社区”等知名互动论坛，及时互动发布凉山西博会活动新闻；依托“四川发布”“五彩凉山微博发布厅”“四川手机报”“凉山快讯”等新媒体平台，全方位、立体式跟踪凉山西博会各项活动，在新媒体舆论场形成了浓厚的舆论氛围；通过微博发布凉山西博会活动图片新闻89幅、文字稿61篇，微博阅读量超过100万人次。三是立足自身特色展示优势资源。立足特色优势，把凉山农业展览馆建成展示大凉山品牌和宣传凉山、包装凉山的大舞台。突出彝族“红、黄、黑”三元色文化特色，以凉山彝家新寨为雏形，充分展示彝族文化独特魅力，充分表现凉山“新农民、新产业、新生活”的新形象。州歌舞团和会理、盐源、宁南等县派出特色艺术团全程参加了文艺展演活动，形成了“三位一体”的立体宣传效果。开馆以后，中外客商、观众和新闻媒体络绎不绝，展厅接待参观者超过60万人次，发放了宣传资料10万余份，歌舞演出16场。

【互联网新闻宣传与管理】 凉山州坚持以构建大网络、大舆情、全媒体工作格局为目标，切实增强互联网宣传管理能力，为推动全州经济社会发展营造良好的网络环境。进一步理顺“大网络”工作机制。州委、州政府高度重视网络文化建设和管理工作，及时建立了凉山州互联网信息工作领导小组，由州委、州政府分管领导担任组长和副组长。明确了领导小组统筹协调全州互联网信息工作的职能，以及下属相关成员单位的主要职责。正式组建了“凉山州互联网信息办公室”，进一步明确各级互联网管理相应机构职能。扶持“全媒体”发展壮大。大力推进州内重点新闻网站建设，初步形成了中国凉山彝州新闻网等一批州级重点新闻网站。大力推进报网融合、台网融合，实现传统媒体向新媒体业态转化，凉山日报新闻网、凉山电视台网站等传统媒体网站品牌知名度不断扩大。大力发展凉山手机报，延伸网络舆论宣传触角，重点打造“凉山手机报”“凉山快讯”等本土手机媒体，手机媒体已经成为干部群众获取信息的重要渠道和党委政府引导社会舆论的重要平台。加强网站管理工作。加强网站前置审批和年检工作，全面完成155家网站的年检工作，及时整顿年检不合格网站；进一步规范网上新闻传播秩序、维护网上正确舆论导向，组织召开了凉山州首届网友恳谈会，重点网站负责人、知名网友代表和互联网运营商按照承担社会责任、净化网络环境、传播正能量、共守互联网的“七条底线”要求，签订了“坚守底线、文明办网”承诺书。加强网络正面宣传报道。以州级网站为重点，围绕州委、州政府中心工作，精心策划网上正面宣传，大力宣传全州实施“坚持两手抓、推进双提升、锁定三级跳、同步奔小康”战略的新举措、新成就，展示凉山新形象。先后开设了学习宣传贯彻党的十八届三中全会，“爱传百城——寻找身边的感动”，学习兰辉同志先进事迹，“走基层、解难题、办实事、惠民生”活动等重要专题，做好重大活动的宣传报道工作，开展“麻辣社区”走进凉山活动，提高栏目的吸引力和感染力，使网上宣传思想工作更加贴近实际、贴近生活、贴近群众。

【州外媒体管理与服务】　通过工作联席会议、座谈会等方式，加强与驻州媒体的工作沟通协调。发挥省驻州媒体的外宣功能，通过川报凉山分社在《四川日报》累计刊发凉山相关新闻报道1600余篇，其中头版近170余篇。四川人民广播电台凉山站发稿近400条，播出1000次以上。《四川经济日报》《华西都市报》记者站分别刊发198篇、290篇报道。凉山广播电视台充分利用对外宣传平台，在中央和省级媒体播出了一大批正面稿件。切实加强州外媒体管理与服务工作，以开明开放的态度接待、服务来访州外记者1500余人次，积极配合新华社、中央电视台、中新社、《四川日报》、四川电视台等主流媒体完成了嫦娥三号发射等重大活动的在凉山采访报道任务。

【新闻发布】　构建网上新闻发布主平台。在腾讯微博正式开通了全国30个少数民族自治州盟第一个政务微博平台“五彩凉山信息微博发布厅”，聚合17个县市、39个民生相关州级部门和3家州级媒体资源，及时提供政务资讯，开展热点新闻发布、突发事件回应、网民互动交流，通达社情民意，疏导公众情绪。全年发布微博2750条，高峰吸引关注者17万人，并荣获了2013年度“四川政务微博最佳飞跃奖”。推进常规新闻发布工作。坚持及时准确信息发布机制，围绕全州经济建设与发展、重大节庆活动、民生工作动向等热点难点问题召开新闻发布会，召开了凉山州第三次全国经济普查工作发布会、凉山州人才工作发布会等13场新闻发布会，参加州内外媒体150余家（次），发出新闻通稿60余篇，及时发布各级党委、政府的声音。新闻发言人队伍建设。立足于建设高素质新闻发言人队伍，加强全州各级新闻发言人队伍建设，积极选派新闻发言人参加各级新闻发言人培训班。在越西、甘洛等县市分批分级开展新闻发言人培训，受训人数超过300人。举办了全州首次微博信息发布工作培训，全州17县市政府办、新闻办负责人，39个州级部门分管领导等100余人参加培训，切实提高新闻发言人新闻素养、应对能力和发布水平。

【对外文化交流】　州歌舞团于7月赴加拿大文艺交流演出，先后在德拉蒙德维尔蒙迪尔艺术节和蒙特利尔中国文化周进行15天的演出活动。在加拿大期间，凉山州歌舞团在剧场、社区等交流演出23场，吸引观众约16万人（次），并与来自美国、法国、加拿大、波兰等国艺术团和当地群众积极开展了文化交流。州歌舞团呈现的彝族原生态歌曲、彝藏羌汉民族舞蹈、彝族乐器演奏和特色浓郁的四川少数民族服饰，有力地宣传了四川民族地区经济社会发展、文化传承发扬的崭新面貌，成为艺术节和中国文化周活动的亮点。

（审核：陈甫林/撰稿：阿俄小沙）

史志工作

【概况】　2013年，全州史志系统认真贯彻落实党的十八大和十八届三中全会精神，按照党史工作“三个意见”和地方志工作“两《条例》一《办法》”的要求，深入推进史志工作科学发展、加快发展，各项工作取得新进展、新成效。《中国共产党凉山历史》第一卷、第二卷被评为“全国党史部门党史优秀成果奖”著作类二等奖，《凉山年鉴》（2012）荣获“全国年鉴编校质量检查评比一等奖”；州史志办被省人社厅和省地方志编委会评为“四川省地方志系统先进集体”，被省地方志编委会评为“全省地方志信息化建设先进单位”“全省地方志年鉴先进单位”“全省地方志地情资源开发利用和资料报送工作先进单位”；机关档案工作规范化管理达省一级标准，2012年度综合目标绩效管理考核位跃居州直机关政府序列第7位，被州委、州政府评为“2013年县市和州直部门综合目标绩效考核先进单位”。

【党政重视】 州委、州政府加大领导力度，将史志工作列入重要议事日程。在2013年州十届人大三次会议上，州政府将史志工作明确写入《政府工作报告》。10月，州人民政府副州长肖春在《四川省地方志工作条例》颁布10周年纪念活动上作专题讲话。11月，州委将州史志办列为州委党建领导小组和州委中心学习组成员单位，州委、州政府主要领导和分管领导先后22次在史志工作文件、信息简报上做出重要批示。各县市相应建立健全县市委常委、县市政府副县市长分管史志工作，县市人大、政协领导联系史志工作的领导体制。州委、州政府继续将史志工作纳入对全州17个县市和92个州级部门目标绩效管理考核。重视史志机构队伍建设，为州史志办增配1名领导班子副职职数，从内部科长中提拔任命1名副主任，面向全州优选了2名科级中层干部。积极推进宁南、盐源、木里、喜德、美姑5个未设立党史机构的县加快党史机构设置。继续将史志专项业务经费纳入财政预算，并解决设备购置经费8.8万元，更新彩色复印机1台、电脑6台、办公桌椅3套，增加办公室4间、资料库房2间，改善办公条件。州政府明确州史志办5项行政执法权，4名党组成员办理了地方志行政执法监督证。

【全州史志工作会议】 4月12日，州委、州政府召开全州史志工作会议。全州17个县市分管史志工作的领导、县市史志办主任以及州级各部门、事企业各单位分管领导或办公室主任200人参加会议。会议表彰了8个2012年度全州史志工作先进集体，发行了《凉山年鉴》（2012年·纪念建州60周年特刊），西昌市、越西县、冕宁县、宁南县、州统计局、州检察院作经验交流发言，州史志办总结回顾和安排布置全州史志工作，州人民政府副州长肖春出席会议并作讲话。

【党史工作】 党史基本著作编写。完成《中国共产党凉山历史》（三卷）提纲编写和《中共凉山历史大事记（2001—2013）》资料收集；县市党史编写工作有序开展，雷波、冕宁分别编写出版《不该忘却的岁月》《冕宁1935》，越西县编写完成《中共越西执政实录（2013）》《中共越西历史大事记（1990—2013）》等党史著作；德昌、会东、宁南、盐源、美姑启动了党史一卷编写，冕宁启动了党史二卷编写；《中共会东地方组织执政纪实》《西昌战役》《中共美姑党史回忆录》等党史著作启动编写。党史宣传教育。全州先后组织19.6万名党员干部收看大型历史文献纪录片《苦难辉煌》，11.4万名党员干部参加党史知识竞赛活动，2962名乡科级以上党员领导干部完成党史知识问卷调查；参加全省党史界喜迎建党92周年《党史人之歌》歌词创作和参评活动，会理、冕宁县史志办选送的两首作品，分别荣获全省三等奖和优秀奖；协助开展廖志高同志诞辰100周年纪念活动；积极参加全省党史界纪念毛泽东同志诞辰120周年征文活动，报送论文14篇，其中，木里、会理选送的两篇论文分获二、三等奖；先后在《四川日报》《四川党史》《巴蜀史志》《凉山党建》《凉山日报》等报刊上登载史志工作理论文章和信息70条次。党史资政服务。牵头会理、西昌、冕宁3县市，利用由中央党史研究室编纂的《红色旅游》（中央卷）图书平台，做好西昌卫星发射中心、会理县皎平渡红军渡江遗址、会理会议遗址、会理红军长征纪念馆、冕宁红军长征纪念馆、冕宁彝海结盟遗址6个红色旅游景点推荐入编工作；组织《长征》中英文版大型珍藏纪念邮册的资料征集和发行工作；会东县编纂《党史内部参考》、西昌市编纂《邛海的变迁》《关于大力发展西昌红色旅游的建议》等，取得良好资政效果。

【地方志工作】 组织开展县级志书评审，先后评审《凉山州妇联志》《凉山州工商行政管理志》《凉山州工商联志》3部志书。甘洛、普格、盐源、雷波等县的志书已经出版或交付出版。西昌、德昌、越西等6个县市启动了县级部门志的编纂工作，出版或发行县级部门志30部。西昌市全面启动乡镇志编纂工作。围绕“领导关怀、红色凉山、人文凉山、大美凉山、和谐凉山、跨越凉山”6大板块，编纂《辉煌凉山》（纪念建州60周年图册），省政协副主席、州委书记翟占一和州委副书记、州长罗凉清担任顾问并题名作序，州委常委、州委秘书长龙伟，州人民政府副州长肖春任编委会主任，着力打造高质量图册。制订《关于推荐评选全省地方志系统先进集体和先进个人的评分办法》，明确评选推荐原则、评分办法和结果运用等，向省地方志编委会推荐评选4个全省地方志工作先进集体和5名先进个人。州史志办、西昌市地方志办、冕宁县史志办、喜德县地方志办荣获全省地方志系统先进集体。

【年鉴工作】 编纂《凉山年鉴》（2013），增录“数说凉山”“州情概况”“州直部门主要负责人名录”“2012年州委州政府重要文件目录”“凉山州国家、省、州级非物质文化遗产名录”“凉山州农业产业化国家级省级名牌名录”等内容。创新编排方式，改进篇目设置，注重封面设计，增大内文字号，提升装帧品位，强化编纂质量。推荐《凉山年鉴》（2012年·纪念建州60周年特刊）参加国家级评奖，荣获“第七届全国年鉴编校质量检查评比一等奖”。甘洛、布拖、雷波、昭觉、盐源、金阳等县启动年鉴工作，德昌、美姑、冕宁、宁南、盐源、越西等县的2013年年鉴实现公开出版，全州17个县市年鉴编纂工作实现全覆盖目标。

【旧志整理保护】 开展旧志整理与保护，西昌市重新印刷出版《宁远府志》等旧志，盐源县收集整理《干海乡土志》。会东、德昌开辟旧志整理保护和开发利用新路径，分别完成《会东县志（1912—1990）》和清朝末年所编《德昌所志略》电子稿录入工作。

【地情资料开发利用】 编纂报送《中国政区大典》凉山部分的《政区概况》《重大事件》《著名人物》。为新闻媒体、大型企业、高等院校及教学科研人员提供资料查询服务，与省内各市州加强地情书、地情资料交流。各县市围绕党委政府中心工作和社会热点，开展资政服务和社会服务，西昌市组织开展区域研究和课题咨询，以“巴蜀风骨、西昌气韵”为主题，开展《西昌历史文化丛书》编写，完成《家在西昌系列丛书》之四《飞越西昌》、之五《田园西昌》的编写出版。越西县编写出版《民间美食集锦》《文昌故里·中国越西》《变迁》等丛书，木里县编纂《木里人物录》，会东县开展有关“移民”“城市建设”“新农村建设”等专题地情研究。

【机关自身建设】 加强干部职工培训学习，选派7名干部先后参加全国全省举办的各类业务培训，并组织参训的干部为未参训的干部“授课”，促进全体干部知识更新。深入开展创先争优活动、“中国梦”主题教育活动，组织全体党员干部开展“重走长征路，共筑中国梦”活动。对2012年度机关优秀公务员、优秀党务工作者、优秀共产党员和优秀工勤人员进行表彰。推进党风廉政建设，落实党风廉政建设责任制，强化惩防体系建设。认真贯彻落实中央“八项规定”、省委和州委“十项规定”，开展“厉行节约，反对铺张浪费”活动，建设节约型机关。组织职工参加州直机关“五一”职工运动会和州直机关第十七届“迎春登山”活动，积极组织干部职工为灾区捐款捐物。机关文秘、财务、老干部管理等工作有序推进。

【惠民帮扶】 协调资金、筹集物资，加强联系点帮扶工作。争取州民政局和州慈善总会支持，先后为越西县马拖乡北河村19户、尔觉乡彩洛村19户“一帮一”联系困难户、五保户、失依儿童和乡中心校学生，送去4545件棉被、毛毯、棉鞋、胶鞋、衣服和化肥、菜油等价值9.54万元的生产生活物资；组织尔觉乡中心校15名教师到西昌市第四小学跟班教学观摩学习培训。

（审核：尹克发 刘尧平/撰稿：肖元东 罗艳）

老干部工作

【概况】 2013年，全州老干部工作在州委州政府的坚强领导和省委老干部局的有力指导下，以党的十八大、十八届三中全会、省委十届三次全会、州委七届四次全会精神及全省老干部局（处）长会议精神为指导，深入学习习近平总书记系列讲话精神，以“为党的事业增添正能量”作为老干部工作价值取向和工作目标，紧紧围绕服务州委工作大局，全面落实老干部各项待遇，从优落实生活待遇，不断加大困难帮扶力度，积极搭建有效平台，启动开展“银色人才十大志愿者服务”活动，引导老干部积极发挥作用，为谱写“伟大中国梦凉山篇章”做贡献；深化离退休干部思想政治建设和党支部建设；在强化老干部工作队伍自身建设等方面取得显著成效。

【党政重视】 2月，省政协副主席、州委书记翟占一主持召开州委常委会，会议听取了州委老干部局关于全州老干部工作情况的汇报，研究了老干部工作事项，并对老干部工作提出要求。要高度重视老干部工作，切实加强领导；要在政治上尊重老干部、生活上照顾老干部、思想上关心老干部、精神上慰藉老干部；要增强责任感和使命感，认真履职、尽心尽力，把老干部工作做得更有成效。省政协副主席、州委书记翟占一先后三次对老干部工作作出重要批示。6月，在《中共凉山州委老干部工作领导小组关于在州级部门启动开展“银色人才十大志愿服务活动”的通知》上批示：“银色人才十大志愿服务活动安排扎实具体，希望充分发挥老领导优势和专长，助推凉山跨越发展。”7月，在《凉山老干部工作信息》第25期《生日之时送祝福，组织温情暖心扉，州委老干部局建立离休干部精神慰藉机制》上批示：“做好老干部工作需要带着感情、带着责任，送上生日祝福，事情虽小，但送去的是党组织对老干部的爱戴和温暖。”12月，在《凉山老干部工作通讯》第8期《结合法院职能，努力做好老干部工作》上批示：“做好老干部工作，各级党政一把手必须高度重视，倾情真抓。”州委副书记、州长罗凉清，州委常委、州委组织部部长冯斌亲自过问和指导老干部工作。调整充实了州委老干部工作领导小组，州委常委、州委组织部部长冯斌任组长，州人大常委会副主任海来木呷、州政府副州长白云、州政协副主席季晓静任副组长，州委办公室、州政府办公室、州委组织部、州委宣传部、州委老干部局、州直机关工委、州发改委、州国资委、州人力资源和社会保障局、州财政局、州民政局、州卫生局、州文化影视新闻出版局、州体育局等部门负责人为成员。

【政治待遇落实】 全州各级老干部工作部门把引导离退休干部深入学习党的十八大、十八届三中全会、省委十届三次全会、州委七届四次全会和习近平总书记系列讲话精神作为首要政治任务，广泛开展“学党章、守党纪、强党性”“学习十八大报告、新党章知识竞赛”“实现伟大中国梦、建设美丽繁荣和谐凉山”“同心共筑中国梦”等系列主题教育活动。积极动员组织老干部为“4·20”雅安芦山地震灾区捐款捐物，为党的事业增添正能量。同时，坚持落实老干部政治待遇的“八项制度”（每月一次的学习制度，每季度一次的培训制度，每半年一次的情况通报制度，每年至少两次组织老干部参观考察制度，每两年一次的走访慰问易安老干部制度，老干部支部组织生活制度，重大节日走访看望、重大会议老干部代表参加制度和为老干部征订学习资料制度)，扎实开展常规工作，确保老干部政治待遇落实到位。5月，州委老干部局组织27名州级离退休老领导参观考察冕宁县的工业、旅游和新农村建设项目。10月，组织26名州级离退休老领导参观考察普格县彝家新寨、豪吉集团。

【生活待遇落实】 在巩固完善离休干部“三个机制”（离休费保障机制、医药费保障机制、财政支持机制）和有效运转的基础上，积极开展调查研究，妥善解决“企业离休干部公用经费纳入财政预算”“离退休干部生活特殊困难帮扶”“企事业单位与机关离休干部同标准执行死亡抚恤金新标准”等重点难点问题。年初，州本级51户企业202名离休干部的公用经费纳入州财政预算，拨付各主管部门，主管部门结合实际，按有关政策规定统筹掌握使用（如组织活动，生病住院看望，突发灾害、意外事故慰问，征订学习资料和酌情适当支付生病住院雇请护理人员护理费等)。6月，州委组织部、州委老干部局、州财政局《关于加强州级部门离退休干部生活特殊困难帮扶资金管理的通知》（凉老发〔2013〕8号）建立了离退休干部生活特殊困难帮扶机制。同时，要求各县市结合实际，建立离退休干部生活特殊困难帮扶机制。州本级帮扶了符合条件的25名离退休干部和离休干部无工作遗孀，发放帮扶资金64800元。12月，兑现了州本级企业222名和事业机保4名离休干部目标考核奖金（离休人员增发生活补助)。加强对县级退休干部服务管理，给予适当的生活、医疗照顾。建立了向州本级驻西昌城区离休干部赠送生日蛋糕精神慰藉关怀机制，共享改革发展成果，把党和政府的温暖送到老干部的心坎上。

【银色人才十大志愿服务活动】 以中共凉山州委老干部工作领导小组《关于在州级部门启动开展“银色人才十大志愿服务活动”的通知》（凉老领发〔2013〕3号）为标志，启动“个十百千万”（一个队伍，十大活动，百支团队，千人骨干，万名人才）志愿服务活动，根据入库银色人才的意愿和社会需求，采取分级、分类原则，在州本级设置了十大活动组（教育宣传组、卫生服务组、文化艺术组、法律服务组、基层党建组、科普宣传组、农技推广组、林业指导组、畜牧服务组、体育健身组)。并分别确定了10个州级相关职能部门为牵头单位，以入库登记志愿者志愿相同、相近的离退休干部所在单位为协助单位，由牵头单位统一组织引导开展志愿服务活动的组织架构，并明确责任。州级各牵头部门按照凉老领发〔2013〕3号的部署和要求，建立了活动领导小组，制定了活动方案，探索有效载体、积极主动开展活动。各活动组根据志愿者的特长和社会实际需求，坚持自觉自愿、量力而行的原则，组织引导志愿者进社区、进学校、进机关、进企业、进乡镇、进村寨、进监狱、进强制戒毒所，在推动科学发展、促进社会和谐、弘扬社会主义核心价值观、加强党的作风建设等方面开展活动，发挥作用。如关心下一代、科普宣传、农林牧业新技术咨询指导、医疗义诊、禁毒防艾宣传教育、社区志愿服务、充实基层党建工作力量等。为深入推进银色人才十大志愿服务活动，选树典型、示范带动，激励引导更多的离退休干部发挥作用、贡献力量，秦在高、徐品芳、敖学成、周祚国、武崇芳、马吉莫等老同志被省委老干部局评为“全省优秀老干部志愿服务者”。全州评选表彰了100名“银色人才十大志愿服务活动”先进个人。

【学习活动阵地规范化建设】 为进一步加强学习活动阵地建设，不断丰富老同志的精神文化生活，各县市结合城镇建设，把建设离退休干部学习活动阵地作为公益性项目纳入经济社会发展规划，拟建或新建老干部活动中心（馆、室)。并依托学习活动阵地和老年社团组织，组织老同志开展健康向上的文体活动。按照全省老干部活动中心规范化建设达标创建的要求，经省委老干部局检查验收，西昌市、冕宁县老干部活动中心达标，被命名为“全省老干部学习活动阵地规范化建设示范单位”。

【中国梦主题教育活动】 按照“实现伟大中国梦、建设美丽繁荣文明和谐新凉山”活动主题要求，组织老干部工作者和广大离退休干部学习习近平总书记对实现中华民族伟大复兴“中国梦”做出的一系列重要阐述、省委十届三次全会、州委七届四次全会精神，并请专家作专题辅导。以“我为多点多极支撑发展战略建言献策”为载体开展“同心共筑中国梦”活动。省政协副主席、州委书记翟占一，州委常委、州委组织部部长冯斌，州委常委、州委秘书长龙伟参加州本级地厅级离休干部学习小组“同心共筑中国梦”活动学习会，听取老干部代表对实现伟大“中国梦”和党的十八大以来全州经济、政治、文化、社会、生态文明建设和党的建设等方面发展变化的感受、看法以及对老干部工作意见建议。全州老干部工作者通过主题教育活动深入学习、讨论发言、撰写心得体会等，加深对实现伟大“中国梦”的理解，以实际行动共筑“中国梦”。

【走基层活动】 按照州委统一部署，结合实际，将“走基层”活动与“挂包帮”活动、百乡教育扶贫工程、防艾禁毒、直接联系群众等结合起来，制定了领导干部“五个一”、一般干部“三个一”联系工作制度。按照中共凉山州委《关于在党的群众路线教育实践活动中集中开展“走基层、解难题、办实事、惠民生”活动的实施意见》（凉委发〔2013〕24号），确定了“十万干部走基层，百万群众得实惠”的工作主题，分期分批组织干部职工带着责任、带着感情、带着问题深入大花村贫困户和所联系的州本级特困老干部家中走访、实地察看、亲切交谈，收集社情民意，了解他们疾苦，排查矛盾纠纷，问需问计于民，采取有力措施，解决实际困难问题，加强基层党组织建设。4月，到大花乡宣讲党的十八大和全国“两会”精神，向中心校捐赠价值1.4万余元的1100套学生饭盒、饭勺等生活用品和篮球、羽毛球等体育用品。与乡党委、政府共商2013年“挂包帮”活动中需要帮助解决困难问题。12月，州委组织部副部长、老干部局局长杨国敏带队到越西县大花乡开展“走基层、解难题、办实事、惠民生”活动和“送温暖”活动。向大花村440户每户赠送了1床军用棉被，总价值3.5万余元；协调争取资金50万元，加强大花村基础设施建设，改善生产生活条件；与越西县委、县政府协调争取，新建一幢1800多平方米的教学楼和600多平方米的营养食堂。局领导分组带队两次上门走访慰问州本级特困离休干部及离休干部无工作遗孀26人次。

【宣传及调研】 为进一步拓展老干部工作的宣传面，加大老干部工作的影响力，继续对县市委老干部局的老干部工作信息进行量化考核表彰，在《凉山日报》开专栏介绍宣传全州老干部工作。继续加大力度做好《凉山老干部工作通讯》，以35个单设老干部工作科（处）的州级部门（单位）为重点，分9期陆续刊出单位“一把手”谈老干部工作的看法、见解。编发《网上养生参考》，帮助离退休干部更好的健康养生。州委老干部局、各县市委老干部局深入调研，认真完成《关于健全完善离退休干部共享改革发展成果机制问题研究》《拓展“凉山银色人才库”更好引导离退休干部广泛开展志愿服务活动的思考与实践》调研课题，并对各县市评选表彰。《凉山州关于健全完善离退休干部共享改革发展成果机制问题研究》荣获全省调研课题一等奖。

【信访】 各级老干部工作部门始终坚持带着责任抓实共性问题、带着感情解决特殊问题。健全首问责任、限时办结、信息反馈等制度。注重把与事业、企业老同志的生活待遇不够平衡、新中国成立初期参加革命工作的退休干部退休金普遍偏低、离退休干部共享发展成果的机制不够健全、老同志不断增长的精神文化需求与文化设施不足的矛盾比较突出等问题结合起来，做好解决或解释工作，特别是深入细致做好新中国成立初期参加革命工作的部分退休干部的信访接待、关心照顾、化解矛盾、疏导情绪等工作，维护老干部队伍的稳定。

【自身建设】 按照“好干部”的标准和“优秀干部”的要求，加强队伍建设，努力打造过硬队伍，建设模范部门。加强学习，发扬“安专迷”精神，深入学习党的路线方针政策和老干部工作政策知识学习，提高老干部工作人员政治素质和业务能力。组织开展全州老干部局局（科）长业务培训。州委老干部局全体干部职工始终保持永不满足、永不停滞的积极心态，树立学习是一种生活态度的理念，创新学习方式（领导讲变为大家讲、被动学变为主动学、单一学变为多样学、枯燥学变为趣味学），在学习党的理论和业务知识的同时，注重学以致用，特别是解放思想，与时俱进，努力成为行家里手。制定局机关干部轮流参加地厅级离休干部学习小组集中学习制度。通过参加地厅级学习小组学习，了解老干部各时间段所想、所需、所盼，及时有针对性地做好思想政治工作，理顺情绪、解决问题，同时锻炼干部如何与老干部交谈、解决问题的能力。严格贯彻落实中央八项规定和省委州委十项规定，厉行勤俭节约。制定了公务接待、会议、文件、公务用车等制度，坚持不懈纠正“四风”为重点强化作风建设，落实党风廉政建设责任制，以为民务实清廉的言行带动机关作风持续转变。协助省委老干部局在凉山民族文化艺术中心成功举办了全省老干部系统“用真情、讲责任、作奉献——为实现伟大‘中国梦’、建设美丽繁荣和谐四川再作新贡献”主题演讲总决赛。17县市委老干部局局长、州级各部门老干部工作科（处）长和部分离退休代表150多人观看了总决赛。遴选了2名局机关工作人员充实老干部工作队伍。

（审核：杨国敏/撰稿：王人伟）

党校工作

【概况】 2013年，州党校坚持以邓小平理论、“三个代表”重要思想和科学发展观为指导，以贯彻落实党的十八大精神为主线，以两《条例》一《纲要》为指南，坚持党校姓党、从严治校，坚持围绕中心、服务大局，持续推进大规模培训干部、大幅度提高干部素质战略任务，着力创新路抓办学、求实效抓培训、讲实用抓科研、建机制抓管理，以“七大工程建设”为载体，推动各项工作上水平、上台阶，全面开创了党校工作新局面。

【贯彻落实中央、省州精神】 坚持围绕中心，服务大局，在提高党校为党委、政府服务水平上取得新的成绩和进步。一是推进党的十八大精神的贯彻落实。共举办党的十八大精神专题培训班7期，培训轮训领导干部1357人次。二是推进中央、省州重大理论观点、战略思想进课堂、进头脑。围绕党委、政府工作重心，共举办各类时政培训班24期，培训轮训领导干部2552人次。三是积极稳妥推进全州党校办学体制改革。深入各县市委党校调研14次，结合凉山实际，根据省委要求及标准，草拟了《凉山州州县两级党校办学体制改革实施方案》。

【干部培训】 坚持以教学为中心，充分发挥干部教育培训主渠道主阵地作用。全年共举办各级各类培训班40期，是上年办班的2倍，培训轮训干部4419人次，比2012年增加2974人次，是2012年培训人数的3倍。其中，主体班9期，培训干部510人次，其它各类专题培训班31期，轮训干部3909人次。学历教育。录取在职研究生116人，比2012年增加41人，增长55%，录取率名列全省第一，获在职研究生招生工作先进单位一等奖、目标管理先进单位二等奖。教学管理。优化教学布局，坚持因班而宜，构建分层次分类别的教学体系。采取领导讲学、请进来与走出去、分段培训等方式，推进培训模式多元化。州委、州政府及相关部门领导共5人次到党校授课，外聘教师62人次为党校学员授课，党校教师共75人次分别到州级机关及各县市进行宣讲，培训干部15000余人次，不断完善党校培训—高校学习—异地现场教学的“三段式”和党校培训—异地现场教学的“两段式”培训模式，加大互动式教学力度，努力实现教学相长、学学相长；加强学员管理，严格执行中组部《关于在干部教育培训中进一步加强学员管理的规定》，引导学员认真学习、专心学习、潜心学习。

【科研工作】 坚持科研基础地位，充分发挥党校“思想库”“智囊团”作用。一是科研层次进一步提升。共申报课题153项，比2012年增加28项，增长22%，立项62项，结项59项，比2012年增加10项，增长19%。其中，成功立项结项国家行政学院课题1项，实现了州委党校省部级课题立项结项的重大突破。二是资政能力进一步强化。编撰出版了《凉山发展概论》一书，得到州委领导重要批示，发至各个学员，实现了教材建设的重大突破，获省社科院科研成果一等奖；承接并完成州委相关部门调研课题2项，推出有价值的调研成果；发表理论文章16篇，其中国家级刊物1篇、省级刊物8篇、州级刊物7篇；出版《凉山党校》刊物4期，充分发挥理论交流和决策咨询的载体作用。三是激励力度进一步加大。积极组织参与“第八届四川省党校优秀科研成果奖”评奖活动，获优秀科研个人奖1项、二等奖1项、三等奖2项；积极组织申报“四川省社科院第十次市县院所优秀科研成果奖”评奖活动，获一等奖1项、二等奖1项、三等奖1项；积极组织申报“2012年度全州组织工作重点调研课题优秀成果”评奖活动，获三等奖1项；获《凉山经济》2011—2012年度优秀论文一等奖1项，二等奖1项；获全州“科学发展观在凉山的探索与实践”征文二等奖。党校对获奖科研成果进行配套奖励，充分调动了教研人员的科研积极性。四是管理机制进一步完善。制定了《凉山州委党校关于加强科研工作的意见》，对党校的科研目标、科研任务、科研方向等内容进行了明确，强化对科研项目的全程管理，适时管理、动态管理。

【队伍建设】 一是实施“人才强校”战略。加强领导班子思想作风和能力建设，着力提高领导班子的整体素质和领导水平。二是加强教师队伍建设。引进2名高学历教师，充实党校教师队伍；选派18名教师外出学习培训，增强执教能力；采取强学习、压担子、下任务、传帮带等方式加大年轻教师培养力度。三是加强管理服务队伍建设。通过整合、培训，着力提高管理服务队伍整体素质，通过竞争上岗，选拔正科级干部1名、副科级干部2名，推动干部队伍建设年轻化。四是加强老干部队伍建设。认真贯彻落实老干部政策，大力开展“银色人才十大志愿服务活动”，不断提高老干部管理科学化水平。

【后勤保障】 坚持优化管理，为教学科研提供强有力保障。基础设施建设，共投入资金50余万元加强基础设施建设，推动校园布局更合理、更完备、更优美。信息化建设，强化校园网络日常管理，完成2013年拟任县处级领导干部任职资格远程考试，共11场914人次；开展CDDLN远程教学7次，培训领导干部172人次；采集、编辑、刻录教学节目66个，丰富了远程教学节目库。后勤管理服务，严格绩效目标考核，实行定岗、定责、定人，推动后勤、政务、财务、组织人事等各项管理更加制度化、规范化。教育扶贫工作：争取发改委“以工代赈”项目资金26万元，为金曲地莫村进行通村道路维修；争取州教育局教育扶贫资金10万元，为金曲地莫村村小进行教室维修；自筹资金为金曲地莫村村小捐赠过冬物品，推动扶贫工作落到实处。

【机关党建】 围绕加强党的执政能力建设目标，不断提高机关党建科学化水平。开展“中国梦”主题教育实践活动。认真落实“中国梦”主题教育活动各个阶段具体工作，强化学习、深入讨论、丰富载体，实现了党员干部思想素质的大提升，共撰写学习心得62篇，理论文章8篇，收集到为党校发展建言献策意见建议20条；选派4名高级讲师外出宣讲“中国梦”30场次，培训干部2000余人次；围绕

“中国梦”主题开展调查研究，推出调研报告4篇，充分发挥了党校解读“中国梦”建设新凉山的决策咨询作用，受到省委督导组好评。党务工作，共组织专题讲座4次，主办党建宣传专刊3期，撰写党建理论研讨文章16篇，开展“道德讲堂”5次，党务工作制度得到落实，严格执行“三会一课”制度，认真落实党建目标责任制。组织建设，通过演讲、职工运动会等各种活动，振奋教职工精神，增强党组织凝聚力。认真落实党风廉政建设责任制，严格执行中央关于改进工作作风、密切联系群众“八项规定”和省州“十项规定”；加强党风廉政宣传教育，增强廉政意识；积极开展廉政文化进机关活动，争创廉政文化示范点，在廉政文化建设中发挥示范标杆作用。校园形象提升，坚持理论联系实际，加强学风建设，倡导“短、实、新”文风建设，坚持从严治校、从严管理校风建设，实现了校园形象大力提升。

（审核：卢健/撰稿：马尚萍）

报社工作

【概况】 2013年，在州委、州政府的正确领导下，在州委宣传部关心指导下，报社党委、编委团结带领全社职工攻坚克难、锐意创新，紧紧围绕州委、州政府的中心工作，坚持正确的舆论导向，践行党的群众路线，狠抓干部作风建设，扎实开展了新闻宣传工作；《凉山日报》彝、汉文版、《凉山城市新报》、凉山新闻网、《锦绣凉山》等报、网、杂志齐头并进，多点开花，呈现出欣欣向荣的局面，报社各项工作实现了持续、平稳、和谐的发展。

【新闻改革】 牢固树立政治意识、大局意识、责任意识、阵地意识、服务意识，充分解放思想，大胆开拓创新，稳步推进改革，视报纸的权威性、公信力、可读性和吸引力为生命。致力于办一张凉山读者真正喜爱的城市生活服务类报纸，1月4日，推出《凉山城市新报》；5月10日，推出《金土地·凉山畜牧周刊》；7月17日，推出《文化周刊》《体育凉山》；8月12日，推出《凉山残联专刊》；8月29日，继《美姑周刊》《会东周刊》后又推出《区域新闻·雷波周刊》，县市新闻报道的力度和宣传的效果显著提升。通过新闻资源的整合，使专刊的设置趋于专业化和合理化，品牌效益得到进一步彰显。通过政务新闻改革，活化、软化领导活动报道，头版、要闻的品牌影响得到加强；通过创新栏目和版面，转作风、改文风，真正做老百姓看得懂、喜欢看的鲜活新闻，一系列的举措扩大了《凉山日报》的影响力。

【宣传报道】 2013年，凉山日报社紧紧围绕州委、州政府的中心工作，践行责任与使命，注重统筹策划，主动服务全州大局，富于创造性地搞好舆论引导和新闻宣传。重策划，出特刊。围绕实现伟大“中国梦”主题教育活动、2013年火把节、州四运会、彝族年、十八届三中全会等重大活动、重大节庆，《凉山日报》《凉山城市新报》都发挥自身优势，突出重点，挖掘亮点，开专栏、调版面，刊发连续报道。8月13日，凉山城市新报推出“七夕节特刊”《说出你的爱情故事》，77个爱情故事，80个版面呈现。又在全国首个老年节到来之际，推出24个版的《重阳节特刊》，并联合许多单位和富有爱心的机构及企业，举办了为老年人免费义诊、为老年人摆长寿宴等活动，倡导全社会敬爱老人，孝敬长辈，社会反响强烈。《凉山日报》也推出了《律动·凉山金融特刊》《聚焦雅砻江》特刊和《投资凉山　财富传奇——第十四届西博会和农业博览会特刊》等，都取得了良好的宣传效果和社会效益。《凉山日报》彝文版继续按照“注重本土新闻，凸显地方特点，办出民族特色”的要求，深入推进版面和栏目改革，让彝文版更加贴近彝族农牧民的生产实际、生活实际，切实起到了他们生产生活好帮手的作用。发挥凉山新闻网网络平台优势，继续加强报网互动，及时将各个时期的重点宣传、重点策划通过网络的形式进行发布，并注重运用新科技手段，积极打造微博、微信和手机客户端，推进服务性较强的专业网站建设，扩大受众面和市场占有率。

【报业经营】 2013年，积极寻找商机，广泛与各县市、各部门和各行业沟通合作，报业经营业绩斐然。同时，加强对报业经营的监管，明确各自的经营范围，进一步提高了报业经营的科学、有序、规范管理水平，特别是以高考升学季、七夕节、火把节、彝族年、喜德县庆、圣诞节等各个宣传节点为契机，大力拓展经营范围，一些领域的专题经营取得了新突破，使凉山日报社的报业经营稳步推进。截至12月31日，凉山日报社实现广告毛收入2033.46万元，多年的2000万元经营奋斗目标得以实现，印刷厂也实现了较好的利润指标。在报纸发行上，2014年汉文版完成发行39200多份，正在向4万份的目标迈进，彝文版完成5000余份。

【队伍建设】 2013年，继续致力于建设学习型的单位，通过走出去、请进来、以老带新、自主培训等多种形式，先后组织数批中层干部赴广西柳州、湖北襄阳、宜昌、成都、德阳等地考察学习，派出编辑记者到省新闻出版局组织的培训班学习，邀请《成都商报》的老师到报社培训，提高中层干部和采编人员的政治思想素质和综合能力，充分调动了年轻编采人员的积极性，使其在工作中锻炼成长。同时，继续实施记者驻站德昌、越西锻炼机制，培养年轻人肯吃苦、能付出的敬业精神。开展了《假如我是总编辑》征文活动，倡导主人翁意识。通过这些举措，使整个报社在学习中工作，在工作中学习的氛围越发浓厚。

【内部管理】 2013年，报社按照党风廉政建设责任制的规定和州委、州政府《关于2013年党风廉政建设和反腐败工作的意见》，认真贯彻落实中央“八项规定”和省、州“十项规定”，以解决“四风”问题为重点，加强新闻采编从业人员职业道德教育，全面落实《关于新闻采编人员从业管理的规定》，推进报社党风廉政建设和反腐倡廉建设再上新台阶。继续深入开展了“走基层，转作风，改文风”活动，努力做到理论联系实际、密切联系群众、批评与自我批评相结合，廉洁自律，高效务实地开展各项工作，在财务收支、干部选拔等方面始终做到公正、公开、透明，全面履行职责，反腐倡廉各项工作成效明显。群团工作。利用报社印务中心所在地的条件，建好、用好副食品基地，改善职工福利待遇；充分发挥工会、团委、妇委会、老协作为党委密切联系群众的桥梁和纽带作用，抓好党建带工建、团建、妇建工作；继续开展好“挂包帮”活动和百乡教育扶贫、治安、计生、卫生等工作，加强精神文明建设，增强了大家的凝聚力和战斗力，形成了团结和谐的氛围，促进了工作的开展。

【获得荣誉】 被州委惩防体系建设领导小组评为“凉山州2008—2012年惩治和预防腐败体系建设”先进集体，获凉山州2012年度反腐倡廉宣教调研工作先进集体，四川省报业协会评选最具广告投放价值的党报、市场类报纸和新媒体前10强，《凉山日报》获综合评比第四。

（审核：龙德华/撰稿：唐刚）

关心下一代工作

【概况】 2013年，省关工委执行主任谢世杰、常务副主任张中伟等领导分别于3月、5月、7月到凉山调研考察关心下一代工作，对凉山关心下一代工作取得的成绩给予了充分肯定。州委、州政府领导重视关工委工作，州委书记翟占一，州委副书记、州长罗凉清，州委副书记赵世勇，州委常委、组织部部长、关工委主任冯斌等领导多次过问关工委工作，并召开会议研究解决关工委工作经费、车辆等问题。全州关心下一代工作立足实际，以“五老”志愿者为主体，以社会主义核心价值体系建设为主线，以加强青少年思想道德建设和培育“四有”新人为目标，充分发挥“五老”作用，整合成员单位力量，列入党建目标考核内容，工作成效显著，获得中国关工委“创建五好基层关工委优秀组织奖”。

【基层组织建设】 2013 年，全州已建立各级关工委组织 7488 个，其中，608 个乡镇，8 个街道办事处，3745 个行政村，121 个社区，1321 所学校，911 个企业，756 个机关建立了关工委组织，乡镇、村覆盖率为 100%。各县市解决了 2 万~3 万元的乡镇、街道关工委工作经费。西昌市东城街道关工委、昭觉县四开乡关工委评为全国基层组织建设先进单位；会理县城关镇北街办事处关工委、德昌县麻栗镇关工委、冕宁县复兴镇建设村等 11 个关工小组评为全省基层组织建设先进单位。

【“五老”志愿者】 2013 年全州有各类“五老”志愿者团队 2037 个，注册登记的“五老”志愿者骨干 25246 人，参与关心下一代工作的“五老”达 10 万余人，占全州 60 岁以上老年人的比例达 18.2%。全年，“五老”志愿者开展宣讲活动 610 场次，参加活动的青少年达 388357 人次。州关工委组织 800 余人的“五老”志愿者网吧监督队伍对西昌 139 家网吧不定时进行监督。州“五老”志愿者协会革命传统教育宣讲团团长林开伦同志获得全省十佳“五老”志愿者提名奖。

【关爱活动】 全年全州各级关工委组织开展各类关爱活动 814 场次，通过各种渠道捐款 3388210 元，捐物 68403 件，捐书 146430 本，共关爱的青少年 180843 人次。7 月 10—13 日在昭觉县成功举办 2013“炎黄大家园”全国关爱各族少年儿童夏令营四川凉山分营暨“实现伟大中国梦，建设美丽繁荣和谐四川”万名青少年夏令营活动。推荐了 4 名学生参加中国关工委组织的“中华大家园”夏令营及东盟“10+1”青少年文化交流节。2013 年，《四川日报》《凉山日报》《关爱明天》、四川电视台、四川人民广播电台、凉山电视台等新闻媒体刊载关心下一代工作信息近 70 条；省关工委网站上发布信息 235 条；出版发送关工委《关爱》杂志 4 期，8600 册。

【关心下一代基金会】 2013 年 2 月州关工委向州政府提交了《成立凉山州关心下一代基金会的报告》，州委、州政府批准同意建立凉山州关心下一代基金会，由州财政划拨 400 万元作为原始启动基金，5 月省关工委同意建立凉山州关心下一代基金会，并作为业务主管单位，10 月 30 日省民政厅批准正式注册登记为公募基金会。基金会以“倡导爱心奉献，致力公益慈善；倾心关爱下一代，构建和谐做贡献”为宗旨，依法开展资金募集及各项资助、公益活动。善款主要用于为青少年解困助学、助孤、助残，办好事实事，着重资助品学兼优的特困生、孤儿、残疾青少年等享有受教育的机会；资助和组织促进青少年健康成长的公益活动；奖励优秀青少年和从事关心下一代工作的优秀工作者。

（审核：饶云一/撰稿：邱天）

人 大

The Standing Committee of the NPC

综 述

【概况】 2013年是全面贯彻落实党的十八大和省、州党代会精神的重要之年，也是实施“十二五”规划承前启后的关键一年。州人大及其常委会认真学习贯彻党的十八大、十八届二中、三中全会和省委十届三次、州委七届四次全会精神，牢牢把握“科学发展，加快发展”工作基调，紧紧围绕州委中心工作和全州发展大局，切实履行宪法法律赋予的职权，倾力推进全州经济社会发展，圆满完成州十届人大三次会议确定的各项任务，为凉山全面小康社会建设“三级跳”第二级跨越，加快建设美丽富饶文明和谐新凉山做出新的贡献。

十届人大会议

【十届人大二次会议】 2013年1月7日至9日，凉山彝族自治州第十届人民代表大会第二次会议在西昌召开，407名代表出席会议。州人大常委会正州级督导员，州人民政府及其工作部门负责人，州政协主席、副主席、正副州级督导员，州人大及其常委会各有关工作办事机构负责人共61人列席会议。会议通过充分酝酿，选举产生凉山彝族自治州出席四川省第十二届人民代表大会代表47名：王建、孙建军、严铁桥、吴靖平、张作哈（彝族）、陈杰、贾建民、崔江利、马德义（回族）、王莹（女，彝族）、王金铁（彝族）、毛友鲁（彝族）、毛树华（彝族）、龙英（女，彝族）、尔古伍呷（女，彝族）、冯斌、刘德清、米滨、严俊波、苏嘎尔布（彝族）、李俊、李娅（女，彝族）、李从秀（女，傈僳族）、李宏伟、李直之（蒙古族）、杨元宁、吴闯、何永祥、余世学、余堂辉（彝族）、张萍（女）、张林祥、阿什老轨（彝族）、阿尔拉莫（彝族）、阿来格史（彝族）、阿候娘娘（彝族）、拖觉根牛（彝族）、罗凉清（彝族）、官阳梅（女）、赵平（女，彝族）、赵世勇、郝虎（彝族）、贺新宇、徐艺（女）、曹力生、鲁绒西若（藏族）、翟占一、滕中平。

【十届人大三次会议】 2013年4月20日至24日，凉山彝族自治州第十届人民代表大会第三次会议在西昌召开。407名代表出席会议。不是州十届人大代表的州人大常委会、州人民政府、州政协领导，州委有关部门负责人，州人大专门委员会和州人大常委会办事机构负责人，州人民政府秘书长，州人民政府工作部门负责人，州人民政府直属单位及有关部门负责人，州“两院”及派出机构负责人，不是州人大代表的县市法院、检察院负责人，中央、省驻州有关单位负责人，驻州部队主官，群团系统负责人和特邀老领导共114人列席会议。会议听取和审议政府、计划、财政、人大常委会、法院、检察院等工作报告，审查批准2013年凉山州国民经济和社会发展计划，审查批准2013年州本级财政预算。大会补选刘建蓉为州十届人民代表大会常务委员会副主任；付荣、禄兴云为州十届人民代表大会常务委员会委员。通过付荣为凉山彝族自治州第十届人民代表大会城乡建设环境资源保护委员会主任委员。会议共收到各代表团和10人以上代表联名提出的议案30件。省政协副主席、中共凉山州委书记翟占一在大会上作总结讲话。

常委会会议

【概况】 凉山州十届人大常委会2013年共举行六次全体会议，通过凉山州人大常委会关于召开凉山彝族自治州第十届人民代表大会第三次会议的决定，关于召开凉山彝族自治州第十届人民代表大会第四次会议的决定；传达四川省第十二届人民代表大会第一次会议精神、四川省第十二届人民代表大会常务委员会第二至第六次会议精神；审查批准凉山州2012年州本级财政决算；听取和审议“一府两院”工作报告7个、常委会执法检查组执法检查报告4个，审议通过凉山州人大常委会2013—2017年立法规划，审议法规草案1个，依法任免国家机关工作人员63人次，其中任43人、免20人，接受辞职4人。

【常委会第六次会议】 2013年1月5日，凉山州十届人大常委会举行第六次会议。会议听取关于凉山彝族自治州第十届人民代表大会第二次会议筹备情况报告；审议通过州十届人民代表大会第二次会议议程草案、主席团和秘书长名单草案，决定会议列席人员名单，审议通过人民代表大会常务委员会代表资格审查委员会关于个别代表的代表资格审查报告。

【常委会第七次会议】 2013年4月11日至12日，凉山州十届人大常委会举行第七次会议。会议传达四川省第十二届人民代表大会第一次会议精神和四川省第十二届人民代表大会常务委员会第二次会议精神。听取州十届人民代表大会第三次会议筹备情况的报告，审议州第十届人民代表大会第三次会议议程草案、主席团和秘书长名单草案，决定州第十届人民代表大会第三次会议列席人员名单。听取和审议州第十届人民代表大会常务委员会代表资格审查委员会关于补选代表的代表资格审查报告，确认刘建蓉、禄兴云、付荣三名州十届人大代表的代表资格有效。审议通过凉山州人大常委会关于召开凉山彝族自治州第十届人民代表大会第三次会议的决定，审议凉山州十届人大常委会工作报告草案。听取州人民政府关于2011年州本级预算执行和其他财政收支审计结果落实情况的报告，印发州人民政府各工作部门及“两院”组成人员2012年度述职报告。会议决定，接受王和相辞去州十届人民代表大会城乡建设环境资源保护委员会主任委员职务。会议根据凉山州人大常委会主任会议提请，免去徐苏东的州人民代表大会常务委员会法制工作委员会副主任职务；任命熊自力为州人民政府副州长。

【常委会第八次会议】 2013年7月9日至10日，凉山州十届人大常委会举行第八次会议。会议传达四川省第十二届人民代表大会常务委员会第三次会议精神，审议通过凉山州人大常委会2013—2017年立法规划，听取和审议州人民政府关于全州公安监管场所基础设施建设的情况报告。根据州人大常委会主任会议提名，任命韩嘎拉坡为凉山彝族自治州人民代表大会常务委员会副秘书长，并进行了其他人事任免。

【常委会第九次会议】 2013年8月15日至16日，凉山州十届人大常委会举行第九次会议。会议传达四川省第十二届人民代表大会常务委员会第四次会议精神。听取和审议州人民政府《关于2013年1—6月国民经济和社会发展计划执行情况的报告》《关于2012年财政决算和2013年1—6月财政预算执行情况的报告》《关于2012年州本级预算执行和其他财政收支审计工作报告》，听取州人大财经委《关于2012年州本级财政决算的审查报告》，审查批准2012年州本级决算。听取和审议州人大常委会执法检查组关于检查《凉山彝族自治州大桥水库工程管理条例》实施情况的报告、《关于检查〈凉山彝族自治州彝族语言文字工作条例〉实施情况的报告》《关于检查〈中华人民共和国人民防空法〉实施情况的报告》。会议决定，接受期沙友子辞去州第十届人民代表大会农业委员会副主任委员职务，并进行其他人事任免。

【常委会第十次会议】 2013年10月31日，凉山州十届人大常委会举行第十次会议。会议传达四川省第十二届人民代表大会常务委员会第五次会议精神。听取和审议州人大常委会执法检查组《关于检查〈中华人民共和国气象法〉及相关法律法规实施情况的报告》、州中级人民法院《关于全州法院涉诉信访工作的情况报告》。进行了人事任免。

【常委会第十一次会议】 2013年12月26日至27日，凉山州十届人大常委会举行第十一次会议。会议传达四川省第十二届人民代表大会常务委员会第六次会议精神。听取和审议州人民政府《关于办理州十届人大三次会议代表建议、批评和意见情况的报告》、州人民政府《关于全州水务工作情况的报告》，听取凉山州人大常委会省人大代表联络处《关于州十届人大三次会议代表建议、批评和意见处理情况的报告》。审议《凉山彝族自治州邛海保护条例（修订草案）》。通过关于召开凉山彝族自治州第十届人民代表大会第四次会议的决定。进行了人事任免。

立法工作

【法规颁布修订】 编制出台《凉山州人大常委会2013—2017年立法规划》，将《凉山彝族自治州邛海保护条例》和《凉山彝族自治州东西河飞机播种林区保护管理条例》的修订纳入常委会任期需完成的工作，将《凉山彝族自治州西昌古城古镇保护条例》和《凉山彝族自治州地理标志产品保护条例》纳入前期立法调研工作。州十届人大常委会第十一次会议对《凉山彝族自治州邛海保护条例》（修订草案）进行初审，并按照程序进入广泛征求意见阶段。

【立法调研】 认真开展《凉山彝族自治州东西河飞机播种林区保护管理条例》修订工作的前期立法调研，协助全国人大常委会开展对社区矫正立法的调研工作，配合、协助省人大及其常委会完成《四川省专利保护条例》《财政收支审计条例》《城镇住房保障条例》《法律援助条例》《野生植物保护条例》《农村扶贫开发条例》等16部法律法规草案（修订草案）的立法调研工作，并及时上报修改意见建议。

监督工作

【工作监督】 紧紧把握全州经济社会发展态势，围绕关键环节和重点领域，扎实有效开展对经济工作的监督，促进全州经济健康持续快速发展。听取和审议州人民政府关于2013年计划、财政、审计等工作情况报告，审查和批准2012年州本级财政决算。围绕科学发展、加快发展主题，加强对重点领域的专题调研，提出许多有针对性的建议和意见，并形成一批调研报告，经汇编成册，报送州委，交送“一府两院”研究落实。

【法律监督】 开展对传染病防治法、人民防空法、气象法及大桥水库工程管理条例、彝族语言文字工作条例等法律法规实施情况的执法检查。协助省人大常委会开展对可再生能源法、农民专业合作社法、义务教育法、民族区域自治法等法律法规实施情况的执法检查。听取和审议州中级人民法院《关于涉诉信访工作专项报告》。

【民生问题监督】 加强对民生和社会事业工作的监督，督促“一府两院”切实解决好人民群众最关心、最直接、最现实的利益问题。听取和审议《全州公安监管场所基础设施建设情况的报告》《全州水务工作的情况报告》，组织全国、省、州人大代表开展对西昌城区空气质量及工业企业节能减排情况专题调研。

【备案审查】 加大全州规范性文件备案审查工作力度，对州十届人大及其常委会颁布的决议决定，及时报送省人大常委会备案。对《木里藏族自治县水资源管理条例（草案）》进行审查，提出了审查意见。对各县市人大常委会报送的决议、决定等规范性文件，进行认真审查。对州政府依法报送的凉山州行政程序规定、凉山州农村五保户供养工作实施办法等规章和规范性文件进行备案和审查。

讨论决定重大事项

紧紧围绕州委重大战略决策，牢牢抓住事关全州经济社会发展根本性、全局性、长远性的重大事项，密切关注与人民群众切身利益相关的重大问题，认真听取和审议有关工作报告，依法作出有关决议、决定，内容涉及财政、经济、司法、人大工作等，努力把党的主张通过法定程序上升为国家意志和全州各族人民共同遵守的行为规范，着力推进“一府两院”决策科学化、民主化。

人事任免

常委会始终坚持党管干部和人大依法任免相统一，以对党、对人民、对被任免人员高度负责的精神，不断完善和创新人事任免机制，规范人事任免程序，依法做好人事任免工作。全年共任免国家机关工作人员63人次，其中任职43人、免职20人，接受辞职4人。在人事任免工作中，坚持干部任前法律知识考试制度和任前供职报告制度、对人事任免案认真审议和无记名表决制度、任命后颁发任命书和公示制度，并通过年终听取述职报告并开展满意度测评等方式，进一步强化对国家机关工作人员任后监督。

代表工作

【代表建议办理】 始终把促进代表建议转化为现实成果放在重要位置，认真督促有关部门办理好代表建议。州十届人大三次会议期间代表提出的116件建议已全部办理完毕并答复代表，一些事关凉山州产业结构调整、基础设施建设、扶贫开发、医疗卫生和教育文化等方面的建议得到较好落实，代表满意率达97%以上。

【代表联系群众】 健全和完善常委会组成人员联系人大代表制度，常委会每一位组成人员固定联系2~3名人大代表，及时听取和反映人民群众关心的热点难点问题。创新开展人大代表联系群众工作，制定出台《凉山州人民代表大会代表联系群众工作办法》，进一步明确州人大代表联系群众工作的指导思想、内容和方式等，使州人大代表联系群众工作迈入规范化轨道。

【组织代表活动】 组织全国、省、州人大代表调研和视察喜德"8·31"特大洪灾灾后恢复重建、冕宁县稀土工业园区建设、宁南和普格"两化"互动、统筹城乡发展及彝家新寨建设情况。开展对驻州新任省人大代表的履职培训，组织驻州省人大代表参加省人大常委会举办的代表培训班。加强代表常态化建设和学习，为州人大代表订阅《民主法制建设》和《人民权力报》等学习资料。扩大代表对常委会工作的参与，全年共邀请36名省、州人大代表列席州人大常委会会议。

人大专委会工作

【财政经济委员会】 监督工作：提请州人大常委会听取和审议州人民政府专项工作报告4个。并提请州人大常委会审查和批准2012年州本级财政决算。州人大财经委在提请州人大常委会审议专项工作报告前，深入开展会前调研，认真组织对专项工作报告的预审。对提交州十届人大三次会议审议的州人民政府关于2013年计划、财政工作报告进行初审，并结合会上各代表团审议意见，向州十届人大三次会议主席团作关于州人民政府2013年计划、财政预算草案审查结果的报告。

工作调研：深入到德昌、西昌、冕宁、昭觉、木里、雷波等县市及西昌电业局、州经信委、州国税局、州发改委、州国投公司、州财政局，对全州工业经济持续快速发展和对税收稳定增收开展专题调研，完成《以生态文明引领凉山新型工业化》重点调研课题。协助省人大常委会开展对凉山州物流产业发展的专题调研。开展对溪洛渡电站建成后地方税收分成的调研，形成《关于溪洛渡电站建成后地方税收分成比例的建议》，报送省人大财经委转报全国人大财经委。同时还协同州人大城环资委组织在昌的部分全国、省、州、市人大代表深入到西昌市，对西昌城区空气质量及节能减排情况开展专题调研，形成专题调研报告，报送州委，交送州、市人民政府及有关部门研究落实。开展对全州招商引资工作的调研，大力推进全州重点招商引资项目的落实；深入到木里开展"五个一"联系和"走基层"活动，认真宣讲党的十八大精神，共同商讨发展之策，并竭力为联系点协调解决发展中的困难和问题。

工作联系：与州人大常委会预工委共同承办全省人大第三次预算审查监督座谈会，就新时期如何加强对政府全口径预决算审查监督进行深入研讨。参加全省人大财经工作座谈会及省人大财经委举办的全省上半年经济形势分析会。随同省人大财经委领导参加全国西南片区人大财经工作座谈会。参加省人大常委会预工委举办的各类培训班学习，热情接待来州考察的全国各地人大财经委的客人，相互交流经验，共同推进人大工作。

【民族法制宗教外事侨务委员会】 立法工作：在广泛征求各县市、州级各部门立法项目建议的基础上，提出"凉山州人大常委会2013年—2017年立法规划（草案）"，拟订规划期内完成的法规项目及立法前期调研工作的项目，提请州十届人大常委会第八次会议审议通过并实施。开展实施立法规划工作的督促检查工作，规划涉及的两个法规案的修订工作有序推进。其中，州十届人大常委会第十一次会议对《凉山彝族自治州邛海保护条例（修订草案）》进行初审。组织州政府有关职能部门就木里县人大常委会报送的《木里藏族自治县水资源管理条例（草案）》进行审查，并汇总各方面提出的意见和建议，提出对《条例（草案）》的审查意见反馈木里县人大常委会研究处理。参与省人大常委会的立法工作，对下发征求意见的固体废弃物污染环境防治条例草案、城镇住房保障条例草案等，进行认真调研，结合国家相关法律法规的规定和民族自治地方的实际，上报修改意见和建议。

监督工作：参与常委会组织的对《中华人民共和国气象法》及配套法规贯彻实施情况的执法检查，深入雷波、布拖、昭觉、德昌等县以及州气象局就气象法及配套法规在凉山州的实施情况进行重点检查，提出意见和建议。按照全国人大民委和省人大常委会的部署，组织州政府和有关部门以及少数民族聚居县开展对民族区域自治法实施情况的调研工作，并陪同省人大常委会调研组一行深入布拖、昭觉两县进行重点调研。组织州民宗委深入木里藏区及寺庙，就贯彻实施宗教事务条例的情况开展调研。

调研工作：开展对民族地区城镇化建设和多点多极发展战略下城市国际化发展的调研、对民族地区侨务工作发展变化情况的调研。随州人大常委会副主任熊正林多次赴越西县开展“五个一”调研和帮扶活动，了解新农村建设、农业产业化发展、农业生产经营及帮扶户生产生活中存在的困难等情况，看望和慰问帮扶户，共商发展事宜，切实加强指导联系和服务工作。

其他工作：按照机关党组的安排，牵头并协同内司委、法工委共同负责2013—2014年度机关对昭觉县美甘乡的“挂包帮”工作，指导并帮助该乡制订阶段性的发展规划；着力抓好帮扶项目的协调落实，完善相关帮扶规划和措施；组织开展扶贫助困送温暖活动，代表机关送去大量的生活物资。办理州十届人大三次会议代表提出的《凉山州企业人员退养法定年龄应加快立法》（议案转意见和建议），并根据国家有关法律法规的规定，对该项意见和建议进行答复，代表们均表示满意。出席省人大民宗委和法制委（法工委）分别召开的全省工作座谈会，并在“全省人大法制工作座谈会”上，就凉山州开展民族地方立法工作的情况作交流发言。

【教育科学文化卫生委员会】 立法工作：根据省人大常委会的要求，在广泛征求意见基础上，结合凉山实际，完成《四川省地方志工作条例（修订）》《四川省城镇住房保障条例》草案的征求意见及意见上报工作。

监督工作：组织对《中华人民共和国传染病防治法》的执法检查。执法检查组在州人大常委会副主任钟承先率领下，深入到西昌、越西、昭觉、会理、会东五县市及州传染病院、州疾控中心，通过听取工作汇报、实地察看、查阅资料、走访群众等途径，深入解传染病防治法贯彻实施情况，广泛听取对进一步贯彻实施好传染病防治法的意见建议，形成执法检查报告，提请州十届人大常委会第九次会议审议。将执法检查报告连同审议意见交送州政府及有关职能部门。

执法检查：组织对《凉山彝族自治州彝族语言文字工作条例》的执法检查。执法检查组在州人大常委会副主任钟承先率领下，深入到西昌、越西、昭觉、会理、会东等市县，通过听取汇报、召开座谈会、查阅资料、走访人民群众等途径，深入了解彝族工作条例在全州贯彻实施情况，并形成执法检查报告，提请州十届人大常委会第九次会议进行审议。协助省人大常委会完成对凉山州《中华人民共和国义务教育法》实施情况的执法检查。

调研工作：开展对食品药品监管、凉山药品生产企业、教育、疾病防控工作的调研，形成调研报告，向州委提出调研建议。对我州彝族语言文字工作的现状、存在的主要问题进行客观、系统的调查、研究、分析，进行深层次的思考，完成题为《凉山彝族自治州彝语文工作现状及对策》的专题调研。

工作联系：参加省人大教科文卫委员会2013年工作座谈会。召开全州教科文卫2013年工作座谈会，参加联系部门相关会议和凉山州艾滋病防治工作考核、检查。按照艾滋病防治以预防为主、防治结合的方针和全社会共同参与的机制，印制艾滋病等重大疾病防治知识发放到各县市人大常委会机关和州人大常委会机关定点帮扶的昭觉县谷曲乡和美甘乡。募集被盖等物资发放给美甘乡的贫困群众。

【农业委员会】 立法工作：组织政府有关职能部门开展对《凉山彝族自治州东西河飞机播种林区保护管理条例》修订的前期工作。组织有关部门、专家对省人大农业与农村委员会交付的《四川省森林防火条例》《四川省村镇供水条例》《四川省农业机械安全监理事故处理条例》《四川省〈中华人民共和国动物防疫法〉

实施办法》《四川省野生植物保护条例》《四川省农村扶贫开发条例》六部法规草案广泛听取意见，结合凉山实际，进行认真讨论和修改并上报省人大农业与农村委员会。

监督工作：组织开展《凉山彝族自治州大桥水库工程管理条例》实施情况的执法检查。此次执法检查大胆探索和创新，把对《条例》的检查与全国人大代表、省州人大代表调研视察结合起来，一并进行。在州人大常委会主任王金铁，副主任海来木呷率领下，检查组深入到西昌、冕宁、大桥水库库区、漫水湾枢纽工程，采取实地察看、专访座谈相结合，形成执法检查报告。州十届人大常委会第八次会议听取和审议执法检查报告，会后并将常委会的审议意见连同执法检查报告一并印发州人民政府研究处理。组织开展对《中华人民共和国气象法》及相关法律法规的执法检查。检查组一行深入雷波、布拖、昭觉、德昌等县的局、站、点进行现场看、召开座谈会，了解全州贯彻实施气象法及相关法律法规的情况。检查组还前往宜宾、自贡、内江考察学习。到省气象局沟通交流学习考察，形成的执法检查报告提请州十届人大常委会第十次会议听取和审议，审议意见经主任会议通过后，与执法检查报告一并印发州人民政府研究处理。提请常委会听取和审议州人民政府关于水务工作的情况报告。受省人大常委会的委托，组织部分州人大常委会组成人员和农业委员会委员，邀请部分州人大代表参加组成执法检查组，深入西昌、德昌、布拖等县市开展《中华人民共和国农民专业合作社法》和《四川省〈中华人民共和国农民专业合作社法〉实施办法》的执法检查，形成执法检查报告及时报送省人大常委会办公厅。

调研工作：组织州水务、农业、移民、林业和烟办等部门对沿江发展现代高效农业严重缺水问题开展专项调研。调研组前后三次前往会理县鱼鲊乡河漂村、黎溪镇昆鹏公司抽水站和区供水站，绿水乡糯鲊村和金智公司提水站等乡镇、村组和企业，就金沙江提水发展高效农业的紧迫性、必要性、可行性以及降低电价、降成本、调结构，发展高效节水农业强化提灌管理、投资从何来等问题进行广泛深入的研讨。组织上级有关职能部门，深入布拖、会东、宁南、普格、德昌、西昌等县市开展对凉山州蚕桑茧丝产业发展情况的调研。深入到甘洛、越西、喜德、西昌等县市及相关企业开展对凉山州苦荞麦产业发展情况的调研。深入到甘洛、越西、冕宁、德昌、西昌等县市开展我州新农村建设和彝家新寨建设的情况调研。

工作联系：加强与对口部门的联系，召开对口部门主要负责人参加座谈会，会上通报2012年工作情况和2013年工作打算。积极参加对口部门召开的重要工作会议，了解其工作情况。加强与省人大农业与农村委员会及各市、州人大农委的联系。参加四川省人大农业工作座谈会及四川省、市、州农业工作联系会。

【城乡建设环境资源保护委员会】 立法工作：组织对省人大城环资委下发的《四川省固体废弃物污染环境防治条例》（草案）和《四川省城镇住房保障条例》（草案）的征求意见工作，并及时将修改意见反馈省人大城环资委。开展对《邛海保护条例》修订的调研工作，加强与州政府法制办及《条例》起草小组办公室的协调联系，完成《条例》修订草案的起草工作，报请州十届人大常委会第十一次会议进行初审。做好常委会“五五”立法规划项目的征求意见工作。将《凉山彝族自治州西昌古城古镇保护条例》《凉山彝族自治州物业管理条例》《凉山彝族自治州房屋修缮管理条例》等三个立法项目纳入州人大常委会“五五”立法规划。

监督工作：组织开展对《中华人民共和国人民防空法》和《四川省〈中华人民共和国人民防空法〉实施办法》贯彻实施情况的执法检查。执法检查组在州人大常委会副主任、执法检查组组长何绍忠率领下，深入到西昌、冕宁和德昌等市县，实地察看西昌市阳光学校教学楼防空警报设施、人民防空警报控制和电台室、州政务中心防空地下室、商业街防空地下室、人民防空指挥所工程，冕宁县红军广场、县财政局在建住宿大楼、县人防办防空预警系统，德昌县巴洞红旗村人防疏散接收安置点、县人防办防空预警系统等人防工程，并听取三县（市）人民政府关于贯彻实施人民防空法及实施办法的情况汇报，及时研究形成执法检查报告，提请州十届人大常委会第九次会议听取和审议。受省人大常委会委托，组织对《中华人民共和国可再生能源法》贯彻实施情况的自查，形成《凉山州人大常委会关于检查〈中华人民共和国可再生能源法〉实施情况的报告》上报省人大城环资委。协助常委会组织开展对西昌城区空气质量及工业企业节能减排情况的专题调研。州人大常委会组织部分在昌的全国、省、州、市人大代表，对西昌城区空气质量及工业企业节能减排情况进行专题调研。调研组实地察看攀钢集团西昌钢钒有限责任公司、西昌新钢业有限责任公司、江铜集团四川康西铜业有限责任公司、四川西昌合力锌业有限责任公司等企业节能减排及生态环境保护情况，听取企业负责人有关情况介绍；并召开专题座谈会，听取西昌人民政府、州经信委、州环保局关于西昌市空气质量及节能减排工作情况的汇报。形成关于西昌城区空气质量及工业企业节能减排情况的调研报告，报送党委、政府及有关部门。加强对常委会“审议意见”的跟踪督办。对《凉山州人民政府关于生态州建设工作的情况报告》和《凉山州人大常委会执法检查组关于检查〈四川省饮用水水源保护管理条例〉实施情况的报告》审议意见的落实办理情况，通过听取汇报、座谈等方式进行跟踪督办，并对《凉山州人民政府关于审议意见落实情况的报告》进行认真审查，书面印发常委会各位组成人员。

其他工作：按照州委“五个一”工作联系制度，在州人大常委会副主任何绍忠率领下，先后三次深入联系的企业、项目、乡镇、村和贫困户，指导企业做大做强，指导促进项目建设加快进度，努力帮助所联系乡、村和农户搞好规划，加快发展。加强与省人大和各市州人大城环资委的工作联系，互通情况，交流经验，促进工作。加强与州政府对口联系部门和各县（市）人大常委会相关工作部门的工作联系，促进相互支持；加强与州人大及其常委会其他部门的工作联系，争取互相理解，相互协助。

【内务司法委员会】 立法工作：按照州人大常委会第五个五年立法规划的要求，对“五五”立法规划中，关于制定《凉山彝族自治州流动人员管理办法》《凉山彝族自治州禁毒条例实施细则》《凉山彝族自治州殡葬管理条例》《凉山彝族自治州非机动车管理条例》的四件建议，通过调查研究、征求各方面意见，建议将四件法案暂不列为州人大常委会立法工作计划。并积极协助州人大常委会做好全国人大内司委、省人大常委会、省人大内司委深入凉山有关市县开展立法调研工作，并召开“全国人大内司委赴凉山州开展社区矫正立法调研座谈会”，参会人员积极发言，针对性地提出立法建议60条。根据省人大有关专门委员会下发的关于征求《四川省法律援助条例（修订草案征求意见稿）》《四川省法律援助条例（修订草案二审征求意见稿）》《四川省城镇住房保障条例（征求意见稿）》《中华人民共和国检察官法》等意见的函，及时组织有关单位和人员进行认真讨论、修改，并上报修改意见。

监督工作：提请州十届人大常委会听取和审议的“一府两院”专项工作报告、执法检查报告及“一府两院”落实办理州十届人大常委会审议意见的情况报告有：州政府《关于全州公安监管场所建设的情况报告》，并形成《州十届人大常委会第八次会议对〈州政府全州公安监管场所建设的情况报告〉的审议意见》。州法院《关于涉诉信访工作开展的情况报告》，并形成《州十届人大常委会第十次会议对〈州法院涉诉信访工作开展情况的报告〉的审议意见》。州检察院关于落实办理《州十届人大常委会第三次会议对〈凉山彝族自治州人民检察院关于全州检察机关开展民事行政检察工作的情况报告〉的审议意见》的情况报告。州政府关于落实办理《州十届人大常委会第四次会议对〈凉山彝族自治州人民政府关于“六五”普法启动以来的工作情况报告〉的审议意见》的情况报告。州检察院关于落实办理《州十届人大常委会第五次会议对〈凉山彝族自治州人民检察院关于全州检察机关开展预防职务犯罪工作的情况报告〉的审议意见》的情况报告。并协助州人大常委会有关工作委员会对州人民政府关于《凉山州行政程序规定》《凉山州农村五保供养工作实施办法》进行备案审查。

调研活动：按照《监督法》及《四川省实施办法》关于听取和审议专项工作报告的程序规定，内司委组织开展：关于州政府全州公安监管场所建设情况进行专题调研；关于州法院关于涉诉信访工作的专题调研；关于全州检察机关开展案件管理工作的专题调研；关于《禁毒法》《四川省禁毒条例》《中华人民共和国消防法》《四川省消防条例》等法律贯彻实施情况的调研和《四川省城镇住房保障条例（征求意见稿）》《四川省法律援助条例（修订草案征求意见稿）》《四川省法律援助条例（修订草案二审征求意见稿）》《中华人民共和国检察官法》立法调研。根据《凉山州人大常委会重点调研计划》的要求，内司委在与相关单位一起开展专题调研，完成《关于全州检察机关案件管理工作开展情况的调研报告》。

其他工作：初审州法院、州检察院提请州十届人大三次会议听取和审查的工作报告；参加全省市、州人大内司委工作座谈会、全州村（社区）“两委”换届工作会、全州人大常委会主任学习会；参加州法院2013年执行工作联席会暨“点对点”网络查控机制建设会议、省法院在州法院组织召开的毒品案件审判工作座谈会、省法院来凉山听取州人大代表对法院工作评价座谈会；参加全州开展“12·4”全国法制宣传日系列活动；参加州人大常委会机关对昭觉县美甘乡的扶贫工作；参加全州政法工作会议、全州平安凉山建设暨社会管理创新西昌现场推进会、州委法建领导小组组织开展的“六五”普法中期督导检查工作、四川省坚持和发展“枫桥经验”电视电话会议；陪同州人大常委会副主任周斌深入“五个一”联系点，开展调研工作，到盐源县开展“走基层、解难题、办实事、惠民生”活动。接待全国人大内司委、省人大内司委及省内外人大内司委来凉山开展各项考察、调研工作；做好州人大常委会会议的宣读等工作。

机关建设

【作风建设】　坚持党要管党、从严治党的方针，认真贯彻落实中央“八项规定”和省委、州委“十项规定”，广泛开展党风廉政和反腐倡廉建设宣传教育活动，严格落实《廉政准则》各项规定，深入推进惩防体系建设创新发展，认真落实党风廉政建设工作责任制，将“实现伟大中国梦、建设美丽繁荣和谐四川”主题教育活动及“正风肃纪”活动，融入常委会机关建设和日常工作，切实履行党风廉政建设责任制，把党风廉政建设和反腐败工作部署落实到位，努力实现干部清正、为政清廉、政治清明，为常委会及人大机关依法履职提供可靠的政治纪律保障。

【学习宣传】　注重州人大常委会组成人员、干部职工和全州人大系统学习提高。强化党组中心组集中学习制度，积极组织机关干部职工开展各种专题学习。制定出台常委会组成人员出席常委会会议有关规定，严肃会议纪律，提高会议质量。每次召开省人大常委会，都安排一位副主任列席会议参加学习。省人大常委会会议召开后，及时形成传达提纲，传达贯彻到州人大常委会每一位组成人员。召开全州人大常委会主任学习会，交流、研讨新时期地方人大工作，推进全州人大工作开创新局面。通过电视、网络、报刊等媒体，加强对人大制度的宣传，及时报道人大工作情况。继续办好《凉山人大》内部刊物，《人大调研和建议》质量不断提高，坚持编辑《凉山州人大常委会公报》《凉山人大常委会年鉴》及《人大工作信息》，办好“凉山人大网”，大力宣传人大制度和人大工作。完成《凉山年鉴》人大篇目报送工作。邀请公民旁听州人大常委会会议，进一步加强社会各界对人大工作的认识和支持。

【信访工作】 认真办理群众来信来访，努力搭建畅通社情民意、表达群众利益诉求平台，全年共接待办理信访781件次，接待来访238批500人次，做到件件有着落、事事有交代。对一些久拖不决的上访问题和影响较大、群众反映强烈的涉法案件，加强重点督办，督促“一府两院”依法处理一批涉及经济纠纷、工伤医疗、劳动保障、合同纠纷等涉及群众切身利益的信访案件，维护人民群众合法权益，促进社会和谐稳定。

【其他工作】 扎实开展“五个一”“走基层”“挂包帮”活动，常委会领导亲力亲为，深入实际、深入基层、深入群众，积极宣讲党的十八大和十八届三中全会精神、省州党代会精神。认真完成州委交办的督导、检查、考核考评等各项工作，常委会领导督导检查“中国梦”开展情况、重大项目建设情况、“开门红”“双过半”以及经济社会发展目标完成情况等工作50余次。

（审核：刘建蓉/撰稿：赵忠恺）

政 府

Government

综 述

【概况】 2013 年，州人民政府认真贯彻中央和省、州委决策部署，沉着应对宏观经济下行压力加大、影响加重等艰难复杂局面，扎实抓好发展、民生、稳定三件大事，统筹推进各方面工作，保持全州经济社会良好发展势头。一是着力投资拉动、产业支撑，在增强综合实力上取得新进展。二是着力区域联动、城乡共荣，在推进多点多极发展上取得新进展。三是着力打牢基础、突破瓶颈，在改善发展条件上取得新进展。四是着力改革开放、创新驱动，在增强发展活力上取得新进展。五是着力保障民生、促进共享，在增进民生福祉上取得新进展。六是着力维护稳定、促进和谐，在加强社会建设上取得新进展。七是着力保护提升、繁荣发展，在建设民族文化强州上取得新进展。八是着力资源节约、开发保护，在建设生态文明上取得新进展。九是着力转变作风、提升效能，在建设人民满意的服务型政府上取得新进展。

【综合经济】 2013 年，全州地区生产总值 1214.4 亿元，增长 10.2%，总量全省第七；地方公共财政收入 110 亿元，增长 10%，总量全省第二；固定资产投资 975.5 亿元，增长 10.2%；城镇居民人均可支配收入 21699 元、农民人均纯收入 7359 元，分别增长 9.4%、14.6%；居民消费价格上涨 2.9%。

【工业产业】 2013 年，全部工业增加值达 642.2 亿元、增长 12.9%，总量占全部 GDP 的 52.9%。规模以上工业增加值增长 13%。“7+3”特色优势产业和战略性新兴产业加快发展。锦屏一二级水电站 6 台机组、溪洛渡水电站 12 台机组、官地水电站全部机组投产发电，攀钢西昌钢钒 21 亿千克冷轧、会东大梁矿业技改扩能等一批重点项目顺利推进，新增规模以上工业企业 29 户。创建省级重点产业园区 2 个、循环经济示范园区 3 个、新型工业化产业示范基地 1 个，工业集中度达 61.8%。

【农业产业】 2013 年，全州农业增加值 233.9 亿元、增长 4.8%，总量占全部 GDP 的 19.3%。粮食总产量 20.7 亿千克，增产 7760 万千克；烟叶、蚕茧、花卉、肉类等特色农产品提质增效；新增农业产业化龙头企业 10 户、农民合作组织 150 个；荣获“中国苦荞之都”“中国茧丝之都”称号，创建国家地理标志保护产品 3 个，获得无公害、绿色、有机食品认证 21 个；劳务收入突破百亿元，达 106.2 亿元。

【第三产业】 2013 年，全州第三产业增加值 338.3 亿元、增长 5%，总量占全部 GDP 的 27.9%。社会消费品零售总额 379.7 亿元，增长 13.7%。成功创建省级旅游标准化示范州，圆满承办第四届中国国际自驾游交易博览会，全年接待游客2865万人次，实现旅游总收入138亿元，分别增长6.7%和46.7%；各项存款余额1271.9亿元、贷款余额575.5亿元，分别增长17.9%、15.1%；实现保费收入19.2亿元、增长7.5%，支付赔款6.9亿元、增长20.4%；证券累计交易量351.1亿元，增长107.3%。

【区域城乡】 攀西战略资源创新开发试验区建设全面启动，大凉山彝区“三化”联动创新区、木里藏区生态文明示范区建设扎实推进，西昌、德昌、冕宁同城化发展格局加快形成，会理、会东、宁南一体化发展积极推进，西昌领先发展、全域多点突破、多极支撑、追赶跨越的格局初步形成。“百镇建设试点行动”深入开展，会理撤县设市方案通过省专家组评审报批，全州撤并14个乡、新设10个镇，新增城镇建成区面积5.8平方千米，城镇化率达30.57%。建成新村新寨487个、新农村综合体28个、幸福美丽新村34个、“1+N”村民活动中心472个，5.91万农户受益。

【基础设施】 2013年，全州交通大会战全面推进，建成国省干线公路156.6千米、农村公路2452.3千米；国道108线“双示范工程”通过验收，G5泸黄高速改扩建工程试验段开工建设；京昆、成丽、都香3条高速公路进入国家路网，新增普通国道7条，实现国道县市全覆盖；西昌经昆明至广州航线开通。建成高标准基本农田3.97万公顷，开发整理土地1.21万公顷，新增耕地1233.33公顷；新建沼气池2.42万口、乡村机耕道1500千米；会东新马灌区水源工程、盐源老沟水库等骨干水利工程加快建设，整治病险水库61座，新增有效灌面4866.67公顷、节水灌面5000公顷；解决29.2万人的饮水安全问题。建成投用污水处理厂1个、试运行2个。木里水洛500千伏等一批输变电工程建成投运，惠及40万群众的无电地区电力建设全面启动，“气化凉山”“太阳能热水器进农村”等项目加快推进。“三网”融合加快实施，农村通信、邮政、金融服务设施不断完善。

【生态环境】 2013年，全州实施天然林保护二期工程225.67万公顷、巩固退耕还林成果10.9万公顷、营造林6.21万公顷，建成退牧还草围栏8.69万公顷；邛海湿地成功创建国家生态文明教育基地、国家湿地公园（试点），五、六期湿地恢复工程全面开工；16个国家级生态乡镇创建工作通过省级预验收；治理水土流失面积328平方千米；实施地质灾害防治项目152个，避险搬迁安置农户3398户，成功预警、避让地质灾害45起，安全转移群众5224人。完成2户企业重金属污染综合整治、8户工业企业污染限期治理任务，促进攀钢西昌钢钒脱硫除尘项目建设，推进攀钢西昌新钢业落后产能淘汰工作，关停7个不具备安全生产条件的煤矿，主要污染物排放年度控制目标基本完成。

【改革开放】 清理行政权力，减少行政审批事项101项；食品药品监管体制改革、农村集体土地所有权登记工作顺利完成；人事制度改革进一步深化，收入分配制度逐步完善；财政预算管理、国库集中收付、支出绩效评价、投资评审、公务卡改革不断深化；“营改增”试点工作稳步推进；国企改革、事业单位分类改革积极推进；29家县级公立医院全面取消以药补医。国际产业合作进一步加强，区域、厅（局）州、政企、政银合作不断深化，与3个省级部门、高校和11家金融机构签署战略合作协议，引进到位州外资金540.6亿元，增长21.7%；外贸进出口总额8098万美元，增长20%。非公有制经济实现增加值684.9亿元、增长12.5%，占全州GDP的56.4%。

【科技创新】 2013年，凉山州首次被评为“全国科技进步先进州”，获得省科技进步奖5项、授权专利189件，建成全省民族地区首个院士工作站、14个省州农业科技示范园区，实现首轮省科技富民强县项目全覆盖，科技进步对经济增长的贡献率达43.4%。

【民生改善】 2013年，全州各项民生支出263.78亿元，占公共财政支出的79.1%；完成扶贫开发投资12.92亿元，增长10.4%，9.04万群众脱贫解困；完成“十项民生工程”投资118.7亿元，增长24%。新增城镇就业18954人，城镇登记失业率3.92%。五大保险参保117.19万人次，新型农村和城镇居民养老保险试点覆盖173.39万人、发放养老金21.8亿元；65.96万城乡困难群众纳入最低生活保障，发放低保金8.83亿元；新农合参合率达98.69%，城乡医疗救助74.85万人次；25799名孤儿、艾滋病毒感染儿童和特殊困难儿童纳入基本保障，免费治愈165名先心病患儿，建成州儿童福利院；发放80周岁以上老年人高龄补贴673万元、暖冬行动棉衣被2.53万件；“惠农保”试点覆盖182万人，提供风险保障1105.6亿元；新建保障性住房3620套，改造棚户区住房4956户、农村D级危房18822户。搬迁安置大中型水库移民5853人，兑现后期扶持直补资金2343.7万元。

【社会事业】 2013年，全州各级学校88万名学生享受各类资助，71.77万名义务教育阶段学生全部纳入“营养改善计划”，学前教育三年毛入园率提高7.8个百分点、达42.1%，初中毕业生实现应读尽读。基本药物制度覆盖常住人口453.6万人，基层医疗卫生机构药价平均下降24.1%。人口自然增长率控制在6.87‰以内。建成农家书屋3761个，实现行政村全覆盖；“非遗”项目获第四届国际“非遗”节组委会最高奖1项、最佳表演奖3项；成功申报国家级重点文物保护单位1处、省级24处；摩梭家园建设顺利推进。全民健身运动深入开展，圆满举办第四届州运会。积极支持雅安芦山地震灾区抗震救灾，盐源地震、喜德特大洪灾灾后恢复重建取得阶段性成效，防震减灾工作在全国市州级综合考核中名列第九位。

【社会治理】 网格化社会服务管理试点建设成效明显，新经济、新社会组织健康发展，各类矛盾纠纷化解率达86%，办结重大疑难信访积案和挂牌督办案件411件，刑事案件破案率和治安案件查处率分别提高10.1%、3%；禁毒工作深入开展，“绿色家园”项目有序推进，州公安局禁毒局被评为全国“成绩突出的先进单位”；“六五”普法全面开展；第九届村（居）委会换届选举工作稳步推进。安全生产形势持续好转，食品药品安全监管力度加大。民族和宗教工作取得新成绩，“木里实践”得到省委、省政府充分肯定。精神文明创建活动深入开展，彝区健康文明新生活运动持续推进。

（审核：骆国兴/撰稿：詹金涛）

发展改革

【概况】 2013年，州发改委在州委、州政府的正确领导下，紧紧围绕经济工作目标，结合“中国梦”主题教育活动和“走基层、解难题、办实事、惠民生”活动的开展，积极贯彻中央八项规定和省、州十项规定，紧紧围绕州委“提质增效，提速增量”战略，狠抓投资和重点项目建设，积极推进攀西开发和以工代赈工作，深入推进“一个意见、三个规划”的实施，严格落实各项价格调控措施，扎实推进粮食管理工作，全面完成各项目标。

【投资和重大项目】 全州投资继续保持快速增长的良好态势，重大项目稳步推进，官地电站最后一台机组投产发电，6月溪洛渡水电站首台机组发电，西昌市钢钒冷轧建设项目、会理县森鑫矿业技改扩能项目、会东县金沙江金东大桥、溪洛渡电站金阳库区复建公路等项目推进顺利。白鹤滩、乌东德等大型水电站和大桥水库灌区二期工程、盐源龙塘水库、德昌和平水库、会理横山水库、西昭高速、西香高速、成昆铁路扩能技改、宜宾至西昌新建铁路等项目前期工作加快推进。全年全州累计完成全社会固定资产投资975.5亿元，同比增长10.2%，总量居全省第5位，完成工作目标974亿元的100.2%。全州143个重大项目累计完成投资

675 亿元，占年度计划的 100.3%。2013 年共争取中央和省预算内资金 16.1 亿元。自 1998 年以来，累计争取中央和省预算内资金 144.6 亿元。

【重大问题研究及规划编制】 紧扣全州中心工作，积极开展重大问题调查研究，先后完成《攀西—六盘水资源开发利用课题研究》《2020 年凉山全面建成小康社会进程分析及展望》《促进凉山农民增收缩小城乡收入差距的思考》等重大课题的研究。完成《凉山州金沙江下游沿江经济带发展规划实施意见》并印发实施。编制完成《乌蒙山片区区域州级和 8 个县实施规划》《凉山州重点项目规划（2013—2017 年）》《凉山州“十二五”城镇供水规划》《凉山州 2013 年安宁河谷地区重大项目推进工作方案》等规划和方案，完成《四川省凉山彝族自治州天然气利用专项规划》调整修编；修改完善《凉山州“十二五”政法基础设施建设规划》。完成《全州石漠化综合治理初步设计方案》《农产品安全检测项目实施方案》《安宁河流域重大项目推进工作方案》《凉山中小河流域水文监测体系项目实施方案》等方案的编制。

【价格调控】 2013 年，全州物价总水平呈前低后高的运行态势，全年居民消费价格总水平比 2012 年上涨 2.9%，比全省 2.8%高 0.1 个百分点，较全国 2.6%高 0.3 个百分点。认真落实粮食、烟叶、蚕茧收购价格政策和药品、医疗服务等价格政策，落实好管理通胀预期的各项措施。加大清费治乱减负工作力度，切实减轻社会负担。全面完成农产品成本调查任务，稳妥推进各项价格改革，落实各项价格监督检查，维护市场价格稳定。认真做好价格调节基金的征集协调工作，全年共征集价格调节基金 4692 万元。进一步加大对价格违法行为的惩处力度，共受理价格政策咨询和投诉 332 件，共查处各类价格违法案件 20 件，实施经济制裁 80.25 万元，其中退还用户 52.34 万元，没收违法所得并上缴财政 27.91 万元。

【粮食管理】 严格执行国家临时收储政策，2013 年完成粮食收购 8830 万千克，销售粮食 9000 万千克。严格执法程序，认真开展粮食收购市场专项检查，规范粮食收购市场秩序，完成全州 1 亿多斤粮食库存检查工作。不定期对军粮、政策性用粮、学生用粮和市场商品粮开展粮食安全抽查，特别是在节假日期间加强对食品安全的监督检查，确保粮食食品安全。积极统筹粮源，严格执行专仓管理，专人负责，严把质量关，不断改变服务方式做好各方面粮食供应工作，全年全州国有粮食企业未发生新的亏损，实现利润 210 万元。在雅安“4·20”地震后，首先收集州内受灾情况，并落实州级应急小包装粮食 110 万千克，菜油 31 万千克，作为救灾储备。

【攀西战略资源创新开发试验区建设】 一是形成 2013 年工作方案，并经州委、州政府专题会议研究后报省。二是研究提出争取国家及省的政策支持建议。经研究决定从财税金融、产业、投资、土地、生态补偿、人才及对口支援、直购电及电价、稀土产品出口配额等九个方面提出凉山州急需国家、省支持的相关政策建议，并形成正式文件上报省。三是积极配合省发改委开展试验区建设工作。配合省发改委编制完善试验区实施方案。组织力量代省政府形成《攀西——得天独厚大有作为》专题汇报片。

【交通基础设施和能源建设】 全力推进“交通大会战”，完成国省干线及各县市农村公路项目审批共 23 个 813.37 千米，争取国家、省公路项目投资 26.05 亿元；完成成昆铁路扩能改造工程峨眉至米易段项目建议书审批和宜宾—西昌铁路完成预可研报告编制，雅攀高速泸沽至黄联关段扩建工程试验路段开工建设，西香高速、西昭高速、宜攀高速等项目前期工作加快推进。中小水电项目科学有序推进，木里新藏、越西漫滩等电站开工建设，木里沙湾、俄公堡（1#、2#机组）投产发电；新能源产业加快发展，德昌阿月、李家坝风电场建成投产，全州风电装机达到 10.95 万千瓦，昭觉特口甲谷等多座风电场加快建设，喜德、西昌、金阳、甘洛新增启动测风，会理树堡并网光伏电站（一、二期，3万千瓦）建成投产，成为全省首座大型并网光伏电站；积极加强水电送出平台和州骨干电网建设，木里500千伏、水洛500千伏等输变电工程建成投产，普格220千伏等一批电网项目开工建设，农村电网升级改造加快实施，《全面解决无电地区用电问题三年行动计划（2013—2015年）》深入推进；“气化凉山”稳步加快推进，《凉山州天然气利用专项规划》完成修编，工程建设业主（凉山新奥能源有限公司）得到落实。全年能源项目（不含“三江”水电）完成投资136.5亿元。

【扶贫开发】　积极做好2013年度以工代赈和易地扶贫搬迁工程建设工作。全年共争取国家以工代赈项目155个，投入中央、省资金1.19亿元。大力推进彝家新寨建设工作。树立典型，以点带面，促进示范体系项目建设，狠抓示范工程建设。配合省发改委稽查办、省以工代赈办完成凉山州11个扶贫开发重点县以工代赈和易地扶贫搬迁项目稽查，组织各县对稽查发现的问题认真进行整改、落实。

【节能审批及招投标管理】　2013年度，采取切实有效的措施推进节能减排，促进循环经济，推动绿色低碳发展，全年全州各县（市）发改部门完成固定资产投资项目节能评估审查488个，州级完成评估审查132个。扎实开展节能目标任务各项工作。狠抓产业园区循环经济试点工作，跟踪落实省预算内资金300万元用于西昌钒钛产业园区循环化改造试点示范项目。强化17县（市）城镇污水垃圾处理设施建设项目，落实西昌市邛海污水处理厂改扩建工程等4个项目中央预算内投资补助5500万元和冕宁县城市生活污水处理工程、雷波县城市生活垃圾卫生填埋场等2个项目省预算内投资补助300万元。全州城镇生活污水处理项目共计27个，涉及总投资14.03亿元；全州城镇垃圾处理设施建设项目共计23个，涉及总投资74312万元。简政放权，下放招标事项核准权限，从2013年1月1日开始对总投资1000万元（不含）以下的国家和省、州许可但未核准招标事项的项目，当招标人为县及县以下单位时，委托全州12个县市发改局按各自行政区域核准招标事项，并会同有关部门实施监督管理执法。2013年全州共核准401个国家投资工程建设项目的招标事项，核准概算金额60.42亿元；备案379个招标项目，最高限价38.47亿元，节约资金5.44亿元，节资率达14.2%；备案742个比选项目，最高限价16.35亿元，节约资金2.07亿元，节资率达13.8%。

【自身建设】　2013年，州发改委积极作为，努力加强机关党建和精神文明建设工作，认真贯彻落实中央八项规定和省、州十项规定，牵头完成全州机关楼堂馆所的清理工作，全年无重大违规违纪事件发生。积极推进“中国梦”主题教育活动和“走基层”活动的开展，机关工作作风良好，干部精神面貌积极向上，精神文明建设取得较好效果。2013年5月组织完成15名中层干部的竞争上岗，12月底完成人事管理制度的汇编并印发执行。老干部管理工作有序推进，离退休干部在各类主题教育活动中表现积极。在对口帮扶工作中走访慰问105户贫困户。投入20万元在对口帮扶点金阳县唐家屋基村实施小型农田水利建设项目，解决36.67公顷农田的灌溉、防涝问题。争取210万元，实施易地扶贫搬迁项目，解决村内70户，共计350人的住房及配套基础设施建设问题。

（审核：赵玉聪/撰稿：王宁）

民　政

【概况】　2013年，凉山民政坚持“以民为本、为民解困、为民服务”的工作宗旨，以保障和改善民生、创新和加强社会管理、支持和促进国防建设、提供和强化社会服务为重点，不断加强体制改革和制度创新，健全和完善工作体系，提升管理和服务水平，城乡困难群众生活得到更好保障，社会救助体系进一步规范完善，养老济孤等社会福利事业取得突破，双拥优抚安置成效显著，基层政权和社会组织党组织建设加快发展，区划地名、社会事务管理水平大幅提升，机关党建、党风廉政、信访维稳、安全生产等各项工作扎实推进，民政事业加快发展。

【社会救助】 城乡低保规范管理。全州65.96万城乡困难群众纳入最低生活保障，发放低保金7.44亿元。其中城市低保8.1万人，发放低保金1.8亿元；农村低保57.86万人，发放低保金5.64亿元；累计月人均补助达187.2元和81.8元。城乡医疗救助实现全覆盖。全年救助74.85万人次，发放救助金1.23亿元。其中：城市医疗救助8.01万人次（其中资助参保6.39万人），支出救助金1660.9万元；农村医疗救助66.84万人次（其中资助参合60.39万人），支出救助金1.06亿元；实施重特大疾病医疗救助2595人次，支出救助金1022.2万元。城乡低保对象、农村五保对象参保参合率达100%。全州除木里县外已全部开展“一站式”医疗救助服务。五保供养标准大幅提升，纳入五保供养2.24万人，集中供养7058人，集中供养率31.5%。下拨资金590万元，新建、改扩建敬老院9所，新增集中供养床位680张。《凉山州农村五保供养工作实施办法》制定实施，农村五保供养标准“翻一番”上调至每月300元。

【救灾减灾】 省州县三级综合减灾救灾应急指挥体系建设全面完成。州级救灾物资储备库开工建设。全年下拨救灾资金4493.8万元，16.3万名受灾群众得到妥善救助安置。“暖冬”行动发放棉衣（被）2.53万件（套）、折资332万元。创建2个“全国综合减灾示范社区”。

【社会福利与老龄事业】 儿童福利事业跃居全省前列。全州6727名孤儿（含257名艾滋病病毒感染儿童）和19072名特殊困难儿童纳入基本保障，发放保障金4828万元。社会散居和机构供养孤儿月人均保障标准分别提高到678元和1130元。城乡特殊困难儿童专项救助体系，月人均保障水平分别达到320.9元和216.9元，“参保”“参合”个人费用由民政医疗救助全额资助；门诊或住院医药费用补偿比例提高10个百分点并取消住院起付线给予补偿。新建7个儿童福利服务指导中心。第一所专业性儿童福利院——凉山州儿童福利院建成。为全州5651名80周岁以上老年人发放老龄补贴673万元；新增养老床位230张；成功创建全州首个省级养老示范社区——“西昌大通门社区圣家老年服务中心”。

【公益慈善】 公益慈善事业加快发展。全年募集善款1816.91万元，其中，为“4·20”芦山地震灾区捐赠资金1250.34万元。全面实施孤残儿童手术康复“明天计划”、西部贫困家庭疝气儿童手术康复计划，免费救助150名贫困唇腭裂患者；福彩助学资助565名贫困家庭学生梦圆大学；销售福利彩票2.3亿元，为州本级募集福彩公益金2070万元，公益金使用管理严格、透明。先心病儿童救助力度加大。全年组织免费筛查先心病患儿265名，成功救治165名，手术成功率100%。截至2013年年底，已累计成功救助患儿829名。治疗费用采取“四个一点”（社会各界爱心人士、公益慈善基金会捐助一点，医疗机构减免一点，医保或新农合报销一点，民政救助一点）的方式，基本实现患儿家庭“零负担”，为贫困先心病患儿家庭节约治疗费用400余万元。

【优抚双拥安置】 双拥优抚安置扎实推进。为全州1.66万优抚对象发放优抚金7740万元。重点优抚对象医疗费用“一站式”结算服务在西昌试点运行；全年投入资金1841万元支持部队基础设施建设；西昌市连续五届被评为全国、全省“双拥模范城”。接收退役士兵935人，应安置345人，按照安置和自主就业相结合的办法，已安置330人，发放自谋职业补助217万元；退役士兵职教和技能培训参训率达90.2%；

军休干部政治、生活“两个待遇”全面落实。完成179列、4.39万人次过往部队军供保障任务，准确率和优质率均达100%。

【基层政权和社区建设】 第九届村（居）民委员会换届选举稳步推进；乡镇政务公开和村（居）务公开面达100%。新建农村社区30个；新增社区服务站（中心）12个，社区服务设施覆盖率同比提高14.5%；“中国社区”标识使用率达到52%。申报5个“全国和谐社区示范单位”。

【社会组织管理】 社会组织健康发展。2013年审批成立社会团体16个、变更登记10个、注销7个；审批成立民办非企业14个、变更登记3个、注销2个；清理非法社会组织1个；州本级190个社会组织年检率98%；《推进新社会组织党组织“集中组建活动”的实施方案》印发实施，新增社会组织党组织14个、同比增加43%，覆盖率达到24.7%。

【社工建设】 社会工作人才队伍建设加快发展。组织完成社会工作者职业水平考试及社会工作者登记工作；举办社工培训班，推动民政直属事业单位社会工作岗位开发和聘用工作；开展志愿者队伍建设信息系统应用推广、志愿者服务记录制度和专业社会工作实务试点。

【区划地名管理】 行政区划和地名管理稳妥推进。完成撤并14个乡设10个镇工作；完成撤并28个乡设9个镇、撤并4个村建3个乡资料审核报批工作，至2013年年底全州共有513个乡、91个镇、3747个村。第三轮边界联检及平安边界创建工作顺利推进；《政区大典》（凉山部分）和《凉山地名故事》编撰工作全面完成。

【婚姻、收养登记】 专项社会事务服务优质规范。县级婚姻登记机关全部实现网络化登记服务；婚姻、收养登记合格率100%。受理办结行政审批登记68件，限时办结率和群众满意度100%。

【行政效能建设】 行政效能迈上新台阶。上报州委、州政府信息223条，在中央、省、州新闻媒体宣传报道562条次。在凉山民政门户网站开设“‘中国梦’主题教育活动”“雅安‘4·20’地震捐款公示”等专栏，公开涉及优抚、救灾、民生工程等资金、项目实施情况及相关政策文件723份，促进了政务信息公开。

（审核：杨洪忠/撰稿：白祥巧）

人力资源和社会保障

【概况】 2013年，凉山州人力资源和社会保障局深入贯彻落实党的十八大和十八届三中全会精神，将部门工作融入全州实施“多点多极支撑，‘两化’互动、‘三化’联动、城乡统筹，创新驱动”三大发展战略大局，结合“实现伟大中国梦、建设美丽繁荣和谐四川”主题教育活动开展，突出服务科学发展主线，民生与人才两大领域，就业促进、社会保障、人才队伍建设、收入分配、人事制度改革、劳动关系协调“六大板块”，强化服务，积极作为，为凉山全面深化改革做出积极贡献。

【依法行政】 深入清理行政权力事项，编制权力目录和流程，形成了合法、全面、准确的权力清单；严格执行规范性文件制定和备案制度，规范行政执法程序，依法办理行政复议、行政应诉案件，以“法律六进”“六五”普法和“12·4”法制宣传等为载体，推进普法依法治理；全面推进政务信息公开，门户网站建设与管理不断规范，依法行政取得新成效。

【就业促进】 围绕高校毕业生、被征地农民、复退转军人、就业困难人员等重点群体就业问题，全面落实更加积极的就业政策，健全服务体系，积极开展“就业援助月”“零就业服务”“春风行动”“民营企业招聘周”“西昌学院

2013届毕业生秋季校园双选会”等公共就业服务活动，着力推进藏区“9+3”免费教育计划学生就业促进工作。全州城镇新增就业人数18954人，下岗失业人员和失地无业农民实现就业人数3103人，开展农村劳动力转移培训16011人，组织开展创业培训695人，发放小额担保贷款843万元，建成高校毕业生就业见习基地44个，促进高校毕业生实现创业85人，促成46名藏区“9+3”免费教育计划学生就业，城镇登记失业率控制在3.92%以内。

【社会保障】 加强基本养老、医疗、工伤、生育、失业保险扩面、征缴，扎实推进新型农村和城镇居民养老保险全覆盖，启动实施事业单位参加工伤保险，有序开展加载金融功能的社会保障卡发行工作，实施养老金待遇调整，逐步推进城乡社会保障一体化建设，加快完善覆盖城乡居民的社会保障体系。2013年，全州基本养老、基本医疗、工伤、生育、失业保险参保达111.89万人次，征缴五大社会保险费31.43亿元，发放养老金18.83亿元，支付医疗保险费8.79亿元。为79875名退休人员调整了基本养老金待遇，人月均增加183.65元，完成对7.9万名离退休职工的生存认证。全州新型农村和城镇居民养老保险试点覆盖人数173.39万人，实地稽核养老保险参保企业385户3.1万人，医疗保险参保企业536户25078人，工伤保险、生育保险4.1万人。

【人才队伍建设】 完善全州学术和技术带头人培养专项资金管理和使用，落实200万元培养专项资金资助130名带头人及后备人选、扶持125个科技项目。完成招募42名“三支一扶”计划大学生和2013年度服务期满就业服务工作。全面实施“农村人才素质提升”，评审通过农技师高级13人、中级219人、初级1314人。开展22个职业（工种）共19873人次的技能培训鉴定，公开考录公务员644名。接收2013年大中专毕业生学籍档案7136份、人事代理110份，接受2013年大中专毕业生报到手续7000余份。完成2012年度全州15207名公务员、2553名参公人员和70473名事业单位工作人员年度考核。

【收入分配】 落实公务员职务和级别工资档次套改政策，坚持以完善工资收入分配激励约束机制为核心，健全符合事业单位特点、体现岗位绩效和分级分类管理要求的收入分配制度，加强企业宏观工资调控。完成全州公务员（含参公人员）、事业单位工作人员按年度考核结果正常增加工资；办理完成全州机关事业单位14名2012年度军转干部工资待遇确定工作；最低工资调整为每月1070元，非全日制用工调整为每小时11.1元；按照省人社厅、财政厅川人社发〔2013〕48号文件精神，全面安排部署全州高海拔地区折算工龄补贴工作。

【人事制度改革】 积极推进事业单位岗位设置管理工作。共审核40个单位48592个岗位的设置方案，确认29个单位739人的首次岗位聘用结果，审核39个单位54733个岗位的变更方案。审核办理17县市和州属14个单位742人的考核聘用工作；完成13个县2009年、2010年1239名“特岗教师”服务期满转正聘用手续；完成46名省军转办下达凉山州的军转干部安置计划。顺利完成22次60495人102247科次各类人事考试，多项考试报考人数位列全省之首。

【劳动关系协调】 抓住水电、建筑、矿产资源开发等重点行业，加大劳动监察执法和劳动关系协调，探索研究长效机制，强化用工法治化建设。研究制定《凉山州人力资源和社会保障局关于在部分小型劳动用工经营活动中试行农民工工资周薪制的通知》和《凉山州建设领域农民工工资管理办法》，并在西昌市和甘洛县开展农民工工资“周薪制”试点工作，此项工作得到国务院办公厅的肯定；集中开展农民工劳动合同签订“春暖行动”，全面实施“小企业劳动合同制度实施专项行动计划”，大力推进集体协商和集体合同制度“彩虹计划”，全州农民工劳动合同签订率达89%，小企业平均劳动合同签订率为81.7%，企业签订集体合同1326户，涉及职工149131人，工资集体合同594户，涉及职工65941人。做好劳动争议调解仲裁、工伤伤残鉴定和信访维稳工作。全年受理各类劳动人事争议案件439件，结案率100%，清理拖欠农民工工资待遇3218万元，处理工伤认定和劳动能力鉴定989起。

【培训教育】 完成公务员初任培训2期，培训238人；举办全州乡镇文秘干部专门业务培训班2期，培训165人；会同州防震减灾局、州科协，对全州1.8万名公务员及参公人员进行公共科目、防震减灾知识、公务员科普知识等网络培训。举办了5期中级计算机培训，共培训444人，举办“三支一扶”培训班一期，共培训42人。举办全州机关事业单位技术工人技术等级考试考前培训班17个，培训1713人。

【表彰奖励】 全年共审核上报92个先进集体、366个先进个人的表彰材料。审核办理州级行政机关191人的奖励工作，其中：“嘉奖”164人，“记三等功”27人；审核办理州属参照管理单位27人的奖励工作，其中：“嘉奖”24人，“记三等功”3人；上报人民满意的公务员1名和人民满意的公务员集体1个。认真整理上报“用生命战斗的缉毒战士——杜萍”先进事迹，《关于给予杜萍同志追记一等功的请示》已经省政府批准，给予杜萍同志追记一等功。

【自身建设】 坚持以严明的纪律打造“明理怀信、忠诚担当、心忧天下、坚韧致远、清正廉洁”的人社干部队伍，完成局机关及下属单位26名科级领导干部的竞争上岗；及时充实人社干部，公选2名副科级领导干部，公招公务员3名，录聘用事业单位人员9名；全面推进机关党的思想、组织、作风、反腐倡廉建设和制度建设，认真落实“走基层”活动，不断提高机关党委融入中心、服务大局的能力；坚决贯彻落实中央“八项规定”和省、州“十项规定”，印发州人社局《关于改进作风、密切联系群众的规定》《关于着力改进文风会风的实施方案》《关于进一步加强治理庸懒散奢问题的意见》，全面落实党风廉政建设。

（审核：罗卫平/撰稿：程勇　沙马瓦作）

民族宗教

【概况】 2013年，全州民族宗教工作先后被省民委表彰为全省民族工作先进集体、信息工作先进集体；被省宗教局表彰为宣传贯彻《宗教事务条例》先进集体；被州委、州政府表彰为百乡教育扶贫先进集体；保持省级卫生先进单位、州十佳卫生先进单位、州级文明单位、州级计生工作合格单位称号；被西昌市评为社会治安综合治理先进单位、卫生工作、计生工作、城管工作、平安工作、计生三结合先进单位。

【项目资金管理】 与州财政局共同筛选，确定少数民族发展资金项目72个，申请资金总额1530万元，下达70个，资金总额1624万元；确定了43个民族工作机动金项目上报省民委、省财政厅，申请资金总额487万元，下达31个，资金总额325万元；州级少数民族发展资金尚未下达；下达州级民族工作机动金10个，资金总额100万元。下达特色村寨项目4个，资金总额400万元。

【社会事业工作】 2013年8月，认真组织开展“民族团结进步宣传月”活动。在凉山新闻频道播出9条县市、民族乡的彝家新寨、藏区新村、扶贫帮扶等宣传报道音像资料，组织召开民族团结宣传暨民族乡工作座谈会。各县（市）和州级各部门也利用报刊、电台等新闻媒介大力宣传了中央、省、州民族政策和法律法规，进行“各民族共同团结奋斗、共同繁荣发展”以及“三个离不开”思想的广泛宣传。通过活动的开展，平等、团结、互助、和谐的社会主义民族关系得到进一步巩固。配合州财政局对木里藏区新农村建设资金项目1000万元进行审核；按照国家民委要求，报送全国民族团结教育基地材料；和州歌舞团协作，上报四川省第十四届少数民族运动会的凉山少数民族表演项目；与体育局、文广局协作，认真做好少数民族运动会、北京民族文化宫非物质文化遗产的筹备、展演工作；协助参与上半年凉山州“十年教育行动计划”和“两基”攻坚工作，参加相关会议、座谈，与州工作组对攻坚项目进行阶段性检查；与州教委民族科紧密配合完成中央民大附中和内地班成都三中以及河北大厂实验中学的招生工作；对西昌、越西、昭觉、会理、会东县《传染病防治法》《彝族语言文字工作条例》执法情况监督检查；配合完成州科协的全民科学素质纲要落实工作；完成凉山州地方病防治实施方案的自查工作；在“6·26”禁毒日、“12·1”艾滋病日等活动中，发放禁毒防艾、民族宗教内容的宣传资料1万余份；参与全州妇女儿童工作和关心下一代工作。

【境外藏胞工作】 一是深入开展境外藏胞工作的权限和操作程序以及审批境外藏胞回国探访新的规定，加强各项工作力度。二是加强对申请回凉山州探访审批工作。根据对境外藏胞工作会议精神和新规定、新要求，进一步优化审批程序，严格把握住敏感日、敏感时期的审批工作，做到个案审批，宽严适度，提高审批效率，加快了审批周期。三是积极做好接待管理工作，接待、慰问、走访回国探访藏胞。四是认真开展基础调研和动态管理工作。认真做好国外藏胞资料录入微机管理系统工作，运用现代办公手段建立完善系统翔实的人头资料档案。五是结合实际，宣传党和政府对境外藏胞方针政策，充分利用广播、报刊、电视等媒体如实宣传报道凉山藏区经济社会发展变化。充分发挥国内亲属在对外宣传中的积极作用，开展“一封家书”和“家音”民间对外宣传活动。

【调研工作】 按照“实现伟大中国梦、建设美丽繁荣和谐四川”主题教育活动第二阶段基层大调研阶段的工作要求，民宗委组成3个专题调研组，对全州十三个民族乡存在的困难和农民群众迫切需要解决的实际问题进行调查研究。通过与乡干部座谈，走访家户，掌握民族乡的基本情况，找准了一批制约和阻碍民族乡发展的问题，为帮助制定民族乡社会经济的全面发展规划，到2020年同步实现小康提供第一手资料。陪同国家民委教育科技司司长田联刚带队，农业部、科技部、中国科协组成的调研组深入美姑、昭觉、布拖进行双语科普、民族教育工作调研；陪同国家民委政研室、省民研所对民族教育、民族文化保护工作进行了调研；陪同南宁民委调研组对凉山双语教学、民族文化特色、民族新闻广播电视工作进行调研；陪同省民委调研组对凉山少数民族外出务工中存在的问题、权益保护、生存状况等的情况调研；完成国家民委、国家统计局“2013年民族乡（镇）统计报表”的专题调研任务，填写凉山14个民族乡（镇）统计报表并报国家民委、省民委；在调研的基础上填报省民委2013年民族自治地方扶贫开发情况材料和牧区半牧区情况表；完成凉山州少数民族文化人才队伍建设情况的调研报告。

【政务信息和信访工作】 根据《凉山州民族宗教事务委员会关于进一步做好民族宗教信息工作的通知》精神，州民宗委加强了对全州各县市信息报送工作的管理。全年共向国家民委、省民委、州委、州政府报送信息148篇。根据《凉山州民族宗教事务委员会关于加强全州民族工作部门信访工作的意见》，要求各县市民宗局进一步建立和完善适应当前信访工作任务需要的各项工作制度，认真倾听少数民族群众的意见和建议，做好信访超前预测和排查工作，把矛盾和问题及时解决在基层，消除在萌芽状态。2013年，累计接待上访群众2人次，收到人民来信1封，均进行了妥善处理。

【宗教事务管理】 加强敏感时段的维稳工作，做到敏感时期宗教领域大事不出，中事、小事不发生，确保了藏区的稳定。严格寺庙佛事活动的审批和管理，加强藏区公民出境和境外藏胞入境管理、回流僧人的管理。开展了涉及卫星电视广播地面接收设施治理，重点查处各类“藏独”反动出版物和非法音像制品，加强寺庙僧人的管理，建立僧人信息平台，全面完成僧人发证工作。进一步推动和谐寺观教堂创建活动和平安宗教活动场所创建活动的深入开展，在全州范围内的宗教领域开展“教风年”创建活动，各宗教团体发挥组织、实施者的作用，制定教风建设活动方案，扎实做好自身创建活动，指导宗教活动场所成立工作班子，认真细化活动计划，明确分工，按各阶段任务，有组织、有计划地推进工作。全面完成“两个专项”及社保工作验收工作。一是对照方案查缺补漏，全面完成宗教教职人员认定备案工作；二是加大工作力度，进一步推动解决宗教教职人员社会保障问题；三是加大督导力度，认真落实宗教活动场所财务监督管理办法；四是完成信息采集建档，推进宗教工作基础数据库建设；五是全面完成宗教活动场所证的换证工作。2013 年 6 月以“学习贯彻党的十八大精神”为主题，认真开展了“学习月”活动，使十八大精神进团体、进场所、进院校、进信众，切实把宗教界人士和信教群众的思想行动统一到中共十八大精神上来，把智慧和力量凝聚到中央提出的奋斗目标上来。2013 年 10 月，联合统战、发改、公安、住建、文化等十部门，对全州涉及佛教、道教的县市进行为期一个月的清理、排查、整改工作。通过一个月的排查整改，在佛、道教寺庙借教敛财行为、寺庙“被承包”、非法举行宗教活动、宗教教职人员管理、假冒僧人的打击处理等，得到有效的控制和管理。认真排查整改宗教活动场所火灾隐患专项工作。成立领导小组，加强组织引导，认真分析当前消防安全形势，协调公安消防等部门对宗教活动场所开展消防设施、消防隐患排查。切实做到有机构、有人员管理，提高管理水平，树立安全防范意识，坚决杜绝火灾事故的发生。

【民族研究】 2013 年立足于实际，联系国内外专家学者进行广泛的学术合作与交流；编辑出版《凉山民族研究》2013 年刊；编辑、出版、发行《凉山民族研究》丛书第四辑；为中挪合作课题“经济发展过程中少数民族文化保护及采取的特别措施和优惠政策”项目到冕宁、德昌、米易、美姑、盐源、木里等地进行做补充调研；与中国社会科学院民族学与人类学研究所、云南省绿色流域组织共同做“水电开发与世居民族权利保障”课题；与浙江大学达成意向性合作协议，拟对长江中上游凉山及周边的生态环境以及水资源进行合作调研；参加 2013 年 5 月在厦门举办的“西南民族学术研讨会”以及 2013 年 6 月在重庆举办的“中国西南人类学论坛”；参加 2013 年 10 月 26—28 日在成都西南民族大学举办的第五届国际彝学会；与奴隶社会博物馆、西南民族大学、中央民族大学共同举办“岭光电先生从事民族教育工作学术研讨会”，该会于 2013 年 11 月 1—3 日在凯旋宾馆举行，来自北京、上海、重庆、云南、成都以及州内的近百名专家、学者参加了此次会议，共收到论文 20 余篇。

【主题教育活动】 深入开展“实现伟大中国梦、建设美丽繁荣和谐四川”主题教育活动。召开动员部署大会，制定实施方案，明确总体要求、主要内容、方法步骤和组织保障，纪检监察专门成立了督办机构，并制定督查方案实施。积极组织学习讨论，领导班子作专题发言，干部职工写学习心得体会，积极推进主题教育活动的开展。结合纪委书记下基层活动的开展，纪检组长等领导深入扶贫联系的木里县固增乡，开展“实现伟大中国梦、建设美丽繁荣和谐四川”主题教育活动的宣讲。

【惠民帮扶】 认真组织开展“走基层、解难题、办实事、惠民生”活动。深入到木里县固增苗族乡撒洼村开展各项工作。认真组织开展彝区健康文明新生活及“挂包帮”工作。按照“领导挂点、部门包村、干部帮户”活动，采取“一帮一、一帮几”和“支部帮”的形式，选定木里县固增乡固增村特困户进行重点帮扶，对五保户、贫困户开展了节日慰问。为 20 户特困户送去了大米、食用油和干部部职工捐赠的军用棉被，兑现由民宗委为中心校设立的奖学金9500元和“一帮一”职工捐款4800元。将生活补贴和慰问品送到贫困户手中的同时向他们宣传改革开放以来，党的民族政策及木里藏区面貌的新变化，使他们感受到党的温暖，促进藏区各项工作发展。

（审核：吉克史俊/撰稿：石一史军）

外事侨务

【概况】 2013年，凉山州外侨办、侨联、对外友协围绕全域凉山全面开发开放发展战略，以发展、民生、稳定为中心，积极为凉山引进来走出去牵线搭桥，促成凉山州与丹麦嘉士伯集团的啤酒产业合作项目，争取到国务院侨办组织的“侨资企业西部行”活动走进大凉山，努力推动凉山州在多领域开展对外交流与合作；涉外管理扎实有序，侨务引援、为侨服务等侨务基础性工作稳步发展。2013年，通过各种渠道引进海内外各类捐助资金585.91万元，修建和改建学校14所，资助贫困学生、孤儿3861人，引进价值73.28万元的衣被、医疗救护设备、图书和学习体育用品等，为215户贫困农户捐助衣被，为700余名贫困农牧民进行义务诊疗，为全域凉山跨越式发展做出应有贡献。

【对外交流与合作】 1月13日至16日，澳大利亚驻华大使馆商务参赞杜大维先生率澳大利亚贸易委员会农业、矿业、旅游专家以及澳大利亚Axis Leisure旅游规划开发公司负责人来凉山进行为期三天的商务考察。杜参赞一行实地考察螺髻山、大漕河温泉瀑布等旅游景点，与普格县政府就开展旅游规划、农业、畜牧业等领域的交流合作进行深入交谈；参观西昌阳光学校、西昌一中俊波外国语学校，与西昌市教育局及两所学校负责人就推进澳大利亚与西昌市开展教育交流合作进行广泛交流；与西昌瑞康钛业、西昌天喜花卉园艺有限公司、西昌富华园林有限公司负责人就相关交流合作进行座谈。9月25日，在第十二届世界华商大会期间，省政协副主席、州委书记翟占一，凉山州人民政府州长罗凉清在成都会见泰国正大集团董事长谢国民，就推进上年在西博会双方签署的合作协议内容和进一步拓展双方合作领域，延长生猪产业链项目进行商谈。谢国民董事长表示，将加快正大在凉山的项目建设，进一步延长产业链，增加肉食品加工项目。10月23日，在第十四届中国西部国际博览会上，凉山州人民政府与丹麦嘉士伯集团签署《战略合作协议》，省委副书记、省长魏宏会见嘉士伯全球总裁韦耀国并见证双方签约。西昌市人民政府与嘉士伯集团旗下的重庆佳酿啤酒有限公司签署《关于投资建设嘉士伯乐堡啤酒生产线协议》。根据战略合作协议，嘉士伯集团在凉山投资建设啤酒生产线和易拉罐啤酒生产线，5年内将产能扩大到3亿千克，产值达到10亿元；合作建设啤酒大麦原料基地，5年内种植面积达到800公顷，产量500万千克，惠及农户6000户，将凉山州打造成为中国西部中高端啤酒生产基地。10月24日，在西博会期间，省政协副主席、州委书记翟占一，凉山州人民政府州长罗凉清在成都会见前来参加西博会的泰国北碧府府尹猜瓦一行，双方就正式签署友好州府关系协议事宜交换意见，并商谈在友好州府关系协议框架下，开展农业、旅游、经贸、资源开发利用等方面的交流合作，达成多项合作共识，有力地推动凉山和北碧府的结好进程，为下一步的具体交流合作奠定基础。11月27日至29日，由国侨办资助安排的“2013年侨资企业西部行”活动在凉山举行。由杭州市侨办和杭州市侨商会组织的11家浙江省有实力的侨资企业到凉山州进行投资考察，商谈开展合作的具体事宜。其间，考察团一行分别与州政府和西昌市政府进行投资洽谈，参观成凉工业园区、经久工业园区和太和工业园区。12月19日至21日，玻利维亚总统莫拉莱斯对我国进行国事访问期间，于20日至21日到西昌观摩由我国研制的玻利维亚通信卫星发射。凉山全力协助外交部、省外办做好莫拉莱斯在凉山的考察活动，圆满完成接待任务。这是有史以来首位在任国家元首访问凉山。

【涉外管理】 一是严格执行因公出国（境）管理的各项规定。2013年，凉山认真贯彻落实中央和四川省委关于改进工作作风、密切联系群众的相关规定和中央《关于进一步加强因公出国（境）管理的若干规定》，严把因公出国（境）审核办理关口。同时，州政府召集州级相关部门，就副县级以上领导干部出国（境）审核签批流程进行协调，形成一致意见。2013年省委外事工作领导小组批复凉山州党政人员出访计划为60人。截至11月底，凉山州共办理党政干部因公出国25人次，赴港澳7人次；为凉山州歌舞团30人办理参加由国家民委组织的赴加拿大德拉蒙德维尔市参加“蒙迪尔文化艺术节”演出活动的相关手续。二是严格执行境外非政府组织管理的各项规定，准确掌握凉山境外非政府组织情况。先后赴喜德、布拖、美姑、冕宁等重点县进行调研，准确掌握全州境外非政府组织活动的情况和动态以及公开管理办法的实施情况。三是积极做好各类涉外管理和服务工作。积极为在凉山州工作的各类国际机构、外资企业、外国专家及外国友人在州内开展工作提供服务和便利；为州二医院、会理县人民医院、昭觉青年创业培训中心、西昌一中、会理二中等办理41人次的外籍人员短期来州交流的邀请手续。

【服务地方经济和社会发展】 继续联系浙江新华爱心教育基金会资助州民中和西昌一中的12个“珍珠班”和布拖县拖觉镇石咀小学的3个女童班助学项目，共有720人次的高中学生和296名女童获得资助，资助金额193.08万元。同时，联系该基金会为布拖县地洛乡中心小学捐资30万元修建一幢综合楼；继续联系上海围炉助学公益社在西昌、昭觉两地的部分学校开展捐资助学和“营养午餐”项目等，共有179名贫困学生获得资助，捐资总额19万元。同时，经上海围炉助学公益社联系，上海浦东金苹果学校和上海进才小学为西昌市川兴麻卡小学和昭觉县竹核乡瓦托小学捐赠价值32万余元的各类衣物3000余件；继续联系香港基督教协进会在西昌、会理、冕宁、普格、越西5县市实施“走进高中计划”和大学贫困学生“薪火工程”项目，资助金额53.3万元，受助学生220人。同时，继续在西昌、普格、喜德、盐源、昭觉、金阳六县市的部分学校实施农村孤儿助养计划，共资助孤儿学生192名，资助金额25.94万元；联系香港基督教协进会捐建美姑、宁南、会东三县13所学校，共捐助港币284万元，折合人民币227.2万元；继续联系香港小平教育基金在西昌一中、德昌中学和会理二中开展“四川高中助学金”项目，资助每所学校各100名贫困高中生，共获资助30万元。同时，该基金会还资助10名贫困大学生，资助金额2万元；继续联系香港福慧慈善基金会和湖北襄阳铁路公安处资助昭觉、冕宁、普格三县的孤儿和贫困学生144名，资助金额4.39万元，并捐赠价值8万余元的衣被和文具。香港福慧慈善基金会还向喜德县灾区困难群众捐赠98床棉被。

由省侨办、侨联资助，省州两级侨务系统在木里藏区组织开展“侨爱工程——点亮藏区牧民新生活计划”医疗义诊活动。在历时两天的医疗义诊活动中，来自凉山州第一人民医院和木里县人民医院的十余名医疗专家分别在木里县城及康坞牧民定居点为700余农牧民进行义诊，免费发放药品7万余元；经省侨联联系，北京链家房地产经纪公司在会理县、西昌市开展“长征路上的爱心图书馆”捐赠活动，先后为会理县树堡乡中心小学、西昌市梧桐树小学和普格县特补乡中心小学捐赠价值20余万元的各类图书共1.95万册，以及价值6000余元的文体用品和书架，受益学生1800多人；经省侨办联系，加拿大翡翠国际集团总裁陈沙立先生资助实施的“侨爱工程——陈沙立先生救护生命万里行”活动，向会东县淌塘乡捐赠一台价值17万元的救护车；由省侨办组织的“暖冬行动”，向凉山州普格县洛甘乡捐赠棉被187床，价值3万余元；联系法籍华侨王荣弟先生为会理县大发村小学优秀贫困学生捐赠1万元奖学金和价值2万元的学习用品；联系凉山州企业界爱心人士孙传香女士为昭觉县普诗乡贫困农户捐献价值6800元的衣被。

【为侨服务与侨务基础性工作】　积极开展为贫困归侨侨眷送温暖活动。通过多方努力共筹措资金5.58万元，重点走访慰问西昌、德昌、会理、宁南、冕宁等8县（市）的老、病、困归侨侨眷共144户，为他们送去慰问金和购物卡。完成省第七次侨代会凉山州7名代表的推选工作。认真组织开展侨界联谊活动。先后组织文教、卫生行政、铁路地质、工交财贸等侨联小组开展活动，共有400多人次参加。雅安芦山“4·20”地震后，州、市侨联积极组织开展在西昌侨界群众抗震救灾捐款活动，通过各种渠道先后捐款9600元。认真做好全州侨情普查工作。组织开展全州范围的侨情调查业务培训，发动全州各县市、州级部门和单位努力完成全州侨情普查工作，全面准确掌握全州最新侨情现状和分布。

（审核：贾帅/撰稿：王团）

移民工作

【概况】　2013年，全州移民工作全面完成或超计划完成了州委、州政府和省扶贫移民工作局下达的各项工作目标任务，受到上级党委、政府的充分肯定。被州委、州政府评为全州“挂包帮”活动及百乡教育扶贫工程先进集体、2013年度机要文件交换优秀单位、2013年度州直机关党建目标考核优秀党组织、2013年度人口和计划生育工作合格单位、2013年度雅砻江中下游水电开发工作目标考核先进集体。

【水电站移民】　溪洛渡水电站移民。完成库区移民搬迁3148人，是目标任务2600人的121%。溪洛渡水电站四川库区移民20971人已全部搬迁出库区。迁（复）建及防护集镇11个，已完成总工程量的95%（目标任务为85%）。迁（复）建县乡及连接线公路16条，已完成总工程量的90%（目标任务为70%）。其中S307线已建成通车，S208线路基已完工，具备初通条件。在年初制定的目标任务外完成库底清理工作，并于2013年5月下闸蓄水发电。完成滑坡塌岸新增影响区48户196人移民搬迁安置工作。锦屏一级水电站移民。实施移民安置587人，是目标任务460人的128%。完成部分迁（复）建集镇和专项工程建设。其中：芽租公路已建成并通过交工验收，是目标任务90%的110%。完成古柏农场安置点基础设施和对外交通道路总工程量的96%，是目标任务85%的111%。完成老沟水库建设总工程量的47%，是目标任务35%的112%。2013年目标任务外还完成了滑坡塌岸新增影响区第一期324人的实物指标调查工作和避让措施工作，第二期涉及盐源、木里两县10多处新增滑坡塌岸正在开展避让措施和实物指标调查工作。向家坝水电站移民，完成库区移民1362人，是目标任务830人的164%。全面完成迁（复）建渡口集镇建设，是目标任务85%的115%。官地水电站移民。完善移民安置332人，是目标任务200人的166%。银厂吊桥已建成并完成验收，是目标任务85%的115%。库周驿道已完成建设总工程量的98%，是目标任务的85%的113%。已完成西昌2个移民集中安置点基础设施建设总工程量的96%，是目标任务85%的111%。立洲、卡基娃水电站移民，完成移民安置46人，是目标任务31人的148%。

【大型水电站移民前期工作】　加快推进白鹤滩、乌东德、杨房沟等拟建大型水电站移民安置规划大纲和移民安置规划编制、征求、审查等工作。其中：白鹤滩、乌东德已完成移民安置规划大纲编制工作，是目标任务50%的110%；完成乌东德3个移民集中安置点基础设施建设总工程量的40%，是目标任务30%的110%。杨房沟移民集中安置点基础设施建设已完成总工程量的90%，是目标任务75%的115%。

【中型水电站移民工作】 开展了木里县益地水电站建设征地移民安置补偿协议和移民安置实施阶段综合设计及综合设代合同的签订工作；宁南县坤顺水电站建设征地实物调查细则和工作方案征求意见工作；会理县横山水库工程建设征地移民安置规划报告征求意见工作；完成了木里县俄公堡、盐源县卧罗桥、昭觉县苏巴姑水电站的下闸蓄水阶段建设征地移民安置和库底清理初步验收工作；进一步完善会理大海子水库已搬迁安置的移民378人，是目标任务210人的180%。

【移民后期扶持工作】 按时足额兑现大中型水利水电工程农村移民43122人的后期扶持直补金，是目标任务3.5万人的123%；移民技能培训3845人次，是目标任务1800人次的214%；完成后期扶持项目74个，投入资金3667万元；向省扶贫移民局申报在建大中型水电站和水库农村移民4183人纳入后期扶持。

【移民资金管理工作】 在移民资金管理、拨付、使用过程中，强化年度计划约束，严格执行有关操作程序和方法。各项补偿补助费用足额兑现到移民群众手中，用在移民专项工程建设。积极配合国家审计署和省扶贫移民工作局对部分电站和水库移民资金的审计和内部审计。州局组织工作组对溪洛渡、向家坝、锦屏、瀑布沟、枕头坝等电站的移民资金管理使用情况进行了检查。对审计和检查中发现的问题，限时整改，确保全州移民资金安全运行和使用效益。2013年共完成移民投资24.9亿元，是目标任务21.37亿元的116.5%。

【移民信访维稳工作】 落实信访维稳责任，畅通信访渠道，随时掌握稳定信息，完善维稳预案，做好平时接访工作。2013年共接待移民来访84批497人次；办理省扶贫移民局和州信访复查委员会交办信访件及移民来信31件；移民信访办结率达100%。全球财富论坛在成都召开期间和重大节日及敏感时期，没有发生非正常到省进京上访和不可控的群体性聚集事件，确保了全州移民整体稳定。

【“挂包帮”活动】 根据州委、州政府“挂包帮”活动的安排部署，对口帮扶冕宁县惠安乡，2013年度共投入资金43.2万元。其中局机关干部职工捐款2.2万元用于帮助解决贫困户和贫困学生的生产、生活、学习等方面的困难；25万元资金用于勒安村二组进村入户道路的路面硬化工程，解决了老百姓出行难的问题；15万元资金用于勒安村文化综合活动场的防洪堤工程及完善活动室内部设施；1万元工作经费用于惠安乡政府开展禁毒防艾工作。

（审核：康曦/撰稿：李俊）

扶贫开发和两项资金管理

【概况】 2013年，全州扶贫开发工作紧紧围绕乌蒙山片区和木里藏区区域发展与扶贫攻坚规划，坚持新村、新居、新产业、新农民、新生活“五新一体”，产村相融、整村推进，以大凉山综合扶贫开发彝家新寨建设为重点，进一步加大贫困村基础设施建设、产业发展、民生改善和公共服务等配套建设，在两项资金管理工作中，紧扣“发展、民生、稳定”三大任务，坚持民生投入，坚持强化监管，坚持规范细致，坚持注重效益。竭诚服务和帮扶农牧民改善基本生产、生活条件，帮助农牧民增产增收，大力实施民族地区教育发展计划、“四小工程”（小路、小桥、小水、小能源）及小流域现代农牧业增收、民族团结新村等工程项目，实现贫困农牧民增产增收的目标。强化措施，扎实推进各项工作，扶贫开发成效明显。年内，州委、州政府先后9次召开州委常委会、州政府常务会专题研究扶贫开发工作，4次召开全州扶贫开发工作会安排部署扶贫开发工作。2月4日，在西昌召开全州扶贫办主任会议，就如何抓好2013年扶贫工作进行安排部署。6月16—17日，州委、州政府在甘洛县召开全州2013年大凉山综合扶贫开发彝家新寨建设推进会，会上要求对已实施的彝家新寨开展回头看，对下一步如何做好彝家新寨建设进行安排，州扶贫开发领导小组与10个彝区县扶贫开发领导小组签订2013年彝家新寨建设目标考核责任书。8月8日，州委、州政府在西昌召开全州扶贫开发工作暨总结表彰大会，对全州前十年扶贫开发工作先进集体和先进个人进行表彰，总结前十年扶贫开发工作取得的显著成绩，安排部署新十年扶贫开发工作，州委、州政府出台《关于加快推进新十年扶贫开发工作的意见》。10月17—18日，州委、州政府在冕宁县召开全州新村新寨现场会，会上通报全州新村新寨督查情况，各县市进行交流总结，传达省政府、州委领导对新村新寨建设的重要指示精神。协助国务院扶贫办、珠海市在西昌召开东西扶贫协作会议。7月2—3日，珠海市·凉山州经济社会协作工作座谈会在西昌召开，在两地此前签订《珠海凉山东西扶贫协作框架协议》《珠海凉山东西扶贫协作座谈会备忘录》的基础上，双方又签订教育、劳动力输出和劳动力转移培训、旅游、农业、城乡规划建设、商贸、卫生等7项合作协议。7月5—7日，国务院扶贫办举办的全国东西扶贫协作工作培训会在西昌召开，中央定点帮扶单位，28个省、市帮扶单位参会代表参观普格县红军树村、洛博村新村建设。

【扶贫资金】　2013年，省、州、县共下达投入财政扶贫资金11.28亿元，比2012年的10.82亿元增加4592.5万元，增长4.24%。其中：省财政扶贫资金8.50亿元，比2012年减少410.4万元；州本级财政配套资金1.3亿元，比2012年增加1972.6万元，增长17.89%；县市财政配套资金1.48亿元，比2012年增加3030.3万元，增长25.71%。

【两项资金】　2013年，省安排下达三州开发资金、资源不发达地区发展资金两项资金共8935万元，其中：三州开发资金8355万元，发展资金580万元。安排现代农牧业增收项目4个，投入资金900万元；投入重点寄宿制项目18个，补助学生1.94万名，安排资金1000万元；安排民族新村建设3个，投入资金1500万元；安排农村能源建设项目13个，投入资金970万元；安排小农田灌溉项目22个，投入资金945万元；安排乡村道路项目42个，投入资金1867万元；安排乡村桥梁项目26个，投入资金1048万元；安排社会事业项目9个，投入资金310万元；其他项目3个，安排资金190万元；项目管理费1个，安排资金205万元。通过层层落实责任制，采取多种形式督促项目实施，保证项目发挥最大效益。

【扶贫解困】　2013年，通过彝家新寨、整村推进、产业化扶贫、劳务扶贫等重点扶贫项目的组织实施，全年共完成9.04万贫困人口的扶贫解困任务。

【彝家新寨】　2013年，彝区10县实施彝家新寨建设209个，投入资金18.31亿元。完成建房18120户，完成投资18.31亿元，发放彝家新生活“四件套”19656套，解决9.06万人的饮水，3410户用电难问题，新建垃圾处理池、公共排污设施209个，农村沼气5500口，村卫生室168所，公益商贸场所209个。安宁河6县市实施彝家新寨建设8个，新建住房1184户。

【整村推进】　2013年，11个国家扶贫开发工作重点县在106个村组织实施整村推进，其中省级财政扶贫资金安排76个，三州财政专项扶贫资金安排30个。整村推进实施基础设施建设、产业培育、环境与生态建设、社会事业建设四大项目，覆盖25994户113853人，人均新增纯收入1240元。

【劳务扶贫】　2013年，实施劳务扶贫培训1300人，投入资金156万元，组织全州11个国家扶贫开发工作重点县贫困村农民群众进行技能培训，全年培训1300人。

【社会扶贫】　2013年，一是中纪委监察部、国家粮食局、中国电力投资集团公司、神华集团有限责任公司、中国电信集团公司、中国东方电气集团、中国华孚贸易集团、四川大学8家单位定点帮扶凉山州11个国家扶贫开发工作重点县，共组织到县考察50人次，挂职5人，协调资金770万元，实施项目24个。二是省级机关27个单位帮扶凉山州11个国家扶贫开发工作重点县，全年投入资金5762万元，其中部门直接投入5002万元，引进资金1760万元，扶持项目67个。三是珠海市对口凉山开展东西扶贫协作工作。全年投入帮扶资金2333万元，扶持项目20个。四是浙江省义乌市对口帮扶木里藏区工作。投入资金530万元，扶持项目4个。五是攀枝花市对口支援木里藏区。投入资金2720万元，扶持项目12个。六是州级机关参与社会帮扶165个单位，投入资金1984万元，其中部门直接投入资金1653万元，引进资金331万元，扶持项目46个。七是安宁河地区西昌、会理、会东、德昌4县分别对口帮扶昭觉、木里、美姑、布拖、金阳等5个国家扶贫开发工作重点县，投入资金1470万元。八是全州县市级机关参与社会帮扶1249个单位，投入资金11866万元，其中部门直接投入6640万元，引进资金5226万元，扶持项目276个。

（审核：黄玉超/撰稿：董红兵）

安全生产监督管理

【概况】 2013年，全州安监工作实施安全发展战略，坚持“安全第一、预防为主、综合治理”的方针，坚持立足凉山实际抓根本、抓长远、抓长效，突出重基层、打基础、强监管、治隐患、广宣传、严查处等各项工作，全面深入开展安全生产大检查、安全隐患大排查、“打非治违”、重点行业领域安全生产大整治、煤矿停产整顿关闭、安保工程建设等工作，着力提升全州安全水平，努力推动全州安全生产状况的持续稳定好转，为全州经济社会的又好又快发展提供有力的安全保障。2013年，全州发生生产经营性事故171起，死亡45人，同比下降11.76%，占省下指标的81.8%；重点行业领域控制考核指标和相对控制考核指标全部控制在省下指标内；发生较大事故4起，死亡13人，同比分别下降20%、38.1%。在省下控制指标内；未发生重特大安全事故。重点行业（领域）安全生产状况稳定，多数县市安全生产形势继续向好。2013年，全州安全生产工作被省政府评为优秀单位，州安监局班子被州委、州政府评为“四好班子”，目标考核工作被评为先进。

【责任体系建设】 不断强化责任意识，明确责任主体，落实责任制度，形成一级抓一级、层层抓落实，各负其责、分兵把口、块线结合、齐抓共管的安全生产工作格局和责任体系。一是强化党政共管的领导责任。州委、州政府率先垂范，继续强化落实党政同责、“一岗三责”制，把安全生产工作摆上重要议事日程，两位“一把手”亲自抓，与中心工作同安排、同部署、同落实、同检查、同考核。全年全州共召开各类安全生产工作会议11次，州委常委（扩大）会议、州政府常务会议、全州当前重点工作专题会议等对安全生产工作进行反复的安排和部署；6—7月，州委、州政府派出州五套班子（州委、州人大、州政府、州政协、凉山州军分区）37名州级领导带队深入17个县市，对全州包括安全生产在内的重点工作进行“全覆盖”专项督查；各县市党委、政府和各部门按照“一岗三责”的要求，全面落实安全生产责任。二是强化分兵把口的部门监管责任。相关部门认真履行所管行业或领域内的安全生产工作职责，确保安全生产责任横向落实到边。加强部门之间、地区之间的协调合作，建立联席会议制度，开展联合执法，确保监管实效。全年，州政府安委会12个检查督导组在重点时段、重要节假日期间，共开展4次安全生产专项检查督导工作。三是强化企业安全生产主体责任。督促企业把安全生产责任落实到车间、班组、操盘手，严格按照有关安全生产法律法规和规程规定进行生产经营，推动企业变“要我安全”为“我要安全”。

【基层基础建设】 深化州、县市、乡镇、村、组安全生产“三级机构五级网络”建设，投资2612万元，增强基层监管力量，提高工作能力和水平。全州612个乡镇全部建立安监站（安办）和交管办，配备近2000名安全生产工作人员，基层安全监管力量薄弱的状况有所改善，使全州安全监管力量增加10多倍。抓好社区安全创建工作，扩大安全生产工作网格化管理覆盖。组织全州6个县市25个乡镇共计67人参加安全社区专题培训。2013年，全州备案省级安全社区6个，国家级安全社区1个，州级安全社区15个，每个县市至少有1个州级以上创建任务。西昌市西郊乡和马道镇已顺利通过专家现场考核、综合评定，命名为省级安全社区。加大公共安全投入，推进安保工程建设，将波形防护栏安装作为重要民生工程狠抓落实。2013年，州政府继续投入1000万元（由州安委会组织实施）用于道路安全隐患整治。将下达各县市安装波形防护栏6公里任务纳入州政府目标考核，各县市财政对6公里以上的波形防护栏安装任务经费予以保障，全年共投入5000万元左右，完成200多千米的安装任务。在凉山“交通大会战”中严格落实安全生产“三同时”制度，确保不欠新账，道路交通安全基础脆弱的状况持续改善。同时，运用行政、经济、法律、政策和市场等手段，通过安全生产隐患排查治理、提高准入门槛、标准化建设、落实“三同时”制度以及建立安全生产信用制度、支持企业开展技术改造等工作，督促引导企业加大安全投入，企业安全投入不断加大，安全水平明显提高。2013年，全州规模以上企业安全投入达到3亿多元。

【安全大检查】 以安全生产大检查和大执法、安全隐患大排查、“百安活动”“打非治违”、重点行业领域专项整治等为载体和抓手，对煤矿、非煤矿山、烟花爆竹、危险化学品等高危行业实行属地管理与分级监管相结合、以属地管理为主的常态化全覆盖监管，全面深入打击“非法违法”生产行为，彻底排查整治安全隐患，不断深化职业安全健康工作，突出整顿重点行业领域安全生产秩序，有力遏制较大事故频发势头，确保重要时段、重要节点、重点行业（领域）的生产安全。安全生产大检查方面，成立12个安全生产专项检查组，负有安全生产监管职责的部门根据自己行业特点，在各自行业领域内开展安全生产大检查。严格遵循“全覆盖、零容忍”原则，重点围绕煤矿停产整治、非煤矿山、道路和水上交通、烟花爆竹、危险化学品、民爆物品、消防、建筑施工、水电施工、旅游、食品药品等重点行业领域“打非治违”和隐患排查治理，学校、医院、商场等人员密集场所安全整治，采取明察暗访的方式，一个地方一个地方去督促、一户企业一户企业去检查、一项任务一项任务去对照、一个环节一个环节去落实。州级12个督查组共派出294个督查小组，其中暗查、突击督查小组196个，交叉检查组98个。参加检查人员35745人，监督检查企事业单位和场所5296家，责令改正、限期整改、停止违法行为3258起，责令停产、停业、停止建设88家，暂扣或吊销有关许可证、职业资格5896个，处罚罚款130.8万元。同时，各县市也开展相应的安全生产大检查，取得明显效果。各县市共组织督查组2814个，其中暗查、突击督查组1166个，交叉检查组1617个。参加检查人员1.84万人，监督检查企事业单位和场所1.24万家，责令改正、限期整改、停止违法行为9510起，责令停产、停业、停止建设619家，暂扣或吊销有关许可证、职业资格347个，关闭非法违法企业83家，处罚罚款258.15万元。按照年初监察执法计划对13个县市进行监察执法，共检查生产经营单位85家，查出存在的安全隐患468项，出具《现场检查记录》30份，发出《限期整改指令书》30份，发出《现场处理措施决定书》1份，对24家违反安全生产法律法规的生产经营单位立案实施行政处罚，处罚金额16.2万元。认真配合国务院、省政府安委会对凉山的安全生产大检查督查，全面落实整改整查组提出的问题。州政府组织相关部门、县市和企业召开专题会议，对国务院、省政府督查组提出的问题、整改意见和建议进行认真梳理研究，迅速细化归类，建立健全台账，按照措施、资金、人员、时间、预案“五落实”的要求，逐一提出整改方案和要求，逐一下达整改通知书，由州委督查办、州政府目督办和州安办跟踪督办，逐条进行整改。国家和省综合督查组查出的67条安全隐患已全部整改完毕。

【重点行业领域安全监管】 落实企业安全生产主体责任和政府安全监管主体责任，对全州600余家煤矿、非煤矿山、危险化学品、烟花爆竹等高危行业企业安全生产，根据企业规模大小、危险程度和安全生产管理水平高低，实行分级分类重点监管和属地监管相结合、以属地监管为主的全覆盖监管。推进煤矿安全监管工作，配合相关部门强力推进煤矿整顿关闭和兼并重组工作。全州原20个煤矿关闭7个，整合为3家煤业公司，其中生产矿井3个，建设矿井10个。在推进安全标准化建设、尾矿库在线监测系统建设、地下矿山安全避险六大系统建设工作中，以树立典型示范，现场参观学习加深直观印象，从而起到以点带面的推动作用。全年，计划关闭退出非煤矿山19个，实际整顿关闭退出23个，整顿关闭非法生产和不具备安全生产条件的矿山共12个；达到安全生产标准化企业共219个（矿山157个、尾矿库62个），达标率100%。地下矿山持证的有76个，安全避险“六大系统”全部建成的有68个，正在建设的有8个；尾矿库在线监测的有20个，其中二等库1个、三等库19个，完成率达100%。开展“两重点一重大”企业排查、安全生产大检查、石油化工企业石油库油气装卸码头安全专项检查、涉氨制冷企业液氨使用专项治理、危险化学品建设项目安全许可、备案的审查工作、提升危险化学品领域本质安全水平专项行动和危险化学品企业安全标准化建设工作，全面提升危险化学品企业本质安全水平。全年，共检查危化企业117家（次），其中危化生产、储存企业51家（次），共排查隐患513条，已整改474条，整改率93%；危化经营企业66家（次），共排查隐患332条，已整改305条，整改率92%。严格规范烟花爆竹生产企业安全生产条件和生产经营行为，严禁转包分包、“三超一改”，严防旺季超能力、突击生产。全年先后15次以上到生产厂进行检查并提出整改。积极推行使用《烟花爆竹安全买卖合同》，落实烟花爆竹流向信息管理工作措施。严禁烟花爆竹经营企业超许可范围经营，严禁采购、销售非法和假冒、伪劣、超标产品，严禁仓库超量储存，超员作业，严禁烟花爆竹零售店集中，连片或在居民楼内设置。抓好道路和水上交通、消防、林业、人员密集场所、建筑、水电、电力等行业领域安全监管，全力排查和整治安全隐患，严防安全事故。

【重大隐患整治】 2013年，全力排查整治重大安全隐患，在《凉山日报》上公告13起重大安全隐患，其中道路交通行业11起，非煤矿山2起。相关县市按照整改要求和时限，制订整改措施，落实整改资金，落实整改责任，13起隐患全部整治到位。

【安全宣传教育】 充分利用各种媒体，采取各种方式，对安全生产大检查进行广泛宣传发动，及时组织报道先进典型和经验。坚持群众路线，充分发挥群众和舆论监督作用，建立健全隐患排查、举报奖励制度，鼓励通过“12350”举报电话举报安全隐患，及时兑现举报奖励。同时，对安全检查走过场、隐患排查治理不力的，将予以公开曝光。对一些典型事故将公开查处结果，接受社会监督。全州设立740个咨询点，参加咨询日活动4.5万人次，共悬挂安全生产宣传条幅5000余幅，张贴宣传标语和宣传画2000余幅，展出安全警示教育板800块，发放宣传单（册）40余万份。开展宣传活动和警示教育活动1117次，参加人员35.53万人次，投入经费165.11万元，营造良好的安全生产氛围，唱响安全发展主旋律，增强全民安全意识，全州安全生产状况持续稳定好转。

【安全培训】 全年培训各类人员1.49万人次，其中“三项岗位人员”8430人次，督促培训机构完成培训计划，指导、协调、安排好各类人员培训，落实“三级教育”（厂级、车间级、班组级）制度，加强农民工安全培训工作。另送去培训非煤矿山主要负责人156人，危化负责人36人。

【应急体系建设】 按照国家、省《安全生产“十二五”规划》的总体安排和布局，凉山州安全生产应急救援基地和监控指挥平台作为全省6个区域性综合救援示范基地之一，要求上接国家、省应急救援监控指挥平台系统，下覆盖全州各县市，并辐射攀枝花、雅安等周边地区，建成上下一体，左右联系，信息共享，完整、高效、实用的区域性应急救援平台指挥体系。2013年3月22日，经十届州政府第12次常务会议研究，同意实施凉山州安全生产应急救援基地和监控指挥平台建设，同步组建州安全生产应急救援中心及应急救护大队。按照省局要求，组建凉山州益门煤矿应急救护中队和盐源县矿山救护中队12名队员，参加全省安全生产应急救援技术竞赛，取得三等奖，有力提升矿山救护队伍应急救援能力水平。同时，加强各生产经营单位安全生产应急预案评审备案工作，大力提高企业应急知识水平，增强作业人员逃生避险能力。全年，州、县市两级共评审备案生产经营企业安全生产应急预案294家（州级96家，县市级198家）。其中：矿山类131家，危险化学品类135家，烟花爆竹类11家，其他类17家。

【职业卫生健康】 2013年，狠抓用人单位的职业病危害因素检测、监测工作，要求各地积极开展用人单位职业卫生基础建设活动，圆满完成州上下达的全州40%（60%非煤矿山企业和80%的水泥生产企业）以上存在职业病危害的用人单位达到基础建设要求的指标。继续推进职业病危害项目的申报工作，全面掌握辖区内的职业病危害基础数据。全州已申报企业289家，待审查企业34家，待备案企业6家，仍在填报的企业96家，已注册未填报的企业22家。已备案的企业中接触职业病危害的总人数为1.86万人，接触粉尘类1.24万人、化学性2772人、物理性9544人、放射性124人、其他类580人；存在的职业病危害因素为46种。以建设项目职业卫生“三同时”监管为抓手，严把建设项目“职业卫生三同时”监管工作，严格按照监管程序开展，从源头上消除和控制职业病危害。凉山有60家新建单位进行职业卫生“三同时”。切实抓好水泥生产企业的职业病危害专项治理工作，在喜德、冕宁、昭觉、宁南、西昌等县市的水泥生产企业进行调研督查，推动专项治理工作，全州共有11家水泥生产企业完成任务。

【事故查处】 认真贯彻执行安全事故行政责任追究的有关规定和“四不放过”原则，实行“倒查”和“顺查”相结合，加大责任追究力度，进一步增强各县市政府和州级各部门对安全生产工作的紧迫感、责任感。全年州本级共查处较大事故4起，刑事处分3人，书面检查2人，罚款64.6万元，结案率100%。

（审核：卢强/撰稿：王德美）

语言文字工作

【概况】 2013年，全州语言文字工作委员会以邓小平理论、“三个代表”重要思想和科学发展观为指导，以学习宣传贯彻党的十八大、十八届三中全会精神、习近平总书记系列重要讲话精神、省委十届三次全会精神和州委七届四次全会精神为主线，紧紧围绕州委、州政府的中心工作和年初制定的工作目标，创新工作方式，加强工作举措，在语言文字规范使用、古籍编译出版、普通话培训测试等方面取得了显著成效，为凉山全域全程全面小康建设做出了积极贡献。

【彝语文使用及翻译工作】 完成2013年度

“两会”文件及领导讲话稿、开闭幕词等30多万字的文稿翻译及同声传译工作；组织专家编写出版《彝语文简明读本》，为各界群众学习彝语文提供课本读物；认真贯彻落实州委、州政府文化惠民政策，向西昌学院、西昌一中等全州各级学校赠送价值近200万元的《中国彝文典籍译丛》等书籍，进一步推广使用彝语文和弘扬彝族文化；翻译全国、全省、全州组织工作会议精神口袋读本约1.5万字；翻译农业科普丛书20余万字；翻译公章、牌匾1440多条；收集并初步审定新词术语200余条；陪同州政协对会东、会理、西昌等县市进行社会用字调研后，对政协委员提出的《关于规范凉山州彝汉文对译的建议》第8号提案进行了书面回复；安排部署凉山州民族语文翻译系列高、中级职称资格评审工作，完成了年度中级职称评审工作。

【古籍整理和编译出版工作】 针对政协委员提出的《关于尽快出台抢救保护彝族古籍实施意见的建议》第204号提案，代拟了《凉山州人民政府关于保护彝族古籍的意见》（初稿）上交州政府，现正在征求相关单位意见；《中国彝文典籍译丛》（彝汉文对照版）第五辑于7月正式出版发行；《凉山彝族习惯法》（彝汉文版20万字）于9月正式出版发行；完成《中国彝文典籍译丛》（彝汉文对照版）第6辑的翻译、审定、编辑和插图初稿任务；完成《彝族传统道德教育》读本编译工作并送出版社待出版；收集《凉山古彝语词典》60余条古彝语词条；根据凉山州开展“实现伟大中国梦”主题教育活动政务调研和省民委古籍办《关于调研〈四川少数民族古籍搜集整理出版现状问题及对策研究〉的通知》的要求，对凉山州彝文古籍搜集整理及出版情况进行了认真调研，并撰写调研报告，上报省民委古籍办和州政府。

【语言文字规范化管理工作】 走访州林业局、农业局、畜牧局、畜科所等单位和部门，形成《强化彝汉双语科普读物的编译出版，大力促进凉山彝区经济社会全面发展》的调研报告提交国家部委联合调研组；创新工作方式，多举措积极开展了第十七届推普宣传周活动；与州委宣传部等单位共同举办凉山州“中国梦·中国诵”国学经典诵读大赛，进一步弘扬中华优秀文化和灿烂的彝族传统文化；进一步加大普通话培训测试工作力度，全年开展8期（708人）培训，共测试5294人，其中学生4130人，社会及教师1164人，受测人数比上年同期有较大增长；督办会理、会东2县社会用字延期迎检的有关事宜，多次深入2县督导社会用字规范工作，免费安装彝文软件，有力推动两县社会用字规范化进程；到会理、会东、喜德、越西等县调研彝语文规范使用与推广情况；协调沟通州旅游局、州教育局等，对州内马湖景区、彝海灵山景区、邛泸景区的社会用字进行了检查验收，对泸沽湖景区、螺髻山景区进行督导；举办西昌市广告美工彝文软件培训会，免费安装了彝文软件。此举为进一步规范管理西昌市社会用字，减少双文化差错率打下了基础；积极协调西昌市相关单位和部门，为西昌市交通公共场所提供彝语语音播报服务工作做了大量细致的工作。西昌市人民政府已责成相关单位于2014年2月底前完成彝语播报的有关工作；陪同州人大《彝语文工作条例》执法检查组到西昌、越西、昭觉、会理、会东调研《工作条例》实施情况；指导各县市开展语言文字规范化示范校创建工作和西昌市二类语言文字达标城市评估工作。与州教育局联合组成评估验收小组对西昌市一中等7所中小学校、幼儿园，甘洛县民族小学等2所小学进行了州级语言文字规范化示范学校的评估验收。

【“中国梦”主题教育活动】 召开党组会并传达学习了省委、州委有关精神，成立活动领导小组，安排部署主题教育活动各项工作；多渠道开展“中国梦”主题实践活动。积极开展“实现伟大中国梦、建设美丽繁荣和谐四川”主题教育学习讨论活动；贯彻落实州委“中国梦”教育活动工作会议，扎实开展“四型”党组织创建工作；围绕“中国梦”主题实践活动举办了“凉山州禁毒防艾双语演讲比赛”活动，取得了宣传禁毒防艾知识和推广普通话、推广使用彝语文双赢的效果；根据活动进程，完成了10期简报的编写、宣传板报、专栏的制作等宣传工作。

（审核：贾瓦盘加/撰稿：林燕）

对台工作

【概况】 2013年，州台办紧紧围绕中央的各项对台方针政策，结合凉山实际积极开展对台宣传工作。州委及时调整充实对台工作领导小组，由省政协副主席、州委书记翟占一担任组长，州委副书记苏嘎尔布，州委常委、宣传部部长王阿呷，州委常委、统战部部长达久木甲，州委常委、秘书长龙伟，副州长肖春担任副组长，加强对台工作的领导。

【对台工作会议】 贯彻落实全省对台工作会议精神。全省对台工作会议于4月12日在成都召开。州委常委、统战部部长达久木甲、州委台办负责同志参加会议。会后，凉山及时召开州委第42次常委会专门听取传达贯彻全省对台工作会议精神，于5月28日召开全州对台工作会议。会议传达贯彻全省对台工作会议有关精神和州委的重要指示，总结2012年各项对台工作，安排部署2013年对台工作。州委常委、统战部部长达久木甲出席并代表州委、州政府讲话，会议由州政府副州长肖春主持。州委副秘书长陈华、州政府副秘书长宋光明出席会议，17县市分管领导和台办主任、州对台工作领导小组成员单位负责人共70余人参加会议。

【台联工作】 州台办领导坚持参加两月一次的台联理事会例会，向理事们分析形势、通报情况，进行形势教育。5月22日，按照州委“实现伟大中国梦、建设美丽繁荣和谐四川”活动的安排，凉山州台办主任杨少波在凉山州台办、台联召开的学习会上，为台胞、台属，州、市台办、台联干部职工宣讲“实现伟大中国梦、建设美丽繁荣和谐四川”主题教育活动精神。通过做好全州广大台属思想工作，进而做好台湾人民工作。

【对台经贸】 坚持以服务中央对台工作大局和全州经济社会发展的工作取向不动摇，深化凉山与台湾经贸合作。州委、州政府明确提出，2013年凉山的招商引资工作重点是对台经贸工作，按照州委、州政府要求，州台办与州投资促进局多次赴省委台办对接凉山赴台开展经贸合作的相关事宜。应台湾贸易中心邀请，经省委批准，报经中共中央台湾工作办公室、国务院台湾事务办公室同意，8月11—17日，省政协副主席、州委书记翟占一带领州委副书记赵世勇以及州委台办、州委农办、州投资促进局、冕宁县委、越西县政府主要负责人一行8人赴台湾考察交流现代农业发展情况。在台期间，考察组一行参访旺旺集团、佳美集团、顶新集团、统一集团，考察苗栗县南庄农会及红叶苗圃场、阿里山茶叶生产基地和茶厂、苗栗县大湖农会及大湖酒庄，拜会台湾贸易中心。紧紧围绕学习借鉴台湾农业发展的先进经验、充分发挥凉山资源优势、谋求互利合作主题，使考察活动取得明显成效。继续加大《中华人民共和国台湾同胞投资保护法》及《实施细则》的宣传力度，紧密配合州商务、投资促进等部门，加大对台招商引资力度，切实有效开展对台招商引资工作。继续支持和鼓励凉山台属利用台资办企业，搞好台资内用，发展壮大台属企业，为全州经济社会发展添砖加瓦。台办积极参与第十四届西博会及中国西部海峡两岸合作交流会，利用西博会平台开展对台招商引资工作。

【对台交往交流】 当前，两岸关系和平发展进入深化阶段，两岸迈进大交流、大合作的关键时期。对台交流是一项政治性和敏感性都很强的工作。台办以高度政治责任感，按照中央对台交往交流“以我为主，于我有利”的原则，积极开展对台交往交流，努力扩大对台交往交流领域和渠道。一是充分认识赴台游的特殊性，切实把社会效益放在第一位，按照《凉山州州管干部因私事出国（境）管理暂行办法》，对州管干部因私赴台加强指导、规范管理，全年共审核州管干部因私赴台10人次。二是积极为布拖籍彝族博士后研究生罗腾赴台进行学术科技交流做好相关服务、协调工作。报经国、省台办批准，罗腾应邀赴台进行为期一年的学术科技交流。此次学术交流是受台湾新竹交通大学邀请，从事应用化学科学技术研究（心血管疾病）。三是积极支持配合中央台办组织其下属对台宣传机构——九州文化传播中心，制作拍摄以张平宜事迹为题材的电影的拍摄工作，进一步彰显两岸同胞血浓于水的骨肉亲情，弘扬中华民族扶贫济困的传统美德。3月，根据中央台办的要求，原中央台办联络局副局长贺玮、省委台办宣传处处长邹青一行专程到凉山组织召开张平宜电影剧本征求意见座谈会，台办积极做好相关接待和座谈会的组织、安排工作，并会同州委宣传部结合凉山实际，提出“以宣传主旋律为主，充分体现在党的民族政策的光辉照耀下凉山发生的翻天覆地巨大变化”等合理化建议，参与剧本审核工作。四是协助台湾公共电视台赴凉山采访。经省台办批准，台湾公共电视台一行二人于2月24日至3月24日赴越西、冕宁、盐源、昭觉、美姑采访拍摄台湾人在凉山助学情况的故事电视专题片，台办积极协调有关县市台办做好接待和服务工作，使拍摄工作顺利完成，对宣传凉山起到积极作用。

【台胞捐赠】　在省台办指导下，积极协调相关县市和单位，落实责任，完成每学年台湾“中航伟联集团”董事长彭荫刚先生捐资助学资金发放和管理，有效推动该项目的顺利进行。2013年，凉山11个国家级贫困县60名受助学生每人每年500元，共计3万元。2006—2013年凉山11个贫困县共有170多名学生得到资助，累计受助金额达12.7万元人民币。7月，省台办副主任赵宇一行到凉山调研对台联络、对台交流工作情况和彭荫刚捐资建校情况，并深入州台属企业——中山友园和力平医院进行调研，实地考察调研台胞王永庆捐资修建的冕宁县民德小学、彭荫刚资助贫困生等情况。针对台胞王永庆捐资修建的冕宁县民德小学（冕宁哈哈乡小学）急需建设一幢300平方米的厨房和餐厅、改造学校篮球场的问题，省台办副主任赵宇一行十分关心、重视，表示希望通过台胞捐赠的资金解决学校困难，改善民族地区办学条件。

【自身建设】　一是认真组织开展“实现伟大中国梦、建设美丽繁荣和谐四川”主题教育活动。州台办认真贯彻落实中央、省、州的决策部署，紧密结合对台工作实际，采取有效措施推动主题教育活动深入开展。通过支部学习、职工学习交流讨论、自学等多种形式，使全体职工真正参与到主题活动中来。二是认真贯彻落实中央关于改进工作作风、密切联系群众“八项规定”和省委、州委“十项规定”，以解决“四风”问题为中心，加强机关工作管理，提高工作效率，始终保持对台干部队伍的纯洁性。三是认真做好“挂包帮”和定点扶贫工作。筹措经费为冕宁哈哈乡小学订阅《未成年人思想道德建设专刊》30份，同时积极协调州农办，为该乡争取农民工培训资金3.87万元，解决该乡45名农民工的法律、畜牧知识培训。被州委、州政府评为2012年度全州“挂包帮”活动和百乡教育扶贫工程先进集体。四是坚持以基层组织建设年活动为抓手，落实党建工作责任制。全面加强机关党的思想、组织、作风、反腐倡廉和制度建设，不断提高机关党组织的创造力、凝聚力和战斗力，以作风建设的新成效推动全州对台工作。被评为2012年度州直机关“优秀”党组织。五是加强干部队伍建设，提高适应做新形势下对台工作的素质和能力。积极组织县市台办主任分期分批参加全国地方对台干部培训班，西昌、冕宁、越西、德昌、昭觉等5县市新任台办主任参加全国地方对台干部培训班。六是积极为灾区捐款。“4·20”雅安芦山地震后，迅速组织干部职工积极踊跃为灾区捐款800元，组织机关党员为灾区捐款800元，组织州台联理事捐款1000元。七是重视信息报送工作，有2篇信息刊登在《凉山日报》，4 篇信息被《四川对台工作》杂志采用。

（审核：杨少波/撰稿：何瑛）

档案工作

【概况】 2013 年，全州档案系统坚持以科学发展观统领档案事业发展全局，坚持依法治档，把加快档案事业发展作为主线，以党的十八大和十八届三中全会为动力，以创先争优践行党的群众路线教育实践活动为切入点，以贴中心、抓重点、促发展为工作目标，以规范化管理为手段，服务大局、服务中心、服务社会、服务群众，继续加强档案法制建设、档案业务建设、档案资源建设、档案信息化建设和档案馆基础设施建设，全面完成档案工作各项目标任务。在全省档案工作会上被评为全省档案工作先进集体、2013 年度全省档案工作目标管理先进单位、2013 年度全省档案工作创新先进集体、2013 年“中国梦，兰台情”征文活动组织奖、2013 年度全省档案系统统计工作先进单位，同时，被凉山州委、凉山州人民政府评为 2013 年度州直部门综合目标绩效考核先进单位。

【目标管理考核】 2013 年，州、县市党委、政府继续推行档案工作目标管理。4 月，在全州档案工作会上，州政府分管领导与各县市分管档案工作的领导签订档案工作目标管理责任书，州档案局与各县市档案局签订业务目标管理责任书。州档案局组成检查组对各县市、州级相关单位进行督察、检查，年终又深入各县市进行现场综合考核，对超额或全面完成目标任务的县市和州级单位进行表彰奖励。州人民政府授予会东、西昌、会理、宁南、越西、昭觉、盐源、金阳、冕宁、德昌、普格、喜德十二县市人民政府 2013 年度档案工作目标管理考核一等奖。甘洛、雷波、布拖、木里、美姑五县人民政府 2013 年度档案工作目标管理考核二等奖。州政府办公室、州政协办公室、州财政局、州纪委、州档案局等 18 个州级单位被评为“2013 年度档案工作先进集体”。并对获得 2013 年度档案工作目标管理考核一等奖和二等奖的县市及西昌市城建档案馆进行表彰奖励。

【档案法制】 2013 年，全州档案系统进一步加大档案法制建设力度，全力推进依法治档进程。州档案局积极主动向州人大汇报工作，自觉接受法律监督。各级档案部门充分利用报刊、广播、电视等媒体开展档案法制宣传教育工作，凉山州档案局、凉山州档案学会继续办好《凉山档案》季刊，宣传档案工作、普及档案法律法规知识。为进一步加大档案工作及档案法律法规知识的宣传力度，还利用《凉山日报》每月出版两期宣传档案工作专刊，普及档案法律法规知识，使档案工作更加贴近社会、贴近民生、贴近生活。通过广泛开展档案工作宣传教育活动，社会档案法律意识有明显的提升，档案工作外部环境有明显改善。在“12·4”法制宣传日活动中，全州各级档案部门积极利用各种宣传形式宣传档案法律法规。2013 年全州共对 227 个机关、企业、事业单位进行了档案工作执法检查。

【业务指导】 2013 年，全州各级档案部门继续加强对重大建设项目、新农村建设档案工作和未实现档案工作规范化管理单位的监督指导。州、县市档案局认真贯彻落实《四川省重大建设项目档案管理办法》，继续做好重大建设项目档案工作的监督指导和项目档案的登记、上报、收集、整理、移交等各项工作。项目工程竣工档案验收工作有了新的进展和新的突破，全年共派出 470 余人次对 728 个单位进行业务指导，其中：派出 285 人次对 300 多个州级以上重大建设项目档案管理进行了指导。94 个机关、企业、科技事业单位档案工作规范化管理通过考评验收，对 692 个单位的档案工作规范化管理进行了复查考评验收。与此同时，还加强对新农村建设档案工作示范乡镇创建工作的指导，4 个新农村示范乡镇档案工作规范化管理通过考评验收，5 个县开展了社会主义新农村建设档案工作示范县启动工作，组织对全州 17 县市第一次全国水利普查项目、金沙江通阳大桥，德昌新马电站档案专项验收。

【档案资源建设】 2013年，全州各县市档案馆把丰富馆藏、扎实开展档案接收与征集工作作为档案资源建设重要工作来抓。共接收档案53904卷（件）。

【档案信息化】 2013年，州、县市档案局积极开展档案信息化工作。全州18个综合档案馆全部建立了档案目录数据库，共录入机读目录11266万条，完成档案数字化数据更新392条；上报档案信息757条；省、州采用信息80余条；州档案馆馆藏案卷电子目录80437条，文件及专题级电子目录215411条。

【档案保管保护】 2013年，州、县市党委、政府重视档案保护工作，继续加大对档案保管保护经费的投入。全州共投入档案保护经费300余万元，抢救国家重点档案24701卷（件）。

【档案利用】 2013年，全州各级档案馆，加强服务窗口建设，利用来函、来电、来馆和网上查询，以及节假日预约等形式，最大限度满足利用者需求，全方位、多渠道搞好服务。共接待档案利用人员6446人次，提供档案、资料2.08万卷（盒），为利用者复制档案2748页。

【档案文化产品开发】 2013年，全州各级档案馆利用档案资源积极开发档案文化产品，编史修志及从事史料编研的人员提供档案史料，有效地把档案资源转化为文化产品。州县市档案局独立编研出版了《会理县清代档案选编第壹辑》《甘洛县不可移动文物名录简介》《布拖银饰——第一批国家级非物质文化遗产名录》《喜德建县60周年特辑》《文昌故里——崭新越西》等18部优秀档案文化产品。据统计，全州开办各类档案文化展览23次，接待参观人数8477人次。着手启动“彝族毕摩文献”申报《世界记忆名录》各项准备工作。3月初，与凉山广播电视台联办的凉山档案电视文化专题节目《档案：典藏凉山历史》定期在凉山广播电视台《民生》栏目正式开播，每周一期，每期10~15分钟，分别在凉山广播电视台的新闻频道和公共频道的黄金时间滚动播出，截至12月底，已播出37期。

【业务培训】 2013年，全州档案系统狠抓继续教育，把提高档案人员业务素质作为重点来抓。全州共举办培训班39期，有1345人次接受了档案业务理论知识培训。

【学会工作】 2013年，凉山州档案学会紧密联系档案工作实际，积极开展各项档案业务。配合档案行政部门开展档案宣传工作，充分利用报刊、广播电视等媒体，采取多种方式，开展档案法律、法规知识的宣传活动。此外，还积极参加州科协组织的科普一条街宣传活动及省档案局组织的经科协作档案学术研讨活动，共收到研讨论文98篇。

【教育扶贫】 2013年，凉山州档案局继续对普格县哈力洛乡进行帮扶。给哈力洛小学赠送了价值5000余元学习用品，同时还向教师发放了2500元的生活补助，全局职工捐款3000元“一帮一”助学金给哈力洛小学。

（审核：杨宏/撰稿：梁永昭）

政务服务

【概况】 2013年，是《四川省政务服务条例》颁布施行的第一年，州政务服务中心认真贯彻落实《条例》的各项规定，全年，州政务服务中心共受理行政审批事项6.31万件，公共服务事项917.57万件，比上年全年办件量增加11倍。所有受理事项均在法定时限内办结，群众现场评议满意率达到100%，现场办结率达到99.99%。

【政务服务标准化】 2013年，州政务服务中心配合州法制办开展行政审批项目的清理工作。40个州级部门共保留行政审批项目257项。在优化审批程序方面，州政务服务中心按照“一窗受理、分送相关、限时办结”的工作模式，实现并联审批项目统一窗口进来、统一窗口出去、统一流程办理、统一督查督办的“四个统一”。

【场地设施标准化】 2013年，昭觉县政务服务中心新大楼投入使用，越西、宁南、布拖等县政务服务中心大楼修建工作基本完成。2013年12月，州政府召开常务会议，同意在西昌新区修建州、市合一的政务服务中心大楼。

【并联审批】 2013年，州政务服务中心开辟绿色通道，为西博会凉山签约项目提供特事特办、常事快办的并联审批服务，有效地促进了签约项目早落地、落地项目早开工、开工项目早投产。2013年全年，州政务服务中心共受理包括西博会凉山州签约项目在内的基本建设项目195项，投资274.4亿元；技改项目74个，投资56.6亿元。企业设立登记并联审批工作、服务西博会签约项目工作内容多次被《凉山日报》报道，受到社会各界的广泛好评。

【政务服务体系建设】 2013年，全州除14个特别偏远和移民搬迁乡镇外，587个乡镇（街道）均建立便民服务中心，所有村（社区）便民服务代办点全部挂牌。同时，在州纪委监察局的安排部署下，222个便民服务中心的行政效能电子监察系统延伸工作已经完成。

【电子政务大厅】 按照省上要求，电子政务大厅正式更名为网上政务服务大厅。州政务服务中心按照行政审批事项的清理结果，将规范的项目名称、办事流程、办理条件、承诺时限、示范文本、电子表格等录入网上政务服务大厅，确保网上办理和大厅办理相一致。

【公共资源交易】 2013年是州公共资源交易服务中心成立的第一年，交易中心立足进场交易项目实际，不断加强内部管理、提升服务质量、完善各项规章制度和软硬件设施，确保进场交易项目交易流程更加规范、交易服务更加到位、现场管理更加严格、设施配备更趋合理。全年交易中心进场交易项目602项，招投标控制价71.96亿元，中标额63.30亿元，节资额8.26亿元、节资率达到12.03%。

【党的建设】 州政务服务中心深入开展“实现伟大中国梦、建设美丽繁荣和谐四川”主题教育活动，以坚持“三个到位”“三个结合”“三个贯彻始终”为措施，周密部署，精心组织开展形式多样的教育活动，取得较好的成效。领导班子按照转变工作作风的要求，多次深入到喜德、冕宁、普格、宁南、昭觉、布拖等县调研指导政务服务工作。

【惠民帮扶】 州政务服务中心结合“走基层”活动，先后六次深入对口帮扶的布拖县瓦都乡，了解困难群众的需求，制定脱贫规划，并携手昆明地球卫士壁纸有限公司第二次向布拖县送去包括4500余件（套）过冬衣物、300多双鞋子以及现金2300元等价值60余万元的扶贫物资。

（审核：王蕾/撰稿：王溢华）

政务接待

【概况】 2013年是贯彻落实中央、省、州关于简化接待工作规定的第一年。接待工作以贯彻落实十八大精神和中央、省、州关于简化接待工作规定及《党政机关国内公务接待管理规定》为工作主线，以“重节俭、求精细、树形象、上水平”为工作目标，转变接待理念，创新接待方式，拓展接待工作外延、丰富接待工作内涵，充分宣传、展示和推荐凉山，在全域凉山全面开发开放跨越发展中发挥了重要作用。全州接待各类客人2516批28771人次，同比减少412批18035人次。州本级接待任务227批2796人次，同比减少99批3035人次；其中，中央相关部门领导40批482人次，同比减少39批639人次；省级相关部门领导134批1176人次，同比减少50批714人次；兄弟市（州）客人15批225人次，同比减少8批216人次；军队6批20人次；企业（财团）11批109人次；其他客人21批784人次。圆满完成了全国政协副主席张梅颖，全国政协常委、国务院西部开发办副主任王金祥，环保部总量司司长刘炳江，国家文物局副局长童明康，人力资源和社会保障部副部长胡晓义，国家民委专职委员李文亮，国土资源部地质灾害应急管理办公室主任崔瑛等和省领导王东明、魏宏、王怀臣、李昌平、吴靖平、黄彦蓉、曲木史哈、彭渝等以及省人口计生委主任刘家强，省扶贫移民局局长张谷的接待任务。州接待办连续9年荣获全省接待先进集体和“1001”任务先进单位。

【管理】 严格按照中央、省、州“简化接待”规定，进一步完善了财务审批使用和监督制约机制，严格执行中央和省、州有关规定，坚持接待费用一笔一清、一季一结，严把接待费用报销审批关，严格执行“四单”制，即接待任务派遣单、任务审批单、消费项目清单和发票“四单”齐全且有接待员、经办人、审单人签字的报销制度；严格在外就餐申请、审批制度，取消了多年来的“春节团拜会”活动。严格接待范围、接待标准、经费管理，切实降低政务接待成本，不折不扣执行中央“八项规定”和省、州“十项规定”，做到了“不走样”“不变通”，达到了“热情周到不张扬、规范得体不浪费”。规范公文运行，严格公文起草、送审、签发程序，严格来文登记、分送、阅示、办理程序，严格机要文件交换、传阅、办理、保管、归还等，做到公文运行安全、及时、保密、准确。严格执行公务用车派遣制度，坚持车辆维修、装饰、换料的审查和层层审批制度，强化安全行车教育，有效保障了政务接待用车和公务用车。

【创新】 对全州政务接待工作开展了全面深入调研，向州委、州政府提交了“简化接待工作”建议，被州委、州政府采纳，成为《凉山州关于改进工作作风、密切联系群众的规定》中的重要内容；按照简化接待的要求，对接待制度进行修改完善，对接待工作流程进行优化再造，形成了规范简化接待工作制度体系。把突出地域特色、展现彝族文化作为创新接待服务的一大亮点，全力打造凉山特色接待文化品牌。一是从视觉上展示。在指南、温馨卡、乘车号、手举牌、接待服装的设计制作上，融入彝族图案、颜色等文化元素；在宾馆房间、环境布置上突出体现彝族风情，展示彝族文化，形成强烈的视觉效果。二是从餐饮上体现。以生态、健康为重点，在“土、特、鲜”上下功夫，突出地域和彝族餐饮特色，让客人从餐饮上感受在其他地方无法感受到的彝族饮食文化。三是从接待服务中彰显。在随队服务中，接待员着彝族装，用彝语问候客人，适时向客人介绍凉山彝族的民俗风情、文化传统，加深客人对凉山、对彝民族了解，感受凉山经济和社会事业的蓬勃发展，从而更加关注凉山，支持凉山发展。

【自身建设】 一是抓学习制度建设。以中心学习组学习为载体，以理论学习为重点，实行领导小组负责制，建立学习活动领导小组，专门负责理论学习。每月组织集中学习1次，全年中心学习组集中学习时间达12天，全年召开副科长以上（中心组）学习会12次，召开主任办公会18次，参学率99%。二是抓理论学习武装头脑。坚持理论联系实际的学风，把学习党史党建知识、现代科技知识、管理知识、法律知识与学习中央、省和州“规定”结合起来，就新形势下的接待工作形成了“三个共识”，即，简化接待工作打破了原有的接待工作模式、手段和服务方式，需要立即调整，转变观念，主动适应；“简化”不等于“简单化”，简化接待不是弱化接待职能，接待工作作为展示地方第一形象、第一窗口的作用没有变，相反，随着经济社会的发展，接待工作外延不断拓展，内涵不断丰富；简化接待工作对接待工作能力、水平、方法提出了新的更高的要求，必须围绕省、州工作大局，找准切入点，以更加精细化、更加人性化、更加周密细致的服务为凉山经济社会发展服务。三是抓机构队伍建设。在相关部门的支持下组织招考，公开招聘3名接待服务中心工作人员，使工作机构更加趋于科学合理，人员队伍得到壮大。四是抓学习培训提升技能。常态化组织职工开展凉山州情以及景区景点讲解比赛，以赛促学，让每一名同志站出来都能成为凉山对外形象的宣传员、讲解员。先后组织开展讲解技能演练6次，派遣2批11人次到成都、南充接待办考察学习新形势下的接待工作，2人到省上参加接待业务培训，1人到四川大学参加保密培训；同时，采取县市接待办特别是新进人员分期分批到州接待轮训2个月方式，加强对基层接待人员的培训，全年共轮训6批12人次，既提高了基层接待人员的业务技能水平，又有效促进了全州统一规范的接待操作流程的形成。

【挂包帮】 坚持“五个一”工作制度，办领导带头联系一个社、一户贫困户，全办干部职工对特困群众实行“一对一”联系帮户活动；改进作风，深入基层了解社情民意，办领导带头先后6次深入帮扶乡、村，开展调研，落实帮扶项目，与美姑县相关部门对接协商，促成了拖木乡觉洛河桥修建意向。深入学校了解教育教学工作中存在的困难和问题，先后在儿童节、教师节期间为联系乡学校送去一体机、打印机、电脑等办公用品和儿童节慰问品及教师节慰问金等价值3万余元。大力开展彝区健康文明新生活宣传教育活动，引导彝区群众移风易俗，禁毒防艾，养成良好的卫生习惯和健康文明的行为习惯。按照省、州“走基层”活动的安排部署，及时组建机构，制定实施方案，组织单位干部职工分期分批到美姑县拖木乡库合莫村开展大走访活动，广泛收集社情民意；开展“暖冬”行动，为拖木乡库合莫村30户贫困户、2户特困户和3户贫困党员送去慰问金、棉被、衣物等。

【集体荣誉】 2013年，州接待办荣获：社会管理综合治理工作目标优秀单位；“创先争优”先进基层党组织；机要文件交换优秀单位；全州档案工作先进集体；年度综合目标绩效考核先进单位；全省政务接待工作先进集体；2013年度“1001任务”先进单位等集体荣誉称号。

（审核：王建蜀/撰稿：樊飞雄）

政府门户网站建设

【概 况】 凉山州人民政府门户网站（www. lsz. gov. cn）是州委、州政府以及州级各部门、各县市人民政府在互联网上发布政务信息和提供在线服务的综合平台，是凉山州电子政务建设的重要组成部分。网站由凉山州人民政府主办，凉山州人民政府办公室承办，凉山州信息中心建设维护。网站自2004年8月1日改版开通运行以来，在州委、州政府关怀和州级各部门、各县市人民政府的大力支持配合下，紧紧围绕“信息公开、在线服务、互动交流”的功能定位，在提高政府工作透明度和行政效能、加强对外宣传、引导网上舆情、方便公众参与经济社会活动等方面发挥了较好的作用，得到社会各界的好评。

【综合绩效】 2013年，凉山州人民政府门户网站在全国297个地市级政府网站绩效评估中，综合绩效位列第7，四川省市州级政府网站第1名（不含副省级城市），居全国30个少数民族自治州政府网站第1名、连续2年在全国政府网站绩效评估中保持前10强，社会影响力和公众满意度稳步提升。凉山州电子政务统一网络平台包含政务外网和政务内网，是凉山州电子政务的基础设施，接入政务外网的县级部门1154个，新增110个；接入乡镇398个，2013年度新增198个；接入政务外网的州级部门112个（一级节点），其中凉山州信息中心汇聚节点91个，州委汇聚节点13个、州政府汇聚节点8个；州本级电子政务外网接入终端约2000

余台，已实现州政府工作部门的100%覆盖，“横向到边、纵向到底”的网络格局基本形成。

【影响力】 2013年，凉山州人民政府门户网站页面浏览6114万次，较上年增加1300多万次，平均每天16万多次，较上年增加3万多次；全部点击15585万次，每日平均点击42.6万多次；访问人次601万次。每个访问的平均页面浏览9.99次，独立页面浏览2609万次，访客停留时间平均约11分钟。

【内容保障】 2013年，网站按照“合力共建、资源共享”的建设原则，进一步加大信息发布力度，全年共发布政务及服务信息28874条，平均每个工作日发布信息118条，组织建设发布了热点政务专题13个。以重点领域信息公开为抓手，提升信息公开实效。优化实施了财政信息、保障性住房、食品安全、招标投标、环境保护、安全生产、征地拆迁、价格和收费等8个大类52个小类信息栏目。规范梳理整合民生服务资源，提升网上办事服务能力。围绕群众关注的教育、社保、医疗、就业领域设置了14个主题服务，以服务专题的形式，为公众和企业提供内容丰富的服务；建立完善了公积金、户籍办理、医疗服务等13个场景式服务和学生、老人、残疾人等8个绿色通道，按不同业务类型、不同人群对服务资源进行细化分类，方便群众进行查找，在线办事的实用性得到了进一步提高。拓展交流渠道，提升政民互动效果。通过“12345”州长公开电话，共受理群众的有效诉求1699件，办结1699件，办结率100%。与州广播电视台合办在线访谈（阳光政务）栏目，全年共直播28期访谈节目。整合全州范围内各县市、各部门的政务微博，及时发布公众重点关注的动态新闻、便民服务，拓展了与公众互动交流的渠道和桥梁。以用户为中心应用新技术，提升用户体验。策划建设了凉山州政府门户网站移动客户端、手机版本网站，新建成无障碍版本网站、繁体版本网站，升级了英文版本网站，方便了公众根据自身需求和情况选择服务渠道，及时快捷获取政务信息和服务，使公共服务能够覆盖到贫困人口和弱势群体，提升了用户的满意度和体验度，增强了网站服务的实用性和易用性。

【技术保障】 州电子政务外网建设不断推进，网络、系统、保障能力显著提升，全州统一的电子政务外网支撑服务体系初步形成，确保了州政府门户网站的安全稳定高效运行。2013年，完成了外网二期工程（第二阶段）数据中心项目建设任务，州政府门户网站运行更加稳定。提升了数据中心与核心网络的带宽，建立数据中心与核心网络的冗余路径，提高了数据中心的可靠性。利用虚拟化相关技术，实现了门户网站计算环境与存储环境的虚拟化，极大提升了门户网站的运行效率与资源利用率，初步构建了具有高可用性、高资源利用率的凉山州政务外网云计算体系。加强州政府门户网站安全子域的安全防护体系的建设，从物理防护、边界防护、入侵防御、应用层安全等方面，完善相应软硬件措施，提升州政府门户网站群的防瘫痪、防入侵、防篡改能力。

（审核：涂刚/撰稿：邹玉萍　郭菲　史在玲）

政 协

Political Consultative Committee

综 述

【概况】 2013年，凉山州政协高举中国特色社会主义伟大旗帜，坚持团结民主主题，认真履行政治协商、民主监督、参政议政职能，组织各党派团体和广大政协委员，较好地完成了全年政协工作任务，为助推凉山经济快速发展、民生持续改善、民族团结进步、社会和谐稳定做出积极贡献。

【主要工作】 一是围绕重大决策开展政治协商。坚持主题，把握主线，竭力为助推凉山经济社会持续快速健康发展建言献策。州政协常委会围绕“建设美丽凉山”“转变经济发展方式”“助推彝家新寨建设”主题开展专题协商议政，提出建议意见，对促进党委政府科学决策、民主决策发挥积极作用。组织开展“凉山民族聚居区小康社会建设”“促进民营经济发展”“加强民族地区干部保健工作”热点课题调研，形成专题调研报告，为改进和加强干部保健工作献智出力。二是围绕重大举措加强民主监督。主席会议成员牵头督办重点提案，邀请州政府领导作关于提案办理落实情况的通报。开展“提案办理回头看”活动，促进提案办理落到实处，力求做到委员满意，群众受益。认真开展对州公安局的民主评议工作，形成评议主体报告和7个单项评议意见，对促进部门作风转变、助推困难问题解决、推动公安工作健康发展、促进平安凉山建设等起到积极的作用。鼓励政协委员深入基层了解实情，对热点难点做到及时掌握、及时反映，促进民意通畅、通达和问题的解决。坚持邀请公民旁听州政协常委会议，广泛听取民意。组织参加州政协十一届二次全会的全体委员和工作人员向雅安芦山“4·20”地震灾区捐款24.8万元。搭建平台办实事。充分发挥政协联系广泛优势，搭建内引外联平台，引进社会扶贫资金及物资价值总计950万元，全州共有4099名贫困学生受助。扶贫帮困出实力。扎实开展“五个一”联系工作，主席会议成员为“五个一”联系点协调项目20个，资金806万元；州政协机关为“挂包帮”联点乡协调争取项目资金746万元，为联点乡学校师生和极度贫困村群众捐赠体育器材、学习用具及生活物品价值16万元。三是围绕重大部署积极参政议政。充分发挥州政协常委会平台，听取州纪委“2013年全州党风廉政建设”情况通报，组织委员对“工业园区建设”等情况开展专项视察，让委员知情明政，了解全州重点工作，发挥主体作用，积极参政议政、献计献策。按照州委安排，州政协主席会议成员分别承担重大项目推进等24项重点工作领导小组的副组长和“实现伟大中国梦、建设美丽繁荣和谐四川”主题教育活动、当前重点工作等督查任务。四是围绕促进和谐发挥独特优势。切实加强与各党派、团体和各族各界人士的沟通交流，营造民主协商、联合议政的合作氛围。坚持政协党组成员联系走访各民主党派、工商联制度，支持党派、团体在政协各种会议上发表意见建议。突出政协界别特点，活跃委员界别小组活动，扩大界别之间的交流。重视加强同新经济组织、新社会组织的联系，扩大团结面，增强包容性，凝聚正能量。举办新春茶话会、中秋联谊会，开展走访慰问，加强同各族各界人士的联系与交流，增进共识，凝聚人心。协助完成全国政协“推进乌蒙山片区区域发展与扶贫攻坚，促进民族地区生态文明建设与经济社会建设协调发展”“加快攀西战略资源创新开发试验区建设”，省政协“培育壮大四川省农产品品牌促进农民增收”“四川四大城市群发展中的机制与政策研究”“民族地区综合扶贫开发和基础设施建设情况”“协商民主在基层政协的现状及对策建议”“民族地区教育发展情况”等课题调研任务。圆满完成全省政协农业委员会工作座谈会、全省政协民族和宗教委员会主任座谈会在凉山召开的会务承办工作。热情接待省内外兄弟政协的来访考察，促进交流，增进感情，宣传凉山。深入藏区宣讲党的民族宗教政策，收集反映藏区社情民意信息，为党委、政府决策提供参考和依据。发挥爱国宗教界人士的特殊作用，协助做好藏区维护稳定工作，发挥重要作用。组成调研组深入木里县三大寺庙，就藏区发展稳定工作，开展为期一周的调研，向省政协提交的调研报告受到重视。竭力化解社会矛盾。主席会议成员积极参与群众上访接待，协力做好协调关系、理顺情绪、化解矛盾、促进和谐工作。充分发挥民族界、宗教界委员的作用，引导其运用民族习俗及个人影响力，参与民事调解，化解矛盾纠纷，收到事半功倍的效果。加强政协文史和新闻宣传工作，开展文史专辑《凉山州领导机构沿革》的征集编辑，办好《凉山政协》会刊和州政协网站，加强与新闻媒体的协作，不断扩大凉山州政协的社会影响力。2013 年州政协新闻宣传工作被省政协评为先进。五是围绕改进作风加强自身建设。举办州政协委员培训会、全州政协主席学习会，健全州政协党组、主席学习会制度，加强州政协机关党组理论中心组学习、机关干部职工学习活动，深入学习贯彻中共十八大、十八届二中、三中全会和省委十届三次、四次及州委七届四次全会精神，不断增强道路自信、理论自信、制度自信，筑牢共同团结奋斗的思想政治基础，始终保持政协工作的正确方向。扎实开展“实现伟大中国梦、建设美丽繁荣和谐四川”主题教育活动，以此为契机，新建立和修订完善 13 项制度，着力提升政协工作制度化、规范化、程序化水平，为州政协工作更加规范有序、高质高效运转奠定坚实基础。认真贯彻落实中央八项规定和省委、州委十项规定精神，制定《政协凉山州委员会关于改进工作作风、密切联系群众的规定》，并严格遵照执行，清正廉洁、求真务实之风进一步得到弘扬。在州政协机关开展文明创建活动，荣获省级最佳文明单位称号，以此为载体，推动机关建设迈上一个新的台阶。

重要会议

【全体会议】　政协凉山州第十一届委员会第二次会议于 2013 年 4 月 19 日—22 日在西昌举行。受州政协常委会委托，邓显祥代表政协凉山州第十一届委员会常务委员会作工作报告。对政协一年来的工作进行回顾和总结。认为州政协紧紧围绕事关凉山经济建设、政治建设、文化建设、社会建设和生态文明建设中的重大问题，务实履职、精诚出力，围绕开放兴州建言献策，围绕文化繁荣建言献策，围绕彝区发展建言献策，围绕生态建设建言献策，围绕重点工作建言献策，助推凉山全面开发开放跨越式发展。坚持履职为民宗旨，关注民生、反映民意、助解民困，协调关系、化解矛盾、增进共识，着力保障和改善民生，共同维护社会和谐稳定。以提高履职能力为基础，以健全机制制度为保障，以强化履职管理为抓手，以加强作风建设为动力，不断提升政协工作科学化水平。州政协开展各种层次的协商议政活动 41

次，提交专项建议报告21份；开展专题调研19项，提交调研报告18份；开展常委、委员视察18次，提交视察报告11份；得到州委、州政府领导肯定性批示11件次。州政协副主席季晓静向大会作州政协十一届一次会议以来提案工作情况的报告。一年来，共收到提案400件，经审查，立案365件，占提案总数的91%；作为意见转有关部门处理的31件，占提案总数的8%；不予立案的4件，占提案总数的1%。其中，全会期间提案389件，平时提案11件；各民主党派、工商联提案105件，委员个人或联名提案296件；参与提案的委员达607人次。截至2013年底，所有提案全部办结。大会补选杨洪清、苏燕凌、王萌、邹学军四位十一届州政协主席会议成员。省政协副主席、中共凉山州委书记翟占一同志在会上作重要讲话。

【常委会会议】 十一届州政协第五次常委会议于2013年4月11日在西昌召开。会议传达学习党的十八大精神和省政协十一届一次会议精神；听取《关于州政协十一届一次会议提案办理情况的通报》《全州党风廉政建设情况的通报》《关于州政协常委会工作报告的说明》《关于州政协十一届一次会议以来提案工作情况的说明》；审议通过州政协十一届二次会议有关事项；对州级部门（单位）领导班子进行民主测评。州政协主席邓显祥主持会议并讲话，州委副书记苏嘎尔布，州委常委、常务副州长滕中平，州委常委、统战部部长达久木甲应邀出席会议，州政协副主席黄志富、刘建蓉、熊仿秋、季晓静、马报、宋光明，秘书长杨洪清出席会议。十一届州政协第六次常委会议于2013年4月21日在西昌召开。州政协主席邓显祥主持会议。州委常委、统战部部长达久木甲在会上作人事事项说明，州委统战部负责同志在会上宣读州政协十一届二次会议选举有关事项文件；会议审议通过州政协十一届二次会议人事事项。十一届州政协第七次常委会议于2013年6月28日在西昌召开。会议传达学习习近平同志在党的群众路线教育实践活动工作会议上的讲话精神；听取《凉山州人民政府关于建设美丽凉山工作情况的通报》《关于建设美丽凉山的调研报告》；审议通过《州政协十一届二次会议提案审查情况的报告》。会议按照党的群众路线教育实践活动的精神要求，邀请6名群众代表旁听。十一届州政协第八次常委会议于2013年9月24日在西昌召开。会议听取《凉山州人民政府关于全州转变经济发展方式工作情况的通报》；听取并通过《关于转变经济发展方式的调研报告》；与会人员围绕转变经济发展方式议题进行广泛而深入的协商议政、建言献策。十一届州政协第九次常委会议于2013年11月12日在西昌召开。会议听取《凉山州人民政府关于彝家新寨建设工作情况的通报》《州纪委关于全州党风廉政建设情况的通报》，并通过了《关于彝家新寨建设的调研报告》；与会人员围绕彝家新寨建设议题，积极协商议政、建言献策。州民革、州财政局、州扶贫办、州规建局和昭觉县政协、越西县政协做大会发言。会议还邀请4名群众代表旁听。各县市政协主席、州级有关部门负责人、州政协机关有关负责人列席会议。

【主席会议】 十一届州政协第八次主席会议于2013年4月8日在西昌召开。会议审议通过州政协十一届五次常委会议议程（草案）、州政协十一届五次常委会议日程（草案）、州政协十一届五次常委会议工作机构及工作人员名单。会议审议州政协十一届二次会议有关事项。十一届州政协第九次主席会议于2013年5月10日在西昌召开。州政协主席邓显祥在会上传达省委开展“实现伟大中国梦、建设美丽繁荣和谐四川”主题教育活动动员大会精神和州委常委扩大会议精神。会议决定，州政协成立主题教育活动领导小组，负责主题教育活动各项工作的全面开展。十一届州政协第十次主席会议于2013年6月9日在西昌召开。会议进一步安排部署“实现伟大中国梦、建设美丽繁荣和谐四川”主题教育活动；听取州政协十一届七次常委会议筹备情况，研究会议召开时间等有关事项；研究州政协十一届二次会议以来重点提案及主席会议成员提案督办有关事项。十一届州政协第十二次主席会议于2013年9月16日在西昌召开。会议审议通过州政协十一届八次常委会议有关事项。州政协主席邓显祥主持会议并讲话，州政协副主席黄志富、季晓静、马报、杨洪清、苏燕凌、王萌，秘书长邹学军出席会议。十一届州政协第十三次主席会议于2013年10月29日在西昌召开。会议审议通过州政协十一届九次常委会议有关事项，确定州政协十一届九次常委会议11月11日报到，12日在西昌召开；会议审议通过州政协十一届九次常委会议议程（草案)、州政协十一届九次常委会议日程、州政协十一届九次常委会议发言单位名单、州政协十一届九次常委会议列席单位、旁听人员名单、州政协《关于彝家新寨建设的调研报告》。十一届州政协第十四次主席会议于2013年12月19日在西昌召开。会议传达学习省政协十一届四次常委会议精神；审议通过州政协十一届十次常委会议有关事项，确定州政协十一届十次常委会议2014年1月8日报到，9日在西昌召开，会期一天；会议审议通过州政协十一届十次常委会议议程（草案)、州政协十一届十次常委会议日程、州政协十一届十次常委会议邀请出席人员名单及旁听人员名单。研究州政协十一届三次会议大会发言事项、州政协十一届三次会议“两个报告”起草要求和2014年工作要点。

【其他会议】 1月21日，州政协召开会前驻州省政协委员学习培训会。4月19日，凉山州政协十一届二次会议开幕前，州政协在邛海宾馆新会议中心召开委员培训会，帮助委员进一步明确履行职能主要途径和方式，切实发挥委员在本职工作中的带头作用、政协工作中的主体作用和界别群众中的代表作用，推进政协工作新发展。4月21日，州政协机关举行“向芦山地震受灾地区捐款”活动，大家踊跃捐款，向灾区伸出援手，用实际行动向灾区人民奉献爱心。州政协党组书记、主席邓显祥在捐赠仪式上讲话。5月10日，州政协召开党组会议，传达贯彻凉山州“实现伟大中国梦、建设美丽繁荣和谐四川”主题教育活动会议精神。5月24日，州政协党组书记、州政协“实现伟大中国梦、建设美丽繁荣和谐四川”主题教育活动领导小组组长邓显祥为州政协机关全体干部职工、离退休老同志作主题教育活动专题党课辅导。州政协副主席黄志富、季晓静、蒋若枫、杨洪清、苏燕凌，秘书长邹学军出席会议。6月7日至8日，全州政协主席学习会在西昌召开，会议学习中共十八大和全国“两会”精神，传达学习省政协十一届二次常委会议精神和州委七届四次全会精神，参观考察邛海湿地保护工程，听取“中国梦”专题学习辅导讲座。6月13日，州政协召开全体干部职工参加的主题教育活动大会。7月16日，全省政协农业委员会工作座谈会在西昌举行。省政协副主席、州委书记翟占一出席并讲话。省政协副秘书长、农业委员会副主任刘宇主持会议。州人大常委会主任王金铁，州政协主席邓显祥出席。省政协农业委员会副主任厉国民、刘键、傅志康、白文彬、李华锋、杜春明，成都市政协副主席戴晓雁出席。7月17日，省政协“培育壮大四川省农产品品牌，促进农民增收”重点调研组来凉山州调研并召开座谈会。省政协副主席、州委书记翟占一出席并讲话。州政协主席邓显祥主持座谈会。7月19日，凉山州政协民主评议州公安局工作动员大会以视频会议的形式在州公安局召开，正式启动民主评议州公安局工作。全州17县市公安局中层以上干部在本县市分会场参加会议。8月23日上午，州政协机关举办以孝老爱亲为主题的第一期“道德讲堂”活动，活动邀请西昌市文明办毛卫东副主任等同志到现场指导，由市广播电台张金、向明分别担任主持人和主讲人，州政协机关干部职工、离退休老同志共40余人参加此次活动。8月24日，攀西战略资源创新开发试验区建设工作座谈会在凉山召开。十一届全国政协常委、经济委副主任彭小枫，十一届全国政协常委、经济委副主任孙永福，十一届全国政协常委、经济委副主任张国宝，调研组成员孙朝晖、许强、沈叙健、陈惠丰、彭丽文参加调研。省政协主要负责人，十届省政协副主席解洪，省政协副主席、州委书记翟占一，州委副书记、州长罗凉清，省政协经济委主任单晨光，省政协经济委特邀副主任、经济委原主任李亚平，州人大常委会主任王金铁，州政协主席邓显祥，凉山军分区副司令员郭友谊参加会议。12 月 5 日，凉山州政协召开“走基层”活动动员大会。州政协党组副书记、副主席黄志富对州政协“走基层”活动进行安排部署。12 月 17 日至 18 日，全省政协民宗委主任座谈会在西昌召开，传达学习党的十八届三中全会、全国政协民族和宗教委员会工作座谈会和全省藏区政协主席暨藏传佛教界政协委员座谈会精神。省政协副主席、省委统战部部长崔保华出席并讲话。省政协副主席、州委书记翟占一致辞。省政协民宗委主任宋光齐主持。省政协民宗委副主任、州政协主席邓显祥，省政协民宗委顾问、民宗委原主任、省委统战部原常务副部长董玉梅出席会议。

提案工作

2013 年，州政协各参加单位、专门委员会和广大政协委员把促进凉山经济社会科学发展、加快发展作为履行职能的第一要务，积极建言献策，共提交提案 392 件，其中，全会期间提案 387 件，平时提案 5 件；各民主党派、社会团体提案 97 件，委员个人或联名提案 295 件。经审查，共立案 358 件，占提案总数的 91.1%；8 件并案为 4 件，占提案总数的 1%；作为意见转有关部门处理的 25 件，占提案总数的 6.4%；不予立案 5 件，占提案总数 1.3%，其中 1 件转社情民意；因内容重复撤案 1 件，占提案总数的 0.2%，提案数量和立案率与上年持平。这些提案既围绕凉山经济社会发展大局，又关注民生福祉，内容涵盖凉山经济、政治、文化、社会、生态文明建设等方面，凝聚了广大委员的智慧和心血，反映了广大人民群众的要求与期盼，体现了时代特征和政协特色。

（审核：邹学军/撰稿：陈耿毅　蒲林恒）

军 事

Military

凉山军分区

【概况】 2013 年，凉山军分区党委坚决执行党中央、中央军委和军委主席习近平决策指示，深入贯彻党在新形势下的强军目标，按照“稳中求进、巩固提高”的工作基调和“五巩固、五提升”的工作思路，坚持国防后备力量建设与凉山经济社会融合式协调发展，狠抓各项工作落实，军分区部队和民兵预备役建设实现整体推进、科学发展。

【思想政治建设】 坚持把学习贯彻党的十八大和十八届三中全会精神作为首要政治任务来落实，组织 28 个宣讲团，深入乡镇、村寨、学校和寺庙宣讲 40 余次，受教育群众达 1 万余人次。扎实开展“坚定信念、筑牢军魂”和“学习贯彻党章、弘扬优良作风”两项重大教育，进一步夯实官兵职工高举旗帜、听党指挥的思想基础。严格执行中央八项规定和军委、两级军区十项规定，深入贯彻《军队党员领导干部廉洁从政若干规定》，扎实开展“六类倾向性问题专项整治”活动，酗酒、铺张浪费、乱交往、乱议论、乱告状等不良风气得到有效治理。按照“正规化管理、院校式教学、对策性研讨、移入式编组”的模式，组织基层党委（支部）书记培训，提升基层党委（支部）依法依规开展党务工作的实际能力。全面加强干部队伍建设，组织拟晋升干部进行“双考”，对部分人武部党委班子和部分干部进行调整，对新任团职干部进行集体谈话，选送 8 名干部到军地院校培训。圆满完成年度转业干部安置报到和军校考生的体检、面试和政审工作。加大全民国防教育力度，组织召开凉山州国防教育工作会，其做法被省国教委转发，凉山州委宣传部被评为国防教育“十佳”杰出单位。加强双拥共建，协调召开驻昌部队双拥工作推进会，组织部队参加西昌市第二届军地双拥文化艺术节暨火把节开幕式。加强新闻报道、理论研究和政工网建设，军分区政治部被省军区表彰为新闻报道工作先进单位。

【军事斗争准备】 着眼使命任务，广泛开展“能打仗、打胜仗”大讨论活动和作战问题研究。加强战备库室建设，修订完善军分区作战预案和各类抢险救灾预案。强化应急民兵维稳处突针对性训练、专业救援队伍训练和专武干部集训，组队参加省军区侦察兵比武竞赛获得第一名。完成西昌学院、凉山卫校 4800 余名新生军训任务。协调州、县市各级党委政府为进凉山驻训官兵提供演习、驻训保障。组织冕宁等 6 县人武部扎实抓好国防科研卫星火箭一级落区群众安全疏散工作。分两批轮换组织军分区机关、直属队和西昌市、德昌县人武部官兵和民兵奋战 44 天，圆满完成“4・20”芦山抗震救灾任务，军分区后勤部部长陈硕荣立二等功，4个单位、21名个人被两级军区和省政府通报表彰。适应征兵时间改为夏秋季进行新情况，狠抓兵员质量，顺利完成省政府、省军区赋予的新兵征集任务。军事编研、要讯和通信工作取得较好成绩，军分区被省军区表彰为要讯工作先进单位和通信执勤维护管理先进单位。

【正规化建设与管理】 巩固深化“眉山会议”精神，全面落实《军分区（人武部）正规化建设实施方案》，持续推进军分区机关和人武部正规化建设达标活动。严格落实“两课一讲评”和基层“六项制度”，深入开展谈心交心、安全教育周、条令学习月活动，广泛开展“三互”“三责”和“百日安全三无”竞赛活动，组织安全督导组不间断督导落实。全区投入300余万元，更新武器库安防系统，组织进行民兵武器装备仓库应对冲击、火灾和遭受破坏等针对性演练。加强预防犯罪工作力度，协助地方党委、政府做好军队复转退人员稳控工作。军分区被省军区表彰为安全稳定工作先进单位。

【后装综合保障】 着眼全面建设现代后勤，狠抓后勤战备教育，完善后勤保障预案，积极开展应急保障演练，芦山“4·20”抗震救灾中“军地联合保障、跟进保障、定点服务保障”的做法受到省军区抗震救灾指挥部肯定。坚持党委当家理财，严格财经管理各项制度规定，修订完善《军分区机关经费管理规定》，停发全区官兵职工福利性补助。加强军交运输管理，更换军分区部队军车号牌，组织进行驾驶员复训，开展“红旗车驾驶员”评比竞赛活动。加大基础设施建设力度，新建网球场和钢架车库，维修改造干部职工公寓房、教导队住宿楼、营区围墙和水网、电网，对营区进行绿化、美化，启动军分区独立连设施综合整治。协调州政府相关部门开通就医“绿色通道”，解决离退休老干部看病难问题。协调推进解决成都军区赋予的甘洛军用土地历史遗留问题。进一步修订完善《武器弹药管理规定》，调整补充应急维稳装备，圆满完成部分枪支和40火箭破甲弹上缴及补充武器装备请领任务。

【参建参治】 紧紧围绕州委、州政府“优势资源开发与保护、充分开放合作、大企业大集团带动”三大战略，积极组织部队官兵和民兵预备役人员参建参治。组织部队和民兵近万余人次扑灭12起森林（草原）火灾和4起山洪泥石流抢险。协调驻州部队、武警官兵1500余人参加西昌雨季植树造林大会战，绿化荒山3.33公顷，植树10万余株。积极参加凉山州“幸福凉山、暖冬关爱”活动，军分区官兵与22名留守贫困学生结对帮扶，捐助价值3万余元的衣物和学习用品。积极做好维护藏区社会稳定工作，军分区发动寺庙僧侣做好藏区维稳工作的做法被成都军区转发，木里县被评为全国最稳定的藏区。

【开展“坚定信念、筑牢军魂”主题教育活动】 2—12月，凉山军分区在全区部队开展“坚定信念、筑牢军魂”主题教育活动。整个教育活动覆盖全员、贯穿全年，分两个阶段组织实施：2—6月底为集中教育阶段，相对集中8天以上时间，围绕“坚定信念、筑牢军魂”主题，重点抓好“高举伟大旗帜，坚定‘三个自信’”“坚信党的领导，实现强国强军梦”“强化军魂意识，确保‘三个绝对’”“弘扬优良传统，振奋革命精神”“牢记肩负职责，忠实履行使命”5个专题学习教育；7—12月底为巩固深化集中教育成果阶段，围绕“强化战斗精神、提高打赢能力”，紧贴遂行各种急难险重任务和野外驻训等，突出抓好战斗精神培育，引导官兵职工把“坚定信念、筑牢军魂”的政治要求，落实到提高遂行多样化军事任务能力、忠实履行使命任务之中，收到明显实效。

【扑灭森林（草原）火灾】 2—3月，凉山州部分地区先后发生12起森林火灾，军分区组织相关县人武部带领民兵护林灭火。2月11日16时许，西昌市黄联关镇与马道镇、经久乡交界处发生森林火灾，市人武部迅速组织10多个镇应急民兵550余人，经过4天奋战将大火扑灭；2月27日14时20分，美姑县依果觉乡与龙窝乡交界处的大风顶国家自然保护区原始森林发生火灾，县人武部第一时间将火灾信息报告县委县政府的同时，立即组织人武部干部职工和依果觉乡、龙窝乡民兵320人投入森林扑火，经过近30个小时的连续奋战，将火彻底扑灭；2月27日15时许，木里县依吉乡蚕多村后所组李子坪自然点发生火灾，县人武部协调动用70辆车运送乔瓦、屋脚、列瓦、依吉、俄亚、瓦厂、宁朗等7个乡镇民兵1150人投入火场救灾，经过6个昼夜连续奋战，于3月4日10时许将火彻底扑灭；3月1日18时—2日20时，布拖县人武部组织特木里镇120名民兵参与扑灭发生在普格县与布拖县交界处木切山一起草场火灾；3月4日21时许，宁南县城附近狮子山发生森林火灾，县人武部部长黄刚迅速调动披砂、景星两镇80名民兵投入火场扑火，于3月5日9时将火扑灭。3月8日16时至19时30分，雷波县人武部组织100名民兵扑灭发生在海湾乡青沟村的森林火灾。

【召开新任团职干部集体谈话会】 4月6日下午，军分区召开新任团职干部任前集体谈话会。要求要加强学习，搞好团结，真抓实干，有所作为；要按职责和条令办事，抓好工作落实，确保任务完成好，安全无事故案件。军分区政委叶佩要求新任团职干部在新的环境中，要以新的精神面貌，做出新的工作成绩。一是要以感恩的心态对待这次调整；二是要认真搞好工作交接，把情况交接清楚，交接真实情况；三是要尽快熟悉情况开展工作；四是要在起好步、开好头的过程中树好形象；五是要在调整报到中确保安全。军分区政治部主任朱安平主持，军分区副司令员郭友谊、参谋长崔伟、后勤部部长陈硕出席，新任团职干部参加。

【做好科研卫星火箭一级落区群众疏散工作】

5月中旬和12月上旬，军分区组织相关县人武部配合西昌卫星发射中心做好发射科研卫星火箭一级落区群众安全疏散工作。5月10—14日，军分区为配合做好发射高空科学探测卫星火箭残骸一级落区群众安全疏散等工作，及时向雷波、昭觉、金阳、美姑、布拖县人武部安排部署任务；在5个任务县成立县级落区指挥部，制定安全疏散群众的总方案和5个子方案，对具体涉及的县级部门、乡镇单位具体责任人进行细化明确；配合西昌卫星发射中心专业人员对担负任务的民兵授课，观看一级落区任务分工图，观摩落区工作实施步骤演示；5月13日晚，5县人武部严密组织出动民兵650人，分为24个疏散小组和8个巡逻小组，配合地方顺利实施落区群众疏散、对空目标观察、搜索火箭残骸等任务；配合相关单位做好群众思想工作和善后工作，确保损失理赔事宜顺利进行。12月2日凌晨2时17分，西昌卫星发射中心用“长征三号乙”运载火箭，将中国探月工程二期的嫦娥三号月球探测器成功送入太空。为切实做好嫦娥三号发射相关安全保障工作，冕宁县人武部根据发射指挥部群众安全疏散方案，组织出动应急民兵515人，设立警戒执勤点位39个，疏散转移群众5145户26937人，圆满完成发射场站周边群众疏散撤离和安全警戒任务。

【参加芦山抗震救灾】 4月20日—6月3日，凉山军分区先后分两批轮换派出部队、民兵奔赴芦山县龙门乡抗震救灾。4月20日8时02分芦山县发生7.0级地震后，军分区于当日12时首批派出军分区机关和西昌市人武部干部职工、民兵180人；5月11日，第二批派出军分区机关和德昌县人武部干部职工、民兵90人，轮换第一批抗震救灾人员。两批人员执行抗震救灾任务共44天，出动车辆87台次。在灾区搭建帐篷187顶，搭建简易板房28座172间，安置群众180人，搬运救灾物资8.2万千克，协助乡政府发放救灾物资3.2万千克，为29户群众转移家用物资5.1万千克；转运伤员45人，巡诊、接诊伤病员2500多人次，发放药品价值5000余元；防疫洗消面积30700余平方米，抢通道路3千米，平整群众临时住宿地路面900多平方米，拆除危房8户21间，拆除危墙700余米，疏通排水沟2100余米，清运废墟、垃圾270.5万千克，收种庄稼5.73公顷；购置发电机10台，为130户群众供电照明，出动运水车为群众提供生活用水18.5万千克，安装卫星电视接收器100套，为当地群众提供热食4009人份。完成任务后，遵照省军区《关于组织抗震救灾部队调整回撤的指示》，抗震救灾部队民兵于6月3日顺利回撤归建。

【举办党务工作骨干培训】 6月16—21日，军分区组织17县（市）人武部政委、副部长兼军事科长，干休所协理员，独立连、勤务队指导员进行党务工作培训。培训采取“移入式编组、正规化管理、院校式教学、对策性研讨”模式进行。军分区首长全程指导培训，政委叶佩作培训动员提要求，并重点上了《充分认清党委（支部）书记职责地位，切实当好建设一流军分区（人武部）的“党代表”》的主题宣讲课；军分区参谋长崔伟、政治部主任朱安平、后勤部部长陈硕围绕培训开设的专题，分别作了《发挥党委支部的核心领导和战斗堡垒作用，确保部队和民兵应急队伍“召之即来、来之能战、战之必胜”》《全面系统掌握党的法规基本实质，提高依法指导和开展党务工作的“实战”能力》《提高贯彻民主集中制质量水平，增强基层党组织的创造力凝聚力战斗力》授课辅导。通过培训，基层党委（支部）书记党务工作能力得到提高，为推动军分区部队和民兵预备役建设科学发展奠定有力的组织基础。

【召开全州国防教育工作会议】 6月20日，凉山州全民国防教育工作会在军分区召开。省国防教育办公室主任吉昌平，州委常委、宣传部部长、州国防教育委员会主任王阿呷，军分区政委、州国防教育委员会副主任叶佩，州政府副州长、州国防教育委员会副主任施遐，军分区政治部主任、州国防教育办公室主任朱安平等领导出席，州、县两级国防教育委员会成员150余人参加。总结近年来全民国防教育开展情况，部署安排下一步全民国防教育工作；凉山州教育局、西昌市委宣传部、木里县教育局、会东县国防教育委员会、雷波县国防教育委员会等5个受表彰的先进单位交流国防教育经验做法；表彰15名国防教育和少年军校先进个人；聆听国防科技大学易金务教授围绕国家安全与海洋权益进行的辅导授课；参观17县市国防教育工作成果展和凉山军史馆。会议强调，要认真学习贯彻党的十八大精神，推进全民国防教育深入发展；始终坚持突出重点，促进国防教育向社会各界普及；积极改进方法手段，增强国防教育的吸引力和感染力。会议要求，要把握形势，提高认识，切实增强做好国防教育工作责任感和紧迫感；注重经常，扎实工作，为实现“中国梦”构筑强大国防教育基础；加强领导，狠抓落实，努力开创全州国防教育工作新局面。

【开展百日安全“三无”竞赛活动】 7月10日—10月20日，凉山军分区开展“百日安全‘无事故、无案件、无严重违纪’竞赛活动”。军分区下发关于开展“百日安全‘无事故、无案件、无严重违纪’竞赛活动”的通知进行部署；建立军分区“百日安全‘无事故、无案件、无严重违纪’竞赛活动”领导小组及办公室，认真履行其职责任务；按照“学习动员、自查自纠、整改提高、检查验收”等四个阶段组织实施；坚持以防范重大安全问题和预防季节性事故为重点，认真开展安全隐患排查治理；着力抓好工作落实，收到开展活动的良好效果。

【抗洪抢险救灾】 7—8月，凉山州内部分地区遭受暴雨和洪涝灾害袭击，相关县人武部组织民兵抢险救灾。7月17日晚至18日，美姑、冕宁两县遭受暴雨袭击，美姑县人武部组织峨曲古、洛莫依达、苏洛等乡镇民兵335人抗洪抢险，转移群众850人，抢通受损公路500多米，转移牲畜1200余头。冕宁县人武部组织棉纱湾乡、森荣乡、回坪乡共55名应急民兵抗洪抢险，协助公安交警在道路、桥梁损毁路段进行交通管制，紧急疏散转移河道、桥梁周边村民2700余人。7月21日，宁南县普降大雨，县人武部冒雨组织披砂镇民兵50余人紧急赶到因暴雨随时可能发生灾害的大花村碾房沟、小田坝村长房子泥石流预警点周边，紧急疏散村民62户279人。7月27—29日，云南省永善县黄坪乡金沙江南岸山体岩石垮塌掀起的巨浪致雷波县9名群众落水失踪，雷波县人武部组织9名干部职工及160余名民兵，展经过5天4夜沿江搜救，打捞出4具遗体。8月12日18时40分，会理县杨家坝乡新桂村因暴雨发生山体陡坡垮塌致7人被埋。会理县人武部立即启动抢险救灾应急预案，组织杨家坝乡20名应急民兵第一时间赶到现场展开救援，县人武部部长吕向东迅速调集新发镇、木古乡应急民兵40人于当日19时35分抵达现场投入救灾，同时协调县武警消防大队、水务局、安监局、国土局等相关部门专业力量实施救灾。经过连续奋战，22时30分成功救出6名被掩埋群众，其中1人因伤势过重，经抢救无效死亡，1名失踪者遗体于13日8时30分被找到。

【改进征兵宣传教育】　8—9月，凉山各级兵役机关紧扣征兵时间改为秋季进行的新情况，充分借助信息网络、新闻媒体、手机短信、LED电子显示屏等现代传媒手段，深入开展形象直观、形式多样的征兵宣传，增强宣传感染力和吸引力。针对广大青年喜爱上网的特点，在州和县市地方政府网站增设“征兵信息”网页和栏目，将征兵工作时间安排、对象范围、条件标准和优惠政策、处罚规定挂在各级政府网站，并组织网站管理及采编人员创新宣传方法手段，让适龄青年感到参军光荣，自觉积极报名应征；协调当地报刊、电台、电视台介绍《国防动员法》《兵役法》《征兵工作条例》等常识，报道应征青年踊跃报名的场面，挖掘在部队建功立业的优秀人员素材进行宣扬，使广大适龄青年切身感受参军报国的自豪感；协调相关通信部门向辖区的手机用户发送征兵信息短信，动员广大适龄青年报名应征。同时利用各小区电子宣传橱窗、借助商业街道电子灯箱广告牌、生活广场LED数字电视等城市文化和宣传设施，不断滚动和适时更新征兵宣传内容，为人民群众和适龄青年了解征兵形势提供新平台，有效激发广大适龄青年参军及其家长支持子女参军的积极性。

【学生军事训练】　9月4—18日，凉山军分区司令部指导独立连官兵实施完成西昌学院4000余名新生军事训练任务。其间共完成国防教育、队列、军体拳、实弹射击、分列式及汇报表演等多个课目教学训练任务。全体承训官兵克服连续多天下雨带来的不良天气影响，针对学生军训特点，科学安排，严密组织，严格训练，灵活方法，充分调动全体参训新生积极性，优质保量完成各项训练任务，受到西昌学院领导和参训新生的高度赞扬。9月18日上午，西昌学院召开军训总结大会，参训新生通过分列式和军事课目汇报表演展示军训成果，军分区参谋长崔伟、后勤部部长陈硕出席西昌学院新生军训结束典礼并讲话，充分肯定全体参训教官、新生良好精神风貌和军训成果，要求参训新生牢固树立国防观念，积极培育过硬作风和学风，把军训成果转化到为实现伟大中国梦而努力学好科学文化实践中去。

【开展国防教育系列活动】　9月中下旬，凉山州各县市结合第13个全民国防教育日，组织开展以“关注国家安全、履行国防义务”为主题的国防教育系列活动。州国防教育委员会（简称国教委，下同）组织西昌学院4000余名新生进行以“关注国家海洋权益”为主题的国防教育辅导授课和国防知识竞赛，在月城广场举行国防教育图片展。对西昌学院、凉山卫校实施学生军训。会理县国教委开展以“坚持走军民融合式发展之路，实现强国梦与强军梦相统一”为主题的电视演讲，在步行街、石榴广场、滨河湿地公园设立国防教育宣传咨询点，向过往人群发放国防教育和人民防空宣传单。雷波县国教委组织党政干部、民兵预备役人员和学生学习中共中央、国务院、中央军委《关于加强新形势下国防教育工作的意见》《国防教育法》《兵役法》等法规文件，并编印成彝汉双语宣传资料下发；在企事业单位、学校等开展唱军歌、学军事知识、防空疏散演练、“拥军爱民”小卫士评选等活动。会东县国教委成员单位在县城彩虹广场设置国防教育宣传点，向过往群众发放宣传资料近5000份，举办国防教育图片展，并组织民兵、企业职工、中小学生近万人参观，在县城主要街道悬挂横幅 100 多幅。通过形式多样的国防教育宣传活动，增强国防教育的感染力和吸引力，激发广大公民的爱国之心、报国之情和强国之志。

（审核：申玮　叶佩/撰稿：谭守平）

武警凉山州支队

【概况】　2013 年，支队紧紧围绕学习贯彻党的十八大精神和习主席建军治军重要思想这条主线，坚持统思想聚力量、抓班子带队伍、抓经常打基础、转作风带部队，各项任务完成十分出色，部队发展稳步向上、持续向好，支队被总队表彰为“基层建设先进支队”，被总部表彰为“连续 7 年预防事故案件工作先进单位”，涌现出一大批“全军学雷锋先进个人”。

【思想政治】　2013 年，支队突出学习贯彻党的创新理论和习主席建军治军重要思想，狠抓“两项重大教育活动”，注重意识形态引导，官兵听党指挥思想根基进一步夯实。扎实做好经常性思想工作，广泛开展“知兵爱兵、真诚带兵”“学典型争一流、传递正能量”等实践活动，官兵团队意识进一步增强。突出网络文化建设，拓展综合信息网功能，新闻报道名列全总队第三名，美姑中队团支部被共青团四川省委表彰为五四红旗团支部，四中队士官刘绪全被总政治部表彰为“全军学雷锋先进个人”。

【执勤战备】　2013 年，支队严格按纲施训，树牢“训练有功、训练有为”鲜明导向，紧贴实战强训，开展反恐应急班基地化集训，举办首届反恐应急班比武竞赛，严密组织防汛抗洪演练，部队得到摔打锤炼，一大队被总队表彰为军事训练一级机动大队，西昌中队班长李东被总队表彰为“十大军事训练标兵”。认真贯彻新《执勤规定》和中心工作网上集训精神，大抓专勤专训、专哨专训，分层定责开展勤务“六查”活动，完成“三个中心”改造、“三网融合”建设和 4 处守护目标撤勤、4 处目标新建搬迁，圆满完成炉霍藏区维稳、火把节安全保卫等临时勤务 79 起。

【基层建设】　2013 年，支队强化《纲要》意识，制订按纲建队规划，组织基层党委（支部）书记网上培训，广泛开展党支部班子岗位练兵，严格考帮建工作组培训、下派和检查督导，形成真考真帮、真抓真改的生动局面。坚持依法从严治警，突出干部和士官教育管理，严密组织精细化管理集训，有效规范 3 类 10 项经常性工作，整治安全隐患 207 处。强力推进基础设施建设，先后完成机关办公楼改造装修，作战指挥中心和八、九、会理、冕宁、警通中队新（扩）建任务，软、硬件建设得到同步协调发展。

【风气建设】　2013 年，支队坚持把风气建设作为取信官兵、赢得支持的“信任工程”，作为破解难题、推动发展的“固本工程”。干部任用、士官选晋坚持靠素质立身、凭实绩进步。注重人文关怀，干部、士官休假率达 95%，促进官兵安心尽责；严格落实改进作风系列规定，深入整治“五超”，下力狠刹“四风”，压减超编高配干部，清理机关公勤人员 11 人。严格落实“下中队当兵、蹲中队住班”，为基层解决 15 类难题。

【后勤保障】　2013 年，支队以“一长五员”为重点，扎实抓好司务长、炊事员、驾驶员、军械员、卫生员、给养员等集训，成梯次选准育好后勤业务骨干。认真贯彻总队《厉行节约严格经费管理措施》，广泛开展“厉行勤俭节约、反对铺张浪费”教育活动，对长明灯、长流水、饭菜浪费等现象进行集中整治，杜绝跑、冒、滴、漏问题。突出应急保障建设，以新兵野营拉练、后勤应急保障演练等为契机，积极探索“一组五队”、通用物资联供、应急运力联保、医疗卫生联建机制，及时修订完善各类应急保障预案，不断优化战备物资储备。

【组织建设】 2013年，支队扎实开展“学习贯彻党章、弘扬优良作风”教育活动，认真贯彻落实民主集中制，重大问题坚持广泛征求意见，集体研究决定，不搞个人说了算，确保党委依法决策、科学决策。“一班人”坚持靠共同事业凝聚团结、靠原则正义支撑团结、靠深厚感情维护团结，有效提升班子的团结质量，切实发挥好领导核心作用。经费投向投量向基层倾斜用力，深受官兵欢迎。

【重大临时勤务】 2013年，支队完成各类临时勤务79起，押解罪犯和犯罪嫌疑人646名。7月31日至8月3日，由凉山州委、州政府主办，西昌市委、市政府承办的2013年中国·西昌暨凉山彝族“火把节”在西昌市隆重举行，根据凉山州委、州政府要求，支队协助凉山州、西昌市公安局圆满完成“火把节”期间的安全保卫任务。12月20日至21日，根据凉山州公安局统一部署，支队担负玻利维亚总统莫拉莱斯到凉山州参观中国为该国发射卫星实况一级外事警卫勤务，圆满完成任务。

【重大活动】 7月8日至11日，支队在教导队严密组织第一届反恐应急班比武竞赛，共有20个代表队154人参加。竞赛中参赛官兵发扬不怕苦、不怕累、敢打敢拼精神，以昂扬的斗志在竞赛场比作风、比知识、比技能，涌现出一大批军事过硬的人才。共有3个中队夺得团体名次，3人荣立三等功，13人记支队嘉奖。为圆满完成以执勤、处突和反恐为中心的各项任务打下坚实的基础，有力推动支队军事训练质量全面提升。

【先进单位和个人】 2013年，支队被武警部队表彰为连续7年预防事故案件先进单位，被总队表彰为基层建设先进支队、安全工作先进单位、新闻工作先进单位；司令部被总队表彰为先进司令部，后勤部被总队表彰为先进后勤部；机要科被总队表彰为密码工作正规化建设先进单位，一大队被总队表彰为军事训练一级机动大队，美姑县中队团支部被共青团四川省委表彰为“五四红旗团支部”；一中队、二中队、五中队、八中队、西昌市中队、德昌县中队、会理县中队、昭觉县中队、盐源县中队、木里县中队、勤务中队共11个单位被评为基层建设先进中队；副政治委员寸金华被总队荣记三等功；四中队士官刘绪全被总政治部表彰为全军学雷锋先进个人，荣获武警部队十大忠诚卫士提名奖；司令部警务科参谋蔡仲谢被总队表彰为优秀参谋；西昌市中队班长李东被总队表彰为总队十大军事训练标兵；一中队班长张波、二中队副政治指导员王雨露、五中队班长吴盛亮、会理县中队班长李金栋、喜德县中队班长王驰被总队表彰为百名军事训练尖子；警通中队新闻报道员李结义被总队表彰为“新闻报道先进个人”。

（审核：桂甲传/撰稿：杨良刚）

武警凉山州森林支队

【概况】 2013年，武警凉山州森林支队认真学习贯彻党的十八届三中全会精神和习主席建军治军重要思想，紧紧围绕党在新形势下的强军目标，认清形势定准位，科学谋划求发展，圆满完成以打火灭火为中心的各项任务，确保部队的安全稳定和各项工作有序开展。

【思想政治】 2013年，武警凉山州森林支队严格落实党委中心组理论学习制度，认真制定年度党委中心组带机关理论学习计划和个人学习计划，组织党委机关深入学理论、学法规、学业务，在党委机关严密组织学习贯彻党章、弘扬优良作风教育整顿和树立正确理念、明辨是非界限学习讨论活动；在基层深入开展学习贯彻党章，增强党员意识、强化法纪观念、反对拜金主义和民主集中制教育；在干部队伍中有效落实“四个专题”“四个正确对待”以及政策法规、风气建设等专项教育，确保党员干部始终以强烈的事业心、责任感抓工作、促发展，广大官兵高举旗帜、听党指挥的态度更加鲜明，立场更加坚定，行动更加自觉。先后采取大课辅导、小课串讲等方式开展坚定信念、筑牢军魂，永远做党和人民的忠诚卫士主题教育；紧贴任务需要和官兵思想实际，深入开展中国梦、官兵的梦、新兵第二适应期等专题教育和经常性教育；积极配合总队法律心理服务到基层活动，注重发挥“三互”“双四一”等有效载体，积极推进经常性思想工作落实。官兵自觉将忠诚转化为立足本职践行强军梦的实际行动，熔铸于工作生活的一言一行之中。有效激发官兵立足本职、爱岗敬业的工作热情，在参加总队绿色卫士心向党系列活动中荣获3个一等奖、3个二等奖和优秀组织奖。全年有7篇经验做法被上级转发，826篇新闻稿件在省部级以上媒体刊用。

【中心任务】　从实战需要出发、从难从严训练摔打部队，突出抓好核心军事能力建设。2013年共出动853人次、车辆60余台次，圆满完成8次灭火作战和15次防火执勤任务，灭火作战当日扑灭率达80%以上，实现火扑灭、零伤亡目标。在参加灭火作战任务中，积极与地方建立定期协商制度，支队前指积极参与联指决策，充分运用无人机侦察图像、影像，卫星综合通信车图像传送和三维地图辅助指挥，确保部队内部垂直指挥和主力军作用的发挥。扎实开展砺剑行动综合演练、防火宣传月、前出驻防等大项活动。特别是3月份，组织为期1个月的防火宣传，在车站、广场、商场等人员密集区设立12处宣传点进行定点宣传，派出10支小分队深入村屯、学校、厂区进行流动宣传，协调电视台、广场管理处等3家单位，在黄金时段以滚动字幕的方式在电视和广场LED大屏上播放防火知识，其间，累计发放防火宣传单9000余份，受教育群众达2万余人。

【行政管理】　2013年，支队注重把握经常性管理工作特点规律，狠抓精细管理，强力推进正规化建设。以开展条令学习月活动为契机，采取领导授课、理论抽考、板报宣传、知识竞赛、网上会操等形式，大力营造学条令、用条令、守条令的浓厚氛围；广泛开展早操练队列、集会练坐姿、点名练站相、开饭练歌声等活动，积极组织条令班、条令兵等先进典型评选，从一点一滴、一言一行、一举一动中培养官兵令行禁止、雷厉风行的作风，正规了部队“四个秩序”。紧紧扭住“四类”安全不放松，逐级签订《安全管理责任状》，定期组织安全常识、安全警示教育和安全形势分析，注重对涉密载体、网络、手机治理，加强“五个重点问题”、水火电毒密和重要目标安全管控；采取网络查与电话查、领导查与值班干部查、定时查与夜间抽查等方式掌握官兵在位情况；各级坚持把个别人摸排、思想骨干日报、周五报平安等制度作为经常性安全管理工作紧抓不放，定期不定期组织人员思想分析、安全隐患排查。7月，按总队《开展安全大检查实施方案》要求，分步骤、分阶段组织动员部署、自纠自查和整改落实；9月上旬和10月底，分别组织严明纪律，正规秩序、振奋精神和严标准、促养成、抓落实思想作风纪律教育整顿。修订完善《支队干部管理考评实施细则》有效调动官兵做好安全管理工作的积极性、主动性和创造性。全年未发生一起严重违纪违规的人和事。

【后勤保障】　2013年，支队紧密结合灭火作战形势，及时修订完善灭火作战、抢险救援、抗震救灾、维稳处突保障方案。健全后勤组织指挥机构，编制支队后勤保障人员一览表，明确职责和任务，真正做到配套齐全、分工明确、适用可行、指挥顺畅。为三个基层大队修建生态猪舍，推行自然养猪法，并对各大队禽舍进行改造，各大队形成特色“两业”生产模式；对机关、驻昌部队营区绿化进行重新规划、调整布局，完成绿化升级改造。结合季节、疫情发展变化，积极指导部队开展好健康教育，基层卫生员坚持每天两进班排三下厨房制度，完善巡诊制度。针对H7N9流感疫情，积极做好了卫生防疫工作，指导部队组织定期消毒，落实外来、归队人员隔离观察制度，并配发防疫药品，制作并张贴H7N9预防要点宣传彩页，确保官兵身体健康。

【党委班子建设】 大力加强党委班子先进性和能力建设，不断提高两级党委班子集体领导、科学决策和创新发展能力。以参加各级理论学习和开展“三学”活动为推手，认真落实党委中心组理论学习制度，科学制定计划方案，2013年集中组织28次中心组带机关理论学习、3次专题辅导和3次体会交流，提高思维层次，强化各级班子的政治意识、大局意识、守纪意识，进一步增强党委把方向、抓大事、议大事的能力。深入开展“读书思廉”“五超”治理和“严守党纪、坚守清廉”教育，大力纠治乱告状、工作消极应付等不良倾向，不断提升各级党组织凝聚力、感召力。狠抓民主集中制落实，公平公正、阳光处理经费开支、干部使用、考学入党等敏感问题。突出对上级转变作风的规定和措施理解把握，制定贯彻落实具体措施和办法。及时召开军人代表会议，畅通民主渠道，激发参建热情。始终坚持做到开短会、讲短话，全年先后合并减少各类会议9个；每次下基层都能做到轻车简从，不迎来送往，沉入一线抓落实；注重开源节流、量体裁衣、量入为出，广泛开展“八节一压”资源节约活动，勤俭节约在部队上下蔚然成风。

【基层建设】 2013年，在认真贯彻落实总队三级军政主官《纲要》和基层党支部书记培训精神的基础上，把《纲要》和《森林部队落实〈纲要〉实施办法》、武警部队党委1号文件作为学习的重要内容；在全面总结分析上年按纲抓建中存在问题和薄弱环节的基础上，依据《实施办法》，逐条逐项完善支队《按纲服务指导基层计划》、中队《按纲建队计划》和《党员发展计划》；先后3次召开抓基层领导小组、党委常委会对《按纲服务指导基层计划》和《按纲建队计划》进行研究审定；利用支队筹备总队基层党支部书记培训之机，将各类资料汇编分类合并为军政后3大类12个内容，在原来的基础上减少近20个表本；规范统一新闻点评、晚上点名、中队警容警风警纪检查、各类登记统计和要事日记填写、部队正规化建设等8个科目在总队基层党支部培训班上进行演示和观摩。坚持“二帮二”蹲点帮建制度，全年派出共四批常委带队联合工作组下基层蹲点调研帮建，采取日查、周审、月评、季考方式，加强按纲抓建过程控制；加强对基层干部、骨干经常性帮扶，并督导各级各类人员抓好《森林部队基层单位日、周、月、季经常性工作规范》的落实，有效激发基层争先创优积极性。

【奖励情况】 2013年，支队被武警总部表彰为“连续十一年预防事故案件工作先进单位”“农副业生产先进单位”“宣传报道先进单位”。被森林指挥部表彰为“基层建设先进支队”和“党风廉政建设先进单位”；支队党委被表彰为“先进支队党委”；司令部被表彰为“先进支队司令部”，机要室被表彰为“密码工作先进单位”；木里大队六中队军人委员会被表彰为“先进军人委员会”。

（审核：张宏伟　刘永刚　魏寿高/撰稿：施春福）

公安消防

【概况】 2013年，凉山州公安消防支队党委在州委、州政府及州公安局党委的领导下，以党的十八大精神为指引，以“抓班子、带队伍、促发展、保稳定”为主线，以“跳出三州，比肩内地”为目标，坚持从民族艰苦地区消防工作和部队建设的实际出发，自我加压，积极进取，圆满完成了各项工作任务，持续巩固了“两个稳定”的良好形势，加快推进了全州消防基础建设全面提档升级。

【消防监督】 支队以圆满完成消防安全大排查大整治活动为主线，先后开展多项防火专项工作。全州共出动警力22236人次，检查单位10858家次，发现火灾隐患和违法行为11997处，发出《责令改正通知书》6399份，督促整改火灾隐患或违法行为12004处，临时查封70家，责令“三停”67家，受理行政案件352

件，罚款 172.7 万元，拘留 7 人，火灾隐患整治成效显著。支队抓住“百乡千村”、彝家新寨建设等有利时机，继续大力推进农村消防基础建设，推进实施乡镇消防“八个一”工程，全州各县市均已建立并不断完善消防安全建设示范点。全州按照网格化排查整治工作要求，建立三级网格管理机制，推动街道、乡镇、社区、村庄等建立健全消防安全网格化管理组织和工作机构，全面提升了全州消防工作整体水平，火灾防控体系日益巩固。

【执勤备战】 先后组织了基层指挥员、灭火攻坚组、战斗班班长、专职消防员等多个集训；全州消防部队统一购置了 16 部手持铱星电话；完成了支队作战指挥中心 350MHz 全省消防部队集群值班通信网入网工作；全州新增消防车 9 辆，消防装备器材和个人防护装备 1500 余件套，提前超额完成目标任务，部队战斗力得到明显提升。开展了多次灭火救援演练、应知应会评比和战训大讲堂活动，以训促战，强化部队应急处置能力；在 2013 年的全省专职消防队伍比武竞赛中，支队获得 2 个单项第三名、1 个单项第六名、团体总分全省第五名的优异成绩，创造了凉山州消防部队参加全省比武竞赛的历史最好成绩。截至 11 月 28 日，公安消防部队共接警 904 起，出动 905 次，出动消防车 1210 辆次，消防官兵 6320 人次，抢救被困人员 238 人，疏散人员 874 人，抢救财产价值 695.85 万元。

【消防宣传】 支队将“五自查四应会”作为 2013 年消防宣传教育的一项重点工作来抓，结合《消防安全常识二十条》主题宣贯工作，将“家庭五自查四应会”宣传工作模式拓宽到社区、农村、机关、学校、企业等，成功将凉山西昌市碧海蓝天小区推出并成为省级试点单位。占领媒体主阵地，分别在凉山网络电视频道与《凉山日报》开辟了消防宣传专栏，在新浪、腾讯两个主流网络开通凉山消防支队官方微博和微信；与高速公路管理局、凉山日报社、凉山电视台、金信村镇银行、沃尔玛超市等 15 家单位签订协议，通过网络电视、LED 显示屏播出消防知识。定期举行消防宣传媒体通气会，进一步密切与新闻媒体的协调联系，加深与新闻媒体的合作交流，打造全方位立体化的消防宣传教育攻势。扎实做好“119”宣传品牌，11 月 8 日，支队联合共青团凉山州委共同举行凉山州青年消防志愿服务队伍授旗仪式，形成“百人走出去、千人走进来”的消防宣传效应。

【部队建设】 队站建设：州政府于 2013 年确定了在“十二五”期间“消灭”县级现役制消防站空白点的建站目标。州长罗凉清先后主持召开州政府消防工作专题会议和全州消防工作会，向全州下达建站任务，同县市政府主要领导签订建站责任书。同时，州政府拨款 3000 多万元以“以奖代补”的方式推动建站工作。2013 年底，宁南、木里、德昌、冕宁、昭觉消防站已正式开工，其余县市消防站也将陆续开工建设。装备建设：全州消防部队统一购置了 16 部手持铱星电话；完成了支队作战指挥中心 350MHz 全省消防部队集群值班通信网入网工作；新增消防车 9 辆，高喷车、A 类压缩空气泡沫车、宿营车等一批先进的特种车辆列装部队；新增消防装备器材和个人防护装备 1500 余件套，18 类个人防护和 32 类特种防护装备达标率、攻坚组（班）装备配备率均达 90% 以上，部队战斗力显著提升。专职队伍建设：提请州政府出台了《关于加强政府专职消防队伍建设的意见》，在营房建设、队站建设、队伍规模、综合保障等方面提出了具体要求。全州 2013 年新增专职消防员 40 人，消防文员 8 人，所有县级专职消防队消防车辆达到 2 辆以上，其中 6 个县达到 3 辆以上，县域消防保卫力量得到进一步充实。

（审核：李响/撰稿：罗勇）

人民防空

【概况】 2013 年，凉山州人防紧紧围绕战时靠得住、平时用得上的工作主题，牢牢把握抢抓机遇、主动作为、重在建设的工作主线，深入实施“五大工程体系”建设，围绕人防建设“七个一”发展目标，狠抓工作落实，各项发展取得长足进步。人防指挥所工程建设有序推进，机动指挥所配套建设相继开展，规模以上人防工程建设实现零突破，完成平战结合收入14.36万元，实现人防易地建设费征收6346万多元；省政府、省军区批准普格等5县为省级人防重点县，州本级防空袭方案制定完成，人防机关“准军事化建设”深入推进，人防行政执法检查持续开展，党风廉政建设、制度建设不断加强，有力推进全州人防加快发展、科学发展、又好又快地发展。在参与“4·20”芦山地震抗震救灾工作中，州人防办被省人防办记集体三等功，指挥信息保障中心副主任木乃什初记个人三等功，指挥通信（民防应急）科副科长吉拉子聪受到个人嘉奖。

【主题教育活动】　2013年，凉山州人防严格按照实现伟大中国梦、建设美丽繁荣和谐四川主题教育活动的总体要求、主要内容和方法步骤，认真完成规定动作，突出自选动作，通过科学发展、加快发展、促进凉山发展大跨越，团结和谐、维护稳定、开创平安凉山建设新局面，弘扬抗震救灾精神、感恩奋进、凝聚凉山跨越发展正能量三个专题的教育，初步达到思想进一步统一、力量进一步凝聚、作风进一步转变、工作进一步推动总体目标要求，为加快凉山州人防事业跨越式发展、开创人防工作新局面、早日实现中华民族伟大复兴中国梦打下了坚实基础。活动中，州人防办综合科副科长鲁绍生参加主题演讲比赛荣获三等奖，组队参加党的知识竞赛取得第二名。

【工作会议】　2013年4月1日，州政府、凉山军分区组织召开全州人民防空工作会议。州政府副州长白云、凉山军分区参谋长崔伟分别讲话。会议传达贯彻全省人防工作会议精神，总结2012年全州人民防空工作，安排部署2013年人防建设任务。会议进一步鼓舞全州人防干部职工的斗志，增加和坚定加快推进人防工作的干劲，推动全州人防工作上台阶。

【重点项目建设】　2013年，基本指挥所建设完成工程内外装饰装修及指挥通信系统的设计和招投标前期准备工作，确保工程保质保量、安全顺利进行。继续开展机动指挥所配套系统建设，建成投入使用一辆越野型电台车。全年新增防空警报器12台，有效提高万人以上乡镇预警报知能力。完成7个县短波通信建设，建成7部短波电台，实现州县市之间短波通信互联互通。

【民防应急】　2013年，州人防系统积极参与雅安芦山“4·20”地震抗震救灾工作，圆满完成上级交给的任务，单位集体和个人受到省办表彰。围绕战时靠得住、平时用得上的总要求，积极开展跨省区野外训练，开展卫星组网、短波电台、无线电通信等业务训练，提高应急救援能力和水平。圆满完成《凉山州人民防空袭方案》修订任务，方案已通过州政府、军分区审批，进入最后报批阶段。

【宣传教育】　坚持以人防政策、法律法规、国防形势和人防知识为主要内容，利用国际民防日、防空警报鸣放日等机会，采取人防网站、上街设点等多种形式，对各级领导、机关干部、学校师生和城镇居民有针对性地开展各种宣传教育活动，增强广大公民的国防观念和人防意识，营造领导重视、群众理解、社会支持的良好氛围。

【防护工程建设与管理】　2013年，州人防坚持以人防指挥所建设为重点，积极克服工程建设中的困难和问题，有序推进工程建设。全面开展人防工程普查，认真检查人防地下工事及防护设备，制定平战转换方案及实施计划，确保已建工程的安全管理和满足应急转换需要。全年工程维护管理、开发利用、结合民用建筑修建防空地下室等工作任务圆满完成，行政审批和防空地下室易地建设费征收工作取得好成绩。配合开展人大执法检查，督促各人防重点县市落实“1‰”“七个一”项目建设、易地建设费征管用等政策规定。

【机关建设】 2013年，州人防加强机关作风管理，实行机关工作月目标考核制度，提高机关工作效率和办事质量。认真贯彻落实中央“八项规定”和省、州“十项规定”，针对干部管理、党风廉政建设、工作纪律等方面的问题，修改和完善单位规章制度，规范机关工作程序和工作行为。加强机关文秘、保密安全、档案管理等工作，按照《国家行政机关公文处理办法》和《国家行政机关公文格式》规定，做好公文起草、审核、制发和信息、网络安全防护、档案规范化管理等工作，机关行政行为规范，无失泄密、行政责任事故和安全稳定问题发生。扎实开展“四好”班子创建活动，坚持民主集中制，注重班子团结，积极开展批评与自我批评，关心干部职工工作和生活，整个系统形成风清气正的良好局面。认真落实党风廉政建设责任制，结合实际推进惩治和预防腐败体系建设，加强廉政风险防控机制建设，形成为民、务实、清廉的坚强战斗集体。

（审核：杨洪彬/撰稿：刘国勇）

民主党派·工商联

Democratic Parties& Federation of Industry and Commerce

民　革

【概况】　2013 年，中国国民党革命委员会凉山州第五届、西昌市第七届委员会认真贯彻民革中央组织工作精神，积极稳妥做好组织发展工作和干部培养工作，新发展党员 10 人。民革凉山州、西昌市委员会下辖 6 个基层支部，设组织部、宣传部、办公室及参政议政、经济社会服务、老龄工作、祖国统一联谊、青年工作、妇女工作等工作委员会。机关办公室有编制 2 人，在编专职干部 2 人。截至 2013 年年底，民革凉山州、西昌市委员会共有党员 259 人，大专以上学历 182 人，中高级职称 162 人。委员会由 17 人组成，主委肖春，副主委肖萍华、陈宗荣、徐艺、马阿依，秘书长林毅。2013 年，民革凉山州、西昌市委狠抓领导班子建设，提高组织领导水平，班子成员认真贯彻《四川省民主党派省委关于加强领导班子建设座谈会纪要》《凉山州各民主党派州委关于加强领导班子建设座谈会纪要》精神，逐步实现政治交接，努力提高四种能力。不断完善以民主集中制为核心的合理规范、操作有效的领导制度和工作机制，制定、完善主委会议制度规范、委员会议制度规范、机关人员工作制度、用车制度及财务制度；修改完善《先进集体评选办法》。狠抓后备干部队伍建设，提拔一批年轻有为的青年党员到党内中层干部岗位；向州委统战部后备人才库推荐 10 名后备人才。

【思想建设】　2013 年，民革凉山州、西昌市委围绕建设学习型参政党，认真贯彻落实中共十八大精神，全面增强党员政治素质，不断提高政治把握能力，与中共保持思想和行动上的一致。组织党员学习贯彻全国“两会”精神，省、州、市党代会精神及“两会”精神，并以此指导各项工作。认真学习贯彻民革十二次代表大会精神，进一步深入开展践行社会主义核心价值体系“学与行”活动。认真贯彻《民革中央关于加强理论建设的意见》，围绕中共中央发布“五一口号”65 周年、“中国梦”主题教育、民革州市委成立 30 周年等重大活动，结合民革实践，组织党员积极开展理论学习与研究，党员撰写理论及其他文章 30 余篇；组织“中国梦”演讲队参加省民革“中国梦”主题演讲比赛，获三等奖。《四川民革》《凉山日报》、州市电视台等媒体报道民革活动刊登民革党员文章 10 次（篇）。州委宣传部建立“民革活动档案”。

【参政议政】　2013 年，民革凉山州、西昌市委员会按照民革中央“三个牢牢把握”的工作方针和目标任务，举全党之力狠抓参政议政平台建设，整合人力、智力资源，加大参政骨干队伍建设力度，举办“参政议政骨干”培训班，提高其参政水平；完善参政议政激励机制，着力调动全体党员参政工作的积极性、主动性、创造性，努力形成“以参政议政为第一要务”的良好氛围。紧扣凉山州、西昌市发展战略，走访基层，深入调研，完成四个调研课题，其中《发展凉山民族文化旅游产业研究》作为向州委、州政府汇报的课题，获得好评。两篇课题收入《凉山州政务调研成果选编》一书，分别获得二、三等奖。围绕“三农”、民生、环保、法治、交通及老百姓关心的重点问题，在省、州、市“两会”上，共提交集体提案议案58件。州政协全会上提交提案28件，27件被立案；4件提案在《凉山日报》和《月城新报》刊载；4名人大代表、政协委员接受州市媒体采访；3件提案作为州、市重点提案。其中《关于进一步加强西昌市城市饮用水源地保护的建议》引起州、市党委、政府的重视，市政协为此召开座谈会、调研会，并形成调研报告；州政府将提案中封闭引水工程的建议进行论证并已立项。《西昌市大气污染对人民健康影响凸显，应该引起高度重视》在州政协大会发言引起委员和人民代表的共鸣。二支部全年共提交提案信息54条，34条被采用，2件为州、市重点提案。省政协会上提交个人提案2件，全部立案，其中《关于民族地区文化旅游产业发展的建议》被四川政协报记者跟踪采访。省、州、市人大代表、政协委员共提出提案、建议40余件，立案率达78%。凉山民革被评为西昌市优秀提案单位。

【经济社会服务】 2013年，民革凉山州、西昌市委紧扣“惠民生，促和谐”两大主题，整合党内资源，加强横向联系，拓展服务思路，创新扶贫形式，推进社会服务工作向纵深发展。加强与凉山州科技局和少儿关工委的联系，为扶贫点民族村小送去4台新电脑，2万元的学生学习用品、体育用品。与州性病艾滋病防治协会联合，共同开展“禁毒、防艾、守护我们的家园”知识宣传活动，为群众送去慰问与温暖的同时，还送去防艾、禁毒知识。与“寻找抗战老兵志愿者”组织联合，寻找六十多年前抗日救国的老兵，地质支部创新工作思路，取得州民政局的支持，为十多名贫困抗日老兵送去近2万元的经济资助。民革党员为雅安“芦山地震”捐款1.84万元。党员张永红为雅安灾区送去价值2万多元的物资。继续开展“六一”关爱儿童活动、“9·10”关心教师行动，各支部共送去价值近3万元的教学、生活用具。经社委协调，一支部为上乡村送去1万多元的健身器械。创新扶贫形式，与三个学校的师生联合组织“中国梦”主题教育活动，民革党员以自身如何实现梦想的亲身经历，激励孩子努力学习、勤劳奋斗。刘国美被评为全州“扶贫工作先进个人”。青委会积极开展“3·5”学雷锋活动，组织青年党员出演西昌市“全国文明”城市、“卫生”城市双创活动，前往湿地公园捡垃圾，宣传文明新风。举办“迎新年，关爱儿童，送温暖”大型活动，与凉山州西昌市特殊教育学校联欢，并为80余名残障儿童送去95套冬衣和价值5000元的儿童用品。陈宗荣晋升为正教授，在国家级核心期刊上发表论文4篇、省级刊物论文4篇；刘建林在国家级权威学术刊物上发表科研论文2篇，研究发现植物新物种2个，省级刊物发表论文1篇，荣获四川省同心服务团专家称号；马阿依被中国肝炎防治基金会评为先进个人；卢寰宗负责的项目获凉山州政府“科技二等奖”；俄雷批尔论文入编国家级刊物，获国家教育成果一等奖；卢雪梅摄影作品《履行职能》获《团结报》全国摄影作品二等奖；何秀娟参加民革省委“中国梦”主题演讲获三等奖；杨世忠在国家级期刊上发表1篇论文被评为“凉山州第七批学术和技术带头人后备人选”；王雪波作为副主编，发表专著《凉山州野生食用菌综合开发利用》、教材《生物化学》，在中文核心期刊上发表论文3篇，省级刊物发表论文2篇。

【祖统联谊工作】 2013年，民革凉山州、西昌市委发挥优势，坚持特色，大力促进凉山民革祖统联谊工作的“四个转型”。组织党员认真学习贯彻习近平总书记有关两岸关系的讲话，贯彻中央对台工作的各项方针、政策，坚决反对“台独”；支持台侨属党员主动加强与海外亲友见面，写一封信，打一个电话，开展思想、情感交流，宣传祖国、家乡巨大变化。支持党员走出去，融入大交流、大联合、大发展的潮流，穆文富、韦燕、胡尖等多名党员赴台观光旅游、探亲访友。围绕增强爱国情怀，祖统委组织党员清明为抗日阵亡将士纪念碑扫墓；举行中秋节座谈会，畅谈祖国和平统一早日实现的心愿。台侨属党员李家勋获“全国先进个体工商户”称号，他长期热心公益事业，全年为孤寡老人捐助2.5万元。

（审核：肖春/撰稿：王才英　张强）

民　盟

【概况】　2013年，遵循《中国民主同盟章程》相关规定，按照民盟四川省委和中共凉山州委统战部的有关要求，10月在会理召开民盟凉山州第五届委员会组织工作会议，总结换届以后凉山民盟组织发展所取得的成绩和所面临的问题，研究部署未来几年组织发展的方向和重点，为促进凉山民盟可持续发展提供组织保障。11月成立“民盟凉山州委监督委员会”，由副主委张万明担任主任，罗锐、刘阳彬、何晓雄、刘利英等四名盟员担任委员。盟州委班子成员中有4人次参加中央社院、省社院培训，2013年，盟员中1人当选省人大代表；1人当选省政协常委；1人当选州人大常委会副主任；1人担任盟省委教育工作委员会副主任；另有3人分别担任盟省委教育工作、文化工作、青年工作委员会委员；3人受聘民盟四川省委理论研究员；3人为四川民盟非公有制经济代表人士联谊会成员。进一步规范后备干部队伍建设，建立后备人才库，推荐3人为四川民盟中青年骨干、11人为四川民盟代表性人士、15人为凉山州党外代表人士。2013年重点在教育、卫生和新阶层人士等行业发展新盟员22人，把一批政治素质好、层次高、代表性强、有发展潜力的优秀人员吸纳到民盟组织中来，进一步优化组织结构。截至年底，盟员总数为432人，平均年龄53岁，发展率为5.35%。

【参政议政】　2013年，民盟凉山州、西昌市委坚持把推动科学发展作为履职的第一要务，牢牢把握“乘势而进、加快发展”的工作基调，紧紧围绕“提速增量、提质增效”双提升战略的实施，立足民盟工作，针对州、市经济发展中的热点难点问题，认真开展调查研究，使建言献策更具全局性、前瞻性和可操作性。知情出力，民主监督。盟州、市委班子成员和相关人员积极参加州、市党委、政府组织召开的座谈会、协商会、情况通报会、民主评议会和其它调研活动120次。依托“两会”，群策群力。在省、州、县（市）三级“两会”提交提案177件，经审定共立案142件，建议35件。其中：省政协个人提案6件；省人大个人建议2件；州政协提案58件（集体20件、个人37件、建议1件）；西昌市政协提案61件（集体11件、个人18件、集体建议10件、个人建议22件）；会理县政协提案28件（集体20件，个人8件）；会东县政协提案22件（集体7件，个人15件）。刘效成所提《尽快修建城区要道人行天桥及地下通道，缓解地面交通压力》的提案被确定为西昌市政协重点提案。会东支部《关于对我县矿山、沙石资源进行开采后生态恢复的建议》（集体）和邓永斌《关于在和文中学周边修建教师周转房的建议》被确定为会东县政协重点提案。在省十一届一次全会上，主委刘建蓉所提关于“少数民族地区信访工作面临的新问题及建议”提案获省政协“2007—2012年优秀提案奖”。会东支部上一年度的提案《关于优化整合会东教育资源的建议》在1月的“两会”上被评为优秀提案。全年共完成《统筹推进城乡中小学教师社会保障体系建设研究》（盟中央委托盟省委课题、西昌市委统战部课题）、《“彝家新寨”建设情况调查及政策建议》（盟省委、州委统战部调研课题）、《盟地合作的经验总结和发展思路》（盟省委理论研究招标课题）等8个调研课题。州政协全委会发言1次，常委会大会发言2次。收集社情民意6篇，全国政协采用2篇，民盟中央采用3篇，盟省委采用3篇。副主委贺新宇的论文《人文精神重建与21世纪大学精神的回归》获四川民盟高等教育研讨会一等奖，并入选民盟中央2013年教育论坛，再获一等奖。郑琼茹、刘浩合作撰写的《高校民盟组织和盟员参政议政能力》荣获盟省委高校盟务理论研究成果三等奖。吴浙安、冯和平合作撰写的《加强民主党派基层组织建设》荣获民盟四川省委理论研究论文三等奖。

【社会服务】 2013年春节前夕，到西昌兴胜乡开展2013年新春送温暖活动，给30名五保户送去棉被，现场发放“新农村卫生健康手册”300多册，书写新春对联400多副。西昌市中坝九年义务学校确定为盟州、市委“农村教育烛光行动基地学校”，并向学校“青少年宫”捐赠组合书架四组及价值2万多元的图书，设立1万元的“教学奖励基金”启动资金；与此同时，组织凉山州民族中学、西昌二中、西昌二小、西宁中心校的骨干教师与该校教师组成26对“一帮一”结对子教学活动。组织该校教师到成都市青羊区青羊实验中学和泡桐树小学西区开展一系列教研活动。10月，民盟江苏省委、无锡市委再次来到凉山开展“圆梦活动”，资助德昌县热河乡中心学校20名品学兼优的学生每人每月250元生活费，本次活动共捐资助学10万余元。“4·20”芦山大地震，全盟捐款5万多元。3月，农科支部还为“西昌市瑶山启蒙幼儿园”捐赠价值5000元的图书；7月，协调相关部门解决西昌二中运动设施，价值10万余元。会理县总支向贫困中小学生捐赠鞋子101双（价值1万余元），给贫困学生徐永锋发放生活补助费（每学期1000元）；会东支部为会东中学贫困高考生争取到四川省栋梁工程大学入学资助指标4名，为贫困考生每人争取到3000元助学补助。

【自身建设】 2013年，在全盟开展“实现伟大中国梦、建设美丽和谐四川”主题教育活动，活动期间盟员撰写心得200多篇。7月，盟州委组织举办以实现“中国梦”主题教育活动为载体的党史、盟史、统一战线理论知识竞赛，共有9个基层支部参赛，农科支部和机关支部荣获知识竞赛一等奖。4月，在州委统战部召开“纪念中共中央发布‘五一口号’六十五周年座谈会”，主委刘建蓉代表民盟作题为《在继承和发扬中不断前进》的发言。全年接收投稿200多件，出版《凉山盟讯》4期，并对《凉山盟讯》的内容进行改版。开通“民盟凉山州委员会”网站，并与民盟中央、省委网站实现互动链接。全年向凉山党报投稿刊登6篇。全年有1名盟员获省政协委员“五个一”活动（2009—2012年度）先进个人表彰；1名盟员被评为优秀市人大代表。盟员撰写各种学术、教学论文43篇，其中在核心报刊上登载3篇；主编、参编教材19部；1位盟员参加主研的“马铃薯周年生产技术体系构建与推广”获2011—2013年度全国农牧渔业丰收奖—农业技术推广合作奖；参加选育的“川凉薯10”通过四川省农作物品种审定会第七次会议审定合格；有15名盟员入选各级各类学术和技术带头人后备人选、专业委员会委员；1位盟员被新聘为教授；4位盟员获“优秀骨干教师”称号。

（审核：杨培金/撰稿：陈征）

民 建

【概况】 2013年3月，民建凉山州、西昌市委员会完成届中增补主任委员工作，选举王萌为民建凉山州第五届、西昌市第六届委员会主委。民建凉山州、西昌市委领导班子：主委王萌，副主委余堂辉、黄德斌、杨晓莉、罗伦才，秘书长王玉华。发展会员继续坚持“三个为主”的方针，全年发展会员13人，发展率4.2%。截至2013年12月，共有会员322人，平均年龄54.4岁，其中，女会员131名，离退休会员112名，与中共交叉身份10人。具有大专以上文化占63.4%，具有中、高级职称会员占45.7%，经济界会员占70.2%。会员中任各级人大代表的6名、政协委员33名，机关编制

3名，基层支部12个。

【领导班子建设】 7月，中共凉山州委召开民主党派领导班子建设座谈会，民建州、市委领导班子参加了会议。会后，根据州委统战部《关于印发〈凉山州各民主党派州委关于加强领导班子建设座谈会纪要〉的通知》文件精神，民建州、市委组织班子成员贯彻学习，同时制定并完善了各项工作的规章制度，确立了集体领导和分工负责制。

【基层支部建设】 9月，机关三支部作为全国先进基层支部参加了民建全国基层组织建设研讨会，会后，各支部认真学习民建全国基层组织建设研讨会会议精神，根据学习借鉴先进经验，促进民建州、市委会基层组织建设工作再上新台阶。2013年，会员参加支部活动出席率在60%以上的支部占83%，覆盖率90%以上的支部占100%。

【思想建设】 2013年，民建州、市委精心部署，推动“中国梦”主题教育活动顺利开展。5—7月，民建州、市委先后召开了四次主委会议、三次全委会议，深入学习党的十八大报告和习近平总书记一系列重要讲话精神，深刻理解“中国梦”的重大意义、基本内涵。委员会广泛开展了“实现伟大中国梦、建设美丽繁荣和谐四川”主题征文，会章、会史知识竞赛活动，主题教育活动座谈会，以丰富的学习形式，凝聚了会员共识。各支部按实施方案要求，组织会员广泛学习，畅谈心得体会，领导班子深入支部指导。5月，委员会召开了纪念“五一口号”发布65周年座谈会，集体回顾了民建光荣历史，坚定政治信念。

【理论研究宣传】 完成了《民族地区民主党派建设理论初探》等5篇理论研究课题，并参加民建川西南片区会议，与省内各地方组织交流工作经验，互相借鉴，促进各项工作再上一个新台阶。不断提高《凉山民讯》的办刊质量，月刊全面改版为季刊，进一步充实版面内容，鼓励会员积极撰稿，把“中国梦”学教活动心得体会、支部活动、会员风采等记录下来，巩固了思想建设成果。全年，各类报刊、电视、网站等媒体38次对民建州、市委开展活动及会员风采进行了报道，扩大了会的影响。

【参政议政】 2013年民建州、市委会领导及各级人大、政协委员积极参加州、市情况通报会、行风评议会、双月座谈会等20余次，各类调研、考察80余人次，从而全面了解和掌握凉山州、西昌市中心工作的情况、信息以及需要建言献策的工作和重大项目等，使参政议政工作目标明确、任务落实。民建州、市委广大会员深入实际调研、广泛收集反映社情民意。全年共完成《大力实施多点多极支撑发展战略促进区域协调发展的建议》等9篇调研报告。在“凉山州各民主党派工商联年度调研成果汇报会”上，民建凉山州委《关于加快转变凉山经济增长方式的建议》的发言得到一致好评。州政协常委会召开之前，积极深入调研，形成了《关于加快转变凉山矿业经济增长方式的建议》等3篇大会发言。9月，联合民建省委，积极协调州经信委、环保局、发改委、工业园区等相关部门完成了“攀西战略性资源开发试验区制度研究”课题调研。2013年，向各级“两会”提交提案、议案67件（其中集体25件），内容涉及经济工作、教育、城市建设、旅游发展、环境保护等方面，这些提案多数得到提案办理单位的重视、肯定，采纳落实率比以前提升了相当大的幅度。民建州、市委被西昌市政协评为“提案工作先进集体”，会员陈伟、代越秀被评为提案先进个人，《关于改善西昌城区公厕现状的建议》被市人大评为重点建议。

【社会服务】 抗震救灾献爱心：“4·20”芦山地震发生后，民建州、市委迅速安排布置了抗震救灾工作，动员各支部及会员加入到“抗震救灾献爱心”活动中，各支部会员积极响应。民建州、市委收到会员捐款24.5万元，会员在各自岗位及行业捐款达10万余元，会员企业好医生药业为灾区捐赠价值70余万元药品、雨具。会员左孝蓉积极参加抗震救灾，被攀西高速公路有限公司评为抗震救灾先进个人。

【服务地方经济建设】　发挥广大会员特别是会员企业家的优势，努力为地方社会经济建设服务。陈浩坚持长期资助普格县民族中学孤儿班、礼州中学“启航”助学基金，2013 年为礼州中学“启航”助学基金捐款 5 万元，李昌海通过凉山州团委向凉山州失依儿童捐款 1 万元。自 2010 年来，钟雪参加了“凉山驻州省青联委员爱心助学基金”，长期坚持为基金会注入资金，2013 年钟雪先后为金阳县白血病患儿捐助了 6 万元现金，并通过很多公益组织和医疗机构募集了 43 盒专治白血病的特效药。会员企业吸纳就业近 3000 人，会员企业安置下岗职工、退役军人及农村剩余劳动力 500 余人。

【会员获奖情况】　罗伦才的“愈疡胶囊毒理作用研究”获凉山州科学技术进步奖一等奖；何平获得凉山州人民政府“全州优秀政务调研成果”三等奖；钟雪获凉山州十年扶贫开发工作先进个人称号；李昌海被国家工商行政管理局评为“全国先进个体工商户”，郑芙蓉被评为西昌市优秀教师；陈东华当选 2013 年凉山州首届优秀律师。

（审核：王萌 /撰稿：张武霞）

九三学社

【概况】　2013 是“实现伟大中国梦、建设美丽繁荣和谐四川”的初始年，也是凉山快速发展、成果显著的一年。一年来，九三学社凉山州、西昌市委员会在中共凉山州委、西昌市委和九三学社四川省委的正确领导下，在州、市委统战部的具体指导下，高举中国特色社会主义伟大旗帜，切实履行参政党职能，为助推全域凉山全面协调可持续发展做出了一定成绩。

【组织建设】　截至 2013 年 12 月 31 日，全委共有 11 个支社，即西昌学院第一支社、第二支社、第三支社、水电建筑支社、攀西地质支社、四一零支社、西昌教育经济支社、州一医院支社、州二医院支社、农科所支社、会理支社和 1 个基层委员会，即西昌学院基层委员会（下设西昌学院第一支社、第二支社、第三支社）。社州市委委员 17 人，主委：熊仿秋（女）；副主委：柴豫蓉（女）、张林祥、林建华、徐嘉莉；秘书长：王明雯。全年发展新社员 4 人，死亡 4 人，共有社员 315 人，其中：女社员 144 人，占总人数的 46%；中、高级职称 296 人，占总人数的 94%。从界别上分：高等教育 56 人，占总人数的 17%；科学技术 134 人，占总人数的 42%；医药卫生 92 人，占总人数的 39%；党派机关 1 人；其他 35 人；（离）退休 140 人，占总人数的 44%。社州、市委有各级人大代表 9 名，其中：全国人大代表（常委）1 名，州人大代表 3 名（常委 1 名），西昌市人大代表 3 名（常委 1 名），会理县人大代表 2 名（常委 1 名）；各级政协委员 27 名，其中：省政协常委 1 名，州政协委员 11 名（副主席 1 名、常委 4 名），西昌市政协委员 9 名（副主席 1 名、常委 1 名），会理县政协委员 6 名（副主席 1 名、常委 2 名）。

【参政议政】　一年来，社州市委围绕中共凉山州、西昌市党委、政府中心工作、重大问题以及人民群众普遍关心的热点难点问题，运用提案、建议、发言等形式履职尽责。2013 年，社州市委各级人大代表、政协委员在“两会”上提交议案、提案、建议 103 件，其中全国人大代表议案 2 件，建议 6 件；四川省人大代表建议 5 件，省政协提案 3 件；凉山州人大代表建议 5 件，州政协集体提案 19 件、个人提案 15 件；西昌市人大代表建议 5 件，市政协集体提案 17 件、个人提案 12 件；会理县政协集体提案 14 件。内容涵盖经济建设、政治建设、文化建设、社会建设和生态文明建设五个方面。全国人大常委王明雯在十二届全国人代会第一次会议上提交了议案 2 件（关于修改《中华人民共和国城市居民委员会组织法》的议案、关于修改《中华人民共和国献血法》的议案)；建议6件：关于《加快土壤污染防治立法》的建议、关于《土壤污染的预防与治理》的建议、关于《尽快开办彝语卫星电视频道》的建议、关于修改《中华人民共和国人民法院组织法》的建议、关于《健全和完善司法体制和工作机制确保人民法院依法独立公正行使审判权》的建议、关于《加强对四川、青海、云南、甘肃四省民族自治地方法院经费保障工作》的建议，并在四川代表团全团会议上对两高报告审议作了发言。在十二届全国人大常委会多次会议上，就《旅游法》《消费者权益保护法》《环保法》《文物保护法》《证券法》等法律草案及国务院《生态补偿机制建设工作情况报告》等议案的审议和《关于公安机关执法规范化建设工作情况的报告》《关于城镇化建设工作情况的报告》等报告的审议进行发言。在省政协十一届一次全会上，提出提案3件："关于破解凉山交通瓶颈的建议""健全社会养老保障体系、加快养老事业发展，从容应对老龄化""建议省政府扶持凉山及省内其他适宜区发展油橄榄"。以上建议得到相关部门的重视与答复。在州政协十一届二次全会上，九三凉山州委作了"强化工业污染源监管，确保安宁河水质安全"的大会发言，被列为州政协本次会议重点提案。在州政协三次常委会上，九三凉山州委分别作了题为"抓住攀西战略资源创新开发试验区建设机遇，提升凉山工业经济绿色水平"和"建设美丽凉山，从处理好垃圾污水做起"的大会发言以及"加大产业培育，拓宽增收渠道，实现彝家新寨可持续发展"书面发言。社州市委班子成员积极参加各级党委、政府、人大、政协、统战部和有关部门召开的民主协商会、暑期学习会、双月座谈会、情况通报会、秘书长联系会、工作会及各种视察、调研活动，听取工作介绍和情况通报，参与重大事项的协商讨论，据不完全统计有近百次，就政治、经济、文化、社会、生态和人民群众普遍关心的热点、难点问题，提前做好准备，提出意见建议供决策参考。州政协《关于大力推进苦荞麦产业优化发展的建议》和《关于加快打造"苦荞之都"的建议》合并为第4号重点提案。社州、市委始终把调研作为参政议政的重要抓手，做好人员安排、经费保障，明确调研内容和目标，各调研组深入实际，调查研究，组织完成4个调研课题并形成调研报告。同时安排各支社结合专业优势，完成了4篇调研报告：《凉山州电力结构现状及发展建议》《凉山彝家新寨建设现状及建议》《安宁河流域沙石资源现状调查及建议》《凉山州耕地土壤污染的情况调查》。

【社会服务】　为切实贯彻落实州委、州政府《2013年开展州级领导干部"五个一"联系工作的通知》精神，州政协副主席、社州市委主委熊仿秋带领九三成员专程前往联系点会理县和盐源县，深入企业、工地、乡村进行调研座谈。在会理县槽元乡调研时为村民送去《新农村卫生健康手册》144本，看望贫困户杨金玉并送上慰问金；在盐源县与金冠水泥有限公司负责人座谈，实地了解生产经营情况，呼吁协调解决企业困难；到大河乡大沟村实地察看并网光伏发电项目，与项目组和乡村干部座谈，与梅雨镇党委、政府领导和村两委班子座谈产业发展及存在的困难问题，看望了贫困户陈永并送上慰问金；在县上就调研过程中了解到的问题与县委书记等领导进行了交流，达成共识。雅安芦山发生7.0级地震后，社州、市委立即向全体社员发出倡议，为灾区捐款9000元，另据不完全统计，广大社员还在州市"两会"期间和本职单位捐款23000元，认真开展"百名专家进乡村入学堂"活动。秘书长王明雯教授在西昌学院国际学术报告厅为1000多名大学生作"知识、创新与保护——知识产权与我们同行"的世界知识产权日专题讲座；王明雯被评为2013年四川省社会管理综合治理先进个人。副主委柴豫蓉2013年参加州市委关工委志愿者宣讲主讲6次，听讲人次约4000人；论文《用爱国民主科学促进和谐社会的建设》被九三学社中央评为优秀论文，柴豫蓉2013年11月4—11日参加社中央邀请出席南京"民主与科学"研讨会。

【社员荣誉】　在2013年中国大学生跆拳道锦标赛上，面对来自全国20多个省市94所高校的1000多名运动员，社员李万友带领西昌学院跆拳道代表队在比赛中取得2金、1银、1铜的好成绩。社员赵彤、朱珏华晋升为教授、李万友晋升为副教授并被西昌学院聘任。陈奕被评为凉山州十年扶贫开发工作先进个人。

（审核：熊仿秋/撰稿：于泽军）

工商联

【概况】　2013年，州工商联认真学习贯彻党的十八大和十八届三中全会精神，紧紧围绕州委、州政府的决策部署和中心工作，以促进“两个健康”为工作主题，大力强化非公有制经济人士思想政治工作，多领域开展调查研究，多渠道建言献策，积极推动部门协作和政企沟通，多层面引导民营企业转型升级，大力度加强基层工商联建设，圆满完成年度各项目标任务。

【贯彻中央精神】　党的十八大和十八届三中全会召开后，州工商联组织按照州委的统一部署，加强组织领导，以高度的政治觉悟和奋发有为的精神状态，迅速掀起学习贯彻热潮。采取召开学习会、干部职工会、报告会、撰写心得等多种形式，深入学习贯彻党的十八大和党的十八届三中全会精神，州工商联向全州工商联系统下发学习通知，就有关学习安排对各级工商联机关、基层商会以及非公有制经济人士提出具体要求。

【理想信念教育】　2013年，州工商联组织280多名民营企业家参加州委常委、州委统战部部长达久木甲作的题为《实现伟大中国梦与凉山民营企业家》主题报告；扎实开展实现伟大中国梦、建设美丽繁荣和谐四川，以信念、信任、信心为主要内容的非公有制经济人士理想信念教育，同心共筑中国梦·四川统战在行动三项主题教育活动。6月，省工商联督导组对凉山州工商联系统“三项活动”进行督导；10月，州工商联组织部分民营企业家、州县市工商联干部20人参加为期一周的由省工商联、省委党校举办的“第一期全省最新鼓励和支持民营经济又好又快发展若干政策措施内部解读培训班”；组织非公有制代表近300人参加四川省非公有制经济人士理想信念教育暨助推民营经济发展流动学校为期一天的学习培训；选派2名民营企业家参加州委统战部组织的民主党派工商联负责人暑期活动；选派4名民营企业家到清华大学、浙江大学、延安等地参加民营企业家与高级管理人才专题培训；选派1名民营企业家参加了在成都召开的世界华商大会。

【宣教工作】　州工商联与凉山日报社合作，在《凉山日报》开辟《中国梦·凉山民企篇》专栏，共刊发宣传稿件10余篇。10月，州工商联、州经信委、州投资促进局、凉山日报社联合举办2013年凉山十大经济人物评选活动；推荐四川环太实业有限责任公司、德昌志能稀土有限责任公司、四川利源养殖有限责任公司、凉山州公路建设有限责任公司等优秀民营企业和钟雪、王昌林、余坚、张明国等优秀民营企业家参加全省“两个健康”先进企业、先进人士评选，并获得表彰；推荐凉山州温州商会进入全国工商联商会党建典型案例汇编。向省工商联、州委办报送宣传信息24篇，其中州委办得分12分，超额完成年度信息目标任务。

【参政议政】　2013年，州工商联向州政协提交提案议案17件、会议发言材料3份，其中1件被列为州政协重点提案；积极参加州委、州政府及州委统战部组织的座谈会、征求意见会，就《政府工作报告》及相关重要文件提出意见和建议；开展大走访大调研活动，全年共形成5篇调研报告，其中《凉山州民营经济发展情况的调查与思考》荣获2013年度全省统战理论研究优秀成果三等奖，《关于深入推进凉山彝区健康文明新生活运动的调查与思考》等2篇调研报告获得州委主要领导肯定和表扬。积极参与州委、州政府《关于推进民营经济又好又快发展的实施意见》和州政府《关于鼓励和支持民营经济又好又快发展若干政策措施》的起草工作，及时向文件起草组报送相关材料和修改建议。

【招商引资】 2013年4月，组织凉山州部分民营企业家参加在成都举行的“四川与全国知名民营企业投资合作洽谈会”，促成签约项目12个，总投资额296.64亿元；组织凉山州民营企业家参加每年一次在成都举办的“中国西部博览会”；8月，组织6家商会的企业家到喜德进行投资项目考察，积极促进“州内资金、州内循环、民企抱团发展”，实现民企与地方政府“双赢”。

【红丝带项目】 积极争取中华红丝带基金的大力支持，2013年在全州新建23个村卫生室，每个卫生室建设规模为75平方米、资金为10万元，共计230万元；与香港女工商专联的联系，在凉山开展“造血型”项目——彝绣发展扶持项目，并积极配合州总工会抓项目的实施，让更多家庭自力更生、脱离贫困。

【就业服务】 2013年5月，州工商联与州人社局等部门联合开展“2013年民营企业招聘周活动”，州工商联积极主动到会员企业了解招工信息，组织78家会员企业参加现场招聘会，共提供就业岗位2703个，达成就业意向760人，其中高校毕业生357人；7月至9月，与团州委等部门联合举办组织开展大型就业（见习）双选会，全州105家企业，现场提供3000余个岗位现场双选，现场咨询2.15万人次，达成签约意向2936人，现场签约513人，切实帮助广大青年实现就业创业成才梦。

【抗震救灾】 “4·20”雅安芦山地震发生后，州工商联积极组织全州在昌民营企业家和州工商联机关干部职工，发扬“一方有难、八方支援”的精神，积极献爱心，共为地震灾区群众捐款24万余元，帮助他们渡过难关、重建家园。

【普法培训】 6月，州工商联与州法制办、州仲裁委联合举办2013年普法宣传培训。组织会员企业及各商会及100多户会员企业参加培训。

【维权服务】 加大协调力度，有效维护民营企业合法权益。2013年全州工商联系统共受理民营企业各类投诉、咨询、求助信访12件（次），提供法律咨询20余次，办理个案10件，办结率超过83%，涉及标的1800多万元。

【自身建设】 2013年9月州政府授权州工商联作为全州非公有制经济行业商会协会主管单位，解决业务主管单位管理权问题；围绕“一个设立、五个有”的工作目标，加强县级工商联建设，指导普格、盐源、布拖、越西、昭觉五县工商联完成换届工作；全州工商联系统新发展会员220个，同比增长3%，清理完善全州17个县市工商联数据库资料；首次在州工商联推行民营企业家轮流值班制度，充分发挥企业家的主观能动性。

【志书编撰】 为纪念州工商联成立20周年，回顾州工商联的发展成长历程，展示工商联事业和非公有制经济发展前景，精心组织编纂《凉山州工商联志（1993—2012）》，并于2013年12月6日通过州史志办的评审验收。

【“走基层、解难题、办实事、惠民生”】 积极开展实践活动，组织州工商联干部职工向扶贫联系点冕宁县哈哈乡贫困群众捐款2000元。积极参加返乡农民工服务活动。州工商联组织企业会员积极参加西昌市组织的“红红火火过大年”农民工返乡便民主题志愿服务活动。

【川滇黔毗邻联谊】 由州政协副主席、州工商联主席宋光明带队，组织部分机关干部和民营企业家代表参加12月在攀枝花召开的川滇黔毗邻市州工商联第九次联席会议，州工商联主要领导在会上作交流发言。

【获奖情况】 2013 年，州工商联受到省工商联和中华红丝带基金的通报表扬，被省工商联评为四川省企业文化建设工作先进单位、参与筹备 2013 年西博会组织工作贡献突出单位，被州委、州政府评为“招商引资工作优秀单位”“商务工作先进单位”“‘挂包帮’活动先进单位”。由州工商联牵头组织实施的中华红丝带基金凉山州艾滋病救助项目荣获民政部表彰的第八届中华慈善奖“最具影响力慈善项目奖”，昭觉县红丝带抗病毒治疗关爱中心被人力资源和社会保障部、国家卫计委评为“全国艾滋病防治工作先进集体”。

（审核：宋光明/ 撰稿：蒋定元）

群众团体

Non-governmental Organization

工会工作

【概况】 2013年，全州各级工会认真学习贯彻党的十八大、十八届三中全会、中国工会十六大、省总工会十三大和省委十届三次全会、州委七届四次全会等重要会议精神，特别是认真学习贯彻习近平总书记在同全国劳模代表座谈时、同全国总工会新一届领导班子集体谈话时的重要讲话精神，坚持走中国特色社会主义工运发展道路，扎实开展“实现伟大中国梦，建设美丽繁荣和谐四川”教育实践活动和“走基层、解难题、办实事、惠民生”等活动，团结动员广大职工在推进全面深化改革、推动科学发展、实现稳中求进中充分发挥工人阶级主力军作用。州总工会先后荣获全国总工会“市级工会财务工作先进单位”，省总工会工作目标考核二等奖，省总工会领导班子考核二等奖，省“安康杯”竞赛活动优秀组织单位，《中国工运》宣传通讯工作先进集体先进奖等荣誉称号。

【服务经济社会发展】 2013年，全州各级工会牢牢把握“科学发展、加快发展”工作基调，紧紧围绕实施多点多极支撑、“两化”互动、“三化”联动、城乡统筹和创新驱动“三大发展战略”，广泛开展以“当好主力军、建功‘十二五’”为主题的劳动竞赛、技术创新、技术协作、发明创造、节能减排、优质服务、合理化建议等群众经济技术创新活动，深化“五化五强”班组和创建“工人先锋号”活动，全州1247个企业9.9万名职工参加各类竞赛活动，规模以上企业参与面达90%以上，提出合理化建议1893条，采纳实施1287条，技术革新项目117项，发明创造8项，产生直接经济效益1491万元。广泛开展“凝心聚力跟党走、建功立业绘蓝图”主题教育系列活动，大力弘扬工人阶级伟大品格。成功举办“红天娇”杯全州首届职工羽毛球比赛，与州直工委、州体育局共同举办州级机关庆“五一”职工健身运动会、游泳比赛，成功举办“中国梦·劳动美”全州才艺大赛，深入开展“创争”活动，加大职工书屋示范建设力度，丰富职工群众精神文化生活。认真做好劳模先进评选、宣传和服务工作，全州分别命名表彰28个“凉山州工人先锋号”、28个凉山州“五化五强”班组。荣获全国五一劳动奖章1个，四川省五一劳动奖章2个，全国工人先锋号1个，四川省五一劳动奖状1个，四川省工人先锋号1个，四川省五一巾帼标兵岗1个。认真开展劳模摸底调查建档工作，组织308名省部级以上劳模进行健康体检，慰问省部级以上劳模583人次，发放慰问金85.07万元。

【维护职工合法权益】 2013年，全州各级工会开展创建厂务公开民主管理示范单位、“构建和谐劳动关系年”等活动，健全完善以职代会为主要形式的厂务公开民主管理，全州已建工会企业厂务公开率达97% 、职代会建制率达98%。大力宣传落实《四川省企业工资集体协商办法》，全州签订工资集体合同1977份，覆盖职工12.17万人；签订女职工权益保护专项合同2026份，覆盖女职工6.2万人。认真贯彻落实新修订的《中华人民共和国劳动合同法》，配合人大、政协加大执法检查、视察。全州17县（市）均建立工会劳动法律监督委员会，大力推行“两书”制度，深化州际（城际）农民工联动维权工作，及时协调处理多起跨省维权案件。关心职工心理健康，建成州级职工心灵驿站1个。深入推进职业病防治工作，职业危害严重的企业职业病防治合同签订率达100%。“安康杯”竞赛活动范围进一步扩大，全州参赛企业达773家，参赛职工达4.53万人次。加强劳动争议调解工作，促进劳动关系和谐稳定。全州建立法律监督组织1247个，劳动争议调解组织1237个，全年开展调解预防劳动争议220件。加强藏区、灾区及改制企业职工队伍维稳工作，配合做好停产、倒闭企业的善后预案和维稳工作。雅安芦山“4·20”地震发生后，凉山州总工会第一时间向全社会发出倡议并伸出援助之手，捐赠6万元救灾资金用于灾后重建工作；机关干部捐款7540余元，全州工会系统共捐款1042.5万元。

【惠民帮扶工作】 2013年，工会坚持把服务困难职工、农民工作为切入点，加大服务力度，提升服务质量，推进帮扶工作常态化、制度化、长效化和社会化。全年共筹集、协调各类帮扶资金2478.6万元，帮扶救助和慰问困难职工3.75万人次。深入实施“四季送”活动，筹集送温暖资金554万元，走访慰问困难企业390家、困难职工5096户；举办“春送岗位”招聘会等活动，发挥工会职介机构作用，帮助3260名失业人员实现再就业；筹集送清凉慰问资金25万元，走访慰问企业93家、职工3790人；筹集金秋助学资金45.6万元，资助2013年考上大学的困难职工（农民工）子女142人，超额完成州委州政府民生工程任务。深入开展医疗互助行动，全州参加住院医疗等互助保险的职工达3552人次。全州参加女职工大病互助保险2865人，为38位患病女职工赔付42万元。积极向四川省电力公司、中国移动四川公司、四川路桥集团公司、二滩水电开发公司等4个省属企业募集特殊困难儿童救助帮扶资金600万元，在越西、美姑、昭觉、盐源、宁南等县建成7所乡村学校，涉及在校学生4573人。大力实施凉山“彝绣”产业发展项目，筹集项目培训资金1300万元，计划培训5000名彝族妇女，着力在传承彝族文化的同时，帮助彝族妇女及困难女职工生产自救和就地就业。2013年，在西昌、越西、甘洛等县培训3期205人，州委、州政府把“彝绣”项目纳入州委、州政府2014年十大民生工程之一。

【机关自身建设】 扎实开展“实现伟大中国梦，建设美丽繁荣和谐四川”教育实践活动和“走基层、解难题、办实事、惠民生”等活动。把教育实践活动和“走基层”等活动与贯彻党的十八大、省委十届三次全会等精神相结合，与“中国梦·劳动美”宣传教育活动和“面对面、心贴心、实打实”服务职工在基层活动结合起来，与贯彻落实中央、省、州改进工作作风、密切联系群众有关规定结合起来，着力转变作风，汇聚职工力量，加快建设美丽富饶文明和谐新凉山。2013年，州总工会完善、修改工作制度21项，取消或合并召开全州系统性会议10次，州总工会全年“三公”经费支出大幅减少。结合“进百乡百企、住千村万户”活动，州总工会领导深入基层、企业调研60次以上，协调上级资金260.14万元，为全州17个县市、19个企业解决困难问题42个。深入推进“两个普遍”工作，广泛开展“广普查、深组建、全覆盖”集中行动，大力推进“两新组织”工会组建，推动基层企事业单位特别是非公数据库中，中小非公有制企业组建工会，最大限度地把包括农民工、劳务派遣人员在内的广大职工组织到工会中来，全州工会组建率达到95 %以上，企业职工入会率达到95%以上。

全州已建基层工会组织4576个，涵盖单位5704家，工会会员32.9万人。深入推进“双亮双促”“职工之家”规范化建设，切实加强基层工会组织规范化建设，着力增强基层工会活力，推动基层工会组织均衡发展，提高全州工会工作整体水平。全州重点打造136个基层工会组织规范化建设示范点，复查和建立“职工之家”66个。不断深化“创建学习型组织、争做知识型职工”活动，加强干部队伍培训，邀请省总工会领导对全州135名工会干部进行组织工作、法律工作、财务工作、经审工作等业务培训，参加全国总工会、省总工会调训5期31人。切实落实党风廉政建设责任制，创“四好”活动成效显著。基础设施建设不断加强，“三中心”工程建设有序推进。工会经费收入持续增长，财务管理更加规范，经费使用日趋合理。工会审计审查不断深化，经审监督成效更加明显。工会资产监督管理机制逐步健全，工会企事业单位在改革中稳步发展。工会统计、信息等各项工作质量进一步提高，机关党的建设、离退休老干部服务工作切实加强，形成了共同发展、协调发展、创新发展的良好局面。

（审核：王英/撰稿：周成鸿）

共青团工作

【概况】 2013年，共青团凉山州委在州委和团省委的坚强领导下，紧紧围绕党政中心工作和青年需求，按照州委提出的“共青团工作要有声势、有生气，既要轰轰烈烈，又要扎扎实实”的工作要求，以学习贯彻党的十八大、团的十七大精神为主线，以“青春建功新凉山”为主题，不断夯实基层基础，奋力提升服务青年能力，适时创新项目载体，在服务大局中真抓实干，开拓创新，基本形成了“常规工作长足发展、品牌工作亮点纷呈”的工作局面。

【青少年思想道德建设】 团州委充分发挥共青团实践育人、文化育人、服务育人、组织育人的作用，切实把加强青少年思想道德建设工作摆在全局工作的重要位置，以各类主题实践活动为抓手，筑牢青少年思想基础，服务青少年成长成才。一是在广大少年中开展“民族精神代代传”“城乡少年手拉手”“雏鹰争章”“争当四好少年”等主题活动，大力宣传共同进步、共同繁荣发展的思想，不断强化民族团结意识，在各族青少年中营造热爱祖国、互相帮助、共同进步的浓厚氛围。二是在广大青年中以“马剑霞先进事迹报告会”为重点，以“三抓三促三结合”为目标，召开凉山州青年代表座谈会，“我的中国梦”主题征文比赛，“我的中国梦——奋斗的青春最美丽”分享会，广泛开展“同心共筑中国梦、青春建功新凉山”，“中国梦·凉山青年在行动”等主题实践教育活动等，帮助全州广大青年牢固树立奋斗成就人生的价值观念。三是通过共青团网站、工作QQ群、微博、微信平台等新媒体“问需于青年”，正面引导青年，并启动民族地区运用新媒体，加强青少年引领的破冰计划。四是以党的群众路线教育实践活动和正风肃纪工作为契机，在全州范围内开展“青春倡廉”主题教育活动，广泛开展宣传教育、阵地建设和廉洁实践活动，筑牢青年干部廉洁防线，培养广大青少年正确的价值观和高尚的道德情操，引导青少年积极投身政治文明和廉洁社会建设实践。

【服务经济社会发展】 积极促进青年就业创业。重点针对应届大学毕业生、城镇新增青年劳动力、下岗失业青年和农村富余青年劳动力等青年群体，把握技能培训、信息服务、阵地建设、资金扶持、实施创业项目等共青团可为能为的重点环节，大力实施“青年就业（见习）双选、凉山青年创业大赛、小额贷款扶持”三大重点项目，积极探索，大胆实践，有力促进青年就业创业。

成功举办凉山州首届青年就业见习双选会。州内近百家企业提供3000余个岗位，现场咨询21500人次，达成签约意向2936人，现场签约513人。组织开展凉山州“农信杯”青年创业大赛。开展活动前，在各大新闻媒体及网站发布活动公告100次，发放宣传单5万份，张贴海报100张，通过手机网络发放短信10万条，在广场等人流密集地带播放LED活动宣传片5000次。在全州营造了参与创业的浓厚氛围，吸引了州内外涵盖农林牧渔业，信息化与高新技术产业、服务业、加工制作业等类别的167个优秀创业项目1000多人参与比赛，并邀请州内外20名专家学者参与评审，确保了大赛的高水平高质量。活动后期，为进一步促使优秀创业项目落地生根、开花结果，牵手州农村信用联社扶持40多个优秀创业项目。小额贷款扶持创业青年，针对当前创业青年资金短缺的现状，凉山各级团组织积极与相关金融部门通力合作，及时组建各层级的城镇青年小额贷款项目办公室，对符合条件有需求的青年，给予信贷支持。2013年，共计为10个县（市）青年发放小额贷款120万元，切实解决创业青年资金需求。四是强化各类技能培训。2013年，累计落实专门培训项目8个，开展各类培训50场次，3300人次参训；提供青年就业见习岗位1500个。

【彝区健康文明新生活运动】 在团省委的大力支持下，继续深化“百千万”工程和“千万书海工程”项目，大力开展“保护母亲河行动——林业双百工程”，动员广大青少年和社会公众积极参与彝家新寨生态环境和文化建设。2013年，共计开展“共青宣讲”300场，建设“共青浴室”20所，捐赠“共青方桌”600套，种植青年林100处，加强了“共青书屋”监管督机制，确保发挥实效。

【禁毒防艾工作】 团州委严格按照签订的目标责任书有关要求，思想认识到位、组织领导到位、责任分工到位、经费保障到位，全力开展禁毒防艾工作，取得了良好效果。一是以教育宣传为重点，全面普及禁防知识。全州各级团组织利用“五四”“6·26”“12·1”“12·4”“未成年人维权行动月”等重要节点，以志愿签名、主题班队活动、发放宣传材料、知识竞赛、专家讲座等方式，大力普及禁毒防艾知识，提高青少年的预防意识和防护能力。2013年，共进行禁防宣传教育231场次，发放资料3万份，受教育青少年39万多人次。二是创新活动方式，全面延伸青少年禁毒防艾工作手臂。团州委联合州禁毒办、州艾防局、西昌学院计划连续三年招募志愿者，组建志愿服务队深入各县（市）开展“我的家园梦——百名高校学子禁毒防艾乡村行”活动。2013年，共有103名高校学子深入到县（市）、乡镇、村落、彝寨向村民讲解禁毒防艾知识，发放宣传资料，展现全州近年“禁毒防艾”工作成效。三是以校外青少年为突破，全面掀起禁毒防艾工作热潮。重点针对进城务工、社区闲散和农村留守等青少年群体，开展健康大培训活动。

【“幸福凉山”青年志愿服务项目】 一是健全志愿者工作领导协调机制。整合西部计划、研究生服务团、“幸福凉山”志愿者共同参与，形成相互密切配合的志愿者工作机制。二是规范和加强志愿者的招募和管理。2013年，招募西部计划志愿者94人，招募“幸福凉山”志愿者13万名。加大志愿者服务知识和技能培训，提高服务意识、能力和水平。三是创新特色工作项目，深化工作品牌。2013年累计开展各类志愿服务活动上千场次，为50多万人提供了志愿服务。四是完善志愿服务评价和激励机制。以日常服务记录和组织评价、服务对象评价为依据，对志愿者工作绩效进行客观评价。实施青年志愿者“十百万”接力行动，广泛开展志愿者帮扶活动。成功举办“凉山州西部计划十周年表彰大会”，对优秀志愿者和项目办进行表彰。

【持续关爱青少年】 一是开展“青春助学”活动：开展“我要上大学”“爱伴你成长”等主题助学活动，2013年，州县两级团委累计筹集各类项目助学资金150万元，资助州内1169名贫困生。二是整合社会资源，全面落实困难青少年帮扶工作。争取到350多万元州外爱心企业的捐助，建设8所希望小学和中国青基会价值20余万元的10个希望工程快乐体育园地；联系中国光华科技基金会、王振滔慈善基金会、新浪、慈云助学、“爱心背包”社团、妙喜慈善基金、成都理工大学等爱心慈善机构和单位，为特殊困难学生捐赠价值230余万元皮鞋6000多双、衣物11000套、电脑50台、图书10000多册及美术教室。三是开展关爱留守学生活动。启动“留守学生关爱行动月”活动，强力推出关爱留守学生公益项目，组织“快乐学校”——2013年暑期关爱留守学生专项志愿服务行动。共建“留守学生之家”18所，开展为留守儿童志愿服务2万余人次。四是深入推进“挂包帮”工作。2013年，协调落实金阳县丙底乡丙底洛村改土项目资金10万元，丙底乡中心校维修经费5万元，“六一”儿童节慰问物品价值15000元。及时响应州委、州政府将对口扶贫工作转移到定点帮扶极度贫困村的指示精神，研究帮扶措施，制定金阳县土沟乡日克地村帮扶计划，组织干部深入帮扶村结对帮扶，为8户联系贫困农户送去6400元能繁育母猪养殖的扶持资金，为乡中心校送去语音教学机、文体用品等价值2万余元的爱心物资；落实到位村文体广场7万元的项目建设资金；开展300人的农村技能人才培训。

【维护青少年合法权益】 一是继续深入推进“共青团与人大代表、政协委员面对面”活动，加大与州人大办公室、州政协办公室的协调力度，健全代表委员反映青少年普遍性利益诉求的制度性安排。州县两级召开“面对面”座谈会18次，撰写调研报告18篇，形成提交州县“两会”提案19份。二是充分发挥州预防青少年违法犯罪专项组办公室和未成年人保护委员会办公室作用，及时召开联系工作会，深化青少年思想道德和法制宣传教育，净化青少年成长社会环境，抓好重点青少年群体服务管理。三是邀请省上专家开展了“四川省‘12355’阳光行动——中高考专题心理辅导”活动，进行中高考减压心理咨询专题讲座，服务中高考学子及家长。

【组织建设】 团州委紧紧围绕“党建带团建”，狠抓基层组织建设，坚持抓工作活力与抓组织建设并重，加强团员、团干部队伍能力作风建设，努力提高团的建设和组织工作科学化水平，为凉山共青团事业的发展提供了有力的组织保障。一是以《中共四川省委关于进一步加强和改进新时期工会、共青团、妇联工作的意见》（川委发〔2013〕18号）和《关于进一步支持和推动共青团基层组织建设和基层工作的意见》（川青联发〔2012〕31号）文件精神为契机，健全完善了共青团工作经费保障机制，州县（市）政府按所辖地区青少年人口总数，以每人每年不少于1元的标准安排了工作经费。全州611个乡镇均保障每年至少有5000元共青团工作经费纳入财政预算，其中207个乡镇按照每年2万元的共青团工作经费标准足额纳入财政预算。加强层级化与非层级化团建组织载体建设。二是指导县级团委按期换届。加强与县（市）党政沟通，督促指导所辖县级团委按团章规定按期换届。2013年，全州有7个县（市）按期召开团代会；西昌市召开少代会，均顺利完成换届选举工作。提升企业团组织活力，全州各县（市）团委分别与当地国资部门沟通联系，强化对企业团建工作的督促考核，推动企业特别是国有企业团建工作。团州委及时召开“凉山州企业团建工作推进会”，全州38家参会的企业团委通过现场参观、考察、交流、听取工作汇报，加强了联络沟通，学习了先进经验。三是强化县级团委工作力量。开展第三批选派高校团干部到县级团委挂职工作和第二轮第三批、第四批抽调市州以上团的领导机关干部到县级团委驻点工作。切实加强了对挂职和驻点干部的考核和管理。四是巩固乡镇（街道）团委“桥头堡”作用。深入推进乡镇“实体化”大团委建设，进一步健全“大团委”基本组织体系，理顺隶属关系和工作关系，强化工作内容设计，推进“大团委”回头看工作。新建乡镇直属团组织6945个，覆盖全州611个乡镇，3733个行政自然村，覆盖团员83610人，联系35岁以下青年229329人。同时，选定布拖县作为试点，在全省率先探索民族地区大团委建设模式，试点工作已取得初步成效。五是深化驻外团建工作。2013年，全州新建驻外团工委18个。其中，州级在云南省建驻外团工委1个，县（市）建驻外团工委17个，均按要求进一步扩大和巩固驻外团建工作成果。对已建驻外团组织进行分类考评，通过“支持一批、整改一批、撤销一批”促进驻外团组织激发活力，发挥作用。六是“两新”组织团建工作深入推进。截至2013年年底，全州已完成非公有制组织团建80家，覆盖团员1240名、青年2000名；新社会组织建团45家，覆盖团员613名；同时强化管理责任，推进分层级进行直接联系管理。

【团干部队伍建设】　一是加强团干部作风建设。按照中央、省委省政府和团中央、团省委改进工作作风、密切联系青年群众有关规定，扎实开展“两深入四同一带头”和“走、转、改”大调研活动，深入基层一线调查研究，为共青团工作把脉，切实解决青年迫切需要解决的问题，进一步密切与青年的联系，严肃工作纪律，继续加强重点工作的督促检查。二是开展团干培训，提升团干部能力素质。2013年8月举办了州级团干部培训班一期，培训团干部80人。全州各县（市）采用以会代训的方式，培训团干部2126人次。同时，选派了12名同志参加省团校团干、少先队辅导员培训；选派2名同志到清华大学参加优秀女干部培训学习。三是落实团干部协管工作。加强对下级团委换届工作的指导，协助党组织把政治过硬、作风扎实、自律严格、善于做群众工作的优秀青年党员、团员充实到团干部队伍中来，特别是选优配强各级团委书记。2013年，团县委共有4位同志转岗，6位同志新任职；全州团干部队伍素质进一步优化，团县委书记配备率达90%以上，团干配备率达到86.9%。四是有序规范基础团务工作，做好团员发展和团情统计工作。把握学生团员发展比例，认真履行团员发展程序，细化团员发展标准，切实加强团员意识教育，进一步完善推优入党制度，确保推优入党的比例占发展35岁以下党员的100%。

【青年典型选树】　加强对青年先进典型的选树培养和宣传。2013年，选树的雷波县大坪子乡中心校校长马剑霞获评“中国青年五四奖章”，成为凉山州首位获此殊荣的女青年。组织“四川青年五四奖章”和中央、省、州“优秀共青团员”“优秀共青团干部”“五四红旗团组织”的评选表彰工作。昭觉县西部计划志愿者梁中华同志获评为“全国优秀共青团员”。同时，加强对先进典型的宣传和服务，充分发挥了典型引路、典型育人的重要作用。

（审核：邹启霖/撰稿：黄晓波）

妇联工作

【概况】　2013年度，全州各级妇联深入学习贯彻党的十八大、十八届三中全会精神和省委十届三次全会、州委七届四次全会精神，认真学习中国妇女第十一次全国代表大会、四川省妇女第十二次代表大会精神，以建设“坚强阵地”和“温暖之家”为目标，切实履行促进男女平等、维护妇女儿童合法权益的基本职能，妇女儿童工作呈现良好局面。

【教育实践活动】　以“凉山巾帼齐动员，奉献构筑中国梦”“儿童牵手母亲、母亲引领家庭、家庭齐心献力”等活动为载体，积极参与“实现伟大中国梦，建设美丽繁荣和谐四川”主题教育实践活动。先后深入雷波、甘洛、金阳、昭觉、普格、宁南、木里、盐源、越西、甘洛等县市进行宣讲12场次，覆盖2000余人。以“巾帼齐行动，共筑中国梦”为主题，邀请州委宣讲团为州级机关女领导干部、女企业家、妇委会主任进行主题宣讲，阐述实现“中国梦”必须有女性的参与才会更加和谐、美丽。向全州广大妇女发出倡议，要求广大妇女干部群众以主题教育活动为载体，立足本职岗位，创先争优，争做“自尊、自信、自立、自强”新女性，着力提高自身素质，切实转变工作作风，撑起“半边天”，托举“中国梦”，谱写“中国梦”的凉山篇章和妇女篇章。

【和谐社会建设】　在全州表彰80户文明洁美家庭，20户文明洁美家庭标兵户。以城乡社区为阵地，以服务广大群众及家庭的生活需求和精神文化需求为落脚点，深入开展各类巾帼志愿服务，全州共建立巾帼志愿者队伍215支，志愿者7537人，开展巾帼志愿活动432场次，参与活动志愿者15302人次，受益群众达8万余人次。与州体育局联合组织州级党政机关、厂矿企事业单位开展庆“三八”健身活动，宣传全民健身理念，42支跳绳队、30支迎面接力队参加比赛。结合开展“绿色”家庭创建、“低碳生活”等活动，深化城乡环境综合治理“进家庭”，发动妇女种养花草、植树造林，美化乡村环境。联合州纪委在全州范围内开展“当好廉内助，把好幸福门”为主题的家庭廉政文化建设，努力推进廉政文化建设“进家庭”活动。

【法制宣传教育】　制定妇联系统“六五”普法宣传规划，配合州司法局、法建办等单位，利用“三八”法制宣传维权周、“6·26”国际禁毒日、“12·1”世界艾滋病宣传日、“12·4”法制宣传日和“亿万家庭学法律，户户平安促和谐——预防和制止家庭暴力，促进社会和谐稳定”为主题的宣传活动大力开展系列法制宣传。结合开展助困扶贫和“三下乡”活动，深入西昌礼州古镇开展“两纲”、妇女权益保障法、禁毒防艾宣传教育活动，发放宣传书籍2万余册、宣传画500张、宣传单2万份、环保袋300个，接受宣传人数达500多人次。“6·26”国际禁毒日前夕，组织州县级女领导干部联谊会、州女企业家协会会员，深入养窝监狱慰问干警，对服刑人员开展禁毒法制宣传活动，向她们宣讲毒品的危害、进行文艺表演，面对面开展帮教，让涉毒服刑妇女充分认识到毒品的危害，感受到社会的温暖。全州各级妇联组织积极配合，深入开展禁毒宣传教育，提高妇女群众防毒、拒毒、禁毒的意识，营造良好的社会禁毒氛围，遏制毒品违法犯罪活动。

【妇女创业就业】　全年发放“妇女小贷”贷款7916.96万元，超额完成6000万元的目标任务，帮助1411名妇女（农村1266名、城镇145名）实现创业就业。与人力资源和社会保障局、总工会、就业局联合组织“春风行动”专场招聘会，80余家用工单位提供岗位2100余个，6000余人进场求职，报名应聘达3800人；共发放“春风卡”等宣传资料7000余份，提供免费服务人数1200人，组织职业技能培训报名308人，提供维权服务法律援助313人；全年全州妇联系统共举办各类培训班40期，培训妇女2852人次。开展妇女居家灵活就业，州、县市妇联在全州建立并授牌30家妇女居家灵活就业示范基地和20家妇女居家灵活就业培训基地，重点开展了喜德县彝族妇女漆器基地，宁南县种植养殖基地，昭觉县彝族缝纫、手工基地和盐源县泸沽湖餐饮、礼仪基地建设。依托“默沙东春蕾计划实用技术培训及生活技能培训项目”，在昭觉开办6期农村贫困青少年女性创业技能（酒店管理、民族手工缝纫）培训，培训388人，实现就业57人，劳务输出21人。加大溪洛渡移民妇女发展扶持项目。自2011年10月以来，获得“水库移民妇女发展扶持”项目资金263.4万元，累计发放救助资金230.9万元，共有525人得到救助，其中贫困助学救助209人，大病救助28人。协助三峡移民工作局组织金阳、昭觉、布拖、德昌、西昌5县市30名溪洛渡库区优秀妇女干部、移民致富女能手参观三峡工程。

【关爱妇女行动】　组织开展“温暖过冬、共享和谐，心系贫困妇女2013暖冬行动”，深入木里康坞大寺、康坞牧场，对贫困妇女的生产生活、医疗保健等需求和困难进行调研，捐助过冬毛毯等物资。加大对农村妇女“两癌”救助工作，协助全国妇联在项目地西昌市、宁南县救助农村“两癌”贫困妇女30名，救助资金30万元，协助省妇联救助非项目县越西、金阳、昭觉、美姑“两癌”贫困妇女各1名4万元。在西昌、宁南、盐源组织开展了妇女“两癌”防治科普讲座，300余人参加。深入会理，慰问牺牲在缉毒工作岗位上的英雄女干警杜萍同志的家属，捐助慰问金5000元，同时前往医院慰问3名因工受伤的女协警，送去慰问金3000元。追认杜萍同志为凉山州“三八”红旗手荣誉称号。加大信访接待工作力度，全年全州共接待来信来访来电案件332件次，结案率达到96%。积极发挥“12338”维权热线作用，规范运作程序，强化维权能力，确定专人接听，帮助解决每一个问题。

【少年儿童工作】　开展“六一”国际儿童节开展系列活动，走访慰问金阳依达乡中心校、昭觉县四开乡中心校等“特殊困难儿童”和喜德县李子乡中心校师生，捐赠价值2万元的电脑和学习体育用品；从办公经费中挤出2.4万元，为喜德县李子乡中心校购买80张单人床，改善学生的住宿条件。赴西昌市磨盘乡红莙坝小学开展慰问，组织安利公司志愿者为学校师生讲解防震、逃生、自救基本知识，开展实景演练；协调州食品药品监督局专家为师生讲解食品安全知识。开展“恒爱行动”，由恒源祥集团有限责任公司免费提供250千克毛线，组织州妇联、西昌、金阳、布拖、昭觉、美姑、普格6县市妇联和驻西昌部队、各行各业巾帼志愿者300余人为孤残贫困儿童编织毛衣。针对凉山州部分地区贩卖婴幼儿比较严重的问题，深入调研，制定妇联参与打击贩卖婴幼儿犯罪活动实施方案。多次陪同省妇联领导深入布拖、普格等县开展“特殊困难儿童”情况调研。深入昭觉对“女童入学率低、辍学率高”的问题进行专题调研。深入喜德对“山区贫困学生饿肚子上学，不吃午饭”的情况进行调研。

【“两纲”实施】　调整充实州级妇儿工委工作机构。举办17县市妇儿工委工作培训会，针对县级妇儿工委工作人员变动大，不熟悉业务的情况，对妇儿工委的工作职责及新“两纲”的实施工作等进行培训。深入到金阳、美姑、布拖、昭觉、木里、盐源、雷波等县，对新“两纲”编制等工作进行督导检查，全面了解各县开展工作及取得实效情况。

【教育联乡扶贫】　按照州委、州政府关于新一轮“挂包帮”活动要求，州妇联教育扶贫联系乡从喜德县李子乡调整为乐武乡。深入李子乡开展党的十八大有关惠民政策、维权法规、禁毒防艾等宣传教育活动，发放宣传资料800余份；评选表彰“星级农户”15户，为贫困妇女、学生送去电脑、棉被、书包等帮扶物资。深入乐武乡调研，走访慰问30名贫困学生、30名贫困母亲和党员。制定新一轮“挂包帮”三年规划，明确目标内容、时间安排和工作要求。

【自身建设】　州委出台《关于贯彻省委〈进一步加强和改进新时期工会、共青团、妇联工作的意见〉的实施意见》（凉委发〔2013〕18号），明确要求：州、县市政府按所辖地区妇女人口总数，以每人每年不少于1元的标准安排妇联专项工作经费，并随财政收入增长和工作需要适度增加；把工青妇组织所联系群众的活动、服务场所纳入地方经济社会发展和城乡建设总体规划之中。州妇联党组积极协助各级党委选好配强妇联领导班子，推进乡镇妇干专职化，协调解决村（社区）妇干待遇。组织16名妇女干部参加清华大学、省妇干校提高女性素质教育培训班学习。协调省妇联在成都专门为凉山举办了一期妇女素质培训班，培训60名凉山籍省十二次妇代会代表和优秀妇女干部。

（审核：雷琼/撰稿：吴邦华）

科协工作

【概况】　2013年，全州科协工作围绕中心，服务大局，以科普宣传、“基层科普行动计划”为抓手，大力推进《全民科学素质行动计划纲要》实施；以规范化管理为切入口，着力加强学会管理和自身建设；发挥桥梁纽带作用，服务企业科技创新和科技人才，实现了凉山的民族科普创新、基层组织建设创新、服务科技人才创新。

【代表大会】 1月17日至18日凉山州科学技术协会第四次代表大会在西昌召开。参加会议的有全州科协系统州级学会（协会、研究会）、17个县（市）科协、企事业院所科协、农村专业技术协会的专家、学者、基层科技人员、农民代表186人。会议根据《章程》规定：选举产生了新一届科协领导集体。主席：杨康；副主席：周庆宇、黄春莉、李列平（兼）、刘健（兼）、蔡光泽（兼）；秘书长：宋永国。常委17人、委员40人。省科协党组书记、副主席吴凯出席大会开幕式，州“四大班子”领导出席大会开幕式。省科协党组书记、副主席吴凯，州委书记翟占一在大会开幕式上作了重要讲话。杨康代表“三届”全委会对10年科协工作进行了回顾，并对新一届科协工作进行了部署安排。

【《纲要》贯彻实施】 年初，州政府出台《关于进一步贯彻落实全民科学素质行动计划纲要的实施意见》《关于印发凉山州全民科学素质行动计划纲要（2011—2015年）实施方案》。以此为契机，各县（市）加大了对《纲要》工作的推进力度，将科普工作纳入对县级相关部门和乡镇的年度考核；州级《纲要》工作联席会议成员单位纷纷召集各责任单位对目标任务进行再分解、再落实。一是协调召开凉山州第二次“全民科学素质”工作联席会议，完善了《纲要》工作联席会议制度，明确细化了《纲要》工作的责任体系，制定出《凉山州〈纲要〉主要目标任务分解目录》。二是努力构建考核督查机制。制定对县（市）委政府和州级相关部门进行目标管理和考核的《凉山州〈纲要〉工作年度目标考核办法》报州委、州政府审定；组成督查组，对全州17县（市）《纲要》实施情况进行督查，并形成调查报告上报州政府分管领导。

【科普宣传】 组织“科技活动周”“科普宣传月”“三下乡”“全国科普日”等品牌科普活动，重点推出涉及农业技术、公众健康、生态环境、食品安全、防灾减灾等与广大人民群众的生活息息相关的科普宣传资料、展板、讲座、宣传片及现场培训、咨询等科普活动，受惠群众达23万人次。抓好“中国流动科技馆”凉山巡展工作。“中国流动科技馆”凉山巡展第一站于12月3日在会理县体育馆启动，自开馆以来，前来参观体验的青少年学生、各界群众已达30000余人次。雅安芦山地震和防汛期间，州科协向全州编印和发放《防震减灾知识读本》10000册、《防汛与减灾》科普折页20000份；针对不同群体分别推出《公务员科普知识宣传资料》《农村科普知识手册》《社区居民科普知识》《凉山州机关公务员健康随身贴》共计60000册；为彝区群众量身定制健康文明新生活科普手册《“衣、食、住、行”话科普》10000册；推出深受大众喜爱的《科普大排档》2期共计10000册。四川省首届科普资源双年展，凉山州共展出了涉及科普书刊类（含挂图、折页）、科普音像（含歌曲）类、科普展品类等80多个品种的科普资源，州科协编制的《科普大排档》科普折页、徐品方教授编著的《趣味数学丛书》和州农业局制作的《星火燎原》科普影像被组委会专家组评定为“优秀科普资源”，凉山州科协获“最佳组织奖”。

【青少年科技教育】 一是成功举办第28届凉山州科创大赛。大赛共有全州14个县（市）102所中小学校的师生参赛，参赛作品489项，终评展示会共展出优秀作品248项，吸引了8000余名师生前来观摩学习，推荐110项作品参加四川省赛，获奖87项，获奖率达79%，有5项作品入选全国赛，并获奖4项，凉山州科协再次荣获全国青少年科技创新大赛基层赛事“优秀组织奖”。二是开展首届科普文化节系列活动和以“保护生态环境与食品安全”为主题的青少年科普征文大赛。三是组织参加第四届全国青少年科学影像节活动，选送的6项作品分获一等奖1项、二等奖2项、三等奖3项，获奖率100%。四是创建凉山州第二批科技教育示范学校10所、凉山州防震减灾科普示范学校5所。

【科普队伍及设施建设】 一是大力实施“基

层科普行动计划”，争取到中国科协、财政部“科普惠农兴村计划”项目9个、奖补资金150万元，省级科普经费项目12个、奖补资金88万元，对全州9个农技协、5个农村科普示范基地、6个农村科普带头人和1个科普示范社区进行了奖励扶持。二是完成全州200个科普“站、栏、员”建设任务。三是积极筹资25万元，分别在西昌市大箐乡白庙村和德昌县小高乡安宁村各建1个电子科普画廊，科普资源实现立体化。四是狠抓科普志愿者队伍建设，聘任大学生“村官”为科普宣传员，农村科普队伍不断壮大，科普志愿者由2012年的2100名增加到8652名。五是开展“基层科普行动计划”项目库建设培训，对2011年以来的科普项目经费使用情况进行检查，督促县（市）建立经费管理台账。

【科普示范单位创建】　州科协启动了州级科普示范乡镇、社区、村创建活动，全州有11个县（市）45个乡镇、社区、村积极申请创建。经州科协检查验收，对西昌市马道镇等10个乡镇、美姑县城北社区等10个社区，会理县南阁乡南阁村等10个村进行了命名，并对获得州级科普示范乡镇的单位，每个给予5000元奖补资金，获得州级科普示范社区、村的单位，每个给予3000元奖补资金。

【民族科普工作】　在藏区开展科普进寺庙活动，对木里县康坞大寺投入资金5万元用于大棚蔬菜建设，投入10万元用于电子科普画廊建设。在彝族聚居县开展彝汉双语科普宣传，发放彝区健康文明新生活科普手册10000册。积极与省民科队协调，为西昌市争取到价值20万元的科普大篷车一辆。

【学会管理】　针对科协所属社团组织管理松散、工作乏力等问题，州科协联合州民政局对学会（协会、研究会）开展了清理整顿工作，并指导6个学会进行换届。制定出台了《凉山州学会工作管理办法》和《凉山州学会工作综合评价指标》，对学会组织建设、民主办会、学术活动和科普活动等方面提出了明确的要求，有效促进了学会的健康规范发展。在州级学会中开展示范学会创建活动，州教育学会、州药学会被命名为州级示范学会。开展凉山州第六届自然科学优秀学术论文评选活动。征集论文661篇，经过严格评审，最终评选出优秀学术论文一等奖20篇、二等奖30篇、三等奖50篇，由州委、州政府进行表彰。全州80%以上学会开展了学术活动，州药学会、州医学会、州气象学会、州畜牧兽医学会、州电机工程学会等以专家报告会、课题研讨会等形式进行学术交流，《凉山药事》《凉山科技情报月报》《凉山畜牧兽医》《凉山教育》等学会刊物为会员搭建起展示成果、学习交流的平台。新吸纳凉山州蚕业协会、凉山州防震减灾协会成为州科协团体会员。

【院士（专家）工作站工作】　四川省少数民族地区第一家省级院士（专家）工作站好医生药业集团获省上授牌，企业借助院士的科技智慧，助推了企业的创新能力，公司研究人员新申请发明专利2项，发表科技论文3篇。加快州级院士（专家）工作站建设步伐，2013年有2家单位申报建立凉山州院士（专家）工作站，起草《凉山州院士（专家）工作站管理办法》《凉山州院士（专家）工作站年度考核办法》两个配套文件。深入企业及工业园区进行调研，了解和掌握企业在技术创新、技术合作需求等方面的情况，为企业科技创新和人才引进服务。

【“讲、比”活动】　一是充实扩大了凉山州“讲、比”活动领导小组的领导力量，制定出台凉山州《关于在企业中深入开展“讲理想、比贡献”活动的实施意见》。二是在企业中深入开展“讲理想、比贡献”活动。凉山矿业股份有限公司科协、益门煤矿科协、宁南谊兴丝业、会理烟叶复烤厂等多家单位都积极参加，参加活动的科技人员达到900余人，“讲、比”活动立项总数95项，提出合理化建议105条，其中83条合理化建议被采纳，实现经济效益9351万元。

【金桥工程】 各县（市）科协、企业科协围绕凉山科技、经济、社会发展，大力实施金桥工程。凉山推荐申报的《浮选柱应用工程》《美姑县马铃薯高产栽培技术推广应用》《美姑山羊保种选育与产业化发展》《越西县玫瑰产业化种植及深加工》等四个项目被列入省第二十二批金桥工程项目，这些项目的实施将年创产值27755万元，年增利润9917万元，年增税收4541万元。

【科协组织建设】 全州科协第四次代表大会召开后，选举产生了新一届委员、常委，科协坚持民主办会，按规定召开全委会和主席会；西昌、会理、会东、宁南、美姑、越西等县（市）在乡镇一级建立了科协组织，基层科协组织网络逐步形成；德昌、甘洛等县（市）科协积极争取党委政府支持，整合组织、人事部门资源，在组织、人员、经费方面得到改善。企业科协组织建设：新建宁南谊兴丝业有限公司科协、凉山州中西医结合医院科协、会理复烤厂科协，筹建州第一家园区科协——冕宁县工业集中区管委会科协，积极与西昌学院进行联系，指导该院建立科协组织。

【科技人才评选宣传】 表彰举荐科技人才：州科协四大表彰科协系统2003—2012年先进集体30个和先进工作者48名；推荐凉山优秀青年科技工作者龚平、申荣海两位同志参加第十三届中国青年科技奖评选，推荐何平、李文杰和吴莉娟三位同志参加第十二届四川省青年科技奖的评选。宣传报道：利用《四川科技报》《凉山日报》和州科协网站对肾病专家李列平、农业科技专家蔡光泽、科技教育领路人胡一平、大山里的数学家何良仆、抗击艾滋病的白衣天使杨成彬等一线科技人才进行宣传报道。

【学习培训】 一是召开企业科协工作暨科技信息服务座谈会，邀请省科协咨询中心陈竹元、邢道远两位工程师来昌就科技信息服务企业创新工作进行专项培训。二是组织凉山州部分企业科协秘书长参加全省企业科协秘书长培训班，组织州内科技咨询人员参加四川省咨询师执业资格能力培训班。三是举办凉山州青少年科技教育辅导员培训会，组织中小学校科技辅导员参加国家级、省级培训。

【自身建设】 管理制度完善：制定出台《凉山州科协机关工作规则》，改进机关干部年度考核方式，实行目标化管理。制定出台《凉山州科协机关工作人员2013年度考核办法》，将年初制定的工作目标责任到人，年末依据目标任务完成情况进行年度考核。创先争优：制定《凉山州县（市）科协“创先争优”活动目标管理办法（试行）》，从组织建设、科普工作、学会工作、科技人才服务、信息宣传等五大方面对县市科协工作实行量化考核评比，对结果实行排名公示，评选“创先争优”综合工作先进单位、《纲要》实施工作先进单位、科普工作先进单位和信息宣传工作先进单位，真正以“创先争优”活动推进科协工作上台阶。主题教育实践活动：认真贯彻中央、省、州关于改进工作作风、密切联系群众的有关规定，制定具体实施意见并严格执行，坚决杜绝了庸懒散奢之风；积极开展调研活动，班子成员带队，深入17县（市）实地调研；认真做好帮扶工作，积极动员干部职工为帮扶户捐资捐物，想方设法为“挂包帮”联系村协调资金3万元建设建立苦荞示范种植基地，帮助解决村道路和村小教室建设资金；组织开展向芦山地震灾区捐款活动。

（审核：杨康/撰稿：宋永国）

文联工作

【概况】 2013年，凉山州文联及各团体会员在州委、州政府的领导下，在州委宣传部、省文联、省作协的关怀和指导下，深入学习贯彻落实党的十八大、十八届三中全会、省十届三次全会、州七届四次会议精神，紧紧围绕州委、州政府的中心工作，认真履行联络、指导、协调、服务、组织、维权的职能，以构建凉山和谐文化、建设民族文化强州、繁荣凉山文学艺术事业和出作品、出人才为根本任务，抓学习、抓创作、抓活动，各项工作稳步推进，文学艺术创作精彩纷呈，各协会比学赶创，整体工作再上新台阶。

【组织机构】　凉山州文联编制25人，其中行政编制6人，机关后勤服务事业编制1人，凉山文学编辑部、民研室事业编制17人，领导职数3人，下属10个文艺家协会，即音乐家协会（州会员179人、省会员58人、全国会员15人）、舞蹈家协会（州会员205人、省会员45人、全国会员11人）、作家协会（州会员179人、省会员56人、全国会员10人）、美术家协会（州会员205人、省会员40人、全国会员5人）、书法家协会（州会员398人、省会员60人、全国会员9人）、摄影家协会（州会员128人、省会员45人、全国会员20人）、影视戏剧家协会（州会员72人、省会员20人、全国会员2人）、民间文艺家协会（州会员168人、省会员48人、全国会员9人）、曲艺家协会（州会员54人、省会员12人）、评论家协会（州会员40人）。

【理论学习】　州文联把学习贯彻好党的十八大、十八届三中全会、省委十届三次全会和州委第七届四次等会议精神作为重要政治任务和理论学习的重要内容，先后组织召开学习会、座谈会进行集中学习，在学习中，坚持自学与集中学习相结合，学习与工作相结合，做到两不误、两促进，学习与解决实际问题相结合，理论联系实际，学以致用。通过开展各种全会精神知识竞赛，在《彝族文学报》、学习园地上开辟专栏等，深入学习宣传十八大、十八届三中全会等会议精神提出的新思想、新论断、新要求。

【阵地建设】　进一步办好《凉山文学》彝文版和汉文版。在办刊中，遵循先进文化的前进方向，坚持思想和艺术标准的统一，突出民族特色。年内，《凉山文学》编辑部保质保量按时出版发行共10期，其中，汉文版六期，彝文版四期。与云南楚雄州、红河州和贵州毕节地区文联联办《彝族文学报》，一年共编发12期，稿件30余万字，深受广大读者的好评。9月，选编的《彝族文学报》创报以来的优秀文学作品（散文卷与诗歌卷）成集出版。

【文艺活动】　春节前夕，凉山州文联组织书画家为群众义务书写春联和书画作品上千幅。开展惠民音乐会，以凉山州音乐家协会会员为主的州歌舞团及各业余音乐表演团体开展的公益演出活动，演出100多场次，成为西昌的文化品牌。8月，组织州音乐家协会一起做好2013年的音乐考级工作，共有考生718名，合格考生718名，合格率达到95%。9月，州文联、州民间文艺家协会、州曲艺家协会共同组织参加了四川省民间文艺家协会和四川日报社遂宁分社共同举办的四川省民歌精英邀请赛。“阿惹妞”组合获得特等奖，“呷呷嘀嘀”组合获得一等奖。12月，州委宣传部与州文联、州科联一起开展《凉山州人文社会科学成果展》。为开展“走基层、解难题、办实事、惠民生”活动，州文联组织各文艺家协会创作、赠送的书画作品百余件到定点扶贫村（铁厂乡高楼村）开展“迎‘七一’，送温暖”扶贫慰问活动。

州作协。举办作品研讨会，《凉山日报》、四川在线、四川新闻网等媒体作了专题宣传报道；作协会员徐文龙创作的情景短剧《守候》在西昌金鹰大剧院公演；参加“坚持生态立州、建设美丽凉山”征文大赛。撰写教育实践活动的三字经、快板、诗歌、宣传标语，并向上级文艺部门推荐相关好作品；组织会员积极参加“万名凉山人谈中国梦”有奖征文活动，数名会员获奖，派出会员担任全州各单位参加“实现伟大中国梦”的评委工作；推进农家书屋的建设和发展，与州图书馆等部门合作，组织出版有个人作品集的会员向农家书屋捐赠图书；11月，参加第二届全国知青文化研讨会。

州音乐家协会及摄影家协会。音乐家协会：

以凉山州音协会员为主的州歌舞团及各业余音乐表演团体共开展各类演出活动近300场次，其中坚持每周在金鹰大剧院演出的《惠民音乐会》深受广大群众的喜爱和好评。州摄影家协会：4月在火把广场举行以《众志成城、大爱无疆——雅安芦山“4·20”地震摄影展》为题的摄影展；6月，在火把广场，组织州摄影家协会会员王琼玲举行个人摄影展，共展出作品70多幅。年内，还开展了摄影作品《凉山火把节》《泸沽湖边》、涂德海作品《小相岭冰湖》《土陶制作》、邹森作品《田野火光》《凉山儿童》《金顶》、单孝勇作品《跳龙门》的集中研讨工作。

州美协、书法家协会及民间文艺家协会。州美协：8月在西昌铁路技校举办为期10天的“第5届凉山州美术骨干创作培训班”，免费培训会员36名，创作美术作品42件，30件入选州展，12件入选省展，5件获省奖，1件入选国展；10月，组织40件作品入选州文化局举办的“中国梦·美术书法摄影展览”，10件作品入选“四川省群星展”并获奖。选派10名会员参加省美协举办的全省创作培训班，其中版画2名、国画4名、油画4名，1名参加中国美协创作培训班；与凉山企业合作举办美术展览3次，展出州内外美术作品200余件。州书法家协会：出版《凉山书法》4期，举办全州第六届书法临帖班，全州120余人参加，中国书协副主席何应辉等著名书法家任教；主办凉山州第七届书法篆刻展，展出真草隶篆作品200余件，其中一等奖5名、二等奖10名、三等奖20名，有四位同志当选为省书法家协会第六届理事会理事。有一件作品入选中国书协主办的全国展；一件作品入选全国首届临书临印展、全国第三届草书作品展、西泠印社国际篆刻选拔活动暨第八届篆刻艺术展、全国陶渊明杯书法篆刻作品展、全国乾元杯书法作品展、全国沙孟海杯书法作品展；两件作品入选四川省书法家协会优秀会员小品展、四川省文华奖；两件作品获得四川省谢无量展优秀奖；一件作品在全国孝行天下书法篆刻作品展中获奖。州民间文艺家协会：举办以民间文学艺术作品《彝族克智译注》的专题研讨会，《勒格斯惹的传说》的专题研讨会。

【文艺创作】　抓好文艺创作，是文联和各文艺家协会的重要任务，一年来，全州文艺创作取得丰硕成果。文学方面，出版《彝族文学报》优秀作品选丛书（散文卷和诗歌卷）、《凉山州建州60周年优秀作品选》（12本）、《凉山当代文学作品选》（共六卷）。出版的彝文诗集《鹰魂》获全国少数民族文学“骏马奖”。据不完全统计，一年来，作协会员100多人在全国、省、州级报纸杂志和网络上发表了包括小说、散文、诗歌、文艺评论、歌词等体裁的文学作品2000多件。获得各种级别的奖项30多个，特别是散文创作获奖有了新突破（在四川省首届“四川散文奖”评奖活动中，凉山三位作家的作品入围，一人获三等奖，两人获优秀奖）。创作的文学作品除本土的报纸杂志、文学副刊发表外，还在全国、全省的《神剑》《文化香山》《校园生活》《晚霞》《沙地》《中华诗词》《民族文学》《江南时报》《四川散文》《四川文学》《四川日报》等各级各类文艺报刊及全军政工网、中国作家网等网络上发表，其中小说20多篇、散文200多篇、诗歌1000多首、评论数十篇、歌词30多首、快板数篇、楹联百余副。音乐方面，创作编排了《春满凉山》原创歌曲集，分发给广大会员，各县市有关单位。美术、书法方面，第5届凉山州美术骨干创作培训班上创作美术作品42件，30件入选州展，12件入选省展，5件获省奖，1件入选国展；10月，美术家协会组织创作作品40件入选州文化局举办的“中国梦·美术书法摄影展览”，10件作品入选“四川省群星展”并获奖；民间文艺和曲艺方面，编辑出版《凉山彝族民族文化》《凉山彝族克智精选》等。2013年，由凉山州民间文艺家协会主席主编的《彝族克哲注释》获全国民协山花奖。

【文化交流】　与州委政研室合作，深入州内各乡村采风，参加编辑《美丽乡村》图书2册。3月，组织作协部分会员前往宁南县开展以

"美丽和谐新宁南"为题的采风活动；4月，组织作家协会会员深入红色冕宁等地进行采风；5月，州文联组织凉山州音乐家协会音乐创作人员到盐源进行音乐创作采风活动；凉山州音乐家协会理事、月琴演奏家沙建美无偿对金阳南瓦乡小学建立的月琴班两名音乐教师进行为期一个月的培训；7月，接待全国知名作家、艺术家魏明伦、张人士、伍立杨、洪厚甜、吴鸿等，并与他们开展文学交流互动；8月，州美协邀请省美协副主席张国忠、创研部主任税关键到凉山举办全州美术作品看稿会，点评交流美术作品；配合省音协在凉山召开《踏歌四川》音乐创作会并组织词曲作者前往普格进行音乐采风活动；9月，组织凉山州音乐家协会相关词曲作者6人前往甘孜、阿坝、青海等地开展音乐交流和采风活动；10月，州民间文艺家协会协同省民间文艺家协会开展全国民间文艺家到凉山进行火把节采风创作活动；陪同中国美协分党组书记吴长江，省文联党组书记蒋东生，省美协副主席、秘书长梁时民，成都市美协主席刘兴正到凉山采风活动。组织安排主席团成员分别到各县进行学术指导交流工作，发动创作激情；组织联络与广州、上海、深圳等高级别美协举行写生交流和展式活动，部分会员作品入选交流展和画集；与省美协共同组织四川省美协画家28名参加会理县委、县政府组织的"四川著名画家文化古城写生采风活动"，并捐赠美术作品40多件给会理县档案馆收藏；11月，由省文联党组副书记、副主席陈黔鲁带队的调研组一行6人到凉山州文联开展调研工作，凉山州文联党组成员全程陪同；调研组听取工作汇报，参观凉山州文学艺术创作中心，并深入到红色文化浓郁的冕宁进行文艺工作调研。

【自身建设】 班子建设：在领导班子建设上，严格按照"学习创新、和谐团结、勤政为民、清正廉洁"的要求，认真开展"四好班子"创建活动。领导班子成员积极参加中心组学习、勤做学习笔记、撰写理论文章，积极参加支部组织生活。工作中坚持贯彻执行党的民主集中制，加强班子成员之间的团结合作，保证了决策的民主性、科学性。机关建设：高度重视机关作风建设，把建设服务机关、和谐机关作为机关作风建设的目标，机关各部门以为群众服务，为基层服务作为工作宗旨，积极为群众、为基层、为文艺家们排忧解难，提供服务。狠抓了内部管理和机关建设，强化了机关考勤制度、财务管理制度、党风廉政建设制度和学习制度等，进一步加强和完善了机关各种规章制度。全年，机关党风廉政建设责任制、"四好班子"建设、党建目标管理、文明单位建设取得成效；机关作风建设、档案工作、保密工作、综合治理、卫生、计划生育、财务、统计等合格达标，受到好评。

（审核：倮伍拉且/撰稿：沈英）

残联工作

【主题教育活动】 2013年，州残疾人联合会及时召开"实现伟大中国梦、建设美丽繁荣和谐四川"主题教育活动动员会，迅速成立活动领导小组，制定出台活动实施方案，深化为残疾人提供"量体裁衣"式个性化服务等，在不折不扣地完成"规定动作"的同时，十分注重与全州残疾人事业发展和残疾人工作实际相结合，突出残联特色。认真落实责任机制，突出抓好各项工作落实和阶段任务督查，有效开展促进工作目标的全面完成和残疾人事业的整体提高。进一步转变工作作风，密切联系残疾群众，不断改善残疾人民生；进一步建立健全州残联机关各项制度；进一步建立完善谈心谈话、动态分析、心理疏导等经常性思想政治工作的长效机制。12月，联合会迅速传达学习全州"走基层、解难题、办实事、惠民生"活动精神，并成立活动领导小组、出台活动实施意见，确定活动主题，结合残联实际，启动开展"走基层"活动。

【残联第五次代表大会】 2013年10月22日，

凉山州残疾人联合会第五次代表大会胜利召开。大会全面总结过去五年凉山州残疾人事业发展所取得的成就，明确提出今后五年全州残疾人工作指导思想、总体目标和工作措施。大会选出包括政府领导、各类残疾人及亲友、残疾人工作者等47人组成的州残联第五届主席团。选举凉山州残联第五届主席团主席1人、副主席7人，推举凉山州残联第五届执行理事会理事长，通过副理事长、理事，完成州残联换届工作。

【残疾人康复工作】 2013年，全州完成民生工程项目救助贫困家庭脑瘫儿童100名，其中手术26名，机构康复训练74名；完成贫困残疾人辅具适配4494件；救助贫困家庭重度听力残疾儿童65人。全年完成培训社区康复协调员300名，成年肢体残疾人康复训练573人，盲人定向行走训练379人，智力残疾儿童康复训练231人，精神病患者关爱服务348人，精神病人住院救助77人，精神病服药救助138人，假肢装配116人，成人助听器配发及验配501人，彩票公益金康复项目低视力助视器适配224件、适配人数200人。9月，“七彩梦行动计划”贫困肢体残疾儿童矫治手术救助项目在凉山全面启动，截至年底，共完成矫治手术28例。

【全国助残日活动】 2013年5月19日是中国第二十三次法定“全国助残日”，活动的主题是“帮扶贫困残疾人”。在第二十三次“全国助残日”之际，州人大常委会副主任周斌、州政府副州长白云、州政协副主席马报和州残联党组书记、理事长张建英一行到凉山州西昌市特殊教育学校，看望教师学生，了解他们的工作和学习生活情况，并为他们送去10万元慰问金和价值4万元的助听器10台。助残日期间，州残联还和华康医院一起慰问正在凉山州残疾儿童康复训练中心训练的55名脑瘫儿童及其家长，为他们发放价值3800余元的米、油等慰问品。

【残疾人就业工作】 2013年，全州完成民生工程项目城乡残疾人居家灵活就业28368人。继续加大按比例安置残疾人就业和依法征收残疾人就业保障金工作，全年全州残疾人单位就业落实407人，征收残疾人就业保障金4055万元，其中州本级征收846万元。全年全州对6997名城乡残疾人开展职业技能、实用技术培训。

【残疾人教育工作】 2013年，全州31名残疾考生达到录取分数线并被高等院校录取。继续加大对贫困残疾大学生资助力度，州本级发放40万元资助103名贫困残疾人大学生就读。全州教育资助870名残疾人。

【残疾人社会保障工作】 2013年，全州完成民生工程项目智力、精神和重度残疾人居家托养2983人，资助集中托养机构1个（州精神病医院）。全州残疾人最低生活保障城镇落实3409人，农村落实47777人；城镇居民社会养老保险落实1622人，新型农村社会养老保险落实41471人；城镇居民基本医疗保险落实4179人，新型农村合作医疗保险落实79789人。

【残疾人扶贫工作】 2013年，全州完成民生工程项目农村贫困残疾人扶贫解困27293人。精心组织开展“挂包帮”“百乡教育扶贫”、极度贫困村帮扶等工作。落实12万元对盐源县长柏乡100户贫困户实施农村实用养殖技术培训，并为每户发放30只鸡苗、5千克饲料。投入2.1万元对长柏乡35名重度残疾人给予居家托养补贴，每人每年600元。投入3.9万元资助10名在读残疾人大学生继续学业，每人每年3500元至4000元。广泛开展禁毒防艾宣传教育等活动。春节期间，全州开展“温暖万家行”活动，慰问贫困残疾人6225名。

【残疾人宣传文体工作】 2013年6月开始，收集整理并编发《残联工作信息》，一月一期。2013年8月，与《凉山日报》联合举办《凉山残联》专刊，一月一期。在州残联第五次代表大会召开期间，请凉山电视台制作并播出残疾人事业宣传专题片。2013 年，凉山州输送 2 名残疾人代表中国参加首届亚太区域特奥运动会，并获得金牌。全年全州完成《中国残疾人》杂志征订 653 本，《三月风》杂志征订 585 本。

【残疾人维权信访工作】 2013 年，完成民生工程项目贫困残疾人家庭无障碍改造 33 户。全州各级残联开展普法宣传教育活动 15 次，累计参加人数 12780 人。为 328 名肢体残疾人发放残疾人机动轮椅车燃油补贴。全年全州各级残联共受理来信 40 件，接待来访 6990 人次（其中集体访 7 批次、165 人次）。

【志愿助残工作】 2013 年 9 月，州残联联合州精神文明建设办公室和团州委下发《关于在全州进一步推进志愿助残工作的通知》（凉残发〔2013〕4 号），在全州大力推进和广泛开展志愿助残工作。

【残疾人综合服务设施建设】 州级残疾人综合服务设施于 2013 年 9 月投入使用，截至 2013 年年底，全州已有 12 个县市综合服务和康复设施已建成并投入使用，雷波县的服务设施正在筹建。

【基层残疾人组织建设工作】 截至 2013 年底，全州 17 个县市残联全部实现机构单列，610 个乡镇（街道）全部建立残联，都配有兼职理事长和兼职工作人员，配备残疾人专职委员 247 个。3868 个村（社区）中有 3704 个建立残协，配备有兼职主席，配备残疾人专职委员 1536 人。残疾人专职委员的待遇通过不同渠道部分得到解决。州、县市残疾人专门协会人员、经费、工作场地等进一步得到保障，协会组织更加活跃，作用得到很好发挥。

【个性化服务】 2013 年是全省为残疾人提供“量体裁衣”式个性化服务深化年。州联合会进一步加强领导，明确责任，落实工作措施，完善制度，深化宣传与培训，严格督查指导提高质量，保障人员和经费投入，开展打造“两个体系”建设暨个性化服务工作示范乡镇（街道）、村（社区）活动，进一步深化个性化服务工作。截至 2013 年 12 月 31 日，全州采集 9.41 万名残疾人的 279.78 万条基础信息和 67.59 万项次需求信息，为 9.34 万名残疾人提供各类服务 52.85 万项次。

【残疾人状况监测】 2013 年，继续在西昌市西城街道龙眼井居委会第二小区、兴胜乡双林村第五小区和昭觉县补约乡阿举列减村第一小区、大坝乡科且村第一小区开展新一轮全国残疾人状况监测工作，四个小区的监测工作都顺利完成并通过省级验收。

【荣誉】 2013 年，州残疾人联合会荣获 2013 年度全国《中国残疾人》《三月风》杂志宣传工作市级先进单位；2013 年度全省市（州）残联绩效考核先进单位；2013 年度全省康复工作残疾人辅具项目先进单位；2013 年度全省残疾人宣传工作先进单位；2013 年度全省残疾人事业统计工作先进单位；2013 年度全省残疾人组织规范化服务型建设先进单位；2013 年度全省志愿助残及创新社会先进单位；省残联举办的为残疾人提供“量体裁衣”式个性化服务论文征集活动优秀组织奖；获得 2013 年度州直机关党建目标考核优秀党组织；档案工作保持四川省档案工作规范化管理二级标准。

（审核：张建英/撰稿：杨宓　王小键）

社科联工作

【概况】 2013 年，凉山州社科联立足新形势，谋求新发展，紧紧围绕中心工作，协助党委和政府规划、管理和繁荣发展全州哲学社会科学、加强自身和县市社科联组织建设、团结和组织广大社科工作者开展学术研究和交流活动，加大对社科知识的宣传普及力度，提高社科工作管理和服务水平，如期完成《凉山社会科学》6 期的编辑发行任务。

【民族品牌】 2013年，凉山州社科联继续发挥民族文化研究基金示范引导作用，推进学科体系、学术观点、科研方法创新；组织好学术研究和交流，大力支持和扶持全州具有优势地位的学术领域和学科门类，如：民族学、人类学、彝学、非物质文化遗产、古彝文化研究等基础学科的建设和发展方面；弘扬民族文化，提升民族形象，打造凉山独特优势的学术品牌等方面，取得成效。全年共安排8个研究项目，8项出版资助项目以及研究成果宣传、转化、推广和大型民族文化电视纪录片《中国·凉山彝族》（暂定）的前期工作。继续深入研究和弄清楚“凉山彝族我是谁，从哪里来，到哪里去?”以及“与中华民族同根同源”等问题。该课题下设若干子课题，从不同的角度对凉山彝族起源及发展进行深入持久的研究。

【主题教育实践活动】 2013年，凉山州社科联组织全体干部职工认真学习党的十八大精神，积极投身到由州委统一组织的十八大精神宣讲团，深入县市宣讲十八大精神；组织召开全州社科战线学者专家实现伟大中国梦——凉山篇章理论座谈会，并组织撰写数十篇理论文章在《凉山日报》理论版上发表。积极参加由州委宣传部组织举办的全州宣传文化系统“实现伟大中国梦、建设美丽新凉山”演讲比赛，并获得二等奖。组织承办全省社科联在西昌召开的学习党的十八届三中全会精神培训会，为全省社科战线及时传达学习三中全会精神，展示凉山发展变化新形象做出积极贡献。

【学会管理】 继续加强对全州各社科类学会、协会、研究会的管理和指导工作，积极为他们排忧解难，搞好服务。同时，把握正确的政治方向，支持和鼓励他们开展各种学术研究和交流活动。

【社科普及】 2013年，凉山州社科联举办首届《凉山州人文社会科学成果展》，集中展示全州在人文社会科学方面创作、研究、探索取得的成果，并充分发挥这些成果在服务经济社会、繁荣民族文化、提振民族精神、促进民族团结和谐发展等方面的影响力。建成凉山社科网站，进一步搭建和拓展社科优秀成果宣传、转化、普及、传播的平台和空间。结合凉山近年来开展的健康文明新生活运动，有针对性地继续深入开展社科知识普及工作，培养全民族崇尚科学、反对迷信、昂扬向上的精神风貌；大力提倡移风易俗、破除陈规陋习、改变落后生产生活方式的健康文明新生活和新风尚，有力抵制各种错误思潮和腐朽思想的侵蚀，为推动凉山州健康文明新生活运动尽职尽责。

【基层社科联建设】 2013年，全州各县市社科联工作正逐步开展起来并走向正规化。做到有专职人员、有办公地点、有办公经费。西昌、雷波等县市社科联工作主动，成绩显著，位居全省县市社科联前列。

【党风廉政和“挂包帮”】 2013年，州社科联严格执行四川省委、省政府十项规定，定期向州委目督办报告关于改进工作作风、密切联系群众的情况。不断提高社科联机关工作人员素质，全年没有发生任何违纪违法事件。机关内部制度不断健全完善，办公条件逐年改善，工作效率不断提高。为定点扶贫乡捐钱、捐物，价值5000余元，并制定了新一年的“挂包帮”扶贫规划。

（审核：哈小华/撰稿：吴伟）

红十字会工作

【募捐工作】 2013年4月20日8时2分，雅安市芦山县发生7.0级地震。灾情发生后，常务副会长方虹立即组织召开全体干部职工会议，传达贯彻州委常委、秘书长龙伟召集全州四大班子秘书长、17县（市）委书记及州直工委、州民政局、州总工会、共青团州委、州妇联、州红十字会等相关部门参加的紧急会议精神，安排部署为地震灾区募捐工作：一是成立募捐领导小组，方虹任组长，下设资金募集组、宣传组和值守组，明确职责，落实责任，确保募捐工作快速稳步推进；二是迅速与雅安市红十字会联系，争取更加全面地了解灾情和灾区的需要；三是在凉山电视台、《凉山日报》和凉山州政府网站播发募捐公告，设立捐款咨询电话和接收捐款办公室，方便广大干部群众献爱心；四是抽调14名红十字会志愿者和州红十字会工作人员共同组成5个捐款收集小组，主动到州四大班子、部队、两会（州上正开人代会和政协会）代表委员驻地等接收捐款。整个募捐活动全州红十字会系统共收到捐款351.29万元（其中：凉山州红十字会共收到捐款295.99万元。根据州委、州政府的统一安排，于4月25日下午4时将所接收的捐款150万元汇往雅安地震灾区，根据省红十字会的相关规定，于6月21日将145.55万元汇缴到四川省红十字会，余下的4400元用于募捐审计和部分燃油之需；西昌市红十字会共收到捐款56.63万元，根据市委、市政府的安排将20万元汇往雅安市雨城区，35.3万元汇往四川省红十字会捐赠专户，1.33万元汇缴到州红十字会），物资价值13.98万元。整个募捐活动都严格履行募捐工作程序，接收的每一分善款都给捐赠单位或个人出具票据，并当日就在《凉山日报》、凉山电视台和凉山州政府网站等媒体进行公示。按照州委、州政府统一安排划拨出去的捐款也在相关媒体进行公示。每天接收捐款统计数据出来后，第一时间就上报省红十字会、州委、州人大、州政府、州政协的主要领导和相关部门负责人，并主动接受媒体、社会及捐赠人监督，最后聘请四川世润会计师事务所对捐赠资金进行审计，做到整个募捐工作公开透明，做到让捐赠者放心、让群众满意。

【项目工作】 2013年，凉山州实施的红十字博爱家园项目共三个，分别在德昌县乐跃镇沙坝村、冕宁县泸沽镇东北社区和甘洛县斯觉镇觉呷村，每个项目35万元，共105万元，三个项目均已结束，已向省红十字会申报第二批红十字博爱家园项目；备灾救灾仓库建设项目已开始施工，特别是2013年7月13日，按照州政府主要领导和分管领导对州民政局救灾物资储备库和州红十字会备灾救灾中心项目统一规划、合并建设的要求，州政府副秘书长肖然、王永贵主持召开会议，研究州民政局和州红十字会联合修建救灾物资储备库相关工作，出台《研究州民政局与州红十字会联合修建救灾物资储备库（备灾救灾中心）有关事宜的纪要》“凉府阅〔2013〕43号”，议定了项目实施、资金拨付、项目产权分割等事项，有力推进项目的实施；重庆市红十字基金会援建美姑县龙门乡千哈村小学，援建校舍面积112平方米，援建资金61.39万元，前期工作已全部完成。

【救助工作】 2013年，州红十字会主要开展红十字博爱送万家、救助重病特困家庭、关爱特殊困难儿童和贫困大学生、关爱孤寡老人等活动，全年共发放救助物资价值45.59万元，发放现金15.66万元，惠及8个县市，受益5000余户，1.1万人。

【救护培训工作】 2013年世界急救日，凉山州红十字会联合武警凉山州支队、凉山消防支队开展急救培训活动，共数百名官兵参加培训。为加强凉山州红十字会救护师资队伍建设，州红十字会选派登山协会的优秀志愿者到省红十字会参加师资班初训，选派赈济科科长孙云华到中国红十字会总会参加师资班复训。

【艾滋病宣传防治】 2013年，中国红十字会总会将德昌县作为艾滋病临终关怀项目试点县，给予项目资金25.12万元。中国红十字会总会、四川省红十字会多次组织专家到德昌县考察调研，省红十字会组织州、县红十字会及项目相关人员共15人参加艾滋病临终关怀项目能力培训，德昌县红十字会认真组织志愿者开展基线调查工作，确定20名艾滋病重病患者作为关怀对象给予关怀，到11月底，整个项目已全部完成。12月1日是第26个“世界艾滋病日”，凉山州红十字会指导西昌学院红十字志愿者会在西昌学院北校区开展“禁毒防艾月”宣传活动，活动包括禁毒防艾宣传启动仪式、展板、海报、PPT以及文稿制作展览竞赛、禁毒防艾演讲比赛和总结颁奖会等四个环节，大学生志愿者们制作展板35张、海报70张、PPT及文稿50份，特别是演讲比赛共有47名同学踊跃报名参加，经过激烈角逐，来自动物科学学院的廖清新同学获得第一名。

【宣传工作】　以“5·8”世界红十字日、“5·12”防震减灾日、“6·14”献血日、“12·1”世界艾滋病日等为抓手，在西昌市月城广场开展宣传活动，宣扬人道、博爱、奉献的红十字精神，2013年共发放宣传资料9000余份，悬挂横幅4条，提供咨询服务200余人次。组织人员编写完成《凉山州红十字会志》和《凉山州红十字会大事记》，收录从1999年至2011年13年间的重要图片和文字资料，共11篇，5万余字。

【自身建设】　2013年，州红十字会深入开展“实现伟大中国梦、建设美丽繁荣和谐四川”主题教育实践活动；加强机关行政效能建设，服务群众，常务副会长方虹带领秘书长李华、赈济科长孙云华走进州广电局“政风行风热线”直播间，与听众朋友进行互动交流，倾听群众呼声，解答群众问题，感谢社会各界爱心人士对凉山红十字事业的关心、支持和奉献，呼吁更多的爱心人士伸出援助之手，为救助弱势群体献一份爱心。直播结束后，立即召开办公会议，听众朋友们提出的问题和诉求并进行分类归纳梳理，研究解决方案，迅速解决德昌县麻栗镇三合村一社求助者诉求，做到“件件有落实，事事有回音”。

（审核：方虹/撰稿：孙云华）

法 治

Political and Legal

政法工作

【法治凉山建设】 2013年，州委政法委组织全州各级政法部门坚持以“法治基层行”活动为载体，主动提供法律建议、法律服务，广泛深入开展法制宣传教育，弘扬法治理念、塑造法治文化。把加强法治凉山建设贯穿于政法工作全过程，强化执法监督、促进规范执法，努力让人民群众在每一个司法案件中都感受到公平正义。组织开展送法下乡活动50余次，通过设置便民诉讼点、开展车载法庭、帐篷法庭、马背法庭、院坝法庭、摩托法庭等多种方式，巡回办案180余次，解决群众纠纷600余件；派出服务队176个，参与执法活动1005次，举办法制讲座、培训班50期；组织律师、公证员、法律援助工作者200余人次，深入全州100个行政村（社区）、50个企业单位、50所学校、3所监狱开展法律服务200场次。2013年，开展“3·15”“12·4”等法制宣传教育活动，开展法制宣传2560场次，发放各类宣传资料21万份，现场接受群众咨询11450余人次。邀请西南政法大学法学教授为州委中心学习组扩大会议全体领导干部举行法治理念专题讲座，提高领导干部应用法治理念和法治方式解决实际问题的能力。在“6.26”国际禁毒日期间，集中开展“汇集正能量，护航中国梦”“灭绝毒之瘤，扬帆中国梦”“护航青春无毒·中国梦”等大型禁毒宣传活动，发放各类禁毒宣传资料11万份，重点对全州13万名中小学生进行宣传教育，为2200余人次提供禁毒法律咨询服务，通过媒体播发禁毒新闻、信息200余条（篇），受教育群众达135万余人。以开展执法司法“开放月”活动为契机，深入开展“庭审开放日”“反腐败主题开放日”“举报宣传周”“警营开放日”“司法行政开放日”“司法大拜年”“阳光司法”等活动，开展巡回审判4000余次，接访群众215批672人次，现场解决群众反映问题56个，办理援助案件1108件，提供免费法律援助服务7601人次。

【重点打击整治】 2013年，全州共立刑事案件9586件、侦破3369件，刑事拘留3466人；受理治安案件16292件，查处15795件，查处违法人员17144人；抓获网上在逃人员715名。命案发121件、破获115件，破案率突破历年最高达95%；破获毒品刑事案件842件，其中公斤级以上贩毒案件37件，收戒吸毒人员6095人，缴获各类毒品218.5千克。决定逮捕2852人，移送审查起诉3969人，提起公诉3449人。审结各类案件31414件，判处犯罪分子3627人。2013年，全州开展社会治安重点地区、重点问题、重点部位排查整治589次，排查清理重点场所8790处，重点部位723个，涉枪涉爆涉危等重点单位483家，消除安全隐患170处，收缴各类枪支111支、子弹4892发；查处食品药品案件572件，罚没款131.19万元。经测评，人民群众对社会治安满意率达到91.6%。

【社会矛盾化解】 2013年，各级政法部门紧紧围绕征地拆迁、劳动争议、环境污染、医患纠纷、民间借贷、经营纠纷、涉法涉诉信访等疑难问题，制定《矛盾化解层级管理办法》和《“大调解”体系工作责任分工方案》完善全州“三大调解”衔接联动调解机制和矛盾纠纷排查化解工作机制，健全各类专业性、行业性、区域性调解组织406个，配备专兼职调解人员5238人，建立调解窗口4364个，落实专兼职人员30420人，通过加强“大调解”信息系统建设、推行“个案补助”、调整充实基层调解力量、发挥彝区“德古”调解作用等方式，深化大调解“五进”活动，推进矛盾纠纷涉稳隐患排查、涉稳情报信息研判、领导干部和部门接访下访、社会稳定风险评估等工作，从源头治理防范，把握工作主动权。共排查化解各类矛盾纠纷21164起，开展重大事项社会稳定风险评估94项（次）；收集涉稳情报信息4000余条，排查化解涉稳问题217个，稳控重点人员1530名，妥善处置群体性事件和苗头663件，摧毁邪教团伙2个，查获邪教案件6件17人；化解信访积案397件，自行排查的18件重大督办案件已办结15件，上级党委政法委和信访部门交办的19件疑难信访案件已全部办结。维稳综治信访工作受到省州通报表彰。

【维护藏区稳定】 2013年，凉山州按照省委“一条主线、三个加强”的藏区工作总体思路，坚持把藏区维稳工作作为全州政法维稳工作的重中之重，把握藏区维稳的新情况、新问题，完善主动维稳、发展创稳、强基促稳、创新抓稳的工作机制，推动藏区和谐稳定。注重邻近地区信息共享、协作联动，共创藏区和谐稳定，扎实推进藏区跨越发展和长治久安。木里藏区维稳工作经验在全省得到推广，在全省藏传佛教寺庙管理长效机制建设暨文明和谐寺庙创建总结表彰会上，木里县两座寺庙、一个佛教协会、五名先进个人获得表彰。木里藏区实现“大事不出，中事不出，小事可控”的目标，持续成为全国最稳定的藏区之一。

【禁毒攻坚行动】 2013年5月、10月，按照州委、州政府部署，州委政法委先后两次组织全州12个重点县市，分别与云南省临沧市、保山市、德宏州、昆明市、楚雄州、大理州、普洱市、版纳州八个市州签订《两地禁毒委打击外流贩毒工作协作协议》和《两地公安机关缉毒侦查协作协议》，实地开展调研交流，共商两地联合禁毒大计，为有效打击惩治凉山籍人员外流涉毒违法犯罪，巩固和深化禁毒攻坚行动奠定坚实基础。组织州内6个外流贩毒重点县市，派出6个赴滇清理劝返工作组，分赴云南10个重点市州全面开展打击外流贩毒禁毒协作，劝返凉山籍无序外流人员297人，侦办运贩毒案件24起，抓获外流贩毒嫌疑人66名，缴获毒品海洛因25336克，协助云南警方破获6起涉毒案件。

【社会治理创新】 2013年，围绕把凉山建设成为全国最平安、最稳定、最和谐民族地区的目标，树立“大平安”推动“大发展”的理念，创新社会治理方式，着力推动平安建设从打击、防范、管控向服务、管理、建设转变，强力推进平安凉山建设，全力打造犯罪分子作案高风险区和人民群众高安全区。按照“党委领导、政府负责、社会协同、公众参与、法治保障”的总体要求，大力加强社会治理创新。重点推进西昌、德昌、会理、会东、宁南、越西、冕宁、昭觉八个县市的网格化服务管理建设，大力推动各级职能部门工作重心下移，规范政府延伸到社区的公共服务事项，打破职能部门条块分割、各自为政的传统管理服务运作模式，初步形成“社会治理网格化、支撑平台信息化、为民服务具体化、创新举措规范化”的服务管理体系，打造了全省网格化服务管理建设的样板。在西昌、冕宁、德昌、会理、会东、宁南、盐源、越西、甘洛等县市按不少于1000∶1的比例和在雷波、美姑、金阳、昭觉、布拖、普格、木里、喜德等县人口稠密的乡镇按不少于800∶1的比例聘请流动人口协管员，逐步推动流动人口有序融入城镇。2013年，全州接收刑释解教人员2105名，安置1643人，帮教1770人，接受2158名社区矫正对象，解除矫正834人。持续深入开展“净土（无毒）社区”创建和深化“支部加协会”禁毒工作模式，全州创建“无毒县”1个、“无毒害县”1个，命名“无毒乡镇”317个，依托支部建立禁毒协会1775个，发展会员19.02万人。加强闲散青少年重点群体和高危人群的排查摸底、服务管理和管控工作，排查帮教管控闲散青少年3297人、高危人群586人。各县市以公安指挥中心为龙头，“天网工程”为依托，健全完善街面、社区（村）、单位和行业场所、区域边际、线（路）治安防控“六张网”，在全州重点要害部位和治安复杂场所安装电子监控达2000余个，群防群治队伍常年维持在2.8万人，可防性案件明显减少，治安防控社会化、专业化得到有效推进。2013年，全州建成州级平安乡镇（单位）829个，县市级平安乡镇（单位）2033个，全州84%的村（社区）和基层单位达到平安创建标准。2013年，全州全面推动铁路护路联防、“三电”设施安全保护、国家安全人民防线、军地预防犯罪等专门基础工作。铁路护路工作获得2013年度全省铁路护路工作目标考核一等奖，“三电”设施安全保护工作获得2013年度全省“三电”设施安全保护工作先进市（州）特等奖。

【政法队伍建设】 2013年，按照省委和州委的统一部署安排，州委政法委牵头组织州直机关第四大组8个成员单位开展“实现伟大中国梦、建设美丽繁荣和谐四川”主题教育活动，并获省委政法委通报表扬。在全州政法系统开展“转变作风、司法为民”活动，提升全州政法队伍执法司法公信力。加强干部协管工作，协同州委组织部考察了政法系统新提拔任命、交流干部20多名，有力地改善了全州政法系统队伍结构。2013年，完成全州政法干警招录培养体制改革试点工作招录计划报送工作。按照州委的统一部署安排，州委政法委承办2场杜萍同志先进事迹报告会，取得良好的社会效果。州委政法委主办的首本部机关刊物《凉山政法》杂志于2014年1月正式创刊出版。牵头组织全州政法机关开展“公正司法为人民”“法治基层行”“禁毒宣传周”等活动。组织开展全州政法队伍建设优秀调研文章评选活动，有2篇分别获得省委政法委评选一等奖和优秀奖。

（审核：米色尔海/撰稿：徐华智）

公安工作

【概况】 2013年，在州委、州政府和省厅领导下，全州公安机关以“强基固本、维稳保安、创新发展”为基调，以“两大战略”和“三大工程”为主线，社会大局持续稳定，治安形势稳中向好，公安工作竞相发展，荣获全省综合目标绩效考核二等奖，特巡警、警训处、经侦、网安分别荣获全省比武竞赛团体第一名、第三名、第五名、第六名，情报荣获团体二等奖。全州共立刑事案件9588件、破案3369件，同比立案数下降12.96%、破案数上升5.55%，提请逮捕2499人；查处治安案件15795件，查处违法人员17144人、治安拘留9690人。抓获网上在逃人员715名，同比上升43%。发生交通事故23578起，死亡49人、同比下降3.7%，受伤606人，损失117.5万元；发生火灾121起，受伤1人，直接财产损失280.2万元，连续两年“零死亡”。妥善处置群体性事件和苗头663件，未发生具有较大影响的涉稳事件，木里藏区持续稳定。

【维稳处突】 实施藏（彝）区“三提升”战略，建立维稳机制，创新藏区民警与寺庙结对模式，圆满完成维稳工作，木里和其他涉藏地区稳定可控。开展公安信访“两争创一警告”活动，接访案件274件、化解186件，办结部、厅交办重点信访案件7件，办结息诉率达100%。全州未发生具有较大影响的涉稳事件，在支援雅安芦山抗震救灾中受到省厅表彰奖励。

【严打整治】 实施案件精品工程，坚持集中打击和专项整治相结合，重拳出击“命案、毒品犯罪、两抢一盗、拐卖婴幼儿”等突出刑事犯罪，竭力营造良好治安秩序。命案侦破：全年发生命案121件、同比下降7.6%，侦破115件，破案率、起诉率高达95%、98%，两项指标均创历史新高。成功侦破德昌“11·9”、喜德“1·11”致7人死亡等多起恶性命案，冕宁、盐源、昭觉等12县命案现案全破。禁毒工作：坚持打幕后毒枭、摧毁犯罪团伙、斩断利益链条三管齐下，全面推出“打、追、劝、阻、堵、清、查”七项措施，破获毒品刑事案件893件（其中千克以上案件37件），提请逮捕1001人、强戒6095人次，缴获各类毒品190千克，破案数、逮捕数、缴毒数同比上升34.9%、46.8%、12.8%，外流贩毒得到有效遏制。成功侦破“9·10”全省缴获海洛因最多的贩毒大案，缴获毒品海洛因30.4千克。打拐专项斗争：坚持打两头、理中间、救妇幼，全力侦办“1·19”“3·3”部督案件，侦破涉拐案件119件，解救了一批被拐骗妇女儿童。打击侵财犯罪：集中力量侦办群众反响强烈的盗抢诈骗案件，立案7292件、同比下降1.15%，破1419件、同比上升13.7%，侦破西昌“9·20”特大盗窃案、冕宁“10·15”金店被抢案。打击经济犯罪：开展“打假”“打传”专项行动，侦破经济犯罪案件130件，提请逮捕涉案人员43人，涉案金额高达2亿元。案件侦办机制完善：建立“成—凉”“川—滇”区域警务协作机制，联合治理凉山籍人员外流违法犯罪。制定大要案件奖励办法，提高刑侦技术水平。执法办案质量提升：设立执法咨询委员会，开展送法“进基层、进所队”活动，大力整改执法突出问题，行政复议、行政诉讼无差错。

【安全管理】 实施安全屏障工程，坚持源头治理和服务民生，严把“行政审批、隐患排查、跟踪问效、综合治理”四道防线，建立分级负责、共同担责的责任体系，公共安全管理能力有新提升。道路交通安全管理：积极应对节假日、旅游高峰期、极端恶劣天气下的道路交通环境，死亡人数同比下降3.7%，全年未发生特大交通事故。民爆化危物品管理：建立民爆物品“一体化”管理模式，收缴了一大批民爆化危物品、枪支弹药和管制刀具，全年实现无炸响、无丢失、无盗抢。消防安全管理：开展“除火患、保平安”专项行动，督促整改火灾隐患和违法行为1.2万余起，火灾事故连续两年“零死亡”。加强和改进警保卫工作，圆满完成警保卫任务67次。

【基层基础工作】 实施社区警务战略，稳步推进警务模式改革。突出派出所防范、管理、服务职能，在城区派出所设立“一室两队N站”，在农村派出所推行“1+N”中心派出所辐射周边地区的警务模式，探索建立了“支部+所队”基层警务模式。社会面防控体系日趋完善。坚持统筹推进、专群结合、分类防控，在城区依托特巡警和信息化技术，建立“派出所管片、特巡警管点、交警管线”巡防模式，街面犯罪案件得到有效遏制；在农村依托基层组织力量推进治安防控社会化建设；在交通要道设立武装卡点，形成圈层封控网络，有力策应世界华商大会、全球财富论坛、西博会等大型安保任务。基础设施建设加快，州人大专题调研公安监管场所建设，州政府主要领导多次研究解决消防特勤站等基础设施具体问题，6个消防特勤站开工建设，州车管服务中心、禁毒教育基地建成启用，甘洛、越西等县业务用房竣工。

【信息化建设应用】 制定信息化建设应用的总体思路：以基础信息采集、纠错、整合为根本，以提高全警信息化应用水平为核心，以项目建设为支撑，以进一步提升网上指挥、网上办案、网上办公、网上防控、网上服务水平为目标，初步搭建凉山公安信息化建设应用体系。水电公安分局高清视频会议系统建成启用，新警务综合平台对接上线，治安、交通查缉系统建设全面启动。广泛开展“一标三实”基础信息采集，采录标准地址59.8万条、实有房屋信息33.7万条、实有人口信息65.6万条、实有单位信息2.2万条，修改完善重点人员、行业场所信息4.5万条，整合铁路、银行、交通等外部和公安内网数据1.5亿余条，利用信息化技术手段侦破刑事案件比例为32.7%、办理治安案件比例为36.5%。

【队伍建设】 实施人民满意工程，全面提升队伍整体实力。基层组织建设：调整设立州局机关总支7个、支部34个，成立工青妇群团组织。遵循“重品行、重公认、重实绩”的原则，严格领导干部选拔任用程序，配齐配强县市公安局班子，选任调整副县级领导干部17名，选拔任用科级领导干部85人。制定《民警绩效考核办法》，实行月考评与年度考核相结合，量化计分，奖优罚劣，形成科学的考评机制。职业素质建设：建立主体多元化、形式多样化、效果常态化的教育培训机制，首次选派161名领导干部赴中国人民公安大学参加更新知识培训，邀请32名高校教师、专家、学者到凉山州开设专题讲座45场次。强化日常训练和实战演练，全警大轮训覆盖率达100%。继续选派40余名青年民警上挂下派。纪律作风建设：配齐纪委督察部门班子，充实纪检人员，大力开展“转变作风、司法为民”纪律作风教育整顿活动，落实省厅《领导干部问责》《派出督导巡视》两项制度，结合实际制定问责办法和巡视制度，诫勉谈话73人，行政纪律处分25人，移送司法机关4人。创新监督管理机制，建立向交警部门派出纪检员制度。制定改进工作作风五项规定，推出系列便民利民举措，开展“三有三心”和“五个一、三有”活动（一张笑脸、一声问候、一杯热茶、一次交流、一声再见，进门有引导、咨询有解答、办事有结果），赢得群众好评。选树先进典型，用身边的榜样凝聚前行的力量，涌现出杜萍、李春阳等一批先进典型和昭觉县局强戒所等一批优秀基层所队，全州受到表彰奖励的集体32个、个人245名。内务管理建设：严格按照省厅“四项规范化建设”要求，将“绿化、净化、亮化、美化、香化”五化建设贯穿内务管理，制定《内务管理规定》《民警操行考评细则》，建立交叉督察、通报整改、量化考核机制，全州公安机关面貌焕然一新，广大民警精气神明显提振，木里藏区公安机关成为全省内务建设的“排头兵”。惠警工程建设：全州投入经费200余万元，落实民警值班备勤餐和免费工作餐。积极改善民警食堂，大力推进经济适用房和周转房建设，加快建立公安荣誉室、陈列室和警察文化俱乐部。

（审核：梁小辉　杨艰/撰稿：古浩）

检察工作

【概况】 2013年，全州检察机关认真学习党的十八大和十八届一中、二中、三中全会会议精神，全面贯彻落实高检院、省检院和州委的各项工作部署，紧紧围绕凉山经济社会发展大局，顺应人民群众对公共安全、司法公正、权益保障的期待，认真履行法律监督职责，不断强化自身监督大力加强队伍建设，努力提升执法能力素质和执法公信力，积极推动平安凉山、法治凉山建设，各项检察工作取得新的成绩。

【侦查监督工作】 全州两级侦查监督部门认真履行批捕职责，严把案件事实关、证据关、程序关和法律适用关，规范逮捕必要性审查机制、“不捕说理机制”“检调对接”工作机制和“刑事司法和行政执法”衔接机制，创新提出“三把关、二延伸、一决定”的工作模式，依法严厉打击危害国家安全、严重侵权侵财暴力性犯罪、毒品犯罪、经济犯罪等各类严重刑事犯罪，着力强化立案监督、侦查活动监督工作，全力维护社会和谐稳定。全年共受理提请审查逮捕普通刑事案件2112件3217人，审查后依法批准、决定捕1949件2852人，不捕犯罪嫌疑人332人，立案监督案件24件，纠正侦查活动违法24件，建议行政执法机关移送涉嫌犯罪案件13件18人，行政执法机关主动移送公安机关案件83件132人，1名干警在第三届全省检察机关侦查监督业务竞赛中获得“全省检察机关侦查监督业务能手”称号。

【公诉工作】 公诉是检察机关核心的标志性的职能。全州两级公诉部门紧紧围绕社会矛盾化解、社会管理创新、公正廉洁执法三项重点工作，全面贯彻落实新刑事诉讼法，依法严厉打击毒品犯罪，“两抢一盗”等侵财犯罪，爆炸、杀人、强奸等暴力性犯罪，非法集资、偷税骗税、金融诈骗、制贩假币、生产销售假冒伪劣产品、侵犯知识产权等破坏社会主义市场经济秩序犯罪，进一步规范和完善“快速办理各类轻微刑事案件”；加大未检工作力度，全州17个基层检察院成立了未成年人刑事案件办案组，提高了诉讼效率。全州两级公诉部门共受理各类刑事案件2578件3961人，经审查后提起公诉2272件3449人，不起诉案件124件204人，提请抗诉案件6件6人，提出抗诉1件1人；纠正漏诉37人，向侦查机关发出《检察建议》23份，发出《纠正违法通知书》10份，向人民法院提出量刑建议756份。

【反贪污贿赂工作】 2013年州检察院把反贪工作作为检察工作的重中之重，始终保持对腐败犯罪的高压态势，以办案为中心，以专项活动为抓手，突出重点领域行业整治，建立全州反贪侦查一体化机制，制定了《凉山州人民检察院关于办理重大贿赂犯罪指定居所监视居住审查批准程序的规定（试行）》，“依法、慎用、善用”强制措施。加强与纪检、审计等行政执法部门的合作，会签了《关于进一步加强纪检监察、法院、检察院、公安和审计机关在办案中配合协作的通知》，建立了信息共享、情况通报、线索移送、案件协查等机制。深入查办发生在群众身边、侵犯群众利益腐败案件，教育、医疗卫生、城市规划建设、农业农机等重点领域案件，全年全州检察机关共立案查办贪污贿赂职务犯罪案件67件86人。查办大要案53件67人，大要案件件数、人数分别占立案总数的79%和78%，通过办案为国家挽回经济损失1000余万元。所立案件中，贪污14件25人、受贿37件43人、行贿9件10人、挪用公款5件5人、巨额财产来源不明1件1人、单位行贿1件1人。侦查终结70件90人，侦结率为86%；起诉51件71人，起诉率为86%；人民法院已判决26件40人，有罪判决率为100%。典型案件有：西昌铁路技校党组书记邓某贪污26万元案；西昌市财政局副局长马某受贿114万元案；凉山州国投公司副总兼党组书记董某受贿80万元；凉山州卫生局办公室主任毛某受贿15万余元案；西昌市城乡规划建设和住房保障局稽查大队中队长林某等四人受贿30万元案；会理县果园乡东升村文书杨某挪用农村征地补偿款130万元案；会东县农机局局长金某受贿30万元案；宁南县农机局副局长何某受贿26万元案；盐源县盐井镇中心卫生院院长杨某受贿35万元案。

【反渎职侵权检察工作】 全州检察机关反渎职侵权部门认真贯彻全省检察机关第六次反渎职侵权侦查工作会议精神，加快转变侦查方式，优化办案机制，提高办案质效，深入摸排线索，拓宽办案领域，突出查办发生在群众身边、损害群众利益的渎职侵权犯罪，严厉打击行政执法领域的渎职犯罪。全年共受理渎职侵权犯罪案件线索20件，经过初查，立案10件16人，立案件数同比上升11%，立案人数同比上升60%，其中滥用职权罪案7件11人，玩忽职守罪1件2人，失职致使在押人员脱逃案1件2人，刑讯逼供1件1人。侦查终结13件18人，侦结率87.5%，同比上升15.5%。移送起诉8件11人，起诉率55%，同比下降20%。人民法院已判决6件9人，有罪判决率100%。查办的典型案件有：布拖县拉果乡伟木村村委会主任、村书记涉嫌滥用职权罪案；昭觉县公安局庆恒派出所所长王某涉嫌刑讯逼供罪案；会理县红旗片区林业工作站国有林代管员吴某、鄢某涉嫌滥用职权罪案；西昌市城乡规划建设和住房保障局稽查大队副大队长练某涉嫌滥用职权罪、受贿罪案是全州检察机关查办的首起以滥用职权罪、受贿罪的数罪并罚的案件。

【职务犯罪预防工作】 全州预防工作按照最高人民检察院“开展为期两年的检察机关查办和预防发生在群众身边、损害群众利益的职务犯罪工作”部署，围绕凉山工作大局，以制度建设为根本，以预防宣传、警示教育“五进”活动为重点，以职务犯罪警示教育、法制讲座、专题讲座和悔罪说法等形式，开展预防咨询、预防调查、专题调查、个案调查和预防建议，全面落实行贿犯罪档案查询有关规定，向工程建设、物资采购等单位提供行贿犯罪档案查询63次，确保廉洁企业阳光进入招投标环节，着力构建不愿腐的保障机制、不能腐的防范机制、不敢腐败的惩戒机制。全年开展各类教育活动63次，开展个案调查39项，开展行业预防职务犯罪专项调查2项，为在关单位提供预防职务犯罪咨询17次，向有关单位提出完善制度的检察建议67项，采纳63项。向反贪部门移送职务犯罪线索9件，促成立案7件11人，在与联系单位共调研中发案违纪苗头5件，督促单位及时处理，指导联系单位查办违纪案件3件。先后12批次组织9个行业单位1127名中层以上领导干部和重点岗位人员到监狱听取职务犯罪服刑人员悔罪说法。建立了以预防职务犯罪为主题，以漫画、摄影、图片等内容完整、题材多样的文化长廊，与攀西监狱联合打造立足凉山和辐射攀枝花的1000多平方米立体化、多功能、配套完善的预防职务犯罪警示教育基地，让广大干部职工在受教育的同时自觉远离职务犯罪。州检察院会同州卫生局结合医疗系统职务犯罪案件开展专题调研，得到州人大常委会领导的肯定并在全州转发。

【监所检察工作】 全州两级监所检察部门紧紧围绕深化三项重点工作，落实“三个强化”总体要求，认真贯彻落实监所检察“四个办法”，全力做好监管场所日常监督工作，建立完善了《检察官约见工作制度》，开展了以“执手叙亲情　感恩奔新生”为主题的亲情帮教活动。积极查办监管场所职务犯罪和被监管人员又犯罪工作，认真开展“久押不决案件情况专项检查、罪犯交付执行与留所服刑专项检查”等专项检查活动，切实纠正刑罚变更执行不当和超期羁押、监管改造违法、监外执行违法，强化对诉讼时限和被监管人死亡的检察监督，重点对死刑二审案件、异地羁押案件、久拖不决案件进行跟踪检察监督，进一步加大对减刑、假释、暂予监外执行的监督力度，畅通被监管人及其近亲属的诉求渠道，维护监管场所的安全稳定、保护被监管人的合法权益。2013年查办了盐源县看守所相关人员涉嫌失职致使在押人员脱逃案，布拖县看守所副所长涉嫌滥用职权案，攀西监狱曹某贪污案，受理监管单位移送审查起诉的又犯罪案件6件6人，审查后提起公诉4件4人。查出久押不决案件20件46人，开展安全检查369次，经检查发现安全隐患135件，向监管单位提出书面纠正意见和检察建议106件。监管单位纠正并采纳了99件。审查监管单位呈报的减刑2041人，假释154人，暂予监外执行58人，17件违反减刑、假释法定条件案件被纠正，对监外执行过程中的违法情况提出书面纠正意见124件。

【控告申诉工作】 全州两级控申部门立足职责，加强涉检信访工作和积案排查化解力度，认真落实首办责任制和检察长接待日制度，积极开展举报初核和不立案审查工作，依法办理管辖内各类刑事申诉案件、国家赔偿案件，积极推动刑事被害人救助工作。深入企业、社区、单位、农村、学校等开展了以“完善举报制度，加强举报人保护”为主题的举报宣传周活动，设宣传点36个，制作宣传展板11个，发放宣传资料10000余份（册），美姑县院结合民族地区特色在宣传中使用彝、汉双语循环播放录音资料，张贴宣传挂图等进行宣传。全年共受理控告举报案件线索250件，受理申诉案件线索220件，检察长接待群众来信来访及批处理交办案件47件，办理赔偿1件，以公开答复形式办理了德昌县高某申诉案。办理司法救助案件14人，发放救助金6.43万元。

【民事行政检察工作】 民事行政检察部门按照民行工作部署，主动适应修改后《民事诉讼法》对民行检察工作带来的新变化、新任务和新要求，切实转变“以抗诉为中心”的监督理念，拓展监督领域，把依法办理民事行政诉讼监督案件作为全面贯彻执行修改后民事诉讼法的重要着力点，积极转变工作思路，调整工作格局，全面推进诉讼结果、诉讼过程和执行程序三位一体监督体系构建，用活用好新民诉法赋予检察机关的职能。州院民行处以培训、交流学习、案例指导等方式，组织全州民行干警深入学习修改后民诉法，2013 年 6 月制定了《凉山州人民检察院关于进一步加强民事诉讼法律监督工作的意见》，与凉山州律师协会协商共同制定了《关于加强联系协作进一步畅通民事行政案件申诉渠道的意见》；与凉山州群众工作局会签了《关于建立信访与民事行政检察工作联动机制的意见》，邀请了全国人大代表、州政协委员、州委群众工作局、州政府法制办、州司法局分管领导和相关部门负责人以及西昌辖区 17 家律师事务所主任、副主任、州院特约检察员、人民监督员召开了贯彻落实修改后民事诉讼法座谈会，加强沟通与协作，并就进一步加强衔接，依法履职，共同维护民事司法公正和权威达成了多项共识。州院还将民行检察部门的职能，受理案件的条件、程序等在“凉山民行检察”微博发布，通过网络平台宣传民行工作。通过多种形式的宣传与合作，办案规模与办案质量稳步推进。全年共受理民事行政检察监督案件 110 件，其中办理抗诉、再审检察建议案件 12 件，州院向省院提请抗诉案件 4 件，省院采纳 2 件；向人民法院发出再审检察建议 8 件，人民法院采纳 6 件；办理民事行政审判活动违法情形监督案件 39 件，法院采纳监督意见 38 件；办理执行监督案件 20 件，法院采纳监督意见 20 件；办理诉讼违法行为监督案件 4 件，人民法院采纳 1 件，并对相关审判人员做出免除副庭长职务处理；发现并移送民行审判、执行人员职务犯罪线索 3 件；办理督促、支持起诉案件 22 件，法院判决支持 22 件；做好息诉工作，检察环节促成当事人和解 8 件，对法院判决正确和依法执行的 30 件申诉案件全力做好息诉服判工作，全年未发生一件执法办案行为不当导致越级上访、缠访缠诉事件。

【人民监督工作】 自觉接受人大及其常委会法律监督、政协民主监督，主动接受社会监督。加强代表联络工作，利用网络平台、手机短信、联络专刊等形式，积极开展登门走访、邀请视察、旁听大案要案出庭公诉、“检察开放日”、州院重大事项通报制度等活动，向州人大及其常委会报告检察机关案件管理机制改革的情况，对人大代表、政协委员提出的意见建议及时整改，确保代表、委员的知情权、参与权和监督权落到实处。积极探索人民监督员视频监督工作，全年监督评议“七种情形”案件 20 件 22 人，组织人民监督员异地视频监督案件 10 件。

【案件管理工作】 为全面加强对案件的统一、归口、全程、动态管理，规范案件在检察环节的诉讼程序、办案期限和羁押期限的跟踪、预警，强化案件流转过程中的不规范行为，2012 年底州检察院和 3 个基层院设立了专门的案件管理机构，14 个基层院在控告申诉科增挂案件管理科牌子，负责案件受理和结案审核、法律文书和涉案款物监管，案件流程监管和案件质量评查工作。2013 年案件管理中心受理并分流案件 3049 件，接收案件卷宗 5683 册，监督涉案款入库 286 万元，对办案期限预警提示 229 次，对羁押期限提出预警提示 28 次，评查案件 213 件，积极组织干警开展全国检察机关统一业务应用系统培训，向办案部门、办案人员发送案件流程监控通知、督促办理通知、期限预警通知 224 件次。组织开展案件质量评查，对两级院 2012 年度办理的案件抽查 213 件。

【法律政策研究工作】 结合《中华人民共和国刑事诉讼法》《中华人民共和国民事诉讼法》《人民检察院刑事诉讼规则》等法律修改后的热点、难点积极开展理论、法律适用调研，全面落实检委会“程序过滤，实体把关”的议事制度。组织参加了多项专题理论调研活动，做好《凉山检察》杂志、《检察调研》《检察队伍建设》《凉山州人民检察院反渎精品案例选编》《检察年鉴》的组稿、编写工作。全州两级检察院共撰写各类检察调研文章300余篇，领导干部带头撰写调研文章，州院检察长米滨撰写的调研文章被《凉山党建》《四川检察》等采用，被州委《领导参阅》第四十六期全文刊发。

【思想政治工作】 紧紧围绕检察工作主题，以开展“实现伟大中国梦、建设美丽繁荣和谐四川”主题教育活动为载体，不断提升检察队伍依法履职能力，统筹推进各项检察政治工作，为各项检察工作科学发展提供了有力的精神动力、组织保障和智力支持。一是全面实施人才强检工程，“优才、育才、铸才”。建立青年检察官列席检察委员会制度，提升其熟练运用法学理论、法律条文解决具体业务问题的能力，积累领导工作经验和学习分析处理问题的方法，发挥检察业务尖子、办案能手典型的示范引导作用，委派检察优秀人才参与高层次培训和考察活动，提升其法律素质和业务实践能力。二是不断完善干部管理机制，大胆提拔使用优秀年轻干部和后备干部培养工作，形成合理的年龄梯次结构。州检察院从基层院遴选干警3名、考调专业特长人员1名，选拔任用中层干部11名，其中中层正职4名、中层副职7名、女干部6名、少数民族干部1名，选派5名干警到州检察院挂职，进一步优化了州检察院干部的队伍结构。三是扎实推进教育培训工作，认真做好领导素能培训和干警业务技能培训，提升干警的实战能力。组织开展检察业务骨干、案管、计划财务、检察技术、内网平台操作等业务培训580余人次，通过司法考试23人。全州检察机关79个集体和130人受到州级以上表彰，涌现出“四川省政法系统先进集体”“全省先进基层检察院”“全省检察机关司法警察编队管理示范单位”“全省检察机关执法为民十佳集体”“凉山州挂包帮活动及百乡教育扶贫工程先进集体”以及四川省政法系统先进个人、全省检察机关二等功个人、全省检察机关侦查监督业务能手、全省检察机关司法警察岗位练兵先进个人、感动凉山·2012年度人物等一大批先进典型，州检察院被表彰为“四川省政法系统先进集体”“全省基层检察院建设组织奖”“全州政法系统应急处突演练先进单位”“凉山州2008—2012年惩治和预防腐败体系建设先进集体”“凉山州挂包帮活动及百乡教育扶贫工程先进集体”。

【后勤保障工作】 围绕基层基础“大保障”活动，全力夯实检察工作发展根基。全面加强办公室、计划财务、检察技术、检察信息、司法警察、机关党建、服务中心等工作，为执法办案提供后勤支持、技术支持、组织保证和安全保证。为检察工作顺利开展奠定坚实基础。充分发挥办公室参谋助手作用，撰写人大报告、检察长会议文件、检察信息调研材料200余篇，公文质量进一步提高；充分发挥统计信息和咨询的职能作用，为机关部门和州政法委等部门提供数据查询900余次。进一步加强档案规范化管理，提供档案查阅500余次。深入实施“科技强检”战略，全面深化检察信息化应用，大力推进涉密信息系统分级保护建设，切实保障检察网络及应用系统安全可靠运行。进一步加强法医学检验、文件检验、痕迹检验、司法会计鉴定、视听技术和信息技术，为检察机关执法办案提供有力的技术支持和技术服务。全年办理各类技术案件213件。加强司法警察安全办案保障职能，组织指挥司法警察参与反贪部门、刑检部门办案140件，保护犯罪现场出警125人次，参与搜查105人次，参与执行冻结扣押查封出警88人次，协助执行拘留逮捕85人次，执行拘传、传唤、看管、提押、看管送达法律文书出警350次，协助调查取证75人次。计财部门与机关服务中心以保障执法办案为目标，强化管理、厉行节约，不断加强检察机关服装管理，枪弹管理，车辆管理，基础设施的建设和管理，为全州检察工作持续、健康发展提供了强有力的物质保障和安全保障。

【综合部门工作】 围绕检察工作主题和州委中心工作，坚持以加强党的执政能力建设为重点，以增强检察机关活力为前提，全面加强和改进机关党的建设工作，党风廉政建设工作和公务保障工作，实现了工作有新思路、党员教育有新举措、支部活动有新亮点、机关党建有新成效的工作目标。

（审核：米滨/撰稿：王昆梅　陈德刚）

法院工作

【概况】 2013年，全州两级法院在州委的坚强领导、州人大及其常委会有力监督、州政府大力支持、州政协民主监督和上级法院正确指导下，以党的十八大精神为统领，深入学习贯彻党的十八届三中全会精神，紧紧围绕凉山经济社会发展大局，以“打造一流队伍、创建一流业绩，争做全国自治州法院排头兵”为奋斗目标，以执法办案为第一要务，不断强化司法能力建设、司法作风建设和司法廉政建设，全面履行宪法和法律赋予的职责，充分发挥审判职能，不断创新工作举措，为全州经济社会发展提供了有力司法保障。全年全州法院共受理各类案件30848件，同比上升7.94%。审结30511件，同比上升8.35%，结案率98.91%。其中，州法院受理各类案件5799件，审结5645件，结案率97.34%。

【刑事审判】 全州法院共审结各类刑事案件2537件，判处犯罪分子3627人，结案率98.6%。其中，州法院审结505件，结案率96.19%。始终保持对毒品犯罪的严打高压态势，共审结各类毒品犯罪案件673件862人。其中，对225名犯罪分子判处15年以上有期徒刑直至死刑。依法严惩多发侵财性犯罪，审结“两抢一盗”、合同诈骗等犯罪案件637件1145人。妥善审理了涉案金额达5.54亿元，涉及冕宁等多个县市、受害群众达数千人的贾志英等19人非法吸收公众存款案以及赵志军等4人网络传销等新类型犯罪案件，有力维护了社会和谐稳定。加大惩治腐败力度，审结贪污、受贿、挪用公款等职务犯罪案件63件89人。成功审理了西昌市城乡规划建设和住房保障局稽查大队林光良等10人集体受贿“窝案”。正确把握宽严相济刑事政策，坚持“教育、感化、挽救”方针，依法审理了138名未成年人犯罪案件。州法院首次采用圆桌方式审理该类案件，让未成年人切实感受到司法的关怀。采用公示、听证、公开审理等方式，规范减刑假释案件审理工作，严格依照法律程序对3007名罪犯予以减刑或假释。

【民商事审判】 全州法院共审结各类民商事案件18735件，结案率98.99%，涉案标的10.36亿元。其中，州法院审结999件，结案率91.74%。依法审结重组兼并、破产改制、产权股权转让等案件198件，如成功审理了湖北丰华能源投资集团有限公司诉四川凉山水洛河电力开发有限公司请求解散公司等新类型案件，促进生产要素的流动整合，促进产业转型升级。审结民间借贷纠纷案件2981件，有效化解民间融资风险，维护公平有序的市场秩序。审结房地产开发、建设工程施工等案件215件，保障房地产市场调控政策的落实。审结环境污染损害赔偿案件9件，积极推进生态文明建设。审结婚姻家庭、损害赔偿、劳动争议等涉民生案件10351件，有力保护人民群众合法权益。加强对知识产权司法保护，强化司法裁判对科技创新、文化发展的导向作用。

【行政审判】 以保障当事人诉权为重点，最大限度保护行政相对人合法权益。共审结行政案件162件，同比上升20.9%，结案率100%。其中，州法院审结51件，同比上升30.8%，结案率100%。针对行政执法过程中存在的问题，及时提出司法建议，促进相关部门改进工作。州法院《关于加强国有资金监管，将审计结论作为政府投资建设项目工程结算合法依据的司法建议》，受到州政府高度重视。发布《2012年度行政审判白皮书》，分析全州行政诉讼态势，提出依法行政建议，提升行政审判效果。

【执行工作】 全州法院共执结案件5909件，同比上升42.07%，执结标的4.53亿元，执行标的到位率为76.26%。盐源、昭觉、甘洛、美姑、木里、布拖等12个县法院案件执结率达100%。深入开展“涉金融案件”“涉民生案件”专项执行活动以及“涉执信访案件”专项清理活动。对拒不履行生效裁判文书的39人予以罚款、司法拘留，将2人移送公安机关追究刑事责任；对7人限制高消费，向社会公开曝光“老赖”69人；将15名失信被执行人纳入人民银行征信系统，将24名失信被执行人录入最高人民法院威慑网名录。12月13日，全州同时举行了“涉民生案件”专项执行活动案款集中兑现大会。仅州法院和西昌市法院在西昌市月城广场当日就向19件21名执行申请人兑现执行案款915万元。

【审判管理】 健全完善案件自动排期开庭、进度动态跟踪管理、到期自动报警、逾期自动冻结的管理机制，努力以审判质效的提升促进司法公信力的提升。审判执行过程中涉及委托评估、拍卖的案件均坚持公开摇号确定相关中介机构，以公开促公正。经省法院考核，全州法院2013年审判质效整体值为90.51分，首次整体跃入全省一流法院方阵。州法院荣获全省法院争创“两个一流”工作综合特等奖。

【司法为民】 全州法院始终坚持“心系群众，服务民生”。一是充分结合民族地区的特点与习俗，大力运用“德古”调解方式，有效化解各类矛盾纠纷。全年共调解各类民商事案件9293件，调解率60.05%，调解率位居全省法院第一名。其中，普格、金阳、冕宁等县市法院交通法庭共调撤各类交通事故案件2275件，调撤率达94.17%。交通法庭的运行成效，被四川新闻网等多家新闻媒体宣传报道。二是坚持院、庭长坐班接访工作机制。全州法院共接待群众涉法涉诉来访2446人次，处理群众涉法涉诉来信792件次，做到件件有登记、事事有回复。共化解涉法涉诉信访案件233件。其中，中央、省、州等各级交办的39件涉法涉诉信访案件全部得到有效化解，成功实现100%结案、100%息诉。十八届三中全会期间，全州未发生因涉法涉诉信访案件的越级访、进京访事件，州法院被省委、省政府评为“全省维稳综治信访工作先进集体”。三是大力推行类型化司法服务，努力满足人民群众各类司法需求。全州具备条件的法院已全部建成功能齐备的“一站式”诉讼服务中心。共开展巡回审判4000余次，努力把法庭搬到老百姓的家门前。宁南县法院“摩托法庭”受到当地群众好评，被四川电视台、凉山电视台跟踪报道。努力解决群众实际困难，对2322件案件减、免、缓诉讼费277.49万元，对179件245人发放执行救助款147.16万元，对348人发放司法救助金276.36万元。深入开展“司法大拜年”以及“3·15”“6·26”“12·4”等法制宣传活动，深入部队、学校、广场、菜市、建筑工地发送宣传资料5万余份，解答群众咨询1600余人次。在各级各类媒体和网站上发表法院宣传稿件1200余条。组织全州法院及广大干警为雅安地震灾区捐款24万余元。深入推进“领导挂点、部门包村、干部帮户”活动，积极向帮扶村困难群众及帮扶乡小学捐赠生活物资和学习用品。

【阳光司法】 州法院《关于全州法院涉诉信访工作情况报告》在州十届人大常委会第十次会议上获得通过。深入开展“阳光司法行”“邀请代表、委员进法院”“开门迎监督”等活动，深化“一对一”代表、委员联络工作，邀请各级人大代表、政协委员及社会各界667人次旁听庭审、交流座谈、监督执行。每季度向人大代表、政协委员以及社会各界寄送《法院要情专报》。对人大代表、政协委员提出的意见建议进行认真梳理分析，细化各项措施，加大工作改进力度。及时办理和回复政协提案2件，满意率100%。自觉接受检察机关法律监督，认真审理抗诉案件5件。

【基础建设】 雷波等2个县法院新建审判大楼已正式投入使用，会东、越西等5个县市法院审判大楼正在建设中。10月底，完成全州86个人民法庭统一标识的安装工作。11月初，全州法院档案规范化工作通过州级档案管理部门的考评复查，继续保持省一级标准。12月初，州法院及17个县市法院全部开通互联网门户网站。加强信息化建设，完成全州法院办公内网密钥接入认证系统第一期700套的安装工作以及内网存储系统、容灾备份系统的建设，确保办公网络系统的高效、安全运行。

【队伍建设】 一是提升队伍素质能力。州法院出台奖励措施，鼓励干警积极参加学历教育及各类在职培训。首次在全省范围内遴选8名法官，为长远发展储备人才。组织开展了中层领导干部竞争上岗、全院干警职位双向选择。提请州人大常委会任命16名审判员，充实审判一线。对全州新进人员、“彝汉”双语干警共计2500余人次进行了专项培训，先后3次对全州269名司法警察进行体能、专业技能的集中封闭统一培训。针对审判工作中存在的实际问题，先后开展了科技法庭运用，信息、网管人员技术操作等各类培训，提升干警信息化运用能力。二是狠抓反腐倡廉建设。全州法院坚持在春节后上班第一天开展“廉政宣誓”活动，全体干警分级签订党风廉政责任书。对违规经商营利、违规持有会员卡等行为开展专项清理活动。对新提拔干部、新进人员共计67人次进行廉政谈话。组织审务督察工作组、作风巡查组，先后3次深入基层法院和人民法庭进行明察暗访。认真办理违法违纪来信来访举报65件，对违反工作纪律的13人进行了7次诫勉谈话。对违法违纪行为实行“零容忍”，坚决维护队伍纯洁和司法廉洁。三是大力开展作风整治。中央“八项规定”和省、州“十项规定”出台后，州法院及时制定和完善了《进一步改进工作作风、密切联系群众的意见》《机关公务接待规定》《财务管理暂行规定》和《请假休假暂行规定》等制度，切实解决存在的“四风”问题。厉行勤俭节约、反对铺张浪费，“三公”经费同比显著下降。深入开展“转变作风，司法为民”活动，坚持以制度管人，按制度办事。州法院在继续坚持挂工作牌上岗、上下班指纹考勤以及会议实名等制度的同时，实行了工作日去向公示牌显示制度。加强警车管理，所有车辆在节假日均停车入库、封存保管，有效杜绝公车私用、违规使用的情况。

【文化建设】 在法院内网网站开设法官沙龙、审判交流、司考天地等栏目，为干警提供学习交流平台。德昌等7个县法院建成“文化四室”。本着勤俭节约原则，在全州通过开展篮球联赛、演讲、书画、摄影等内容丰富、形式多样的活动庆祝州法院建院60周年。4篇案例被最高人民法院《中国法院年度案例》作为典型案例刊发。1名干警撰写的一篇论文获得国家级奖项。会理县法院被确定为全省法院文化建设示范单位。

【荣誉】 全年全州法院共计67个集体和59名个人受到最高人民法院、省法院以及州委、州政府的表彰。其中，州法院研究室被评为全国法院司法统计工作先进集体、马顺连被评为全国法院纪检监察工作先进个人。喜德县冕山法庭等4个法庭被评为全省优秀人民法庭。10名干警被评为全省法院办案标兵和调解能手。

（审核：冯成/撰稿：张黎）

司法行政工作

【概况】 2013年，州司法局党委紧紧围绕认清形势任务、明确工作责任，坚持有为进取、提高履职能力，完善工作机制、创新服务方式，加强阵地建设、打好基层基础，强化队伍管理、增强发展后劲工作主线，全力办好服务群众“八件实事”，有力彰显司法行政在平安凉山、法治凉山发展进程中的独特职能优势。

【普法依法治理】 2013年，州司法局深入开展省级法治县（市）创建工作，全面推进“六五”普法，坚持普治结合、以治为主的方针，持续深入推进全州各县（市）的省级法治县（市）创建工作，着力拓宽普法宣传覆盖面，提高依法治理工作实效，筑牢法治凉山建设基础。与凉山广播电台合作，升级改版法治凉山节目；与凉山日报社合作创建凉山法治新闻网；与凉山广播电视台合作，制作播映系统法制宣传活动专题片。5 月，全省少数民族地区第一家法制宣传民间机构——四川省法制宣传协会凉山代表处在西昌成立。6 月，结合实现伟大中国梦、建设美丽繁荣和谐四川主题教育活动，组织开展法律工作者集中普法行动。在节假日期间组织律师等法律服务工作者走上街头，向广大群众宣传法律法规，提供法律咨询服务；在中小学开展服刑人员“现身说法”警示教育，向青少年揭示违法犯罪血泪教训；在驻州各监狱开展法制关怀进监区活动，组织优秀律师深入监区讲解法律知识，为服刑人员排解法律困惑和难题。本次活动共开展法制宣传和法律服务 90 余场次，宣传教育群众 15 万余人，为各类人员提供法律咨询服务 5070 余人次。8 月，州法制建设领导小组部署开展全州“六五”普法中期督导工作，由州法制建设领导小组成员单位组成督导组，先后对全州 17 县市和 18 个州级部门普法工作开展情况进行全面督察和推进。10—12 月，在全州广泛组织开展凉山州“12·4”法制宣传月暨“创建法治城市、建设法治凉山”主题宣传系列活动。结合凉山法治创建主题，通过自编、自演的法制文艺节目宣传法律知识，营造学法用法的社会氛围。在西昌、德昌等地中小学开展监狱服刑人员“现身说法”警示教育 5 场，受教育学生 2.5 万人。以州委中心学习组学习（扩大）会议的形式，特邀西南政法大学行政法学教授为全州 300 余名副县级以上领导干部做专题法制讲座。

【特殊人群管理】 2013 年，州司法局认真贯彻落实《社区矫正实施办法》，在全州全面铺开该项工作，进一步严格按规定条件、标准和程序开展社会评估工作，逐步规范社区矫正工作流程，推行社区矫正工作“四统一”（统一模式、统一评估、统一制度、统一流程）。针对凉山 1380 名社区矫正对象（截至 2013 年年底）居于农村偏远地区多、分布范围广、监管难度大的特点，通过州、县市共建方式，建成社区矫正人员信息监管系统，并在西昌、会理、越西等地率先开通“司法 E 通”社区矫正人员信息化监管平台，实现对矫正对象及时定位监管，提高社区矫正的“人防”和“技防”水平。进一步落实刑释解教人员必接必送、安置救助、日常管教制度，强化责任落实和机制建设。积极争取州委、州政府的重视和支持，3 月建立州级政法各部门和驻州各监狱联席会议制度，研究解决刑罚执行过程中的相关问题。2013 年度联席会议明确将安置帮教工作作为地方党委、政府在特殊人群管理中的一项重要工作，由综治委为主导，协调政法各部门及相关社会保障部门，齐抓共管、分工协作、形成合力，切实抓好安置帮教有关制度落实。

【法律援助】 2013 年，凉山州继续将法律援助工作列入民生工程加以高位推进，结合修正后《刑事诉讼法》的实施，切实加大法律援助力度，做到应援尽援、应援必援。年初，州政府常务会议同意每年安排资金 60 万元并纳入年度财政预算，同时根据工作实际逐年适度增加。着眼法律援助为民、便民的原则，进一步推进建立 1 小时法律服务圈，全州全年新建县级规范化法律援助接待受理厅 1 个，规范化法律援助工作站 24 个。指导全州 17 个县市成立法律援助中心，组建法律援助律师库，储备各类律师人近 200 人。加强法律援助工作人员业务培训和工作监督，全面推行法律援助工作网上办理，推行援助案件回访和办案质量满意测评制度，切实提高法律援助工作质量。全年全州各级法律援助机构共办理援助案件 1148 件，免费提供法律咨询服务 8216 人次，提前超额完成年度法律援助民生工程目标任务。

【法律服务】 2013 年，在全州司法行政系统深入开展转变作风、司法为民活动，着力对公证、律师等法律服务窗口开展服务质量集中整顿，推进规范化管理，提升为民服务质量。加强律师行业自律管理。4 月，制定并向社会公布《凉山州律师执业八项绝对禁止的规定》，着力加强律师职业道德教育。7 月，组织全州

300余名执业律师开展业务培训，着力提高律师队伍专业素质。12月，对36名实习律师开展岗前培训，结合司法为民活动进行警示教育，引导新晋律师依法依规执业。全年全州各律师事务所共担任法律顾问296家、代理刑事案件763件、代理民事案件2451件、代理行政案件482件、办理非诉讼法律事务563件。加强公证行业规范管理。10月，组织全州18个公证处80余名执业公证员开展公证业务培训，切实推进公证行业培训工作制度化。积极配合省公证协会对全州公证行业开展质量检查，督导推进公证质量监察体系建设，案卷抽查合格率100%。全年全州18个公证处共办理各类公证事项10750件，提供预约上门公证服务377件，预约上门服务群众725人次，无错证、假证和公证员违法违纪现象发生。推进司法鉴定行业良性发展。通过政策鼓励和服务支持的方式，引导新建两个司法鉴定所，充实司法鉴定行业队伍，形成有效的市场竞争，促进服务质量提升。2013年，全州司法鉴定执业人员已增至50人，当年新增14人，全年办理各类司法鉴定案件2237件，其中涉诉案件340件，采信率达99%。坚持标准化建设、规范化管理、人性化服务、社会化协作的工作思路，组织595人参加国家司法考试，圆满完成年度司考工作任务。

【基层基础建设】　扎实推进“百所规范化司法所”和“十百千”规范化调委会建设。进一步充实基层司法所的人员，完善基础设施，强化业务管理规范化，夯实司法行政服务群众“桥头堡”。认真贯彻落实《人民调解法》，大力提升人民调解员素质，规范人民调解组织设置、调解组织管理、调解工作程序和调解文书、调解补贴落实，积极探索把人民调解委员会设在矛盾纠纷的高发区、热点领域，实现人民调解与经济发展、行业治理、矛盾纠纷化解零距离对接，筑牢人民调解化解社会矛盾纠纷的第一道防线。2013年，全州各级调委会共调解案件1.66万件，调解成功1.62万件，调解成功率97.6%，其中预防处置群体性案件254件。

【队伍建设】　2013年5月至6月，严格按照组织人事规范程序，平稳完成州司法局机关22名科级干部的轮岗交流和竞争上岗工作，并通过公开考调方式，遴选2名基层优秀年轻人员充实到州局机关，进一步优化改善局机关干部队伍的梯次结构。完成上半年全州77名基层司法助理员公开招录和下半年全州司法行政103名公务员招考的网络初审和笔试工作。12月初，组织上半年新招录人员进行为期三天的岗前业务培训，确保新进人员思想政治素养和业务能力水平“双达标、双优秀”。组织开展全系统党史知识竞赛，涵盖全州各级司法行政机关和驻州监狱2350余名干部职工，有效提高全系统干部职工的思想理论水平。6月20日，组织开展全州司法行政系统“中国梦”主题教育活动演讲比赛。深入开展“走基层、解难题、办实事、惠民生”活动，制定实施帮扶普格县特机村的“五步走”工作路径，着力加强对“走基层”活动定点联系村的帮扶工作。

（审核：卢立武/撰稿：陈宗兴　段炼）

法治政府建设

【巩固和创建依法行政示范县乡】　根据《凉山州人民政府2013年推进依法行政工作安排的通知》，对开展创建依法行政示范县乡活动落实责任主体、进行初评，完成盐源县梅雨镇参加全省依法行政示范乡镇评选的复核；深入省级依法行政示范乡会理县凤营乡现场指导安全监管、土地政策、惠农政策、招商引资、政府承诺、简政放权，信访、行政强制以及乡镇执法等依法行政工作。

【行政执法规范年活动】　制发《凉山州开展行政执法规范年活动工作方案》（凉依法行政办函〔2013〕2号），对开展“行政执法规范年”活动工作分阶段进行安排部署，并将行政执法规范年活动情况纳入2013年度依法行政工作年终目标考核。9月，按照《凉山州人民政府法制办公室关于开展重点领域行政执法监督检查的通知》（凉府法〔2013〕106号），在全州开展重点领域的行政执法监督检查，查找食品药品、生态环境、安全生产、劳动保障、社会治安等涉民生领域的行政执法中的突出问题，规范行政执法行为，防止执法缺位损害社会公众利益，为凉山营造良好的发展环境和公正高效的法治环境。

【开放式决策】 严格按照《政府工作规则》，将专家或研究、咨询、中介机构的论证评估、听证、法制机构法律分析作为重大决策的依据，对以凉山州新钢业公司选址为代表的涉及经济发展、城市建设、民生等方面的重要决策均要求通过组织听证广泛听取人大代表、政协委员、相关基层组织、行政相对人等各方的意见建议。同时，通过法制机构合法性论证对30余项政府行政行为的事前把关，最大限度地减少政府违法行为的发生，有效避免可能发生的法律风险和社会矛盾。

【行政审批制度改革】 根据《凉山州人民政府办公室关于开展行政审批项目清理工作的通知》（凉府办函〔2013〕262号）要求，完成对州级部门358项行政审批事项，逐一核对法律依据、前置条件、办理流程和时限，并与国务院和省政府精简的审批项目进行对接，在反复讨论核对的基础上，决定取消7项、下放28项、转为服务事项66项、保留257项。州级行政审批项目数共计减少101项，清理精简率达28.21%。

【地方立法和政府涉法合法性审查】 对省政府交办的《四川省政府投资建设项目审计条例》（草案）、《四川省农业综合执法规定》（代拟稿）、《四川省节约能源条例》（草案代拟稿）、《四川省〈中华人民共和国动物防疫法〉实施办法》（代拟稿）等21件征求意见的地方性法规、规章，组织相关部门进行研究汇总，提出合理的修改意见。做好州人大安排的《凉山彝族自治州邛海保护条例》修订草案起草修订工作；撰写《凉山彝族婚介高额费用调研报告》，为人大立法建言献策。完成州政府行政规范性文件立法项目年度目标工作，对《凉山州本级财政支出绩效评价管理暂行办法》《凉山州住房公积金内部稽核审计办法》（试行）、《凉山州国有企业负责人经营业绩考核暂行办法》等18部规范性文件进行合法性审查并出具审查意见；完成《凉山州行政程序规定（试行）》修订工作；完成《凉山州建设工程抗震设防要求管理办法》《凉山州农村五保供养工作实施办法》《凉山州行政程序规定》等6件规范性文件报省政府和州人大备案。完成对《西昌市杂交玉米制种基地管理办法》《会东县城乡医疗救助实施办法》、州档案局《凉山州国家综合档案馆收集档案范围细则》等县市和州级各部门的30件规范性文件进行审查备案；完成西昌至香格里拉高速公路（西昌—泸沽湖段）招标文件专题法律意见。以及对州政府与金融企业银政合作协议、州政府与新奥能源控股有限公司战略合作框架协议、州政府与三峡新能源公司《风能太阳能开发投资合作协议》、四川省人民政府与华润（集团）有限公司《战略合作框架协议》涉凉山州部分等11份重大合同进行审查，提出法律意见或建议；完成省政府安排，结合凉山实际，开展“5·12”汶川特大地震以来凉山州涉震涉灾规范性文件清理工作。

【行政复议】 畅通行政复议受理渠道、设立行政复议网上受理、规范行政复议审理程序、建立健全行政复议案件层级把关负责制、创新重大案件合议制、完善行政复议听证制度、简化办案程序等，大大提高行政复议办理效率。严格队伍管理，保证行政复议办案质量。在把好行政复议办案的事实关、法律关、裁决关、善后关上下功夫，加强行政复议监督和指导，特别是加强行政复议备案制度、行政复议决定履行情况反馈制度、责令限期履行制度建设，充分利用行政复议意见书和建议书的形式，及时纠正被申请人或者其他下级行政机关的相关违法行政行为，并出台相关政策解决普遍存在的执法问题。2013年行政复议决定履行率实现100%。2013年共收到行政复议申请28起，其中受理行政复议案件16起，作告知处理10起，作其他处理2起。在受理的涉及劳动教养、房屋登记、土地权属争议、征地拆迁补偿等案件中，审结结案14起，2起未审结。审结的案件中维持4起，终止1起，驳回9起，履行规范执法，化解行政争议较好。

【行政执法监督】 2013年，共受理企业投诉行政许可性收费、建设业主投诉市规建局停工通知、企业主申请对许可证延续进行监督、公民要求对有关行政人员追究行政问责的申诉、媒体投诉行政机关违规执法等案件17件，办结13件，4件正在办理中。组织开展行政执法监督检查3次：4月份深入西昌市有关部门和西昌市政务服务中心相关窗口对行政许可收费进行监督检查；7月份深入企业、居民小区等调研公安执法，对公安交通、消防、治安进行执法监督检查；11月份开展重点执法领域的行政执法监督检查。完成依法行政知识培训，10月份组织完成州级部门2013年下半年至2014年上半年行政执法人员换证培训会，参训人员400多人。进一步严格行政执法证件申领工作，全年全州申领回行政执法证件1165个，年审行政执法证件300多个，办理行政执法监督证89个。

【行政调解、行政执法、刑事司法衔接】 严格落实信息报送制度，完善行政调解接待制度、立案办案制度、优秀案例评选制度、行政调解工作人员守则、行政调解工作制度、考核与奖励制度、问责办法等，不断规范行政调解工作。全州共受理行政调解案件6247件，调解成功5218件。按照《关于2013年凉山州行政执法与刑事司法衔接工作要点的通知》，4月份，州检察院和州法制办联合开展危害民生刑事犯罪专项立案监督活动，根据《实施方案》结合工作实际，认真组织实施专项监督活动。

【仲裁工作】 积极履行仲裁职能。至2013年11月，新组建运行的凉山仲裁委员会就受理各类仲裁案件10余件，涉案标的额达213.51亿元，审结案件9起，其中调解结案6件，占结案总数的85.7%，自动履行率为100%，作为全国30个少数民族自治州首家成立的仲裁机构，仲裁工作开局良好。

（审核：艾裕双/撰稿：孙勇）

绿色家园管委会工作

【概况】 2013年，凉山州绿色家园管理委员会立足服务凉山经济社会发展大局，以夯实项目基础、加快推进项目建设，因地制宜尽快开展收戒工作，努力缓解凉山毒品危害程度为指导思想，迅速开展组织机构建设、土地勘界确权、项目总体规划、培植主要产业等工作，绿色家园从无到有，由空白到雏形，在艰难探索中迈步前行。

【组织机构及队伍建设】 2012年11月，州委、州政府正式任命管委会主任，开始组建绿色家园管理委员会。2013年1月，中共凉山州委印发《关于建立州委“绿色家园”管理委员会工作委员会的通知》（凉委〔2013〕3号），批准建立绿色家园管委会党工委并明确其主要职责任务；4月，开始组建凉山州公安局绿色家园公安分局；7月，正式调入11名干部到绿色家园管委会；同月，州委、州政府任命管委会副主任1名，班子队伍的力量逐步增强；11月，开始筹建绿色家园安康医院；12月，州委正式任命绿色家园管委会党工委书记。

【项目推进】 2013年1月，完成绿色家园西昌临时办事处建设，实现政令畅通；2月，完成绿色家园盐源基地（原盐源监狱）办公住宿场所维修，绿色家园首批11名干部进驻基地，绿色家园项目建设初具工作基础；2月至4月，完成对原盐源监狱移交土地的实地勘界确权，回收土地1330.85公顷，埋置界桩341根，对二道沟、农四队、龚家沟、煤窑湾等四宗土地分别绘制1：2000地形图和宗地图，对以盐源监狱场部为中心的100公顷建设用地绘制1：500地形图和宗地图，测绘成果满足绿色家园项目建设用地和土地颁证需求；5月，完成对原盐源监狱二、三监区维修改造为绿色家园强制隔离戒毒一所、二所的设计方案并报送州政府审查；8月下旬，绿色家园管委会与盐源监狱共同组成资产移交工作小组，开始对园区内土地、房屋、基础设施设备等国有资产进行实物清点和造册登记，10月1日，签订具体移交协议，正式完成原盐源监狱范围内的国有土地和资产移交工作；11月，州政府明确2013年投入绿色家园强制隔离戒毒一所建设资金500万元，强制隔离戒毒二所建设资金1200万元纳入2014年财政预算；12月，由西南交大规划设计研究院编制设计的绿色家园总体规划获州级专家初审通过。

【产业发展】 2013年，绿色家园管委会引进社会资金，大力扶植和发展园区产业。10月，开始引进玫瑰产业；12月，凉山州投资促进局牵头召开“关于州绿色家园管理委员会引资开发玫瑰产业项目会议”，明确州级相关部门要争取优惠政策，积极协调帮助。同月，正式签署土地承包与玫瑰产业发展协议书，着手建设“绿色家园万亩玫瑰园区”。同月，还签署蔬菜、肉食等产业建设协议，开始建设蔬菜、肉食和水果等产业基地。

【党委政府重视和支持】 州委、州政府将绿色家园建设项目作为一项造福凉山人民的重大民生工程来抓，先后成立“凉山州绿色家园项目建设领导小组”和“凉山州绿色家园项目建设推进工作小组”，由州委、州政府相关领导牵头负责，采取切实有效措施，加快推进项目建设。每年州委全会公报和州人代会《政府工作报告》都要专门关注绿色家园项目建设。2013年11月8日，州委副书记、州长罗凉清主持召开“研究绿色家园项目建设工作专题会议”，明确指出：绿色家园管委会全体人员做了大量艰辛细致、卓有成效的工作，完成土地勘界确权，项目建设取得阶段性成果；会议还议定关于绿色家园项目建设及运行资金来源（明确绿色家园强制隔离戒毒一所和二所建设资金投入和强戒所运行管理费用的分级承担机制）、关于绿色家园管委会下属机构编制与人员进入（在已到位15名民警基础上，再从州内调35名公安专项编制充实绿色家园公安分局；核定安康医院事业编制21名与医疗设备同步到位）和关于绿色家园的产业发展（高起点、高标准打造万亩玫瑰庄园，同时引进种、养、加相结合的劳动密集型企业最大程度实现园区自给自足）等问题。2013年11月11日，省政协副主席、中共凉山州委书记翟占一对绿色家园管委会的工作给予批示：“前期工作扎实、有力、有序。争取上级支持，州内形成合力，探索经验。”

（审核：宋云/撰稿：唐斌）

经济管理

Economic Management

国有资产监督管理

【概况】　2013 年，凉山州国资系统在州委、州政府的坚强领导下，在省国资委的有力指导下，认真学习贯彻党的十八大和十八届三中全会精神，以科学发展为主题，以加快转变经济发展方式为主线，牢牢把握“稳定增势、高位求进、加快发展”工作基调，紧紧围绕“国资监管上新水平、国企改革发展上新台阶”和“国企改革三年攻坚、国企发展五年跨越、国有资产五年翻番”战略目标，冷静应对经济下行压力，多渠道、全方位加强国资监管，扎实推进和不断深化国企改革，全州国有经济发展和国资监管各项工作全面推进，全州国有经济的影响力、控制力和活力明显增强。

【国资监管】　国资监管制度进一步健全完善。进一步建立健全了《凉山州国有企业负责人经营业绩考核暂行办法》《凉山州州属国有及国有控股企业负责人薪酬管理暂行办法》《凉山州国有企业内部审计管理暂行办法》《凉山州国资委企业资产损失责任追究管理暂行规定》《凉山州州属国有企业全面风险管理暂行办法》《凉山州州属国有企业重大投资管理办法》《凉山州国有企业公务用车配备使用管理办法》等制度。通过制度建设，形成了以业绩考核、薪酬分配和企业领导人员任免推进激励约束机制，有效维护国有资产安全。企业负责人经营业绩考核、收入分配管理。根据《考核办法》和《薪酬管理办法》，按照尊重历史、面向市场、体现进步、逐步过渡的原则，完成州属国有企业 2013 年度经营业绩考核，制定企业负责人基薪方案，形成业绩考核与收入分配挂钩的管理机制。对州属企业收入分配实行工资总额调控，坚持工资分配向生产一线、向技术岗位倾斜，严格控制企业人工成本。加强对国资委中介机构备选库的动态监管，2013 年凉山州国资委中介机构备选库共选入 148 户中介机构。国有企业产权管理。监督指导州属国有企业实施国有资产处置、国有资产划转和车辆购置等事项共 30 件，妥善解决了月城公寓商业门市承租户及月城公寓住户反映的问题，扎实推进凉山州物资总公司下属成都贸易中心自主开发，指导会理铅锌股份公司处置重庆办事处，确保了国有资产保值、增值。根据《国家出资企业产权登记管理暂行办法》精神，完成全州国有企业产权登记摸底调查和业务培训，为下一步全州国有企业产权登记全面开展奠定了坚实基础。

国有企业财务监督管理，加强对企业资本运营情况的动态监控，防范和控制企业风险，提高国有资本使用效益。2013 年度国资收益 772 万元。

【企业改革发展】　8 户州属国企改革扎实推进。四川宏益化工公司拆迁补偿已赔付到位，职工安置基础工作已完成；西昌美日太阳能公司改制暨职工安置工作已开展；州乡镇企业矿业公司和州粮食局汽车队两户企业改制工作进入实施阶段；西昌猴王实业公司战略重组已经启动；州商业局成都采购站对现仓储地块进行自主开发项目审批已完成，正在实施公司制改造；州物资总公司成都物资贸易中心公司制改造工作已启动，引入战略合作伙伴对土地进行开发已确定中标单位；州国投公司与新奥能源控股有限公司合资组建项目公司进展顺利，新公司已完成工商注册登记等工作。州矿冶实业公司、西昌百货有限责任公司等6户州属国企遗留问题得到有效解决；企业遗留问题已纳入惠民工程专项资金计划解决。对州木综厂、西昌长安机械厂、凉山钢铁厂、四川冶金建设公司、西昌电线厂等5户企业破产终结工作；成立破产终结清算组依法依规按程序开展各项工作。组建成立凉山州交通投资有限公司已挂牌开始正常运行，凉山州矿冶投资发展集团、凉山州文化旅游投资发展集团的组建工作全面有序推进；制定完善了大桥水电公司制改革方案，企业内部“三项制度”改革全面铺开；益门煤矿公司制改革前期工作顺利开展。

【党建工作】　全州国资系统通过开展党章知识竞赛、举办国有企业专题培训班等活动，深入学习贯彻党的十八大和十八届三中全会精神，圆满完成“实现伟大中国梦、建设美丽繁荣和谐四川”主题教育活动；以深化国企“3321”党建品牌为载体，深入实施“四大工程”，切实加强国企党建工作，开展“学习型、服务型、创新型、纯洁型”党组织建设活动；以“四好”班子建设为载体，着力加强国有企业领导班子建设。着力完善分类指导机制，全面完成全州国有企业党员信息库建设；不断加强企业高管能力培训，与北京大学联合举办了两期凉山州国资委国有企业现代经济管理高级研修培训班，组织省属、外地在州、州属国有企业高层管理人员140余人参加了培训。

【党风廉政建设】　国有企业党风廉政建设进一步加强，认真落实党风廉政建设责任制，制定了《2013全州国有及国有控股企业党风廉政建设工作实施意见》，强化国有及国有控股企业责任制考核、考评及结果运用。贯彻落实中央“八项规定”和省州“十项规定”，制定“九项要求”。检查、督促企业严格遵守和执行党的路线、方针和政策执行。加大信访举报和案件查办力度，对举报属实的问题进行了处理，对反映不实的问题进行了澄清。

【国有企业住房保障】　继续抓好州属国有企业经济适用房建设及棚户区改造。2013年已有57个项目的10004套住房放线开工，共计建筑面积99.67万平方米，已完成投资13.37亿元，其中已竣工6284套，切实解决了一大批企业困难职工住房难问题。争取到中央及省上配套的2013年棚房区改造资金3962.4万元，惠及3452户职工。完成了桐梓林廉租住房小区1008套廉租住房的入住分配工作，发放住房补贴130.46万元，惠及562户的1208人。

【企业信访稳定】　狠抓信访维稳工作，共接待来访59批174人次，处理信访件67件，办理州领导包案化解信访件5件，按时回复率达100%。加强各类矛盾纠纷排查调处，扎实做好重点时期的企业信访维稳，确保了全年“两节”“两会”和四川成都全球财富论坛召开期间，全州国有企业保持和谐稳定。突出抓好安全生产，认真落实安全生产责任制，成立专项督导组，深入各企业开展安全生产和防汛工作督促检查。进一步加强了煤矿安全生产的整顿和整治，成立国资委益门煤矿整顿工作组，进驻益门煤矿，开展专项安全隐患排查和整顿。

【国有资产保值增值】　2013年，州地方国有企业在国际国内经济形势复杂、大宗商品市场低迷的大环境下，正确应对资金成本、劳动力成本和生产要素成本上升，矿产品价格大幅下滑，政策性停产整顿等多重困难，全州国有企业生产经营在困难中前行，在压力下奋进，资产规模和所有者权益得到继续扩张，2013年州属监管企业16户正常生产经营企业，资产总额208.7亿元，较上年同期200.6亿元，增长4.03%；负债总额116.7亿元，较上年同期112.3亿元，增长3.92%；所有者权益92亿元，较上年同期88.3亿元，增长4.19%；实现营业总收入86.9亿元，较2012年同期95.3亿元，减少8.81%。营业成本85.8亿元，比2012年同期93.4亿元，减少8.13%；利润总额3.1亿元，较2012年同期3.5亿元，减少11.4%；工业总产值60.3亿元，较2012年同期129.2亿元，减少114.3%；工业增加值18.1亿元，较2012年同期23.5亿元，减少7.23%；国有资本保值增值率102.5%，较2012年同期101.7%，上升0.8个百分点。

（审核：蔡军/撰稿：霍明忠　杨本益）

工业和信息化发展

【概况】　2013年，全州工业经济工作，在州委、州政府的坚强领导下，面对复杂多变的经济形势，认真贯彻落实省、州一系列稳增长措施，加快产业转型升级和结构性调整，加大优势产业培育，强化产业延伸，奋力推进园区建设提档升级，认真做好生产要素的综合协调，攻坚克难，大力实施“双提双增”战略，全州工业经济保持较好发展势头。1—12月，全州规模以上工业企业达390户，新增30户，规模以上工业企业实现增加值435.6亿元，同比增长17.4%。完成工业总产值1224.6亿元，同比增长17.8%；工业销售产值1181.8亿元，同比增长17.6%；主营业务收入1102.8亿元，同比增长17.7%；利税总额139.7亿元，同比增长4.7%；利润总额86亿元，同比下降0.1%；产品销售率97.0%，同比持平。工业技改投资预计完成106.8亿元。全年单位工业增加值能耗下降13.4%。1—12月，全州工业企业续建和新开工的技术改造项目136个，累计完成投资87.4亿元，为省下达目标106.8亿元的81.7%，同比上升22.3%。2013年，全州有13个项目列入省重点技改及工业项目，其中省政府重大项目7个，总投资147.44亿元，年计划投资46.72亿元，1—12月已累计完成投资23.30亿元；有27个项目列入州政府重大建设项目，总投资300.20亿元，年计划投资101.20亿元，1—12月累计完成投资33.90亿元；重点项目中已竣工项目5个，在建项目15个，新开工项目13个。全年19家发电企业累计完成发电量41亿千瓦时，较2012年同期增长10.9%；全州累计供电106亿千瓦时，同比增长12%。其中工业用电量56亿千瓦时，同比增长23.4%。2013年全州工业节能目标为单位工业增加值能耗下降6%；全年单位工业增加值能耗下降13.4%，完成2013年节能目标的223.3%，全面超额完成完成上级下达的节能工作任务。全州列入全省“千户企业节能行动”的95户企业，1—12月完成了单位工业增加值能耗下降和节能量目标进度。1—12月中石油、川渝石化成品油供应量4.5亿千克，增长5.9%。1—12月铁路货物运输量达65.82亿千克，其中重点企业运输量达33.74亿千克，装车兑现率达84.2%。1—12月，州内各商业银行支持州内工业企业流动资金贷款112.3亿元，比上年同期增长16.1%，其中“三有一缺”流动资金贷款94.4亿元，比上年同期增长40.8%；分别完成全年目标数的123.4%、152.3%。工业企业贷款户数239户，同比增长17.2%，其中“三有一缺”贷款108户，同比增长1户。工业经济全年各项指标完成省下达目标任务。

【调研督导】　面对工业经济运行下行压力，年初、年中和年末分别召开行业分析会，对经济走势进行分析研究，准确把握工业经济中出现的新情况、新问题，并积极采取应对措施，深入县市和企业就如何利用价格上扬、危机尚未根本解除出现的短暂机遇，督促企业增添措施，抢抓机遇，加快生产，扩大销售，实现速度效益同步增长。强化经济运行监控，狠抓科学分析与工作指导。年内工业经济信息化委员会先后组织了多次全州范围内的经济运行调研督导活动，进一步准确把握了全州工业经济运行情况和发展趋势，及时发现工业经济运行出现的新情况、新问题，并积极采取应对措施，确保工业经济平稳运行。面对下半年工业经济下行压力，在认真贯彻落实省政府工业稳增长措施基础上，结合凉山州实际，制定全州工业经济稳增长的“八条”措施，在财政资金支持、减轻企业负担、强化要素保障等方面，加大扶持力度。通过落实留存电量、减免重要工业品价格调节基金等一系列扶持措施，为企业降低成本3.0亿元以上，有力促进全州工业经济平稳发展。

【优势产业培育】 实施大企业大集团倍增计划，指导支持企业调整产品结构，促进企业做大做强；积极开展扶持小微企业专项行动，努力扩大销售，大力培育提升规模企业，促进重点优势产业发展。一是新增规模以上工业企业支撑，1—12月全州规模以上企业390户，同比增加30户，新增工业总产值达到116.6亿元，工业增加值25亿元。二是大力实施大企业大集团发展战略，促进重点优势企业加快发展。1—12月，全州40户重点优势企业实现工业总产值546.1亿元，同比增长24.7%，占规上企业总产值的52.5%；实现工业增加值214.4亿元，占规上企业的58.7%，同比增长13.2%；三是立足凉山特色资源优势，积极推进战略新兴产业和特色优势资源产业发展，突出发展“7+3”产业，即以水能水电、冶金矿产、金属材料、铸材建材、装备制造、烟草化工、食品药品为优势资源产业，以稀土、钒钛、新能源为战略新兴产业。依托攀钢集团西昌钢钒公司、昆鹏铜业、雷波洋丰、雷波施可丰等一批投产项目拉动，采取扩大生产，以量补价，带动相关产业特别是黑色、化工产业加快发展，有力支撑全州工业经济发展。1—12月，全州“7+3”重点优势产业实现工业总产值1017.3亿元，占规上工业总产值的94.5%，同比增长6.1%；实现工业增加值345.2亿元，同比增长11.8%，其中黑色金属采选业增长13.1%，有色金属采选业增长22.0%，黑色金属冶炼业增长67.2%，电力生产和供应业增长62.3%，战略性新兴产业增长101.9%。

【项目建设】 进一步建立健全项目建设责任机制，加快项目建设，技改投资拉动强劲有力，全州96个技术改造项目有序推进。同时，强化协调服务，促进攀钢集团西昌钢钒公司、雷波施可丰、木里沙湾电力公司、德昌新马电站等一批新建项目达产达效，有力支撑全州工业经济平稳发展。全年重点抓好四川江铜稀土有限公司冕宁牦牛坪稀土矿资源综合开发项目采选工程、木里容大矿业有限公司梭罗沟金矿改扩建工程、西昌嘉士伯乐堡啤酒瓶装生产线项目、四川大益矿业有限公司40亿千克/年超低品位铁矿石综合利用及5000万立方米尾矿库技改项目、四川锦宁矿业大顶山矿区改扩建工程、四川雷波宝盛达磷化工有限公司2亿千克精细磷酸盐项目等重点项目建设进度。2014年重点抓好四川万凯丰新能源有限公司年产1亿安时高能环保贮氢电池项目、德昌志能稀土公司200万千克/年高精度稀土抛光粉项目、四川江铜稀土有限责任公司冕宁县牦牛坪稀土矿资源综合开发项目采选工程、重钢西昌矿业有限公司20亿千克/年废石抛尾工程、四川西昌合力锌业股份有限公司电锌废渣回收利用工程、盛和资源（德昌）有限公司锶钡资源综合利用项目一期、德昌久源钒钛特种合金有限公司年产200万千克氧化钒项目等项目的建设力度，使其早日投产见效。

【园区建设】 2013年以后，经信委充分发挥承上启下、协调各方的中心枢纽作用，通过召开全州工业经济及产业园区建设现场会议不断强化园区发展的政务环境、政策环境、人才环境和社会环境。强化园区发展“突出主题、抓住主线、分类指导、分区推进、差别化发展、‘两化’互动、‘三化’联动、统筹城乡，提高办园水平”的总体要求，实施“2651”发展战略，加快培育一批国家级、省级开发区。一是加快推进园区水、电、路、气、治污、环保、通信、网络等基础设施和公共服务平台建设，不断探索管理机制创新取得初步成效。1—12

月累计完成基础设施建设投入11.5亿元。冕宁稀土产业园区、会理有色产业园区和德昌工业集中区建立园区建设开发公司。二是大力推进飞地产业园区建设。木里—盐源飞地产业园区正有序推进。三是积极争取省级产业园区产业发展引导资金支持，加快项目落地建设。1—12月全州有5个产业园区获得省经信委940万元资金支持。全州入园企业投资达到73.5亿元，其中：工业企业投资59亿元。四是把提高自主创新能力作为主要发展战略，加大招才引智力度，鼓励引导凉山矿业、会理财通公司、会东满矿集团、盐源平川铁矿、西昌太和铁矿、四川江铜稀土公司等与中小矿山的协作配合，通过政策引导、利益引导和服务引导，提升产业集群的整体实力和竞争力，打造50亿千克钒钛产业链、2亿千克铜冶炼及加工产业链、3亿千克铅锌冶炼及加工产业链、1亿千克稀土采选及稀土材料产业链、2千万千克金属镍冶炼及镍铁产业链，构建矿冶产业集群。

【产业结构调整】 积极推进稀土产业的整合。草拟《凉山州稀土产业整合发展工作方案》上报政府，同时参与研究起草凉山州贯彻《国务院关于促进稀土行业持续健康发展的若干意见》情况汇报，按照国家产业政策和生产行业管理要求，积极推进行业专项整治和行业准入公告申报等工作。积极推进战略性新兴产业发展，深入企业和县市，认真调查凉山钒钛、稀土等战略新兴产业发展情况，根据国家、省相关要求，第一批和第二批共推荐上报战略性新兴产业项目13个，经省初审通过2个，带动凉山州战略性新兴产业发展。推进生产服务业发展，按照省级有关部门要求，认真组织开展2013年度四川省省级生产性服务业发展专项资金项目申报工作，全州共申报生产性服务企业9户。认真贯彻落实国家产业政策，认真贯彻落实全国、全省行业结构调整工作会议精神，认真分析全州行业结构调整面临的形势和任务，积极宣传国家在水泥、铁合金、磷铵等行业准入方面的政策措施，推进相关企业积极搞好行业准入公告工作。认真执行国家产业政策，按照要求，严把市场准入门槛，对新上项目，严格执行国家行业准入条件，对鼓励类企业，认真执行国家西部大开发税收优惠政策。

【品牌建设】 认真贯彻全国工业质量品牌工作会议精神，积极推荐州内5户优势企业参加四川省工业品牌培育试点，培育企业竞争力。在品牌建设中，对2011年获四川省名牌产品和著名商标的四川丰谷火把液酒业有限责任公司等2户企业州政府给予奖励资金45万元，对评为省级技术中心的重庆钢铁集团矿业有限公司太和铁矿等3户企业州政府给予资金奖励60万元。

【资金支持】 加大同各部门尤其是省级部门的沟通协调力度，同时与州、县相关部门加强沟通协作，为开展工作创造更好的环境、凝聚更强的力量。截至12月，向上级部门争取到位12项共计4700余万元的资金支持，为促进凉山工业项目的建设并带动产业发展提供更有力的支撑。其中国家、省级中小企业发展资金项目14个，资金总额427.4万元；获得2012年全省工业经济开门红奖励补助资金企业15个，资金总额510万元；节能和淘汰落后产能专项资金1340万元；中小企业融资担保风险补偿金50万元；四川省工业中小企业技术改造项目2012年中央预算内投资项目1个，资金240万元；小巨人专项资金30万元；省级园区发展资金900万元；节能监察中心能力建设项目资金120万元；四川省重点技术改造项目资金820万元；四川省企业安全措施技术改造资金20万元；四川省产业技术研究与开发资金250万元。

【中小企业发展】 按照省、州的安排部署，继续实施中小企业“成长工程”。积极引导中小企业扩大规模，提高综合素质，走“专、精、特、新、配”之路，增强市场竞争力，培育具有技术、产品、市场优势的“小巨人”和“成长型”企业。对列入培育计划的企业，采取了一系列积极的扶持措施：一是在落实中小企业发展专项资金、“小巨人”发展资金等扶持政策上给予倾斜；二是优先安排参加省州中小企业培训活动，以及创业诊断、管理咨询等创业指导服务；三是重点对成长型企业开展调研指导，协调解决发展中的困难和问题。在各项积极措施的有力推动下，全州中小企业成长工程取得初步成果，全州共申报“小巨人·成长型”培育企业21户，其中：“小巨人”企业9户，“成长型”企业21户。通过重点培育，西昌新钢业、凉山矿业、盐源金铁矿业和西昌广丰工贸四户企业上榜全省“企业100强”，凉山州商业银行入选全省服务业行业百强。

【民营经济发展】 通过搭建凉山州中小企业“窗口”服务平台向银行提供信息服务。农行凉山分行利用其总行级一类产品创新基地的政策优势，充分借鉴外地同业取得的成功经验，创新性的编制了一套适用于商会及其会员的金融综合服务方案，并通过与区域内条件相对成熟的几家商会充分座谈、讨论，力求实现需求与供给的高度协调和统一。截至2013年11月，农行凉山分行已为凉山州福建商会提供10亿元意向性信用额度，为携手商会创新银企合作平台，加快拓宽对实体经济的服务渠道和领域，促进中小企业产业结构调整，向提升核心竞争力迈出一大步。

【信息化建设】 加快信息化建设步伐，深入推进“两化”融合。引导组织全州相关企业申报2013年度第一批信息化和工业化融合的专项资金，共有7户企业项目通过经信委和州财政局的初审，7户企业项目总投资10150万元，申请省支持额度2851万元，11月初已有5家企业通过专家组预审和省经信委核定。为推动信息化和工业化的深度融合，促进工业转型升级和发展方式转变，已申报推荐四川省烟草公司凉山州公司、攀钢集团西昌钢钒有限公司两家企业为2012年国家级信息化和工业化深度融合示范企业。

【无线电保障】 切实做好无线电安全保障中信号监测、监听、设备操作，认真组织安排落实两会、建州六十周年、党的十八大等重要社会活动的无线电安全保障等各项工作。同时，经信委组织保障人员158人次，动用监测设备（车）93台（套）次，积极参与组织各类考试19次，保障考生合计42730人次，其中国家教育考试3次、人事考试15次、司法考试1次。发现作弊信号27起，有效阻断27起，较好地完成了相关无线电安全保障任务，取得了较好的社会效果，得到州委、州政府领导和相关部门的一致好评。

【安全生产】 按照“一岗双责”的要求，通过常态化的重点排查生产矿井、排查“一通三防”、排查隐蔽工作面，进一步落实安全生产责任制。结合凉山实际，经信委组织全州煤矿及非煤矿山安全大排查。为避免排查走过场，实行专家负责制，从州内外聘请了六位省级煤炭咨询专家进行逐井检查，使排查覆盖全州的所有生产建设矿井，其中生产矿井4个、建设矿井14个。共出具检查专家意见书18份，检查出隐患和问题113条，书面整改意见103条，并在各产煤县召开了有政府及相关部门和业主参加的座谈会，认真与各煤矿业主交换意见，并对下步整改和煤矿管理工作提出具体要求。通过常态化的重点排查，防止重特大事故发生，确保生产安全和社会稳定。

【基层组织建设】 2013年，经信委以“基层建设创先进，工业强州争先锋”为主题，认真贯彻落实全国全省全州基层组织建设年会议精神，进一步完善了机关党建工作领导体制，把基层组织建设纳入2013年党建工作责任制的重要内容，建立健全督导、激励、约束、考核、评价等制度，结合经信委中心工作，加强机关基层组织建设。十八大召开后，州经信委系统结合自身工作实际，认真贯彻好十八大精神，主要落实到四个方面：落实到加速推进新型工业化工作上，落实到加快推进信息化上，落实到促进社会和谐上，落实到抓好当前工作和谋划2014年工作上。委党组还以专题报告会的形式组织宣讲，全委干部职工都认真自学、精学，深入学习和领会党的十八大会议精神。

【老干部工作】 至2013年州经委有离退休老干部240人，遗属18人，另代管企业离休干部28人、供养遗属4人。在理顺关系、做好基础工作的同时，以落实离退休干部两个待遇为中心着力开展工作。开展了对离退人员通报情况、组织参观考察、健康体检、定期休假、活动室建设等大量耐心细致的服务工作，坚持元旦、春节、重阳节等重大节日走访慰问老干部制度，积极支持老协工作，赢得了老干部的信任和支持，密切离退人员与党和政府同心同德关系，使全州推进工业经济又好又快发展有了坚强后盾。

【其他工作】 在做好重点工作的同时，也注重抓好文明单位创建、依法行政、企业维稳，以及州委、人大、政府、政协交办的重要工作等。一是深入开展“万民干部下基层”“五个一联系工作”活动，经信委领导班子带头深入走访结对帮扶村，与普格县大坪乡党员、干部、群众进行“零距离”接触、“面对面”沟通、“心贴心”交流，共商新农村建设大计，从资金、物资、项目等方面给予扶持。其中支助大坪乡教育扶贫经费8.6万元，支助烟灌工程、蚕农切桑机经费23.7万元，合计31.3万元。二是认真办理人大、政协提案议案，20余件人大提案、政协议案基本办结。三是认真做好企业维稳工作，在十八大期间及平时安排专人专岗进行维稳保障工作，有力维护了社会稳定。

（审核：杨跃发/撰稿：蒋卫）

工商行政管理

【概况】 2013年，凉山州工商系统认真贯彻党的十八届三中、四中全会及省委、州委经济工作会议和四川省工商行政管理工作会议精神，紧紧围绕州委、州政府的中心工作，以科学发展、加快发展、创新发展为工作基调，认真贯彻省工商局“257”战略，立足本职，服务大局。荣获安全生产目标一等奖、州政府政务服务中心先进窗口、城乡环境综合治理先进单位，商务工作先进单位，省级卫生单位、州级文明单位、州级计划生育合格单位等称号。

【企业登记管理】 2013年，凉山州工商系统进一步完善服务机制，促进企业健康发展。全年全州新增内资企业151户，总数达到3566户，注册资本（金）197.61亿元，同比增长26.74%；新增外资企业5户，达76户，同比增长7.04%。办理股权出质、股权出资、动产抵押登记261件，帮助企业解决融资67.75亿元。建立企业电子档案，提高企业登记质量，提升公共服务和市场监管水平。

【私营经济管理】 2013年，凉山州工商系统畅通“绿色通道”，支持和促进民营经济持续发展。全年全州私营企业户数为1.19万户、注册资金195.16亿元，同比增长11.1%、20.7%；个体工商户数达到9.85万户、资金数额3.31亿元，同比增长8.17%、36.88%；农民专业合作社持续快速发展，全州登记数为1191户、出资总额14.71亿元，同比增长51.9%、98.27%。

【市场监督管理】 2013年，检查集贸市场321个次，开展成品油、建材、农资等质量监测67批次，查处案件278件，案值152万元，罚没金额23.72万元。开展城乡环境综合治理，积极参与西昌市创建全国文明、卫生城市活动。办理拍卖备案26次、拍卖确认21份，金额1.28亿元。进一步完善网络经营主体数据库和备案登记。加强合同监管工作。成立合同格式条款评审委员会，开展重点行业格式合同评审，修改25条，行政指导52次；检查合同355份，办理案件8件，罚款36.52万元。认定守合同重信用企业314户。

【公平交易执法】 2013年，全州工商系统深入开展“红盾春雷行动”，加强节日期间、重点区域、重要商品日常监管，检查经营者9872户次，查处食品违法案件155件，罚没金额28.67万元。开展打击“傍名牌”和“双保”专项行动，查处“焦点访谈”曝光的“山寨”饮料713瓶、洗化用品946瓶（盒），假冒茅台等名酒400余瓶。开展涉藏地区非法销售卫星接收设施专项治理，查处案件3件，查获设备3716套（个）。

【商标广告监督管理】　2013年，全州深入推进“大凉山”品牌战略。加强培育商标注册，凉山“特、优、新”农产品品牌建设，积极指导企业申报驰名商标、省著名商标。全年新注册商标74件，其中，著名商标6件。查处商标侵权案件19件，罚款22.91万元。年检广告经营单位185户，年检率100%；监测广告3600条，责令停止发布和整改广告132条，收缴违法广告5万余份，查处广告案件28件，罚款19.6万元。

【消费者权益保护】　开展食品检测183个批次，重要商品检测75个批次，快检食品5120组。完成全州95个“12315”联络站、服务站的规范化、标准化建设任务。继续推进“12315”进社区、进乡村、进企业工作，规范“12315”联络点1274个。开展“3·15”宣传咨询活动，完成州消委换届工作。受理消费申（投）诉610件，为消费者挽回经济损失113.91万元。

【法制建设】　2013年，全州依法办理行政处罚案件1.72万件。一般程序案件490件，罚没金额593.2万元；受理听证案件5件、行政诉讼案件3件；处理信访案件1件，无行政责任过错和行政赔偿案件。推进“六五”普法工作，开展“3·15”“12·4”等法制宣传活动，组织参加法制培训21人次。

【党的建设】　2013年，全州工商系统深入贯彻党的十八大精神，围绕“实现伟大中国梦，建设美丽繁荣和谐四川”的主题教育活动，深入开展“三个专题教育”活动，中心组集中学习和领导以及骨干讲学，推动党支部的学习和党员自学，每个职工撰写学习心得2篇以上。出资12万元，开通全州工商系统共产党员手机报，发送宣传信息76期。深入开展基层组织建设年活动，制定本单位基层组织建设年活动的实施方案，抓好每一阶段的工作落实。认真组织党员学习新《党章》，年初进行党员点评，全体党员自觉参加组织活动，按时足额交纳党费，上交党费1.64万元，发展党员2名。认真开展“共产党员示范岗”活动，评选表彰优秀党员16名、优秀党务工作者5名。继续做好“挂包帮”活动和“彝区健康文明新生活运动”，积极扶贫帮困；投入资金10.2万元，重点解决俄里坪中心校全校744名学生校服问题，在“六一”儿童节和教师节时，州工商局、布拖县工商局和州属非公有制经济协会开展“志愿服务真情奉献，情暖彝家贫困学生”活动，印制《预防艾滋病宣传手册》8000余份，发放到俄里坪乡广大农民和学校师生手中宣传禁毒防艾工作。

【党风廉政建设】　2013年，全州工商系统认真贯彻落实中央“八项规定”及省、州“十项具体规定”和省委、州委、省局关于改进工作作风密切联系群众、厉行勤俭节约反对铺张浪费各项具体规定，认真学习《廉政准则》和《关于实行党风廉政建设责任制的规定》，整治机关庸懒散奢风气、解决群众反映强烈的突出问题。认真落实党风廉政建设责任制，强化领导干部“一岗双责”，认真做好基层执法人员向管理服务对象述职述廉活动，全系统整合后86个工商所正副所长完成向管理服务对象述职述廉工作。受理群众举报5件（次），澄清2件，处理3件、办理上级转办信访件4件。对8名县工商局局长进行任期经济责任审计。全系统无违规行为发生。

【队伍建设】　2013年，全州工商系统继续开展争创“四好班子”活动。巩固全州18个州、县（市）局“四好班子”称号。认真开展基层党组织和党员开展“创先争优”和“三满意”活动。全方位开展干部职工的学习教育培训工作。积极落实省工商局组织的调训任务，全年全州共培训19期，参训86人。投资840万元，对5个工商进行规范化建设，其中3个工商所正在建设中、2个工商所申请报建。工商所规范化建设验收率达50%，合格率达85%。调整县（市）工商局领导班子8个，任免科、局、所级干部共66人。顺利完成全州139名公务员划转工作。开通“凉山工商”官方微博。

【精神文明建设】　巩固精神文明建设成果，强化对系统创建文明工作的领导和督促检查工作，提升队伍的社会形象。把精神文明单位创建活动与队伍建设紧密结合，制定工作意见和措施，纳入绩效管理狠抓落实。积极配合州文明办，加强对“文明服务示范窗口”单位的指导和督促检查工作，全系统“州级文明服务示范窗口”累计已达到20个；39个单位继续保持各级命名的文明单位殊荣，其中州县（市）18个工商局均进入“精神文明单位”之列。

（审核：罗刚　丁跃兴/撰稿：肖燕）

国土资源管理

【概况】　2013年，凉山州国土资源系统紧紧围绕“安全国土、和谐国土、高效国土、美丽国土”建设目标，进一步解放思想，创新思路，负重拼搏，攻坚克难，扎实推进国土资源管理各项工作取得新成效，为服务助推全域凉山科学发展、加快发展做出了积极贡献。地质灾害防治工作被四川省人力资源和社会保障厅、省国土资源厅评为先进；耕地保护暨国土资源综合目标管理工作被州政府评为一等奖；矿产资源补偿费目标管理工作被州政府评为先进；政务信息工作被州委评为先进；督查督办工作被州政府评为先进；政务调研成果被州政府评为三等奖。“安全国土、和谐国土、高效国土、美丽国土”建设取得新的成效，受到省国土资源厅巡视组的充分肯定。

【地籍管理】　2013年，凉山州国土资源系统认真贯彻落实《国土资源部、财政部、农业部关于加快推进农村集体土地确权登记发证工作的通知》（国土资发〔2011〕60号）精神，扎实推进全州农村集体土地所有权、农村建设用地使用权和宅基地使用权登记发证工作，其中：农村集体土地所有权登记工作于2013年6月通过省级验收。进一步规范土地登记工作，不断扩大土地登记的覆盖面。全年共办理公有住房上市交易1224宗，公有住房初始登记1538宗，公有住房变更登记258宗，商品房变更登记259宗，土地使用权抵押登记84宗，土地抵押注销登记51宗。

【规划管理】　2013年，凉山州国土资源系统充分利用第二次土地调查成果，编制完成州本级及17县市《土地利用总体规划（2006—2020年）》，并通过省政府批准实施。同步实施开展“永久基本农田保护专项规划”“农村土地综合整治专项规划”编制。严格按照国家和省的技术规范要求，全力开展完成冕宁、德昌、会理、会东等16个县和全州磷矿《矿业权设置方案》编制，为科学指导矿产资源勘查、开发提供技术支撑。

【耕地保护】　2013年，凉山州国土资源系统进一步加大土地开发整理复垦力度，做大做强土地综合整治系统工程，全年共实施土地开发整理项目18个，开发总规模1.02万公顷；有效整合各类资金，推进3.97万公顷高标准基本农田建设，新增耕地1266.67公顷。严格落实州政府制定的耕地保护目标责任制，层层签订目标责任书，强化耕地特别是基本农田保护，全州耕地保有量稳定在42.14万公顷，基本农田保护面积保持在37.74万公顷，为省下达目标任务的100%。

【建设用地服务保障】　2013年，全州各级国土资源管理部门始终把服务保障地方经济发展作为国土资源管理工作的第一要务，充分发挥部门职能作用，超前思考、提前介入、主动服务，努力保障国家、省、州及17个县市的重大重点项目、民生工程和基础设施建设项目用地。共完成建设项目用地初审、预审59个，涉及用地面积2.03万公顷，审查上报单独选址及批次建设项目农用地转用征收土地报件81宗，涉及用地面积9866.67公顷。

【市场化配置土地资源】 2013年，州、县市国土资源管理部门针对土地市场行情变化和经济发展需求，认真分析研究土地市场动态趋势，科学制定土地出让计划，优化配置土地资源，全年全州总供地315宗，面积282.07公顷，实现土地出让总价款17.4亿元。

【矿政管理】 2013年，凉山州国土资源管理局突出整治与整合，帮助、指导越西县深入开展小煤矿专项整治，彻底扭转越西县长期存在小煤矿无证开采、私挖滥采行为，开展完成冕宁县非法稀土洗选厂的清理整顿，全力推进盐源县小槽铁矿区、冕宁县木洛稀土矿区的整合工作。积极争取部、省支持，帮助重钢西昌矿业有限公司等3家矿山企业实施矿产资源节约与综合利用“示范工程”“以奖代补”项目。优化矿产资源配置，促进优势资源向优势经济的转变。全年共拍卖挂牌出让探矿权4宗，实现出让总价款4.3亿元；征收解缴矿产资源补偿费1.1亿元。

【国土资源执法监察】 2013年，全州各级国土资源管理部门紧紧围绕“依法管理、从严管理”的总要求，进一步加大国土资源执法监管共同责任机制建设，推进“一家管、大家用向大家管、大家用”的转变。全州国土资源执法监管共同责任机制建设率达100%；实现违法行为发现率达95%，发现违法行为制止、报告率达100%。进一步建立落实州、县市办案联动机制，依法从严查处土地、矿产违规违法行为。全年共立案查处土地、矿产违规违法典型案件117件，结案92件，结案率为78%，罚款654万元。

【地灾防治】 2013年，凉山州国土资源系统坚持“群测群防、主动避让”指导思想，针对地灾“三性”特点，围绕夯实防灾工作基础建设、“三个主体责任”落实和联动工作机制的建立，不断总结完善工作思路，改进工作方法，切实把工作落实到操作层面，努力守护生命家园。进一步健全和完善3051处地灾隐患点的防灾责任体系。狠抓地灾防治知识宣传培训暨防灾避险演练。共举办防灾知识宣传培训704场次，培训人员9万余人，开展1538场次、11.7万人次参加的避险演练。全年成功避让地质灾害45起，疏散转移群众5224人，避免人员伤亡755名，避免直接经济损失2470万元。扎实推进152处重大地质灾害、中小型应急排危除险、矿山地质环境恢复治理等项目工程建设，实施完成避险搬迁安置3398户。争取部、省地质灾害防治专项补助资金2.5亿元，实施开展白水河滑坡应急综合治理、雷波县乔家院子特大型滑坡治理、金阳县城滑坡地质灾害综合治理、木里县城滑坡地质环境综合调查评价，以及木里、金阳县城地质灾害自动监测预警项目和甘洛县“4·20”震后重建地质灾害防治等项目建设。严格执行矿山恢复治理保证金征收管理制度，加强监管与征收，全年全州已累计征收入库矿山地质环境恢复治理保证金1.4亿元。

【信访维稳】 2013年，全州各级国土资源管理部门牢固树立信访维稳工作第一责任意识，狠抓国土资源信访维稳工作，切实维护社会和谐稳定。全年共受理群众来信来访59件次，办结57件，办结率96.6%；排查矛盾纠纷25件，办结19件，办结率76%。

【效能建设】 2013年，全州各级国土资源管理部门紧紧围绕“两集中、两到位”建设和限时办结要求，严格执行行政效能“首问责任制”“限时办结制”“责任追究制”，建立落实内审、会审制度，着力优化行政审批流程，提升服务水平。全年共受理办结行政审批事项568件，办结565件，办结率为99.5%，群众满意率达到100%。

【国土资源信息化建设】 2013年，州国土资源局党组始终把推进国土资源信息化建设作为提升国土资源管理能力和服务水平的重要基础工程，充分利用第二次土地调查、农村集体土地确权登记、矿业权实地核查等成果，全力推进土地、矿产、执法、地灾、行政审批和全州远程高清视频系统“六统一”信息管理平台建设。历时四年半，初步建成二次土地调查数据库及管理系统、集体土地所有权管理系统、高清视频远程应急会商系统、土地矿权交易大厅监控系统、矿产品运销监管等系统。

【班子队伍建设】 2013年，按照州委“建钢班子、带铁队伍”的总要求，全力推进全州国土资源系统班子、队伍建设。坚持以德为先、德才兼备的选人用人原则，推进17个县市国土资源管理局班子队伍建设，完成州国土资源管理局及冕宁、普格等14个县市国土资源管理局共57名干部的考察、任用。不避矛盾，排除干扰，严把进口关，公开选人用人。连续七次面向全国、全省公开招考275名干部，占干部队伍人数的34.9%。选人、用人方式的根本性转变，有力地促进全州国土资源系统干部队伍结构优化和人才队伍建设。

【党风廉政建设】 围绕“安全国土”建设目标，全面加强党风廉政建设和反腐败工作。坚持权力与责任对应，业务与廉政的深度融合，认真落实“一岗双责”，形成预防和反腐的强大合力。深入开展廉洁从政教育，强化党风廉政专题培训，着力从源头上治理和预防腐败，筑牢拒腐防变的思想道德防线。深入推进国土资源领域突出问题专项治理，不断巩固深化“两整治一改革”成果。加强制度建设监督，真正做到用制度管人、管事、管权，把权力装进制度的笼子。充分发挥经济审计效能，进一步加强国土资源系统内部监督，及时发现问题，纠正错误。加强全系统财务管理制度建设，严格规范管理。全面启动开展群众路线教育实践活动，认真对照中央“八项规定”和省、州“十项规定”抓落实，深入开展正风肃纪工作，让全系统干部职工做到“手中有尺度、口中有规范、心中有底线”。

（审核：谢云川　李梅漫/撰稿：拉鹏　吴朝祥）

审　计

【概况】 2013年，全州审计机关共完成审计项目559个，占年初计划283个的197.53%。审计查出主要问题金额17.56亿元，其中违规金额3.01亿元，管理不规范金额14.55亿元。审计查出收支不实金额1.29亿元。审计做出处理处罚8.98亿元。移送处理3件3人，其中移送纪检监察机关2件3人，移送有关部门1件。审计促进节支增收1.41亿元，其中已上缴财政3523万元，已减少财政拨款或补贴4894万元，已归还原渠道资金5658万元。审计还督促缴纳其他资金1012万元和调账处理6.77亿元。审计后挽回损失1.64亿元，审计核减为政府节约投资1.64亿元。提出审计建议1923条，被采纳1760条，提交审计专题、综合性报告和审计信息595篇，被批示采用281篇。向社会公告审计结果32篇。全年完成的审计项目无行政复议、行政诉讼案件发生。

【预决算审计】 2013年，全州审计机关按照对具体组织预算执行的财政、税务部门审计为主导，部门、单位预算执行审计为基础的工作体系要求，深入开展财政预算执行审计工作。审计中注重财政管理审计与部门预算执行审计相结合，关注预算科学、合理性，推动预算管理改革；关注资金运行安全性，加强财政资金管理审计监督；关注制度长效性，推动财政制度建设。州本级对同级财政预算具体执行的财政局、地税局2012年度预算执行情况进行审计，对省下拨的战略性新兴产业发展专项资金管理使用和州地税局税收综合征管信息化建设的安全、高效、准确性进行审计调查。对公安局、州中心血站、州水务局、州科协、凉山日报社、中共凉山州委党校6个部门预算执行情况进行审计。县市审计局也按照财政审计工作方案开展同级财政审计。全州审计机关共查出主要问题金额8.56亿元，并依法做出相应的处理处罚。

【政府债务审计】 2013年，州审局派出18个审计组共计投入235人对州本级和17个县（市）政府债务情况进行审计。全州审计机关按照见账、见人、见物，逐笔、逐项审核的原则，对涉及政府部门、融资平台公司、经费补助事业单位、公用事业单位及其他单位共计3500多个被审计单位的债务进行审计。针对政府债务管理使用中存在的问题，提出建设性整改建议，引起州委州政府主要领导高度关注，及时出台《凉山州政府性债务管理办法（试行）》，规范全州政府性债务管理使用，提高举债资金使用效益，防范政府债务风险。

【民生资金审计】 2013年，全州审计机关采取上下相结合，整合审计资源，加强对民生专项资金和项目的审计，重点关注民生资金使用的合规性和项目建设的真实性，客观评价资金使用绩效，分析产生问题原因，提出加以改进、完善的对策和建议，促进民生资金投入和合理安排使用，保证惠民政策公平落实。全州审计机关开展对保障性安居工程的跟踪审计，对农业综合开发资金的管理使用、彝家新寨建设情况、退牧还草、草原生态资金建设等民生专项资金的审计。全州审计机关共计单位128个，涉及资金总额为15.17亿元，审计查出主要问题金额2042万元，并做出相应处理处罚。

【政府投资审计】 2013年，全州审计机关着力加强对政府投资性重点工程审计，促进工程建设规范，努力提高财政资金投入效益，注重将事前事中事后结合。确定专人进行标前审计资料收件并进行初审；随机从专家库中抽取专家对送审的预算书进行审核并提出审价意见，经审计人员复核后进行定案。注重对重点工程加强跟踪审计，发现问题及时整改，避免损失浪费。审计人员通过实地测勘、咨询建设各方，仔细核查竣工资料后进行结算审定。全年全州审计机关共计审计政府投资项目资金22.40亿元，涉及单位240个，核减政府投资1.64亿元，进一步促进政府投资效益的提高。

【经济责任审计】 2013年，全州审计机关在开展财政审计的同时，注重将领导干部经济责任审计与部门预算执行审计、投资审计和专项资金绩效审计相结合，将审计对象和审计重点结合，以全部政府性资金使用管理为主线，进一步实施党政一把手捆绑审计。关注党政领导干部任职期间的各项职能履行和指标完成情况、决策制订及执行情况、收入支出及资金使用效益等内容。全年全州审计机关共计开展对103名领导干部的经济责任审计，共查出主要问题金额1.39亿元，其中违规金额2528万元，管理不规范金额1.14亿元。审计促进财政增收节支550万元，已上缴财政482万元，已归还原渠道资金68万元。

【审计执法】 2013年，随着实现伟大中国梦，建设美丽繁荣和谐新凉山主题教育活动的全面开展，全州审计机关采取各种有效方式，切实做到“两手抓、两促进、双提高、双发展”，一手抓审计工作，一手抓主题教育，既促进业务能力提升，又促进政治品格提高，通过主题教育活动的开展来加强作风建设，提升审计机关建设水平，提高审计人员综合素质，全力打造一支审计“铁军”。结合“中国梦”主题教育活动的开展，全力推进审计机关党风廉政建设，制定印发《凉山州审计机关中国梦主题教育活动实施方案》《凉山州审计局党风廉政教育活动实施方案》，全州审计机关践行责任、忠诚、清廉、依法、独立、奉献的审计理念，严格执行党中央“八项规定”、省审计厅和州委、州政府“十项规定”，深入基层，密切联系群众，切实改进工作作风。进一步规范审计统计、聘请外部人员参与审计和公共预算管理等工作制度，使审计局各项工作都有规可依、有章可循，为依法审计提供制度保障。抓好中央厉行勤俭节约反对铺张浪费各项规定和审计“八不准”纪律的落实和检查，聘请民主党派和无党派人士担任特约审计监督员，自觉接受社会监督，增强审计工作透明度，将审计机关权力运行始终置于监督之下。开展网络学习、专家讲课、实战锻炼和案例展示等形式，深入学习党的十八大精神和审计业务知识，加大计算机审计培训力度，推动审计信息化建设，培育审计法制文化，提升审计队伍政治素质和业务能力，努力打造业务精湛、作风过硬、廉洁高效和团结向上的审计铁军。

（审核：伍皎辉/撰稿：张保权）

统　计

【概况】　2013 年，全州统计系统坚持以科学发展观为统领、以提高统计优质服务为主题、以提升统计数据质量为中心，加强统计基层基础建设，推进统计工作创新，全面提升统计服务保障能力，为凉山“两化”互动、“三化”联动、统筹城乡发展，建设全域全程全面小康社会，实现“三级跳”跨越发展提供统计保障，各项统计工作任务全面顺利完成。局机关荣获省人社厅、省统计局表彰全省“十一五”污染物总量减排工作先进集体；省统计局表彰全省投入产出调查工作先进集体、全省一套表改革与联网直报工作先进集体、统计方法制度研究和信息报送工作先进单位、地方统计调查项目和部门统计管理工作先进单位、全省统计行政执法工作先进单位；省工业经济评价考核办公室表彰全省工业效益统计先进单位；省民族事务委员会表彰全省民族统计工作先进集体；州政府表彰绩效目标考核先进单位；巩固和保持州级精神文明单位标兵、州级十佳卫生单位、州级人口和计划生育工作合格单位、社会综合治理优良单位等成果。

【统计服务】　2013 年，全州统计系统牢固树立统计优质服务理念，围绕州委、州政府中心工作，准确把握经济社会发展规律，充分发挥统计信息、咨询和监督职能，努力在提供客观统计数据、把握经济运行、严格统计监测预警、及时反映发展动态、适时提供决策依据等方面强化措施，实现统计服务提质、提速、提效。2013 年，州委、州政府进一步强化和完善凉山州主要经济指标数据监测会商制度，每月定期召开由 24 个部门或单位参加的经济形势分析会议，统计局作为主要发言单位，对主要经济指标的运行情况进行客观分析、研判，及时找出运行中存在的问题，为州委、州政府决策发挥重要作用。全年全局共完成《统计分析》56 篇，《统计报告》《经济运行预警专报》和《重要统计信息专报》6 篇。为推动全州重点工作和县域经济发展提供参考依据，又多方位地宣传和展示凉山经济社会及统计工作的发展成就。

【统计改革】　2013 年，凉山州统计系统贯彻落实《四川统计制度方法改革规划纲要》，抓好“四大工程”建设、推进统计“一套表”改革及强化能源统计、服务业统计、民生监测统计，扎实推进统计制度方法改革。进一步完善名录库管理工作网络，强化对“四上企业”的规范管理，全州“四上企业”申报率大幅提升；扎实抓好联网直报，减轻基层负担，缩短数据生产周期，提高工作效率，提升数据质量，全面完成数据采集处理平台的转换，着力提高基层统计人员平台操作应用能力和对数据质量的监管能力，保障联网直报工作成效，全年全州联网直报率达 98.8%，统计从业人员注册登记率达 92.1%，均高于全省平均水平；认真贯彻落实省政府《关于进一步加强能源统计监测工作的通知》要求，积极推进能源统计指标体系和监测体系建设，有效推动节能降耗监测工作，确保节能降耗目标任务的圆满完成提供真实、可靠的决策依据；开展服务业监测统计，加强对部门服务业统计的业务指导及数据审核评估和管理，强化服务业发展态势监测；认真组织实施全面小康社会统计监测工作，跟踪监测相关部门和县市的监测指标进度情况，收集完善2000年至2013年的23个指标的历史数据，做到数出有据，确保数据的完整性和准确性，完成《凉山州全面建设小康社会进程统计监测报告》，为党委政府科学决策提供重要依据。创新调查方法和手段，不断拓展社情民意调查领域，受州纪委、州直机关工委等部门委托，全年开展州直机关部门单位党风廉政建设社会评价和州级部门单位党风政风行风群众满意度测评等调查工作。向委托部门提交高质量的调查报告，客观反映民情民意，为州委州、州政府评价、监督和指导各县市、各部门工作提供科学的统计依据。

【统计执法】　着力规范统计行为，维护统计秩序，保障统计权益，努力推进依法行政、依法统计。认真开展统计法律法规宣传，切实做好《统计法》《统计法实施细则》《统计违法违纪行为处分规定》《四川省统计管理条例》宣传活动；增强普法教育的针对性和覆盖面，扎实推进统计法制宣传教育“六进”活动，掀起学习统计法的热潮，为推进依法统计营造良好的社会氛围；认真开展统计法知识专题考试，提高统计人员依法行政能力。加大统计执法力度，严肃查处统计违法违纪行为，重点开展“三上”企业核查、联网直报、名录库建设、统计从业资格、统计法律事务告知等专项检查。全年全州共检查463个单位，立案查处案件30件，对统计违法行为做到及时查处，有效维护统计法规的严肃性和权威严。

【统计基础】　认真贯彻落实《凉山州人民政府关于贯彻落实四川省人民政府关于进一步加强统计工作的意见的通知》要求，进一步夯实凉山基层基础建设。着力规范基层统计工作流程，强化制度建设和内部管理，建立健全岗位责任制度，统计报表报送制度，数据采集、审核、质量评估制度，资料管理制度，财务管理制度等各项工作制度，并根据统计报表的清理情况，及时精简、合并和取消部分现行统计项目、报表、指标，切实减轻基层负担。加大对基本单位统计基础工作的检查及县级统计机构和乡镇（街道）基层基础建设工作的指导和考核力度，努力推动基层统计工作走上规范化轨道。2013年，在县级统计机构规范化建设验收中，全州有8个县达到验收标准。

【普查调查】　2013年，全州圆满完成2012年投入产出调查和人口变动调查工作。同时积极行动，全面启动全州第三次全国经济普查工作。全州经济普查组织工作有序进行，州级、县市在普查机构、人员、经费和物资等方面基本实现组织保障工作落实；业务准备稳步推进，开展系统的普查业务培训，完成普查区划分与电子绘图、单位比对及现场核查工作，对单位清查数据质量进行全面评估，完善部门分工协作机制，共同推动经济普查工作的开展；充分利用报纸、广播、电视和互联网等大众媒介，采用微信、微博、短信等新媒体平台，开展经济普查宣传动员工作。2013年，全州入户登记阶段工作已顺利完成。

【效能建设】　2013年，全州围绕统计工作重点狠抓各项措施贯彻落实，切实转变工作作风，提高办事效率，提升统计保障能力。结合统计工作自身特点，进一步健全10余项有关机关管理和干部考核的规则和制度。强化对县市统计工作的综合考评，修订完善《凉山州县市统计工作综合考评办法》和专业、专项工作考评办法，突出量化考核的作用，考核方法更科学、考核结果更真实。

【自身建设】　加快统计方法创新，积极构建标准完备、名录健全、指标完善、方法科学的统计调查体系；强化抽样调查规范性和主体地位，积极采用行政记录，合理使用全面报表、重点调查、科学推算等方式方法，建立科学高效的统计调查方法体系；以统计“四大工程”建设和企业联网直报为推动，扎实做好乡镇联网工作，2013年全州光缆布放完成500余个，凉山统计乡镇联网工作第一阶段任务已基本完成。加强局域网以及统计信息网站建设，确保各项数据库信息都能及时补充和更新；搞好网络直报的平台技术支持，落实专人负责解答企业用户的问题咨询。

（审核：贺雪梅/撰稿：税洪昌）

统计调查

【概况】 2013年，国家统计局凉山调查队紧紧围绕建设“服务型、效能型、质量型”国家调查这个中心，以优化系统管理为重点，以提高数据质量为核心，以提升服务水平为根本，以“为国调查，为民服务”为主线，以深化领导班子“四好”活动为载体，进一步理清思路、明确任务、真抓实干、攻坚破难，奋力推进二次创业。系统管理得到进一步提升、内外环境得到极大改善、干部综合素质得到较大增强，调查能力得到显著提升。

【统计调查服务】 国家统计局凉山调查队按照“双向服务”和“双重保障”的要求，紧紧围绕各级领导和社会各界关注的“热点和难点”，发挥调查队优势，积极开展分析研究和信息报送工作，提供快、精、准服务。一是报送《工作要事》165条，比2012年增加8条，增长5.09%，被省总队内网采用81条，比2012年增加3条，增长3.84%。二是报送《经济信息》131条，比2012年增加12条，增长9.16%，被省总队采用46条，比2012年增加8条，增长21.05%。三是撰写《调查分析》54篇，比2012年增加9期，增长16.67%，总队和国家局内网采用率占50%。四是高质量完成省委、省政府、国家统计局和四川调查总队约稿信息67篇，比2012年增加49篇，增长3.53倍，其中5篇被国家局内网采用，2篇被国家两办采用。五是为地方提供优质信息，每月编印《价格调查信息专报》直接呈送州委、州政府主要领导和有关州级领导，同时在《凉山日报》、凉山电视台、州政府网站上登载22条有价值的信息。上报州委信息分析30篇，采用13篇；上报州政府信息分析28篇，采用11篇；调查分析被各级领导签批14篇次。

【统计专项调查】 在完成全国党风廉政建设和国有企业反腐民意调查、全省转变机关工作作风民意调查等国家、总队布置专项调查的同时，加强与地方部门联系配合，拓展地方专项调查。开展了“凉山州政务服务中心民意调查”“西昌市旅客满意度调查”“冕宁县投资环境测评调查”“会东县新型农村养老保险现状调查”等为地方经济建设和社会发展服务的亮点和热点调查。

【统计调查改革】 严格执行国家调查制度，全面扎实推行调查工作规范化规程，积极探索符合凉山实际的统计调查方法制度。一是全面完成城乡居民收支一体化改革工作。国家统计局凉山调查队按照国家统计局和四川调查总队的要求，坚定不移地落实调查方案——《四川省人民政府办公厅关于转发四川省分市县住户调查一体化实施方案的通知》（川办函〔2013〕174号）和《凉山州人民政府办公室关于印发凉山州分县市住户调查一体化实施方案的通知》（凉府办函〔2013〕382号），全面推进城乡住户调查一体化改革工作，顺利完成了城乡居民收支调查一体化改革工作。二是全面实施“5+5”模式为目标，狠抓基础建设。三是全面推进生产投资价格调查“263”工作法。四是推行了CPI手持数据采集系统。重视CPI手持数据采集系统推广工作，合理规划和分配任务。五是推进辅助调查员“由兼到专”。聘用3名调查员，担任西昌市专职消价采价员和城乡一体化城镇住户专职调查员。

【统计调查执法】 切实搞好“12·4”“12·8”的普法宣传日活动，做好《统计法》《统计法实施细则》《四川省统计管理条例》的宣传活动。加大统计执法力度，坚决查处统计违法行为。一是在系统内积极讨论并完成国家局和总队法规处布置的对各项法规制度、报表修订的意见和建议。二是全面推开统计调查关系告知制度。三是积极部署开展企业一套表和执法专项检查工作。2013 年共执法检查单位 13 家，其中经济处罚 2 家、处罚金额 4000 元，限期整改 2 家。

【统计调查基础】 一是狠抓业务培训，提高基层调查员的业务能力。二是强化基础工作，确保调查源头数据真实可靠。规范资料和台账的管理，加强调查网点的管理和维护，建立业务工作考评制度。三是严格执行调查方案，加强对调查数据审核评估工作，高质量上报调查报表。四是管理重心下移，强化源头控制。重视两个县队和基层调查点的发展和各项建设，切实做到重心向下、关注基层。五是加大数据审核与评估力度。

【廉政建设】 把党风廉政建设工作和行政业务工作同部署、同检查、同考核、同落实。一是立足于教育，防患于未然。全年共开展党风廉政讨论会 6 次，形成理论文章 8 篇；结合支部活动、“中国梦” 主题活动，开展廉政党课 9 次，警示教育 5 次，廉政知识竞赛 2 次。二是加强廉政文化建设。积极参加总队组织的“廉洁在我心中” 征文活动，其中：《调查队长应重修养、秉公正、慎交友》和《做一名合格的纪检组长》两篇征文分别获得二等奖和三等奖；精心设计在办公楼楼道设立廉政文化专栏。三是扎实推进政务公开，严格执行“三重一大”集体决策制度。四是建立重要工作督查督办制度，强化督促检查。

【“挂包帮”活动】 深入开展了“挂包帮”和“百乡千村教育扶贫”活动。5 月 14 日，总队党组成员、纪检组长李文海，凉山队等领导一行在金阳县依达乡中心校实施 2013 年上半年“金秋助学”活动，对 30 名品学兼优贫困学生进行了捐助。凉山队班子在队长李天寿带领下在对口帮扶的极度贫困村金阳县丝窝乡尼波洛村实地调研，检查对口帮扶工作，深入到贫困农户家中进行走访慰问，同时，解决支部活动室维修资金 3 万元。队长李天寿、纪检组长宋晓棠到金阳县依达乡依达村，对部分困难户、五保户和孤寡老人进行走访慰问，并与依达乡商议 2013 年“挂包帮” 工作。11 月 5 日，总队党组成员、纪检组长李文海和总队有关处室负责人，凉山队领导一行 8 人深入到金阳县依达乡，给依达乡贫困农户送去了总队机关全体干部职工捐赠的 500 余件衣物，给中心校学生发放了 1.5 万元助学金和精心定制的 230 个书包，同时捐赠了 9.5 万元援助依达乡建设 4 个垃圾处理池。11 月 16 日，凉山调查队被评为 2012 年度全州“挂包帮” 活动良好单位，连续三年得到了凉山州委、州政府表彰，省、州驻点干部李木比者被评为 2012 年度全州“挂包帮” 活动及百乡教育扶贫工程优秀下派干部。

（审核：李天寿/撰稿：李木比者）

质量技术监督管理

【质量管理】 2013 年，凉山质量技术监督系统完善“质量兴县（市）” 各项工作机制，动员全州符合条件的市、县城市争创全国、全省质量强市示范城市，组织企业参加四川省政府质量管理奖评审；起草《凉山州州长质量奖评审管理办法》和《凉山州州长质量奖评审管理细则》；将“质量监管、质量提升” 示范工作作为全年目标考核重点，4 月，邀请省质量技术监督局专家组到 14 个县市全程督导巡查，并于 9 月顺利通过省质监局考核验收；在规模以上企业、四川名牌企业中积极开展企业首席质量官制度试点工作，逐步面向全州进行推广完善；建立苦荞茶质量安全信息追溯系统，提高苦荞茶的安全性；建立“四川省中小学质量教育社会实践基地”；围绕凉山产业结构调整，主动进驻经久、太和、成凉等工业园区，主动服务于现代特色农产品发展。

【质量监督】 2013 年，凉山州完成 64 家工业生产许可证企业分类定级和 53 家企业年审工作，对新申请办理生产许可证的企业进行免费咨询服务，有效帮扶并帮助企业取得生产许可证；开展机动车安全技术检验机构监督检查工作，积极配合省质量技术监督局开展好汽车三包规定各项工作；完成监督抽查180个批次，合格169个批次，合格率为93.89%，比上年同期提高0.3个百分点；撰写《产品质量状况分析报告》，为州政府实现地方经济又好又快发展提供科学的决策依据。

【品牌建设】 2013年，确定新培育11个产品争创第十一届四川名牌和1家企业争创四川服务名牌，7家企业已完成省质量技术监督局专家组现场评审，截至年底，全州已创四川名牌产品23个（其中：四川服务名牌1家）。“凉山苦荞茶”获国家地理标志产品保护，21户企业获准使用地理标志保护产品专用标志，提高苦荞茶产品市场竞争力；西昌大兴蒜薹、雷波马湖莼菜、会东块菌申报国家地理标志产品保护通过专家组技术评审，截至年底，凉山州有14个地理标志产品获得国家保护，地理标志产品数量位列全省第3位。

【食品安全监管】 2013年，凉山州完成新申办和换证食品生产许可证企业76家；积极开展食品安全整治“百日行动”，对食用油、大米、乳制品、皮蛋制品、糕点、白酒进行专项整治，对全州粮食加工品、食用油、糕点、调味品、苦荞茶、酒类等进行监督抽查，监督抽查食品样品496批次，合格率为92.65%，对抽查不合格企业进行整改并责令其召回不合格产品。全面排查治理生产加工环节存在的问题和隐患，加大安全隐患和风险排查力度，对重点企业、重点区域、重点产品、重点环节进行集中整治；开展安全生产警示教育、警示约谈，倡导食品取证企业承诺守法诚信生产经营，严守食品安全底线。顺利完成凉山州食品职能划转工作。

【特种设备安全监管】 2013年，凉山质量技术监督系统以“百安活动”“安全生产月”和安全大检查为契机，围绕两个重点风险危险源开展专项整治。开展日常监察，落实特种设备使用单位安全主体责任制，确保使用单位“三落实、两有证、一检验、一预案”安全监察目标落实，检查特种设备使用单位723家，检查特种设备6357台（只），判废钢瓶1242只，排查各类安全隐患65处，对3起特种设备严重违法行为立案查处。加强特种设备使用登记数据库录入分析工作，完成11家企业风险评价和分类监管试点工作，超额完成省质量技术监督局下达的锅炉能效测试目标任务；组织召开《特种设备安全法》专题宣传贯彻培训会2次。

【标准化服务】 完成凉山州四川省（区域性）地方标准的清理工作，制修订37项（区域性）地方标准，完成4项采标任务；“国家优质烤烟综合标准化示范州”创建工作以高分通过阶段性考核；会理黑山羊国家级农业标准化示范区项目和会理茭白、冕宁复兴樱桃等3个省级农业标准化示范区通过考核验收，积极开展知名品牌创建示范区活动，继续在企业中推进“标准化良好行为试点企业强化企业”创建活动，指导凉山彝族奴隶社会博物馆做好服务业标准化试点工作。

【代条码工作】 2013年，全州代码完成数据更新率达78.12%，有效数据质量合格率达97.3%，电子档案合格率100%，过期数据沉淀率10.79%，均超过省中心要求；完成新办条码40家，续展77家，完成省中心下达目标任务。

【计量监督】 2013年，开展儿童玩具、金银首饰加工、销售企业的计量器具及标识、标注专项检查；开展重点领域安全计量器具专项监督检查，共检查石油、化工、冶金企业39家，检定率、合格率100%；开展限制过度包装省级专项监督抽查，共抽查24家企业87个批次，全部合格；开展“计量惠民生，诚信促和谐”双十工程，完成诚信计量自我承诺122家；对38家集贸市场的电子秤进行免费检定；开展重点耗能企业能源计量器具配备和管理监督检查；新建医疗设备最高计量标准13项及压力变送器共14项计量标准；完成30个最高计量检定标准的复查工作，5 个隶属标准的考核工作。

【认证监管】　2013 年，开展家具市场环保、食品农产品认证监督检查；完成对全州 5 家强制性产品认证生产企业的日常巡查；建立资质认证单位档案 204 家，完成 7 家实验室资质认定的监督检查，开展玩具产品强制性产品认证监督检查工作。

【行政执法】　2013 年，凉山质量技术监督系统以酒类、农资、建材、化妆品、汽配为主要内容，严格审查生产企业资质，坚决取缔无证生产，依法查处以假充真、冒用地理标志名称和专用标志行为，依法查处伪造或冒用厂名、厂址、认证标志等质量标志行为。全年共立案查处案件 196 起，罚没 263 万元，处理“12365”各类申投诉案件 150 起，处理率 100%，结案率 100%。

（审核：陈东 /撰稿：杨华安）

食品药品监督管理

【概况】　2013 年，凉山州食品药品监管机构进行新一轮改革。改革后州食品药品监督管理局，内设 12 个科室，行政编制从 35 个增加到 48 个，稽查人员由 18 个增加到 25 个。各县市行政编制人员实际共 311 人，稽查人员 340 人。全州设立 4 个片区检验检测中心，其余县市均设立快检站，县市检验检测和不良反应监测人员共 151 人。全年全州食品药品监管对象 5 万余家，其中：药品生产企业 7 家，药品经营企业 1253 家，医疗器械经营企业 64 家，药品使用单位 5277 家，餐饮服务单位 1.1 万家，学校食堂 1170 家，保健食品经营企业 2884 家，化妆品经营企业 5680 家，食品流通企业 1.3 万家，食品生产企业取得食品生产许可证的 284 家，未取得许可的小作坊、小商店、小餐饮约有 8000 余家。2013 年，被四川省食品药品监督管理局表彰为“食品药品安全专项行动先进集体”“药械安全监测先进单位”；被州委、州政府命名为“州级文明标兵”“州级卫生先进单位”，“州级计划生育合格单位”，表彰为“综合目标考核先进单位”；被州政府表彰为“禁毒防艾先进单位”；被州直属机关工委表彰为“创先争优活动先进集体”；被州政务中心委办表彰为“政务服务工作先进单位”。

【职能职责整合】　2013 年，凉山州食品药品监管机构进行新一轮改革，将质检部门的食品生产环节监管职责、工商部门的食品流通环节监管职责，经信部门和商务部门相关食品安全监管职责，以及食安委办公室的职能职责整合到食品药品监管部门。

【食品安全监管】　2013 年，凉山州食品药品监管机构强化餐饮服务食品安全许可管理，进一步推进餐饮服务单位食品安全量化分级管理；加快推进示范工程建设，申报 1 个示范县、2 条示范街道、5 个示范店均顺利通过省、州食药监管局及商务部门的联合初评和复评；做好驻点保障，全年共完成 17 次重大活动保障任务。全年对社会餐饮服务单位抽检食品共计四期 225 个批次，检出不合格产品 6 个，抽检合格率为 97.33%。

【食品安全专项治理】　2013 年，凉山州食品药品监管机构围绕餐饮服务环节抓食品安全专项整治，围绕全州农村义务教育学生营养改善计划抓学校食堂食品安全监管，围绕各类小餐饮抓食品安全整顿规范，围绕重大节假日、重点县市旅游景区抓景区餐饮服务食品安全专项治理，围绕重点单位、重点区域抓餐饮服务环节肉制品、食用油等重点品种专项整治。全年共出动执法人员 3.35 万人次、车辆 8277 台次严厉打击违法违规行为，检查单位 1.96 万家次，查处案件 572 件，罚没款合计 131.19 万元。

【食品安全管理员培训】　2013 年，组织全州餐饮服务单位食品安全管理员培训会，对全州大型及以上餐饮服务单位和各级各类学校食堂等共计170余家单位，进行餐饮服务食品安全培训。

【保健食品化妆品监管】 2013年，凉山州食品药品监管机构调查摸底、登记建档、广泛宣传，对凉山州辖区内的2885家保健食品经营企业、5694家化妆品经营企业积极开展监管；全面完成打击保健食品“四非”专项行动，全州共检查保健食品批发企业28家次，经营企业2038家次，查封扣押涉嫌假冒保健食品731盒（瓶），货值2万余元，罚没款10.67万元。

【行政审批】 2013年，凉山州食品药品监管机构以简捷、高效、便民为工作目标，进一步规范化行政审批工作，全年共受理行政许可1046件，均在规定时限内办结。

【监管监测和专项整治】 2013年，凉山州食品药品监管机构实施新版GMP，深入药品生产企业开展调研指导、政策宣讲和操作示范。开展新版GSP学习宣贯工作。狠抓药品“两打两建”专项行动。广泛开展含麻黄碱类复方制剂药品专项检查。强化专项整治，确保医疗器械产品质量及安全。加强特殊药品监管，严防流入非法渠道；加强基本药物电子监管，确保基本药物质量；加强药品不良反应、医疗器械不良事件和药物滥用监测，全年上报省药品不良反应监测中心的药品不良反应监测报告1985例、医疗器械不良事件107例、药物滥用监测报告1020例、化妆品不良反应监测报告17例。

【抽验快检】 2013年，凉山州食品药品监管机构共完成807批次药品抽验任务。其中：国家基本药物品种244个，占79.5%；四川省基本药物品种125个，占48.8%；被抽样单位651个，覆盖率达到80.2%；不合格药品24批次，合格率为97%。

【“挂包帮”和禁毒防艾工作】 2013年，凉山州食品药品监管机构将禁毒防艾工作与百乡教育扶贫工程、“挂包帮”活动有机结合，在立足监管职能的同时，对内努力创建“无毒单位”，对外配合州艾工委、州禁毒委积极开展各项宣传活动。

（审核：刘光超/撰稿：欧阳南希）

商　务

【概况】 2013年，全州商务系统紧紧围绕州委、州政府的决策部署，按照“稳增长、调结构、促发展”总要求，以各项商务活动为抓手，坚持“惠民生、保稳定、促增长”，不断拓宽商务发展领域、有效优化发展环境，保持了良好的发展势头，为全州经济和社会科学发展、加快发展做出了积极贡献。

【开放型经济】 2013年，全州外商投资实际到位资金4190万美元，超额完成10.26%。新批外商投资企业5户，合同外资8397万美元，其中注册资金1000万美元以上的外商企业3户。全年实现外贸进出口总额8098万美元，增长20%。有进出口实绩的7个县、18户企业，外贸进出口获权企业达85户。对外开放合作平台搭建：组织全州200多户（次）企业先后参加第14届西博会采购商大会、第114届广交会、东盟博览会、珠—凉商务经贸对接会、全省民族地区“农商对接”活动、食博会、西南商品博览会等21项对外促进活动和重大展会活动，促进“大凉山”特色产品合同贸易额20多亿元。深化与津巴布韦烟草、荷兰花卉、泰国正大、丹麦嘉士伯等国际化合作，落实推进已达成的合作项目。年内与香港健坤集团、宝利集团等投资企业达成初步投资合作协议，雷波民主水力发电、正大集团酒庄改扩建及生猪养殖等一批重点外资项目顺利推进。政策落实和项目建设：认真贯彻落实州委、州政府《关于加快对外经济贸易发展的意见》，积极协同海关、商检部门再续西昌铁路二类口岸建设工作，创优口岸通关环境。支持豪吉食品、元坤果业、瑞康钛业等外贸出口企业扩大规模，积极开拓国际市场，抓好进出口潜力企业的政策宣传和服务工作。组织州内出口企业在各类会展活动中，宣传“大凉山”品牌产品和各地优势产品。注重引导和培育外贸出口新的增长点。2013年，昭觉县外贸出口实现30万美元，刷新外贸出口“零”纪录。

【扩大消费】 2013年，全州实现社会消费品零售总额379.7亿元，增长13.7%，超额完成州上下达13%的目标任务。一是出台凉山州促进消费措施。突出集中开展为期3个月的“为民惠民促销活动”，大力促进节假日消费、强力推动旅游消费。加大投资力度，积极促进消费。大力推动餐饮业转型发展。借助第14届西博会等重点活动平台，针对性地促进国资、民资和外资等投资服务业。加快农村市场体系建设，扩大农村消费。以“万村千乡市场工程”为契机，积极多元化商品经营主体和多样化的商品经营形式，鼓励连锁经营、物流配送、电子商务等现代流通方式向农村延伸。大力发展消费金融和信息消费。严厉打击非法经营、囤积居奇、哄抬物价、制假售假等违法违规行为，努力营造良好的消费环境。二是搭建凉山州促销平台。落实全州扩内需、促消费措施，积极培育消费热点，做好假日经济，搭建迎春购物月、“五一”端午、火把节、国庆、州庆等节庆消费平台，积极推动消费方式创新，成功举办“2013中国·西昌首届风情美食旅游节”，各项为民、惠民政策深入贯彻落实，组织开展参与雷波脐橙网购节、川酒、川茶网购节等网络购物活动，切实开展为民惠民促销，有效拉动消费增长。

【市场体系】 城乡网络体系构建：积极支持各县市打造城镇特色商业街区、中心商圈、商贸集镇、乡镇商贸中心和彝家新寨便民服务网点，新型农村流通网络初步形成。嘉泰农业科技、汇川农产品物流交易中心等4个试点项目有序推进，西昌海河天街、达达春天百货等骨干项目建成。支持补助资金224万元，完成9个农贸市场升级改造，加快废旧商品回收网络体系建设，建成了多个标准化废旧商品集散市场和基地。强化监管促进规范：加强州县两级商务执法队伍和“12312”商务举报投诉服务中心建设，指导各县市加快申报县级市场监管公共服务体系建设试点项目，打击侵犯知识产权和制售假冒伪劣商品“双打”专项行动取得积极成效，行政立案228起，涉案金额115.94万元，办结行政案件205起。组织开展单用途商业预付卡清理整顿和规范工作，全州有27家符合备案要求发卡企业，其中有5家规模以上企业完成了备案工作，有4家规模以下发卡企业完成了备案工作。

【服务业经济】 全年实现服务业增加值338.3亿元，增长5%；第三产业完成投资442.9亿元，增长44.8%。项目示范带动：突出“特色旅游、现代物流、商贸流通和金融建设”等重点服务业加快发展。邛海湿地公园、泸沽湖“摩梭人”家园等景区规划建设深入推进，西昌国家级旅游度假区逐步形成。推动州文广传媒基地、西昌教育园区、物流园区和钒钛、稀土、清洁能源“三大科技洼地”建设，建成“两烟”智能物流中心等重点项目，成功获批“四川省区域现代商贸物流中心示范试点”和“四川省物流试点示范园区”建设项目。发展环境优化：6月，召开首次全州服务业发展大会。进一步健全工作机构，出台系列政策，落实推进措施，重视服务业、发展服务业的共识初步形成。探索建立服务业运行监测分析和信息交换沟通制度，开展限上企业的清理申报，全州限上企业的比重进一步提高，落实国家和省关于促进服务业发展的各项政策措施，一批民生工程项目扎实推进，全年争取国家和省上的商务发展扶持资金1800多万元，惠及企业80多家。

【优化环境】 政策资金支持：抓住国家扩内需促消费政策、实施农产品流通体系建设综合试点、厅州合作等有利机遇，制定出台了促进外经贸发展、促进服务业发展的一系列政策措施，一批外资外贸项目、市场体系建设项目、民生工程项目扎实推进。全年争取国家和省上的发展扶持资金1800多万元，惠及企业80多家。特种行业监管：全州共有典当企业24户（其中2012年新增4户），20户参加年审的典当企业全部通过年审，新设立的4户在规定的时限内正式投入营业；全州共检查报废汽车回收拆解企业2户、二手车交易市场2户、汽车摩托车维修厂304户、废旧金属回收市场1个、废旧金属回收网点147户，未发现非法回收、拆解报废汽车窝点；非法销售报废汽车、报废汽车五大总成、报废汽车回用零配件窝点，非法使用报废汽车零配件、五大总成拼装或组装汽车窝点。深入开展全州商务系统安全生产大检查，分组分片区进行拉网式排查，全年民爆行业和流通领域未发生一起较大以上安全事故。节日促销和商务执法：强化措施保障春节、中秋、国庆等节日市场供应促进消费。加强市场监管检查力度，强化生猪屠宰、酒类流通环节的食品安全执法监管，推进“放心肉”“放心酒”工程建设。法制规范年活动：通过在商务重点领域认真开展“行政执法规范年”专题系列活动，着力开展民爆物品安全生产检查工作；着力开展全州服务业生产安全和其他工作项目的安全生产检查工作。以活动确保行政权力在法定范围内实施，全面建立和落实行政执法责任制，严格行政执法程序、统一规范行政执法文书、促使行政执法人员执法理念有明显提升、执法作风有明显转变、执法水平有明显提高，实现严格规范公正文明执法和依法行政，促进了商务局法制工作的正常化、健康化发展，同时为各项商务工作提供了有效的法律服务和支持。

（审核：柏宇/撰稿：宋心华）

投资促进

【概况】 2013年2月18日，凉山彝族自治州招商引资局更名为凉山彝族自治州投资促进局［《中共凉山州委机构编制委员会关于凉山彝族自治州招商引资局更名的批复》（凉编委〔2013〕54号）］。2月25日，徐杰、赫勇、唐玲三人任州投资促进局党组成员［《中共凉山州委组织部关于徐杰同志任职的通知》（凉组干〔2013〕17号）］。2月26日，李云会任州投资促进局党组书记［《中共凉山州委关于李云会同志任职的通知》（凉委〔2013〕16号）］。3月18日，任命李云会任州投资促进局局长，徐杰、赫勇、唐玲3人任州投资促进局副局长［《凉山州人民政府关于李云会等同志任职的通知》（凉府人〔2013〕1号）］。8月28日，《中共凉山州委办公室、凉山州人民政府办公室关于调整凉山州投资工作领导小组的通知》（凉委办〔2013〕103号），州委副书记赵世勇为组长，州人大常委会副主任李军、州政府副州长杨卉、州政协副主席宋光明任副组长，州委州政府将凉山州投资促进工作领导小组成员单位调整为31个。凉山彝族自治州投资促进局2013年荣获中国西部国际博览会组委会秘书处、四川博览事务局颁发“第十三届中国西部国际博览合作伙伴荣誉称号”，四川省投资促进局颁发“四川省‘三大活动’先进集体”，凉山州委、州政府“挂包帮”活动领导小组颁发“2012年度全州‘挂包帮’活动及百乡教育扶贫工程先进集体”，中共四川省委办公厅、四川省政府办公厅颁发“第十二届世界华商大会、第十四届西博会成功举办做出突出贡献单位”，四川省投资促进局颁发“第十四届西博会投资促进工作先进单位”，凉山州人民政府办公室颁发“2012年度全州政府系统办公室工作先进集体”，中共凉山州直属机关工作委员会颁发“优秀机关党支部”，凉山州人民政府颁发“2013年度人口和计划生育工作合格单位”，中共凉山州委、凉山州人民政府颁发“凉山州参加第十四届西博会先进单位”，四川省投资促进局颁发“2013年四川省投资促进三大活动成果奖”，凉山州人民政府办公室颁布发“2013年度商务工作先进单位”，中共凉山州委办公室颁发“2013年度全州党委信息工作先进单位”，四川省人力资源和社会保障厅、四川省投资促进局颁发“四川省投资促进工作先进集体”，凉山州人民政府办公室颁发“2013 年全州优秀政务调研成果奖”，中共凉山州委办公室颁发“2013 年度机要文件交换工作优秀单位”。

【招商引资】 2013 年，全州履约招商引资项目 208 个，累计到位州外资金 540.62 亿元，同比增长 21.68%，完成全州工作目标任务 350 亿元的 154.46%，奋斗目标任务 400 亿元的 135.16%。其中：2013 年新履约项目 83 个，同比增长 25.76%；到位 170.66 亿元，同比增长 17.62%；2013 年以前签约并正在履约的项目 118 个，到位 369.96 亿元。到位省外国内资金 400.76 亿元，完成省上下达目标任务 295 亿元的 135.85%。新签约项目 104 个，协议引资额 1095.72 亿元。一产业到位 15.56 亿元，占到位总额的 2.87%；二产业到位 479.32 亿元，占到位总额的 88.67%；三产业到位 45.74 亿元，占到位总额的 8.46%。在凉山投资前 7 位的省市为：北京、上海、江苏、浙江、山西、广东、福建，全年来自五地到位资金 199.39 亿元，占省外国内到位资金总额的 49.76%。

“三大活动”和第十四届西博会成绩突出：“三大投资促进活动”凉山州共签约正式合同项目 13 个，签约总金额达 512.5 亿元，涵盖一、二、三产业，涉及钒钛稀土、基础设施、新能源等多个领域。在第十四届西博会上，300 余家大企业大集团参加凉山州活动。共签约 51 个项目，总投资 342.3 亿元，其中集中签约 14 个项目，总投资 187.7 亿元，签约金额超过 30 亿元的县市达 7 个。农博会集中签约农业合作项目 4.8 亿元，现场签约金额 1.9 亿元，达成意向性协议 5.42 亿元。展馆现场销售收入达 1590.5 万元，发布推介 89 个农业产业引资项目，引资额 198.2 亿元，位列全省第二位。第六届中国西部国际采购商大会上，实现贸易成交 2.6 亿元，其中现场成交 9000 万元，合同成交 1.7 亿元。在与津巴布韦、荷兰、泰国正大集团合作之后，再次携手“世界啤酒王国”——丹麦嘉士伯集团，签署《战略合作协议》，共建中国西部中高端啤酒生产基地。

【对外招商工作】 2013 年，凉山州投资促进局进一步推进成凉、攀凉和厅州、局州和川滇黔 12 市地州合作，继续选派第三批 4 名干部赴省政府驻浙江、上海、厦门、广州办事处挂职，驻点招商，延伸触角，建设投资促进桥头堡。充分利用大山大水大资源优势和凉山自身特点，重点推出引资额 1107 亿元的 127 个优质投资促进项目，通过“三大投资促进活动”、西博会、厦洽会、亚欧博览会等平台，以世界 500 强、国内 500 强等知名企业集团为重点投资促进对象，以现代农业、新兴工业和旅游业为重点招商领域进行有效推介。州县市“一把手”带队赴台湾、北京、上海、厦门、杭州、山东日照、云南昆明等省（境）外开展承接产业转移投资促进活动 47 场次，拜访对接企业 116 家，达成意向投资近 1560 亿元，先后新引进嘉士伯集团重庆佳酿啤酒有限公司、新奥能源控股有限公司、香港元升国际集团、中国雅各集团等 15 家企业落户凉山。

【“挂包帮”工作】 2013 年，投资促进局为森荣乡曹家村 102 户建卡贫困户捐助 25 千克/袋的东北大米 102 袋、5 千克/桶的大豆油 102 桶、棉被 102 床，价值 4 万余元。协调投入资金 5 万余元，向森荣小学赠送 200 套新课桌椅，助力民族教育事业发展。投资促进局 20 名干部职工与联系村曹家村“认亲戚”结对子，结对帮扶 102 户贫困户，平均每人至少结对帮扶 5 户以上困难群众。对 20 户重点 32 结对帮扶的特困户和 7 户生活困难党员、老党员，每户送去 500 元慰问金，表达节日的问候，把党的温暖送到困难群众和基层党员心上。

（审核：徐杰/撰稿：张洪俊）

供销合作商业

【概况】 2013 年，全州供销系统发展和完善新农村服务网络建设 188 个，完成年度目标计划 117.5%；实现经营服务总额 17 亿元，完成年度目标计划121%；完成农业生产资料销售总额2.53亿元，完成年度目标计划115%；实现助农增收6720万元，完成年度目标计划112%；组织农副产品购销4.2亿元，完成年度目标计划的120%；新成立12个专业合作经济组织，完成年度目标计划的150%；实现利润1682万元，完成年度目标计划的120%。

【服务体系建设】 发挥供销合作系统主渠道作用，让农民方便、实惠、放心地购买到农资商品，扎实开展化肥储备工作。州供销社加强对储备企业的检查指导，确保储备工作保质、保量，2013年圆满完成1000万千克化肥的储备任务；开展第三期庄稼医生培训，培训近240名合格的庄稼医生，大大提高农资从业人员指导全州农民科学用肥、用药的水平；加强对已建成的标准化"庄稼医院"进行规范管理，在已具备条件的乡镇积极发展标准化"庄稼医院"和农资连锁店建设，进一步增强供销社为"三农"服务的能力；引进合作伙伴，建立农资供应企业，增强农资服务保障能力，利用西昌市农资公司近0.33公顷闲置的农资仓库，与社会企业合作，各县市供销社共同合股组建集农资配送、庄稼医院指导及综合服务社为一体的凉山州全力农业科技服务有限责任公司；转变供销社服务"三农"方式，增强服务"三农"的实力，完善农资仓储物流基础设施建设。

【营销体系建设】 创新农产品流通方式，开展农产品流通基础设施建设，提高流通效率，减少流通损失，降低流通成本，推动农超对接、农校对接、农企对接的力度，使超市、学校、企业直接与合作社、生产基地、专业大户建立采购关系，减少中间环节，提高流通效率。2013年8月和12月组织14个县（市）的15家集农产品生产、加工、销售的企业组成参展团，携带120余类"大凉山"特色农产品，参加在湖南长沙和海南海口举办的全国"农校对接"洽谈会暨全国名优农副产品博览展销会。加强品牌建设，提升大凉山农副产品的社会影响力，实施商标富农工程。会理县供销社承办的中国会理国际石榴节、会理石榴通用网址、中英文域名的注册工作顺利完成。构建农产品流通信息平台，开展网上营销等新型流通业务。完善配套建立大凉山西昌特色农副产品网站，西昌市供销社自办的西昌农村综合信息服务网等资源和技术优势，开展电子商务，建立大凉山农特产网，与广大农户（专业合作社）、第三方物流企业合作，开辟大凉山农产品网上直销平台，开展网上交易，网下配送，带领农民增收致富。省供销社把西昌市和会理两县市列为首批农产品产销对接试点，西昌市整合社会资源，精心打造"大凉山特色农产品展示直销中心"和西昌市供销社7号量贩店。建设初具规模的凉山农产品展示展销卖场，构建供销合作系统的大凉山农副产品的营销展示平台，为全州优质农副产品进入城市市场提供载体和销售渠道。

【垃圾回收利用体系建设】 2013年，全州供销合作系统充分发挥在城乡环境综合治理中的职能作用，进一步深化再生资源回收网络体系建设，推进农村可利用垃圾回收利用体系建设。围绕垃圾减量、资源利用、环境改善、农民增收总体目标，按照户分类，组集中，乡回收、县分拣利用的要求，努力建设县有分解利用中心、乡有回收站、村有回收点的三级网络体系，加强可利用垃圾的回收利用工作。在上年四个试点县市建设的基础上，制定当年的体系建设规划，积极争取州综治办支持项目资金20万元，分解到6县市进行建设，并要求各县市进行资金配套。按照省社要求将西昌市、宁南县建成城乡再生资源回收体系建设普及县，建成乡镇级标准化回收站42个，村级固定回收站11个、村级流动回收点70多个，全年回收可利用垃圾800万千克，大大改善城乡环境。

【社会化服务体系建设】 2013年年初，供销社安排3个工作组对2012年建设的社区综合服务社和庄稼医院进行检查验收。通过考评，对存在的问题进行专题研究，并督促承办单位进行整改完善，2013年西昌市获得全省社会化服务体系建设项目支持，每年项目资金100万元，连续安排三年。西昌市、会理县供销社以“老邻居”超市为依托，建设“老邻居”日用消费品经营网络，利用供销系统的存量土地，建立乡镇级的“老邻居”超市，农村日用消费品网络延伸到乡镇。全年有多家“老邻居”门店开业，方便城乡群众购物，提升供销社的综合服务功能，提供多个就业岗位，增加企业经济效益。

【合作社健康发展】 2013年，供销社从宣传发动、项目选择、登记注册、内部组织机构建立、内部管理制度建立、市场营销等方面，积极指导、引导、领办和服务农民专业合作组织发展，探索农村金融服务试点，扩大为农服务领域。4月，州市供销社领导参加全省考察组赴山东考察学习，对供销社参与农村金融服务进行考察。5月，州供销合作社对西昌市社两个资金互助合作社进行全面调研和工作指导。全年新发展12家农民专业合作社。

【项目工作】 2013年，供销社丰富项目库建设，做到储备一批、争取一批、实施一批。对已经建成的项目库进行不断完善。同时搞好项目的实施，加强项目资金的管理，做好内部资料，完善项目实施档案，做好相关部门检查验收的准备。加强对已建成项目的管理，发挥好项目的最大效益。

【加强宣传】 2013年，供销社加强信息简报工作，积极向新闻媒体投稿，报告供销系统工作动态。分别向《西南商报》《凉山日报》、凉山电视台投稿，成功播出和采用22篇；积极向州委办、州政府办、州政府门户网站、省社供销合作经济网等相关部门投稿，宣传供销社工作。开展“实现伟大中国梦、建设美丽繁荣和谐四川”主题教育活动，加强干部队伍建设，组织广大党员干部认真学习讨论中国梦的实质和内涵，深刻领会中国梦的实现路径和奋斗目标。组织党员干部到红色教育和廉政警示教育基地接受爱国主义和廉政教育，请专家讲党课及形势报告教育，积极组织干部职工参加各类知识竞赛、演讲比赛，组织座谈会、撰写心得体会。在供销合作社系统内深入开展正风肃纪工作，认真贯彻落实党的群众路线教育实践活动，开展领导干部“五个一”联系工作，努力解决领导班子和党员干部队伍中存在的形式主义、官僚主义、享乐主义和奢靡之风等“四风”问题，做到“清正清廉、政治清明”。

【目标管理】 切实加强干部队伍建设，坚持钢班子带铁队伍，结合开展党的群众路线教育实践活动，认真贯彻落实《党政机关厉行勤俭节约反对浪费条例》，以改进工作作风、服务群众、推动发展为重点，努力提升供销人的责任意识。继续加强机关党的建设和党风廉政建设；始终重视安全生产、信访维稳工作，继续抓好社会治安综合治理、保密、普法教育等专项工作。结合开展彝区健康文明新生活运动认真做好“挂包帮”工作，认真开展联乡教育扶贫、挂包帮、禁毒防艾、计划生育“三结合”、城乡基层党组织共建活动等工作。

（审核：李琳/撰稿：雷莉）

烟草专卖

【概况】 凉山彝族自治州烟草专卖局（公司）组建于1984年5月。实行政企合一、垂直管理。下辖17个县市局（分公司），1个物流中心，内设22个部门、5个烟叶仓储管理中心，在岗员工2850人，辖区有卷烟零售户1.26万户，种烟农户9.85万户。授权管理四川金叶化肥有限公司、凉山金叶化肥有限责任公司、凉山金叶运输有限责任公司，是凉山州重点纳税大户，列“全州企业50强、服务行业企业50强”首位。2013年，全州实现销售收入90.94亿元，增长20.1%。实现税利32.61亿元，增长17.4%。资产保值增值率136.77%，增加0.74个百分点。蝉联“全州企业50强、服务行业企业50强”榜首，被评为“第六届全国烟草行业先进集体”“四川省优秀诚信企业”“四川省十年扶贫开发工作先进集体”“全州思想政治工作先进集体”。

【烟叶生产】 坚持“两个重于”指导思想，狠抓生产管理、质量特色、技术落实、科技创新，实现烟叶产量稳定、质量提升、结构优化、收入增加的目标。2013年，签订种植收购合同9.86万份，种植烟叶6.93万公顷，收购烟叶1.32亿千克（263.58万担），其中：收购散叶6801.5万千克（136.03万担），收购红大品种4578.5万千克（91.57万担）；上等烟55.69%，中部烟53.82%，桔色烟92.45%，工商交接合格率62.85%；收购均价25.84元/千克，同比增加4.49元/千克；烟农现金收入36.37亿元（不含相关补贴），增加5.15亿元，增长16.5%。建设基地单元13个，建设20个达标专业化合作社，在112个烟叶站点深化烟叶“收储分离”管理，在2个烟站探索烟叶框栏运输。烟草科技持续创新，推进“神八”太空育种工程，初步建立烟草突变体优良种质资源库；“川烟1号”通过全国烟草品种审定，获得省烟草专卖局（公司）科技进步特等奖；继续开展“凉山1号”全国烤烟品种比较区域试验；深化凉·津烟草生产技术合作；推进国家级烤烟生产标准化示范州建设，通过阶段性考核；启动“山地原生态特色烟叶”开发，种植生态烟叶800公顷；探索膜下小苗和井窖式移栽，试点推广GAP。推进烟叶生产基础设施建设，投资6.64亿元，建成项目1.65万件，完成3360公顷土地整理及配套工程。狠抓基本建设，投资8000万元，建设项目75个。启动西昌烟叶仓库前期工作。

【卷烟销售】 2013年，凉山在“稳总量、提结构、突娇子”上下功夫，卷烟销售保持“平稳向上、提升增长、再创新高”的良好态势。销售卷烟150023箱，增加1520箱，增长1.02%，其中，销售川渝品牌46592箱，销售娇子24203箱，增长25.75%。全州有效零售客户12603户，其中城区5066户、农村7537户，网上订货率97.35%，电子结算率92.28%，电子结算金额比例96.66%，手机新商盟用户数9592户，使用户数位居全省第一位；“烟草信使”客户使用率86.62%；探索具有凉山高原山区特色的精益物流配送体系，严格控制物流运行成本。

【专卖内管保障】 围绕“114”工作思路，落实对标管理，推进卷烟打假，强化市场监管。2013年，全州开展专项行动4次，成功破获涉案金额800万元以上的省标一类假烟网络案件2起；查获涉烟违法案件3693起，查获各类违法卷烟6.37万条、违法烟叶12.48万千克（2497.78担），涉案金额2500余万元，刑拘16人、逮捕15人、判刑10人。建设诚信规范标杆市场，打造300户诚信卷烟零售客户示范店。7个单位评为“优秀县级局创建活动标兵单位”，建成9个具有凉山特色的标准化稽查中队。专卖技能鉴定持证率90.56%，中级以上持证率80.98%。优化指标设定，对标工作全省排名靠前。强化内管监督，开展监督检查200余次，下发整改通知25份，提出整改意见建议87条。试点全省内管信息系统，处理卷烟预警信息1.32万条、烟叶收购预警信息9.06万条。开展真品非法流通治理，查处外流案件2起、23.58万支。

【基础管理】 以精益管理为抓手，深入开展“管理创一流”活动，12人获质量管理体系国家注册审核员资格，居全省前列；注册QC小组73个，培养QC小组活动诊断师23人，获全省系统QC成果二等奖。深化定额管理，抓好预算管理、资产管理、站点土地权证办理、资金风险管理、“两烟”电子结算；开展流动资产清查，清理烟用物资存货10个大类57宗。加强审计监督，完成审计项目209项；开展管理评审，提升管理效能。加强信息化建设，扩大“一卡通”、电子结算、数字仓储等系统推广应用。推进安全标准化建设，认真落实安全工作责任制，确保平安和谐发展。抓好法规建设，强化法制监督保障。以文辅政能力得到新加强，政务信息、新闻宣传工作保持全省行业领先地位。行政管理运转有序，后勤保障、车辆管理、办公用房整改有效落实。加强作风建设，精简会议活动，简化公务接待，会议和检查考核减少 21.2%、35.42%，会议费、业务招待费、办公费下降 34.44%、18.69%、14.24%。

【政治保障】　全面落实党风廉政建设责任制，建立纪委、监察、检察、烟草廉政监督工作机制。加强领导班子建设，打造勤奋务实清廉的高素质领导班子，各级领导班子结构更加优化，作用充分发挥。加强精神文明建设，成功创建省级文明单位。推进队伍建设，4000 多名员工参加教育培训，447 人参加职业技能鉴定，引进高技能特殊人才 1 人，新增技师 20 人，2 人被评为第六届全国烟草行业先进个人，1 人荣获四川省烟草技术能手称号，1 人被评为凉山州第七届学术技术带头人。

（审核：李坤忠/撰稿：徐莹）

经久工业园区工作

【概况】　凉山州西昌经久工业园区管委会经凉山州委、州政府批准成立（凉编委〔2004〕75 号），为副县级行政管理机构，实行州市共同管理，以市为主。管委会内设机构为一室四科，即：办公室、规划建设科、招商引资科、企业管理科、环保国土科。下设经久工业园区服务中心，为财政全额拨款事业单位。管委会现核定行政编制 12 名，周转编制 1 名，工勤控制数 2 名。经久工业园区服务中心核定事业编制 11 名。2012 年 11 月，经中共西昌市委同意，成立了中国共产党西昌经久工业园区工作委员会。

【职能职责】　根据西昌市经济社会发展规划和年度计划，组织编制经久工业园区的经济发展规划和年度计划，经市政府审查批准后组织实施；根据西昌市城市总体规划，组织编制经久工业园区建设总体规划和控制性详细规划，报经批准后具体组织实施；负责工业园区范围内土地开发、基础设施和公共设施建设和管理；按照管理权限审批或审核投资项目和科技开发项目；协调管理有关部门在园区派出机构、分支机构的工作；处理工业园区的有关涉外事务、管理进出口业务；对工业园区内新办企业及原有企业单位进行指导监督，保护投资者和企业的合法利益，保护劳动者的合法利益；完成州、市党委、政府交办的其他工作。

【园区规划】　《经久工业园区总体规划》编制工作于 2005 年 10 月启动，2008 年 8 月 21 日，省政府《关于同意西昌市城市总体规划经久片区调整规划的批复》（川府函〔2008〕238 号），正式批准经久工业园区总体规划。2013 年，委托北京清华同衡规划设计研究院修编园区总体规划、编制园区控制性详细规划。委托四川省生产性服务业协会，组织省内钒钛、钢铁、经济和管理等方面资深专家，编制完成《西昌钒钛产业园区（经久工业园区）产业发展规划》。确立以钒钛综合利用、钢铁新材料、高端装备制造为园区主导产业。

【环境保护】　园区管委会以发展循环经济为突破口，积极推动资源使用集约化、生态环境无害化，始终坚持新型工业化道路，致力于建设资源节约型园区。2012 年，省发改委《关于公布“十二五”第一批省级循环经济示范单位的通知》（川发改环资〔2012〕1310 号），西昌钒钛产业园区（经久工业园区）被命名为循环经济示范园区。2013 年，省经信委关于公布“四川省新型工业化产业示范基地（第二批）”和“四川省新型工业化重点培育基地（第二批）”名单的通知（川经信园区函〔2013〕1073 号），西昌钒钛产业园区（经久工业园区）为四川省新型工业化产业示范基地配合州、市环保部门，实施西昌钢钒公司烟羽治理脱硫环保技术改造，大力实施宏鑫实业公司、帝鑫钒钛等重金属企业污染防控和治理工程。严格按新型工业化要求引进企业、建设企业、管理企业，淘汰落后设备与工艺，综合利用与处理工业固体废物，实现循环利用，变废为宝。帝鑫钒钛公司、明源磷化工公司、金冀矿业公司、众力达公司等共投入资金3500万元，完成技改扩能项目。

【土地收储转换】 完成瑞海公司弃渣场土地收储及拆迁安置工作，收储土地103公顷，安置拆迁户256户；启动园区供水厂、污水处理厂24.2公顷土地收储工作；完成园区规划范围内的土地清理、上图工作，彻底摸清入驻企业的用地情况；完成黄水工业点土地补偿清算工作；协调完成经久乡与大营农场的土地争议问题；协助西昌市国土局完成2013年园区土地报批的资料收集整理汇总工作。

【招商引资】 2013年，依据《园区产业发展规划》，按西昌钢钒、凉山瑞海等公司主要产品包装项目，瞄准成都周边汽车产业，积极与成都龙泉汽车工业园对接；投资5亿元的凉山瑞海公司五星级酒店项目转入正常建设；投资1.6亿元的钒氮合金项目已完成场平工作；投资6300万元的轻烧白云石项目已通过市政府组织的专家评审，市政府常务会批准入驻；建立项目引进评审机制，严把项目引进关。全年园区引进项目5个，包装储备项目10个，实现引资38.49亿元。

【基础设施建设】 2013年，园区管委会努力克服融资难、政策处理难、工程技术人员紧缺等困难，大力推进基础设施和配套设施建设。园区消防特勤中队建成投入使用，进一步提升园区和周边地区灭火救援快速反应能力；园区服务中心综合楼、法庭、交警队、派出所、检察室、综合楼附楼等主体工程竣工，装修及场平绿化工作开始施工；投资1.2亿元新建给水及配套输水管网、投资1.1亿元新建污水处理厂及配套管网建设已完成立项、可研、设计、规划选址、地勘等工作，土地收储工作启动；投资700万元道路绿化节能工程、行政服务中心供电基础设施建设工程、行政服务中心场平绿化工程全面启动；经市政府批准成立国有独资西昌钒钛建设投资开发有限责任公司，增强园区基础设施建设。

【企业服务】 2013年，园区管委会协调解决用工等各种矛盾。协调解决西昌钢钒1000余人用工缺口；协调解决金冀矿业、巨鑫公司劳动用工纠纷；及时化解西昌钢钒、凉山瑞海与周边农民矛盾纠纷；协调市电业局、电力公司，保障西昌龙悦公司、西昌帝鑫公司、西昌久鑫公司、西昌明源公司生产及项目建设用电；协调州经信委，为园区企业争取留存电量；协调处理西昌钢钒铁精矿管道、220千米外线工程资金清算及遗留问题。完成西昌钢钒公司110千伏临时输电线路拆除工作。全年园区经济总体运行良好，稳中有升，西昌钢钒、梅塞尔气体两家企业纳入规上企业管理。截至2013年年底，园区有企业43家，全年实现主营业务收入141.71亿元，工业总产值166.01亿元，工业增加值49.80亿元。

【重点项目】 2013年，园区管委会协调州市相关部门，完成瑞海五星级酒店、钒氮合金项目、轻烧白云石项目相关手续。做好西昌钢钒21亿千克冷轧、龙悦10亿千克矿微粉项目、瑞海钢渣高效回收项目、宏鑫纳米氧化锌项目、瑞海冶金材料项目、西溪新农村安置点项目服务工作。全年完成固定资产投资39.84亿元。

【安全生产】 2013年，园区管委会将中央、省、州、市安全生产电视电话会议精神传达到每个企业、每个班组、每个岗位。让每个操作手建立安全意识，掌握安全知识，熟练操作规程，建立安全可靠的生产环境；成立园区主要领导为组长、各企业负责人为成员的安全生产领导小组，建立24小时值班、救援物资储备、演练、重大事项报告等制度和安全监管应急机制，保障安全生产指挥体系畅通，提高对重大突发事件的预警和应急处置能力；印发《西昌经久工业园区安全生产目标管理考核及奖惩办法》，与各企业签订安全生产责任书，明确园区各企业为安全生产责任主体；制定《经久工业园区安全生产大检查实施工作方案》，结合园区实际，在生产企业和在建企业中开展三个月的安全生产大检查，进行全面排查清理，切实整改安全生产中存在的隐患。

【内部建设】 2013年，园区管委会不断完善管理机制，健全干部考勤、岗位职责、绩效考核、安全生产、项目统计等规章制度。积极参加“实施党旗飘扬安宁河畔先锋示范行动、实现伟大中国梦建设繁荣幸福新西昌”主题教育、“整治庸懒散奢乱”和“群众路线教育”活动，激发全体党员干部自我反思、自我教育、自我改进、自我提高的内在动力，增强政治意识、大局意识、责任意识和服务意识，改进工作作风，解放党员干部思想，更新党员干部观念，增强建设攀西战略资源创新开发试验区核心园区的责任感和紧迫感，进一步理清工作思路，形成真抓实干、开拓创新、争创一流的良好局面。

（审核：宋廷军　赵跃/撰稿：孙旺宅）

农业与农村经济

Agriculture and Rural Economy

农村工作

【概况】　2013年，州委农工委认真贯彻落实州委、州政府决策部署，充分发挥统筹协调、服务指导、督促检查职能，攻坚克难、奋勇争先，全州农业农村经济保持健康、持续、快速发展，粮食产量“十一连增”、农民增收“十一连快”。全州实现农业增加值234亿元、增长4.8%，增速位居全省第二位；粮食产量达到20.7亿千克、增长3.9%；农民人均纯收入达到7359元、增长14.6%，增速位居全省第三位。被省委农工委评为2013年度全省市（州）优秀农工委（办）。

【农业产业化】　2013年，凉山州建成全国最大的苦荞麦（中国苦荞之都）、马铃薯、石榴生产基地和全省最大的蚕茧及草食畜生产基地，[基本建成全国重要的战略性优质烟叶基地2013年收购烟叶1.3亿千克（260万担），烟农现金收入36.4亿元，烟农人均增收1200元，“两烟”税利35.1亿元]和四川优质特色农产品基地，全州县级以上农业产业化重点龙头企业发展到141家，农民合作组织达到2570个、种养大户61590个，纳入规范化培育的家庭农场4208个。

【农业开放合作】　2013年，凉山州在第14届西博会四川农博会发布农业招商引资项目89个、引资额198.2亿元，位列市州第二位，签订投资总额2.3亿元的美姑山羊产业化项目和投资总额2.5亿元的越西县生猪定点屠宰场、生态养殖以及肉食品深加工项目。积极拓展国际国内“两个市场”，“大凉山”特色农产品实现销售收入188亿元、出口创汇5987万美元。

【农产品品牌建设】　2013年，凉山州农工委制定并组织实施《关于全面使用“大凉山”特色农产品区域公共品牌的实施意见》《关于规范“大凉山”特色农产品标识大小和“大凉山”字体的通知》，搭建“大凉山”特色农产品电子商务平台，向国家商标局再申报主要涉及广告宣传、信息化传输、技术研究的35、38、42三个大类“大凉山”特色农产品注册商标。

【新农村建设】　2013年，凉山州农工委全面落实“五新一体”要求，开展新村新寨建设质量“回头看”，着力解决规划设计水平较低、建设进度缓慢、农房质量不优的问题。整合投入各类资金59.33亿元，建成新村新寨487个、惠及农户5.91万户，新建“1+N”村民活动中心472个，启动建设第二轮省级新农村示范县4个、幸福美丽新村34个，全域凉山新村新寨建设上档升级。

【劳务开发】 2013年，凉山州农工委内抓技能培训和输出机构、工作机构建设，外抓输出市场开拓、用工信息传输，全州培训务工农民11.5万人次，转移输出农村劳动力97.98万人，实现劳务收入106.22亿元，提前两年破百亿元大关，全州农民人均劳务收入达到2499元、同比增长37.4%。组织参加四川省首届农民工原创文艺作品大赛，获奖数量居全省第三；组织参加第五届四川省农民工技能大赛，获2银3铜佳绩，奖牌总数位居全省第六位。

（审核：宋福猛/撰稿：钟健）

种植业

【概况】 2013年在州委、州政府的正确领导和省农业厅的关心支持下，全州各级农业部门深入学习贯彻十八大和十八届一中、二中、三中全会精神，认真贯彻落实中央、省、州关于农业农村工作的决策部署，紧紧抓住全省加快推进农业现代化的重大机遇，开拓创新，扎实奋进，有效克服了干旱和洪涝等自然灾害连续发生的影响，各项工作任务全面完成，农业农村经济继续保持较快发展势头。

【粮油生产】 2013年全州粮油生产紧紧围绕目标任务和总体要求，牢牢把握加快现代粮油生产发展的重大任务和“稳中求进”的工作总基调，认真研究制定工作方案，细化量化指标，努力推动粮食生产提速增量、提质增效。全州粮食播面46.2万公顷，总产量20.7亿千克，比上年增产7760万千克，增3.89%（备注：因省统计局调减了2012年统计数据，2013年数据为调减后的2012年数据加上增产数得来）。其中：小春粮食播面11.39万公顷，产量2.89亿千克；大春粮食播面35.06万公顷，产量17.81亿千克，增产7870万千克，增长4.62%。四大粮食作物中，小麦面积5.74万公顷，产量1.55亿千克；水稻面积7.28万公顷，产量5.44亿千克；玉米面积10.87万公顷，产量5.44亿千克；马铃薯面积14.75万公顷，产量6.81亿千克。油菜面积2万公顷，总产量3880万千克。

【经作生产】 2013年全州经济作物（不含烤烟和蚕桑）总面积14万公顷，新增4000公顷，增幅2.94%；总产35.9亿千克，新增1.8亿千克，增幅5.3%；产值74.3亿元，新增6.8亿元，增幅10.1%，为农民人均增收102.8元。其中：水果6.63万公顷，产量10.6亿千克；蔬菜4.56万公顷，产量24.3亿千克；花卉1333.33公顷，产值1.6亿元，新扩建花卉产业园66.66公顷，新增可控式温室4万平方米并投产。建成现代农业万亩示范区15个；完成2466.66公顷粮经复合和1260公顷现代农业两个产业基地建设。举办设施蔬菜培训班15期。组织参展第八届中国花卉博览会，斩获1金4银13铜和5个优秀奖。

【农技推广】 大力推广农业科学技术，加大农业科技创新。整合利用新增粮食生产能力建设工程、现代农业产业基地建设工程、小麦“一喷三防”补助项目、省民族地区增粮增收示范工程等项目，共推广杂交玉米8.94万公顷，优质专用玉米4.89万公顷，地膜玉米6.04万公顷，育苗移栽2740公顷；马铃薯脱毒种薯9.72万公顷，地膜覆盖栽培1.44万公顷，垄作栽培9.45万公顷；杂交水稻2.84万公顷，杂交优质稻1.93万公顷，旱育秧4.87万公顷，宽窄行规范化栽培4.33万公顷，抛秧9326.66公顷。

【农田基本建设】 2013年全州高标准农田基本建设工作强化规划引导，突出分类指导，坚持成片建设，着力提高地力，达到田网、渠网、路网“三网”配套，项目区基本实现农田排灌能力、土壤培肥能力、农机作业能力“三力”提升。全州共完成高标准农田建设1.1万公顷，为省上下达任务1.1万公顷的100.0%。在已完成的任务中：水田（或两季田）建设成高标准农田7346.66公顷，占建设完成面积的

66.79%；旱耕地建成高标准农田3653.33公顷，占建设完成面积的33.21%。建设1.1万公顷高标准农田总投资36629.29万元，共投劳912.7万个，挖填土石方1023.54万立方米。整个工程共修建灌溉渠1027条，长度178.45万米；修建排水沟渠796条，长度131.7万米；修建蓄水池518口，容积2.76万立方米；田形调整4200公顷，修筑田土埂长度1404.1千米；配套植树造林553.33公顷；实施测土施肥42.8万公顷，秸秆还田15.48万公顷；修建田间机耕道251.82千米，田间生产路174.09千米。耕地质量得到了极大的提高。

【农村经营管理】 全州农村土地承包管理不断加强，农民的土地承包权益得到有效落实，土地流转更加有序。西昌市继续开展农村土地承包经营权确权登记试点。全州17县市成立了农村土地承包经营纠纷仲裁委员会，受理农村土地经营纠纷1065件，仲裁71件，调处945件。农民合作社继续规范发展，在工商部门登记注册的合作社1259家，其中国家级示范合作社7家，省级示范合作社23家，州级示范专业合作社46家。农民负担监管机制更加完善，“一事一议”程序不断规范，“一事一议”财政奖补项目顺利推进。全面落实粮食直补、农资综合补贴、种粮大户补贴等惠农强农政策，认真核实补贴面积，按时足额兑现到千家万户。农村集体资金、资产、资源（“三资”）管理不断强化，村民理财更加民主。

【农业行政执法】 2013年，全州农业行政执法开展普法培训48175人次，农资打假累计出动执法检查人员2248人次，整顿农资市场849个次，检查农资生产经营网点4603个次，行政调解案件41件，调解金额30.5万元，受理举报（投诉）案件10件，立案查处102件，查获违规产品2420.6千克，挽回经济损失155.5万元。其中会理等四县市查办的4件农业行政执法案卷被评为全省农业行政处罚优秀案卷，有力打击了农资违法坑农害农行为，为“三农”科学发展、加快发展和农村和谐稳定做出了积极贡献。

【品牌建设】 企业品牌建设，“大凉山环太苦荞茶”“大凉山南丝路牌桑蚕茧”“大凉山会理石榴”获“中国驰名商标”。展示展会宣传成效显著，南丝路集团“冬桑凉茶”饮品获第11届农交会“金奖”。“大凉山”花卉在第8届中国花卉博览会获18项大奖。公共区域品牌荣誉，凉山州被中国粮食行业协会授予“中国苦荞之都”，被中国丝绸协会授予“中国茧丝之都”。“三品一标”创建稳中求进，全州新获绿色食品认证产品6个、绿色食品续展产品完成9个，无公害农产品21个，无公害农产品生产基地面积新增近6.66万公顷。品牌评选活动硕果累累，参加2013年度全省农业系统品牌建设系列评选活动中，凉山评选出的个人、企业及公共区域品牌总数占全省奖项总量的1/4。

【农村能源】 2013年全州新建农村户用沼气池24210口，为全年“民生工程”计划任务18000口的134.5%。全州累计新建农村户用沼气池345320口；完成省委、省政府“彝家新寨室内生活设施‘四件套’”19446套的运输和发放工作；推广模压玻璃钢拱盖、整体式玻璃钢沼气池等新工艺、新产品7260套，完成省上下达的70%的任务；推广高效低排生物质炉1627台；新建、改建省柴节煤灶2.4万户，推广太阳能热利用装置5万平方米，完成省上下达任务；大中型沼气工程——本年新申报的4个工程完成初步设计方案并上报待批，上级项目资金774万元已到位。2012年开工建设的西昌核特养殖场、冕宁建设养殖场大中型沼气工程竣工，正等待省上验收。以上新增的农村能源建设，每年可产沼气达930万立方米，所开发和节约的能源折算标煤1730万千克，为农户减少燃料支出2663万元，减少农药和化肥支出325万元；沼气综合利用可为农户增收节支1520万元；每年可使5666.66公顷林地林木免受樵采、得到保护；每年可减少水土流失1.09亿千克；减少二氧化碳排放当量19.4万千克。经济效益和社会效益十分突出。

【植物检疫及病害防治】 2013年开展了春季植物检疫市场监督检查工作和检疫性有害生物疫情调查、监测和检疫防控工作。全年开展植物产品产地检疫8.16万公顷，种子产地检疫9020公顷，苗木产地检疫1827公顷。开展了重大病虫害监测预警及统防统治工作。全年发布病虫害电视预报50期，实施小麦药剂拌种5.43万公顷。全年农作物病虫草鼠螺害发生71.92万公顷次，防治87.27万公顷次，挽回损失2.8亿千克，实际损失5590万千克。全年病虫统防统治面积17.66万公顷次，其中：机防面积6.65万公顷次，绿色防控示范区1.36万公顷。

【农业质量管理】 2013年全州未发生重大农产品质量安全事故，农产品例行监测合格率98.2%。西昌市被省农业厅纳入农产品质量安全监管规范化县建设创建县，投入创建资金100万元。德昌、会理开展农产品质量安全追溯体系建设。西昌、德昌、会理、宁南继续开展无公害农产品生产基地整体推进。全州新认证无公害农产品1个，绿色食品6个，绿色食品续展9个，有机食品再认证21个。开展农产品地理标志资源普查，接受农业部农产品地理标志专项检查。新增冕宁、甘洛、喜德、雷波、盐源县级农产品质量安全监督检验检测站建设项目，中央预算内投资1200万元。制（修）定的35项地方标准通过专家评审并报四川省质监局待批准发布。

【粮油高产创建】 高产创建工作着力在整建制、大协作、新机制和标准化上下功夫，突出抓好农业部和省级水稻、玉米、小麦、荞麦等作物万亩示范片和整乡整建制推进试点。农业部高产创建7县共实施玉米、水稻、小麦、苦荞麦等作物25片。省级高产创建安排西昌、冕宁、德昌3县实施水稻项目，会东实施玉米项目。全州完成农业部高产创建面积1.63万公顷，平均单产560.4千克，较上年增产46.6千克，增9.1%。其中：完成小麦万亩高产创建2733公顷，平均单产453.1千克，较上年增产12.1千克，增2.7%；全州完成水稻万亩高产创建6746.66公顷，平均单产627.9千克，较上年增产58千克，增10.18%；西昌市完成整建制试点乡建设2个2706.66公顷，平均单产652千克，较上年增23.4%；全州完成玉米万亩高产创建5433.33公顷，平均单产631.4千克，较上年增产69千克，增12.27%；盐源县完成整建制试点1.45万公顷，平均单产399千克，较上年增产21.6%；越西县完成整建制试点乡建设2个1400公顷，平均单产620.5千克，较上年增17.6%；美姑县完成苦荞麦高产创建1340公顷，平均单产153千克，较上年增产12千克，增8.5%，辐射带动全州主要粮食作物均衡增产。

【农民科技培训】 2013年，四川省级财政投入资金415.35万元，实施示范性培训任务12790人。开设培训专业13个以上，其中农民创业培训50人，病虫专业防治员595人，肥料配方师210人，蔬菜园艺工430人，果桑茶花药园艺工880人，种子经销员90人，农药经销员290人，畜禽养殖员30人，村级动物防疫员220人，农机操作员870人，农机维修员220人，农民专业合作社骨干人员320人，沼气工385人，乡村旅游服务员130人，农业专项技术人员8090人。新型农民培训9700人，实用技术培训32.38万人。

【蚕业发展】 2013年，凉山被中国丝绸协会授予“中国茧丝之都”称号，全年产茧2454.5万千克（49.09万担），同比增加103.5万千克（2.07万担），连续11年位居全省第一。蚕桑和茧丝综合产值达到30.37亿元，其中蚕农茧款和桑葚收入达到9亿元，较2012年增加1.43亿元，增长18.9%，养蚕农户户均收入9559元，比2012年增加1690元，增长21.5%。全年生产优质蚕种106万张，占全省蚕种生产总量的60%以上。

（审核：王天成/撰稿：何洋）

农业机械

【概况】 2013年全州农机化工作在州委、州政府的正确领导和上级农业主管部门关心支持下，积极围绕省、州下达的各项任务，不断开拓创新，牢固树立为"三农"服务意识，精心组织农机社会化服务，切实抓好关键季节关键环节农机作业，着力落实安全生产责任，强化安全源头管理，做好农机作业保障服务工作，组织协调跨区机收，加强机耕便民道建设，认真做好各项农业化工作，确保了粮食颗粒归仓，农民增产增收。

【农机化情况】 2013年完成机耕24.93万公顷，机播2.73万公顷，小麦机收3.6万公顷，水稻机收4.06万公顷，机耕道1500千米。农业机械化耕种收综合水平预计达到44.5%，农机总动力294万千瓦，全面完成省州下达的目标任务。拖拉机42627台，大中型拖拉机25276台，稻麦收获机械1484台，排灌机械24675台，耕整机械122393台，旋耕机械25088台，插秧机70台，农产品初加工机械86561台，机动脱粒机36391台，机动喷雾（粉）机20625台。

【机电提灌】 2013年更新改造维修提灌机械2067台/21896千瓦，新增提水控灌设备1026台/8265千瓦，提水灌溉面积6.18万公顷，全年提水12594.3万立方米。在大花地实验性太阳能提灌站建设成功经验的基础上，又陆续在宁南县碧窝村、会东县民权村、盐源县十五股村和冕宁县横路村等地开展了太阳能提灌站建设，为解决缺水地区利用太阳能提水灌溉探索了新的路子。

【农机化新技术推广】 2013年全州共完成水稻机插秧面积3340公顷、机械化肥深施面积5.82万公顷、机械化秸秆还田面积1.76万公顷、马铃薯机播面积873.33公顷、马铃薯机收面积900公顷、机械植保面积6.11万公顷、玉米机械化收获面积53.33公顷。2013年4月，州局组织举办各类农机新机具展示活动，现场展示了耕整地机械、栽植机械、植保机械、收获机械、田园管理机械等新机具50余台（套），同时展示了移动式太阳能提灌机械，并现场做了抽水演示。5月，在西昌市的高草乡城堡村、西昌良种场召开水稻机插现场会。9月，在西昌黄联关镇举行了凉山第一次玉米机收现场会，实现了凉山玉米生产机械化零的突破。

【农机行业管理】 加强农机维修、农机产品质量调查、农机推广许可证检查等农机市场管理工作。2013年在春季和秋季"放心农机下乡进村"活动中启动农机质量投诉点的工作，加强对农机投诉的受理，保障农民投诉渠道畅通无阻，并及时处理农户农机质量投诉事件；凉山农机职业技能鉴定工作，严格按照《四川省农机行业职业技能鉴定规范（试行）》要求，开展农机职业技能鉴定工作，全州共有200人参加了农机鉴定，取得了农业部颁发的鉴定证书；对财政补贴农机产品质量进行监督管理，认真开展农机质量投诉监督，及时受理和认真处理各类农机投诉，加强农机质量保障督导，在主要农时季节，产品旺销季节，采取到销售市场现场检查、用户访谈等形式开展督导；对享受购机补贴项目县的购机用户进行产品质量跟踪调查，重点选择谷物联合收割机等农机产品进行调查，杜绝农机质量问题影响收割的现象。

【农机安全生产】 确保全年农机安全生产工作目标任务的全面完成，印发了《2013年度全州农机安全监理业务工作目标和评分标准》，将各项目标任务细化分解下达到各县市。全州共新上户拖拉机1725台，联合收割机53台，自走式农业机械16260台，挂牌率达100%；加强新购机农民安全教育，切实做好拖拉机、联合收割机驾驶人的技能培训和考试工作，强化源头管理。全年共培训拖拉机、联合收割机驾驶（操作）人员4709人次，通过考核获得驾驶（操作）证4567人，上道路拖拉机驾驶人持证率90%以上；切实开展年检工作，巩固提高年检率，共检验拖拉机等农业机械15951台，签订安全生产承诺书17546份；督促各级农机监理机构严格按规定办理拖拉机、联合收割机牌证，坚持办证业务规范和工作流程；积极开展“为民服务创先争优”活动，会理县农机监理站被评为2013年度全国和四川省农机安全监理“为民服务创先争优”示范窗口，另有5名农机监理人员分别被评为全国和四川省农机安全监理“为民服务创先争优”示范岗位标兵；全州各级农业（农机）部门共出动安全检查执法车辆872台次，执法人员4150人次，检查拖拉机等农业机械15951台次，纠正各类违法、违规行为为791起，印发宣传资料32800余份。全年无一起责任范围内的农机安全重特大事故的发生，有效预防和遏制了重特大农机安全事故。

（审核：王天成/撰稿：何洋）

林　业

【概况】　2013年在州委、州政府和省林业厅的正确领导下，全州林业系统深入贯彻落实科学发展观，紧紧抓住“一个意见、两个规划”实施的历史机遇，认真按照省、州林业工作会议的安排部署，把握“跳起摸高、跨越发展”工作基调，以科学发展为主题，以林业项目建设为支撑，以强化管理为手段，以加速森林资源大州向林业经济强州跨越为目标，团结拼搏、积极进取、扎实工作，全州林业工作取得新的成绩，呈现出良好的发展态势。

【集体林权制度改革】　在全州16个县市已经完成集体林权制度主体改革任务的基础上，2013年开展了集体林权制度改革图面、数据汇总和林权档案整理完善工作，巩固了集体林权制度主体改革工作成果。年初启动的木里县集体林权制度改革也全面完成了主体改革工作任务。与此同时，全州林木采伐、木材流通管理、生态公益林补偿、森林资产评估、林权抵押贷款、森林保险等各项配套改革工作正稳步推进，冕宁、盐源、美姑、金阳、宁南、会理、会东、德昌8县成立了林权交易中心，甘洛、喜德、盐源、西昌、普格、宁南、会理、布拖、美姑、冕宁10个县市已启动林权流转工作，全州已累计流转林地19.91万公顷，流转金额3.16亿元；贷款抵押的林地4.73万公顷，抵押贷款金额17亿元。纳入生态效益补偿的集体林地91.99万公顷，每年补偿金额1.38亿元，参加森林保险林地349.06万公顷，中央和省每年补贴的保费3442.3万元。冕宁、会理两县开展了集体林采伐管理改革试点工作。

【森林资源保护】　按照州政府出台的《凉山州林区牧区野外火源管理暂行办法》《凉山州森林防火责任追究暂行办法》和《凉山州森林防火目标考核暂行办法》，凉山森林草原防火工作进一步规范化、制度化、法制化。各地全面落实森林草原防火“两项制度”，森林武警、西昌航空护林站和各县市专业扑火队关口前移，精心组织扑火力量，及时有效地扑救森林火灾，圆满实现了“三个确保”的防火目标。全年共发生森林火灾48起，与2012年同期相比下降44.82%。其中一般森林火灾37起，同比下降44.78%；较大森林火灾11起，同比下降45%；无重特大森林火灾发生。火场总面积575.84公顷，同比下降14.64%；受害森林面积110.21公顷，同比下降37.5%；森林火灾损失率0.04‰，火灾发生率1.81次/10万公顷，控制率2.3公顷/次，火案查处率95.8%。实现森林火灾损失率连续31年控制在1‰以下目标。全州林业有害生物发生面积累计4.46万公顷，防治率100%，测报准确率达到99.5%，种苗产地检疫率达100%。加强松材线虫病防治工作，圆满完成了省政府和州政府签订的年度松材线虫病防治各项目标任务。全州森林公安机关共办涉林案件1297件，其中森林刑事案件145件，破案120件，查处行政案件1142件，刑事拘留196人，逮捕63人，起诉69件；处罚1176人次；收缴木材2700立方米，折款135.58万元；收缴野生动物及制品376件；计为国家和集体挽回经济损失988.32万元。

【林业重点工程】 《凉山彝族自治州天然林资源保护工程二期实施方案》及全州21个天保工程项目单位的《天保工程二期工程县局级实施方案》编制完善、各项工作全面推进。2013年，全州实施国有林森林资源管护225.66万公顷，92万公顷集体公益林得到有效管护、生态效益补偿基金全面兑现，实施人工造林266.67公顷，封山育林2333.33公顷。天保工程项目实施单位职工全部参加养老保险，参保率达100%，职工医疗、失业、工伤、生育保险继续得到全面实施。省林业厅下达凉山州的国有林区棚户区和国有林场危旧房改造1236户，工作全面推进。全州共完成退耕还林荒山配套造林1800公顷，封山育林1333.33公顷，完成退耕还林补植补造1333.33公顷，巩固退耕还林成果后续产业建设1600公顷，退耕还林成果10.9万公顷进一步巩固。启动了申报“西昌邛海国际重要湿地”和“泸沽湖国际重要湿地”的本底资源调查和总体规划工作，同时邛海成功创建国家湿地公园（试点）。

【城乡绿化一体化】 2013年，成功创建了“省级绿化模范单位”3个，“省级绿化示范村”4个。完成了《大小凉山扶贫开发项目2013年彝家新寨农户环境绿化实施方案》的编制，共开展彝家新寨绿化209个、18120户。实施中央财政造林补贴项目8866.66公顷、中央财政森林抚育补贴项目1.73万公顷。

【林业产业民生工程】 实施林业产业“十、百、千”工程，全州培育十个产业强县、百个产业强乡、千个产业强村，全州新增林业产业基地5.49万公顷，其中，以核桃、花椒等为主的特色干果类产业基地4.81万公顷、低改5266.66公顷，以杨树、桤木为主的工业原料林基地1453.33公顷；举办了全州核桃资源清查工作，全州核桃种植面积达到24万公顷，核桃坚果总产量0.9亿千克，产值15亿元。全州核桃资源面积达3.33万公顷以上的只有盐源县3.73万公顷，坚果产量915万千克，产值2.46亿元；核桃资源面积2万公顷以上的有木里、雷波和甘洛3个县；0.6万公顷~2万公顷的有宁南、德昌、会理、会东、冕宁、美姑、昭觉、金阳县和西昌市9个县；0.66万公顷以下的有越西、喜德、布拖和普格4个县。2013年全州林业总产值达87.5亿元，同比增加14亿元；农民人均从林业上获得纯收入达1303元，同比增加278元。

【森林资源管理】 全州实现新增森林面积1.98万公顷，新增森林蓄积309.1万立方米，全面完成省林业厅安排的森林资源双增目标任务。全年累计采伐森林蓄积92822立方米，占当年各类采伐限额的7%，年森林采伐量控制在省下达的年森林采伐限额以内。依法规范林木采伐管理。严格实行采伐指标分配、林木采伐伐前公示制，建立和落实了伐区管理责任制和责任追究制度。积极开展建设项目使用林地前期指导服务工作，组织开展了25宗建设工程使用林地现场查验和审查，涉及林地面积360公顷。切实做到占用林地政策咨询、法规宣讲、技术指导、工作协调四到位。优先保障国家、省重点工程建设项目用地需要。完成17县市林地落界、公益林落界、林地一张图建设和县级林地保护利用规划编制工作，县级林地保护利用规划成果已经省林业厅审查通过，并由各县市人民政府批准实施。加强全州木材经营加工企业监督管理，对经营加工企业现状进行清理，编制全州木材加工利用发展规划，拟定全州木材经营加工审批管理办法。全年新办林业行政执法证15人。发放木材运输证6900份，发放林木采伐许可证8500份。全州共发生林业行政案件738起，查处734起，查处率99.46%，没收木材336.36立方米，没收非法所得21.132万元，罚款309.59万元，补征育林基金2.364万元。

【林业科技推广】 《花椒品种选优与培育技术

研究》和《核桃良种培育技术研究与推广应用》两项科技成果通过省级鉴定。其中《核桃良种培育技术研究与推广应用》获得省人民政府科技进步三等奖。获得州政府科技成果奖6项，其中一等奖1项、二等奖2项、三等奖3项。分别是《攀西地区容器控根育苗技术研究》《会东松子标准化体系建立与应用》《攀西地区麻风树地理种源的遗传变异规律及种源区划研究》《核桃良种选育及应用推广技术》《花椒新品种——灵山正路椒选育》《核桃新品种—冕宁紫瓤1号选育及扩繁研究》。2013年度中央财政林业科技推广项目《凉山州油橄榄良种推广及丰产示范》和《冕宁县林下森林蔬菜无公害标准栽培示范》正式启动实施。《四川省林产品质量安全监测川西站建设方案》通过省财政绩效评估，监测站试验室初步建立，省厅2013年下达设备购置及抽检经费100万元，补充添置设备并在全州开展了食用林产品质量安全监测工作，对凉山核桃和产地土壤环境、花椒及产地土壤环境、森林蔬菜及产地土壤环境及木本食用油及产地土壤环境等四项内容进行了抽检。全州共组织包括油橄榄、华山松子、核桃3个四川省森林食品基地申报工作，并通过省森林食品基地认定委员会认定，森林食品基地面积1300公顷。全年科技人员下乡6000余人次，培训林农3.2万人次，发放图书和宣传单8.2万份，建立花椒、核桃、油橄榄示范面积2333.33公顷，辐射面积达3万公顷。

【党风廉政建设】　结合党组织分类提升大行动，组织开展“万名干部下基层，凝心聚力促跨越”活动，2次组织科级以上干部50余人赴扶贫联系点盐源县白乌镇开展大宣讲、大调研、大帮扶行动，2013年累计投入73.2万元对定点扶贫点盐源县白乌镇马坝村实施新村绿化、乌洋芋试验示范基地、优质核桃基地等项目建设，并组织职工捐款在白乌镇九年制学校设立助学奖励基金，以奖励品学兼优的贫困生，党的建设质量得到有效提升。认真落实党风廉政建设责任制，开展廉政风险点排查工作，确定了一级风险点8个、二级风险点2个、三级风险点2个，加大管控力度。加强了“两大工程”的执法监察工作力度，开展了公务用车、工程建设领域突出问题等专项治理，开展惩防体系建设和纪检监察机关“三项建设”活动，收到明显成效。全面推行了政务公开和行政审批集中窗口办理制度，受理人民群众来信49件，接待人民群众来访90余人次。认真开展了“挂包帮”工作，为彝区群众办好事、办实事。

（审核：王维平/撰稿：万杨）

畜牧业

【概况】　2013年，全州畜牧业紧扣“科学发展、加快发展”工作基调，深入执行“发展生产保供给，提质增效保增收，严格执法保安全，综合施策保生态”的主题，统筹动物卫生、产品质量、生态环境三大安全；着力构建标准化、产业化现代畜牧业产业体系；畜禽基地建设、草原生态建设、动物疫病防控、特色畜产品品牌建设进一步深化，“产、加、销”综合效益大力提升，畜产品市场繁荣稳定。

【发展思路】　深入贯彻落实党的十八大精神，深刻领会“四化同步”“五位一体”“两个百年”等部署，为全面建成小康社会奠定坚实基础；围绕发展、民生、稳定三件大事，着力构建资源节约型、环境友好型现代畜牧业发展新格局。以畜牧科技创新和发展机制的创新推广为动力，坚持深化试点重点突破与整体推进相结合，加快转变畜牧业发展方式，调整优化产业结构，推进畜牧业向区域化布局、规模化养殖、标准化生产、产业化经营、社会化服务转变。

【畜牧经济】　省、州统计局对畜牧业生产数据进行了大幅调整。2013年，全州肉、蛋、奶产量分别达到4.45亿千克、2630万千克和4390万千克，同比分别增长4.85%、2.33%和7.57%。猪、牛、羊、禽出栏分别达到489.70

万头、27.79万头、280.29万只和1606.43万羽，同比分别增长1.8%、4.82%、1.2%和4.72%。农民人均畜牧业纯收入1498元，较上年新增113元，增长8.16%。全州畜牧业产值实现154.25亿元，较上年增长4.3%，占农业总产值的39.77%。

【现代畜牧业】 省、州现代畜牧业重点县建设和试点工作有序推进。各县市强规划、增投入、谋发展、促效益，深入开展畜禽良种化、养殖设施化、生产规范化、防疫制度化、粪污无害化“五化”建设，产业发展与新农村建设相配套，全力推广优良地方品种和打造拳头产品。西昌、会理、会东、昭觉、美姑5县市按照“现代畜牧业试点实施方案”的要求和任务目标，新增标准化示范户570户。昭觉县、会东县进入四川省第二轮现代畜牧业重点县建设，获省专项资金510万元。

【扶持项目】 畜牧业扶持项目深入落实。2013年畜牧项目个数33个，畜牧业项目资金投入52137.93万元（中央46640.41万元、省级4219.52万元、州级1278万元），其中：草原生态保护补助奖励资金（禁牧、草畜平衡、牧草良种、生产资料补贴）24269万元；彝区标准化项目865万元；畜禽遗传资源保护专项资金150万元；生猪调出大县奖励资金2492万元；重大动物疫苗补助资金4608万元；“瘦肉精”专项整治工作经费25万元；公路动物防疫检查站补助经费33万元；专业合作组织建设资金100万元；州级现代畜牧业试点发展资金500万元。各类扶持项目集资金、技术、扶持农户和扩大再生产于一体，有力地改善了项目实施区畜牧业发展的基础条件，推进了标准化、设施化、规模化发展，促进了农民增收和产业发展。

【规模养殖】 畜牧业标准化、适度规模化进程和无公害基地建设发展迅速，以畜牧科技助农增收行动为抓手，坚持“示范创建”与“辐射带动”并重，养殖规模与种植基地相配套，推广优质高效的畜禽品种，打造相对集中的适度规模养殖小区，全州适度规模养殖户达到8.22万户，其中：年出栏生猪20头以上的规模养殖户37116户，年出栏羊30只以上的规模养殖户34159户，年出栏牛5头以上的规模养殖户6947户，禽类规模养殖户4007户。

【良繁体系】 全州持有种畜禽生产经营许可证的种畜禽场（站）发展至33个，其中种猪场14个；猪人工授精站4个；种羊场6个、种禽场9个（鸡4个、鸭4个、鹅1个）。配套良繁体系项目建设，全州着力加快种畜禽场的基础设施建设和技术改造，强化技术服务，畜禽良种化率不断提高。生猪三元杂交改良面53.48%，牛改良配种26255头，羊杂交改良面76.50%。凉山半细毛羊存栏97.26万只，建昌黑山羊存栏168.48万只。肉鸡良种面78.59%，肉鸭良种面96.64%，鹅良种面88.98%，兔良种面83.40%。

【防疫监督】 全州以预防、控制、扑灭重大动物疫病和维护公共卫生安全为主题，以健全动物疫病防控体系为主线，以提高动物疫病防控能力为重点，认真落实责任制和责任追究制，强化重大动物疫病防控和重点动物疫病监测工作，加强业务技术培训和防疫检疫工作的组织落实，确保了春秋防疫工作和常年免疫的有效开展，确保了全州无重大动物疫情发生，为畜牧业健康发展、农民持续增收和市场繁荣稳定起到了保驾护航的作用。

【草原建设】 全州深入实施草原生态保护和工程建设。建立基本草原保护制度，调动农牧民保护、建设和合理利用草原的积极性。草原生态补助奖励机制项目，兑付17.3万户牧民生产资料综合补贴8650万元、33.33万公顷禁牧补助资金3000万元、164.8万公顷草畜平衡奖励资金3708万元；同时加快牧草良种、种畜、相关物资采购发放以及牲畜棚圈、打贮草基地建设。退牧还草工程项目建设草地围栏15.4万公顷，其中：季节性休牧15.4万公顷、划区轮牧1.53万公顷，退化草原补播1.62万公顷，人工饲草地建设100公顷，舍饲棚圈建设1200户。全州种植以光叶紫花苕为主的一年生优质牧草13.81万公顷，其中烟地种草2.85万公顷；其他一年生牧草种植5.84万公顷；多年生牧草保留面积达到3.93万公顷。草原鼠虫害防治共治理鼠害面积10.26万公顷，治理虫害面积11万公顷。草原防火工作做到健全管理制度，加强值班制度，开展草原防火宣传，开展火灾隐患排查和扑救演练等工作。

【畜牧企业】 畜牧龙头企业积极探索推广“龙头企业+专业合作社+适度规模养殖农户”，订单生产等模式。华宁公司的“公司+农户”的肉鸡、肉鸭、蛋鸡养殖合同收购加二次返利模式，三牧的“公司+奶牛公寓+农户”和“公司+养殖小区+农户”合同订购模式初具雏形，龙头带动能力不断提升。全州销售收入过百万元的畜牧龙头企业共计43家，年销售收入过亿元的3家，全年销售收入达9.8亿元，带动农户9.62万户。各县市结合实际，充分发挥农民主体作用，引导养殖营销大户、农民经纪人、农村能人积极领办、创办畜牧合作社，新增发展畜牧专业合作社41个，累计发展专业合作社161个，成员总数7681人，产品销售收入8.6亿元。

【食品安全】 全州进一步加强生产环节、投入品环节、市场流通环节以及超市、学校、各类餐饮环节的畜产品质量安全监管。各级管理部门深入落实目标责任制，严格执行“全程监管、重点监控、及时处置”的要求，广泛开展健康养殖和食品安全宣传教育。强化“瘦肉精”等违禁药物监管，启动生鲜乳违禁物质专项整治行动，大力开展兽药质量安全专项整治，加强饲料行业生产审查及审核备案，严格落实屠宰检疫、产地检疫和无害化处理，提高畜产品监测频次和密度，切实保障上市畜产品质量安全，确保了市场有效供给和社会稳定。

【品牌创建】 全州扎实推进“三品一标”建设和申报认证。新申报无公害农产品4个；15个畜产品通过无公害复检换证；“金阳丝毛鸡”地理标志申报通过国家质检总局初审。凉山州获得无公害畜产品产地证书的56个；获无公害农产品证书的畜产品35个；获绿色食品8个；获有机食品5个；获国家农产品地理标志12个。“华凌”（西昌禽蛋饲料）、“建昌”板鸭、“三牧”乳品等进入“四川省名牌产品”的申报；大凉山冕宁“定云”火腿、“天琪坊”火腿、“好地道”火腿和“元农”手撕牛肉等进入“四川省著名商标”的申报工作。

（审核：杨光富/撰稿：罗飚）

水　务

【概况】 2013年，全州投入水利建设资金11.26亿元；全州水利工程达到299999处（座、眼），其中水库300座，塘坝3459座，窖池212774口，泵站350座，水闸134座，水电站680座，农村集中式供水工程7120处，机电井75182眼；年内新增和恢复蓄引提水能力4048万方，新增有效灌面4880公顷，新增节水灌面4980公顷，解决29.23万农村人口饮水安全，完成病险水库整治61座，治理水土流失面积595.54平方千米；有效灌面达15.89万公顷，节水灌面达11.16万公顷，解决农村供水人口392.44万人，堤防总长达827.45千米，累计治理水土流失面积9304.2平方千米，全年完成水产品总产量2660万千克。

【水利基建】 2013年，会东新华水库工程主要开展了新华水库渠系配套工程建设，全年完成投资1500万元，完成土石方10万立方米、混凝土工程3000立方米，项目累计完成投资20852万元。会理大海子水利工程全面动工了大海子水库、力马河水库、八道河水库及引水联通工程，全年完成投资7871.42万元（其中移民投资6731.47万元），完成土石方4.56万立方米，混凝土5200立方米，累计完成投资

17222.52万元。甘洛斯觉大堰改扩建工程主要开展了扫尾工程建设，全年完成投资273万元，完成混凝土工程5000立方米，累计完成投资3800万元。会东新马灌区工程全面动工，2013年主要开展了明渠马道平台开挖和隧洞开挖工作，全年完成投资3000万元，完成土石方工程35万立方米、混凝土工程5000立方米，开挖马道平台15000米、隧洞500米。盐源老沟水库主要开展了基础处理和放空隧洞工程施工，全年完成投资17000万元，完成土石方工程52万立方米、混凝土工程1.2万立方米、灌浆1.2万米，项目大坝基础工程基本完成，导流洞具备过流条件，累计完成投资21000万元。

【农村饮水安全】 2013年，国家预算内专项资金投入11193万元，省级财政资金投入1412万元，建供水工程1832处，其中集中供水工程492处、分散供水工程1340处，解决全州涉及17个县市228个乡镇445个村的29.23万名农村人口饮水安全问题。

【农田水利】 冕宁县第三批旱涝保收高标准农田建设示范重点县项目，由中央、省、州、县筹资3600万元，在项目区完成了高效节水灌面815.33公顷的建设任务；会东县第四批旱涝保收高标准农田建设示范县项目建设总投资3756.29万元，项目完工后，将完成1360公顷高标准农田的建设任务。德昌、宁南县为第五批项目，建设总投资5400万元，新建、整治渠道，整治山平塘，新建蓄水池，田间道路修筑，项目完工后，将新增和改善有效灌面2146.67公顷。投入“五小”水利工程建设资金1000万元，其中雷波、金阳两县各投资500万元，工程建成后将实现新增恢复改善灌溉面积473.33公顷。越西牧区节水示范项目总投入500万元，其中中央资金400万元，项目建成后将新增饲草料基地160公顷。完成病险水库整治61座，工程总投资1.14亿元。

【防汛工作】 2013年，全州共出现27站次暴雨和117站次大雨，全州共有12个县市172个乡镇19.86万人因洪涝受灾，倒塌房屋616间，农作物受灾1.51万公顷、成灾1.1万公顷、绝收4284公顷，死亡1人，失踪1人，紧急转移群众7354人，直接经济总损失约4.24亿元。在防汛抢险工作中，一是加强建设，山洪灾害防治县级非工程措施建设项目除西昌、德昌两县市项目正在建设外，其余15县项目已全面完成，正开展系统试运行工作；中小河流水文监测系统建设项目计划投资8945万元，2011年项目已开展招投标工作，2013年新建水文站实施方案已批复。二是强化防汛责任制的落实，认真开展汛前大检查，加强河道管理，强化防汛抢险队伍和物资储备，修订完善防洪抢险应急预案，利用山洪灾害防治县级非工程措施强化预警、预报，防汛减灾工作取得明显成效，全州死亡、失踪人数为近年来最少。

【抗旱工作】 全州17县市分别成立了抗旱服务队，全州抗旱服务组织人员有285人，2013年争取省级资金3000万元，为全州15个县市购置了运水车辆30辆及各类打井、提水等设备，并通过召开培训会，“手把手”教会一线技术员使用抗旱设备。

【工程规划与项目前期工作】 2013年，编制完成《凉山州烟区水源点建设规划》《凉山州小型水库工程规划》《凉山州2013—2017年重点水利项目规划》《2013年安宁河谷重点水利项目实施规划》，完成了“4·20”芦山地震灾后重建规划，启动了水资源保护规划的编制工作，编制了《凉山州大小凉山综合扶贫2013年实施方案（水利部分）》《乌蒙山片区2013年实施方案（水利部分）》《凉山州彝家新寨2013年实施方案（水利部分）》，开展2013—2015年度山洪灾害防治非工程措施补充完善和山洪沟工程治理项目方案编制工作。项目前期工作：全州已开展前期工作的重点水利项目共30个，项目总投资达127.98亿元。其中大型水利项目4个，规划项目总投资77.72亿元。一是大桥水库灌区二期工程项目建议书经水规总院审查，水利部于2013年7月将审查意见报送国家发改委待批。二是盐源县龙塘水库工程项目建议书于2013年10月通过水利部规划设计总院审查，并将审查意见报水利部。三是西昌市引调水工程，从大桥水库引水至西昌解决西昌市及安宁河沿线乡镇用水，该项目于2013年4月经州政府批复同意开展前期工作，正开展设计招标工作。四是喜德县米市水库工程已开展前期相关工作。中型水利项目4个，总投资35.21亿元。一是德昌和平水库工程初步设计报告经省水利厅批复，并下达省级配套资金1000万元，已开展了招投标相关工作，渠系工程进入烟草行业复核程序，拟争取烟草行业投入。二是宁南竹寿水库除险加固工程已下达投资计划1899万元，正开展施工准备阶段的相关工作。三是会理横山水库工程正在开展可研阶段相关工作。四是西昌东河水库工程已委托成勘院启动可研阶段相关工作。小型水利项目15个，总投资11.42亿元。完成初步设计审批的项目1个，盐源三道沟水库，已通过国家烟草总局复核，总投资3938万元，已下达投资计划2560.20万元，即将开工；可研报告已审待批的项目2个，为会东马头山水库和德昌蔡地水库；其余项目正在开展可研阶段相关工作。灌区类项目7个，项目总投资3.63亿元。完成初步设计审批的项目1个，为宁南竹寿水库续建配套与节水改造（烟草援建）；完成可研报告待批复的项目6个，其中普格打木洛堰和喜德增产堰水利血防项目已下达投资各800万元。

【水行政执法及水资源管理】 一是积极推进普法依法治理工作。在第二十一届“世界水日”和第二十六届“中国水周”期间，通过州、县电视台集中播放了水利部制作的以典型水事案例为题材的《人·水·法》电视宣传片；在《凉山日报》水电周刊专栏登载了《严格水资源管理、保障可持续发展》的宣传文章。对州水利局行政权力事项进行全面清理。共清理行政审批12项（小项共22项）、行政处罚86项、行政强制17项，行政征收3项，其他行政权力7项，制作了行政权力流程图，通过政府网站向社会进行了公示。强化执法，重点查处了冕宁金洞子电站、长兴电站和美姑柳洪电站、坪头电站拖欠水资源费案件，督促项目业主和项目所在地水行政主管部门限期开展了水资源专项整治工作。二是全面推行最严格水资源管理制度。严把水资源论证审查关，建立了水资源论证未批复、则环保不批复环评，发改委不立项的部门联动机制。针对一些项目法人变更、开发权变更、取水规模和取水方式调整等现象，责令项目业主重新开展了水资源论证或补充论证。全年完成8个项目的水资源论证审查，其中2个项目属重新论证、3个项目属扩容补充认证，同时还对宁南竹寿水库灌区节水改造工程和会东马头山水库等水利工程开展了水资源论证。严把取水工程验收和取水许可关，取水工程投入试运行后，州、县联合组成验收组开展现场验收，全年验收12个取水项目，开展了2个州管取水户入河排污口审查，指导各县市开展了入河排污口审查。配合长江委、省水利厅对国管、省管取水单位开展了取水工程验收的现场查勘。继续向省厅争取到了2.5万千瓦以上省管水电站水资源费的委托征收权和三峡公司、二滩公司在凉山境内开发的大型水电站施工期生产、生活用水水资源费的委托征收权。委托西昌水文局启动了水资源保护规划的编制工作。编制完成国控取水户查勘报告。

【农村水电增效扩容改造】 争取会理、德昌、越西、雷波、西昌、布拖、普格、宁南8县市14个增效扩容改造项目，总投资17837.14万元，其中申请中央补助资金6655.92万元，省级配套资金1403.38万元，自筹资金9777.84万元，新增装机18230千瓦，确定了招标代理机构。

【水产渔政】 2013年，完成水产品2660万千克，较上年同期增长13%，实现水产品产值3.65亿元，渔业经济总值5.8亿元。重点推进七个方面工作。一是积极规划凉山大水面资源，先期开展大水面渔业资源增殖和设施养殖渔业环境影响评价工作；二是州县统一时间、统一范围、统一步骤，开展春季禁渔工作；三是强化和完善鱼类补偿机制，对瀑布沟、木里河等多处已建、在建电站的渔业资源环评项目及实施情况进行了检查，监督开展鱼类增殖放流活动，共投放鱼苗共计100余万尾，价值300余万元；四是强化水产食品安全监管，与州、县市相关食安协作单位密切配合，开展水产行业严厉打击食品非法添加行为和加强非法食品添加剂监管专项行动，组织各水产企业、养殖、营销大户开展“凉山州水产食品安全座谈会”，检查20多个渔用生产物资门市、市场，未检出违禁添加剂；五是积极开展水产科技下乡活动，为养殖户提供信息和技术支持，协调引进优质水产苗种6000余万尾，扶持规模化大棚养殖南美白对虾2公顷；六是深入开展渔业安全生产大检查，对二滩库区、瀑布沟库区、大桥水库进行渔业船舶安全、安全措施检查、督查，确保船舶、人员生产安全；七是依照省水产局的批复要求，积极申报协调解决凉山州水产良种场项目土地。

【灌区改制工作】 向州政府主要领导汇报，加强与财政、人社、编办等部门协调，推进灌区体制改革。《西礼灌区水利工程管理体制改革实施方案》于11月19日，经州政府第20次常务会议审议通过，根据方案西礼灌区定性为纯公益性全额拨款事业单位，确定编制数为59名，人员经费、公用经费及生产性费用等由州级财政全额承担，工程维护费由州级财政承担30%，冕宁县、西昌市承担70%，从根本上解决了灌区的稳定发展问题。

【大桥水库工程管理】 科学制定《大桥水库2013年水量调度计划》和《2013年农业灌溉用水供水计划》，保障水库下游工农业的生产、生活用水。常年对库区和灌区水质进行监测，并加大对库区及灌区保护范围内的各种污染源治理，切实保护库区及灌区水质。精心组织库区生态规划，试点实施《大桥水库消落带2013年植被恢复治理实施方案》。配合人大完成对《凉山州大桥水库工程管理条例》实施情况的执法检查，严厉查处库区及工程沿线违法违规行为。

（审核：张之栋/撰稿：吕庆昆）

烟草工作

【概况】 2013年，凉山烟草认真贯彻国家局“控制总量，优化烟叶结构”的要求，夯实生产、管理两大基础，狠抓质量、特色两个重点，严格落实责任，坚守政策“红线”，强化科技创新，大力推进现代烟草产业转型升级，烟叶生产再攀新高。烟叶质量、优质特色烟叶数量、烟农收入、税收等持续增长。烟叶工作成效明显。全州收购烟叶1.32亿千克（263.58万担），上等烟占55.69%，桔色烟占92.45%，均价25.84元/千克。烟农现金收入36.37亿元、同比增加5.15亿元，烟叶税收增加8800万元。卷烟生产稳健提升。全年生产卷烟31万箱，同比增长3.33%；其中生产娇子品牌17.6万箱，同比增长63.1%；划拨产值41亿元，同比增长40.9%；划拨税费15亿元，同比增长15.1%。卷烟销售量增价稳。全年销售卷烟15万箱，同比增加1个百分点，其中销售娇子24203箱，同比增长25.8%；单箱销售收入2.25万元，同比增长9.6%。全州烟草产业在调减1000万千克（20万担）生产收购计划的严峻形势下，烟农收入、烟叶税收和质量效益等指标再创新高，实现“减生产计划、不减烟农收入”的预期目标。

【现代烟草农业建设】 基础建设及烟区农业综合生产设施建设。行业投入资金6.58亿元，全州完成烟叶生产基础设施建设项目共21353件，建成土地整理3600公顷，配套水池908口、容量68112立方米，管网116条、长1523.65千米，沟渠646条、长599.82千米，提灌站8处，塘坝9处、容量176900立方米，烟路407条、长369.3千米，烤房6661间，补贴烟草农机具6656台，育苗设施5230处。整理土地 3600 公顷。会东新马灌区水源工程全面开工，工程进度过半；盐源三道沟水库、德昌和平水库、宁南竹寿水库渠系配套工程项目已完成前期工作，进入报批程序。严明工作纪律，“双控”政策全面落实。一是严格计划种植，强化合同管理，坚决保住“底线”、不闯“红线”，全州严格按照 1.3 亿千克（260.05 万担）计划组织生产收购。二是抓优化品种布局、集中育苗和商品化供苗。突出红大等特色品种，把红大等特色品种布局在最适宜区；壮苗培育成效显著，实现 100%集约化、商品化供苗。三是狠抓规范移栽。严格计划合同，坚持抗旱早栽，5 月 5 日前高标准、高质量完成了烟叶大田移栽任务，全面实现抗旱栽烟、集中移栽。四是落实责任，精细田管。有效克服移栽期低温多雨、旺长期干旱等不利气候因素影响，不折不扣抓田管措施到位，积极应对烟叶早花现象，促进烟叶翻顶好，尽最大努力减少烟农损失。五是强化不适用烟叶田间处理。认真落实技术方案，严把田间处理关，坚决把不适用烟叶处理在烘烤收购前，全面提升等级结构、增加种烟效益。六是增添措施，提高收购质量。适时召开全州烟叶收购会，明确收购计划、措施、纪律，严格执行八个下低次等级烟叶不予收购政策，积极推行散叶收购，低次等烟叶收购比例控制在 1%以内。注重真抓实干，标准化水平持续提升。一是狠抓宣传培训。通过制作宣传画、烟草挂历，利用报纸、网络媒体等形式，认真宣传烟叶标准化生产政策、要求，把科技兴烟落实到农户地块。二是狠抓标准执行。从育苗、移栽、采收、烘烤等环节，严格执行标准化流程和技术标准，围绕标准抓关键、抓监督、抓检查取得明显成效，并通过国家标准委组织的阶段考核，受到高度评价。三是狠抓区域、品种优化布局。重视区域布局，重点将计划层层分解到生态条件好、烟农种烟技术水平较高的烟区、地块和农户。全州集中连片种植 1967 片、47333 公顷，其中：千亩以上 70 片、5000 亩以上 9 片、万亩以上 1 片。主推特色品种，种植红大品种 2.1 万公顷，收购特色品种烟叶 4550 万千克（91 万担）。四是狠抓专业化服务。全州组建专业化育苗队 1888 支，专业化入户预检初分定级队 826 支，实现 100%专业化育苗、专业化入户预检；基地单元内对千亩以上集中连片种植的实现 100%专业化植保；19 个烘烤工场内实现 100%专业化烘烤。五是狠抓科研成果应用转化。初步实现了“特色品种风格彰显，生态肥研究效果良好，品种选育取得新突破，绿色防控技术有效开展”目标。突出工作创新，“两个全国一流县”建设工作积极推进。

【烟叶基地规划建设】 按照省烟草专卖局（公司）工作部署，州委、州政府将会东县作为全国优质特色烟叶生产一流县进行规划建设；将冕宁县作为现代烟草农业要素综合集成一流县进行规划建设。

【政策配套】 坚持惠农政策，稳定烟农队伍，确保烟农效益。烟叶收购价格政策。2013 年国家上调烟叶收购价格 10%，重点提高上、中等烟叶价格；特色品种收购价格在普通品种上调价格基础上再上调 20%。生产投入补贴政策。普通品种产前投入补贴 143 元/担，特色品种产前投入补贴 209 元/担。烟叶品质结构优化政策。继续对八个低次等级烟叶不予收购，烟农在田管中适时打顶，打去两片下部叶及两片上部叶不烘烤，烟草行业按政策给予适当补贴，处理不适用烟叶对烟农的补贴由 75 元/亩提高到 170 元/亩，确保烟农收入不减少。农特税转移支付政策。烟叶农特税转移支付资金继续用于现代农业包括现代烟草农业基础设施建设的配套投入，重点用于烟电配套建设。自然灾害救助政策。认真落实《凉山州烟叶生产灾害救助资金管理暂行办法》，筹措自然灾害救助资金，降低烟农种烟自然风险。烟叶生产基础设施管护政策。各县市政府要严格落实将烟叶税收入的 3%专项用于烟叶生产基础设施的维护和管理的政策。

【调查研究】 认真做好调查研究工作，撰写调研文章，为领导决策提供参考依据。先后完成了《建立灾害救助，保障烟农利益》《关于凉山烟区烟叶早花情况的报告》《全州烟叶收购工作的问题和建议》《“双控”政策背景下凉山烟草发展的思考与建议》《2013年凉山烟草产业发展的现状、问题和2014年工作建议》《赴云南、贵州烟区考察报告》《凉山烟区红大品种种植现状及对策建议》《冕宁县现代烟草农业综合合作社建设初探》等文章。

【办文办会】　在州烟草工作领导小组统一部署下，与有关部门共同筹办了全州烟叶生产育苗、预整地、移栽、田管与收购、全州“骄子”品牌市场培育工作会、全州烟叶工作大会等20余次会议。为州委、州政府主要领导和分管领导起草各类烟草工作会议讲话稿及向上级领导和部门的烟草工作汇报稿20余篇，起草州烟草工作领导小组文件15件，凉烟办文件35件、凉烟办函11件，烟草工作简报33期。

【“挂包帮”工作】　按照《州烟草工作办公室“挂包帮”活动制度》，坚持以抓好帮扶规划为先导，以促进发展为重点，努力实现“解决彝区贫困现状、扶贫解困明显推进、统筹城乡明显加快、干部作风明显转变、基层组织明显加强”的目标，组织红莫村的村、社干部、党员及群众代表召开交流座谈会、技术培训会，完善《红莫镇红莫村三年发展规划》，提高认识，更新观念，为帮扶工作全面开展提供保障。向红莫镇贫困群众送去大米、食用油等价值2000余元的慰问品。帮扶8名贫困学生，发放帮扶补助费1600元，新书包8个、篮球8个。“六一”儿童节发放优秀三好学生奖励4500元。支持红莫镇中心校开学新生新增课桌、床等60套设施及9600元资金。引导支持产业发展，2013年，红莫镇收购烟叶1.14万担，仅烟叶产值就达1379.1万元。

【自身建设】　重视和加强理论学习。健全学习制度，正确处理工学矛盾，做到定期学习，学有笔记。坚持领导干部中心组学习制度，通过学习，提高了班子成员的领导水平和执政能力。重视和加强党建和党风廉政建设工作，严格执行中央“八项规定”和省委、州委“十项规定”，班子成员及广大干部职工思想认识到位，执行有力，无任何违反“规定”的行为发生。重视和加强“四好”班子建设。坚持抓好以“政治素质好、经营业绩好、团结协作好、作风形象好”为主要内容的“四好”领导班子创建活动。加强制度建设和阳光监督，确保不违纪、不发案。发挥党支部的核心作用、战斗堡垒作用、党员的先锋模范带头作用，以人为本，凝心聚力，促进烟草工作有序开展。重视和加强保密工作，认真贯彻《公民道德建设实施纲要》要求。

【集体荣誉】　2013年，荣获全省烟叶生产先进单位光荣称号，被州委、州政府评为全州烟叶工作先进集体，被州委、州政府评为凉山十年扶贫开发工作先进集体，被评为全州“挂包帮”活动、百乡教育扶贫工程良好单位，并荣获优秀干部下派奖。

（审核：张旭/撰稿：陈玉芳）

财税·金融

Finance and Tax

财　政

【财政收入】　2013年，全州地方公共财政收入110亿元，为预算的101.5%，增长10%。其中：税收收入64.9亿元，为预算的95.1%，占收入的59%，增长9.1%；非税收入45.1亿元，为预算的112.4%，增长11.2%。上划中央“两税”收入28.6亿元，增长7.8%。上划中央所得税收入11.7亿元，增长7.5%。全州公共财政总收入150.3亿元，为奋斗目标的98.7%，增长9.3%。2008年至2013年全州公共财政总收入和地方财政收入连续六年保持全省第二位。州本级地方公共财政收入16.59亿元，为预算的103.9%，增长10.8%。其中：税收收入7.54亿元，为预算的87.3%，占收入的45.5%，下降3.2%；非税收入9.05亿元，为预算的123.6%，增长25.9%。上划中央“两税”收入7.6亿元，增长14.8%。上划中央所得税收入3.4亿元，增长1.6%。州本级公共财政总收入27.6亿元，为奋斗目标的101.9%，增长10.6%。

【财政支出】　2013年，全州公共财政支出333.02亿元，增长10.83%。其中：州级公共财政支出47.03亿元，增长51.77%。支出结构持续改善，全州民生、产业发展和基础设施建设支出275.88亿元，占公共财政支出的比重为82.8%，提高1.5个百分点；行政成本支出57.14亿元，占公共财政支出的比重为17.2%，下降1.5个百分点。全州教育支出65.13亿元，增长7.95%，其中：州级3.16亿元，增长11.54%；科学技术、文化体育与传媒支出8.79亿元，增长15.58%，其中：州级1.91亿元，增长3.62%；社会保障和就业、住房保障支出44.69亿元，与上年持平，其中：州级5.30亿元，增长0.6%；医疗卫生支出29.99亿元，增长1.4%，其中：州级2.33亿元，减少21.47%；一般公共服务、节能环保、城乡社区事务、粮油物资储备事务支出65.29亿元，增长10.28%，其中：州级5.54亿元，增长1.98%；农林水事务、交通运输、资源勘探电力信息、商业服务等事务支出92.32亿元，增长23.81%，其中：州级24.21亿元，增长182.89%；金融监管、地震灾后恢复重建、国土资源气象等事务、国债还本付息及其他支出11.16亿元，增长8.43%，其中：州级1.10亿元，增长34.12%；国防、公共安全支出15.65亿元，增长10.39%，其中：州级3.48亿元，增长6.63%。

【上级转移支付和专项资金】　2013年，全州上级补助转移支付资金122.2亿元，其中“两税”返还收入和所得税基数返还收入7.2亿元，成品油价格和税费改革转移支付2.7亿元，体制补助4.0亿元，均衡性和民族地区转移支付补助32.1亿元，调整工资转移支付补助14.3亿元，农村税费改革补助、县级基本财力保障机制奖补资金、其他结算补助21.6亿元，专项项目转移支付补助41.3亿元。上级追加凉山州专项项目资金97.7亿元，其中：一般公共服务1.3亿元，国防和公共安全1.4亿元，教育10.2亿元，科学技术、文化体育与传媒2.5亿元，社会保障和就业4.3亿元，医疗卫生5.1亿元，节能环保9.3亿元，城乡社区事务1.4亿元，农林水事务26.2亿元，交通运输26.9亿元，资源勘探电力信息等事务1.2亿元，商业服务、金融监管等事务7433万元，国土资源气象等事务2.2亿元，保障性住房3.2亿元，粮油物资储备事务2353万元，其他支出1.5亿元。

【部门预算】 2013年，科学编制州本级收支预算建议方案，向州人代会报告全州及州本级财政收支预算。修订完善《凉山州州本级基本支出预算管理办法》《凉山州州本级项目支出预算管理办法》《关于规范州级财政专项资金分配审批内部程序的规定》，成立预算编审中心，全面、公正、科学、透明地编制部门预算。严格预算约束，强化支出管理，调整支出结构，压缩一般性支出，保证重点支出。反复测算个人经费、公用经费、专项经费，并将专项经费控制数合理分解到各科室。使用财政版编制软件，按统一的工作规程、规章制度、定员定额标准编制部门预算，提高编制工作规范化、科学化程度和工作效率。2013年纳入部门预算的州级单位192个，部门预算编制基期以2012年10月州级单位编制内实有机构和人数编制。州级部门预算总收入21.81亿元，增长24.3%；全年安排部门预算支出21.81亿元。

【国库集中支付】 2013年，全面实施国库集中支付改革，做到资金、单位、账户、流程四个完整，纳入国库集中支付管理的资金涵盖预算资金、财政专户管理资金、代管资金、单位自有资金、往来资金；所有接受预算资金、财政专户资金拨款的预算单位和一次性单位，均通过财政综合业务系统办理直接支付；各级财政专户和预算单位账户以及财政管理的各类账户均纳入财政综合业务系统管理；科学、合理设置岗位和流程，处理好效率与安全的关系，确保财政资金安全可控。

【收支两条线管理】 2013年，严格实行单位开票、银行代收、财政统管的收支两条线管理，收缴分离、罚缴分离、收支脱钩、全额缴入州级国库，纳入财政一般预算管理。及时调整和维护非税收缴系统，对州级200多个非税收入收缴单位的收缴系统进行重新设置、更新，将教育收费、自收自支、差额预算单位的收入按纳入预算管理资金进行收缴。完成全省道路交通安全违法行为处罚罚款收入收缴改革工作，依靠非税收缴系统建立交警罚没收缴新系统，确立6大国有银行代收，可通过网银、手机银行、POS机、银联卡等多种方式缴款，实现统一罚款代收机构，统一收缴管理平台，统一清分资金，统一支付手续费。按照预算优先安排基本支出的原则，统筹4个事业单位和22个行政单位的非税收入592.1万元。

【教科文事业经费】 2013年，全州下达省以上专项资金27.4亿元（含转移支付），其中：教育24.03亿元，科学3500万元，文体广2.49亿元，计生等其他事业5600万元。完成教科文单位2013年部门预算编审和批复工作63个，基本支出2.69亿元，项目支出3.91亿元。全州财政教育投入65.2亿元，增长8.1%，获得中央、省奖励资金近3000万元。学前教育方面，从2013年秋季学期开始，在民族地区全面实行幼儿园保教费减免资助政策，下达学前教育三年行动计划专项资金7363万元。义务教育方面，从2013年春季学期开始，对海拔在2500米以上民族地区义务教育阶段中小学给予取暖补助；从2013年秋季学期开始，开展四川省农村中小学教师定向免费培养计划，将县（市）义务教育学校在校学生纳入营养餐计划，实现民族地区义务教育在校学生营养餐全覆盖；实施校舍安全工程、民族地区教育发展十年行动计划，加大特殊教育支持力度和改善残疾人就学条件，支持薄弱学校改造、农村中小学食堂建设和缓解大班额问题；下达义务教育经费保障专项资金 14.57 亿元。高中教育方面，实施集中连片特困县普通高中校舍改造和设施建设，下达高中教育专项资金 5852 万元。职教方面，完善职业教育基础能力建设项目、职业教育实训基地和县级职教中心建设，量身定制职业教育合理的人才选拔和培养制度；支持中职学校布局调整和推动办学模式改革，支持职业教育发展，下达中职教育专项资金 1.16 亿元。大力支持科技创新，下达科技基础平台专项资金 200 万元，科技成果转化专项资金 380 万元，专项资金 920 万元。支持科技支撑计划等应用技术研究与开发项目，加速农业科技关键共性技术研究、集成和示范。支持科技富民强县专项行动计划、基层科普行动计划和推进科技惠民计划的实施。

【政法经费】 2013 年，建立明确责任、分类负担、收支脱钩、全额保障的政法经费保障体制，实施分项目、分区域、分部门的政法经费分类保障政策，经费保障水平不断提高，保障范围逐步扩大。各单位人员增减变动、工资调整实行动态管理，一律凭编制、人事部门审批的手续进行调整，堵住单位虚报冒领、钻空子吃空饷的漏洞。按照公务员工资制度和事业单位工作人员工资制度实施正常增资，兑现艰苦边远地区津贴补贴提标、遗属生活困难补助提标；兑现 2012 年度目标管理奖励及生活补助 4984 万元。对省政法债务核查工作组已认定和未认定的债务再次进行审查和复核，最后认定全州政法机关基础设施建设债务总额 1.49 亿元。省财政下达凉山州中央和省级化解政法机关基础设施建设债务补助资金 3078 万元。争取上级资金的帮助和支持，全年下达禁毒经费 1999 万元，中央和省级政法转移支付资金 2.24 亿元。

【农业支出】 2013 年，积极向中央、省争取项目资金支持，建立支农投入考评激励制度，加大支农资金投入力度。全年投入中央、省、州各类农业专项资金 23.1 亿元，增长 11.1%。其中：加强农业生产基础能力建设，投入 1.02 亿元实施水利基础设施建设；投入 2500 万元建成高标准农田 5.37 万公顷；投入 1.08 亿元实施农机购置补贴；加快推动农业生产方式转变，投入 3700 万元实施现代农业生产发展项目；投入 510 万元实施现代畜牧业试点项目；争取省级现代林业产业基地建设项目资金 700 万元、退耕还林后续产业基地建设资金 900 万元、林木良种补贴资金 259 万元。围绕“一个意见，两个规划”，加快大小凉山综合扶贫开发和彝家新寨建设。中央、省、州县财政补助资金 9.95 亿元，完成 10 个重点县、209 个彝家新寨、18120 户住房建设任务，9.06 万名群众受益；省、州投入 1.44 亿元实施西昌、会理、会东、德昌、宁南、冕宁 6 县市新村基础设施建设；落实 2.1 亿元实施草原生态保护奖励补助政策；加强农民工培训和劳务输出，拨付农村劳动力培训阳光工程项目资金 415.4 万元，劳务扶贫工程资金 156 万元。加快全州生态建设步伐。落实农村饮水安全资金 800 万元；沼气池建设资金 1439 万元；天保工程资金 2 亿元；退耕还林专项资金 4.2 亿元；生态效益补偿 2.2 亿元，全州森林覆盖率达到 43%。加强农业防灾减灾体系建设。拨付各类防汛抗旱资金 1800 万元，重大动物疫病防控疫苗和农作物重大病虫害资金 5411 万元，民族地区增粮增收资金 1550 万元；拨付高产创建资金 2000 万元，落实农作物良种补贴政策 4809.8 万元，畜牧良种补贴 373.8 万元。

【社会保障】 2013 年，全州城镇新增就业人数 1.78 万人；下岗失业人员和失地无业农民实现就业人数 3000 人；开展农村劳动力转移培训 1.6 万人；开展创业培训 550 人；发放小额担保贷款 600 万元；城镇登记失业率控制在 4.0%以内；就业再就业共筹集经费 7414.3 万元，其中：财政安排 7315.6 万元，利息收入及其他 98.7 万元；完成 7.9 万人企业退休人员基本养老金调整工作，月人均增资 183.7 元；筹集新型农村合作医疗、城镇居民基本医疗保险资金14.2亿元，支出13.58亿元；29家县级医院全面取消以药补医，因取消药品加成让利群众282.8万元；推进基本公共卫生服务均等化，支持重大公共卫生服务项目，下达资金3517.6万元；做好艾滋病防治工作，下达艾滋病防治经费6076万元；67.01万人城乡困难群众纳入最低生活保障，月人均救助水平分别达到214.72元、96.82元，发放城乡医疗救助金1.33亿元，救助群众76.6万人次。全州0.67万名孤儿、244名艾滋病病毒感染儿童、1.9万名特殊困难儿童全部纳入制度性基本生活保障体系。161名贫困家庭先心病患儿享受免费手术治疗；为0.56万名80岁以上老年人发放高龄补贴673万元；为1.6万名重点优抚对象发放抚恤补助金抚恤金7740万元；建立7个儿童服务指导中心，州儿童福利院基础设施建设已完工；下达农村敬老院建设资金590万元，新改扩建敬老院9所，新增集中供养床位670张，五保集中供养率28%；建立自然灾害救助机制，下拨各项救灾资金4741万元。

【十大民生工程】 2013年，全州安排十大民生工程资金118.68亿元，其中，上级补助84.17亿元，州本级安排13亿元，县级安排20.67亿元，其他资金安排8065.7万元。十大民生工程资金预算执行117.56亿元，占当年计划的99.1%。就业促进工程资金3086万元，占当年计划的100%；扶贫解困工程资金3.97亿元，占当年计划的99.8%；民族地区帮扶工程资金11.48亿元，占当年计划的99.39%；教育助学工程资金14.77亿元，占当年计划的96.49%；社会保障工程资金9.84亿元，占当年计划的99.89%；医疗卫生工程资金14.08亿元，占当年计划的96.43%；百姓安居工程资金14.14亿元，占当年计划的99.87%；民生基础设施工程30.47亿元，占当年计划的100%；生态环境工程资金15.53亿元，占当年计划的100%；文化体育工程资金4.09亿元，占当年计划的100%。

【政府采购监管】 围绕依法采购，优质服务、规范操作、廉洁高效的服务宗旨和重服务、重效率、重规范的工作思路，不断扩大政府采购规模，规范政府采购行为，发挥政府采购政策功能，推动政府采购信息化建设。全年全州政府采购预算12.73亿元，实际采购11.48亿元，节约资金1.25亿元，节约率9.82%，共采购4818批次。州本级采购预算3.79亿元，实际采购3.34亿元，节约资金4500万元，节约率11.9%，共采购390批次。

【财政支出绩效评价】 2013年，根据省财政厅全面实施、规范运作，深化拓展、完善体系的总目标，制定夯实基础，提升质量，扩大范围、评价前置的工作目标，出台《凉山州本级财政支出绩效评价管理暂行办法》和《凉山州本级财政预算专项资金绩效目标管理暂行规定》，提升财政支出绩效评价的工作质量。全年全州完成财政支出绩效评价项目426个，其中：省财政厅确定项目90个，涉及资金9.75亿元，一是州本级项目5个，即全州13座4、5类危桥整治、交通安保工程资金、西昌新区绿地绿化建设、安宁河谷地区重大项目前期经费、凉山州农村合作医疗经费，涉及资金9200万元；二是17个县市85个项目复评，涉及资金8.83亿元。自评项目336个，涉及资金52.54亿元，复评项目128个，涉及资金22.76亿元，一是州本级复评13个，涉及资金3700万元；二是县市级复评115个，涉及资金22.39亿元。绩效评价项目涵盖重点民生工程和各级政府的重点项目工程。

【财政投资评审】 2013年，全州坚持先评审、后招标、后批复，严把评审关，推进科学评审，规范评审，依法评审。共完成评审、专项核查、财政支出绩效评价、监管项目共259个，其中：预算评审项目19个，基建工程招标控制价评审项目155个，基建工程结（决）算评审项目10个，送审额47.54亿元，审定额41.49亿元，审减额6.05亿元，审减率12.72%；专项核查项目41个，送审额3.85亿元，审定额3.16亿元，审减额6906万元，审减率18%；重大基本建设项目财政监管25个，总投资10.23亿元，派驻两名监管员全程参与项目实施和监督，全年共计现场监管46人次，使项目顺利实施；财政支出绩效评价项目9个，涉及资金2840万元。

【农业综合开发】 2013年完成2012年立项的中低产田改造项目面积3833.33公顷，为计划数的100%，完成投资6282.9万元，为计划数6719.5万元的94%。其中，财政资金5711.6万元，群众自筹和投劳折资441.3万元；完成高标准农田示范工程面积1640公顷，为计划数的100%，完成投资3079.3万元，其中财政资金2868.5万元，群众自筹和投劳折资210.8万元。中低产田改造项目新建拦河坝4座，排灌站2座，衬砌渠道325.05千米，渠系建筑物1726座；高标准农田示范项目修建衬砌渠道93.48千米，渠系建筑物163座；中低产田改造项目改良土壤1306.67公顷，购良种8.9万千克，新建和改扩建机耕道98.16千米，购置农用机械130台套，高标准农田示范工程项目改良土壤66.67公顷，新建和改扩建田间道路30.73千米，其中：干道17.4千米，支路13.33千米；在中低产田改造项目区共完成植树造林73.33公顷；在项目区培训各类技术人员2.16万人次，购置配套科技仪器13台，建立试验、示范基地1453.33公顷；高标准农田示范工程项目区培训各类技术人员4200人次，建立试验、示范基地800公顷。2013年，实施农业综合开发产业化项目17个，投入资金2123万元，立项国家下达凉山州农业综合开发土地治理项目投资计划9298.5万元，其中财政资金8678.6万元，财政资金按级次分：中央资金6199万元，省级资金2275.7万元，州级资金151.7万元，县级配套资金52.2万元。全年财政资金到位8678.6万元。

【国有资产管理】 组织实施2013年州级国有资本经营预算编制工作，搞好预算测算、核查、审定、编制工作，确保州级国有资本经营预算编制工作及时、准确、全面、完整。2012年决算结果：国有及国有控股企业类195户，较上年度新增6户，资产总额256.83亿元，负债总额147.76亿元，所有者权益109.07亿元，资产负债率为57.53%，实现营业收入100.08亿元，利润总额5.85亿元。城镇集体企业22户，资产总额2.68亿元，负债总额1.49亿元，资产负债率为55.60%，所有者权益1.19亿元，实现营业收入2.45亿元，利润总额308.22万元。非国有企业33户，资产总额21.54亿元，负债总额14.28亿元，资产负债率为66.29%，所有者权益7.26亿元，实现营业收入12.95亿元，利润总额6259.7万元。

【企业管理】 参与企业、事业单位改制工作，认真履行职责，积极争取企业发展资金支持。2013年，争取稀土产业调整升级项目资金2479万元；国企职教幼教老师待遇资金补助215万元，国有企业改革发展资金补助200万元。落实关闭煤矿转移支付资金3600万元，补助（奖励）资金4600万元（省补助奖励资金2300万元、州补助奖励资金2300万元），转移支付资金3600万元已拨付到关闭煤矿县，省、州补助奖励资金也预拨到关闭煤矿县，为凉山州全面完成2013年关闭煤矿工作提供强有力的资金保障。

【交通大会战】 及时拨付州国投公司2013年取消政府还贷二级公路收费补助资金9284万元，配合交通部门做好州国、省干线、农村公路、客运站、水路和桥梁建设等项目的上报工作，及时拨付已批复的项目资金，全州获得车购税用于交通项目资金23.32亿元，中央、省交通建设项目补助资金7606万元。

【工业凉山】 2013年，省财政共拨付凉山州工业专项资金6903.9万元，其中：重点技术改造资金900万元；信息与工业化融合资金50万元；“开门红”奖励资金237.7万元；省产业园区产业发展引导资金473万元；“小巨人”资金100万元；技术研究与开发资金430万元；战略性新兴产业发展资金 1400 万元；工业节能节水和淘汰落后产能资金 1313.2 万元。拨付州级工业园区建设资金 2000 万元。

【环保事业】 2013 年，全州共拨付环境保护专项资金 3215.95 万元，其中：泸沽湖生态环境保护资金 1600 万元；农村环境连片整治专项资金 470 万元；重金属污染防治资金 738.45 万元；省级环保专项资金 357.5 万元；生态保护和自然保护区能力建设资金 50 万元。省下达凉山州环保专项转移支付资金 1156 万元，比上年新增 38 万元。争取中央邛海生态环境保护项目的竞争立项工作。争取省财政邛海湿地保护资金 2000 万元。

【粮食直补·综合补贴】 2013 年，贯彻落实粮食直补和综合直补政策，调动种粮农民生产积极性。按照谁种粮补贴谁、无地坚决不补的原则，完成全州“两补”资金兑付工作，补贴 4.36 亿元，其中：粮食直补资金 3183 万元，农资综合补贴资金 4.04 亿元。对种粮面积达到 2 公顷以上大户进行审核认定，兑付种粮大户补贴资金 67.4 万元。西昌、会理、会东获产粮大县奖励资金 4761 万元。全州获生猪大县奖励资金 2177 万元。

【油价补贴】 按照公开、公平、合理的补贴原则和关键抓稳定、核心是兑付的指导思想，根据省财政厅和交通、水务、林业等部门提供的行业数据，严格公示制度，做到公开透明，及时对油补资金的拨付情况进行自查和清算，确保应补尽补，足额兑付，2012 年度油补资金 2.21 亿元。

【家电下乡】 2013 年，对全州政策执行期内的家电以旧换新和摩托车下乡补贴资金进行认真清算。全州累计兑付家电以旧换新资金 723.4 万元，结余资金 706.6 万元，已全部清算归还省财政厅；累计销售摩托车下乡产品 14.75 万辆，销售额 7.38 亿元，补贴资金 9058.4 万元。

【小额贷款担保】 2013 年，州本级下岗失业人员小额担保贷款基金达 1691.8 万元（其中：州商业银行 1167.5 万元，州联社西郊分社 423.8 万元，金信村镇银行 100.5 万元），并与有关部门密切配合，各司其职，严格按政策文件规定操作，与州联社西郊分社合作共为符合申请条件的提供个人担保贷款 11 笔 19 人 95 万元担保贷款；到期担保贷款 258 万元，已归还 258 万元（其中：州商业银行归还 90 万元，西昌市农村信用联社归还 168 万元），回收率为 100%；在保担保贷款余额 680 万元。

【会计管理】 2013 年，凉山州认真贯彻执行会计制度，加大《会计法》《事业单位会计制度》《小企业会计准则》等法律法规的宣传、培训、教育力度，抓好企业会计准则、行政单位会计制度、事业单位会计准则和事业单位会计制度的执行情况检查。制定《凉山州会计人才队伍建设实施方案（2011—2020 年）》。全年培训农村财会人员 4846 人。推进会计人员管理信息平台建设，实现会计人员管理信息化。做好年度会计专业职称考试、会计从业资格考试及高级会计师考试的报名及评审管理工作，全年组织 2116 名考生参加全国会计专业技术资格考试，全国注册会计师考试 320 人，四川省会计从业资格考试 441 人，电算化证书考试 411 人。加强会计中介机构管理，完成代理记账机构网上登记工作，全州 12 家代理记账机构做到公开、公平、公正，确保行政审批违规零投诉。加强会计检查工作，对州级部分行政事业单位的会计基础工作规范和会计信息质量进行检查。加强会计管理考核工作，围绕会计准则制度、会计人员管理、会计中介机构、行政审批等工作，制定考核内容和标准。

【票据监管】 2013 年，全州加强财政票据使用管理，对县级财政部门库存未发售的旧版财政票据，按规定清理、核对、核查后，送交州级库封存。其库存未发售的旧版报损票据机打 327.5 包，手工 74603 本，合计金额 30 万元。对州级单位领购的旧版票据，从 2012 年 6 月 1

日起到2013年3月末止，确认领购单位281个，核对领购台账、核销为零的单位277个，各类机打、手工旧版财政票据794.22万份。全年各类财政票据领购计划4820箱，追加405箱，实际领购5225箱。发售各类财政票据167.5万元，支付省中心179万元票据款；向省中心领购各类财政票据178.98万元，发售各类财政票据180.61万元，票据库存结余45.67万元。年初库存结余各类财政手工票据9.93万本，机打票据1090包；向省中心领购各类财政手工票据16.25万本，机打票据10290包；发售各类财政手工票据18.14万本，机打财政票据9697包。库存结余各类手工票据8.04万本，机打票据1683包；截至2013年11月末，由州财政局票据中心直接代开的“捐赠票据”单位有4个，票据13份，金额649.7万元。

【税政法规】　完成企业所得税税源调查工作，2013年全州企业所得税纳税企业5415户，实际调查47户，样本企业中盈利47户，占实际调查户的100%。认真做好“营改征”试点工作，及时上报“营改增”试点月度纳税申报情况汇总表。认真执行增值税先征后返优惠政策，规范退税审批程序，提高退税工作质量。办理全州退税企业17户（次），退税金额3520.6万元。完成全州法院系统诉讼费退库11户（次），金额389.5万元。制定《凉山州财政局法制联络员制度》，下发《凉山州财政局关于2013年推进依法行政依法理财工作安排的通知》，积极推进法规制度体系建设，夯实法治财政制度建设。深化行政审批制度改革，进一步清理行政许可和非行政许可审批项目，完善公开审批程序、公开审批结果的相关制度，为群众提供更加透明、高效、优质的服务。加强规范性文件管理，做好文件会签和备案审查，开展规范性文件清理和修订工作。强化财政行政执法监督，做好行政处罚法制审核，规范办理财政行政复议，开展行政执法案卷评查，维护法治财政建设成果。扎实开展法律进机关、进乡村、进社区、进学校、进企业、进单位的“法律六进”活动，全面落实“六五”普法教育规划。认真组织开展行政权力清理规范工作，有行政权力事项154项。

【一事一议】　全州清理核实、审计锁定乡村垫交税费债务2683万元，省下达凉山州乡村垫交税费资金4386万元，县市自筹164万元，农村义务教育其他债务结余化债资金1926万元，共计6477万元。全州化解乡村垫交税费债务2511万元，结余172万元用于化解其他债务。完成2012年度“一事一议”财政奖补工作考核评价。财政、农业、审计三个单位组成复核评价组，对全州119个项目进行复核评价，涉及71个乡镇，119个村，总投资7439万元，其中：村民筹资263万元，村民筹劳折资3479万元，其他资金546万元，财政奖补资金3150万元。项目涵盖道路、桥梁、农村饮水、沟渠、垃圾池、活动场所等公益设施建设。复核评价优秀县市13个，合格县市4个，综合考核为优秀，综合评价92分。

【政府性投资】　2013年，全州政府性投资15.97亿元（中央新增建设用地有偿使用费安排的高标准基本农田土地整理资金3577万元，省预算内基建投资5995万元，矿产资源专项收入安排矿产资源节约与综合利用、地质灾害防治8478万元，藏区专项3952万元，甘洛县地震灾后恢复重建补助资金1.40亿元，中央预算内投资基建资金及污水管网、病险水库治理、中小河流流域治理、城市基础设施等12.37亿元）。全年共下达中央、省、州基本建设和专项资金预算18.74亿元，确保项目顺利实施。

【地方金融企业】　2013年，下达凉山州金融企业专项补助资金8694万元，其中：创新服务资金1604万元、涉农贷款增量奖励2621万元、定向费用补助资金4469万元。

【内外贸企业】　2013年，全州共争取3865万元中央、省专项资金，用于茧丝绸发展、万村千乡市场工程建设、区域性配送中心建设、家政培训、民族地区商贸流通事业发展国际市场开拓等方面。

【农业政策性保险】 2013年，全州农业保险品种和保险额较上年有较大的增长，森林保险实现全州全覆盖。全州共承保水稻1.27万公顷、玉米3.71万公顷、马铃薯2.73万公顷、青稞34.93公顷、能繁母猪63.64万头、育肥猪5.38万头、奶牛1621头、牦牛2.75万头、森林351.8万公顷。签单保费1.18亿元，其中：中央已补助3014万元、省级已补助1106万元、县级已配套1072万元，收取农户保费412万元。全年理赔支出4537万元，其中：种植业1518万元、养殖业1969万元、森林1050万元。

【监督管理】 2013年，凉山州财政强化内部监督检查。对州财政局社保科、外投科、农业科、企统科进行了重点检查，提出6条整改建议。开展化解乡村垫交税费债务检查。全州乡村垫交税费债务锁定余额2683万元，已化解垫交税费债务2182万元（其中协商化解107万元），未化解金额501万元，分别是普格272万元、雷波29万元、金阳40万元、会东29万元、昭觉132万元。对尚未化解的县提出整改意见。组织全州开展国家重点生态功能区转移支付和草原生态奖补资金的自查及督查工作。对部分工程进度缓慢、办理竣工财务结算不及时、项目主管部门未按进度拨款、个别项目挤占国家重点生态功能区转移支付资金以及会计核算不规范、资料不完整等问题提出整改意见。积极探索，推进绩效监督检查。州本级及各县（市）组成财政支出绩效监督督查组，对2013年度实施绩效评价的主管部门、项目单位、业务科室的绩效评价结果、资金管理制度、预算编制、调整，项目绩效目标管理、规范资金使用、提高资金效益等方面进行督查。检查项目190个，涉及资金29亿元，分别达到自评的47%和55%。加强会计监督检查。采取“统一部署、上下联动”方式，全州投入检查力量168人，其中财政部门159人。对98户企事业单位进行了检查，查出违规资金3599万元，追缴财政资金602万元。组织开展交通系统非税收入检查。全州对47个单位开展重点检查，检查非税收入6389万元，查出应缴未缴财政资金97万元，未及时上缴财政539万元。针对凉山州路政支队一直将非税收入缴入省共享户，在2011年年底划归地方一级参公预算单位后，没有将非税收入改交州级财政专户，票据也在省上领购，没有在州上领购票据，造成多头管理的行为做出整改决定。开展州本级预算单位2012年度部门决算专项核查试点工作。检查发现年末项目资金结余大，核查的11个部门共结转和结余项目资金2.85亿元，提出专项工作已实施完成，确定已无法支出的结余资金缴回财政；对2009年以前未实施项目形成的专项结转，收回本级财政；无法实施的项目资金，收回本级财政；收回的资金按照用途和使用范围不变的原则，调整到其他级次或同类项目等四项整改意见。对宁南、会东、甘洛、越西、布拖、美姑六县的教育专项资金进行专项检查并提出部分县教育专项补助资金过剩，与实际在校学生有出入，造成历年累计结余资金太大[甘洛2215万元，越西1688万元，布拖630万元（不含交际河中学），美姑2099万元（自查数）]，而安宁河一线县市教育专项补助资金又有缺口；学生营养餐补助资金以预拨方式下达，年终未进行清算；教育局或片区学校账务处理不规范，账表数据不一致，有白条入账现象；初中和小学学生领取补助有代签和用铅笔签名的现象，高中领取补助也有发放现金的情况；小学和片区学校均不是一级预算单位，未建立健全“固定资产”账等五项整改意见。关注热点，开展新型农村社会养老保险基金专项检查。并对宁南、会东、甘洛、越西、布拖、美姑六县进行重点检查中发现：一是各县普遍存在各商业银行给新型农村养老保险基金计息利率为活期利率，不符合《中国人民银行关于对养老保险基金活期存款实行优惠利率的通知》（银发〔1997〕第567号）精神；二是多数县未将滚存结余购买国债或转存定期存款；三是收取参保人员缴纳保费时未开具专用发票或是未附参保人员花名册；四是乡镇在收取参保人缴纳保费上缴社保专户或财政专户不及时；五是个别县的参保人员信息情况不够全面、不够准确，与档案信息不相符，有张冠李戴的现象。检查组及时与各县市交换意见，并下达整改通知。

【党风廉政建设】 2013 年，凉山财政以落实中央“八项规定”和省、州“十项规定”为切入点推进党风廉政建设。坚持一把手负总责落实“四个亲自”的要求，3 月 12 日召开全州财政反腐倡廉建设工作视频会议，与各科室负责人签订党风廉政建设责任书，明确责任主体和责任事项。印发《凉山州财政局党组关于分解落实州委、州政府赋予州财政局 2013 年党风廉政建设和反腐败工作任务的通知》《凉山州财政局党组关于深入开展正风肃纪工作的实施方案》，将牵头 16 项、协办 69 项任务层层分解具体落实。开展创先争优和建党 92 周年纪念活动，开设道德讲堂，余阳主讲《重道修德，筑牢机关干部廉洁自律堤防》，加强从政道德教育。组织观看《滑向深渊》《失德之害》等警示教育片，向局领导班子成员发放《忏悔实录》，组织撰写读后感言。认真组织全局干部职工观看反映财政系统近年来发生的违纪违法警示教育片《财苑警钟》，开展《财苑警示录（第五编）》学习讨论活动，用身边的事教育身边的人，总结教训，举一反三，警钟长鸣。在建党 92 周年之际，吴闯作题为《行先锋模范之举　创为国理财之实》的党课报告。开展廉政谈话活动。年初开始，局党组书记、局长分三个层面与局领导班子成员、与各科室负责人、与各县市财政局局长集体廉政谈话；7 月，对 22 名轮岗交流中层干部实施任前廉政谈话。制定下发《中共凉山州财政局党组关于严格执行“三不准、两加强”的通知》，切实解决公款请客送礼、宴请、超标准、超范围公务接待以及公务用车管理等问题，大力倡导风清气正、勤俭节约的良好风尚，进一步促进党员干部廉洁自律。利用媒体强化廉政教育。在凉山电视台《廉政纵横》栏目宣传州财政局在党风廉政建设和反腐倡廉建设中的创新举措和工作成效，2 月 22 日播放《开展谈心谈话，促进廉政建设》；11 月 28 日播放《凉山州财政局加强执行力建设，打造为民务实廉洁高效财政》。加强机关廉政文化建设。在办公大楼张贴加强执行力建设，提高落实水平标语，开办《凉财督查》专报，开展向兰辉、杜萍学习活动。在金财网开辟党风廉政建设宣传专栏。实行机关科室负责人和各县市财政局局长点题汇报制度，随机抽取、临时确定，由局机关科室负责人和县市财政局长脱稿汇报工作、州财政局局长现场点评，增强了科室负责人和县市财政局局长的勤政意识和责任意识。建立健全凉山州财政局《业务科室开展“四赛”（赛学习方法、赛工作措施、赛工作作风、赛工作业绩）制度》《财政工作考核制度》《领导班子通气制度》《凉山州财政局内部业务操作规程》等一系列规章制度，加紧出台州财政局《机关公务接待制度》《机关财务管理制度》，强化执行、狠抓落实。

【队伍建设】 2013 年，按照《四川省党政干部选拔任用工作条例》要求，认真做好干部推荐和考察工作，通过民主选举提拔 3 名科长、6 名副科长，对 13 名中层干部进行轮岗。严把入口关，做好干部考录工作，面向基层公开考录 2 名公务员、2 名事业人员，充实到财政干部队伍。认真开展干部培训教育工作，4 人参加州委党校主题班培训，2 人参加省级培训。完成 2012 年度考核评优工作，优秀等次 22 人，表彰公务员记三等功 4 人，嘉奖 13 人。推进学习强化思想建设。发挥局党组中心学习组的表率、牵头、带动作用，全年集中学习 12 次以上；坚持党支部学习制度，特别是党员学习制度积分卡，全局共收集心得体会 303 篇，促进学习型机关建设；把政治理论与业务知识、政策法规与加强职工培训教育结合起来；印发《学习与实践》三期（总第 41 期），主办各类学习活动板报 6 期，报送党建论文 3 篇，机关党建信息、简报 20 余篇；建立“挂包帮”和“彝区健康文明新生活运动”的分工负责联系制度，落实干部挂职下派锻炼及联点任务，在活动中培养干部；按党管干部的原则，自始至终参与局内干部和工作人员推荐测评、考核考察、竞争上岗工作，提高了干部任用的公信度。

【荣誉表彰】 2013年，凉山州财政局获得省委、省政府表彰：四川省创先争优先进基层党组织、四川省艾滋病防治工作先进集体、四川省集体林权制度主体改革先进集体、四川省注册会计师行业“实现伟大中国梦、建设美丽繁荣和谐四川”主题教育活动先进行业党组织。省财政厅表彰：2012年度会计管理先进单位、财政支出绩效评价工作考核优秀单位、消化新增粮食政策性财务挂账先进单位、企业财务会计决算工作通报表扬单位、部门决算工作先进单位、全省财政总决算工作先进单位、预算执行分析工作先进单位；2013年度财政评审先进单位。州委、州政府表彰：2010—2013年度思想政治工作先进集体、2011—2012年度党风廉政建设责任制工作先进单位、凉山州2008—2012年度惩治和预防腐败体系建设先进集体、2012年度全州“挂包帮”活动及百乡教育扶贫工程先进集体、凉山州十年扶贫开发工作（2001—2010年）先进集体、凉山州参加第十四届西博会优秀单位、2012年度推进县市防震减灾目标管理工作先进单位、凉山州2012年度艾滋病防治工作先进集体、2012年度全州粮食直补工作先进集体、2012年度州级档案工作先进集体、2011—2012年度凉山州无偿献血先进集体、2013年保持州级人口和计划生育工作合格单位、2013年度全州档案工作先进集体、凉山州2013年度艾滋病防治工作先进集体、凉山州2013年烟叶生产先进集体、凉山州2013年蚕业工作先进单位、2013年度国土资源管理综合目标考核一等奖、矿产资源补偿费目标管理考核先进单位。

（审核：高为民/撰稿：邱禄宪　郑榜学）

国家税务

【概况】 凉山州国税局下辖17个县市局，全州系统有干部职工1243人（在职902人，离退休341人），在职职工中少数民族245人占27.2%（其中彝族185人占20.5%）；大专以上学历860人占95%；职工平均年龄44岁。州局机关属全国文明单位，17个县市局有省级文明单位7个，州级文明单位10个，有2个全国税务系统先进集体（金阳、普格）。2013年末，税务登记户数为33578户（其中企业7773户），纳税户为6538户，综合征税面为20.72%。全年完成税收收入53.22亿元，列全省第6；宏观税负为4.38%，弹性系数为1.69。年纳税500万元以上的123户重点企业入库税收35.85亿元，占总量的67.4%。

【税收收入】 2013年，凉山州国家税务局共组织税收收入53.22亿元，同比增长13.75%，增收6.43亿元，居全省第6位。完成州级公共财政总收入447106万元，增长9.39%，增收38385万元；州级地方公共财政收入120571万元，增长12.88%，增收13759万元。其中：州级31484万元、县级89087万元。全年办理出口退税3779万元（其中免抵1734万元、退税2045万元），同比增长2%，增加87万元。

【纳税服务】 启动全职能办税服务厅建设，进一步扩大网络申报、财税库银联网面，加强信息化建设，做好金税工程相关工作。开展“问需求、查问题、抓整改、促提升”纳税服务专项活动，依托重点税源、行业、企业及工业园区税源专项调查、税收宣传月、服务重大在建项目等活动，以多种形式为纳税人解决急难问题50余个，走访纳税人530户，签订《税企双向承诺书》156户。深入重点水电企业等，送政策、送服务，促进了事前问询服务制度、税企高层对话机制的建立和完善。“税收服务多点多极发展战略”系列税收宣传活动，被省局通报表彰。

【税收征管】 稳步推进“营改增”。截至2013年年底，全州共有3284户“营改增”试点纳税人，入库增值税5552万元，促进了经济结构转型升级。以“四推进，三加强”为主要内容推进“五个集中”。突出风险导向，推进全州电力、铁矿石、烟草、金融四大团队专业化管理服务。搭建风险管理工作平台，组建风险分析监控团队，统筹开展二次风险分析和风险应对；外聘4户大企业财务总监协助参与涉税风险防控；引导州烟草公司建立全州烟草行业税务风险内控机制；以会理财通为先行，制定《税收风险防控工作指引》，提供“一企一册”个性化服务；加强官地、溪洛渡电站等新增税源管理服务，全年增收增值税4亿多元；加强各税种管理，统筹开展各类纳税评估、核查及风险应对，查补税款近9000万元，凉山州增值税（消费税）减免税清算、一般纳税人低税负企业和进项税额核查两项工作得到省局通报表扬；加强发票管理，大力推进定额和机打发票。

【依法行政】 坚持依法行政，全系统执法准确率达99.93%；加强对依法行政示范单位的指导督促；强化稽查检查，打击发票违法犯罪，查补入库税款4291万元，同比增长76%，增收1852万元。

【队伍建设】 抓道德建设，州国税局机关6月被州文明委授予全州首家“道德讲堂”示范点以来，共举办7期宣讲，较好地凝聚了广大职工干事创业的正能量。抓素质建设，以集中师资巡回讲学为突破口，运用实战练兵、网上课堂、视频培训等方式开展在岗培训，举办35岁以下青年干部春训，开展企业税收专业化管理骨干递进式培训对象选拔，在全省大企业税收专业化管理和企业所得税业务骨干培训对象选拔考试中取得好成绩。抓班子建设，选拔任用4名县局局长、2名市局副局长，调整异地交流任职的县局12名副职领导；州国税局主要领导与班子成员、县市国税局局长及部分县市局班子成员交心谈心。抓文化建设，开展全员读书健身活动，在省局组织的竞赛中夺冠两个单项，荣获团体第二。

【党风廉政建设】 坚持“一岗双责”，深化“四位一体”风险防控格局，认真落实党风廉政建设责任制；正风肃纪，开展“强化责任、防范风险”活动，聘请专家作责任文化专题讲座，开展风险排查，对问题和风险进行分析、评估、应对；加强权力制约和监督，推进权力运行公开化、规范化；贯彻落实《税收违法违纪行为处分规定》，强化风险防控；抓好政风行风暨行政效能建设，召开恳谈会，听取行风评议员、特邀监察员和企业代表的意见及建议，落实改进措施；加强廉政文化建设，全州系统继续保持了廉政安全记录。

【政务管理】 按照中央“八项规定”进一步精简文件简报、会议，规范办文办会，成功上线综合办公信息系统并顺利运行。

（审核：陆亚丽/撰稿：王荣群）

地方税务

【概况】 2013年，面对结构性减税、营改增等因素，税收增长明显放缓等前所未有的困难和挑战，全系统上下坚定信心、沉着应对，严格落实收入目标管理责任制，加强税收运行分析预测，分阶段采取针对性措施，千方百计堵漏增收，地税收入实现了较快增长。全州地税系统共组织收入68.10亿元，同比增长9.45%。其中，税收63.16亿元，同比增长8.47%；基金附加4.94亿元，同比增长23.74%。完成地方公共财政收入54.72亿元，同比增长8.65%。

【税源专业化管理】 大力推动管理创新，深化税收征管改革，推行专业化管理，不断优化税收征管方式，提高办税效率，降低办税成本，切实减轻纳税人办税负担。加快信息化建设进程，继续做好纳税人税务登记信息清理和企业划型工作，依托征管信息系统查验外来纳税人《外出经营税收管理证明》，堵塞了税收漏洞。

【发票管理】 为进一步规范全州地税系统发票内部管理，提高发票管理质量和效率，制定了《凉山州地方税务系统发票内部管理办法（试行）》，深入贯彻执行发票管理办法及实施细则。认真落实免收发票工本费政策，自2013年1月1日起全面取消税务发票工本费。在西昌市、会理县等六县推广使用计算机开具普通发票，该发票可开具除货物运输业、建筑业、销售不动产业以外所有缴纳营业税的经营活动收费。

【税收法制宣传】 围绕“税收·发展·民生”主题，创新形式、拓宽渠道，认真组织开展全国第22个税收宣传月活动，通过《凉山日报》、凉山电视台等新闻媒体向广大纳税人宣传最新的税收法律法规和政策规定，确保宣传实效。以“大力弘扬法治精神，共筑伟大中国梦”为主题，认真开展“12·4”法制宣传日活动。

【税收执法检查和稽查】 开展税收执法督查，强化日常监督。派出4个检查组对8个基层单位进行了执法督查，及时纠正了基层税收执法中存在的问题；开展税务行政审批项目清理，规范和简化程序，提高了审批效率；组织好税收检查，全州稽查部门共检查纳税户116户，实现查补收入10086万元；严厉打击发票违法犯罪行为，查处发票违法案件21件，缴获违法发票8066份，入库税款、滞纳金、罚款共计176万元。

【税收优惠政策】 认真落实西部大开发、扶持现代服务业、加快中小企业发展等税收优惠及结构性减税等政策，累计减免税收3.31亿元，促进了经济发展和民生改善。

【“税库银”横向联网】 进一步扩大财税库银横向联网覆盖面，全州累计签署三方协议12796户，实时扣税28.90亿元。开展网上报税试点，全州已有84户纳税人实现网上申报，征收税款5479万元。

【“12366”服务热线】 9月1日与省局同步正式开通“12366”纳税服务热线。“12366”纳税服务热线将统一运用人工话务、自动语音、留言传真等服务方式向纳税人提供政策咨询、办税指引、涉税信息查询、投诉举报受理、意见建议收集等纳税服务。全年累计接听咨询电话487个，办结率达100%。

【“营改增”试点】 全力推进“营改增”试点，组织召开专题会议开展全面部署，制定实施方案和推进时间表抓好落实。建立了国税、地税联系协调机制，完成了对“1+6”行业纳税人的摸底调查，向国税部门移交了2265户试点纳税人。

【队伍建设】 加强班子作风建设，深入学习贯彻中央关于改进工作作风、密切联系群众的“八项规定”，省、州“十项规定”和省局“八项规定”，认真召开专题民主生活会，出台了《凉山州地方税务局关于改进工作作风、密切联系群众的规定》，制定并落实了每个党组成员分别联系1个片区地税局、1个基层所、1个基层支部、1户重点企业和1户贫困户的“五个一”联系制度，把密切联系群众纳入了制度化。结合机构编制调整，通过“两推一述”和“三票制”选拔了一批优秀年轻干部，充实了州局稽查局和部分县（市）局班子。

【教育培训】 深化分级分类培训，全年州局共组织各类培训31期，参训508人次，队伍整体素质和能力进一步提升。在全系统公开组织遴选“12366”纳税服务热线座席人员2名、考试选拔全省“税收征管能手”竞赛入围人员25名、选调州局稽查局工作人员3名，鼓励优秀青年人才脱颖而出，形成了崇尚实干、注重基层的用人导向。

【教育扶贫】 结合“走基层、解难题、办实事、惠民生”活动，深入开展“挂包帮”扶贫工作，精心组织实施产业扶贫、教育扶贫、暖冬行动等，累计投入资金达57.5万元，为昭觉县洒拉地坡乡瓦呷村困难群众脱贫致富注入了强大动力，州局连续8年被评为扶贫先进单位。

【党风廉政建设】　坚持“标本兼治、综合治理、惩防并举、注重预防”的方针，大力推进惩治和预防腐败体系建设，党风廉政建设取得了新进展。狠抓党风廉政建设责任制落实，下发了工作任务分解表，签订了责任书，形成了一级抓一级、层层抓落实的良好工作格局。继续抓好《廉政准则》《税务系统领导班子和领导干部监督管理办法》的落实，组织了全系统全员《税收违法违纪行为处分规定》知识考试，达到了以学促廉的目的。认真开展会员卡清理、正风肃纪等活动，严厉查处违法违纪案件，大力纠正行业不正之风，干部队伍依法行政、廉洁从政意识明显增强，社会满意度不断提高。深化“两权”监督制约，充分发挥派驻纪检监察员以及执法监察、内部审计的作用，全年共对8个基层单位实施了执法监察，完成16个内部审计项目，税收执法和行政权力运行进一步规范。深入开展廉政文化建设、纪检监察队伍“三项建设”，防腐倡廉工作基础进一步夯实。

【精神文明】　深入开展了“实现伟大中国梦，建设美丽富饶繁荣和谐四川”主题教育活动，组织举办了专家专题讲座、领导专题辅导，开展了领导下基层、演讲比赛、“道德讲堂”、征文比赛等活动，在全系统形成了“众人争说中国梦，同心共筑中国梦”的浓厚氛围；深入推进创建“全国文明城市”，通过与社区联合举办“健康知识讲座”等方式教育和引导全体人员树文明新风、创优美环境、做文明职工，在全系统形成了文明和谐的良好风尚。

（审核：郭书川/撰稿：徐薇）

政府金融工作

【概况】　2013年，在州委、州政府的坚强领导下，在省政府金融办的关心支持下，紧紧围绕州委、州政府和省政府金融办确定的工作目标，引导和督促全州金融机构坚持稳中求进、稳中有为，着力优化金融资源配置，用好增量、盘活存量，积极服务实体经济，努力满足凉山经济社会跨越发展合理资金需求，较好地保持了全州金融运行总体平稳态势。

【银行业】　发挥银行业服务支撑作用，切实推动信贷总量稳步增长。在稳健货币政策环境下，围绕年初工作目标任务及时制定下发《2013年全州金融工作要点》和《凉山州2013年银行业金融机构目标任务考核办法》，并在州委、州政府的重视和支持下，持续推进省、州银政合作，实现州政府与人民银行成都分行、四川省银监局签订《合作备忘录》，与8家省级银行业金融机构签订522.2亿元授信协议和支持凉山彝家新寨建设暨产村相融发展165.6亿元三年期专项授信协议，为全州经济社会发展提供了必要的金融要素保障。截至12月末，全州银行业金融机构人民币各项存款余额1271.89亿元，较年初增加193.88亿元，同比增长17.98%，完成州政府下达年度目标任务165亿元的117.50%，存款总量居全省第9位、增幅居第10位；人民币各项贷款余额575.47亿元，较年初增加75.56亿元，同比增长86.40%，完成州政府下达年度目标任务70亿元的107.94%，贷款总量居全省第10位、增幅居第16位。从信贷投向看，全州银行业金融机构累计投放工业企业流动资金贷款115.1亿元，完成年度目标任务95亿元的121.16%；小微企业贷款增加29.39亿元，完成年度目标任务32.7亿元的89.88%；涉农贷款增加额61.81亿元，完成年度目标任务56.5亿元的109.40%。彝家新寨、安宁河谷新村建设暨产村相融贷款余额86.25亿元，共计支持农户239906户，其中彝家新寨建设1.40亿元、安宁河谷新村建设8.40亿元、产村相融发展76.45亿元。

【证券期货业】　增强证券期货业投融资理财功能，积极推动企业多渠道融资。持续加强支持和指导州内辅导期企业到资本市场主板上市工作，大力推动银行间市场直接债务融资，积极组织科技企业参加新三板相关培训和对接，初步建立与川藏股权交易中心合作机制。截至12月末，全州3家证券营业部新增开户数5366户，同比增长17.03%；累计交易量351.15亿元，同比增长107.33%，完成年度目标任务185亿元的189.79%；实现营业收入4746万元，同比增长38.24%；利润总额2139万元，同比增长71.26%。2013年4月开业的成都倍特期货西昌营业部实现期货商品累计交易额6.84亿元。1—12月，凉山共有3户企业获准在全国银行间市场发债融资21亿元，其中会理财通获准发行7亿元短期融资券、西昌矿业获准发行3亿元短期融资券、州国投获准发行11亿元中期票据。

【保险业】　强化保险业社会保障功能，大力推动保险业平稳发展。进一步发挥保险保障功能，不断完善保险服务，稳步扩大保险规模。鼓励保险业机构积极创新险种和服务机制，针对凉山州自然灾害频发、农民因灾（病）致贫和因灾（病）返贫的情况，金融办牵头组织州人保和州人寿两家保险公司研究设计了具有凉山特色的“惠农保”民生保险产品，并于5月由州政府制定下发《凉山州“惠农保”保险试点工作实施方案》正式在全州启动。截至12月末，全州保险业13家财险公司、7家寿险公司共实现保费收入19.24亿元，同比增长7.53%，完成年度目标任务18亿元的106.89%；给付和赔款6.93亿元，同比增长20.37%。1—12月，“惠农保”保险组合产品保费收入750.91万元，为全州500个乡镇、182万农村群众提供风险保障1105.55亿元，其中：自然灾害公众责任险保费364.33万元，承担风险保障1084.65亿元；农村住房保险保费275.82万元，承担风险保障12.54亿元；农村小额险保费110.76万元，承担风险保障8.36亿元。

【两类机构】　重视地方准金融业补充作用，着力推动融资性担保公司和小额贷款公司加快发展。在省政府金融办领导和州政府领导的支持下，起草了《凉山州2013—2015年两类机构发展规划（草案）》，以此指导全州两类机构健康稳定发展，进一步发挥其机制灵活、快捷、方便的特点，着力增强银担合作和小额贷款服务，切实缓解中小微企业、“三农”、个体工商户及城乡居民融资难矛盾。截至12月末，全州共有12家法人融资性担保公司、6家分支机构融资性担保公司，在保余额47.08亿元，比年初增加3.84亿元，增长8.80%，其中投向中小微企业559户32.76亿元、城镇居民（含个体户）550户10.15亿元、农村居民（含个体户）485户3.87亿元；小额贷款公司14家，贷款余额13.23亿元，比年初增加8.38亿元，增长172.78%，其中投向中小微企业63户2.42亿元、城镇居民（含个体户）250户5.96亿元、农村居民（含个体户）437户4.86亿元。1—12月，全州获省政府金融办新批筹融资性担保公司2家，增资扩股1家，新增担保能力25亿元，完成年度目标任务10亿元的250%；获省政府金融办新批筹小额贷款公司6家，新增可发放信贷资金7.52亿元，完成年度目标任务3亿元的250.67%。

【金融生态环境建设】　提升金融资源聚集能力，持续推动金融生态环境建设。一是继续坚持“政府主导、金融推动、市场运作、社会参与”的“诚信凉山”品牌建设模式，大力推进政务诚信、商务诚信、社会诚信和司法诚信建设。全年新评定州级信用乡镇6个、州级信用村12个、“诚实守信模范企业”30户。二是建设“金融运行安全区”，着力推进完善政府主导、部门监管、行业自律、企业内控和社会监督“五位一体”的金融监管体系。指导州保险行业协会、州融资担保行业协会开展行业自查、行业交流、行业学习和处理纠纷等工作。截至12月末，全州金融机构不良贷款余额6.39亿元，不良贷款率1.11%，金融机构不良贷款余额良好程度居全省第2位，不良贷款率良好程度居全省第4位，未发生金融安全事件及恶性事件。三是营造良好金融发展氛围，着力外引内培，不断壮大全州金融服务力量。截至12月末，异地银行贷款余额445.6亿元，占全州金融机构各项贷款余额的77.43%，“资金洼地”积聚效应明显。攀枝花市商业银行凉山分行和成都倍特期货经纪有限公司西昌营业部正式营业，浦发银行和南充商业银行获省银监局批准在全州设立分支机构，浙商银行设立分支机构也进入向省银监局报筹阶段，全州金融服务体系和服务能力进一步得到完善和提高。

【自身建设】 2013年，州政府金融办不断加强自身建设，各项规章制度进一步补充完善。通过公开考试招录2名年轻干部，干部队伍得到充实；积极组织干部职工参加各级各类培训，干部理论水平和工作效率得到较大提高，打造“学习型”机关成效明显；强化机关党风廉政建设，坚决执行中央八项规定，严格落实党风廉政责任制，打造“为民、务实、清廉”机关成效突出。金融办工作得到州委州政府高度肯定。翟占一书记在《州政府金融办2013年工作总结》上批示：工作扎实，成效明显。州政府金融办先后获得全州金融工作先进单位、州级商务工作先进单位、第十四届西博会优秀组织单位表彰。

（审核：赵朝富/撰稿：宋学刚）

人行凉山州中心支行

【概况】 2013年，中国人民银行凉山州中心支行紧紧把握稳中求进工作基础，深入实施提速增效、提质增量战略，结合地区实际认真贯彻落实稳健的货币政策，维护金融稳定，改善金融服务水平，加强金融管理，全面有效履行基层央行工作职责，较好完成各项工作任务，促进辖区经济平稳较快发展。全年人行凉山州中心支行继续保持成都分行文明单位、省文明单位等荣誉称号。年末，全州人民银行机构没有变化，全辖共有在职正式职工144人，其中中心支行111人、昭觉支行17人、会理支行16人。

【金融运行】 2013年，人行凉山州中心支行认真贯彻总、分行工作会议精神和中心支行工作要求，紧密结合辖区实际，按照《2013年中国人民银行成都分行货币信贷工作安排》坚持稳中求进的工作基调，大力实施规范化、精细化管理，贯彻落实稳健货币政策，建立金融扶贫惠民工程沟通协调机制，持续推进银行间市场直接债务融资发展，加强向社会各方的政策传导和宣传解释，调整经济行为预期，顺应宏观调控要求，实现良性互动。截至12月末，全州银行业金融机构本外币各项存款余额1272.43亿元，同比增长17.99%，新增存款194.02亿元；各项贷款余额575.56亿元，同比增长15.11%，新增贷款75.54亿元，完成州政府下达全年目标任务的107.9%。存、贷款总量分别居全省各市州排名第9和第10位。全年信贷资金向重点优势行业倾斜。2013年采矿业、制造业、电气水和批发零售行业新增贷款47.6亿元，占全行业新增贷款的68.0%。加大对国家、省、州重点项目建设的资金保障，支持西溪河流域水电开发项目、锦屏一级、二级水电站、攀钢（集团）钒钛等全州续建和新开工143个重大项目建设。小微企业贷款新增额占全部境内企业新增贷款的71.79%，比上年同期提高36.77个百分点。全州人民币涉农贷款余额466.13亿元，比年初增加61.81亿元，占各项贷款新增额的81.82%，同比增长16.27%。小额担保贷款余额9521.73万元，其中妇女小额担保贷款余额7999.83万元，直接扶持自主创业173人，带动（吸纳）就业人数323人。全州金融机构委托贷款、信托贷款和未贴现的银行承兑汇票等表外融资业务快速增长，12月末余额183.86亿元，比年初增加9.73亿元。凉山州国投公司在银行间市场成功注册中期票据和短期融资券14亿元，总量排名全省第8位。3家成功注册的企业中，会理财通、西昌矿业2家公司已发行债务融资工具3亿元，同比多增1.5亿元。全年新增99.36亿元，同比多增5.99亿元。全年非金融企业存款新增38.44亿元，同比多增6.76亿元。

【金融管理和服务】 2013年，人行凉山州中心支行窗口指导能力不断加强，积极应用货币政策工具，引导金融机构加大对实体经济支持力度。积极督促和引导国有银行增加信贷投放，积极向人行成都分行汇报凉山3家地方法人机构增资扩股及支持“三农”及中小微的情况，争取政策倾斜，通过调整稳健性指标，调增3家机构合意贷款增量4.11亿元，在整体信贷回归常态的情况下，比上年多增加5.11亿元。充分应用总行支农再贷款支持“三农”政策，向金信村镇银行投放支农再贷款1.15亿元（余额）；同时多次向人行成都分行汇报，为凉山州农村信用联社争取到支农再贷款使用资格并发放支农再贷款1.8亿元，这是省内第一笔面向市州农村信用联社法人的支农再贷款。向州商业银行投放中小金融机构再贷款2亿元，引导银行匹配相应资金，支持小微企业、新农村建设和民生领域。开展“迅通工程”“银行卡助农取款服务”，全面完成“迅通工程”三年目标任务，实现全州具备条件的334个金融服务空白乡、2274个金融服务空白村的金融服务全覆盖。提前完成凉山州存量个人人民币银行存款账户核实，圆满完成第二代支付系统上线运行。积极推进财税库银横向联网推广和POS机刷卡缴税业务，联网覆盖面和电子缴税业务量快速增长。实现全州副食品价格调节基金收入直缴国库。与州人社局共同推动社保卡加载金融功能发卡工作。开展反洗钱非现场监管评估，推动辖内银行业机构开展大额现金交易分析系统试点。深化货物贸易外汇管理制度改革，强化银行外汇收支监管，加强跨境资金流动监测分析。大力推动跨境人民币业务，实现资本项下零的突破。持续推进金融生态环境建设，率先在西昌市、德昌县探索建立州人行与无人行机构县域的整县推进战略，促进经济金融良性互动发展。与西昌市、德昌县的党政领导和相关部门召开县域金融形势分析会和座谈会，积极推动农村金融服务产品创新。人行凉山州中心支行还将所有办事表格和注意事项在互联网发布供民众阅知和下载，在柜台设置事项办理模板供客户比照填写等方式不断提升基础工作服务水平和客户办事满意度。

【征信工作】 2013年，人行凉山州中心支行紧紧围绕总分行征信工作会议要求，立足凉山州情，夯实基础，紧抓重点，积极探索，寻求突破，继续完善征信系统建设和应用水平，不断加强征信知识宣传和业务监管，深入推进中小和农村信用体系建设，顺利完成各项目标任务，切实履行基层央行征信管理职责。全年新办贷款卡568户，年审贷款卡1421户，发放机构信用代码证2938户，累计提供企业和个人信用报告查询服务5974次，较上年增长136％，除休眠户外，企业报表信息资料准确完整入库。机构信用代码在单位基本账户开立和年检、贷款卡的办理和年检、动产质押登记常用户审核、诚实守信模范企业评比信用体系建设等领域中得到有效应用；并继续积极探索在反洗钱业务、旅游业、中小企业和地方信用体系建设中的应用。积极开展应收账款质押业务宣传，邀请工行业务骨干举办应收账款质押专题业务培训，提高动产质押登记系统影响力，增强商业银行工作人员对动产质押登记工作的认知。推广应收账款权利凭证，引导金融机构推行“应收账款确认书”，全年全辖累计办理应收账款质押融资业务99笔，累计发放贷款金额23.46亿元，较上年增长近110%。积极进行征信数据核对、纠错与排查，特别是加强对地方性金融机构数据核对，提高企业系统数据质量，定期与不定期对州商业银行数据质量进行抽查，做到发现漏报数据，督促及时上报，错误数据及时修改。继续协助州农办和州财政局利用征信系统功能核实州级财政贴息的农业产业化银行贷款项目，全年为州财政提供2012年度农业产业化龙头企业、种植养殖专业合作社扶贫贴息信用信息查询，为州农办提供农业产业化龙头企业信用信息查询28户，贴息金额1033万元。为省经信委和省财政厅2013年度中小企业发展专项资金项目申报审批工作提供企业征信查询，供其资格认定参考。落实各项优惠政策，进一步增强企业和相关组织诚信意识。带领各金融机构在德昌县召开农业产业化龙头企业、农民专合组织信用体系建设工作会，签订授信协议7.5亿元，履约率达83.13%。启动会理县农村信用体系实验区数据库网建设，积极搭建凉山州农村信用信息服务平台，推动信用对接，会理县被推荐申报全国农村信用体系建设试验区。完成1061家中小企业信用信息采集入库。切实履行“诚信凉山”品牌建设领导小组办公室职责，代州政府评定“诚实守信模范企业”50户，州级信用村10个，信用乡（镇）5个。进一步筑牢“政府主导、人行推动、市场运作、社会参与”的信用建设模式，有效推动社会信用体系和农村信用体系建设。全年将100户企业推荐给银行进行授信，授信金额159亿元，信贷余额87亿元。实现州政府印发《凉山州中小企业信用体系实验区建设实施方案》，构建部门协作机制和完善信息采集标准。中小企业信用体系建设建档企业中有信贷关系的中小企业达183户，信贷余额累计达45.11亿元。2013年，人行凉山州中心支行还先后组织开展“征信宣传周”、个人信用报告关爱日、送金融知识下乡、互联网信用报告查询等各类宣传10余次，聘请“最美乡村女教师，五四奖章获得者——马剑霞”为征信知识义务宣传员，扩大征信宣传效果。

【货币发行】　2013年，凉山州中心支行货币金银工作紧紧围绕人民银行总、分行货币金银工作会议精神，以保证现金供应为中心，以加强制度建设为主线，优化流通中人民币券别结构，提高流通中人民币整洁度；继续开展银行业金融机构防范堵截假币专项治理活动，进一步推进全额清分和冠字号码查询工作实现假币“零容忍”。着力提升发行库管理水平，稳中求进地推动全辖货币金银工作。深入把握影响现金需求的主要因素，利用人民币流通监测系统、存取款预约系统和各金融机构上报的现金收支计划等，加大辖内现金分析预测力度，密切关注对现金投放回笼有影响的情况和问题，切实提高现金投放回笼分析预测准确率。做好发行基金调运，确保现金供应。密切关注现金流通情况，根据市场需求变化科学准确地制定现金投放、回笼计划。全年累计投放现金147.76亿元，回笼115.54亿元，收支相抵后净投放32.21亿元。

【党风廉政】　2013年，人民银行凉山州中心支行认真履行“一岗双责”，坚持领导班子和干部队伍协调发展，以党委（党组）的有力领导带动干部职工提升素质，为有效履职提供坚强组织保障。班子认真贯彻民主集中制原则，成员主动参与集体领导，成员之间相互尊重、相互支持，开诚布公、坦诚相待，做到“到位不越位，分工不分家”，以集体的智慧共同推动工作。积极参加总分行培训，学习履职前沿知识；依托中心组理论学习、外聘专家讲座等，夯实理论基础，并与积极调研思考结合起来，切实把学习成果转化为科学决策、组织协调、专业指挥和管理队伍的能力。开好民主生活会，加强后备干部队伍建设，认真开展批评与自我批评，对工作作风和方式上的不足与问题能及时整改。督促两县支行开好领导班子民主生活会，自我检视，自我修正，加快干部成长。结合分行干部人事制度改革试点办法，坚持选拔使用干部公平、公开、公正，开展拟提拔干部廉政报告制度、干部工作信息公开制度、干部选拔任用工作全程纪实制度试点，并按照“三德”原则（群众测评要测德，组织考察要问德，综合评价要评德）强化德在干部选拔中的优先地位和主导作用。始终加强对干部选拔任用相关政策法规的宣传，释疑解惑增进理解，对中层以上干部进行专题辅导讲解。还探索中心支行与州级各金融机构“双向交流”学习培训机制，加强人才队伍建设，优化人力资源配置。坚持开展社会主义核心价值体系和思想政治教育，在干部职工中树立崇尚实干、创先争优的鲜明导向。建立覆盖全员、全岗、全程的多层次执行责任体系，各级领导小组对重要工作和重点项目逐一部署落实，任务和责任分解落实到具体领导、具体部门、具体人员，形成分级负责、层层落实、督办有力的工作格局，强化执行过程管控。建立《中国人民银行内控风险管理实施细则（试行）》和《人行凉山中支内部控制自评估实施方案》，补充完善《人行凉山中支内部控制风险防范指引》《精细化管理手册》《机关办公规范》《党务公开指南》等制度为框架的规范管理体系。完善监督审计体系。强化有情的领导、无情的管理、绝情的制度的理念，坚持按制度办事、靠制度管理，严格把“四抓”（抓思想、抓具体、抓日常、抓细节）执行到位。实施财务预算监督，每半年进行专项审计，重大财务开支坚持党委集体研究，确保物尽其用，保障正常办公运转。加强政务值班管理，全年未出现值班缺勤和玩忽职守的现象。深入开展保密宣传月教育活动，继续保持四川省保密先进集体荣誉，保密工作人员被州政府授予年度保密先进个人。坚持教育、管理、监督和关心爱护并重，推进县支行班子建设，增强发展力；加强支行业务监督指导考核，风险得到防范，工作水平得到提高。贯彻执行党风廉政建设责任制，加强和改进廉政文化建设，认真落实领导干部廉洁自律各项规定，深入开展风险隐患排除和专项治理，切实加强纠风和行风建设，努力营造良好氛围。中支加大治庸治懒治散，问事问效问责力度，认真抓好“五个落实”，全年辖区未发现重大责任事故和违规违纪案件。认真落实《中国人民银行凉山州中心支行行风建设工作责任制度》，坚持纠建并举、综合治理、以建为主的方针，把“十字”行风建设的要求贯穿于干部职工的思想教育、内部管理、业务工作等各个方面，构建以标准化管理为主线、行为规范化管理为形式、绩效考核和外部监督制度化为保障的行风建设长效机制。

（审核：宋晓/撰稿：李惠）

银行业监督管理

【概况】 2013年，凉山银监分局认真贯彻落实银监会、四川银监局监管工作会议精神，紧紧围绕“防风险、强服务、促转型、优监管”工作主线，进一步转变工作作风，抓实工作措施，确保凉山银行业依法合规稳健运行，有力地支持地方经济社会发展。

【银行业监管】 截至2013年12月末，全州辖区银行业金融机构平台贷款余额共计9.19亿元，较年初减少1.54亿元，下降14.36%，不良余额为0。全州房地产贷款余额46.71亿元，不良贷款余额102万元，比年初减少657.6万元，不良贷款率0.02%，比年初下降0.16个百分点。全年高度关注并深入开展攀钢集团西昌钢钒有限公司贷款风险调查，及时向银行业机构提示该企业持续大额亏损、因环保问题导致的声誉风险等潜在风险隐患，督促有关机构密切关注该公司生产经营情况、成本控制情况和环保等情况。全年辖区内相关机构代理保险业务满期给付工作稳定，未发生非正常集中退保和群体性事件。督导机构严格审查合作者资信实力、资金去向和风控措施，建立风险“防火墙”和风险代偿机制。督促机构加大委托贷款管理力度，有效防范他人利用银行渠道违规发放贷款引发的声誉风险。督导辖区内银行机构围绕保平安目标，加大“七项投入”，创建凉山银行业平安运行机制。强化风险排查，全年各机构至少开展1次以上网点、员工、业务“全覆盖”的排查活动。深入开展2012年度案防工作评价，坚持班子成员分片督导、案防办督导、内控及案防“伴生”检查等制度，全年共开展伴生检查、案防督导14项，共检查网点205个，发现问题599个，提出监管意见271条，责成机构内部处罚违规违纪人员410人，继续保持“零案件”良好态势。督导机构制定合作标准和监控流程，稳健开展银担、银小合作，有效防范两类机构风险向银行转移。全年辖区内有2家机构各退出1家经营不审慎的担保公司。认真履行州处非办职责，做好非法集资案件处置督导工作；认真组织开展防范打击非法集资宣传活动，营造防范打击非法集资良好环境。督导法人机构开展压力测试，加强资金来源和期限结构管理，制定落实支付风险应急预案，确保流动性充足。采取约见谈话、实地指导等方式督导机构加强信息科技基础设施建设，确保业务连续性和运作安全性。督促机构落实专人加强舆情监测，建立与媒体的协调机制，发现风险苗头及时采取措施，有效防范风险。

【支持实体经济】 2013年，凉山银监分局引导银行业机构积极对接凉山州“十二五”规划、“双提升”战略、城乡一体化发展要求，结合实际加大对凉山州产业结构调整和转型升级信贷支持力度，截至12月末，全年信贷投放达到339.45亿元，新增贷款75.54亿元。督促机构完善支农服务机制、加强金融创新、持续关注支持农民专业合作社等新重点，加大涉农信贷投放。截至12月末，全州涉农贷款余额485.34亿元，比年初增加67.50亿元，增长16.15%，比各项贷款平均增速高1.05个百分点。督导机构进一步落实小微企业金融服务“四单管理”，强化“六项机制”建设，继续探索建设凉山州“7×24”银企对接平台，凉山州商业银行已完成2.0版本前期规划和流程设定，该项目获省银监局“我秀我能”工作创意大赛监管类最佳创意奖。截至12月末，全州银行业机构小微企业贷款户数2.07万户，较上年同期增加3900户，余额180.38亿元，较年初增加48.68亿元，增长36.96%，增速高于全部贷款平均增速21.86个百分点，完成“三个不低于”目标。凉山银监分局获银监会“全国支农金融服务突出贡献集体”“四川银监局系统小微企业金融服务先进单位”。督促引导涉农银行业机构继续巩固空白乡镇金融服务，金融服务薄弱地区的服务广度、深度和满意度持续提高。协助省银监局制定下发《四川银行业服务凉山新寨新村建设和产村相融发展的指导意见》，召开推进会，会上8家省级银行业机构与州政府签署银政合作协议，未来三年将向凉山新寨新村建设和产村相融等领域投放信贷资金165.6亿元，有关工作得到州委、州政府和省银监局领导高度评价。截至12月末，全州彝家新寨贷款6585户，余额1.40亿元，安宁河谷新村建设贷款7809户，余额8.44亿元，产村相融贷款22.55万户，余额76.45亿元。

【机构改革】 2013年，凉山银监有序稳妥实施邮储银行二类支行改革工作，督导凉山州商业银行制定中长期资本补充计划，完成增资扩股工作，积极探索模块化流程银行方向改革，进一步厘清“三会一层”职责边界，完善公司治理机制和薪酬绩效考评机制，促进股东、董事、监事履职尽责，加快向农村商业银行方向深化改革。督导凉山州农村信用联社加强特色化管理模式构建，强化监管指标达标，构建特色化管理模式，加快内控框架搭建，理顺流程，明确职责，提高工作效率和质量。深入开展专题调研，督促机构加强人力资源管理，强化制度建设，抓好科技支撑，塑造企业文化，增强内生动力。加强对高管人员动态管理考评，开设《凉山银行业高管人员调研专刊》，严格考核通报，推动辖内高管人员提高素质能力并切实解决存在问题。截至12月末，凉山银监分局共收到辖内银行业机构报送调研报告38篇，编发《高管调研专刊》7期，发送给辖内各银行业机构学习交流。

【内部管理】 坚持“钢班子带铁队伍，凝心聚力强监管”工作思路，加强领导班子和队伍建设，队伍凝聚力和战斗力不断增强。重学习，转作风，监管能力有效提升。坚持中心组学习，深入开展调查研究，坚定政治信仰，提升班子素质，增强班子能力；持续强化培训，完善学分制度，鼓励学历教育，加强轮岗锻炼，探索老带新、熟带生的“1+1”业务帮扶机制，提升队伍监管能力。强化内部管理，进一步转变作风，提倡“三短一简一俭”，牢固树立为民监管意识。全年银监分局会议数量较2012年同期下降20%，公文发文数量同比下降17.36%，会议费支出同比下降40 %，办公用品等日常支出同比下降20%。

【党风廉政建设】 2013年，凉山银监分局认真落实党风廉政建设责任制和“一把手”负责制，班子带头严格执行中央八项规定及银监会、省银监局相关实施细则以及各项廉洁从业从政规定，严把“钱、权、人”关口，主动接受监督，起好表率示范作用。积极加强员工廉政教育，坚持廉政回访卡、行风评议、意见箱等制度，开展警示教育，强化内外部监督，进一步筑牢员工思想道德防线。从银监分局收回的廉政回访卡及其他渠道反馈情况看，未发现监管人员违规违纪情况，银监分局行风评议满意度继续保持100%。

【精神文明建设】　2013年，凉山银监分局坚持以党建带团建、工建，深入开展“文明单位”“职工之家”创建活动，努力提高干部队伍敬业意识、履职意识和责任意识。积极履行社会责任，全年各项帮扶工作累计捐助款项物资1万余元，协调天津银行成都分行向凉山州4所贫困乡小学捐赠物资合计20万元。银监分局在银监会“银监分局工会主席培训班”上作题为“强组织增素质　凝心聚力强监管”交流发言，获中国金融工会“全国金融模范职工之家”称号，获得2012—2013年银监会系统“文明单位”称号，多名干部职工获得银监会、省银监局、省政府等不同形式的表彰表扬。

（审核：侯丽/撰稿：张正吉）

农行凉山分行

【概况】　中国农业银行凉山分行有内设部门17个，辖县级支行17家，网点75个（含10个简易网点），年末各项存款余额434.63亿元列全省农行第2位，较年初增长30.99亿元列全省农行第3位；各项贷款余额162.73亿元列全省第6位，较年初增长14.20亿元列全省第5位；实现中间业务收入1.28亿元，位居全省农行第8位；综合绩效考核列全省农行第6位；存贷款总量在州内同业中断续保持第一。2013年度凉山分行党委被省分行评为“先进”班子，并授予创“四好班子”活动先进单位称号；综合绩效考核被评为二级分行先进单位；木里等5个支行被评为一级支行综合绩效考核先进单位；内控评价保持“一类行”；党风廉政建设及案件事故防范考核列全省第4位，荣获二等奖。

【业务发展】　2013年凉山分行在省分行和州委州政府的正确领导下，在州人行和凉山银监分局的监管指导下，认真贯彻落实“夯实管理基础，突出价值创造，提升可持续发展能力”的总要求，准确把握经济金融形势，以科学发展观为指导，以加快转变发展方式为主线，以推进产品创新基地建设为契机，全面夯实基础管理，提升价值创造能力，统筹兼顾、协调发展，实现了同业领先和系统升位目标。一是负债业务优势地位持续巩固。围绕市场、客户、产品三大核心的关联与对接，采取部门联动、产品整合、渠道建设等多种措施，谋求负债业务的转型发展。二是资产业务稳健发展。信贷行业和区域结构不断优化，新增贷款主要投向优势行业，客户结构持续优化，优质法人贷款客户增长较快，全年优质法人贷款客户净增25户，重点优质项目营销取得成效；积极做好已批待放的投放工作和流动资金的收回再贷工作，全年公司条线累计投放贷款137笔，金额25.63亿元，较年初净增8.31亿元，其中新增贷款58笔，金额为14.31亿元；贯彻落实总分行和监管部门加强小微企业金融服务的精神，主动适应经济环境变化，积极采取措施，形成上下联动，部门联动的机制，扎实推进小微企业金融服务工作。三是中间业务取得突破性进展，中收结构逐步改善。高端投行收入大幅增长，为“凉山矿业合并昆鹏财务重组”“华润鸭嘴河银团贷款”提供财务顾问和管理服务；理财业务收入大幅提升，对私理财产品规模居省分行第2位；新兴中间业务推广较好，首次开展债务融资工具承销业务，通过总行投委会审批同意凉山分行作为联系主承销商与建行共同承担金铁矿业8亿元短期融资券承销业务。四是信用卡与电子银行业务价值创造加大对中收的贡献度。

【支持地方】　作为凉山地区领军银行，凉山分行始终秉承"立足县域、服务'三农'"的办行宗旨，充分发挥金融主力军作用，为支持地方经济社会发展和金融服务民生方面做出了积极而重要的贡献。截至2013年年末各项贷款余额162.73亿元，较年初净增14.20亿元；累计发放工业企业流动资金贷款23.47亿元，小微企业贷款余额19.34亿元，涉农贷款余额152.05亿元。在民生金融服务方面，2013年年末金融服务覆盖空白乡镇247个，实现业务交易量31.53亿元；累计发放彝家新寨农户建房贷款513.3万元；累计发放安宁河谷新村建设贷款10194万元；累计发放产村相融贷款35948万元；发放下岗失业人员小额担保贷款424万元，较年初增加113万元。

【服务"三农"】　一是以《凉山州现代农业发展规划》为纲，建立产业链式营销机制，重点支持风险可控、信用程度高的州级以上农业产业化龙头企业。截至2013年年末，全州87家州级农业产业化龙头企业中，与农行建立了金融服务关系，纳入农行信用培植的农业产业化龙头企业已有54户，金融覆盖率达62.1%。二是针对烟叶、蚕桑等不同目标客户群，大力推广龙头企业带动、商业渠道带动、特色农业带动、特色资源开发带动和"公司+农户"等服务模式，加快农户贷款经营转型。2013年采用"公司+农户"模式，实现了对龙头企业西昌华宁农牧科技公司、德昌建昌食品有限公司、西昌市三牧乳业有限公司和会理县顺鸿养殖有限责任公司等下游共计101户养殖农户进一步扩大养殖规模的信贷支持，共计发放"公司+农户"贷款1810万元，有力带动了公司下游养殖农户的生产经营发展。三是积极有效支持民族地区彝家新寨、产村相融、安宁河谷新农村建设，2013年农行按照"依托产业、突出重点、规模发展"的思路，紧扣大凉山民生工程，积极探索农行服务"三农"与彝家新寨建设规划对接的新模式、新思路，与州国投形成"5+2"彝家新寨农房贷款操作模式的相关工作流程、实施意见及担保合作协议等。四是设立"迅通工程"助农取款服务点2723个，覆盖乡镇282个，覆盖行政村1447个，全面完成人民银行消除金融空白乡镇的任务，进一步提升了农村金融服务能力。

【改革创新】　凉山分行始终坚持"立足县域、服务'三农'"的市场定位，充分发挥横跨城乡两个市场的独特优势，全面推进综合改革和产品创新等工作，全力支持凉山经济发展。2013年制定完善《产品创新与管理改革总体方案》，积极推进产品创新与管理工作，坚持以创新促发展，在推进传统优势产品的梳理、整合和优化基础上，全面贴近市场和客户需求，搭建新产品应用平台，努力推动从"适应市场、满足需求"的被动型营销向"引导需求、创造市场"的主动型营销转型。在2012年创新运用"多级账簿"配合财政工作取得成功的基础上面向全州所有预算单位推开，与凉山州第一人民医院签订了《银医金融业务合作协议》和《银医通系统合作协议》，成为"银医一卡通"项目主办行，该项目已于10月成功上线运用；与凉山州住房公积金管理中心签订了《金穗住房公积金联名卡合作协议》，至年末西昌市支行成功发卡415张，为农行继续扩大全州住房公积金存、贷份额提供了渠道；与州社保中心签订合作协议，至年末全州纳入金融社保卡项目单位共148个，已申领申请表31345张，发卡量共计5987张。

【基础管理和案件防控】　夯实管理基础，有效防控风险。主动查找风险隐患，确保全行不发生任何案件。一是以风险管控为抓手，资产质量持续提升，不良贷款实现持续"双降"。到期贷款现金收回率稳步提高，除会理、会东、普格、雷波支行外，其余13个县支行到期贷款现金收回率为100%；重点领域风险得到有效控制。"两高一剩"行业贷款余额较年初大幅下降，钢铁、有色金属等行业贷款余额控制在省分行下达限额内；"三农"县域风险得到有效控制。通过持续深化银政合作，全额收回会理灾区农户建房不良贷款，在全省范围率先实现该品种贷款“零损失”。风险水平评价持续提升，通过努力改善收益结构，强化评级偏离度考核，提升风险报告水平，强化操作风险管理，全行风险水平等级评价显著上升，三季度达到A类行。二是通过发挥后台中心对营业网点风险防控及业务辅导作用，后台中心管理质量得到明显提升，全年共组织12个检查组，对68个营业网点进行了“三化三铁”现场考评工作，并在9月顺利通过了省分行组织的“三化三铁”考核验收；通过组织飞行查库，消除金库风险隐患，现金中心、宁南支行被省分行评为“三铁”金库，喜德、普格等15个支行金库被省分行评为“良好”金库；圆满完成了BoEing三期投产上线工作，2013年全州实现生产运行零故障。三是以“合规创造价值”为理念，深入基层开展案防巡回宣讲活动，积极创建“检银”合作机制，推进预防职务犯罪活动，形成合规文化建设长效机制；以创建“平安农行”建设为中心，提升全行人防、物防、技防能力，进一步规范视频监控联网系统运行和管理。

【党建和队伍建设】 狠抓中央八项规定和总行、省州分行有关规定落实情况的监督检查，大力推进领导干部作风建设，党风廉政建设及案件事故防范目标责任制基础工作连续多年实现“零扣分”；以有效促进绩效管理，推动薪酬改革平稳落地为工作目标，努力实现业务经营发展与人力资源合理配置需求的有机结合，基本实现了辖内绩效考核传导平稳，考评操作规范有序，绩效管理激励作用明显增强；为增强员工的民主管理意识，调动全行员工参与全行转型发展的积极性和主动性，充分发挥员工的聪明才智，开展以“我为规模大行向经营强行转型发展献良策”为主题的合理化建议竞赛活动；结合伟大中国梦教育实践活动，提出凉山农行人自己的梦想是“筑牢凉山农行区域领军银行地位”，并以此作为践行伟大中国梦的具体实践；狠抓员工队伍建设，举办5期中年员工培训班，培训人数490人，举办新入行大学生、合同制柜员岗前培训2期，坚持党委书记上党课2次，举办基层支部书记培训班1期，组织党员干部、重要岗位人员到监狱接受警示教育1次；以丰富多彩的文体活动凝聚人心，鼓舞员工士气，做好文化营销工作，坚持把开展文体活动与业务经营结合起来，展示农业银行企业文化建设成果。

（审核：刘毓东/撰稿：田茂仙）

工行凉山分行

【概况】 2013年，中国工商银行凉山分行有营业机构14个，其中西昌市城区9个营业网点，锦屏水电站现场营业网点1个，会理、德昌、冕宁、会东县支行4个。2013年年末在岗人员228人，其中在岗员工103人，柜员合同工116人，服务代理人员9人。学历构成：硕士9人，本科学历134人，大专学历83人，中专学历2人。具有专业技术职称125人：高级专业技术职称2人，中级专业技术职称13人，初级专业技术职称110人。2013年，中国工商银行凉山分行在州委、州政府、监管部门及社会各界的大力支持下，在工行四川省分行党委的坚强领导下，全行认真贯彻国家经济金融方针政策，积极应对复杂多变的外部形势，持续转变经营理念，坚持以发展为第一要务，紧紧围绕客户拓面、存款工作、业务创新重点工作，加快推进了全行经营转型的步伐，各项业务稳步推进。

【业务发展】 2013年年末，全行各项存款（不含同业）较年初净增8.33亿元，余额66.02亿元。其中储蓄存款较年初增加6.06亿元，对公存款较年初增加2.27亿元。各项贷款较年初增加4.49亿元，余额81.47亿元，其中对公贷款较年初增加1.85亿元，个人贷款较年初增加2.64亿元。全年累计实现票据贴现3.17亿元，累计签发银行承兑汇票6.51亿元，同比多增0.91亿元；实现中间业务收入0.5亿元，实现拨备前利润2.26亿元。

【主要工作】 持续转变经营理念，深入推进经营转型。持续坚持“法人业务群式营销，个人业务批量发展”的模式，在客户拓户中坚持面与质、外拓与内挖相结合，做到量质并举、齐头并进，以客户群的壮大实现持续发展。拓展存款并加快信贷投放力度和结构调整，全力提升市场竞争能力。举全行之力，全力落实存款攻坚；坚持大、中、小客户并举，通过表内加表外满足客户信贷需求，不断壮大全行资产规模。深抓严管，强化内控案防工作，以合规经营保全行发展成果。真抓实干，提升竞争能力，持续通过外聘第三方公司，调查全行服务工作并有针对性开展工作、加强服务检查和监督，逗硬奖惩、做好了客户分流。严格管理，强化廉政建设，筑牢廉政根基。加强对党风廉政建设工作的组织领导，注重制度建设，提高制度执行力；抓好源头治腐管理和廉洁自律工作，进一步完善监督机制。加强行风作风建设，落实行务、党务公开制，坚持行风评议制度。加强员工队伍建设，顺利完成了空岗和末位再竞聘工作；成立了职工夜校并同时通过面授、视频等多种方式持续加强了员工教育培训力度；购置了健身类器材，完善职工之家设备设施，增强员工身体素质；积极组织开展各类有益的活动，缓解员工工作压力，增强队伍的向心力和凝聚力。

【党建和队伍建设】 一是落实中心组学习，抓班子自身建设。2013 年工行领导班子成员，全年共召开党委中心组学习 14 次，为党员群众上党课 2 次，学习人数 456 人次。二是继续按照四好班子的总体要求，加大“四好”班子创建力度。三是认真开展学习贯彻中央改进工作作风密切联系群众和厉行节约反对铺张浪费的有关规定等。四是开展党的群众路线教育实践活动，召开党委专题民主生活会。五是发展新党员。2013 年共发展入党积极分子 10 名、预备党员 9 名、正式党员 6 名，进一步壮大了党员队伍。六是积极展开文体活动。组织开展了全行性的环保志愿、体操、乒乓球、游泳等活动，各工会小组还根据自身特点展开了自行车骑游、羽毛球比赛、员工座谈交流和户外踏青等各项有益于员工身心健康的活动，缓解了员工心理压力，激发了员工工作热情。七是持续开展各类教育培训工作，提升员工素质。主要组织开展了“科学发展”主题教育巡讲活动、“同庆辉煌成就，共促转型发展”主题教育活动、“实现伟大中国梦、建设美丽繁荣和谐四川”主题教育活动和党的群众路线教育实践活动等系列活动及相关培训工作，全行员工参与面达 100%，人均培训 15.30 次，人均培训天数 13.23 天。八是为提高营业网点业务运营风险管理水平，优化网点人员结构配置，强化网点副职内部管理职责，加强履职能力，提升服务效率，完成了所辖网点内部管理副职配置工作。

【企业文化及文明创建工作】 为丰富员工文化生活，促进和谐文化建设，开展了学雷锋爱岗敬业活动；感动工行词曲征集活动，上报歌词 5 首；感人视图征集活动，上报感人视图 6 幅；开展“回眸三十年　扬帆谱新篇”主题才艺作品展示活动；开展“文明新风大看台”学习活动，员工参与率达 100%；组织全行各层面的员工开展了企业文化传播情况问卷调查活动；开展“凉山银行业公众教育服务宣传月”活动，全行 14 个营业网点全部参与此项活动；开展企业文化故事征集活动，通过筛选录入 CCMS 系统 3 篇，录入照片 4 张。以经久支行为样板，积极组织开展班组文化、文化上墙活动；深入开展文明单位创建活动，继续保持了省级最佳文明单位荣誉称号，并在会理支行组织展开了创建县级文明单位的活动。

（审核：王凤鸣/撰稿：徐兴兵）

建行凉山分行

【概况】 截至 12 月 31 日，全分行一般性存款 61.63 亿元，新增 7.96 亿元，其中：对公存款 30.41 亿元，新增 4.29 亿元；储蓄存款 31.22 亿元，新增 3.67 亿元。各项贷款余额 33.31 亿元，新增4.28亿元，其中：公司类贷款24.71亿元，个人类贷款8.60亿元。五级分类不良贷款余额44.16万元。中间业务净收入2759万元，实现拨备前利润9826万元。年末在职员工277人，内设部门10个，下设营业机构、网点16个。

【公司业务】 一是拓展结算账户。全年新增有效结算账户139户，其中：机构类基本结算账户新增115户、机构类非基本结算账户新增24户。二是以企业存款为重点，不断加大增存力度。年末财政存款余额3.87亿元，票据承兑保证金存款余额1.17亿元。三是密切跟踪营销凉山重大项目、资源优势企业和优质中小企业，努力储备贷款项目。全年新增大中型客户4户、医疗卫生单位客户1户、小企业贷款客户10户，分别投放贷款6.28亿元、1500万元、5605万元。四是大力发展承兑和贴现业务，满足客户融资需求。全年办理保险理赔业务4850万元、办理承兑汇票3.45亿元、办理贴现2.06亿元。五是大力发展投行业务，增加中间业务收入。全年发行资产收益权理财产品2亿元，办理票据理财业务1.55亿元、销售对公理财产品4.47亿元。

【个金业务】 个人存款稳步增长。旺季营销新增储蓄存款4.77亿元。强化电子银行等个金业务营销，网上银行客户新增13191户、手机银行新增13298户、短信银行客户新增15310户、借记卡发卡40139张、贷记卡发卡4974张、信用卡分期业务6500万元；销售理财产品73595万元、基金7134万元、实物黄金28980克、账户贵金属6346400克，代理保险销售6442万元，实现个金中间业务收入2237万元；个贷业务积极利用二手房市场优势，大力发展个人再交易业务，全年发放个人住房贷款788笔，金额2.44亿元，新增1.48亿元。

【网点渠道建设】 为进一步拓展各项业务，不断提高市场竞争力，在上年基础上，继续新设立县域营业网点1个（会理守府路支行），新增ATM机2台、CRS自助循环机2台。同时，不断加强自助设备维护，提高网点服务效率。全年处理自助设备故障1800余台次，保证了所有设备全功能、全天候高效服务，自助设备运维效率一直保持在全省前5名内。

【风险内控】 强化信用风险管理，继续实行信贷资产分类、信贷项目平行作业，有效规避行业、市场、道德等各类风险；强化前台操作风险管理，开展现场和非现场检查870人次，检查面达100%；坚持业务条线每月对营业网点、金库及自助设备开展关键风险点现场检查，对发现问题全部进行整改；认真开展案防“扫雷”“冬季攻势”“监狱警示教育”“员工行为排查”等活动，力求将风险隐患和案件苗头消灭在萌芽状态；推进案件防控工作，签订责任书，开展了案件风险专项治理工作，落实了《案件防控要点100条》，充分发挥“三道防线”的作用；加强轻微违规积分管理，对各类轻微违规行为主动积分109人次，共记195分。

【安全保卫】 一是加大对重点环节和部位的案件防查力度。全年对所属营业机构、办公大楼、金库、自助设备等重点部位开展定期检查，同时，与保安公司共同开展网点和ATM机夜间巡查，确保网点和自助设备安全运行。二是切实加强营业网点日常安全管理，对外营业机构全部做到“五不准”“五禁止”“五确认”等。全部营业机构开展了防抢劫、防火、防诈骗、防地震、防突发事件等演练。三是加强物防、技防、消防设施建设，全年投入安防费用290.6万元，为业务发展提供了保证。

【群众路线教育实践活动】 按照总行、省分行党委的统一部署，开展了党的群众路线教育实践活动。一是组织领导班子学习了党的群众路线教育实践活动相关文件和教育读本；二是班子成员分头到所有基层网点开展专题调研，征求了基层群众意见和建议；三是组织开展了“三必谈”活动；四是结合自身实际，认真剖析问题原因，撰写对照检查材料；五是认真召开专题民主生活会。通过教育实践活动的开展，领导班子和成员开展了批评和自我批评，认真梳理、剖析了“四风”方面存在的问题，制定了今后努力方向和整改措施，为下一步分行领导班子切实改进工作作风，做好“业务发展、服务群众、服务客户”等方面工打下了良好基础。

【企业文化建设】 召开第三届第二次职工代表大会，会上对涉及员工切身利益的各项题案进行了审议，做到民主管理、行务公开；充分发挥工会、团委的桥梁和纽带作用，通过召开座谈会、节日慰问等形式，建立沟通渠道，听取一线员工的意见和诉求，缩短一线员工与管理层之间的距离；投入专项资金，改建300多平方米“职工之家”活动室，添置了必要的活动设施及器材，为构建企业家园文化创造了条件；工会、团委积极组织开展游泳、乒乓球、青年联谊等各类健康、有益的文体活动，为员工释放工作压力、树立自信自尊、强化团队精神起到积极作用；提倡扶贫帮困，积极履行社会责任。向教育扶贫点捐赠价值3万余元的电脑、办公用品和衣物等物品，员工个人“一帮一”捐款1.8万元。

（审核：廖国宏/撰稿：邹翔）

农发行凉山分行

【概况】 2013年，中国农业发展银行凉山分行狠抓信贷支农求发展，严防风险案件保稳定，加强作风建设促和谐，以夯基础、求规范、促和谐为工作突破口，全年业务经营和内部管理持续保持“四增、两保持、一提升”的发展态势。2013年末，农发行凉山州分行各项存款余额1.64亿元，比年初增加7809.81万元，增幅90.77%。其中重点是抓好企事业单位的存款和企业的货款回笼。各项贷款余额13.2亿元，比年初增加7800万元，增幅为6.3%。累放各类贷款3.43亿元，主要用于投放粮油政策性贷款，共计2.17亿元，占总投放的63%。累收各类贷款2.65亿元。2013年末，实现各项收入8642.22万元，同比增加451.65万元，各项支出5548.93万元，收支相抵盈利2863.29万元，盈利同比增加394.14万元。全年实现中间业务收入25.6万元，同比增加2500元，增幅0.1%。2013年，农发行凉山州分行继续保持总行级青年文明号、省级文明单位、档案管理省一级标准等荣誉，不良贷款继续保持为零，圆满完成年初既定的发展目标及任务。年末，共有在职正式职工33人，农发行凉山州分行行长米才华，副行长张大鹏、张康。

【业务发展】 2013年，银行建立和完善县级储备体系建设，全年累计发放粮油政策性贷款2.18亿元，占银行累放贷款的63%。抓好政策性粮油贷款库存核查，确保粮油贷款库贷挂钩。加快业务营销节奏，保障业务可持续发展。农发行凉山州分行积极到州农办争取支持，先后深入到西昌正中食品、宁南谊兴丝业、西昌环太实业等重点龙头企业开展营销工作。积极拓宽新农村建设中长期贷款项目营销渠道，在西昌市、会理县、冕宁县等地区开展了调查研究、上报等前期工作。2013年年底，部分项目已经完成可研、立项、现金流配备、抵押物初评等前期工作。银行召开重点企业座谈会的方式积极宣传农发行信贷政策变化特点，增强信贷人员的服务意识，让客户及时了解存款归行与贷款利率挂钩的政策要求，为支持产业化龙头企业提供充足的流动资金需要。农发行凉山州分行与新华人寿保险股份有限公司四川分公司、中国平安财产保险股份有限公司凉山中心支公司、中国太平洋财产保险股份有限公司凉山中心支公司开展业务合作。全年实现保险业务代收保费共计109.12万元，全年代理保险业务手续费收入21.35万元。

【内控案防管理】 2013年，农发行凉山州分行始终坚持“两手抓、两同步、两促进”，加强风险防控和案件防控，规范“业务、内控、行为”。加强与监管部门的沟通协调，通过自查和凉山银监分局的现场检查，银行的案防评价为92.1分，排名凉山州9家金融机构第一。进一步加强案防制度建设，新制定《案件防控整改方案报备制度》《案件防控风险整改台账制度》《案件防控风险排查分析报告制度》三项制度，新修订《员工行为排查制度》。切实组织抓好现金业务管理风险排查专项工作。全年共计发现6个问题并全部整改落实，消除隐患。

【安全保卫】 2013年，农发行凉山州分行积极投入财力、物力，对全行的安防设施进行全面维修。加强车辆管理，全年银行车辆无安全事故发生；加强应急演练工作，开展消防应急演练，重新梳理和确立抗震救灾、消防、防汛等多个应急领导小组和应急小分队。积极组织安全保卫知识培训，提高全行职工安全素质。坚持“两个重点”开展安全保卫大检查。全年农发行凉山州分行在重点节庆、重点部门多次分批进行全面彻底地安全保卫大检查。

【党风廉政建设】 2013年，农发行凉山州分行制定《关于贯彻落实中央关于改进工作作风、密切联系群众有关规定的实施意见》和《关于认真贯彻落实厉行勤俭节约反对铺张浪费各项要求的通知》两个文件，落实具有针对性和操作性的工作措施，如改进调查研究、精简会议、精简规范文件简报、规范出访、厉行勤俭节约等。2013年，一把手带头下基层、下企业进行检查工作、考察调研和联系协调20余次，分管领导经常工作在一线，且严格按照规定，轻车简从，不搞层层陪同，不接受宰猪、宰羊等高档宴请，不参与打麻将。银行领导先后撰写高质量的调研文章多篇，特别是撰写《关于如何解决储备粮轮换亏损的工作报告》，得到了州委、州政府和上级银行的高度重视，为解决储备粮轮换亏损问题提供很好的决策依据。全行干部职工切实加强监督检查，主动改进自身存在的问题，积极践行厉行节约各项规定，全年银行公务接待费用、水电费用、公杂费三项同比减少3.48万元，下降6%。银行坚持党的民主集中制原则，强化人力资源配置，认真落实“三谈两述”个人事项报告制度，切实树立干部职工队伍廉洁高效、风清气正的良好形象。完成《党风廉政、安全保卫、案件防控及“四无”目标责任书》《银企廉政共建协议书》《廉洁从业承诺书》的签订，组织中心组学习8次。组织开展党风廉政和案件防控警示教育，组织全员观看《合规醒言》警示教育片，并将《合规醒言》放置在银行共享平台供全体干部职工学习。

【教育扶贫】 2013年，农发行凉山州分行工会团委一如既往地认真做好“挂包帮”对口扶贫工作，团委书记带领多名青年员工向越西县瓦曲觉乡中心小学送去书籍、文具及奖学金。全行员工向越西县瓦曲觉乡送去御寒的衣物500余件，爱心资金5000元。

【企业文化】 2013年，农发行凉山州分行将党的十八大精神与自身工作岗位相结合、与农发行的根本任务相结合、与实现伟大“中国梦”相结合。大力推进企业文化建设，开展“农发行文化故事”征集活动，加强视觉形象建设，改造窗口形象，努力打造一流的现代政策性银行。充分利用省分行、金融监管机构、地方相关部门以及其他机构的培训机会，多次组织人员参加管理能力、个人潜能、专业理论等内容的提升培训班，由点及面不断提高职工综合素质；利用节假日、纪念日等积极开展迎新春户外体育活动，参加凉山州级机关“三八”节跳绳比赛、在五月开展“青年文化月——野外拓展”活动、在七月开展激情“中国梦”健身快步走活动、组织全行职工学习太极拳、青年团员“团知识竞赛”等活动，活动内容丰富多彩，寓教于乐进一步丰富青年员工的业余生活，提升农发行凉山州分行的企业形象。

（审核：米才华/撰稿：何艺）

凉山州商业银行

【概况】 2013年，凉山州商业银行认真贯彻执行党和国家各项金融方针政策，把握“稳中求进”的工作基调，按照年初制订的各项目标任务，层层分解落实，巩固基础工作，强化内部管理，加强重点风险防控，积极推进机构改革，实现各项业务平稳发展。截至2013年12月31日，全行资产总额达185.14亿元，比年初增长36.79%；存款余额162.47亿元，较年初增长34.2%；自营贷款总额79.32亿元，比年初增长23.40%；不良贷款余额较年初下降52万元，不良率为0.24%，较年初下降0.07个百分点；拨备覆盖率为1104.16%，贷款损失准备充足率为130 %；实现账面利润4.17亿元，比上年增长7226万元；净利润3.06亿元，比上年增长4814万元，圆满完成全年各项目标任务。

【金融服务工作】 2013年，凉山州商业银行坚持服务地方经济、服务中小企业、服务广大市民的市场定位，加大对实体经济支持力度。全年按照人民银行下达的合意贷款额度及进度要求，加大对涉农贷款、重点项目、民生领域、小微企业、地方基础设施建设的贷款支持力度。以科学发展观为指引，不断优化信贷结构，坚持稳健经营。加强贷款管理，信贷资产质量高，各项信贷指标符合监管要求。全年累计发放贷款64.82亿元，累计收回49.78亿元。

【内控建设】 2013年，凉山州商业银行继续加大内部审计和日常监督检查工作力度，自觉接受外部监管机构的检查，落实整改。按照监管要求及相关规定，选聘会计师事务所对2012年的年报进行审计，并针对在年报审计中发现的问题和提出的管理建议进行专题研究，责成相关部门逐条整改。提高内审质量和内审覆盖面，开展大额贷款贷后管理等多个方面的专项审计。强化日常重点风险部位监督检查，加强对现金、存款风险、贷款质量、安全防卫等易发风险部位的检查，加大违规查处力度。自觉接受外部监管机构检查，认真落实整改。

【机构改革】 为实施与大型商业银行不同的“错位”发展战略，着力铸造“特色化、差异化、精细化”的品牌形象，凉山州商业银行自2008年开始进行机构改革，先后组建成立“小企业信贷中心”“微小贷款中心”“财富中心”“票据中心”“个人消费贷款中心”。2013年年初，进一步深化机构改革，新成立“大客户中心”，撤销原城区五个一级支行，西昌城区网点全部实行扁平化管理，隶属总行管理。

【主题教育活动】 凉山州商业银行遵照州委、州政府的安排部署及州国资委党委的要求，结合实际，从5月17日开始在全行组织开展“实现伟大中国梦、建设美丽富饶文明和谐新凉山”主题教育活动。重点开展综合知识竞赛、领导与职工交心谈心、专家进行“中国梦”专题宣讲、业务技能竞赛等活动，要求各支行、各部门、各中心结合自身工作实际，开展“中国梦”大讨论，分析情况，剖析问题，提出改革发展建议，进一步统一全行员工思想，凝聚全行发展的正能量，促进各项业务平稳增长。

【科技建设】 2013年，凉山州商业银行加快科技系统建设，成功上线西昌学院一卡通系统，为优质客户提供更好的服务，进一步延伸银行卡业务功能。全行“客户呼叫中心”正式建成运行，客户服务热线短号码“96834”于2013年1月1日正式开通，极大地提升了全行服务水平。2013年6月上线运行短信银行系统，该系统作为一个独立运行的软件系统，能为客户提供内容丰富、形式多样的业务办理信息和相关金融理财信息服务，并灵活地利用短信、彩信、电子邮件渠道将这些信息发送，可以有力地提升客户对银行服务的依赖性与忠诚度。完成银联接口规范升级换版和无卡支付业务改造上线工作，丰富银行卡业务功能。网银系统及二代支付系统等重要信息系统建设工作均已进入测试验收阶段，正按进度要求顺利推进。

【取得荣誉】 由中国社科院金融研究所、银行家杂志社联合主办的2013“中国商业银行竞争力评价报告”发布会暨颁奖盛会上，凉山州商业银行荣获2012年度全国城市商业银行（资产规模500亿元以下）财务评价排名“第六名”殊荣，较2011年度上升2位；由四川省企业联合会和四川省企业家协会共同承办在成都召开的“2013四川企业100强、四川制造业企业100强、四川服务业企业50强发布暨企业发展峰会”暨发榜授牌仪式上，按照国际通行方式，以销售（营业）收入为标准排序，凉山州商业银行名列2013四川服务企业50强第39位，首次晋级全省前50强行列；荣获凉山州企业家联合会颁发的“2013年凉山企业50强”荣誉称号。

（审核：卢宁远/撰稿：谌李琼）

凉山州农村信用联社

【概况】 2013年，凉山州农村信用联社通过定岗微贷客户经理招聘、校园招聘、社会招聘方式，新增职工181人，全社在职员工年龄结构、文化结构进一步改善。在职员工中：研究生学历8人，本科学历612人，大专学历1248人；45岁以下职工1755人，其中35岁以下青年职工943人。截至2013年年末，凉山州农村信用联社有机构网点281个，在职员工2178人。

【业务发展】 截至2013年年末，全社各项存款270.87亿元，较年初增加54.38亿元，增长25.12%；各项贷款135.80亿元，较年初增加24.19亿元，增长21.67%（其中涉农贷款余额130.39亿元，占各项贷款余额的96.02%，较年初增加23.3亿元；小微企业贷款余额47.13亿元，较年初增长9.44亿元，增幅为25.05%）。全年实现利润6.85亿元，同比增加1.67亿元；所有者权益12.74亿元，较年初增加3.11亿元，确保股东资产保值增值。2013年，州联社设立1个小企业金融服务中心，并在航天信用社小微企业服务部的基础上，在西昌、冕宁、会理、会东、盐源横向复制5家小微企业服务部，建立区域加条线的管控模式，推出“惠商贷”“惠薪贷”“创业通”“农家乐”“安居乐”等30余种信贷产品。成功首发“金信富—丰登”人民币理财产品，实现理财产品零突破。截至2013年年末，全州18家县级信用社共计26个网点开办理财业务，共计发行理财产品33期，累计发行金额5.16亿元，全年实现浮动收益30.5万元。

【社会责任】 2013年，州联社充分发挥县域经济金融主力军作用，勇担社会责任，代理发放退耕还林、粮食直补等30多项财政性补贴性资金。同时，围绕“十项民生工程”，着力从新农村百村示范村及安宁河谷集中连片示范片建设、“五小”水利工程建设、藏区牧民定居行动、保障性住房建设、彝家新寨建设、安宁河谷新村建设、彝区健康文明新生活运动、下岗失业信贷、青年创业信贷、妇女创业信贷、生源地助学信贷等方面，纵深推进民生金融服务。全年累计发放彝家新寨贷款1.13亿元；安宁河谷新村建设贷款2.04亿元；产村相融贷款3.43亿元；助学贷款余额1431万元；牧民定居贷款1152万元；妇女小额贷款6067.66万元；青年创业贷款154万元。州内金融机构空白乡镇建立金融联络点149个，聘请义务联络员232名，设立简易营业网点23个，开展流动服务和定时定点服务1846次，空白乡镇金融服务业务量达到96.71亿元。累计投放EPOS电话支付终端1705台，讯通工程覆盖乡镇403个，覆盖行政村1086个。流动汽车银行在盐源地震、雅安地震、喜德泥石流等救援抗灾中发挥迅捷有效的金融服务。同时，积极组织开展送金融知识下乡、进社区、进校园等活动，参加团州委组织的“幸福凉山”捐资助学等公益活动，与团州委等部门联合举办凉山农信杯青年创业大赛等活动，以多种方式回报社会，惠及民生。

【风险内控】 2013年年初，州联社制定下发《2013年度不良贷款季度考核办法》。通过强化五级分类管理，实施不良贷款季度考核，有效推进各县信用社不良贷款清收压降工作。2013

年，凉山州农村信用联社严格按照银监部门“守底线、防风险”的监管要求，狠抓案防工作不松懈。以流程银行建设为切入点，通过加强企业文化建设、党建和党风廉政建设、案防和合规文化建设，开展反面典型教育和警示教育学习等一系列教育、预防和惩处措施，确保零案件。

（审核：冯宗连/撰稿：黄萌）

邮储银行凉山分行

【概况】 2008 年 1 月 17 日，中国邮政储蓄银行凉山分行在西昌挂牌成立，历经 21 年发展历程的凉山邮政储蓄正式转制组建成立银行。邮储银行凉山分行在全州共有服务网点 84 个，ATM 和 CRS 自助银行设备 113 台，与全国 3.9 万个网点实现联网，建成了覆盖全州、城乡网点面最广的个人金融服务网络。其中自营网点 18 个，二类网点 22 个，邮政代理网点 44 个，网点分布密度位居全州金融机构第 2 位。全州下辖 17 个一级支行，13 个一级支行开办了银行业务，其中 6 个支行开办了公司业务，11 个支行开办了信贷和个金业务。分行内设 11 个一级部门，5 个二级部门。安装 POS 机、商易通等便民、利民服务设施 993 台，拥有功能齐全的流动服务车 3 台。形成了以绿卡为载体，涵盖储蓄、代收付、代理保险、小额贷款等多元化的业务体系；构建了网点、ATM 等多层次的服务平台，经营规模、服务体系、专业管理水平、内控管理能力进一步得到了有效提升。全行在册员工 358 人，其中大专以下学历 65 人，大专学历 192 人，大学及以上学历 101 人，平均年龄 35 岁。邮政储蓄银行凉山州分行多次受到政府及上级部门的表彰，荣获“2012 年度金融工作先进单位”“2013 年度安全运营奖”“2010 年四川省分行监管政策知识竞赛活动组织奖”“2013 年凉山服务业企业 50 强”等荣誉。

【经营管理】 2013 年，全行运行稳定，未发生安全事故、资金票款案件和影响全行的服务事件，荣获了省分行颁发的“安全运营奖”；分行以示范网点建设为抓手，确保分行二次转型工作的有力推进；加大对新建网点的指导支持力度，优化网点功能分区，提升网点效率和形象，有效地提升网点营销能力和经营效益。

【业务规模】 2013 年，分行继续以重点项目为杠杆，撬动了个金、公司和信贷业务的整体、协调发展，在业务规模的拓展上取得了良好的成效。以“三支队伍”建设为切入点，为网点转型做好支撑。已顺利在西昌、会理、冕宁等 5 个网点设立专职大堂、理财经理，推动流程化营销、专业化服务，全面提升营销队伍的综合能力，培养优质客户的忠诚度。加大了与交警、烟草、社保、公积金、国土、交投等系统性客户战略合作力度。同时，通过正向激励，提高了各行业务发展的积极性和主动性，公司业务的结构调整有序进行，抗风险能力进一步增强。

【职能管理】 2013 年，按照省分行统一部署，稳步推进了分行机关、各县市支行的内设机构改革，进一步细化、强化各部门、岗位的职责，根据网点改革和业务拓展的需要，加强了人力资源的配置和管理工作。坚持执行财经纪律，严格日常财务开支。在保证支行运行的同时，积聚财力用于分行的能力建设。对于大额采购和大额开支，均能做到集体研究、会议决定。以合规大讨论活动为契机，增强全员合规的意识。认真开展“治顽疾、树新风、促合规”的合规大讨论活动，在省分行规定动作的基础上，州分行根据实际情况，设定自选动作，通过合规活动三个阶段的讨论，“全行合规、人人合规”的意识已逐渐形成。毫不松懈地抓好案防和风险合规工作，坚持不懈抓好内部控制制度的建设，抓好党建和精神文明建设，为全行各项工作保驾护航。

（审核：李华/撰稿：魏朝阳）

中国人保财险凉山分公司

【概况】 2013年，公司以党的十八届三中全会精神为指引，积极响应实现“伟大中国梦”号召，全面贯彻落实州委七届四次全会精神，按照在谱写“伟大中国梦”凉山篇章中把握机遇，在“多点多极支撑战略”中构建新格局的战略发展思路，将“惠农保”试点推进作为党的群众路线教育实践活动的主要载体，以客户为中心全面转型为抓手，全面提升服务效率和质量，积极维护保险消费者合法权益，不断提升公司在服务凉山经济社会大局中的“助推器”作用，以普惠金融理念推动产品、服务和人员“三下乡”，进一步加强和完善农村保险服务体系建设，持续强化在维护社会稳定大局中的“减震器”作用。截至12月底，公司实现保费收入4.58亿元，同比增长17.53%，共计为全州社会经济、民生保障承担风险保障1271亿元，支付赔款2.26亿元，同比增长10.78%，未决赔款准备金达1.1亿元；上缴税金2025万元。

【“惠农保”试点】 2013年5月，州政府印发《凉山州“惠农保”保险试点工作实施方案》，公司将“惠农保”推进作为党的群众路线教育实践活动的重要载体，经过半年多的不懈推进，“惠农保”试点第一阶段任务目标全面达成。截至11月30日，“惠农保”实现保费收入553.49万元，承保风险保障979.05亿元，其中：自然灾害公众责任险保费规模319.18万元，承担风险保障957.54亿元；农村住房险保费规模234.31万元，承担风险保障21.51亿元。盐源、冕宁、木里、德昌、西昌政府鉴于区域地貌类型以山地为主，地质灾害点分布广，农村群众受到山洪、泥石流等地质灾害的威胁严重，而“惠农保”组合保险有覆盖群体广、收费低、补偿水平高等有利条件。鉴于中国人保财险七年来，扎根“三农”保险服务领域的独特贡献，县（市）政府果断出手，充分发挥“第一推手”的作用，将贯彻群众路线，切实改进工作作风的实际成效体现在惠民生、解民难、助民富上，县（市）财政全额承担2013年自然灾害公众责任的保费，为全县（市）农村人口投保了自然灾害公众责任险。德昌县、西昌市政府不仅财政全额承担自然灾害公众责任的保费，还对农房险进行了财政补贴，补贴比例分别达40%、20%。对于安宁河谷县（市）政府采取财政资金撬动“惠农保”发展的方式，在雷波、越西等财政较为困难的老九县却难以推广，如何破解发展难题？雷波、越西、宁南等支公司坚持走群众路线，依托公司农村保险服务体系，充分发挥乡镇、村组基层组织力量，为“惠农保”的推进另辟蹊径，其做法获得州政府金融办领导的高度肯定，认为上述公司做法不仅减少了政府财政的困难，也对激发民族地区群众的保险意识大有裨益，为其他涉农民生保险的可持续健康发展，具有重大指导意义。雷波支公司以服务促进发展，做好推进工作中发生的理赔案件，发挥典型引路作用，打开了“惠农保”工作局面，推进工作呈现均衡发展的局面，自然灾害公众责任险、农房险农户参保率都在70%以上。越西、宁南支公司在政策上依靠政府的主导作用，在业务上却不依赖政府资金，把工作重心沉下去，主动做好与各乡镇政府的对接工作，充分发挥农村保险服务体系的阵地作用，因地制宜开展推进工作，得到了广大农村群众的认可。全年公司始终与州政府金融办保持着良好的互动工作，除州分公司领导班子每月不定期向金融办汇报推进工作外，还每月按时向州政府“惠农保”领导小组成员单位，报送“惠农保”推进工作简报，汇报公司推进工作中取得的成绩，以及在工作中遇到的困难，使政府及相关部门对公司推进工作保持较高的关注度，并为公司“惠农保”推进出谋划策，保驾护航。10月底，州政府副州长、州“惠农保”领导小组组长杨卉要求州目督办授权给州金融办，由州金融办组成两个督导小组，并邀公司党委书记、总经理胡山，副总经理米打则任督导小组成员。在一个多月的督导工作中，两个督导工作小组行程近5000千米，与17个县（市）、乡（镇）政府召开20多场对接会、座谈会，走访农村群众100多人，提高各政府对“惠农保”重视力度，提高各级政府对保险业发展重视程度。

【政策性农险】 2013年，公司积极响应州政府办公室《关于印发〈凉山州2013年政策性农业保险工作实施方案〉的通知》（凉府办函〔2013〕93号）文件精神，主动顺应政策性农险从公司独家承保，到多家同业公司竞争发展的局面，紧紧依托公司农村保险服务体系，扎实推进“承保、理赔两进门”，进一步提升公司依法合规服务能力，锤炼和提高良性竞争能力，加速发展公司政策性农险业务。截至11月底，全州系统实现保费收入6887万元，同比增长53.91%；彻底扭转种植业承保发展滞后的局面，打破全州政策性农险养殖业一枝独秀的局面，实现种养业均衡发展。截至11月底，政策性农险赔款为5084万元。为加强和完善农村保险服务体系建设，在2012年完成“农网”组织架构后，2013年又进一步推出“农网”建设的“双百工程”，把“农网”建设工作重点转移到农村保险人才培养和办公硬件设施上来。

【商险】 2013年，公司紧紧围绕服务科学发展这一主题，始终贯穿支持经济发展方式转变这条主线，牢牢把握凉山全域全程全面小康建设这个大局，充分发挥保险在推动社会消费、支持地方经济发展上的积极作用，为加快构建符合凉山实际的保险服务体系，全年公司以客户为中心全面转型为抓手，构建起了产品线、区域、渠道三位一体的营销管理模式，为提高凉山州安宁河谷、“三江”开发，“大凉山”特色品牌建设等地方支柱、特色、新兴产业的风险保障做出了积极探索。截至11月底，商险实现保险收入3.40亿元。针对市场变化，不断完善电销、网销业务服务，组建车商业务部，进一步强化与专业中介代理公司的合作，满足不同消费群体和消费习惯的需求，全面增强公司对分散业务的获取和服务能力，同时，针对政府、企事业单位团体业务多采用招投标形式进行投保，公司加强对基层支公司、业务人员业务培训，从招投标运作基本流程、到营销方案的制定、到标书的制作等一系列专业知识的学习和演练，有力地提高公司车险承保专业化水平，在西昌市、喜德县、甘洛县政府采购招标工作，公司顺利成为承办单位。截至11月底，车险实现保费收入2.74亿元，同比增长12.04%。积极服务于凉山州大力提升安宁河谷、“三江”开发的带动作用，打造“大凉山”特色品牌，建设全国重要的清洁能源生产基地、钒钛稀土资源综合利用基地、战略性优质烟叶及花卉基地和四川旅游发展次中心的战略部署，公司持续深化保险与实体经济融合互动，加大保险对经济社会支持力度。截至11月底，非车非农险实现保费收入6885万元，同比增长32.09%。结合白鹤滩水电工程开发，公司在中国人保财险全国系统整合和优化水电工程保险开发人才优势，组成跨州、跨省的无边界水电工作小组，组建白鹤滩营销服务部，首次为国家重点建设工程组建专项服务机构，为凉山州水电工程建设，提供高质量的风险保障。积极试水特色农产品风险保障，越西支公司结合该县烤烟产业发展需要，主动对接县政府，提供适合当地烤烟发展的风险保障方案，在多个乡镇开展试点工作。8月11日，该县保安藏族乡遭受冰雹灾害，公司及时组织力量查勘理赔，开辟绿色通道，在9月25日，将35.6万元烤烟赔款赔付到农户手中。

【理赔服务】 2013年，公司根据以客户为中心全面转型的总体要求，按照《综合治理车险“理赔难”实施方案》，加大对理赔人员专业及职业道德的培训，进一步完善内部工作流程的梳理、岗位责任制的落实考核、建立7天工作轮班制度，实现365天理赔服务，消除服务空白日，公开向社会及广大投保客户服务承诺、聘请社会专业评审机构（神秘人）考评等一系列强有力措施，有力地促进公司理赔效率和质量的提高，截至11月底，已核赔案案件28750件，同比增长21.21%，全险种万元以下理赔周期12.25天，同比提速39.9%。

（审核：胡山/撰稿：姜涛）

中国人寿凉山分公司

【概况】 2013年，全州人寿保险系统共实现保费收入5.23亿元，同比增长6.16%（实现续期保费2.86亿元，同比增长3%）。其中：个险渠道实现长险首年标准保费2609.96万元，完成年度财务预算的80.80%；首年期交保费4346.74万元，完成年度财务预算的86.93%；10年期以上首年期交保费3261.81万元，完成年度财务预算的84.07%；短期险保费2167.19万元，完成年度财务预算的95.89%；短期意外险保费1112.85万元，完成年度财务预算的80.06%。团险渠道实现短期险保费7042.1万元，完成年度财务预算的135.44%，同比增长12.39%；短期意外险保费2658.26万元，完成年度财务预算的99.93%，同比增长5.03%。银保渠道实现长险首年标准保费61.3万元，完成年度财务预算的21.14 %，同比降低80.37 %；首年期交保费62.99万元，完成年度财务预算的7%，同比降低94.91%；首年保费9877.34万元，完成年度财务预算的95.9%，同比增长2.03%。2013年全州人寿以54.88%的市场份额领先同业公司位居第1位；各项预算指标考核得分86.2分，综合评级C类公司；全年共处理各类理赔案件2.2万件，支付短险赔款4174万元，死亡赔付金额989.79万元，伤残赔付金额9.33万元，重疾、医疗赔付金额409.49万元。短险简单赔付率45.3%，较上年同比下降13%。

【业务服务发展】 2013年，公司全面配合业务发展部门的业务推动方案，在节假日和“6·30”业务冲刺、8月“财富升级”活动期间，安排人员实行轮流值班，确保新单及时生效。全年全州共开展送培训进职场活动104场次，沟通协调会25场次，及时、主动地将新实务、新要求、新险种等送进销售部门和销售伙伴。不断深化“中国人寿为您方便赔付”服务品牌建设，切实履行公司对社会和客户的服务承诺。积极开展月转年工作，全年共处理月转年业务1.5万件，完成总量的60%。全年共处理满期业务4818件，完成率90%；给付满期生存金8940万元，占全年应给付满期生存金的90%，未发生任何投诉事件。

【财务管控】 2013年，公司加强财务管控，提升经营结果。加强对财务政策进行宣导，最大限度地让各营业单位吃透财务政策精神，确保经营工作的目的性和计划性。对各营业单位每月预算执行结果进行对比分析并及时通报，强化各营业单位高管人员的经营意识，引导基层公司紧盯预算执行结果，注意协调平衡业务发展与“创费、创佣、创薪”能力的关系，把控预算执行过程。加强费用预算执行管控，压缩办公行政费用支出，严格控制预算外支出，仔细审核费用支出的合理性和必要性，降低公司经营成本，确保公司费用收支总体平衡。

【绩效改革】 2013年，公司制定并下发《中国人寿保险股份有限公司凉山州分公司2013年度县（市）支公司经营指标绩效考核办法》《县支公司班子成员及州机关部门领导绩效工资支付办法（试行）》《县支公司班子成员、州机关部门领导考核办法（试行）》《中国人寿凉山分公司2013年度各县（市）支公司、各部门职能指标考核办法》，把公司的经营结果与绩效工资挂钩，把公司的贡献度与经理室成员的履职情况挂钩，以此调动经理室成员工作积极性。按照上级公司要求和州公司承受能力，对全州系统绝大多数低层级员工工资层级进行较大幅度地调整，缩小员工之间的收入差距，让低层级员工最大限度地分享到公司发展的成果，最大限度地调动了低层级员工积极性。

【内部风险管控】 2013年，公司开展内控评估测试，实现404条款遵循持续合规达标；认真开展反洗钱和“小金库”专项治理工作，确保相关法律、法规、规章制度落实到位；持续开展“诚信我为先”活动，继续发挥营销员风险预警与信用品质评价系统作用；安排部署并开展全州系统销售误导治理工作，减少销售误导，维护消费者利益和公司品牌形象；积极做好防范化解群体性事件风险应对工作，确保全年特别是敏感时期的稳定；开展效能监察工作，推进公司重点工作和风险防范工作的落实，促进公司持续健康发展。

【宣传及社会责任】 2013 年，按照总、省公司关于加强公司品牌宣传的要求，公司进一步加大与《凉山日报》《阳光攀西》、凉山电视台等新闻媒体的协调沟通合作。抓住机遇，积极开展农村小额保险、小额信贷保险和补充医疗保险业务宣传。严格信息披露制度，及时了解掌握公司重大信息，正确应对和妥善处理媒体危机事件。严格按照总公司制定下发的 CI 应用指导手册及管理细则，认真抓好户外广告等对外宣传的管理，全方位、多平台、多角度展示了公司的品牌形象，促进公司业务的全面发展。向州委、州政府安排的定点帮扶乡鲁坝希望小学捐赠 5000 元人民币和衣物若干；制订鲁坝希望小学教学奖励制度，邀请四川省重点小学——西昌市第一小学的校长和特、高级教师一行前往指导工作、现场授课，提高鲁坝希望小学教学质量，调动教师敬业爱岗、教书育人的积极性，充分展现中国人寿勇担社会责任的良好社会形象。

【自身建设】 2013 年 3 月，凉山公司工会组织开展“美好生活杯”摄影比赛，共征集照片百余份，充分体现员工积极向上的生活风貌。州公司组队参加省公司工会组织开展的 2013 年全省系统职工篮球比赛，经过 6 场激烈的竞技，凉山公司夺得第一届全省职工篮球赛桂冠。公司工会创建“职工活动室”，加强基础设施建设，为员工购置 2 台乒乓球桌和 1 台跑步机，为员工在工作之余强身健体提供条件。

（审核：和绍华/撰稿：卢俊吉）

中华联合财保凉山支公司

【概况】 2013 年，中华保险凉山中心支公司（以下简称凉山中支）按照四川分公司的统一安排，围绕“转型升级、卓越发展”总体部署，明确“抓住重点、突破发展、稳定品质、转型升级”指导思想，带领全体员工，有针对性地采取一系列务实举措，实现了稳中求进、稳中向好，规模与效益齐头并进，再次创造了优异的经营效益，综合考核得分 117.08 分，全省排名第一。公司被四川分公司评为“先进中心支公司”，还获得分公司“效益贡献奖”；西城营销服务部、会理支公司、西昌市支公司、会东支公司、德昌营销服务部等五个四级机构被评为“2013 年四川分公司二十强支公司”；会理支公司还获得了“特色贡献奖”。年内实现保费收入 1.86 亿元，同比增长 2077 万元，增长率为 12.65%；支付赔款 8400 万元，简单赔付率 45.15%，综合赔付率为 51.37%；市场占比 17%，居凉山财险市场第二；实现利润 2610 万元，利润率为 14%。上缴地方财政各种税费、税金共计 2551.63 万元，其中代收车船使用税 1343.95 万元。

【机构队伍建设】 根据分公司下达的《三定》方案，中支公司内设综合部、计划财务部、业务管理部、客户服务部、车商渠道部、公司业务部等 6 个部门。8 个四级机构：会理支公司、会东支公司、冕宁支公司、泸沽营销部、宁南支公司、德昌营销部、西昌支公司、西昌西城营销部；2013 年，四川省保监局批准公司在盐源县筹建支公司。全年有在编员工 124 人，其中签订劳动合同 115 人，劳务人员 9 人；大专以上学历人员 103 人，占比 83%；中共党员 39 人，占比 23%。员工培训：2013 年开展员工在职培训 11 次，内容涉及理赔不难及相关售后服务技能培训，反洗钱培训，营销人员继续教育培训，财务预算，核算相关规定培训，承保相关政策及操作流程培训，信息技术培训。通过培训队伍素质显著提高。年内理赔人员参加四川分公司第三届理赔服务岗位技能大比武，获得团体一等奖、核赔岗二等奖、医勘岗三等奖；承保岗位人员参加分公司承保序列业务技能大比武，获得团体二等奖，产生了二级录单能手、优秀录单能手各一名；参加总公司在烟台举办的“2013年度非车险业务知识与销售技能培训”，会理支公司经理余吟红同志结业成绩第一名，被评为优秀学员，得到总、分公司通报嘉奖。

【售后服务】 年内中支按照上级公司安排开展了“八个三”工程建设，服务质量有了显著提高，处理案件时效快速，电话礼仪较规范，着装整齐，车辆整洁卫生，携带查勘资料及工具齐全，受到了广大客户的认可和好评。三个特色项目工作陆续开展，现场赔付，“一袋式”收取理赔资料，即时赔付运作良好。在四川分公司“满意一百分　服务铸辉煌”2013年第二届“十佳百优”金牌服务竞赛活动中公司被评为“金牌服务窗口”，赵宗进、肖近被评为金牌服务明星；2013年“承保管理提升年”活动中，凉山中支获二等奖；在四川分公司开展的“理赔创优年”“优赔增效”两项活动中，综合得分93.91分，排名第四，评定为优秀。2月26日，凉山州首家“轻微道路交通事故快处快赔服务中心”成立大会在西昌市华忠修理厂举行，设置快赔中心，既方便了客户，也对查勘人员提出了新挑战。继续开展打假防骗工作，截至12月20日中支一共发现并堵截了10起骗赔案件，经调查核实成功拒赔，为公司减少了损失。2013年，公司优质客户续保率62%；车险优质客户流失率38%。通过开展客户服务活动，密切与新老客户的关系，提高客户续保率和客户满意度，为一线营造了良好的销售环境，从而进一步拓展新客户，巩固和带动业务增长，树立了公司良好品牌形象。全年未发生有效投诉案件，未发生新闻媒体负面报道、未发生重大群体性事件和越级群体上访事件。

【重大事故理赔】 2013年公司继续加快保险重大案件的清理和结案工作，年内结案的较大案件有：越西县顺达水电开发有限公司在公司投保的企业财产险，支付赔款84.95万元；甘洛鸿利达矿业有限责任公司在公司投保雇主责任险，公司支付赔款73万元；西昌市鑫源汽车租赁有限公司在公司投保的别克车在冕宁县泸沽水泥坛附近发生事故造成一人死亡、车辆严重受损，公司赔付32.8万元；2012年4月15日，公司承保的一辆重型货车，发生重大交通事故，公司在人伤治疗结束后共计赔付车主50.95万元；2012年3月30日公司承保的一辆水泥搅拌车侧翻入雅砻江中，经调查核实后公司共计赔付24.5万元。

【政策性农险】 2013年，公司在西昌、会理、会东三县市开展政策性农业保险。截至12月30日，开展了水稻、玉米、马铃薯、育肥猪、能繁母猪等5个中央财政补贴政策性农业保险品种经营，累计实现签单保费收入297.78万元，其中：养殖业105.78万元；种植业192.01万元。为3111户农户的27944头牲畜提供了政策性保险；为16693户农户的6095.46公顷农作物提供了保险保障。中央财政应补贴资金129.69万元；省级财政应补贴资金54.77万元；市县财政补贴44.16万元；农民自负保险费金额为69.16万元。

【公益活动】 参加社会活动，年内公司开展了“3·15消费者权益保障日”月城广场宣传活动；分别在5月、11月两次开展“防灾防损宣传月”活动，德昌、会理、会东、冕宁等各县支公司也在当地开展了形式多样的宣传咨询活动；6月14日“国际献血日”，公司代表金融保险行业参加活动，组织20名员工到月城广场进行爱心宣传，有12名员工参加当天的义务献血。针对2013年雨季多暴雨洪灾的情况，开展了灾前风险预防、排查工作，有效地指导客户做好了灾前防护、预警，减少了风险的产生。针对冬季冰雪路面，给公路交通安全造成较大影响的实际，提前开展了冬季防灾宣传，做到了防患于未然。

【企业文化】 2013年是中华保险凉山中心支公司成立十周年，公司举行了形式多样的庆祝活动。10月13日，举行了职工象棋、五子棋、跳棋、跳绳复赛、决赛。10月19日、20日，在全州范围内举行了职工乒乓球、羽毛球比赛的复赛、决赛。还开展了员工书、画、摄影、诗文比赛。极大地丰富了企业文化，也提高了职工的竞争意识和参与企业文化建设的积极性。

（审核：於宏/撰稿：耿虹欧）

平安财保凉山支公司

【概况】 中国平安作为中国第一家股份制保险企业，至2013年年底已发展成为融保险、银行、投资等金融业务为一体的整合、紧密、多元的综合金融服务集团，平安产险为中国第二大产险公司。四川分公司的凉山中心支公司，成立于2003年，是平安设在四川省凉山州的综合性财产保险公司。公司的经营范围涵盖车险、企财险、责任险、个财险、工程险、信用保证保险、货运险、船舶险、农险、意外险、健康险等300余个险种。2013年年底，公司成立以后，通过不断地努力和社会各界的支持与帮助，在凉山保险市场已占有相当的份额，为社会提供风险保障和经济补偿，对四川经济的稳定发展、构建和谐社会起到积极作用。同时，随着业务的不断拓展，公司在水电等领域也积累了较为丰富的承保经验。年底已设立雷波、冕宁、会理、西昌、布拖、金阳6个四级机构，会东、盐源、德昌等四级机构也进入筹备阶段。公司在凉山州所有地区设立代理点或代查勘服务网点，走多元化的售后服务之路，确保承保客户的服务质量。在业务拓展方面，公司以客户需求为导向，发掘适合客户急需、市场对路的产品积极参与市场拓销，保证业务持续性、大面积的开拓。

【业务发展】 2013年，公司认真贯彻保监局、行业协会有关文件精神，大力调整险种结构，实行精细化管理，牢固树立金融服务经济的大局意识，积极为地方经济发展做贡献，为政府、企业、家庭分散风险、减轻负担，发挥经济补偿功能。在业务发展方面，公司制订并出台全年销售激励方案，将全年的保费任务指标分解落实到各销售组织单位，并层层落实到人头，促进公司车险、财产险和意健险三大险种的全面达成，对各销售组织单位逐月考核，及时兑现；对完不成任务考核指标的相关人员予以调整和淘汰，激发和调动全体员工的工作积极性，实现公司保费和利润的健康跨越式发展。业务拓展方面，以渠道化改革为契机，在继续保持车险较大业务增量的情况下，加大工作创新力度，营造全新的销售模式，大力拓展综合开拓和电话销售渠道，为实现渠道化经营模式打下基础。内部管理上切实从小事入手，抓好续保、应收等基础管理工作，积极营造宽松和谐的工作氛围，保持员工队伍的稳定和团结。市场环境方面，对外密切关注保险同业主要竞争对手的政策调整和策略变化，制定差异化的营销策略，进一步提高市场应变能力；对内调整承保政策，逐步萎缩车险亏损业务，改善公司车险经营品质。2013年，公司大力开拓县域地区个代业务。凉山州1市16县，除雷波、会理、冕宁三县有公司四级机构外，其余地区均依托个人代理人发展业务。县域地区尤其是金阳县、布拖县等县仍有较大的市场尚未开发。2013年年初，凉山中心支公司在总经理的带领下，深入到金阳、布拖两县大力拓展保险业务，参加政府组织的招商引资现场答辩会，并分别在两地设立代理出单点，于4月顺利出单。8月10日，公司总经理张权武参加凉山州保险行业委员会会议，并积极响应、配合行业协会推动《财产保险公司保险条款和保险费率管理办法》，执行据实使用系数，严禁私车公挂。9月2日，公司配合行业协会组成检查团队进行车险业务检查，监督同业车险系数据实使用的执行情况，规范自身的系数使用。截至12月31日公司完成保费收入1.58亿元，顺利完成分公司收官任务。

【经营管理】 2013年，公司提出对干部实行强化问责制、对各职能部门强推首问负责制、在各部门与员工之间实施定期沟通制的管理方式。对外主动收集市场信息，找准目标市场，对内各职能部门积极参与，牢固树立大团队意识，打造“和谐、开放、真诚”的沟通平台，以强化队伍建设、树立市场信心、提升整体竞争力。同时强化公司的核心竞争力——服务。着重抓好共同资源即人事行政部、业管部、市场部、财务部为前线和客户服好务为主要的中心工作、巩固和建设好内控管理使公司的各项经营管理指标逐年提高，让公司成员形成管而不死、活而不乱、内外齐心协力，具有坚强战斗力的队伍。公司在内部管理上针对管理中的薄弱环节，相继出台柜面服务、例会制度、郊县查勘等管理措施，弥补以往管理中不足。同时开展平安礼仪、诚信廉政教育活动，通过实施员工激励、季度客户服务明星评比等方案，改善员工精神面貌，增强公司凝聚力。

【理赔服务】 2013年，公司以平安产险客户服务热线“95511”为依托，7×24小时为客户提供接报案和查勘求援服务。建立核保核赔制度，向客户做出贴心周到的“理赔服务流程”，推出简化车险小额赔案快速理赔通道，定期向客户提供各类防灾防损的信息和建议，同时设立内控监督管理机制。平安公司率先实现车险全国通赔服务，客户在投保地以外的任何地区出险，都可享受到和投保地一样便捷、高效的理赔服务。2013年，公司积极处理地质灾害、校园方责任险等相关案件，为受灾客户提供更加完善的服务。公司以快速、简便、合理、专业的理赔服务获得客户的普遍信任和赞誉。

【队伍建设】 2013年，公司充分运用“竞争、激励、淘汰”三大机制的约束，通过全面培训，指导销售，使团队销售的单一技能向综合性技能发展，综合性技能向专业化技能转变，提升团队的整体作战能力，成功建立核心团队。在培训体制方面公司建立完善的新人培育体系、不定期进行新人培训，使新人达到“感知保险、认同团队、加速成长、融入平安”的培训理念和目的，并建立指导人制度，对新人进行成长督导与跟踪，让新人更快适应环境，实现角色转变。与此同时，公司为保证人员发展计划的顺利实施，改变公司师资力量薄弱的情况，通过员工培训，及时选拔员工加入兼职讲师队伍，并开设30多门内、外勤培训课程，涉及个人、专业几个方面，每月启动培训计划，按照员工的个人发展需求，因地制宜，以达到提高个人素质、工作技能的目的。

【企业文化】 2013年，公司在业务发展的同时组织员工参加晨会、自行车环游邛海、拓展训练、明星旅游、圣诞晚会，开展“创巨大差异，建诚信平台”等活动，同时组织员工进行《平安新语》《平安礼仪》等平安文化系列丛书及各类网络课程的学习，提升员工的专业技能，加大员工对公司的认同度。公司大力倡导“执行”企业文化的推广和建设，贯彻“遵纪守法”的经营理念，让员工在工作中逐步理解“一个品牌、两个终身、三大机制、四大责任、五个最好”的平安企业文化的深刻内涵。员工通过优秀企业文化的学习和实践，在实现公司价值最大化的同时，实现个人价值最大化。

【客服活动】 2013年，凉山公司客服部开展多项增值服务。11月18日，凉山中心支公司在普格县桥窝中心小学举行“走进校园”安全知识竞赛暨捐赠活动，为普格县桥窝中心小学捐献电脑5台、学习用具1200套，并举行了安全知识竞赛。11月28日，惠购品牌车抽奖活动暨客服节闭幕式在凉山平安职场举行，活动邀请到凉山州10家优秀合作车行共同举行，百余名客户参与，惠购力度之大，活动范围之广，不仅彰显着平安作为资深保险公司的实力，更是践行着一年一度客服节的客服承诺，此举得到合作车行和客户一致好评。

（审核：刘华程/撰稿：吴纪华）

旅 游

Tourist

旅游工作

【概况】 2013年，凉山旅游业以建设四川旅游次中心、西部重要旅游集散地、打造西部最佳阳光休闲度假旅游目的地为发展目标，大力实施旅游精品战略，积极推动旅游现代服务业发展。全年接待旅游总人数2865.32万人次，同比增长6.71%；实现旅游总收入138亿元，同比增长46.81%。

【假日经济】 2013年春节、火把节、国庆节、彝历年4个长假和元旦、清明、“五一”、端午、中秋5个小长假共接待游客1103.2万人次，较上年增长18.6%，占全年全州接待游客总数的39.1%；实现收入26.1亿元，较上年增长32%，占全年全州旅游总收入的20.1%。

【旅游规划】 2013年，凉山启动《凉山州旅游发展总体规划》修编工作，着力构建“多点多极”支撑产业发展战略，进一步优化产业布局；冕宁县、雷波县、金阳县、布拖县启动旅游发展总体规划编制或修编工作，着力推进重点旅游景区景点开发。西昌市启动安哈镇乡村旅游发展规划和长板桥村优先发展实施方案，编制完成安哈镇新农村建设规划，努力打造全省乡村旅游示范区和西昌民族风情旅游长廊。

【品牌建设】 2013年，凉山州创建四川省旅游标准化示范州，盐源县创建省级旅游标准化示范县等均通过验收，圆满完成2012年省政府下达给州政府的旅游标准化试点创建任务；启动西昌市创建省级旅游强县（市）前期申报工作，扎实推进西昌市创建国家级旅游度假区、邛泸景区创建国家AAAAA级旅游景区、邛海湿地创“国家级生态旅游示范区”的“三创”工作；西昌市成功创建全省首批旅游度假区，宁南县创建省级乡村旅游示范县，冕宁县灵山景区大力打造国家AAAAA级旅游景区和旅游度假区，旅游风情小镇、灵山温泉中心、五星级温泉度假酒店、观光客运索道和后山连三海景区开发建设强力推进，部分项目已完工，启动冕宁县创建旅游标准化示范县，卫星基地完成实况发射参观平台和旅游公路改扩建红色旅游项目、停车场建设项目，建设村和西河村创建国家AAA级旅游景区工作；启动泸沽湖创国家AAAAA级旅游景区、创建省级旅游生态示范区，螺髻山景区创建省级旅游生态示范区，马湖和会理古城创国家AAAA级景区，启动全省第三批旅游标准化试点创建工作，华源旅行社、西部村寨苦荞文化园创建省级旅游标准化示范企业。

【宣传营销】 2013年，凉山旅游主要参加2013中国国内旅游交易会、2013中国国际旅游交易会。在西昌举办2013第四届中国国际自驾游交易博览会、2013中国凉山自驾车旅游推介会、2013年风情美食之旅暨冬春阳光之旅推荐会、全省百镇建设暨重点旅游项目推进会等各类大型宣传活动。积极参与省旅游局组织举办的国际国内旅游促销活动，西昌邛泸田园风光、会理金沙江皎平渡峡谷、普格螺髻山草海、盐源女神湾、喜德慈母海、西昌岗瑶湾被评为“四川100个最美观景点”。参加省旅游局赴韩国、台湾促销活动。围绕旅游线路、旅游产品、旅游方式、酒店住宿、特色产品、旅游咨询、节庆活动、特色餐饮等十大板块，在其网站上宣传凉山旅游。制作出版《五彩凉山·车行凉山自驾游攻略》3.4万册。完成与西安《汽车自驾游》杂志社合作制作川藏牛皮书，方便自驾游爱好者到凉山自驾旅游，同时，在重庆卫视开展为期一年的景区气象广告宣传。

【信息化建设】 实施《凉山州贯彻〈四川省“十二五”旅游信息化发展纲要〉实施意见》，启动实施“智慧旅游”创建工程。到2015年年末，基本建成服务凉山州“智慧旅游”发展的信息化行业管理体系、营销服务体系、电子商务体系，推动旅游业综合竞争力全面提升，着力解决信息平台建设所需投资、机构及人员编制。

【法制建设】 2013年，举办全州旅游法宣贯培训会、旅游法与旅游市场规范专题培训22期、开展旅游法暨惠民促销费宣传等活动5次，利用主流媒体设专栏宣传旅游法律10余次，在凉山日报全文刊登旅游法，开展旅游法局长访谈录、答记者问等宣传形式，形成全社会、全系统学法、用法、守法的良好局面。

【行业管理】 2013年，进一步加强全州星级酒店、农家乐的评定工作。对西昌醉太平酒店等3家星级酒店进行评定性复核，新评定星级酒店2家，备案登记旅行社分社7家；新增星级乡村酒店、农家乐49家，其中五星级1家，四星级农家乐乡村酒店12家，三星级农家乐乡村酒店19家，二星级17家，以及2家省级乡村旅游示范乡、镇、村；对2010年132家星级农家乐进行复核，经过复核保留99家。及时上报2013年省重点项目计划，并成功将冕宁灵山景区项目建设和马湖景区项目建设列为省重点项目。组织参加省旅游局5月在杭州市举办的四川省重点旅游招商项目推荐、洽谈活动，并与春秋旅行社等知名企业进行洽谈。向上级争取更多旅游基础设施建设项目（旅游厕所、自驾游营地、旅游综合服务站、标示标牌）和配套资金，认真做好2013年省重点旅游储备项目报送工作。做好安宁河地区重大旅游项目的管理、报送工作，做好雷波县和木里县争创国家旅游扶贫试验区工作。

【人才建设】 2013年，凉山实施人才强旅行动，强化旅游人才队伍建设，不断提升旅游从业人员素质。先后举办导游岗前、导游年审、旅游景区讲解员、旅游产业管理专题讲座、旅游法与市场管理规范、国际皇金管家资格认证等六个专题培训班，培训人员3000余人次。组织各旅游从业单位网络在线培训，按时上报数据和信息，超额完成省上下达的培训目标任务。对全州旅游人才队伍建设情况进行全面调查，通过统计分析摸清基本情况，找准存在的突出问题，提出相关建议，最终形成《凉山州旅游人才队伍建设调研报告》，并报州决策咨询工作办公室，为全州旅游人才发展提供决策依据。组织开展2013年度全国导游考试报名及考务工作（信息宣传，网络管理，考试教材和大纲订购），配合省旅游培训机构开展网络在线考前培训，确保报名及考试工作顺畅，凉山考区共有186名考生参加考试，43人最终获取导游资格证书。

【旅游执法】 2013年春节、清明、“五一”、火把节、国庆节来临之际分别召开专题会议，全力抓好旅游安全工作，深入开展旅游安全生产综合治理和专项集中检查，开展平安景区创建活动，进一步落实企业主体责任和行业监管责任。重点检查旅行社、星级酒店、景区、旅游客运公司、农家乐等企业，对道路标志牌、道路安全设施、停车场和旅游接待设施等进行全面检查。共出动旅游执法人员260人次，出动车辆180台次，检查旅行社120家次，检查、调研旅游景区30余次，检查旅游团队50个，共受理旅游投诉83起，都得到圆满解决；聘请来自人大代表、政协委员、群团组织、新闻媒体等不同领域的16位人士为旅游市场社会监督员，参与对旅游行业和旅游监管部门的检查督导工作。

（审核：游开军/撰稿：刘树源）

邛海泸山景区管理

【景区规划和建设】　2013年，邛海泸山景区管理局协调配合州市规划、国土、环保等部门完成《邛海东北岸详细规划》《邛海南岸详细规划》《宁海听涛安置区规划方案》《海南6个安置新村规划方案》的评审、报批和项目选址报批工作；完成邛海西岸控规调整论证工作，调整项目建设用地规划，为邛海洲际酒店项目、雅砻江水电开发公司培训中心项目做好土地准备、项目论证奠定基础；聘请专业设计公司开展邛海西岸旅游服务区规划设计、建设方案评审；开展州法纪教育基地、西昌市海南幼儿园、海南小学、大箐乡白庙村诺苏艺术馆及诗人之家博物馆项目的选址和方案审核工作。完成凉山农校危房改造、西昌市洛古坡乡洛古坡富民小学改扩建、西昌市五中房屋改扩建、泸山山门与月色风情小镇景点下穿人行隧道及光福寺观景平台改造，月色风景小镇升级改造项目的方案评审、报批；参与邛海湿地五、六期项目选址、规划工作。抽调人员协调配合邛海湿地六期项目征地、土地报建、环评等工作，保障邛海湿地恢复建设项目顺利开工。完成梦里水乡湿地观鸟屋和气象观测站建设工作，为游客观鸟和了解邛海湿地气象信息提供方便；完成景区生态厕所规划工作。投资50万元，更换、增加一批景区标志牌。完成邛海湿地六期、湿地五期小渔村景点和西昌南山片区拆迁工作任务。

【景区执法监管】　2013年，邛海泸山景区管理局开展国家卫星图片动态监测出的15处建设图斑的现场踏勘和检查工作，向省住建厅、国家住建部上报15处建筑产生的原因和查处结果；会同市规建局、西郊乡对老海亭安置区30户，月色风情小镇17户居民在屋顶私搭滥建行为进行清理和处罚；及时制止、查处驻景村民违建行为18起。

【环境保护】　2013年，邛海泸山景区管理局及时处理景区各类污水处理设施故障、管网堵塞等污水泄漏问题；督促邛海宾馆及时整改码头及别墅区2处破损的污水管网；督促柏栎酒店种植水生植物治理流经区域内雨污混流沟；督促铁路技校、碧海酒店及时整治堵塞泄漏的污水管网；配合市政管理处实施泸山山门污水管网改造工程；配合西昌市国资公司完成月亮湾景点污水设施改扩建工程；调查研究小渔村、青龙寺寺庙、泸山光福寺的污水处理设施容量不足问题，提出改扩建方案。会同西昌市环保局对邛海环湖周边30余家企事业单位及农家乐的排污情况进行专项检查；对高枧乡3户大型农家乐依法下达污水限期治理通知，对缸窑片区农家乐的排污情况进行检查和整治。加强对泸山游山道路、奴隶博物馆周边卫生死角综合整治；开展邛海入湖河流、河道，月亮湾—青龙寺—鹅掌河口，青龙湾至张家果园，民主村至月亮湾芭蕉园等路段环境卫生清理。组织清理打捞枯萎菱角及外来水生植物水浮莲、水白菜、水花生等3800多船、200万余千克，清理枯死茭白、芦苇、杂草等水生植物640多船、10万余千克，移植芦苇、水竹、皇竹草、荷花、睡莲、芭蕉等水生植物5万余株、800余笼，打捞邛海水面垃圾30万余千克，开挖水道4处、清淤11处，铺石板、筑围栏70余米，修筑堡坎60余立方米。在景区川兴镇小渔村试点实施小型人工湿地项目建设，建成日处理污水量3万千克的小型人工湿地1个，可净化14户农户，3户农家乐的污水。

【安全管理】 2013年，邛海泸山景区管理局会同市消防大队对景区内252家学校、宾馆、餐饮娱乐场所的消防安全进行集中排查整治，现场填发《责令改正通知书》105份，督促整改火灾隐患493处，对存在严重消防违法行为的13家单位依法给予行政处罚，对违反消防规定搭建彩钢瓦棚的单位责令限期拆除。开展节假日旅游安全专项检查，确保安全措施到位，排查处理节假日期间景区景点安全隐患26处。开展景区山体地质灾害调查与评估工作。协助凉山地质勘查公司完成景区地质调查，评估和地质资料收集工作。指导邛海游船公司开展水上安全应急演练。

【渔业管理】 2013年，邛海泸山景区管理局协调配合云南省环境科学院收集整理相关资料和开展现场调查。编写完成《邛海渔业发展规划》初稿编撰工作。开展渔业养殖与水体保护等调研，确保水产公司开展邛海生态养殖可持续发展。全年在邛海共投放花鲢、白鲢、青鱼、鲤鱼、鲫鱼等鱼苗1012万尾，为市场提供商品鱼约70万千克。完成对829名渔民每人每年1800元和306名虾民每人每年800元的补偿，共发放补偿资金173.7万元。

【景区旅游管理】 2013年，邛海泸山景区管理局完成海门渔村"大凉山南红玛瑙城"实施方案策划和招商工作。加强对玛瑙城的运营宣传和管理，完成邛海洲际酒店项目招商工作。结合海河天街开街仪式策划端午节龙舟节庆活动；举办"第二届游客看湿地摄影大赛"和南红玛瑙品鉴活动，协调配合西昌市文体局开展环邛海轮滑赛、徒步赛、自行车赛等活动；"五一"节期间，在小渔村举行围绕邛海渔家风俗"祭海仪式"活动，宣传邛海渔家文化。完善邛海湿地各项旅游服务硬件设施，完成生态旅游示范区迎检资料的收集、整理、编撰、组卷、印制等系统工作。收集景区节日期间旅游信息，发放游客调查问卷300余份，通过分析、研究收集数据，捕捉有效信息，为景区发展决策提供依据。全年完成各级讲解接待任务617次，其中国家级接待48次，省级接待94次。通过保险理赔，处理23起泸山猴子抓伤游客事件；协调配合西昌市食品卫生管理部门处理景区两起食品卫生投诉纠纷，保障景区游客游览。全年邛海泸山景区共接待游客1343.96万人次，同比增长18.55%（其中：一日游1007.97万人次，同比增长18.54%，过夜游335.99万人次，同比增长18.55%）；实现旅游收入16.21亿元，同比增长13.91%；自驾车77.94万辆，同比增长23.99%。

【景区宣传】 2013年，邛海泸山景区管理局通过邛海泸山风景区网，发布大量景区图片和中、英、日、韩四种文字稿件宣传推介景区。制作7个时长约100分钟的节目在景区18个LED荧屏播放，从吃、住、行、游、购、娱等方面展现景区特色。全年在各类媒体上刊载宣传景区稿件26件宣传景区工作。创作景区各景点讲解词，制作讲解录音，在各景点和观光车上流动播放，吸引游客。开展邛海湿地科普宣传。配合西昌市教科局编写《邛海之春》中小学生生态教材。在湿地绿道周边安装13个"生态环境保护"公益宣传专栏，在科普文化长廊悬挂48块图文并茂的湿地动植物宣传画，介绍邛海湿地鸟类、鱼类、植物等，展现邛海湿地生物多样性。在邛海一、二期湿地内设立"植物种植试验区、植物生长观测区、水生动植物观测区、气象科普观测区、鸟类观测区"五个观测区，丰富湿地科普宣传活动，增强公众生态环境保护意识。利用景区游客手册、游客须知、游客讲解词添加廉政文化元素。在各景点安装廉政文化标识标牌，通过景区LED大屏幕循环播放廉政文化专题片、廉政公益广告，通过多种形式开展廉政文化宣传，弘扬社会正气。

【主题教育实践活动】 2013年，邛海泸山景区管理局党支部组织召开党员大会、职工大会，组织专题党课、座谈会、重温入党誓词等活动，各科室、管理处针对"庸懒散奢乱"五个方面存在问题开展自查自纠活动，梳理出意见建议

26条加以整改，通过批评与自我批评，互相对照检查，互相帮助提高。全体党员干部职工对国家实现伟大中国梦，实现“两个一百年”目标和西昌加快建设现代化生态田园城市，实现“两个率先”目标有了深刻认识。

（审核：伍文江/撰稿：沙宏伟）

螺髻山景区管理

【概况】 2013年，螺髻山管理局内设机构为三科一室，即办公室（挂执法保卫科牌子）、规划建设科、市场开发营销科、管理科。行政编制10人，机关后勤服务人员编制1人，实际在编11人。景区全年共接待游客19.5万人次，实现旅游总收入3900万元，景区门票收入730.04万元。

【索道技术改造】 2013年，景区索道技术改造工作全面完成，并定于2014年春节黄金周正式投入使用，接待能力由原来的1500人次/天提高到6000人次/天。

【保护和管理工作】 2013年，螺髻山景区严格按照《风景名胜区条例》和《四川省风景名胜区条例》，在景区保护管理制度建设、景区规划建设和管理服务等方面不断进行尝试和创新。2013年，螺髻山景区在建设部组织的国家级风景名胜区执法检查中被评为优秀。

【生态旅游示范】 2013年，螺髻山全面展开省级生态旅游示范区的创建工作。成立领导小组，制定实施方案，明确职责分工和实施步骤，在景区景点建设、配套设施完善和生态环境整治方面成效显著，并于12月顺利通过专家组的评审检查。

【创建省级自然遗产】 2013年，螺髻山被列为四川省第二批省级自然遗产。螺髻山成功申报省级自然遗产，进一步强化景区自然遗产的保护管理和合理开发，提升景区知名度和美誉度，同时，螺髻山古冰川遗迹科普基地被列入四川省第七批科普基地。

【科研成果】 2013年，螺髻山景区与西昌学院彝文化研究所院签订合作协议，研究“螺髻山彝族传统文化的挖掘和应用”；与四川大学合作，开展螺髻山“生物多样性调查”，为“螺髻山生物资源基因库”摸清家底，也为今后创建国家级生态旅游示范区和自然遗产奠定基础；与辽宁师范大学城市与环境学院合作，对螺髻山第四纪古冰川地质遗迹进行研究，并提交《螺髻山第四纪冰川科研报告》；与中科院成都山地灾害和环境研究所共建“科研教学基地”已经挂牌，并开展一次博士生教研活动。

【中国旅游景区协会信息年会】 2013年，螺髻山景区不断加强与行业协会的交流合作，与相关行业协会共同建立“中国数码摄影家协会螺髻山创造基地”和“中国科学探险协会螺髻山科学探险考察基地”。5月，螺髻山景区承办中国风景名胜区协会信息年会，建设部风景园林司、全国各省住建厅和全国100余家风景名胜区代表齐聚西昌共商风景名胜管理事业，通过《游客中心建设标准》和《导游解说系统建设标准》。

【宣传促销】 2013年，螺髻山景区结合自身实际制定《宣传营销工作计划》，按照“立足成、渝，深入云、贵，面向全国”的目标市场定位，分级采取措施，不断扩大客源市场。加大省、州统一组织参加的“西博会”“旅交会”等各类旅游交易会的参展力度；承办“5·19”中国旅游日纪念活动和“寻找最美金索玛”摄影大赛启动仪式；与普格县共同举办“火把节”民俗活动以及彝族年“千年彝风，螺髻情韵”主题活动；与峨眉山、都江堰、海螺沟等省内的主要景区结成营销联盟，共同开展营销活动和互推互助；在州委宣传部、州旅游局的主导下与州内的景区联合在重庆电视台投放广告，节约营销成本；与各地自驾车俱乐部建立合作关系，制作和投放1万册《自驾游手册》，“自驾车露营+篝火晚会”深受游客喜爱；派出7名职工到成都，在成都联络人的组织下深入到各个居民社区，以教当地居民跳“达体舞”、表演月琴、口弦、彝族歌舞和发放宣传资料的形式宣传推介螺髻山，现场为市民提供咨询服务；加强螺髻山旅游门户网站建设，共同建成“螺髻山旅游”。

【党建工作】 2013年，螺髻山景区研究制定《2013年党支部理论学习计划》，重点开展深入学习党的十八大精神和中国特色社会主义理论体系两个专题的学习，进一步统一思想，凝聚力量，坚定信念。组织开展以学习贯彻落实党中央“八项规定”和省州“十项规定”为主要内容的专题民主生活会。深入开展“党建进景区”主题实践活动，发挥党员的先锋模范作用。在景区应急抢险、游客救援、环境保护、咨询和疏导服务等工作中发挥党员干部的积极主动性。活动中，党员们守纪律、塑形象、强作风、促发展，处处维护景区形象，在各自服务的岗位如售票窗口、检票窗口、导游服务窗口、咨询服务窗口和安全保卫窗口等纷纷亮出照片、姓名，并根据岗位实际做出服务承诺，将群众监督与自我勉励有机结合，以严格的要求、完美的服务赢得游客的尊重和信赖，营造文明和谐的旅游氛围。景区管理机关则转变作风，改进工作，每逢节假日或周末，游客较多的时候，机关党员干部深入景区一线，为广大游客提供讲解、咨询、端茶、送水等便民志愿服务。

【党风廉政建设】 2013年，螺髻山景区认真贯彻落实党中央“八项规定”和省州“十项规定”，特别对规范公务接待和公车使用等方面做出硬性规定，营造风清气正的良好氛围。坚持勤俭节约，严格执行省州关于规范津补贴发放的相关规定。坚决贯彻执行《关于严禁党政人员大操大办宴请敛财的暂行规定》，杜绝《规定》明令禁止的现象。开展“廉政文化进景区”示范点的创建工作，以“青山绿水育清风”为主题，坚持“潜移默化、润物无声”的原则，紧密结合螺髻山实际，抓住景区自然原生态和浓厚彝族文化特点。将廉政文化建设与景区的生态文明充分结合，从尊重自然、保护环境，人与自然和谐相处等方面挖掘廉政文化内涵。同时，深度挖掘彝族文化、彝族乡土文化和彝族民间传说故事中廉政文化内容。

（审核：日海补杰惹/撰稿：曾尚文）

泸沽湖景区管理

【概况】 2013年，泸沽湖景区管理局深入贯彻省、州、县旅游工作会议精神，狠抓景区生态环境保护，着力完善景区基础设施建设，全面规范景区旅游管理。紧紧围绕“摩梭家园建设和摩梭文化保护”重大战略，始终坚持“严格保护、科学规划、统一管理、合理开发、永续利用”基本方针，深入开展“实现伟大中国梦、建设美丽和谐幸福摩梭家园”活动，积极开展各项工作，狠抓落实，稳步推进全局工作。全年泸沽湖景区共接待中外游客35.05万人次，同比增长36.2%，其中：自驾车4.49万辆，团队车1006辆，接待外国游客431人次，门票收入达到1839.59万元，同比增长26.6%，实现营业收入30183.74万元，同比增加30.1%。

【摩梭家园建设】 2013年，《摩梭家园建设暨摩梭文化保护总体规划》《摩梭家园建设暨摩梭文化保护控制性详细规划》等规划已编制完成，并于7月29日经省政府常务会审议通过；《旅游发展规划》《摩梭文化保护专项规划》《洼夸古村落保护性改造方案设计》等系列专项规划编制已完成并顺利通过评审，摩梭家园建设暨摩梭文化保护项目已由规划编制阶段转入实施阶段，洼夸古村落试点建设工作已圆满完成，其余试点各项建设工程稳步推进、进展顺利。

【基础设施建设】 2013年，泸沽湖景区管理局始终遵照国家AAAAA级旅游景区建设标准，不断对景区的硬件设施进行完善升级，积极增强景区旅游配套功能。2013 年，管理局对景区的生态停车场、景点标识标牌、走婚桥、旅游厕所、垃圾填埋场、污水管网等基础设施进行全面维修和改造，进一步推动景区旅游基础设施的上档升级，满足游客的旅游需求；同时，从景区实际需求出发，管理局新修密洼码头、扎窝落码头和旅游观光休息亭，改善景区软硬件设备、设施。2013 年，泸沽湖景区成功创建成为四川省旅游标准化示范景区。

【综合治理】 2013 年，泸沽湖景区管理局组织公安、工商、交通、消防、旅游、环保等部门对景区旅游市场进行综合整治。对景区内的宾馆、酒店、农家乐、餐厅的从业人员从仪表仪容、行为举止、食品卫生等方面按照国家 AAAAA 级旅游景区的标准进行培训；规范景区所有涉旅服务人员依法经营、诚信经营，坚决杜绝随意哄抬物价、非法经营、伺机宰客等不良现象的发生，净化旅游市场；加强景区客运市场和水上安全的管理，下大力气实施“泸沽湖景区道路车辆非法营运”专项整治活动，采用“疏堵结合”的方式有效打击黑车黑驾，同时在景区投入 10 辆游客营运车辆和 6 辆环湖观光大巴车，规范客运市场，进一步满足游客的出行需求，提升景区游客出行安全水平；同时，加强泸沽湖营运船只管理，配合州、县海事局等部门对泸沽湖景区的所有运营船只进行安全检查，登记造册，对老旧船只进行淘汰停运，坚决做到两个 100%（100%佩戴救生衣，100%不超载）。

【宣传促销】 2013 年，管理局突出宣传，创新措施，强化导游管理，提升服务质量，加强景区宣传促销工作，树立全面对外宣传形象，努力打造景区旅游服务品牌。与中央电视台、重庆电视台、四川电视台、凉山电视台等知名媒体合作全方位、多角度宣传泸沽湖；与《四川日报》《凉山日报》《中国国家地理》《中国旅游报》等报刊媒介合作大力宣传泸沽湖；积极参加上级党委组织的各类旅游交谊会、博览会及旅游促销活动；积极开展“摩梭家园”建设规划宣讲工作，有效宣传泸沽湖。继续与重庆、成都、攀枝花及其他省市的多个旅行社签订宣传促销协议书，全方位宣传泸沽湖景区。

（审核：须发旺/撰稿：邓武军）

社会事业

Social Undertakings

科学技术

【概况】 2013 年，全州财政科技投入 2.2 亿元，社会创新投入 3.9 亿元，新增产值 120 亿元。州本级财政科技专项资金达到 2275 万元。加计扣除高新技术企业、创新型企业所得税减免 3800 万元。高新技术产业实现产值 29.75 亿元，同比增长 98.45%，科技对经济增长的贡献率为 43.4%。

【科学技术奖励】 召开全州科技创新大会，2010—2011 年度凉山州科学技术奖获奖单位和个人受到表彰和奖励，奖金总额达 183 万元，其中，西昌学院科技处处长蔡光泽、凉山州第二人民医院院长李列平荣获凉山州科学技术杰出贡献奖，每人获奖金 10 万元；会理县人民政府、宁南县人民政府、冕宁县人民政府获科技进步考核优秀奖，各获奖金 3 万元；“急倾斜特厚煤层残煤复采研究应用”等 8 项科技成果获凉山州科技进步一等奖，各获奖金 5 万元；“凉山州清甜香优质烤烟综合标准体系的研究与编制”等 26 项科技成果获凉山州科技进步二等奖，各获奖金 3 万元；“过程控制尾号铸坯自动识别追踪策略研发”等 36 项科技成果获凉山州科技进步三等奖，各获奖金 1 万元。4 项拥有自主知识产权的科技成果分获四川省科技进步二等奖、三等奖。其中，四川省烟草公司凉山州公司主研的“边远山区烟叶生产收购装备及质量追溯系统关键技术研究与应用”和凉山州西昌农业科学院研究所参与完成的“太谷核不育小麦的遗传改良与种质创新及育种利用”项目获四川省科技进步二等奖；西昌学院主研的“适应产业化的苦荞新品种‘西荞 2 号’和‘西荞 3 号’选育与推广应用”及凉山州动物疫病预防控制中心参与完成的“四川省家畜血吸虫病传播控制研究与应用推广”获科技进步三等奖，获奖项目中包含植物新品种 5 项，发明专利 2 项，实用新型专利 2 项。

【科技进步考核】 会理、冕宁、德昌、西昌、宁南、会东、越西、盐源、雷波、喜德、金阳 11 个县市通过 2011—2012 年全国县市科技进步考核，凉山州首次荣获全国科技进步考核先进州，冕宁、德昌、宁南三县被评为全国县市科技进步考核先进县。

【技术创新体系】 全州有国家高新技术企业 3 户、省创新型企业 16 户、省科技型中小企业 134 户，正在申请认定高新技术企业 2 户，重点培育高新技术企业 8 户、省创新型企业 22 户。3 户优势企业建成省级工程技术研发中心，好医生攀西药业建成全州首个院士工作站。建成农村产业技术服务中心、科技特派员团队、龙头企业技术研发和“农业科技 110”等组成的新型农村科技服务体系，创建省、州现代农业科技示范园区 14 个，专家大院 5 个。

【科技项目实施】 州级科技项目网上申报系统正式运行。实施国家、省及州科技项目 132 项，获项目经费总额 6900 万元，其中国家和省级项目 26 项，经费支持总额 4620 万元，含国家科技惠民项目“四川省昭觉县统筹城乡的艾滋病综合防控体系建设”和国家“863”计划重大科技攻关项目。宁南、木里等 6 县市获得了省科技富民强县专项资金支持，实现首轮省级科技富民强县项目全覆盖。

【科学技术普及】 组织开展 1 月送科技下乡、3 月科普宣传月、5 月科技活动周、10 月全国科普日等大型群众性科普活动。承办全省 2013 年科技活动周启动仪式。完成 2012 年度科普统计工作。组织开展邛海湿地创建国家科普示范基地工作，螺髻山风景区古冰川遗迹被认定为四川省第七批科普基地。

【科技合作交流】 组团参加首届中国科技城绵阳科博会，13 家科技型企业参展，展出高新技术产品 40 余种，发布科技合作项目 120 项，接待参观群众近 20 万人次。参加川滇黔毗邻地区十市州科技工作联席会。中日技术合作“四川省凉山州金沙江流域生态环境保护综合开发示范项目”通过终期评估。州科知局与宁南、冕宁两县建立科技工作会商机制。

【知识产权管理】 建立专利资助制度，设立专利资助专项资金 50 万元。共申请专利 379 件，其中发明专利申请 135 件，获授权专利 189 件。4 户企业通过了第二批省级知识产权试点和优势培育企业考核验收，四川好医生攀西药业公司等 5 户企业被确认为第三批省知识产权优势培育和试点企业，四川环太实业等 4 户企业获得省专利实施与促进项目资金支持。

（审核：周大海/撰稿：王永坚）

教 育

【概况】 2013 年，凉山州教育工作紧紧围绕办好全州各族群众满意的教育目标，认真实施国家、省、州《中长期教育改革发展规划纲要（2010—2020 年）》，深入学习党的十八大、十八届三中全会、州委七届四次全会精神，统筹协调发展各类教育，大力改善办学条件，全面加强师资队伍建设，努力提高教育质量，扎实推进教育民生工程，不断强化校园安全管理，教育事业发展取得突出成绩。2013 年，凉山州教育局被四川省国防教育委员会、中共四川省委组织部、中共四川省委宣传部、四川省军区政治部评为全民国防教育十佳贡献单位，被中华全国妇女联合会授予全国维护妇女儿童权益先进集体，被四川省公安厅、四川省教育厅评为四川省消防安全教育示范学校创建活动先进单位，在社会治安综合治理、艾滋病防治、安全生产等工作中，均被州委、州政府评为先进单位，并获凉山州委、州政府目标考核一等奖。

【党风廉政建设】 2013 年，凉山教育系统认真落实党风廉政建设责任制，切实加强干部廉政教育。认真贯彻执行干部选拔任用工作有关规定，积极推行领导干部民主推荐、民主测评、组织考察、干部任前公示、集体决定等制度。严格执行中央“八项规定”、省、州“十项规定”和党政机关厉行节约反对浪费的相关规定，严格监管教育收费行为，严格审计教育专项资金，坚决查处违规违纪行为，促进教育环境风清气正。全年共收到举报信件、电话 174 件，接待来访群众 7 人次，查处违规收费案件 4 件，清退违规收费 22.69 万元，警告处分 1 人，通报批评 1 人，办结率为 100%。

【学前教育】 坚持政府主导、社会参与、公办民办并举，大力实施学前教育三年行动计划、农村学前教育推进工程、中西部地区农村闲置校舍改建等项目，努力扩大学前教育资源，学前教育三年行动计划目标基本实现。2013年完成新改扩建幼儿园项目学校30个，建设面积4.8万平方米。在园（班）幼儿达12.45万人，较2012年增加1.99万人，学前教育三年毛入园率达42.07%。组织160名县市教育局幼教专干、教研员、园长、骨干教师参加3~6岁儿童学习与发展指南培训，10篇作品入选全国“首届学前教育管理与教学设计评选活动”。大力实施普惠性幼儿园困难学生资助政策，全年资助普惠性幼儿园困难儿童9322人。

【编制学校布局结构调整规划】 2013年，凉山州教育结合建设美丽富饶文明和谐安宁河谷规划、大凉山扶贫综合开发规划和第二轮四川省民族地区教育发展十年行动计划的实施，继续大力开展义务教育阶段学校标准化建设工程，以县市为单位规范编制农村义务教育学校布局结构专项规划。

【高中课程改革】 2013年，凉山教育认真组织普通高中课程改革各学科教师参加远程视频培训、高中课改网络培训和省级各学科面对面的培训，通过送出去、请进来等方式，完成主要学科任课教师的各类培训工作，培训覆盖率达100%。严格按照标准进行通用实验室的建设和设备设施的配备。指导学校建立行之有效的校内选课指导制度，开展科学选课指导工作，建立学生综合素质评价制度。

【示范性普通高中评估】 2013年，凉山积极开展省级、州级示范性普通高中评估工作。经省教育厅复查，顺利通过并得到重新确认和命名，西昌市第一中学被重新命名为四川省一级示范性普通高中，凉山州民族中学、西昌市第二中学、西昌市第七中学、四川省德昌中学、四川省昭觉中学、四川省冕宁中学校、四川省越西中学被重新命名四川省二级示范性普通高中。对雷波中学申报凉山州示范性普通高中开展评估验收并命名，2013年年底凉山州示范性普通高中增加到8所。

【中学生运动会】 2013年，凉山州教育局与州体育局共同举办“新华杯”凉山州第三十一届中学生运动会，31支参赛队共1241名中学生运动员参加田径、篮球、乒乓球、排球、足球五个项目的比赛。田径初中组和高中组分别有4项纪录被打破，14人次达到二级运动员等级标准、194人次达三级运动员等级标准，学生体质健康和运动水平逐年提高。进一步提升全州篮球、足球、排球、乒乓球竞技水平。11支参赛队荣获体育道德风尚奖，8个县市教育局荣获组织奖。

【中等职业教育】 2013年，凉山州继续深入实施彝区免费职业教育计划和藏区“9+3”免费职业教育计划，全州职业教育在校学生达3.3万人，职普比达3.3：6.7，初中毕业生基本实现应读尽读。加强中等职业教育基础能力建设，全年累计投入中央及省州职教项目建设资金7400万元。加强双师型教师培养力度，加强中等职业教育特色专业建设，大力推行工学结合、校企合作订单培训，切实提高学生实践能力和职业技能，中等职业教育学生就业率达93%以上。加强中等职业学校学生行为规范教育，大力开展“四川省级中等职业教育学生内务管理示范学校”创建和评估工作。

【民族教育】 2013年，凉山州大力实施《十年行动计划》，科学编制第二轮《十年行动计划》年度实施方案，认真开展《十年行动计划》项目专项督查，全年落实《十年行动计划》资金1.57亿元，其中基建项目资金8978万元，实施新建、改扩建项目学校67所，乡镇教师周转宿舍项目14个。加强中小学生爱国主义、民族团结、禁毒防艾及养成教育，深入开展双语教研活动，20种彝文教材、教辅通过“四川省中小学彝文教材审查委员会”审定。全州少数民族学生达49.6万人，开展双语学校985所，接受双语教学在校生26.84万人。寄宿制学校达628所，义务教育阶段寄宿制学生24.64万人，享受寄宿制生活补助学生23.06万人。

【德育工作】 2013年，全州教育系统深化做一个有道德的人主题活动，积极开展向国旗敬礼，做有道德的人网上签名寄语活动；组织广大青少年学生开展学雷锋、树新风系列活动；在凉山州民族中学组建学生志愿者队伍，积极开展最美志愿者评选活动，推动志愿服务活动蓬勃开展；开展烈士陵园扫墓、歌唱红色歌曲、网上祭英烈、我的中国梦等主题教育活动。组织全州初、高中学生约18万人收看神舟十号航天员太空授课活动。5月，与州环保局共同组织开展共建生态文明，共享美丽凉山演讲比赛。12月，与州委宣传部、州文明办联合举办中小学中国梦·中国诵国学经典诵读大赛。积极开展省、州级三好、优干、先进班集体评选表彰工作，共评选表彰省级优秀学生2名，三好生23名，优秀学生干部17名，先进班集体6个，州级三好学生323名，优秀学生干部226名，先进班集体90个。

【教师队伍建设】 坚持深入实施人才强教战略，紧紧抓住培养、引进和用好三个关键环节，着力优化教师队伍结构，全面加强师德师风建设，努力提升校长队伍管理水平和教师教书育人能力。2013年，全州招聘特岗教师827名，安置17名凉山籍免费师范生就业，考核聘用教育部免费师范生15人。评审教师专业技术职务2080人，其中高级383人、中级1697人。最美乡村教师马剑霞被共青团中央、全国青联授予第十七届中国青年五四奖章，喜德县教师阿来格史被评为全国师德标兵，20名优秀教师受到省委、省政府表彰。

【教育民生工程】 2013年，全州免费为71.7万名义务教育阶段学生提供教科书和减免学费，补助义务教育学校公用经费4.2亿元；2159名大学生享受生源地助学贷款，762名家庭经济困难大学新生得到入学资助；义务教育阶段学生营养改善计划实现全覆盖，享受学生71.77万名；10.44万人高海拔地区义务教育阶段学生取暖问题得到解决，10.46万名学前幼儿教育实行保教费减免；义务教育阶段在校残疾学生1899人，资助普通高中学生2.16万人；招收中职高一学生1.85万人，免除中职学生学费3.1万人，资助中职学生2.1万人；全年建设农村义务教育薄弱学校食堂5.77万平方米。

【营养餐改善计划】 2013年，全州农村义务教育学生营养改善计划工作在采取食堂供餐模式或牛奶+鸡蛋、火腿肠、水果模式的同时，逐步实行食堂供餐模式替代牛奶+鸡蛋、火腿肠、水果模式，为全州农村义务教育学生每天提供一份价值3元的营养餐。秋季学期，全州71.67万名义务教育阶段学生全部纳入营养改善计划，其中：国家试点县30.60万人（其中扩面学生5.96万人），省级试点县41.07万人（其中扩面学生12.96万人）。

【教育科研】 2013年，凉山首次自主命制高中诊断性考试题，并组织开展网上阅卷、分析。5项课题申报为2013年度省教育厅教育科研资助金课题（其中：重点课题1项，一般课题4项），确立75项州级课题。在国家、省级教学展示评比、优质课评选、教学技能竞赛等教学评比中获国家级一等奖1人次，二等奖2人次，三等奖1人次；获省一等奖3人次，二等奖20人次。各种教育科研成果、论文、案例、教案获省一等奖12项（篇），省二等奖31项（篇），省三等奖66项（篇）。举办2013年凉山州高中生化学竞赛预赛、高中生数学联赛、高中生生物竞赛。组织开展2013年四川省（凉山片区）艺术人才大赛及美术、书法（含硬笔）考级工作。完成《关于开展四川省中等职业学校德育现状调研》《关于开展四川省县级职教中心现状的调查》等调研文章。

【招生考试工作】 2013年，全州普通高中毕业生报考人数2.03万名（少数民族考生6050名），上省定本科线4361名（少数民族考生684名），占该类考生的21%，其中本一509名、本二及以上2791名、本三及以上4361名；上省定专科线有1.80万名（少数民族考生5167名），占该类考生的89%，其中专一及以上7031名、专二及以上1.96万名。按照国家对少数民族地区政策给予加分后上省定本科线的有5952名（少数民族考生1280名），占该类考生的30%，其中本一765名、本二及以上4304名、本三及以上5952名；上省定专科线的有19571名（少数民族考生5814名），占该类考生的96%，其中专一及以上9662名、专二及以上1.96万名。

【校园安全工作】 组织召开全州学校安全工作会议，严格落实安全工作“一岗双责”要求，与各县（市）教育局、直属学校、幼儿园签订学校安全稳定工作责任书。实行局领导和科室负责人分片包干负责制，开展教育系统安全大检查，实现全州3021所中小学幼儿园（含1014个教学点）学校安全大检查工作全覆盖。协调卫生、公安、交通、食品、消防等部门，大力开展校园及周边环境综合治理，着实加强学校食品卫生安全、消防安全、交通安全、疾病防控、自然灾害防御、中小学生溺水、校车安全等工作，扎实开展“护校安园”“百安活动”等专项活动。广泛开展安全宣传教育和应急演练，完成5所中小学校州级防震减灾科普示范学校评估认定。2013年无校园安全责任伤害事故发生。校外学生意外伤害事故共发生31起，死亡学生33人（其中校外溺水事故16起死亡18人；交通事故3起，死亡3人；治安案件1起，死亡1人；学生自杀事故5起，死亡5人；其他事故6起，死亡6人）。

【禁毒防艾教育】 2013年，州、县教育行政部门层层签订2013年禁毒防艾工作责任书，制定工作方案。各级各类学校将禁毒防艾纳入教学计划，开设中学生禁毒防艾生活技能课程，免费向初一、高一新生提供《中学生禁毒防艾生活技能教育》教材，春季学期在全州所有中学安排10~12节禁毒防艾专题课程，对全州216所学校的9.87万名初一、高一年级新生进行禁毒防艾生活技能培训。组织开展以普格县为主的学校预防艾滋病教育及公共卫生防疫、食品饮水卫生安全培训，县市教育局卫生专干、中小学校分管校长、骨干教师共计180人参加。开展“6·3”虎门销烟174周年纪念日、“6·26”国际禁毒日和“12·1”世界艾滋病日的宣传教育活动；开展以“履行禁毒义务、参与禁毒斗争”为主题的禁毒知识宣传教育活动，确保全州中小学校“学生不吸毒、校园无毒品”。

【珠海对口支教计划】 2013年7月2日，凉山州教育局与珠海市教育局签订《广东省珠海市教育局与四川省凉山州教育局基础教育跨越发展协议书》，珠海市通过学校办学管理、课程改革指导、教研课题合作、高中课改研讨、学校结对帮扶等方式，对凉山州基础教育、学前教育进行智力支援，创新对口支教工作方式，加强学校年轻干部和骨干师资力量培训，对中小学幼儿园教师进行教学业务技能指导，提高凉山州中小学幼儿园现代教育信息技术的实践应用水平。通过签订协议，凉山州各县市共21所中小学将与珠海市中小学开展结对帮扶。协议终止时间为2015年12月31日。

【教育信息化】 2013年，凉山州成立教育信息化工作领导小组，由州技术装备所具体负责指导相关业务，积极探索政府政策支持、企业参与建设、学校持续使用的机制，确立引入企业，与企业合作，推进信息化建设的工作思路，与中国移动四川凉山分公司签订《凉山州教育信息化合作协议书》。4月9日，召开全州教育信息化工作会议，安排部署中小学教育信息化建设工作，提出全年实现全州60%以上中小学实现宽带接入的目标。截至年底，全州共有902所学校与凉山移动签署信息化合作协议，凉山移动累计完成485所学校通宽带建设，积极开展凉山州及17个县市素质教育云平台的建设。

（审核：蒲涛/撰稿：陈燕美）

西昌学院

【概况】 2013年，是西昌学院升本10周年，学校以学习贯彻中共十八大精神为重点，紧扣深入开展党的群众路线教育实践活动及“中国梦”主题教育活动两大主题，全面贯彻落实全国、全省中长期教育改革和发展规划纲要，以深化应用型本科建设为重点，进一步提升人才培养质量。

【“中国梦”主题教育活动】 2013年，学校开展科学发展、加快发展，促进学校发展大跨越、团结和谐、维护稳定，开创平安校园建设新局面和弘扬抗震救灾精神、感恩奋进，凝聚学校发展正能量等教育活动。各基层党组织广泛开展组织一次专题党课、开展一次党史知识竞赛、召开一次座谈会、举办一次演讲比赛、撰写一篇学习心得的“五个一”活动。通过活动的开展，实现让“中国梦”深深根植于师生头脑，让全校师生树立主人翁意识，增强肩负起实现“中国梦”的历史使命感，为推动学校事业发展奠定坚实的思想基础、提供强大的精神动力等预定目标。

【党的群众路线教育实践活动】 2013年，学校始终把“照镜子、正衣冠、洗洗澡、治治病”的总要求贯穿全过程，集中精力解决“四风”问题。组织理论宣讲、领导宣讲报告会56场（次），副处级以上干部集中学习3天、集体讨论6次，党委中心组扩大学习会5天，个别访谈519次、专题讨论会、民主生活会48场（次），形成调研报告126份。多层次、多角度广泛听取意见建议，查找“四风”问题16个方面。制订并逐步予以落实的“四风”问题整改措施22个，突出问题专项整治措施15个，精文简会20余个，废止、修订完善文件35个，新建制度10个。

【党建工作】 2013年，学校把政治理论学习与党风廉政建设、绩效工资改革、管理体制改革、建设和谐校园等结合起来，以理论学习推进学校改革、发展。建立健全与法律法规相协调、与高校发展相衔接、与大学生成才相适应的全员、全过程、全方位育人思想政治教育制度体系。健全领导班子科学民主决策机制，严格执行“三重一大”制度，规范决策程序，细化决策事项，明确决策责任，对大额资金使用、学校改革发展重大问题和重要干部任免等都集体研究决定，涉及教职工切身利益的重要事项都事先广泛听取群众意见。定期和不定期公示、通报学校重大决策、财务预决算、重要人事安排以及重大基建项目40余次，自觉接受广大教职工监督。建成党外代表人士库，物色、选拔和举荐党外人士在各级人大、政府、政协及司法机关进行政治安排和实职安排，11人次进入各级人大、政协，1人当选第十二届全国人大常委会委员。认真贯彻落实《党政领导干部选拔任用工作条例》，坚持党管干部原则，坚持德才兼备、以德为先、群众公认、注重实绩的用人导向，坚持好干部的“五个标准”，选拔任用靠得住、作风好、有本事和群众满意的人。严格执行干部选拔任用工作程序，切实防止选人用人上的不正之风，认真落实干部选拔任用“一报告两评议”制度。进一步完善党风廉政建设责任制，认真贯彻执行中央“八项规定”，省委、省政府“十项规定”，制定《西昌学院关于改进工作作风、密切联系群众的实施办法》。严格履行监督职能，加强对涉及人财物管理等重点领域和重点岗位的监督检查，加强对重大经济活动、重大经费开支、基建、维修工程审计、招生录取、特殊招生、预科直升、专升本、招聘人员等的监督检查力度。

【宣传工作】 2013年，学校围绕学习贯彻党的十八大、十八届三中全会精神、升本十周年校庆、科技扶贫、教学科研、招生就业等中心工作，积极开展重大题材宣传报道，为学校的改革发展稳定营造良好的舆论氛围。在中青校园通讯社、中青网、中华新闻网、四川在线、四川新华网、《教育导报》《凉山日报》等媒体上发布学校消息230余条。加强对研讨会、报告会、讲座、论坛和校外媒体接待的管理；加强校内活动、论坛和媒体来访的申报备案和审批制度；加强内部出版物的管理，进一步整治学校出版环境。

【帮扶工作】 2013年，学校直接参与帮扶的人数达1000余人，为扶贫乡办好事、实事28件，开展教育培训活动14次，培训教师、村民、中小学生3200余人次，帮扶农户1080户。学校获凉山州“挂包帮”先进集体荣誉称号。

【教学工作】 2013年作为质量工程建设年，学校加大质量工程建设力度，修订2013级人才培养方案，进一步明确应用型人才培养的规格与标准，编印出版《西昌学院教学质量标准体系》《西昌学院全日制本科专业实验教学计划》。顺利完成国家和省级高校质量工程建设项目的申报工作，大学生校外农科教合作人才培养实践基地被批准为国家级大学生校外实践教育基地，农学专业综合改革被批准为国家级本科教学工程专业综合改革项目；材料科学与工程专业被列为四川省卓越工程师培养计划项目，土木工程、汽车服务工程专业被列为四川省专业综合改革项目，运动与健康服务实验教学中心被列为四川省实验教学示范中心。全年有10个项目获批国家级大学生创新创业训练计划项目，30个项目获批省级大学生创新创业训练计划项目。3人被聘为教育部本科教学指导委员会专家。与大北农集团等企业签订校企合作协议，实现共同优化专业建设、共同制订人才培养方案、共同实施教学活动、共同培养“双师型”教师、共同促进学生就业。加强教材管理及建设工作，《建筑设备工程》被列为国家“十二五”规划教材。

【科研工作】 四川南亚热带水果技术创新实验室、四川苦荞麦实验室、四川攀西动物疫病检测与防控实验室成功申报为四川省高校重点实验室，彝族文化研究中心顺利通过省级评估。申报各类科研项目156项，获资助90项，其中：国家自然科学基金项目12项，国家社会科学基金项目7项，获凉山州第六届自然科学成果奖21项，SCI、EI检索论文8篇。苦荞新品种“西荞3号”通过国家级作物新品种审定，7个新品种通过省级新品种审定。

【科技创新】 2013年，学校在凉山州盐源、普格等县组织地方教育、卫生、科技、文化于一体的科技服务联盟，突破行业壁垒，组合资源，实现多元科技服务运行机制。加强与地方政府及企业合作，通过产学研基地、科技示范园区、农业科技专家大院等推广转化科技成果。完成甘孜州九龙县、凉山州木里县等地教师、专业技术干部、烟草公司经理等1500余人次的培训；组织专家300余人次到普格、冕宁等县开展讲座、培训、指导等，撰写《普格县农业产业结构调整规划报告》，培训人员2000多人次。2013年度在攀西地区推广作物（兽药）新品种、新技术30余项。

【师资队伍建设】 2013年，学校实施职称评定新标准，建立分类指导和以学科划分职称指标的机制，全年评定教授9人、副教授21人，投入200余万元用于教职工业务提升，引进硕士及副教授以上教师49人。

【招生就业】 2013年，学校录取新生5153人，报到4962人，报到率达到96.6%。与省内外100多家人才交流中心和用人单位建立长期合作关系。举办各类招聘会141场，提供岗位9196个。本专科毕业生3766人，落实就业3595人，一次性就业率95.4%。

【外事工作】 2013年，学校完成13名外国留学生教学任务，引进外籍教师1名；邀请新西兰和法国专家2人到校开展学术报告；签订西昌学院、澳大利亚校企合作备忘录；4人赴美国参加“2+2”中美双学位计划和大学生暑期赴美社会实践项目。

【学生管理】 2013年，学校进一步修订完善《西昌学院学生工作手册》，促进学生自我教育、自我管理。加大对辅导员的培训力度，继续对辅导员进行校内外轮训，提高辅导员素质。发放国家各类奖、助学金1711.2万元；1345人办理国家助学贷款763.01万元；艰苦地区基层单位就业学费补偿、义务兵学费补偿307人388.57万元。为家庭经济困难学生提供勤工2500个助学岗位，发放勤工助学金50余万元。在国家和省级挑战杯大学生科技作品竞赛中，获国家级三等奖1项，省级一等奖1项、二等奖2项、三等奖8项；1人获四川省优秀共青团员，1个团支部获四川省五四红旗团支部。在全国大学生跆拳道比赛中，获2金、1银和1铜的好成绩。在全国第三届大学生艺术展演活动中获二等奖1项。在大学生专业技能竞赛中，获国家级一等奖1项、二等奖2项、三等奖3项，省级一等奖2项、二等奖1项。

【安全稳定】 2013年，学校召开维稳工作会议20余次，始终坚持重大节日和假期安全隐患排查制度，全年对人员密集场所和设施进行安全大检查50余次。强化校园治安功能，坚持24小时值班巡逻。完善应急预案，制定完善突发事件、群体事件、校车运行、火灾等应急处置预案，对4500余名师生开展地震和消防逃生演练。协调州市职能部门，对校园周边环境进行集中整治。

（审核：陈小虎/撰稿：黄亮）

州民族干部学校

【概况】 四川省彝文学校、凉山州民干校是实行两块牌子、一套班子体制，受四川省民委、凉山州人民政府双重领导的中专学校。2013年，学校以党的十八大和十八届三中全会精神为指导，围绕州委、州政府工作大局，结合新时期民族地区人才培养需求和干部教育培训工作的新形势，坚持优化专业结构，突出办学特色，培养民族双语教育人才，促推两校科学发展办学思路，以建设一所极具民族特色和与时俱进的现代职业技术学校为工作目标，加强领导，深化改革，带领全校教职工攻坚破难，乘势而上，学校事业稳步发展。2013年，学校荣获凉山州卫生先进单位、凉山州计划生育合格单位，连续被授予西昌市文明单位、卫生单位、治安模范单位、计划生育先进单位等荣誉称号；学校档案执法、年鉴、保密工作受到州委、州政府和州市有关部门的通报表扬；创先争优活动取得成效，涌现出一批优秀毕业生、先进班集体，以及优秀党员、优秀团员、优秀团干部，10余名教师被评为学校优秀教师、先进教育工作者。

【党建工作】 2013年，学校认真开展实现伟大中国梦、建设美丽繁荣和谐四川活动。邀请领导专家作辅导报告，提升活动的权威性、指导性和针对性。6月20日，省民委副主任刘文芝专题到学校，为学校教职工和干部班学员作题为《积极投身“中国梦”四川篇章的伟大实践，不断推进学校建设水平新跃升》的辅导报告，并听取学校工作汇报；6月25日，邀请十八大代表、全国“五四”青年奖章获得者、凉山最美乡村女教师马剑霞到学校，与母校师生共话“中国梦”。学校进一步加强党的建设，建立党建工作长效机制；举办第27期业余党校，全年发展党员5人，培养入党积极分子60人。积极引导青年团员树立和增强热爱党、热爱社会主义祖国的思想和意识。全年表彰优秀党员、先进党务工作者7名，表彰12名奖学金获得者，8名优秀毕业生，21名优秀学生干部，3名班主任获得“优秀班主任”荣誉称号。

【“三风”建设】 2013年，学校以“学风”建设为重点，以在学生中营造浓厚的学习氛围为目标，严格执行“三禁两不准”和“五项教育”，严格执行以学校领导、中层干部参与值周的行政值周制和值周交接制。加强学生寝室文化、教室文化建设，补充、完善班风优秀奖制度、任课教师考勤制度、学生课堂点名考勤制度。强化安全教育，举行普法知识讲座，与凉山监狱举办“青春之痛”警示教育活动，严格学生宿舍监管、内务标准化考核。深化和细化学生管理工作，学风得到明显好转。

【专业建设】 2013年，学校围绕破解发展难题，提升发展能力，做强特色专业，实现科学发展主题，发挥民族文化学科优势，突出彝汉双语师范特色，大胆探索办学模式，创新办学方式，与凉山州歌舞团联合举办民族音乐舞蹈专业。配合国家民委和州文化局非遗中心在学校举办彝语速成高级培训班和少数民族乐器培训班。与西南民大、西昌学院等高等院校联办彝汉双语教育、小学教育等成人本、专科专业，与绵阳师范学院联合举办“3+2”形式彝汉双语小学、学前教育高职专业的基础上又与西昌学院联合举办彝汉双语小学、学前教育高职专业。稳步推进民族音乐舞蹈、彝汉双语小学、学前教育高职专业招生工作。扎实推进四川省彝族传统工艺文化培训基地基础性工作。完成改建非遗文化教研中心、非遗文化成果展览厅等项目。

【招生工作】 2013年，学校按照办学宗旨、目标、任务，以突出双语师范教育，做强传统特色专业，培养彝汉双语师资人才，在科学设置适应彝族地区社会发展和学生就业需要的传统特色专业，提高办学层次，满足学生、家长的双语文化师资需求，突出双语教学的针对性、实用性，强化双语教师师德、技能的教育和提高。2013年，普通招生共录取新生1388名，其中，民族音乐舞蹈专业招收新生80名，五年高职135名，三年制小学教育84名，一年制小学教育955名，三年制学前教育134名，与2012年相比，新生增加107%。2013年，学校与西南民族大学、西昌学院联合举办中国少数民族语言文学（专升本）、语文教育（专科）、小学教育（专科）和学前教育（专科）四个专业。全年共组织171名考生报名参加成考。录取成教大专生145名、专升本15名。学校成教本、专科在册学生有188名（其中专升本17名，专科171名）。全校班级数达23个班级，在册学生总数1764名，成为建校以后发展规模最大，在校生人数最多的一年，圆满完成学校2013年招生工作目标任务。

【人才培养】 2013年，立足彝区双语师资需求，在强化培养彝汉双语文化基础能力的同时，加大三笔字、简笔画、普通话、微机等技能的培训力度，提升学生实践能力和社会适应能力。学校全年组织265名学生参加普通话水平测试，其中达到二级甲等的16人、二级乙等129人；组织205人参加三笔字水平检测，其中达到四级的5人，达到五级的200人；在简笔画水平检测中，达到四级的有8人，达到五级的有197人。在组织开展教育实习中有485名学生实习成绩获得优秀，得优率达93%，合格率100%，其中：435名学生获得小学教师资格证。2013年度，学校毕业中职学生523名，联办的西南民族大学中国少数民族语言文学（彝语文方向）、西昌学院语文教育专业毕业成人大专、本科204名（其中：专升本毕业15名）。学校从建校为凉山等6个地、市、州培养8007名中专和1032名大专以上人才。

【干部教育培训】 2013年，学校创新培训方式，更新培训内容，对干部培训专业班的现行课程设置、科目进行适当调整，突出干部教育的针对性和实用性。全年共举办非物质文化遗产与凉山文化产业发展专题研讨班等9期，培训干部594人（州委组织部调训4期共211人、州人力资源和社会保障局调训文秘干部培训班2期146人、行政事业单位工人考工定级培训班三期培训237人）。

【教育教学管理】 2013年，学校按照重基础、强素质、广就业的要求，适时调整发展思路，重新拟定未来五年发展规划。严格教学管理，提高管理标准，实行班务量化考核管理制度，对学生学习、就寝、两操、卫生、纪律、行为习惯等进行综合考评，参考任课教师根据课堂综合情况评定的成绩，作为表彰先进的重要依据。定期不定期组织开展检查教师到岗情况，并对教案进行检查评比；以学风建设为重点，进一步在学生中营造浓厚的学习氛围，培养"四有"新人。继续以教风建设为重点，提高教育教学质量，增强学校核心竞争力，并严格实行教师教学常规考核办法。对教师备课、上课、批改作业、课后辅导、考试考核等环节做出明确规定，提出相应的考勤、考核措施和办法。学校建立并实行重修制度，严格并完善命题、考试、阅卷制度，改任课教师个人阅卷为集体阅卷，提高考试质量。

【教学科研】 2013年度，学校加强教学科研工作，全年学校教师在校刊《校园内外》（每年两期）发表教师的科研论文40余篇，成为展现凉山民族教育和民族文化科研成果的平台，广泛受州内外科研院所、中小学双语教师的欢迎。在各专业刊物上发表论文、作品近80篇。部分教师在州、省级学术会上的主题发言，其中：常务副校长王林国、高级讲师时长日黑撰写的论文《四川彝族传统工艺文化二代传承人传承现状与对策研究》参加首届全国职业院校民族文化重点建设专业学术研讨会，获与会专家好评。时长日黑、贾巴甲哈、期沙金薇的文学作品被收入由钟敬文主编，民族出版社出版的少数民族作家文库建设系列《当代彝族母语文学作品选》出版发行。时长日黑、期沙金薇编著的调研报告《彝区学前儿童彝汉双语教育存在的问题与发展对策思考》荣获2012年度全省民族工作部门政务调研报告三等奖；学校教师主研的课题经专家鉴定顺利结题。先后派出教师参加全国人大、政协、四川省小学彝文教材审定会、凉山州非遗名录评审、凉山文学与艺术发展繁荣座谈会等各类研讨会。王林国被聘为全国民族技艺职业教育专家委员会委员，杨治平、时长日黑成为凉山州彝语新词术语翻译审定委员会委员。

【师资队伍建设】 2013年，学校结合教育教学工作需要，积极为专业人员提供有利的发展条件，为教师提供"有位"平台，增强教师"有为才有位，有位更有为"意识，组织多名教师申报参加高、中级职称评定，调动教师教学科研等工作的积极性，凝聚教师力量。根据专业发展和学科建设，全年考录涉及文化基础、音乐舞蹈等专业教师，为学校发展夯实坚实基础。

【素质教育】 2013年，学校全面推进素质教育，在学生中广泛开展公民道德教育，增强学生道德意识；加大培养学生工作实践能力力度，增加音乐、美术、微机、普通话、三笔字、简笔画等基本技能课时量，组织学生参加省、州测试，实践操作和实验开出率达95%以上，进一步增强学生适应社会能力和竞争能力。

【学生管理】 2013年，学校培养基础知识扎实、高水平技能的人才，组织军训活动，转变学生行为习惯；学生管理人性化，促进校风、教风、学风的转变；直接任命一批有能力、有责任的教师加入到班主任工作行列，进一步加强班主任工作；开展班级教室文化、寝室文化建设评比活动，建立文化育人环境，增强校园文化氛围；建设平安校园，全年未发生一起安全事故。

【基础能力建设】 2013年，学校教学综合楼、学生宿舍楼等惠校项目正式竣工并投入使用，并新安装多媒体教室14间，电脑室2间（新购电脑100台），装备有大小会议室各1间，可容纳150人参会；装备容纳90名学员入住的49间客房，改善办公条件和干部学员培训条件。积极调节、挖掘校内资源，最大限度发挥资源使用效率。扩建一间钢琴教室，有电钢琴40台、钢琴11台；改建原干部宿舍楼为学生寝室、调整老干部活动室，并将其改扩建为学生食堂，改善办学条件。学生阅读多媒体化，改善学生学习条件。加强水电维护和管理，统一安装食堂、开水房和浴室等服务场所的智能水电表，建立内部设施设备的维修和添置费用由个人承担制度。进一步建立节约型学校，提高人才培养质量。

【物业化管理】 2013年，学校充分发挥城乡环境整治领导小组及其办公室的作用，先后组织广大师生对校门、沿北门至四牌楼的街道卫生和校园环境进行大整治，设立卫生监督岗、宣传公示栏，及时通报整治结果，还定期不定期组织有关人员对四牌楼“摩的”乱停乱放和占道经营的情况进行劝导和教育，受到州市城乡环境整治办公室的好评。2013年9月，成功与西昌市广平物业管理有限责任公司合作，实施校园物业化管理，加大乱搭乱建的治理力度，改变校园卫生、绿化等，改善教育教学环境。

【社会治安综合治理】 2013年度，学校继续实行社会治安综合治理责任制，充分发挥护校领导小组、调解领导小组和护校队、巡逻队作用，实行领导带班值周制度，加强外来人员登记和管理，通过各种途径在师生中宣传社会治安安全知识，增强治安意识，强化安全责任制，并对新生进行军训，开展纪律、禁毒教育，增强学生禁毒意识和纪律意识；设立保安岗位，安装监控设备，排查安全隐患，加强对管制器械的排查，实行“三禁两不准”。在校内认真巡逻、检查，更换陈旧老化电线及消防器材，消除安全隐患，全年未发生一起安全事故。学校被评为西昌市治安工作先进单位、模范单位。

【校园文化】 2013年，学校开展思想健康、积极向上，形式新颖、内容丰富的第25届田径运动会、州直机关职工长跑运动会，以及纪念“五四”运动歌咏比赛、青春歌舞等为主题的校园文体活动，同时金月亮艺术团组建的彝族器乐班开办等来丰富校园文化生活，提高学生艺术创造力，陶冶师生情操。对在活动中表现优秀，取得好成绩的科室、班级及个人进行表彰和奖励，参评率达100%，先进典型达30%以上。

【教育扶贫】 2013年，学校继续指定人员到昭觉县拉依木乡开展教育扶贫。学校领导多次率领联络组到昭觉县拉依木乡调查研究，切实解决办学中存在的困难，并与联络组一道制定扶贫计划，研究扶贫工作。先后多次组织全校师生开展为灾区和教育扶贫对口乡——昭觉县拉依木乡和灾区捐资、捐物活动。

【精神文明建设】 2013年，学校加强对城乡环境、校园美化绿化、计划生育、爱国卫生、社会治安等各项工作的领导，学校爱国卫生、城乡环境综合治理、计划生育、社会治安综合治理、禁毒、党建目标、教育扶贫等受到州、市高度评价。学校连续被西昌市委市政府评为社会治安先进单位、治安模范单位、卫生先进单位、计划生育先进单位、西昌市精神文明单位，被州政府和州爱卫会评为凉山州计生合格单位、凉山州卫生先进单位。

（审核：王林国/撰稿：时长日黑）

凉山卫校

【概况】 2013年，学校认真贯彻落实党的十八大和十八届三中全会精神，改革创新、创先争优，继续以“两加强”“两提高”为工作主线，加强行政及教育教学管理体系建设，建立科学、高效管理体系，加强环境文化、制度文化和校风建设，建设和谐、文明校园。采取多种措施着力提高教职工和学生素质，积极采用现代化办公手段提高行政工作效率、现代化教学手段提高教育教学质量，培养具有“学以致用、悬壶济世”精神的人民满意健康卫士为目标，全面推动学校工作迈上新台阶。

【管理体系建设】 2013年，学校加强行政管理体系建设，实行垂直管理、层层负责。各岗位责任清晰、职责明确。完善并出台《凉山卫生学校制度与程序汇编》，各项行政后勤工作有章可循、有据可依。多方争取经费，购置现代化办公设备，改善办公条件，启动使用校园OA系统。完善并落实印章、公务车、文印、通信、收发、计划生育等管理制度。规范人事档案管理。严格执行新颁布的《事业单位会计制度》，认真按照物价部门核定的收费项目和标准收取各种费用。学校财务结余、国家助学金发放、中职免学费资金使用情况等接受省、州有关部门检查并全部合格。规范固定资产管理，对新购设备及时上卡登记造册，按规定向州财政局请求报废部分固定资产。严格按照国家公物公购公招规定采购医用显微镜、实验仿真模型、除颤仪等价值120余万元的教学设备。积极按照中央投资建设项目开工要求完成校园整体规划，并报西昌市建设规划委员会待批准。完善并落实校园、消防、食品安全、外来人员及车辆管理等制度，与各中层科室签订安全综合责任书，年终进行督查，将安全工作落到实处。认真贯彻落实省、州安全生产工作文件精神，多次召开专题会议安排布置及督查各项安全工作。在师生中开展形式多样的安全知识宣传教育活动，提高师生安全意识和自我防范能力。开展应急疏散及消防演练。开展形式多样的禁毒防艾宣传教育活动，组织志愿者参观禁毒所、邀请原禁毒办领导到校进行禁毒知识宣讲。组织学生参加“三电杯”第三届全省中小学校安全知识网络竞赛活动。加强校园食品安全监管，成立学生食品安全巡查小组，邀请食品监督执法专家到校举办食品安全知识专题讲座，提高食堂从业人员及师生食品安全知识水平。加强校园内值班、巡逻，保证24小时有保卫人员在岗。不定期进行学生就寝、用电安全及刀具检查，确保校园安全。

【教学体系建设】 将原教学管理体系调整合并为人文自然、基础医学、临床医学3个教学部（下设共18个教研室）和图书、信息与实训中心（下设图书室及实训中心）。教学管理实行扁平化管理，教学专家参与教学管理工作，以培养“打得赢、受欢迎”的实用型人才为目标，按照四川省中等卫校医药卫生专业设置标准，结合凉山实际，制定并实施中职护理、助产、农村医学专业教学计划。购置现代化教学设备、采取形式多样的教学手段，提高教学质量。制定并落实《教师考核办法》，不定期组织听课、检查教学文件、请学生对任课教师的教学态度和教学效果进行测评，逐步完善教学质量监控体系。注重学生实践能力培养，开展专业知识和技能大赛。加强实习生管理、考核。召开临床教学工作会议，聘请重医大专家作“临床教学管理”专题讲座。学校领导率队到宜宾卫校、南阳医专等省内、外院校参观学习，筹建基础医学和临床实训中心，逐步改善办学条件。继续与重医大、四川大学等多所医学院校开展多层次联合办学，学习借鉴先进的教学管理经验，提升办学层次。2013年11月，与乐山职业技术学院签订对口支援协议。全年培养大、中职毕业生1438人，合格率98%。

【校园文化建设】 2013年，学校以建设优良的校风为核心，开展丰富多彩、积极向上的校园文化活动，建设文明和谐校园。加快学校民主管理进程，采取民主推荐方式完成新一届学校教育工会选举组建。顺利召开教职工代表大会，讨论、表决涉及教职工切身利益的政策、制度。组织师生参加州直工委开展的跳绳比赛和健身登山活动。举办教职工趣味运动会。发挥校园网、校广播站、文化长廊及学习园地的宣传阵地作用。举行护士风采礼仪大赛，开展学生篮球比赛，举行纪念“一二·九”文艺演出。师生挂牌上岗、上课。制定并落实《凉山卫校密切联系群众　改进工作作风实施意见》，开展形式多样的“实现伟大中国梦、建设美丽繁荣和谐四川”主题教育活动。认真贯彻落实中央“八项规定”和省委、省政府“十项规定”，积极开展正风肃纪和“走基层、解难题、办实事、惠民生”活动。结合西昌市“双创”工作，积极开展“城乡环境综合治理进机关”活动。

【人才队伍建设】 2013年，学校组织全校教职工学习党和国家的大政方针、时事、政策等，学习《西昌市文明市民手册》《教师职业道德规范》《“六五”普法干部读本》等，提高广大教职工的政治素质。全年共选派4名教师参加国家级培训，3名外出学习教师进行学习汇报。开展青年教师说课比赛。组织公开课，进行教学研讨，注重传、帮、带，提高教师业务素质，内科学青年教师刘茜荣获全国中等医药类说课比赛一等奖。全年公招20人、调入4人，考核聘用研究生1人充实教师队伍。着力推进专职班主任和专职实验员队伍建设。完善并落实人才管理制度，落实绩效考核方案、专业技术岗位设置方案（小档竞聘实施方案），建立绩效考核体系及奖励机制，激励干部职工愿干工作、能工作、干好工作。

【教育改革】　2013年，学校严格执行省、州招生政策，坚持公开、择优的新生录取原则，确保生源质量。以每周一升旗仪式、学雷锋活动、清明节祭扫烈士陵园、纪念“五四”运动及青年志愿者服务等为载体，对学生进行爱国主义和职业道德教育，开展暑期社会实践活动，增强学生为民服务意识和社会责任感。利用业余党校对学生进行党史教育，培养发展预备党员31名。改进党员下班参与学生教育管理模式。制定并落实《班级量化考核标准》《班主任考核办法》《学生违纪处分实施条例》等多项管理制度，学生教育管理更规范、更科学。全年评定出学习优秀奖、进步奖936人，三好学生、优秀学生干部218人。加强宿管员队伍管理，明确职责，建立考核机制，充分发挥宿管员在学生管理中的重要作用。认真研读各类考试大纲，组织资深教师进行重医专升本、护士执业资格、对口高职考试等考前辅导。2013年重医大联办大专班20人参加重庆市专升本考试，17人达到重医大录取线。全年全国护士资格考试805人参考，合格485人，占全州合格人数的68%。对口高职考试成绩优异，护理、助产专业有187人参加考试、上线162人，农医108人参加考试、上线99人。注重毕业生就业指导，广泛联系用人单位，做好毕业生推荐工作。组织学生到重庆参加招聘会、召开校内招聘“双选会”，着力提高就业率，中职毕业生就业率99%、大专及高职毕业生就业率100%。

【附属医院】　遵循科学管理、强化服务、全面发展原则，认真落实国家卫生工作政策，加强学习，提高素质，弘扬正气，努力构建和谐医患关系，加快信息化建设步伐，大力提升医疗和公共卫生服务质量和效率。完善并落实各项医院管理制度。实行目标管理考核与绩效工资挂钩管理体系。严格执行国家基本药物管理制度。截至11月底，累计完成门急诊诊疗人数20.14万人次，住院人数351人次，医疗业务总收入390多万元。加强基础设施设备建设，购置DR影像设备，显著提升放射诊断水平。继续加强医护人员三基培训。选派1名医师到重医大儿童医院进修学习，派出11名人员参加各级、各类机构培训，开展院内继教讲课6次。

【公共卫生服务】　认真搞好老年人、儿童及孕产妇健康管理服务工作，规范慢性病、重症精神疾病管理服务工作。制定《突发公共卫生应急预案》，成立应急处理队伍。定期进行传染病疫情报告管理自查，传染病疫情报告率、及时率、准确率均达到100%。积极承担社区健康教育工作，结合西昌市“双创”工作，向社区居民宣传常见病、传染病和健康保健知识。坚持每月1期健康教育板报、每月1次健康讲座，张贴各种宣传海报20余种，发放宣传资料共计3万余份，2013年开展健康教育主题日宣传活动13次，提高社区居民健康知识水平。截至2013年年底，已建辖区居民健康档案36079份，建档率97.58%。

【扶贫工作】　2013年，学校继续深入推进“领导挂点、部门包村、干部帮户”活动，大力开展对美姑县瓦西乡极度贫困村尼木则村和原帮扶村瓦西村的对口定点扶贫工作，做到“动真情、真扶贫、扶真贫”。学校领导多次到扶贫乡指导调研扶贫工作，学校向瓦西乡中心校送去价值3000余元的体育用品和学习用品，同时捐赠“一帮一”教育扶贫款1.91万元，解决中心校师生员工厨房建设。为极度贫困村尼木则村109户贫困户送去价值2.5万元的化肥218袋。学校还积极争取救灾救济款4万元，用于改善尼木则村、瓦西村的基础设施建设。

11月，学校领导率队开展“暖冬”行动，送去价值约5.5万元的棉被105床、防寒服215件。联系并资助瓦西乡中心校2名教师到西昌市二小进行教学观摩活动。学校还派出专业教师对扶贫乡村民进行健康文明生活方式及禁毒防艾知识宣传教育。学校被州委、州政府评为2012年度“挂包帮”活动和百乡扶贫工程先进集体。

（审核：张荆辉/撰稿：朱艳）

州农业学校

【概况】 凉山州农业学校是凉山州人民政府国有公办的中等职业学校，经四川省人民政府确认为省部级重点中等职业学校。学校创建于1970年，前身是“凉山五七共大六连”，1978年单独建制后更名为“凉山农业学校”，于1992年从昭觉县迁至现址西昌市海滨中路16号，地处泸山—邛海国家AAAA级风景名胜区，背靠泸山、面向邛海，风景秀丽，气候宜人，是学习深造的理想地方。凉山州农业学校是四川省人民政府确定的“四川省劳务扶贫培训示范基地”、共青团四川省委命名的“农村青年转移就业示范基地”、四川省农业厅“现代农业技术培训基地”、凉山州委组织部确定的“四川省凉山基层干部（大学生村干部）培训中心”，同时还是“凉山州劳务培训基地”“凉山水电移民培训基地”“凉山州职业技能鉴定站”。学校由凉山州农业局主管，招收应（往）届初（高）中毕业生，开展中专学历和五年制高职教育，同时也为企业、政府和个人的继续教育和各类专业培训服务。2013年有教师109人，其中中高级专业教师达59人，“双师型”教师30人。

【办学思路】 以“实干兴校、多极发展、立足攀西、服务三农”为目标，以就业为导向，按市场需求设置专业，培育骨干专业，以学历教育为主，各类成人教育和短期培训为辅，长短结合，采取多类型办学模式和弹性学制，满足不同类型学生的学习需要，并密切联系当地经济发展和产业结构调整，为凉山经济发展服务的思路。

【基础设施】 学校占地面积8.36公顷，校舍建筑总面积2.99万平方米，运动场6000平方米，建有固定校内外教学实习、实训基地。

【学生情况】 2013年，学校有在籍学生3467人，在校2678人，在校班级48个，开展各类培训3500余人次，毕业生的就业率达到96%以上。

【办学特色】 采取“校政模式、校企模式、校校合作”三种模式办学，建立“农科类、工科类、服务类”三大类品牌专业4个（旅游与酒店管理、计算机应用、畜牧兽医、机电一体化），以三层次（大专类、中专类、证训类）办学方向开展教学、培训工作。

（审核：李涛/ 撰稿：李涛）

凉山民族师范学校

【概况】 2013年，凉山民族师范学校有教职员工405人，其中在职员工238人，管理人员26人，专业技术人员183人（其中，工勤人员29人；离退休人员167人。教学班44个，学生2079名。2013年包括联办学校在内，共有1200名学生顺利毕业。对全校在岗教职工每月以300元的标准按月随岗位津贴兑现，对教学人员的出勤根据考勤责任的划分进行考勤。

【党建、党风廉政建设】 2013年学校有党员165人（其中离退休38人），党委辖6个支部，2013年全校范围内开展了“实现伟大中国梦、建设美丽繁荣和谐四川”主题教育活动。通过中心组学习会、组织生活会、教职工大会、业余党校、上党课等形式，组织全校党员学习。

学校业余党校共培训入党积极分子共218人，全年发展新党员17名，预备党员转正2名，培养为入党积极分子的有30人，2013年度共评选出先进教育工作者22名，优秀教师13人，优秀班主任12人，优秀共产党员18人，优秀党务工作者3人，先进基层党支部1个，文明个人12人，五好家庭16户，文明处室3个。根据《党政领导干部选拔任用条例》等有关文件精神，9月初学校下发《凉山民族师范学校关于中层干部调整竞聘的实施方案》，补充了7名中层干部。同时对中层干部进行调整，为学校的改革与发展提供强有力的组织保障。认真贯彻落实中央纪委《关于加强廉政风险防控机制指导意见》，全面开展廉政风险防控机制建设。加快惩防体系框架构建，重点加强对经济适用房、工程决算的监督，坚决杜绝领导干部违规干预。加大对“三重一大”决策制度的监督力度，即对重大事项决策、重要干部任免、重要项目安排、大额资金的使用方面进行有效的职能监督。

【升专工作】　1月底，四川民族幼儿师范专科学校的筹建工作，列入教育部和四川省“十二五”高等院校设置规划，同时将学校建设工作写入凉山州“两会”政府工作报告。2月19日上午，州政府副州长施遐召集州级相关部门负责人与西昌市政府及相关部门负责人，就学校等州级五个社会事业单位新建选址建设用地事宜召开专题座谈会。3月初，为迅速启动“四川民族幼儿师范专科学校”的建设工作，经四川民族幼儿师范专科学校筹建工作领导小组会议研究，于3月10日由州政府副秘书长肖然带队与西昌市有关领导现场实地查看，拟选址西昌市西乡乡古城村七组和八组，由政府划拨土地150公顷筹建“四川民族幼儿师范专科学校”。3月11日学校向西昌市人民政府作出了《凉山民族师范学校关于四川民族幼儿师范专科学校筹建用地选址的请示》。12月1日，在西昌市第51次常务会议上，余建忠校长就学校新校区建设用地和建设资金情况进行了专题汇报。

【教学教研工作】　一是抓好教学常规检查，由教务处和教研组长共同对教师的教案进行检查，加大课堂教学检查力度，每天进行巡查，每周一公布，教师迟到、早退、中途离岗、缺席等现象得到有效遏制；二是加强了学生专业技能培养，对师范生进行“三项教学技能”州级测试，累计报名测试人数950人次，“普通话”达到二级乙等及以上人数已超过90%，“三笔字”“简笔画”达五等及以上人数超过90%；三是组织相关学科教师参加国家级培训2人，省级培训5人，参加省级研讨会2人；参与四川大学出版社中职教材编写3人，通过以上途径和形式，学校的教学教研工作取得明显的成效。

【成人、网络教育工作】　成人高等学历教育和网络教育：学校成教部在本期通过举办自考考前重点辅导班，加强与四川大学、四川农业大学、东北师范大学网络教育学院和四川教育学院的工作联系等，共招收新生179人，其中成教新生31人、网教生58人、自考生90人，为学校创收25.84万元。

【师资培训工作】　学校师培中心对全州510名初中语文教师进行为期3个月的新课标远程培训，合格率达100%；率领40名小学校长到西南大学参加为期20天的小学校长高级研修活动；承担凉山州教育局与四川外语学院联合举办的凉山州中学教师硕士生班的首次集中学习等，取得了良好的社会效益和经济效益。

【招生就业工作】　通过《凉山日报》、凉山电视台和学校网站等媒体刊登招生广告，宣传学校，进行招生宣传；通过开设就业指导课和积极落实就业单位等方法，在巩固原有就业单位的同时，积极开辟新的就业市场。全年共招收初中起点新生698人，高中起点新生103人。

【学生管理工作】　一是认真实施“三禁两不”和“十不准”规定，对学生进行基本行为规范教育；二是通过定期召开班主任会议，强化班主任责任意识，深入讨论班级管理方法，加强德育队伍建设，努力提升班主任队伍整体素质；三是通过每日巡查制度、发挥学生自我服务自我管理等途径继续加强了以学生课堂纪律管理和生活纪律管理作为工作重点的学生常规管理；四是严格执行学生操行成绩评定办法和学生违纪处理及评优规定等，对严重违反学校纪律的学生进行处理，本期共通报处理文件22份，共处理违纪学生64人次，批评教育登记在册学生68名。对无故未到校报道注册的20名同学按自动退学处理，注销学籍；对2013届毕业生中操行成绩不及格的81名学生组织德育考核；对旷课超过30课时的18名学生进行了集中纪律教育；在毕业生中评出“省级优秀毕业生”10名；五是积极组织学生参加“趣味运动会”“追忆年华　放飞梦想”欢送毕业生文艺晚会、“科技创新　美好生活”四川省科技活动周暨国家科技惠民项目启动仪式和科技宣传活动、无偿献血活动、“两室文化建设活动”、周末舞会、黑板报评比活动、向雷锋同志学习活动、纪念“五四”运动94周年系列活动和业余团校和业余党校等各种有益的活动。截至2013年6月，学生资助办公室累计办理中职资助卡1724张，在校学生享受国家助学金累计达1778人次，人均1500元，共计266.7万元；享受国家免费职业教育2640人次，实现了凡在学校就读的中专学生学费“应免尽免”。

【“挂包帮”及百乡教育扶贫】　制定了党员干部对普格县雨水乡党员干部的“结对共建”三年帮扶规划、计划；签订学校五个党支部与帮扶乡的“双结对”工作协议书；组织五个支部书记到雨水乡向11名特困党员献爱心捐款每人200元，共计2200元，送化肥11袋（折合人民币1265元），儿童节慰问雨水乡中心校儿童500元。教育扶贫工作成效显著，帮扶乡在校学生达700余人，适龄儿童入学率达到99.5%，巩固率达99.8%。根据上级部门的要求，保质保量完成“挂包帮”及“百乡教育扶贫”工作。对口帮扶普格县洛乌沟乡团结村，学校领导多次前往帮扶村进行摸底、慰问，并向全校师生倡议为贫困群体积极捐款，共收到捐款15000余元。

【后勤服务工作】　全年共投入90余万元资金用于设备购置、更新和基建维修。其中投入资金40多万元对食堂进行维修改造，增添设备设施；投入资金约35万元基本完成东郊校区附属门卫室的建设；投入10万元购置学生课桌椅、床、电风扇等设备，满足教学需要。加强食堂各个环节的监管，落实食品安全制度；坚持食堂、小卖部和校园环境卫生每天的巡查和每周的检查制度；召开联席会，协调食堂经营者和学校各部门、学生的意见，督促食堂加强管理改进工作，不断提高服务水平和服务质量。

【老干、工会工作】　认真开展老干部学习活动，先后认真开展了学习党的十八大精神活动；“我为‘多点多极支撑’发展战略做贡献”主题活动；“学党章、守党纪、强党性”主题教育活动；认真开展半年一次的参观考察活动，4月20日，组织全校70多名离退休干部参观考察了攀钢集团西昌钢钒有限公司，了解了凉山工业经济的发展状况；认真推进“个十百千万”工程，发挥学校银色人才的作用；认真做好信息调研工作，撰写信息调研文章；认真落实老干部生活待遇，保证了老干部离休费、生活费、医疗费按时足额到位；认真执行了老干部住院慰问及去世吊慰制度。

【安全保卫工作】　坚持“打防结合、预防为主、专群结合、依靠群众”和“属地管辖划片净化”的方针，学校与各处室、班级签订了社会治安综合治理、禁毒、防火、学生安全等责任书。实行全封闭式管理、组织学校主要职能科室进行安全大检查、组织学生进行避震演练、消防灭火演练、开展安全知识讲座、观看安全教育录像、参加安全知识网络竞赛、将学校周边的一些安全隐患向派出所和上级部门进行汇报、狠抓“6·26”禁毒日宣传活动、加强周末和平时值班巡逻工作、加强矛盾纠纷的调查处理等途径和形式强化学校治安管理和防范工作，深入开展“平安”“净土”“防火”“创模”等活动，有效地维护了学校的稳定。

（审核：余建忠/撰稿：杨凯）

州职业技术学校

【概况】 2013年度，凉山州职业技术学校正式启动国家中等职业教育改革发展示范学校建设计划，制定奖励性绩效工资的考核分配方案。开设有石油天然气开采、铁道施工与养护、机电技术应用、发电厂及变电站电气设备，有色金属冶炼、高星级饭店运营与管理、铁道运输管理、航空服务等8个专业。秋季中职招生470余名，三个校区在校普通中专学生近2000人，在职职工184人。与成都理工大学联合办学，录取新生741名，毕业学员320余名。“挂包帮”工作被评为州级先进单位；校团委教工团支部被团省委授予“五四”红旗团支部的光荣称号；党建目标考核获一等奖。

【“国示”创建】 2013年5月2日，学校召开国家中等职业教育改革发展示范学校（简称“国示”）建设工作第一次会议，“国示”项目建设工作正式启动。学校及时成立“国示”项目建设办公室，全校动员，全员动员，认真落实经教育部、人力资源和社会保障部和财政部组织专家审核批准的建设方案及任务书；对三个重点专业建设和两个特色项目的任务进行解读和分解，并落实责任人和工作目标。组织相关工作人员到成都工业职业技术学校（首批“国示”建设学校）、攀枝花建筑工程学校（第二批“国示”建设学校）观摩学习。“国示”建设重点之一是在三个重点专业建设过程中，开展工学结合、校企合作和顶岗实习的人才培养模式和办学模式的改革。与攀钢集团、西昌电业局等10余家企业签订校企合作协议，推动校企深度合作，建立顶岗实习管理机制、聘请技术专家为指导教师、投资兴建实训基地、订单培养等方面达成共识。编制“国示”建设子项目任务书70余份；组织教师到企业调研100余人次，撰写“国示”重点建设专业人才培养方案3个；聘请教育、行业、企业专家17人；成立由教育、行业、企业专家及学校骨干教师共同组成的专业建设指导委员会3个；分别组织召开人才培养方案论证会3次，对3个重点建设专业人才培养方案进行深入研讨和充分论证，初步建立相应的课程体系；编写课程标准初稿30余个，编写校本教材初稿2本；制定并实施专业带头人培养、骨干教师培养、双师型教师培养等计划。

【教学教研】 2013年度，学校修订《教师教学工作考核办法》；开学审查教师授课计划；学期中抽查教案；每天由教学管理领导及教务员逐班检查教学现场情况；每周定期由教研组组织教师开展教研活动。加强管理，转变观念，立体考核，调动教师积极性，保证教学质量。4月组织教师参加省、州说课比赛，取得州级一等奖3个。5月组织全校教师开展公开课比赛，评出26个一等奖。10月组织老师高翠竹参加全国说课比赛，荣获二等奖。11月组织全校教师开展说课比赛，评出19个一等奖。全年组织举办说课、公开课比赛4次，并组织学生技能大赛。学校还制定教师绩效管理办法和教学科研成果奖励办法等，鼓励教师开展教学科研，撰写论文，提高教学研究能力。组织教师参加四川省凉山州职教学会和教科所优秀论文评选，取得省级一等奖1个、二等奖2个、三等奖1个，州级一等奖4个。教师在校内交流论文18篇，在各级刊物上发表论文9篇，在研课题4个。

【师资队伍建设】 2013年，学校组织安排教师参加各级各类培训学习99人次。罗毅等4名教师参加国家级骨干教师培训；参加省级培训32人次；参加校级培训63人次。编制专业带头人、骨干教师、双师型教师培养计划；组织安排8名专业带头人、19名骨干教师、50名双师型教师参加相应的培训；聘请专家对全校专任教师进行现代教育信息技术应用培训。

【招生就业】　2013年，学校采取多项有力措施，加大招生工作力度。年度共招生470余名。同时学校采取多种措施解决就业渠道。走出去——挖掘就业渠道；请进来——组织开展现场招聘会；组织好学生的二次就业，积极鼓励学生自主创业，有针对性地解决因性别、民族等因素造成的就业难题。与成都阳光电器、成都英德生物科技公司、凉山文广传媒集团、属四川省水利设计院的昭觉竹核电站、中铁八局二公司、中国核电工业建设二三公司、葛洲坝电力集团、西昌瑞康钛业公司、西昌新钢业公司、康西铜业公司、西昌合力锌业公司、凉山电信等州内外大中型企业合作，全年度在学校组织双选招聘会30余场，提供就业岗位800余个，实际解决学生就业370余人次。

【德育教育】　2013年，学校启动“336德育体系”工程（强化3个教育内容；打造3支队伍；开展6个活动）。德育教育日趋深化、全面、立体和系统。教务科、学生科、德育办、校团委、招生就业办等多科室联动，将德育教育贯穿到教学、环境、日常行为、文体活动和主题活动中。以丰富多彩、学生喜闻乐见、乐于参与的活动为载体，寓教于乐。组建学生民族艺术团；继续依托成长不烦恼聊天室、网上成长话题聊天室，开展心理辅导工作。成长不烦恼聊天室共开放115次，接待学生106人次，网络聊天室开放220余次；继续做好给家长的一封信工作。围绕“336”工程的规划和年度计划，组织开展多层次、多样性的活动，让每个学生都能参与进来，接受熏陶和教育。评比表彰邓小英等9名优秀班主任；表彰金班风1个，银班风3个；评比表彰校园文明礼仪之星58名、优秀共青团干部35名、优秀团员82名、优秀学生干部13名。火把节期间，罗凤波等13名青年志愿者分别被团西昌市委、西昌市志愿者协会评为优秀志愿者组长和优秀志愿者。兰天笑等24名青年志愿者被团州委、凉山州青年志愿者协会评为幸福·凉山优秀青年志愿者。

【“挂包帮”工作】　2013年，学校“挂包帮”工作对象从帮扶雷波县汶水镇转移到雷波县上田坝乡。学校立即出资1万元帮助该村建成完工党员活动室，并购置文件柜、桌椅、办公用品、宣传画册、新党章等，组织村民人背马驮送达活动室。彝族年前夕，为该乡老党员及特困户送去棉被和衣物；并出资2.6万元为中心校的223名同学每人购置一套秋冬校服。向上田坝乡捐赠2万元，建立教育基金和扶贫基金，用于奖励优秀教师、优秀学生及开展文明小天使活动，并制定资金使用管理办法；由学校校出资，该乡23名小学教师陆续到凉山州小学教师培训中心接受培训。暑假期间，由学校出资，在上田坝中心校选拔优秀贫困学生，组织开展第五届西昌·阳光少年夏令营活动，带孩子们走出大山，增长见识，开阔眼界。在上田坝乡中心校及村小开展小手拉大手活动，不定时进行洗头小能手、梳头小巧手、叠衣小标兵、勤务小先锋评比活动，积极倡导健康文明生活方式，达到教育一个孩子、带动一个家庭，影响一个村庄的效果，受到州委、州政府表彰，被评为“挂包帮”先进单位。

【职业技能培训鉴定】　2013年，学校职业技能鉴定所组织维修电工、机修钳工、焊工、化学分析工、计算机系统操作工、车工、工程测量工等7个工种的技能鉴定。与凉山矿业、西昌新钢业、会理益门煤矿、会东满银沟铁矿、会东马鞍电站、会里复烤厂、西昌合力锌业、康西铜业等企业建立密切协作关系，前后开班10余期。全年开展鉴定436人，其中：中级工295人，高级工84人，技师41人，高级技师16人；举办特种作业培训6期，培训611人；与西昌电业局职工培训中心合作，完成职工培训267人次；为瑞海公司培训骨干技术工人73名。

【基础建设】　2013年暑假，学校完成食堂改造工程。对食堂布局、流程等进行改造调整，实现生食和熟食分流，荤素分流，人员流动和物流分离，食品生产达到国家标准。对食堂大厅进行装修，完善桌椅等硬件设施，并体现健康文明的饮食文化，以人为本的服务理念，改善学生的用餐环境。与伙食团、小卖部承包人签订责任书，制定食物中毒应急预案、学生就餐管理办法，严格实行食堂原料采购及库房管理制度、食堂餐具清洗消毒制度、食堂疫情报告制度、食堂从业人员健康检查和卫生知识培训制度、伙食团烹饪加工管理制度。开展定期和不定期检查、抽查，保障食品安全。确保全校师生食品安全，杜绝安全事件的发生。

【安全工作】 2013年，学校细化管理措施，落实值班制度，更新安全管理机制。由班主任、宿管老师、值班学生层层负责，随时掌握宿舍的卫生、纪律、安全等情况，建设快速发现和处置突发事件的机制。每周有校领导、科室负责人，学生科、班主任组成的值周小组；每周安排有值周班级、值周学生24小时保安巡查。每天早操、就寝有班主任和宿管老师，白天有任课教师和班主任检查纪律和安全；每周、每月由保卫科负责检查安全设施，每学期开学进行安全排查。学校还加强对校园湖边段的巡视，对校门、食堂、公共区域秩序维持和督导。全年全校新增大门匝道，新增灭火器30个。利用黑板报、广播、集会、班级宣讲等多种形式进行安全宣传教育。

【老干工作】 2013年，学校党委和行政坚持落实重大问题交心通气、走访慰问等八项制度，开展老干工作。不定期举行形势报告会，进一步完善“两费”“三个机制”；举办“三步踩”等广场舞大家跳活动；组织“五一”邛海步道徒步活动、重阳登泸山活动；在每月小组活动中开展各种有益老人身心健康的文艺、健身活动；热情接待离退休干部职工的来访、来电；组织在昌的“五老”成员召开工作联系会，主动征求老干部对学校工作的意见和建议，解决反映的困难和问题。

（审核：高勇/撰稿：田成平）

州民族中学

【概况】 凉山州民族中学是凉山彝族自治州唯一面向全州招生的、以少数民族学生和农村贫困学生为主的民族寄宿制完全中学，是州教育局唯一一所直属中学。学校现为四川省二级示范性普通高（完）中。学校有85个教学班，在校学生5764人（其中，初中1889人），少数民族学生占60%以上，农村学生占76%。

【基础设施】 学校分南北两个校区，南校区是初中部，北校区是高中部，全校占地面积102880平方米，生均占地面积20平方米、建筑面积109224平方米，其中公用校舍建筑面积60301平方米。各类教室165间，满足教育教学需要，教室间数和面积达到了《四川省中小学教育技术装备标准》要求。有两个田径运动场（分别为300米和250米环形跑道）及相应的体育设施。学生宿舍664间，建筑面积23053平方米，床位5312个，满足寄宿制学生住宿需求。有学生食堂餐厅及开水房浴室等后勤服务设施，建筑面积6874平方米，餐位3700座，功能齐备，设备设施完善，达到国家标准化食堂规定B级食堂标准。

【师资力量】 学校有在岗教职工370人，其中，特级教师7人，高级教师80人，中级教师126人。有全国模范教师、全国优秀教师、四川省有突出贡献优秀专家、凉山州拔尖人才、凉山州学术和技术带头人、凉山州专家型教师、知名教师、西昌市教学能手等共60余人。

【教学科研】 学校重视开展教育科研工作，教科处负责全校的教育科研组织领导工作，有专门的办公室、办公设施设备和专人负责，有专门的教研活动室。学校有完善的教育科研网络，有健全而严格的教研制度和奖惩制度。每个学科有教研组，每个年级有学科备课组。坚持开展每周一次的常规教研活动，做到了“四定”（定时间、定地点、定教研内容、定中心发言人），效果好。教师100%参与了教研活动，教研工作做到了常规化、制度化。学校积极组织和倡导开展教育科研，积极组织教师“走出去”听课学习，或者“请进来”传经送宝，全年教师外出培训考察学习200余人次，开阔了眼界，增进了交流，提高了认识，提升了教师的专业素质和教研能力，取得了一批教育科研成果。校园民族文化建设在2013年度得到进一步深化落实，李承志老师的《几何画板在数学教学中的使用研究》课题获得了州重大科研课题资助。教师积极撰写教育科研论文，并获得国家级、省级、州级的奖励。组织学生参加学科竞赛，有十余名教师获得指导奖，近百名学生获得奖励。学校还先后多次派出数十名老师在喜德、会理、金阳、布拖等民族聚居县支教或开展教研活动，产生了很好的带动和示范作用。

【学校管理】 学校的办学理念是“以人为本，与时俱进；为学生发展奠基，为社会进步育人”。学校领导班子建设达到要求。有校级领导5人（一正四副），学校实行校长负责制，校长主持学校全面工作，各副校级领导分工明确各司其职。中层干部人员齐备，领导班子工作运行有序，管理效率高。学校认真贯彻落实以教学为中心，以质量为生命，对教育教学工作进行目标导向、过程管理、质量控制、奖惩激励，实行教育教学质量目标考核，设立了阶段质量奖、高考中考奖、管理服务奖等质量调控措施，形成了有效的质量控制管理机制。学校安全工作，成立以校长为组长的安全工作领导小组，学生处、安全保卫科专门分管学校安全工作；分校区有安全执行组，人员齐备，各类安全工作机构健全，安全制度齐全，安全措施到位。

【办学成果】 以高考、高中会考、统考为代表的教育教学质量取得了优良的成绩。2013年度，考生1267人，其中理科881人、文科386人。理科上线490人，上线率56%，名列全州第二；文科上线81人，上线率20%，名列全州第三。理科人均总分全州第二名，文科人均总分全州第三名。硬上一本线97人，本科线571人。加民族地区照顾分后上本科线780人，上线率62%。124名学生考入重点大学，1063名学生被各类大学录取。全州理科前10名，州民中校有3人；全州理科应届生第一名，全州少数民族考生第一名均出在州民中；理科语文、数学、英语、化学、生物的平均分名列全州第一，物理平均分名列全州第二。高中毕业会考的平均分、优分率、及格率、差生控制率等多项指标均居全州同类学校第一名。高中毕业会考的综合分排位居全州同类学校第一名。良好的教学质量为凉山民族教育谱写了新篇章，向州委、州政府以及全州各族人民交了一份较满意的答卷。

【其他工作】 认真开展以“移风易俗、禁毒防艾、环境治理、学校教育、群众性精神文明创建”等为主要内容的“彝区健康文明新生活运动”。认真开展“走基层、解难题、办实事、惠民生”活动。组建了36个学生社团，在周末积极开展活动，校工会广泛开展“在社会做一个好公民，在单位做一个好职工，在家庭做一个好成员”活动，形成了“学校大家庭，文明树风尚，歪风齐抵制，娱乐须健康”的良好风气。学校的“创四好”活动、党建工作、党风廉政建设责任制、惩防体系建设等保证目标工作成效显著，得到考核部门认可和好评。安全工作、档案工作、社区工作、警校共育等工作取得成效。

（审核：包晓华/撰稿：陈虹舟）

文化影视新闻出版

【概况】 2013年，文化影视新闻出版局紧紧围绕“文化强州”建设目标和州委、州政府中心工作，以深入学习贯彻党的十八大和十八届三中全会精神为主线，以高度的文化自觉和文化自信，着力繁荣文化影视新闻出版事业、发展壮大文化产业、保障文化市场健康有序，圆满完成了各项工作任务。

【服务体系建设】 2013年，全州14个公共图书馆、18个公共文化馆、606个乡镇综合文化站、凉山彝族奴隶社会博物馆、西昌知青博物馆、红军长征过会理纪念馆、冕宁毛主席接见彝族代表处、彝海结盟纪念馆等5个博物馆纪念馆实行免费开放。建成农家书屋3761个，实现行政村农家书屋全覆盖目标；放映农村公益电影4.5万场，译制彝语电影40部，凉山州译制上传的彝语电影在州内外放映1.96万场次，居全国译制机构第3位，凉山民族电影译制中心荣获优秀少数民族语译制电影发行放映奖，译制的电影《举起手来之追击阿多丸》荣获全国优秀少数民族语言数字电影译制综合艺术奖，山正元电影队被表彰为第五届全国服务农民、服务基层文化建设先进集体。

【群众文化、艺术创作、展演和交流】 2013年，文化影视新闻出版局精心组织送文艺演出、送图书、送电影下基层活动，全年共为基层群众送去各类文艺演出45场、电影350场，送图书及各种科普资料3万余册（份）；凉山州交响乐团正式成立，广场惠民音乐会等深受群众喜爱。精心组织作品参加各项文化赛事，14件文艺作品获国家级、省级奖项，9月28日，凉山州选送的作品《彝家女儿》荣获“舞动民族魂 唱响中国梦”——四川省首届群众广场舞大赛一等奖，州文化影视新闻出版局荣获全省优秀组织奖。凉山歌舞团代表国家赴加拿大参加第五届国际立体花坛大赛“中国周”活动文艺演出取得圆满成功，启动“艺术感恩大地”千乡播梦行动，11月13日，彝族女子群舞《她们》荣获第九届中国舞蹈“荷花奖”民族民间舞决赛创作、表演三等奖。惠民音乐会已经成功演出100余场，参演人员1.1万人次，演出曲目1360首，演绎作品231首，现场观众达16万人次，丰富人民群众精神文化生活，充分体现文化事业的公益性和服务功能。

【文物保护】 2013年，全州文物安全管理进一步加强，新成功申报国家级重点文物保护单位1处6点，省级文物保护单位24处，新公布县级文物保护单位206处；积极落实好新公布的国家级、省级、县级文物保护单位“四有”基础工作，按照国务院和省政府的安排贯彻落实好第一次全国可移动文物普查工作，成立普查机构，培训业务骨干，落实普查经费，完成全州所有国有单位文物收藏情况的摸底调查工作。积极实施国家级和省级文物保护单位抢救维修工程，督促各县市和州直文博单位全面调查前六批“国保”和前七批“省保”单位的保护修缮情况，准确掌握其项目和资金需求。深化博物馆、纪念馆免费开放工作，切实加强博物馆纪念馆免费开放资金的监督管理，不断完善服务设施，充实服务内容，改进服务方式，提升展陈质量。《凉山历史名家书画展》、与包头博物馆联合举办的《草原古韵 塞外风情——内蒙古包头博物馆馆藏岩画、唐卡、文物精品展》、与陕西半坡博物馆联合举办的《原始文化风情展》等文博交流展览活动成功举办。

【非物质文化遗产保护】 评审公布凉山州第四批州级非物质文化遗产名录98项，全力冲刺第四批国家级、第四批省级非物质文化遗产名录项目申报工作。组织彝族服饰、彝族漆器、铠甲、傈僳族阔时节、摩梭甲搓等非遗项目参加中国·成都第四届国际非物质文化遗产节，荣获组委会最高奖——太阳神鸟特别奖1项、最佳表演奖3项。按照非物质文化遗产“四个一工程”的工作思路，出版发行《火把·家园》精品图书和《彝族火把节》人文电视纪录片，加大非遗保护宣传力度，创办《凉山非遗报》（内部资料型期刊），成为全省乃至全国第一张非遗报。国家级非遗名录——彝族年的人文电视纪录片拍摄工作已经完成，进入后期剪辑阶段。创新非遗保护方式，工作重心下移，与美姑县委、县政府共同创办首届彝族非物质文化遗产展演，5个片区200余名民间艺人参加海选。

【文化、新闻出版市场管理】 2013年，全州新建社区书屋211家、寺庙书屋17家，并顺利通过验收；18位农家书屋管理员被省新闻出版局评为优秀管理员。完成全州公开报刊初审和报刊型内部资料、记者站年审工作，认真履行报刊审读、内部资料性出版物准印证办理及出版单位和出版活动的日常监管等工作职能。加强对虚假违法印刷品广告和非法出版报刊的查处工作，审办、出版内资图书报刊共计136种。推荐3个“书香之家”参加全省“书香之家”评选，组织凉山州选手参加全省印刷行业技能川南片区大赛，获得2个三等奖，全年接待版权事务咨询18人次，配合省新闻出版局版权事务中心办理版权登记7例，调处版权纠纷1起，完成州级政府机关软件正版化工作，并通过省政府第五检查验收组检查验收。集中开展文化市场安全生产大检查，对辖区内各文物保护单位、公共娱乐场所、互联网上网服务场所等重点部位开展为期两个月不间断消防安全大检查。加大网吧、音像市场、卫星地面接收设施、娱乐场所等执法力度，开展网吧、卫星地面接收设施等专项整治行动，全年出动文化执法人员7770人次，检查各类文化经营场所2068家次，受理举报110件，立案调查45件，警告违规经营单位35家，收缴违规软件1078张，侵权盗版光碟3421张，涉黄光碟30余张，盗版书籍560本。

【产业发展】 2013年，文化影视新闻出版局认真贯彻落实十七届六中全会关于把文化产业培育成国民经济支柱型产业的要求，起草完成《凉山州人民政府关于加快推进文化产业发展的意见》（征求意见稿）和《凉山州藏羌彝文化产业走廊规划书》，拟提交州人民政府审议。组织开展首批省级文化产业示范园区和第四批省级文化产业示范基地申报工作，凉山州贾佳彝族传统服饰生产有限公司、喜德县犇驰彝族漆器有限公司等成功申报第四批省级文化产业示范基地。凉山文广传媒实现对国家级文化产业示范基地——凉山民族文化艺术中心的有效经营管理，提供400多个就业岗位，公司进一步完善企业法人治理结构，做大做强凉山州民族文化产业，注册更名为凉山文化广播影视传媒集团有限公司（简称凉山文广传媒集团），北京阿斯牛牛餐饮连锁有限公司开业，成功搭建彝族风情餐饮、民族文化演艺、“大凉山”特色农产品综合推介平台。各县市立足自身优势资源和特色，开展丰富多彩的节庆文化活动和文化产业项目，文化和旅游的产业化融合进一步增强。泸沽湖“摩梭家园”建设加快推进，拟定《摩梭家园建设与文化保护总体规划》（草案）和《摩梭文化保护详规》，有效加强摩梭古村落和摩梭非遗文化保护；完成摩梭博物馆实物收集和展陈、布展工作。

【广播电视覆盖】 2013年，全州有州级广播电视台1座，县市级广播电视台17座，调频转播发射台1199座（含村村通小调频），电视转播发射台1782座（其中：100瓦以上发射台17座）；广播综合人口覆盖率达到81.73%，电视综合人口覆盖率达到92.24%。有线电视用户32.33万户，其中数字电视用户14.84万户，付费数字电视用户2.88万户，有线广播电视传输网络干线总长4712千米。广播电视从业人员1192人，公共广播节目3套（州级1套，县市级2套），公共电视节目19套（州级2套，县市级17套）。全年公共广播节目播出时间为9855小时30分钟，全年公共电视节目播出时间为8.63万小时，全年制作广播节目1381小时，电视节目5545小时47分钟。凉山电视台试播的彝语电视频道，凉山人民广播电台的多档彝语节目深受群众欢迎。凉山州民族电影译制中心是全国唯一的彝语电影译制机构，彝语译制工作在全国居领先水平，2013年译制电影40部，深受群众欢迎，为全州禁毒和艾滋病防治工作做出了积极贡献。

【广播电视宣传】 2013年，全州广电系统坚持把围绕中心、服务大局、加强和改进广播电视宣传工作放在突出的位置，提高全州广播电视节目质量；强化宣传管理，严守宣传纪律，净化声频荧屏，提高媒体公信力，确保广播电视宣传的正确舆论导向。精办原有品牌栏目，在坚持“三贴近”的原则上，大胆创新，对宣传的内容、方法、手段和形式不断改进，全力提升栏目质量，增强广电传媒的吸引力和公信力，栏目收听、收视率再创新高。圆满完成对党的十八大和十八届三中全会精神解读、中国梦主题教育活动、走基层活动、落实中央“八项规定”和省州“十项规定”、大凉山品牌建设、维护稳定、安全生产、节能减排、禁毒防艾、第十四届西博会等重大事件、重大活动的宣传报道任务。深入开展“第三届广播电视绿色频率频道创建活动”，省创建广播电视绿色频率频道检查组评价凉山州“创绿”工作亮点纷呈、成效显著。广播电视外宣工作再上台阶，共制作播出电视新闻6371条，送省台播出260条，中央台播出20条，广播新闻2537条，送省台播出122条，中央台播出9条。凉山广播电视台制作的《浩荡彝风·大美凉山》《湿地之韵·梦里水乡》分别获得中国电视艺术家协会第六届“中国旅游电视周”好作品二等奖、三等奖；专题报道《阿英莫的刺绣人生》《退伍军人的梅花鹿养殖梦》《银行舅舅——巴交龙布》等节目参加全国、全省节目评比，分获全国新农村电视艺术节优秀节目奖、全省新农村宣传一、二等奖等；专题片《决战洪魔》获得四川新闻奖三等奖。全州开展“安宁湖”杯微电影大赛。

【广播电视事业管理】 安装广播电视直播卫星接收设备3.33万套，完成12321户农村地面数字电视和400套“村村响”建设任务。圆满完成党的十八届三中全会、两会等重要保障期的安全播出保障任务。扎实开展安全生产大排查大整治行动，确保广播影视安全播映，严格管理有害视听节目上网传播。开展查处取缔违法销售卫星接收设施经营单位的执法行动，在专项整治行动中，联合公安、工商等部门，共出动执法人员230余人次，检查经营单位共计154家，查处经营单位25家，查收卫星电视广播地面接收器（接收天线、底座）2455套，解码器600台，高频头1124个，以及卫星电视接收设备的配件362套。

【机关建设】 2013年，文化影视新闻出版局继续开展创“四好”班子活动，严格贯彻执行中央“八项规定”和省委、州委“十项规定”，推进党风廉政建设和反腐败工作，强化正风肃纪工作，提高机关效能、严格公务接待、财经纪律制度，着力建设学习型、创新型、纯洁型、服务型机关，提升服务基层和服务群众能力。加强调研工作，召开全州各县（市）文广新局局长座谈会，认真回应基层意见建议，深入开展走基层、解难题、办实事、惠民生活动，扎实开展扶贫济困送温暖活动，做好昭觉县极度贫困村库莫瓦哈村的对口帮扶和新农村建设等工作，被州委、州政府表彰为全州“挂包帮”活动良好单位。继续在凉山毒品和艾滋病重灾区，开展彝语电影禁毒防艾宣传，以农村电影放映为载体，以行政村为重点，辐射自然村，全年全州放映禁毒防艾电影7000余场，抓好禁毒防艾工作，提高人民群众对毒品危害和艾滋病防治的认识和自觉防护意识。

（审核：陈方勇/撰稿：何明强）

卫　生

【概况】 截至2013年年底，全州医疗卫生机构达5423个，其中：医院70个（其中：公立医院41个）、基层医疗卫生机构5218个〔其中：乡镇卫生院618个、社区卫生服务中心（站）14个、村卫生室4311个〕、专业公共卫生机构128个（其中：计划生育技术服务机构70个）、其他机构7个。医院按等级分：三级医院3个，二级医院31个，一级医院5个，未定级31个。全州医疗卫生机构门诊量1043.88万人次。医院次均门诊费用124元，医院人均住院费用4141.6元。全州卫生人员总数19182人，其中卫生技术人员达16059人，执业（助理）医师5928人，注册护士5999人。按2012年年末户籍人口算，每千人口执业（助理）医师数为1.19人，每千人口注册护士数为1.21人。全州医疗卫生机构床位数达17283张，按2012年年末户籍人口算，每千人口医疗卫生机构床位数达到3.48张。

【医改工作】 2013年，全州新农合参合人数386.22万人，参合率98.69%，较上年提高1.01个百分点。11个贫困县重大疾病住院报销比例较省制定标准提高10%。全州参合农民受益总人次291.24万人，受益率为75.41%。住院报销比78.33%，住院实际补偿比67.31%，住院实际补偿比为全省第一。基金共支出12.9亿元，基金使用率为97.37%。儿童白血病、先心病等20种重大疾病纳入提高医疗保障水平试点工作，共计5519人次重大疾病患者得到补偿，切实缓解农村居民“因病致贫，因病返贫”的现象。全州基层医疗机构全部实行基药集中采购和零差率销售，共下订单5869次1804个品规总计1.37亿元，配送率和入库率均达100%，药价降幅24.68%，门急诊和住院次均药费下降9.14%和21.98%。继西昌市和喜德县人民医院开展取消“以药补医”改革试点后，全州共29家县级医院全部取消除中药饮片外的所有药品加成，共让利群众1266.5万元。持续改进群众就医服务，强化惠民便民措施，推进“先诊疗、后结算”服务模式和医疗机构辅检结果互认；确定5家州级医疗机构和县市医院为农村居民重大疾病定点救治医院，探索肿瘤等重大疾病医疗保障试点工作，完成700例“百万贫困白内障患者复明工程”手术任务。强化基本公共卫生服务项目管理与考核，抓好“两清”落实，12大项指标完成率大幅提升，其中：共建立城乡居民规范化电子健康档案397.1万份，完成率87.52%；累计管理高血压患者13.01万人、糖尿病患者4.63万人、精神病患者4301人、老年人保健34.67万人；孕产妇管理12.74万人、0~6岁儿童管理39.03万人，卫生监督协管1.15万次，健康咨询和讲座4.43万次，受众589.11万人次。

【艾滋病综合防治】 2013年，全州继续强化各级党委政府的主体责任，严格目标责任制管理，强化经费保障，全年防治工作经费净增515万元，年度地方投入1461万元。依托州县医疗卫生机构，共建立技术支持中心104个；加强“禁毒防艾工作队”和“万名督导员”队伍建设，强化“人盯人”模式，发挥11个艾防民间组织和志愿者队伍等社会力量，积极构建综合防治网络。加快监测检测网络建设，扩大干预覆盖面，全面推进综合干预措施的落实。全州医疗机构筛查49.65万人次，确证阳性2375人；随访感染者1.59万人，配偶检测6605人次；累计抗病毒治疗成年艾滋病病人8334例（在治6278例）、儿童268例（在治234例），全年新增治疗人数2911例（儿童146例）；美沙酮维持治疗1.14万人（新增2285例，在治6390人），年保持率82.1%；高危人群干预15.02万人次，免费提供安全套39万只，提供清洁针具12.27万具。针对抗病毒治疗、感染者/病人管理、监测检测等问题，及时出台加强“艾滋病抗病毒治疗”和“安全套推广实施”两个意见，启动感染者/病人异地管理和网络化干预模式探讨，完善报告管理质控和检测报告流程，将艾滋病检测纳入医疗机构常规和针对检测。推进“十二五”重大专项——布拖艾滋病综合示范区项目、中—默项目、科技惠民项目、昭觉县抗病毒治疗关爱中心建设项目实施；全面总结和评估防治进展与成效，完成《凉山州艾滋病防治评估（2008—2012年）》。截至12月，国家核心24项指标实际完成22项，完成率91.6%，较上年提高11%；省政府63个指标完成57个，完成率90.47%，较上年提高3.47%。州艾工委办荣获“全国艾滋病防治工作先进集体”称号。

【疾病预防控制】 2013年，全州法定传染病疫情继续呈“稳中趋降”，全州无甲类传染病报告，共报告乙丙类法定传染病31种24840例（审核日期），发病率较上年下降6.29%；加强免疫规划管理和接种工作，“四苗”基础免疫调查接种率达78.21%，乙肝疫苗全程接种率82.48%；围绕“消除麻疹”目标，完成麻疹和脊灰疫苗强化/补充免疫，接种率均达95%以上；巩固结核病TODS策略，规范治疗管理活动性肺结核病人3948例，新发并纳入规范治疗管理麻风病人49例；巩固地方病防治成果，喜德和德昌通过血防传播阻断达标，冕宁县达到大骨节病区消除标准，西昌、普格达到消除疟疾标准；落实八项应对措施，全州无人感染H7N9禽流感疫情；报告4起未分级突发公共卫生事件，全部得到及时有效规范处置。

【基层与妇社】 2013年度，以强化妇幼卫生能力建设和提高11个民族县孕产妇住院分娩率为抓手，推进基本和重大公共卫生妇幼项目，改善妇幼卫生指标。推进农村妇女增补叶酸预防神经管缺陷项目，新增服用人数47748人；住院分娩率75.13%，较上年提高9.84%，孕产妇死亡率55.56/10万，婴儿死亡率为9.72‰，5岁以下儿童死亡率为14.70‰。实施“三病”母婴阻断，产妇数HIV检测56992人，检测率84.24%，孕期HIV抗体检测27202人，孕期检测率47.73%；产妇梅毒检测57510人，检测率85.01%；产妇乙肝表面抗原检测57475人，检测率为84.96%。完成农村妇女宫颈癌检查23046人，开展乳腺癌检查2019人。

【医政与血液管理】 2013年，集中开展民营和基层医疗机构医疗质量安全、抗菌药物临床应用、院感控制、执业规范等专项整治；完成11所医疗机构评（复）审申报，在8个州级医疗质控分中心基础上，新建“州急诊急救质量控制分中心”；派驻三级和二甲医院83人对口支援民族地区县级医院和中心卫生院，累计服务患者4.58万人次；规范医疗机构设置和社会资本办医管理，新设置民营专科医院2个；在搭建远程医疗网络的基础上，推进数字化医院建设，9所医院通过省卫生厅数字化医院初审；加强无偿献血和临床安全合理用血，累计无偿献血2.09万人次、采血654.12万毫升，同比上升7%和4%。

【卫生执法监督】 2013年，全州共出动执法监督人员4.39万人次，监督1.62万户次，合格1.59万户次，合格率98.18%。查处各类卫生违法案件291件，其中警告154户次、罚款257户次35.41万元、没收违法所得2.51万元，责令停产停业4户次，责令改正1614户次，取缔39户次。完成31家医用放射防护检测，对28家进行建设项目放射防护评价，个人剂量监测661名，体检和放射防护培训513名。开展甘洛县矿山人员职业病诊断初筛、复查体检1.09万人次，累计职业病网络报告195例。

【中医药（民族医药）】 实施基层中医药服务能力提升工程，75.75%的乡镇卫生院设置中医科（室）；启动9个民族聚居县“中彝医院”建设工作并于12月陆续挂牌；完成7所公立中医医院等级创建评审工作，共建成二甲中医医院6所、二乙中医医院1所；州中西医结合医院建成省级中医类别住院医师规培基地；完成5个州级重点专科验收评审，确定省级重点专科建设单位2个、州级重点专科建设单位3个；6项民族医药适宜技术推广项目通过终期评估；完成《凉山毕摩苏尼医药》文献整理和编写；实施中医药治疗艾滋病项目，累计治疗647人。

【卫生应急】 2013年，全州共及时报告和规范处置突发公共卫生事件4起（未分级），报告病例37例，死亡2例。协助江铜集团西昌铜冶炼厂严重工伤事故处置；参与雅安“4·20”芦山地震医疗卫生救援，救治伤病员1807人次、健康教育及心理疏导2207人次，完成震区血防包片任务；开展“2013凉山州火把节医疗保障应急演练”，协同完成四川国家紧急医学救援队与凉山州卫生应急支队卫生应急联合拉动演练。

【卫生项目建设】 自2009年医改以后，中央、省共计下达卫生建设项目1757个，总投资9.45亿元。其中，2009年项目25个投入使用24个；2010年项目178个投入使用176个；2011年项目468个投入使用431个；2012年项目198个开工195个、投入使用85个；2013年项目888

个，已完成前期准备729个、在建135个、完工24个。启动2011—2015年乙类大型医用设备规划配置，新增配置乙类大型医用设备21台，完成冕宁、盐源、昭觉3个区域医疗卫生中心设备采购72个品目225台。

【人事科教】 落实“彝区和木里藏区医疗卫生队伍建设”两个实施意见，着力解决卫生人才“量少质弱”等制约卫生发展的“瓶颈”问题。完成乡镇卫生院招聘执业（助理）医师40名、农村订单定向医学生培养151人、“阳光天使”项目88名，招聘乡医200名、公招基层卫技人员932名，完成专业技术培训32项1.04万人次；完成省级重点专科创建2个，评审推荐高级职称161人，推选凉山州第七批学术带头人10人、后备人选55人；完成20名医疗卫生骨干参加“百名卫生干部”援助民族地区行动工作，顺利完成22名“援藏”“双千”挂职干部的对接挂职工作；继续实施凉山与成都、珠海区域医疗卫生合作。

【药品招标采购】 2013年，全州56家县级及以上医疗机构主动接受药品网上阳光采购积分考核，平均积分102分，位列全省21个市州的前列。全年药品采购总额8.13亿元，网上集中采购7.90亿元，占采购总金额的97.15%，采购国家基本药物3.54亿元，占总采购金额43.52%，采购省内药品1.78亿元，占采购总金额的21.80%。

【行政审批】 规范行政审批行为，规范卫生行政许可程序，依法实施行政许可，行政审批项目纳入政务服务中心，实现“两集中、两到位”和“一个窗口”服务。州卫生局窗口获得州人民政府办公室颁发的政务服务工作“先进单位”；同时获得州政务中心颁发的“文明窗口和优秀首席及信息工作先进单位”的荣誉称号。2013年共办理卫生行政审批4544件，咨询2914件，按时办结率100%，无违法违纪审批事项发生。

【爱国卫生】 2013年，全州共完成3个省级卫生乡镇、33个省级卫生村创建，西昌市创建国家卫生城市通过省级考核，会理、越西分别通过省级和州级卫生县城评审。完成1000户改水改厕项目，广泛深入开展禁烟活动。

【党风廉政与主题教育活动】 严格执行中央“八项规定”和省、州“十项规定”，深入开展廉政风险防控、警示教育和行风评议，编撰《凉山州卫生系统党风廉政建设和反腐败学习资料汇编》，专题召开全州卫生系统党风廉政警示教育大会和预防职务犯罪专题警示教育活动，推进“廉政文化进医院”活动；结合行业特点，在全州卫生系统开展“用‘健康梦’托起‘中国梦’”主题教育活动；启动实施党的群众路线教育实践活动，扎实开展“走基层”活动。

【卫生新闻宣传】 利用信息化平台，立足凉山卫生网站和政务信息平台，开通凉山卫生局官方微博，加强与省州主流媒体合作，开辟凉山卫生专栏和健康周刊，制作电视专题4个、健康专刊51期，报送政务信息66条，新闻媒体编发信息60余条，凉山卫生网站发布信息1200余条，全方位、多角度宣传卫生政策、改革发展成就和行业先进典型。

（审核：蔡寅宗/撰稿：王公力）

州一医院

【概况】 2013年，医院领导班子团结带领全院干部职工，坚持改革创新，齐心协力，真抓实干，秉承诚信立院、人才兴院、科技强院、民主理院、文化育院的办院方略，弘扬以“全心全意为各族群众健康服务”为宗旨的医院文化，着力提升服务品质，持续改进医疗质量。通过加强医院管理，降低医疗成本，合理配置医疗资源，改善就诊环境，优化就诊流程，大力推动重点学科、专科创建活动，不断提升医院综合实力。重大突发事件卫生应急工作有序有力；医院工作在关键环节和难点问题上取得新的突破。努力以一流管理、一流技术、一流设备、一流服务，竭诚为保障全州各族人民群众的生命安康，为建设美丽富饶文明和谐新凉山做出积极贡献。

【完成情况】 2013年，医院完成门诊84.33万人次，日均门诊2310人次，其中：专家门诊27.22万人次。院前急救出车7358次；急诊留观10.72万人次，急诊抢救成活率98.79%。年末实有床位1186张，全年出院4.21万人次。住院病人平均住院日11.78天。病床使用率116.76%；病床周转次数3.17次（次/月），病房抢救成功率92.92%。完成手术及操作1.50万人次。医院总收入6.38亿元，其中：财政补助收入4740万元，医疗收入5.44亿元，其他收入3340万元。

【医院改革】 2013年，医院努力拓展业务用房，优化就医环境与就诊流程，推行便民惠民措施，彰显公立医院“全心全意为各族群众健康服务”办院宗旨。全年进行多项改扩建工程：内科大楼装修一新，安装电热水器全天供应热水，各楼层开辟病员陪护休息区；儿科重症监护室择址新建，儿科门诊输液室扩建投入使用；择址新建血透室，可容纳50名患者同时治疗；新建以花草装饰的风雨长廊，贯通全院门诊与住院部医疗区域；门诊4楼开辟花园式候诊区；新建发电机房，安装500千瓦发电机，保证应急用电；新建制氧机房，解决使用液氧高压易爆的危险。长安分院压缩办公用房，增设一个病区，增加床位42张；新建全州设备最先进，功能最齐全的中西医结合康复治疗中心；拆除院本部和长安分院锅炉房和洗浆房，在马道分院修建洗浆中心等。以电子病历和医院管理为核心，按“统一部署，分步实施”的原则，斥巨资进行医院信息化建设，提升医院管理的科学化、精细化、专业化水平。实现包括医生工作站、药房系统、门诊办卡划价收费系统、急诊输液、预约挂号、叫号分诊、PACS系统、LIS系统、临床电子病历、合理用药系统、抗菌药物管理、临床路径管理、“银医卡”工程、财务管理和办公自动化系统的运行。12月，接受四川省卫生厅数字化医院评审验收，得到专家组一致好评，进入省数字化医院先进行列。加强设备、耗材管理，设备科制定设备监控指标，列入科室目标考核；严格执行“采、管、用”分离，强化设备使用科室管理，保证设备良性运转；利用中华慈善总会项目引进包括ECT、彩超等在内的多项设备，提升医院的服务能力和诊疗水平。重大突发事件卫生应急工作有序有力，全年共承担包括芦山“4·20”强烈地震、康西铜业烧伤事件等突发事件医疗救援4次，圆满完成上级指派的各项救援任务。

【质量与安全】 建立由医疗质量管理委员会、医疗质量检查小组、科室医疗质量控制小组构成的三级质控网络，制定切实可行的质量管理方案，实行全面质量管理和全程质量控制。健全医院规章制度和人员岗位责任制度，严格落实医疗质量和医疗安全的核心制度。加强基础质量、环节质量和终末质量管理；重点加强运行病历的实时监控与管理，全年甲级病历率达100%。加强全员质量和安全教育，严格执行医疗技术操作规范和常规，将质量与安全评价结果纳入对科室、员工的绩效评价考核。建立、完善医疗质量管理责任追究制度与质量危机预警管理运行机制；建立完整不良事件上报及处理程序，及时发现缺陷，纠正错误，实现医疗质量持续改进。加强医院感染管理与医疗废物管理，新建医疗废物及垃圾转运存放点，从源头和关键环节上控制安全隐患。

【护理服务】 根据“三甲”新标准，护理部修订完善护理规章制度、护理质量考核评分标准等，进一步规范护理人员执业行为。围绕“以病人为中心”，坚持以质量、安全、优质、便捷为目标，抓环节质量管理，确保终末护理质量，保障患者安全。根据护士岗位管理基本要求及能级对应原则，将医院临床护理岗位设置为五个层级十三个等级，制订护理岗位说明书，有效落实基础护理与专科护理、治疗处置、健康教育与康复指导等工作。

【科研教学工作】 《凉山州彝族城乡居民糖尿病及代谢综合征患病率调查及成果应用》获得省医学科技奖三等奖；妇产科申报省卫生厅科研项目《凉山州汉、彝族宫颈高危型 HPV 检测中基因分型差异及影像因素研究》已立项；医院申报凉山州人才培养开发“金手指”工程科研项目 11 项；举办国家继教项目 1 项，省级继教项目 6 项；外派进修学习 42 人次；医院外出参加学术会、学习班 192 人次；专业技术人员在各级各类期刊上发表论文 55 篇。接收下级医院选派进修医生 36 人；举办为期 15 天的凉山州县乡两级卫生技术人员岗位能力培训班 5 期，培训学员 75 人；接收州卫生局举办的凉山州基层医疗卫生机构全科医生转岗培训 119 人。接收各类实习生 252 人。内科、外科、妇产、儿科通过卫生厅住院医师规范化培训基地复评；医学影像、检验、麻醉科、神经内科等新评为四川省住院医师规范化培训基地。

【重点专科建设】 加强医院省级医学重点专科建设，鼓励有条件的科室申报省州重点专科。肿瘤科通过乙级重点专科建设项目评审；妇产科通过乙级重点专科建设项目验收；消化内科、医学影像科正积极申报省厅医学重点专科建设项目。

【艾滋病防治】 2013 年 1 月至 11 月，共收治艾滋病患者 300 人，其中机会性感染药物毒副作用 221 人；审批更换二线抗病毒治疗方案 59 人次；处理全州职业暴露共 17 例；接收艾滋病免费抗病毒治疗累计治疗 41 人，正在治疗 31 人，1 月至 11 月新增抗病毒治疗 9 人。完成对各县防艾工作的督导检查，参加各级艾滋病知识培训、承办各种防艾工作会议，艾滋病科研工作取得新突破。医院艾滋病防治工作得到国家疾控中心以及各级政府和主管部门的肯定。副院长张石则获凉山州人民政府艾滋病防治委员会“2011—2013 年艾滋病综合防治先进个人”表彰。

【人力资源建设】 制定《人才梯队建设计划》《人力资源发展规划》《学科带头人选拔与激励机制》《人力资源配置方案》，提高医院学科人才质量，形成合理的人才结构。继续开展中层干部聘任上岗，促进干部队伍知识化、年轻化。分别到成都中医药大学、泸州医学院等 4 所高校参加双选会，共收到 311 位毕业生投递简历，其中研究生 17 名。

【三级甲等医院复审】 2012 年 5 月启动医院复审迎评工作，从组织领导、宣传发动、学习培训、整章建制、落实标准、持续改进等方面，将等级医院评审与日常工作紧密结合，狠抓以病人为中心和质量持续改进两个基本点，编印《医院工作制度和岗位职责》《医院评审相关法律、法规、规章和文件汇编》《处方手册》《应急预案汇编》《三甲自查评分手册》《应知应会 360 问》《医师个人技术资料记录本》等，通过质量、安全、服务、绩效等方面的持续改进，全面提升医院服务品质与管理水平。2014 年 1 月接受四川省卫生厅“三甲”医院复审，得到专家组好评，以优良成绩通过了复评。

【扶贫对口支援】 继续开展对宁南、布拖、昭觉县医院的对口帮扶工作，年内共派驻医务人员 19 人，诊治患者 12256 人次，开展基层管理及业务人员培训 1643 人次，开展巡回医疗、义诊等服务 1356 人次。积极在昭觉县龙沟乡开展“挂包帮”活动和百乡教育扶贫工作，为当地老百姓做实事，解难题。为学生送去洗浴用品、书包和水杯，为村民送去大米和电视机；装修村支部活动室，增添背投电视、会议桌及配套座椅，捐赠大量过冬衣物、棉被。

【党风廉政和行业作风建设】 深入贯彻中共十八届三中全会、中纪委十八届三次全会精神，把行风建设的要求融入业务工作之中，努力推动医院反腐倡廉建设取得新的成效，为医院事业改革发展提供坚强保证。严明党的纪律，不折不扣地贯彻执行各项重大决策部署；坚持心系群众，服务民生，认真践行党的群众路线，落实中央“八项规定”要求；加强对领导干部和关键环节监督，不断完善反腐倡廉制度体系；严肃行业纪律，落实医疗卫生行风建设“九不准”，着力解决损害群众利益的突出问题；深入开展服务百姓健康行动、“三好一满意”等活动，加强医德医风建设，培育和塑造行业清风正气。医院获得国家卫计委“4·20”芦山地震表现突出单位等州级以上集体表彰8项；常星等人获得“四川好人”个人荣誉6项；医院重症监护中心（ICU）被评为四川省青年文明号。

（审核：曹力生/撰稿：杨剑勇）

州二医院

【概况】 2013年，医院紧紧围绕州委、州政府提速增量、提质增效工作战略，深入贯彻落实国家卫生工作改革各项方针政策，以创建三级甲等医院为目标，不断深化改革，精心打造实力、效率、服务、品牌、和谐的特色品牌，深入开展“三好一满意”活动，促进医院全面发展。全年完成门诊人次28.73万人次，同比增长5.2%；急诊人次2.15万人次，同比增长34.4%；住院人次完成1.96万人次，同比增长14.3%；出院人次完成1.87万人次，同比增长15.4%；病床使用率164.4%，同比增长29.9%；完成业务收入2.675亿元，圆满完成全年各项工作目标任务。

【“三甲”创建】 2013年初，四川省卫生厅同意医院参加“三甲”评审。围绕创建“三甲”医院的中心工作任务，全院开始紧张有序的创建工作，召开全院创建三级甲等医院动员大会，会议强调：创建“三甲”医院，是医院发展的需要，是医院在夹缝里生存的唯一出路，是医院经过深思熟虑，并在认真分析当前医疗市场形势和医院发展所遇到的问题的基础上，做出的重大决策。3月，按照“三甲”医院评审标准要求，对综合大楼、内科大楼和医技大楼进行改造。按照国家现行规范要求及省内相关专家意见，重新规划改造重症监护室、血透室、儿科、神经内科、病案科和手术中心等。增设消化内科、烧伤整形肛肠科、康复科、心内科和心胸外科等科室的住院病房，并为上述科室及临床科室添置更新一批新设施新设备，进一步拓展医疗业务，缓解病人住院难的问题，改善病员就医环境，增强医院综合实力。12月19日四川省卫生厅组织评审专家组对“三甲”医院创建工作进行评审，在12月22日的反馈会上，专家组认为医院创建“三甲”工作有特色、有亮点，整个工作取得实实在在的效果。医院已经通过省卫生厅的评审，正式迈入“三甲”医院行列。

【数字化医院】 2013年11月1日，医院投资1200余万元的新信息系统全面上线。医院管理信息系统的实施，有效促进医院信息化建设，实现医院内部管理一体化、员工工作高效化、部门协作关系简单化、科室收益透明化、患者费用清单化、诊疗信息电子化，使医疗服务过程更加高效、有序、规范，给医院和患者带来全新的诊疗环境和更加完善的医疗服务。

【志愿服务】 2013年，“心光常亮”志愿者团队分三期招募培训社会志者共计70人，开展大型上岗服务培训6次；举办两期暑期青少年志愿者服务培训，共培训大学生、中学生39人；定期到月城广场、步行街、北城社区等地免费为市民进行健康体检义诊活动，共测血压823人次，测血糖180人次，测视力及检查眼睛498人次，并针对有问题的人群进行健康教育指导，发放健康教育资料1600份及宣传预防AIDS和倡导环保意识等，全年共计完成8563.05小时的志愿服务，并被凉山州电视台多次报道。

【制度建设】 2013年，医院编辑印刷新版《医院规章制度汇编》（行政管理分册）、《医院规章制度汇编》（医疗管理分册）、《医院规章制度汇编》（院感管理分册）、《学术论文集》《处方集》《预案汇编》，完善《凉山州第二人民医院绩效考核实施办法（暂行）》等。同时，医院还改进和完善水电管理制度、医院协调制度和协调工作机制、院务公开制度、消防工作责任制、医德医风考评制度等，促进医院制度化、规范化、科学化、标准化管理。

【健康教育】 2013 年，医院利用已有条件所能提供的资源，自拍自导健康教育宣传 10 部；向凉山州公务员普及基本健康知识、生活保健及日常急救方法，负责编撰并发放 1.5 万册《公务员健康教育手册》；编撰《传染病知识宣传》（彝文版），在《凉山日报》（彝文版）发行；坚持每月开展一次糖尿病健康教育活动。

【规培基地建设】 2013 年，省卫生厅对医院内科、外科、影像科、妇产科住院医师规范化培训基地进行实地评审，同时对儿科、神经内科基地进行动态检查。评审专家对医院住院医师规范化培训工作给予充分肯定，同时也提出宝贵建议。2013 年度录取规培生 17 名，后有 2 名退出规培，全院规培生共计 21 名。

【科技兴院】 2013 年全院共发表论文 37 篇，经专业论文数据库检索证实，A 类 14 篇，B 类 23 篇；17 篇论文报名参加《凉山州第六届自然科学优秀学术论文》评选活动，4 篇获奖。其中：罗伦才编撰的《均匀设计法用于乳腺增生动物模型复制的研究》、赵林编撰的《先天性晶状体半脱位一家系的手术治疗》获得一等奖，胡建编撰的《凉山州彝汉两民族公务员脑血管疾病易患因素的比较》、刘志康编撰的《凉山州中老年人群中慢性肾脏病的流行病学研究》获得二等奖；申报州级科研项目 11 项，省级科研项目 3 项，其中“愈疡胶囊药理作用研究”申报四川省医学科技进步奖；申报新技术、新项目 8 项；获得立项科研课题 3 项，立项经费共计 10 万元；申报金手指重点资助项目 1 项，金手指一般资助项目 1 项；申报学科带头人培养基金 14 项，其中王启萍、刘永茂、胡光键、康厚彬、谢锐、王仕榕等 6 名同志获得学科带头人培养基金一般资助。

【队伍建设】 2013 年 8 月，经医院党委会研究决定，充实和调整 18 位同志进入中层干部队伍，聘任 6 位同志担任医院专业组长；全年安排 50 人赴卫生部中日友好医院、北京佑安医院、四川省人民医院、四川大学华西医院、四川省肿瘤医院、泸州医学院附一院等国内著名院校进修深造，并外派短期学习 150 人次，为医院带回新技术、新知识，提高了医院的科研及业务水平。

【财务管理】 2013 年，医院严格按照《会计法》《医院财务制度》《医院会计制度》等法律法规和医院财务管理制度，进行会计核算与会计监督工作。对全院的国有资产进行全面彻底的盘点，全面清查全院共 108 个科（室），清查资产共 9460 件，价值共计 9230.01 万元。通过优化财务管理，合理有效利用资金，提高资金利用效果、降低成本费用，减少财务损失，提高经济效益。

【帮扶工作】 2013 年，医院领导先后两次率队到盐源县大河乡、盖租乡马扎村（极度贫困村）开展帮扶工作，累计捐款捐物 7 万余元；积极搞好协调工作，为马扎村争取 20 万元的通村公路建设专款，动真情、真扶贫的帮扶工作受到当地干部及群众的一致好评。

（审核：李铭/撰稿：王源凯）

州中西医结合医院

【概况】 2013 年，凉山州中西医结合医院认真学习贯彻落实党的十八大、省委十届三次全会及州委七届三次全会会议精神和卫生工作方针政策，始终坚持“以病人为中心”的服务理念，认真实践钢班子带铁队伍要求，持续改进和提高医院整体工作不放松；坚持“两手抓，两手硬”，以深入开展“为民服务创先争优”活动、“三好一满意”创建活动为抓手，进一步强化医院管理，狠抓医疗质量，改善工作作风和服务态度，提升医院整体形象，各方面工作得以持续改进和提高，广大职工以良好的精神面貌服务于患者。2013 年医院门诊 14.6 万人次，较上年减少 9.68%；出院病人 10222 人次，较上年增长 5.13%；手术 4232 台次，较上年增加 1.39%；业务收入 9212.22 万元，较上年增长 13.86%。

【持续改进工作】 2013 年，医院根据国家中医药管理局《关于印发〈三级医院“以病人为中心，发挥中医药优势提高中医临床疗效”为主题的持续改进活动方案实施细则〉的通知》文件要求，成立三级医院持续改进活动领导小组，下发《关于印发中医医院以“以病人为中心，发挥中医药特色优势提高中医临床疗效”为主题的持续改进活动方案的通知》。从发挥中医药特色优势、队伍建设、科室建设、中医临床路径和中医临床方案推广实施、药事管理方面开展持续改进工作，注重人才培养和专业发展后劲，调整专业结构；夯实基础，加强制度建设，尤其是十六项核心制度的执行力，加大科主任护士长履职行为的考核，提高全员质量管理意识，不断提高医疗质量和管理水平，促进医院良好发展。

【创先争优活动】 医院以“三好一满意”活动为平台，开展创建“平安科室”、争当“岗位能手和明星护士”、评选“优秀科主任和护士长”“四个零投诉”为抓手的“为民服务创先争优”活动，广大医务人员自觉恪守职业道德，遵守医德规范、“八条行业纪律”“五不准”规定和医院服务承诺；业务科室进一步强化各级各类人员的“三基三严”，提高服务技能和制度执行力，优化服务措施，改善医患关系；医院严格每月一次的“为民服务创先争优”考核，考核结果以简报下发全院，做到考核公开，切实把为人民群众提供“优质、高效、安全、便捷”的医疗服务落到实处，推动医院持续改进，努力建设一所让政府放心、让人民群众满意的“三好一满意”医院。2013 年下发并收回满意度调查表 6137 份，满意率 98%。拒收红包 1.14 万元，收到锦旗 7 面，感谢信 16 封。评选出岗位能手 48 名，明星护士 48 名，优秀科主任 24 名，优秀护士长 24 名。

【护理工作】 积极开展中医特色专科护理，组织西学中、中学西，提高护理人员辨证施护能力。累计开展中医护理技术操作 20 余项 19.7 万人次。每月认真落实“三基”培训计划，进行中西医护理技术培训和考核 1024 人次，中西医理论考试 4 次，参加考试护理人员 570 人次。全院 14 个护理单元组建品管圈，对临床急需解决和患者最关注的护理问题能进行有效应对。继续推行“全程优质无缝服务”，认真落实首问负责制、陪检制度和三级回访制度。积极开展“优质护理服务示范工程”创建活动，夯实基础护理、提高护理质量、丰富服务内涵、增进医患和谐。

【人才科教工作】 2013 年，医院组织全院业务学习 24 次、派出 28 人次参加各类学术活动，13 人次进修学习；申报州级科研立项 1 项；引进 2 名硕士研究生。3 月建立神经外科，并派出骨干团队进修学习。年中启动中西医结合治疗脾胃、肝病等中医药治疗重大疾病团队外出培训，9 月 1 日正式成立脾胃肝病专业内三科，并成功举办全州中西医结合治疗肝病、脾胃病培训会，全州 17 个县级医院，50 余名内科骨干参加培训。成功通过评审成为全科医师培训基地和省中医住院医师规范化培训基地，10 月接收 47 名全科医师进行培训。

【中医药免费治疗艾滋病】 2013 年，医院继续与省中医药研究所中医药治艾专家组开展中医治疗艾滋病工作项目。州中医药治疗小组及省中医药治艾专家组坚持每季度到治疗点复诊发药，共复诊病人 4 次，治疗病人 1000 人次，首次出现一批有价值的典型病例。

【彝族医药研究】 2013年，医院继续开展彝族医药研究，推广彝族医药适用技术，发挥彝族医药研究所作用。开设彝医特色诊疗室；全年采药2次；顺利完成6个彝族医药科研课题以及《川派中医药》彝医部分的编写。

【党风廉政建设】 2013年，医院拟定《党风廉政建设若干规定》《改进工作作风、密切联系群众实施意见》《医院党的群众路线教育实践活动正风肃纪工作实施方案》，成立以院领导班子为核心的正风肃纪领导小组。编辑印发《廉政文化进医院学习读本》，以转变党员干部工作作风为切入点，以解决“四风”问题为中心，规范构建党风廉政长效机制上必须遵循的措施，达到规范办事程序，反腐前移，改进文风会风，控制医院“三公”经费支出，强化制度执行力，加强行业作风、医德医风建设整治。坚持公务接待报批程序，接待用酒只用中药泡酒，全年接待费较上年同期下降65.54%；严控公务用车费用，严禁公车私用。医院领导班子坚持“三重一大”集体决策，严格执行医疗设备、耗材、药品、物资及基建工程招标采购管理制度和招投标规定，对非政府集中招标的所有手术类物品、一次性卫生材料、低值易耗品、办公类物资、计算机耗材、印刷类物品的供货商家进行价格和质量比选，在质量一致情况下，降价幅度达到20%。坚持“一线工作法”，医院领导及业务科室业务查房和行政查房制度。设立投诉电话、院长信箱，发放病员满意度调查表，严格执行一日清单制度。

【药品管理】 2013年，医院进一步加强药品管理，认真执行抗菌药物分级管理制度，强化临床医师对抗生素合理使用，严格控制药品占业务收入比率，加强抗菌药物使用强度的监管，严格考核和兑现奖惩。截至年底，医院药品占业务收入比39.9%，使用强度是39DDD，达到国家要求。

【主题教育活动】 2013年，医院结合发展实际，先后通过支部小组学习、专题党课、知识竞赛、演讲比赛、签订实现“中国梦”服务承诺书、“三为三问”讨论、表彰先进典型，总结提升、建立长效机制等方式，将职工的思想进一步统一起来，发挥各级负责人和党员的引领示范作用，引导全院职工充分认识中国共产党的伟大光荣和正确领导，加强医院为实现自身梦想、“医院梦想”团结奋斗的内在动力，凝聚起建设祖国、建设医院、服务凉山人民的正能量。

【富民惠民】 2013年，医院帮助越西县南箐乡南宁村申请村道路建设立项，督导施工，省发改委批准40万元工程款修建道路200米，于4月开通。通过4次走访，2次调研，征询专家意见后，确定对越西县瓦里觉乡极度贫困村叶祖村40只半细毛羊良性循环造血帮扶方案，帮助村民脱贫，9月将毛羊和150床棉被交付村民。2014年1月7日，派出14人义诊队伍开展送医送药慰村民活动，180件防寒大衣和2000多元药品送到村民手中。坚持对木里中藏医院开展对口帮扶，捐赠10台一体式电脑、1台服务器、2台监护仪及37套病床单元设施；为木里县中藏医院骨干医务人员提供免费进修；全年先后两批医疗专家到中藏医院长期驻扎，帮助中藏医院完善医院各项建设，发挥医院作为中西医结合医院和民族医院领头羊的作用。分别对西昌、宁南、德昌、会理、盐源、冕宁等8所县市中医医院以及王氏骨科医院创国家二级甲等中医院进行评审指导，积极帮助他们科学高效地开展等级创建工作，为凉山州基层中医院等级建设助力。精简三级乙等医院挂牌议程，用一周的大型义诊方式正式挂牌，46名专家专科医师、239人次各半天的义诊为3050位患者进行诊疗服务。9月1日至3日，医院内三科成立并邀请省著名肝病专家苏昌田参加并开展针对脾胃、肝病患者的大型义诊活动，免挂号费及乙肝病毒DNA检测费用，130名患者接受义诊。

【公益活动】 2013年，医院积极组织专家义诊队伍参与“无偿献血”“三下乡”“服务百姓健康行动”等各类公益活动以及州、市卫生系统组织的各类重点疾病及爱国卫生运动义诊、宣传活动。7月组织义诊队到州社会服务中心（敬老院）进行义诊服务。4月20日，雅安芦山发生7.0级地震，医院立即组织医院外科、手术室等科室骨干当日就赶赴灾区参与抗震救灾，连续8天战斗在最艰险的芦山县灵关镇和宝盛乡，为重灾区的伤病员提供医疗、心理疏导、健康教育300余人次，转运伤员23人次。先后派两组队员共16人参与，圆满完成卫生救援任务。全院职工给灾区爱心捐款42970元。

【文化建设】 2013年，医院举办第三届中医经典方剂大赛、知识竞赛、演讲比赛、趣味运动会、湿地竞走、摄影作品赏析等活动。创刊凉山州中西医结合医院《讯息荟萃》，反映医院文化、管理和服务。新进员工岗前培训常态化，进一步加强和规范新进员工管理。在全院诊疗服务中推行普通话，规范服务礼仪，树立良好服务形象，对全院职工进行礼仪培训和普通话培训，并完成普通话等级考试，277人参考，95%达到普通话“二乙”以上水平。

【荣誉】 2013年，医院荣获“2011—2012年创先争优先进基层党组织”“凉山州党风廉政建设先进单位”“凉山州无偿献血先进集体”“凉山州敬老文明号”“四川省敬老文明号”“全国敬老文明号”，急诊科和儿科获得凉山州“青年文明号”荣誉。

（审核：朱林/撰稿：潘天齐）

人口计生

【概况】 2013年，全州人口计生系统把握机遇、应对挑战，坚持以科学发展观和党的十八大精神为统领，认真贯彻落实州委七次党代会和全省人口计生工作会议精神，务实开拓，转变作风，密切联系基层群众，抓准工作重点，突破工作难点，全州人口计生工作保持了稳中有进的发展态势，为服务全州社会经济发展大局做出了应有的贡献。2012年10月至年2013年9月，全州总人口4695082人，出生59306人，出生率12.73‰，死亡27306人，死亡率5.86‰，自然增长32000人，自然增长率6.82‰，符合政策生育率92.08%，出生性别比111.28，综合避孕率85.99%，圆满完成省、州下达的目标任务。

【目标管理】 2013年，党政人口计生目标不进行单独考核和奖励，纳入党政综合目标考核。2013年度人口计生业务目标考核评两个等次，完成任务优秀和完成任务优良。评为优秀的人口计生局：西昌市、会理县、普格县、越西、美姑县、木里县；评为优良的人口计生局：会东县、冕宁县、宁南县、德昌县、甘洛县、喜德县、昭觉县、布拖县、雷波县、盐源县、金阳县。

【统计和信息化工作】 开展人口清漏工作。近年来个别地区瞒报、漏统现象比较严重，部分人口基础信息缺失，人口计生统计数据质量逐年下滑，已经严重影响了凉山州人口数据库数据信息准确性。针对这种状况，7月至10月，全州统一开展近年来人口出生、死亡数据的专项清漏，共清出出生、死亡未报的人口信息近10万条。开展重复人口清理工作。按照省人口计生委的要求，开展全员人口数据库重复人口的清理，共清理出重复人口数据10万余条。

【业务培训】 派业务人员到10个县市对乡镇统计信息人员进行办公OA系统使用、统计口径、全员人口和流动人口平台操作、人口形势分析和预测等的培训。8月15日举办全州人口计生统计信息知识和电脑操作竞赛，评选出一、二、三等奖各1、2、3名，分别奖励一、二、三等奖各1000元、800元、200元。选派这次竞赛中优秀的3名选手参加省人口计生委组织的统计信息大练兵比赛，取得个人二等奖1个、集体三等奖。

【宣传教育】 争取省上270多万元项目资金，在16个县新建33个生育文化广场（中心）。与凉山报社合作在《凉山日报》上开设《凉山人口周刊》，刊发稿件199篇，在州外不同层次计生行业媒体上发表稿件50篇。安排县市开展各类社会宣传活动190余次，发放各类宣传资料128.36万份。协助省人口计生委完成了“践行群众路线，同心共筑中国梦”人口文化巡演活动。

【流动人口监测】 5月6日，集中国家抽查的14个流动人口动态监测样本村、社区所在乡镇、办事处计生专干，进行流动人口调查培训，培训结束之后立即安排调查员奔赴抽查样本点开展工作，派遣督导组到3个样本点进行督导确保监测工作按要求完成。

【技术服务】 组织实施国家免费孕前优生健康检查项目的县参观学习德昌、西昌两县市的工作经验，召开该项目推进会议、举办两次该项目培训，抽调专业人员对项目实施县市进行了专项督查指导，有力推进项目进展。全州实施该项目的11个县市共检测18204人，检测率97.9%。其中，西昌市参检3451人，检测率115.73%；德昌县参检2084人，检测率112.77%；会理县参检1784人，检测率115.84%；会东县参检2107人，检测率125.42%；宁南县参检1934人，检测率115.12%；昭觉县参检2514人，检测率149.64%；美姑县参检1492人，检测率96.88%；2013年开始实施该项目的冕宁县参检1676人，检测率108.83%；喜德县738人，检测率62.76%；甘洛县394人、检测率28.14%；雷波县30人，检测率1.98%。配合相关部门开展艾滋病防治和宣传咨询工作，增设安全套发放设施，大力推广安全套。对符合政策而怀孕的妇女和实施节育和补救手术的妇女，术前开展艾滋病快诊检测。全年全州艾滋病快诊检测98277人次，查出疑似阳性730人，按规定移交卫生部门确诊。指导和督促县市落实环孕情监测75.5万人次，落实节育措施3.45万例。对普格、越西、布拖县新改扩建服务站的图纸进行设计规范审核。组织专家对16例病残儿童进行医学鉴定，经鉴定11人病残儿童家庭，符合照顾生育政策。组织人员对2010年以后经病残儿鉴定符合再生育政策的家庭进行了随访服务。

【惠民帮扶】 12月17日至27日，开展春节慰问独生子户死亡伤残户、独生子女户、双女户31户，发放慰问金及慰问品共计15.6万元。组织全州筹措财政、计生事业、个人资金5万元为计生贫困户、计生专干投保独生子女保险、计生手术保险、人身安全保险、人身意外保险、养老保险五项计生保险。组织县市慰问独生子女贫困户并发放慰问金、慰问品10万余元。牵线全国幸福工程组织委员会，省幸福工程组织委员会，向布拖县贫困母亲30户资助资金15万元，发展种养经济。继续应用省上扶贫滚动资金160万元扶持935户计生贫困户发展种养经济。协调州畜牧局投放种羊20头，投资50万元建立3.33公顷草场为盐源县长白乡白扬村10户计生贫困户种草养畜发展经济。协调州交通局投资10万元，修筑20多千米交通便道，职工捐款2万元购买衣物开展暖冬送衣活动，动员老板捐款2万元购买教学白板、教学投影仪、电脑赠送长白乡中心校。

【获得荣誉】 2013年获机要文件交换工作优秀单位，2012年度人口计生业务工作被省人口计生委评为二等奖，获四川省2013年度人口计生新闻宣传工作先进单位二等奖。

（审核：尔古史体/撰稿：沙马快吉）

体　育

【概况】 2013年，凉山体育以提高人民群众健康体质为目标，认真贯彻落实《全民健身条例》和《奥运争光计划纲要》的战略精神，举办四年一届的凉山州第四届运动会，承办四川省青少年网球锦标赛；全年全州共举办各类群众性体育比赛600余项次，参与群众达40万人次。2013年，全州共有各类体育从业人员231人，其中：专职教练员有68人；全年共发展篮球、乒乓球、武术、摔跤等二级裁判员655人，审批田径、篮球、柔道等二级运动员47人；全州17所业余体校共有在训学生3787人，全州共有各类体育社会组织146个；全年新建、安装各种体育健身设施645个（村级农民建设工程584个，全民健身路径工程35个，全民健身活动中心5个，户外健身场地21个）。经过国家体育总局检查组实地考察、查阅资料、专家会审等严格的评审程序之后，凉山申报2013年—2016年国家高水平体育后备人才基地工作赢得检查组充分肯定，凉山连续第三次获得国家高水平体育后备人才基地认定。凉山州是2004年经国家体育总局认定为国家高水平体育后备人才基地的全国唯一少数民族地区。州体育局获2013年机要交换工作优秀单位（凉委办〔2013〕9号）、执行《凉山州2013年度防邪工作目标》优秀单位（凉委办〔2013〕36号）、2013年度人口和计划生育工作合格单位（凉府函〔2013〕12号）、2013年度商务工作先进单位（凉府办函〔2013〕33号）、2013年度业余训练管理综合评比前八名（川体发〔2014〕3号）、2013年度全省青少年体育竞赛优秀赛区（川体青〔2014〕4号）、2013年度四川省国家级青少年体育俱乐部管理综合考评三等奖（川体青〔2014〕6号）、2009—2012年度全国群众体育先进单位（体群字〔2013〕86号）。

【运动会】　2013年1月，凉山体育局承办有中国凉山以及西藏、俄罗斯、捷克、美国、南非、泰国等国家选手参加的2013年四川省武术节暨C3国际职业搏击争霸赛。8月，承办有全省13个代表队、346名运动员参加的2013年四川省青少年网球锦标赛。四年一届的凉山州第四届运动会从6月至8月14日在西昌主会场和德昌、会理、宁南、喜德、布拖分会场举行。全州17个县市代表团2030名运动员参加田径、游泳、篮球、足球（男）、乒乓球、羽毛球、摔跤、举重、拳击、跆拳道、射弩、桥牌、中国象棋、网球14个项目，135个小项、458枚奖牌的争夺，共有152名运动员打破35项州运会纪录。会东县、金阳县、冕宁县、越西县、木里县、布拖县、宁南县、喜德县、盐源县、普格县等十个代表团获得体育道德风尚奖，获得本届运动会奖牌数前八名的是西昌市代表团、会理县代表团、喜德县代表团、普格县代表团、盐源县代表团、冕宁县代表团、会东县代表团、宁南县代表团，获得本届运动会团体总分前八名的是西昌市代表团、会理县代表团、普格县代表团、盐源县代表团、冕宁县代表团、喜德县代表团、会东县代表团、宁南县代表团，获得本届运动会金牌前八名的是西昌市代表团、盐源县代表团、冕宁县代表团、会理县代表团、喜德县代表团、美姑县代表团、普格县代表团、会东县代表团，本届运动会是凉山州历届州运会参赛人数、项目和奖牌数设置最多的运动会。

【竞技体育】　2013年7月，在俄罗斯喀山举行的第二十届世界大学生运动会上，凉山运动员郑霜雪一人夺得个人3米板、双人3米板和中国代表团女子跳水团体3枚金牌。8月，在辽宁沈阳举行的第12届全国运动会上，凉山运动员谭健获得田径项目女子铁饼冠军；山宝、陈飞获得激流回旋亚军；赵朝均获得男子56公斤级举重亚军；罗洋、刘瓴、廖天鹏、范国迪、陆韦伊5人获得帆船OP队赛第二名；马娇被全运会组委会授予最美运动员称号，光荣入选国家队。在4—10月举办的各级别的男女全国拳击锦标赛上，凉山运动员陈波在山东淄博举行的全国跆拳道锦标赛中夺得男子58公斤级金牌；吴政、王港分别夺得福建宁德举行的全国少年拳击锦标赛50公斤级金牌和57公斤级银牌；肖兰夺得秦皇岛全国青年拳击锦标赛女子48公斤级第三名。2013年完成四川省第十二届运动会2013年度资格赛参赛任务。共选拔341名运动员参加15个项目比赛，获得28枚金牌、25枚银牌、15.5枚铜牌，总分1288分。全年凉山州共向国家队和省专业队输送706名高水平体育后备人才。

【群众体育】 2013年1月至12月，全州开展州级机关职工运动会、全州中学生运动会和各级体育协会组织的全民健身活动等，共举办群众性体育比赛600余项次，参与人群达40万人次。3月、7月各举办一期社会体育指导员培训班，共有50人取得资格证书，截至12月30日，全州共有2581名社会体育指导员。2013年在全州开展国民体质测试工作，共采集3200个人群样本，完成国家体育总局下达目标任务。

【专项工作】 2013年，凉山州共完成484个农民体育健身工程，72个彝家新寨建设配套体育设施，3个少数民族体育健身工程建设。向普格县向阳乡森科洛村、流租脚村，红莫依达乡的马里哄村等“挂包帮”对口联系乡村开展基层大调研活动。为帮扶村配备4副篮球架，提供12.4万元的农村体育场地维修资金，向以上几个村寨学校赠送价值10多万元的运动服装以及20张床、20套床上用品和3台电视机。“六一”期间，州体育局扶贫工作组向普格向阳乡中心校的学生们送去全体干部职工捐赠的价值6000元的220个书包文具和25公斤水果糖。深入喜德县业余体校和该县贫困农村学校进行慰问，并赠送价值13.8万元的运动服和2副篮球架。

（审核：吉觉作哈/撰稿：赵兴）

防震减灾

【概况】 2013年，凉山防震减灾工作在州委、州政府的坚强领导下，在省地震局的有力指导下，全面贯彻落实党的十八大、十八届三中全会精神和州委经济工作会议、州委七届四次全会精神，以围绕中心、服务大局、干在实处、争创一流为工作体现；以强化巩固、落实保障、多点多县平衡发展为工作支撑；以争当全国民族地区防震减灾科学发展的“排头兵”为奋斗目标，面对凉山严峻而复杂的震情形势，立足减灾、服务经济，全力推进地震监测预报、地震灾害预防、地震应急救援、地震科技创新“3+1”体系建设，全面提升地震灾害综合防御能力和应急救援能力，克难而进，奋力拼搏，圆满完成了全年的各项目标任务，并荣获2013年度全省防震减灾综合评比第一名，防震减灾工作实现新的突破。

【地震活动】 根据四川省地震监测台网测定，2013年度，凉山境内共发生2.5级以上地震191次，其中，2.5~2.9级140次、3~3.9级43次、4~4.9级8次，最大地震为2013年10月14日昭觉M4.3级。小震活动主要分布于盐源—木里弧形构造带、川滇交界东侧则木河—小江断裂至华蓥山断裂交汇附近。2013年7月上旬以后，木里、盐源交界处发生明显小震群活动，据四川地震台网记录，至12月31日，该区域已发生6000余次小震活动，其中，3级左右地震共33次，4级以上地震5次，最大地震为2013年11月22日M4.1级。小震序列日均频度为22次，最高单日频度达到179次（7月21日），震源深度均分布于10千米以内。

【监测预报】 2013年，州防震减灾局进一步加强对全州地震监测台网的优化布局和建设管理工作。完成普格川65号温泉和雷波马颈子温泉观测台站数字化改造工作；投入780万元新建65个地震预警台网，州境内地震监测台网达到256个，观测项目达到288项；投资136万元的冕宁大桥水库专用地震监测台网正式动工；推进西昌川-03号地震监测站迁建工作；州政府与四川省地震局专家就锦屏电站库区小震群活动情况交换意见并提出对策措施；州政府主持召开“全州大型水电工程地震监测工作会议”，确定资源共享、信息联动、应急队伍联动、应急保障资金联动的工作机制；对锦屏电站、溪洛渡电站水库地震监测工作进行专项执法检查；全面完成年度震情跟踪和速报、宏观异常调查落实、地震趋势分析判定等工作。

【震灾防御】 全面推进建设工程抗震设防要求纳入基本建设程序的制度化建设，切实加强对抗震设防要求管理的组织实施。州政府将州防震减灾局纳入城乡规划委员会成员单位，制定并印发《凉山州建设工程抗震设防要求管理办法》，提出“一般工业与民用建设工程抗震设防要求管理的备案审查制度”“重大建设工程和可能发生严重次生灾害的建设工程地震安全性评价制度”“学校、医院等人员密集场所和生命线工程的初步设计审查制度”的抗震设防“三项分类管理制度”；完成防震减灾行政权力清理，确定行政审批2项、其他服务事项1项、行政处罚15项，行政审批进入政务服务中心并纳入并联审批范围，全年州县两级共完成抗震设防审批事项256件，转报审批地震安全性评价工程4个；完成“农村民居地震安全示范点”建设23个。

【地震应急】　州政府印发修订后的《凉山州地震应急预案》，州防震减灾领导小组办公室印发《关于加强全州地震应急预案修订工作的通知》，州防震减灾领导小组制定印发《关于确定〈凉山州地震应急预案〉启动程序的通知》；全州各县市进一步增加对地震应急工作的投入力度，购置必要的应急物资装备；建立2个州抗震救灾指挥部应急通信物资储备库，加快4个县级地震应急指挥系统和州级指挥系统的能力提升；全州全年建成各类地震应急避难场所187个。有序、有力、有效开展了“2·19”宁南—巧家交界处4.9级地震、“4·20”雅安芦山7.0级地震、“10·14”昭觉4.3级地震和锦屏电站、溪洛渡电站库区一系列小震群活动的应急处置工作。11月1日，凉山州防震减灾协会在西昌成立。

【科研及项目建设】　2013年，加快推进总投资3311万元的《凉山州防震减灾“十二五”规划》和拟投资8000万元的《凉山州乌蒙山片区区域发展与扶贫攻坚规划（防震减灾部分）》的按年度组织实施。木里、德昌、会东3县进入新一轮全省县级防震减灾综合能力建设县；省级“5·12”地震灾后恢复重建资金项目——《凉山州地震监测中心》防震减灾综合服务系统进行竣工验收并投入运行；县城及重要集镇地震活动断层探测工作继续推进，冕宁县活断层探测工作全面结束并通过国家级专家组评审，形成《防震减灾规划编制基础研究总报告》；州级重点科技项目《凉山地震应急救援系统研究》和州政府重点调研项目《凉山防震减灾多点多县支撑发展研究》全面完成。全年防震减灾项目投资总额超过1700万元。

【防震减灾工作会议】　4月10日，州政府副州长肖春召集州发改、州规建、州国土、州政府法制办、州防震减灾局等有关部门领导，召开贯彻实施《凉山州建设工程抗震设防要求管理办法》工作推进会。4月16日，州政府在西昌召开全州防震减灾工作会议，会议总结了2012年全州防震减灾工作，安排部署了2013年工作任务。州政府副州长肖春同17县市政府分管领导签订2013年县市防震减灾目标责任书。

【机关建设】　2013年，州防震减灾局紧密结合“中国梦”和“走基层”主题教育实践活动相关工作要求，进一步加大对县市工作调研和对口帮扶力度，班子成员深入基层开展了一系列惠民解难活动：深入冕宁县开展大桥水库地震专用监测台网恢复重建工作调研指导；深入雅砻江流域水电开发有限公司锦屏电站和中国长江三峡集团公司溪洛渡电站开展地震监测工作执法检查，安排水库地震监测工作；深入木里县芽祖乡开展“中国梦”主题教育活动宣讲，捐助助学金4000元、儿童慰问金2000元；深入德昌、布拖、昭觉、喜德县开展州级重点课题《凉山防震减灾多点多县支撑发展研究》综合大调研，向省级科普示范学校、示范社区赠送电脑、一体机等办公用品和宣传知识读本。

（审核：周仕伦/撰稿：陈思同）

气　象

【概况】　2013年，凉山州气象局牢牢把握科学发展、加快发展的指导思想，带领全州气象干部职工团结奋进、爬坡实干，圆满完成各项工作任务。

【基础业务】 2013年，全州各项基础业务质量稳定并完成指标，无任何责任性事故；验收“百班无错”148个，通过省气象局验收“250班无错”41个；在全国年度酸雨样品考核中，西昌站三项考核全为优秀。

【重大气象服务】 2013年，凉山州气象系统针对冬春连旱积极发布干旱及高森林火险专题预报和预警信号，全面跟踪监测分析，为科学增雨抗旱，降低森林火险等级、缓解旱情发挥积极作用。制作发布10余份农业气候预报分析材料被州委、州政府、州农办、州烟办、州农业局等决策指挥部门转发或引用。全年全州共准确开展28次暴雨天气预报服务，州气象局发布重要天气警报51期、重要气象信息特报8期，专题天气预报服务90期。其中，“7·18”区域性暴雨首次以召开新闻通气会的形式向媒体及公众通报过程情况，影响广泛。

【气象科技服务】 2013年，凉山州气象系统将原影视广告中心和专业气象台整合为公共气象服务中心，16个县陆续成立凉山州气象科技综合开发中心分中心。雷击灾害风险评估工作取得新进展，开展乌东德电站雷达探测服务、梦里水乡湿地旅游气象服务、西昌钢钒基地大型工业项目专项气象服务，天气预报节目实现专线光纤实时传输；为白鹤滩、溪洛渡、锦屏水电站提供优质气象保障服务，圆满完成“嫦娥三号”发射气象保障服务。

【现代气象业务体系】 2013年，全州完成5个新型自动气象站的安装调试、18个自动气象站观测场及1个探空气象站探测环境评估和全州5个自动气象站现场检定，完成全州98个山洪雨量站建设并全面完成各县气象局数据接收中心建设。

【人才队伍建设】 2013年，凉山州气象系统积极参加全省预报业务竞赛并取得团体第10名，1名队员入选省气象局集训队；在四季度全省测报常态化技能竞赛中，获个人全能第一名、团体第二名。州气象局自立10个科研课题，申请立项1个州科技局课题及1个省气象局科研课题并获得经费支持；州气象学会年会3篇论文分获“凉山州第六届自然科学优秀学术论文”一、二、三等奖。完成7名县气象局副职领导、13名非领导职务参公管理人员选拔，38名科级干部过渡为参公管理人员。金阳、喜德、盐源气象局分别落实1~2名地方事业编制，冕宁、越西、雷波气象局各招聘1~3名地方编制人员。

【人工增雨防雹减灾】 2013年，凉山州气象系统共开展增雨作业82次，防雹作业1912次，共发射高炮弹3.58万发，车载火箭弹123枚，JFJ火箭弹3767枚。州人工影响天气办公室被表彰为“四川省森林防火工作先进集体”。

【农经网信息服务】 2013年，气象信息员覆盖到全州所有乡镇，90%以上的村；5月，州气象局对80名信息员进行专题培训；全州农经网信息上传量超额完成目标任务。

【精神文明建设】 2013年，凉山州气象系统获省气象局举办的“弘扬气象人精神”征文比赛二等奖、三等奖、优秀奖各1篇；在“四川气象人之歌”征集活动中，获一等奖、三等奖、优秀奖各1首，并获优秀组织奖；在“五一”州级机关第八届职工运动会中，取得乒乓球女子团体第一名、男子团体第四名。3月起开展职工工间操活动，加强气象文化建设；积极开展道德讲堂、网络文明传播等工作，进一步巩固全国文明单位成果。10月，雷波县气象局成功创建为省级文明单位。

【气候概况】 2013年，全州降水量、日照正常，气温略偏高。出现重度季节性冬干，但因雨季开始较早且雨日均匀，春旱及伏旱未造成较大影响；汛期气温偏高，局地强降水频繁，7月18—19日全州出现一次区域性暴雨天气过程，年内雷电、风雹、山洪泥石流灾害较轻，局地洪涝偏重；9—10月大部分地区出现2段以上连阴雨天气。经综合分析评估，2013年凉山州为气候年景正常偏好年份。

【基本气象要素】 2013年，全州平均气温15.4℃，大部分地区12.0℃~18.2℃，除东部、北部偏高0.6℃~1.2℃外，其余地区正常。年降水量729~1202毫米，除雷波较常年偏多42%外，其余地区正常。年日照时数1137~2632小时，金阳较常年偏多21%，其余地区正常。

【冬春连旱】 2013年3月下旬—4月底，州内有12县（市）出现15天以上降水不足10毫米的少雨时段，其中德昌、会理、会东、木里、盐源连续22~27天降水量不足10毫米，为春季旱情最重地区。1月1日至4月29日，会理、宁南、会东、盐源、普格等县因干旱造成42万人受灾，饮水困难12万人，牲畜饮水困难23万头（只），农作物受灾面积1.90万公顷、成灾1.36万公顷、绝收2703公顷。2013年全州属重度冬干年份，春旱属偏轻年份。

【强降温天气】 2013年，受冷空气影响，全州分别于2月7—10日、15日，3月1—3日、25—26日，4月5—6日、10—12日及23—25日出现大范围的强降温并降雨雪的天气过程。最强一次降温出现在4月5—6日，西昌、德昌、普格、宁南、会理、会东、盐源、甘洛、越西、喜德、美姑、昭觉、布拖、金阳14县（市）日平均气温累计下降8.3℃~14.9℃，其余地区气温下降6℃~7℃，各地普降小雨。4月9—13日越西、喜德、雷波、美姑、昭觉、布拖、西昌出现连续3~5天日平均气温低于10℃的春播低温。

【暴雨】 2013年，凉山州共出现单点暴雨28站次，接近常年平均值。全州最大日降水量98.2毫米，7月18日出现在雷波县。暴雨主要集中在6—7月，仅7月就出现13站次。7月18—19日美姑、雷波、昭觉、金阳、德昌、普格、会理相继降暴雨，此次区域性暴雨天气过程导致美姑、雷波、金阳、冕宁、越西、宁南、昭觉、布拖、木里、会理、盐源11个县85个乡镇7.29万人受灾。全年全州成功避让地质灾害31起，安全转移3631人，避免人员伤亡536人，避免经济损失1622万元。

（审核：王发荣/撰稿：胥德梅）

公共建设

Public Construction

交　通

【概况】　2013年度，凉山州交通系统在州级相关部门的大力配合下、在全州各县市的通力合作下，交通大会战凉推方案有力推进，交通项目建设情况良好，项目争取取得重大成果，全民参与交通建设，改变交通滞后意识全面形成。

【项目建设】　2013年，凉山州完成交通固定资产投资64.76亿元。其中公路建设完成投资44.06亿元，建成里程2766.32千米，其中：国省干线（含病危桥）完成投资11.05亿元，建成里程156.6千米，农村公路完成投资13.56亿元，建成里程2452.29千米（含2011年接转项目787.97千米），地方自建公路（含电站还建项目）完成投资19.45亿元，建成里程157.43千米。汽车客运站建设完成投资3200万元。水运码头建设完成投资1.02亿元。西昌市城市道路建设和自建项目完成投资19.36亿元。

【高速公路建设】　2013年11月13日，凉山州人民政府与四川高速公路建设开发总公司签署G5京昆高速泸黄段改扩建项目合作框架协议，2013年11月28日，G5京昆高速泸黄段改扩建项目试验段正式开工。

【国省干线建设】　2013年，国省干线公路已完工项目6个，续建项目7个，新增完成前期工作项目5个，进入招投标程序项目5个。国省干线公路危病桥、大中修建设有序推进，全州国省道大中修项目共实施5个8段90.49千米，其中大修3段25.5千米、中修5段64.99千米。全州国省干线共有五类危桥66座，其中33座桥梁由于溪洛渡电站蓄水淹没被废弃，四类危桥30座，其中4座桥梁已封闭、4座实行交通管制和限载、18座桥梁实行限制交通、2座桥梁正在加固施工，2座桥梁已封闭并改走新建桥梁。全年凉山州国省干线公路路面使用性能指数为67.4，超过省厅下达的使用性能指数64。

【农村公路建设】　2013年，凉山州共完成农村公路投资13.56亿元，建成1664.32千米，其中：通乡油路列入大会战期间实施的项目有210个2847.3千米，截至2013年12月底，全州已开工建设85个项目938.3千米，进入招投标的项目6个77.9千米，处于前期工作的项目79个1188.2千米。全年完成投资5.96亿元，建成653.9千米（计划内项目582.93千米，地方自建项目70.97千米），占民生工程目标任务200千米的326.95%。通村公路完成投资7.04亿元，建成1010.42千米（计划内项目817.27千米，地方自建项目193.15千米），其中通村水泥路669.27千米（计划内项目636.77千米，地方自建项目32.5千米），通村通达路341.15千米（计划内项目180.5千米，地方自建项目160.65千米），占民生工程目标任务的168.4%；农村公路安保工程完成投资2416万元，建成93.3千米（计划内项目60千米，地方自建项目33.3千米），占民生工程目标任务30千米的311%。

【水陆运输】 2013年，凉山州公路实现客运量9319万人，旅客周转量30.43亿人千米；货运量912亿千克，货物周转量59.93亿千克千米，分别比上年同期增长11.18%、12.95%、8.747%、11.15%。水路实现客运量101.04万人、旅客周转量416.87万人千米，货运量4.25亿千克、货物周转量182.99亿千克千米，同比水路客运量增长73%、旅客周转量同比减少2%，货运量同比增长23%、货物周转量同比增长19%。

【水运码头建设】 2013年，凉山州水运码头建设完成投资1.02亿元，其中：凉山港雷波港区回龙场和顺河2个作业区完成投资2416万元，渡改人行桥、农村渡口改造及新建项目（含向家坝、溪洛渡库区淹没还建码头项目）全年完工项目16个，在建16个，共完成投资7772.8万元。

【客运站场建设】 2013年，客运站建设补助资金下达计划共5933.5万元，其中交通运输部下达县级客运站计划2个、补助资金800万元；省厅下达县级客运站计划11个，下达补助资金2140万元；乡镇客运站下达计划50个，部补助资金2500万元；农村招呼站329个，部补助资金493.5万元。全年汽车客运站建设完成投资3200万元。雷波县海湾客运站及昭觉县货运站已基本完成主体建设，乡镇客运站开工建设24个，竣工10个乡镇客运站。

【道路安全】 2013年，凉山州共发生道路交通事故3起，死亡5人（其中：2起一般道路运输事故，死亡2人；1起较大道路运输事故，死亡3人），各类事故受伤13人。与上年同期相比死亡人数下降54.55%，受伤人数下降27.78%。水上交通事故为零。

【抢险救灾】 2013年7月中下旬，新一轮强降雨袭击了凉山州大部分地区，交通运输部门虽提前做好防范措施，但因公路病害严重，加之特殊的地理自然环境，国、省、县、乡公路依然受损严重。此次强降雨已造成灾毁路基350.26万平方米、路面343万平方米、桥梁32座758.86延米、隧道1座20延米、涵洞1399道、护坡3.5万立方米、挡墙14.59万立方米、坍塌123.3万立方米、公路中断137处，直接经济损失达4.3亿元。凉山交通运输部门及时启动《公路防汛抢险应急预案》，集中一切力量，抓住有利时机，安排工作组奔赴受灾较重的甘洛、喜德、普格、宁南、昭觉等地现场指导救灾抢险工作，科学实施抢通保通应急措施，投入机械3491台班，投入资金1390.84万元，投入人员17744人，抢通63处。

【路政管理】 2013年，凉山州公路路政系统通过加大上路巡查力度，结合群众举报，认真查处违法违规行为。全年共出动路政执法人员1.43万人次，出动巡查车辆4756车次，巡查公路71.01万千米，其中发生损坏公路及附属设施案件39起，处理39起；发生占用公路及其建控区的案件655起，处理655起；发生违章建筑79起，处理79起；发生公路接道19起，处理19起；发生设置非公路标志标牌234块，处理234块；发生清障排障2712处，处理2712处，综合查处率达100%。

【道路运输管理】 2013年2月2日至3月6日、7月1日至10月30日开展打非治违专项行动，4月20日至10月10日开展道路旅游运输市场专项整治；两次专项行动共出动稽查人员8.15万人次，检查各类运输车辆31.54万辆次，查处各类非法客运车辆3780辆次，治理各类违章5240余次；重点整治旅游专线："西普线""西泸线""西冕线"和"宜雷线"。全年全州行政处罚办结案件1.43万件，行政强制案件2523件，行政许可4964件，全年无一起行政复议案件。

【执法队伍建设】 2013年，凉山州交通行政执法工作圆满完成行政审批事项清理工作，共清理行政许可项目40项，其中：州交通运输局4项、州道路运输管理处8项、州路政管理支队7项、州海事局21项。全年共办结行政执法案件2.35万件，其中行政处罚14305件（路政25件、运政14280件），行政强制件2548（路政25件、运政2523件），行政许可6591件（路政1627件、运政4964件），公路赔补偿13件。办理从业资格证24036件，办理超限运输车辆行驶公路审批1722件，办理海事航务审批468件，按时办结率达100%，群众满意率100%。全年无一起行政复议案件。完成全州607名交通行政执法人员换发IC卡执法证件工作，实行交通行政执法人员信息登记核实。组织全州交通执法人员（含协助执法人员）培训，两期共培训883人，提高一线交通执法人员业务素质。

【职工教育】 2013年，凉山交通运输局大力开展多形式、多层次、多类别的职工教育培训工作。在岗职工总数3646人，全年培训计划914人，实际全年完成1563人，其培训面占在岗职工总人数的42.9%，其中：市州交通局局长计划送培1人，实际完成3人；技术管理人员计划送培3人，实际完成8人；领导干部：县交通局局长计划送培1人，实际完成2人；执法人员岗位培训：路政人员计划送培1人，实际完成259人；在职学历教育入学：专科计划送培8人，实际完成11人；继续教育计划培训50人，实际完成80人；工人培训计划100人，实际完成120人；适应性培训计划培训750人，实际完成1080人。

【城市公共客运】 2013年，完成西昌市、冕宁县、会东县城市公共客运编制工作，大力宣传城市公交企业购置公共汽电车辆免征车辆购置税的通知，学习和传达行业管理政策，加强行业管理和协调工作。至2013年年底，宁南、普格、昭觉、金阳、雷波、美姑、喜德、木里8个县无公交车辆。至2013年年底木里县仍无出租汽车。全州共有公交车经营户16户，其中，国有4户，民营12户，全州公交运营车辆共计761辆，其中：西昌市有569辆；全州公交从业人员1588人，其中，西昌市有1312人。全州出租汽车经营户34户，国有1户，民营33户，全州共有运营车辆1249辆，其中：西昌市670辆。

【党风廉政建设】 2013年，凉山州交通运输局党风廉政建设工作始终坚持标本兼治、综合治理、惩防并举、注重预防的方针，以贯彻落实省、州纪委、监察工作会议精神为重点，紧紧围绕交通中心工作，把党风廉政建设工作与各项工作同部署、同落实、同检查、同考核，不断加大宣传教育、监督检查、制度建设的工作力度，有力地推进了交通运输系统党风廉政建设和反腐败工作。坚持中心组学习制度，制定《局党组中心组学习计划》，用科学的理论指导实践，不断提高领导干部的思想理论水平、领导水平和执政能力。扎实开展党风廉政建设宣传教育活动，提高党员干部政治思想素质，使党员干部在思想上筑起反腐倡廉的牢固防线。开展理想信念教育，对全系统党员干部进行理想、信念和宗旨教育。开展警示教育，组织干部职工观看廉政建设教育警示片，剖析反面典型产生的思想根源和危害，增强干部职工反腐倡廉和遵纪守法意识。对照《建立健全惩治和预防腐败体系2013—2017年工作规划》，认真研究编制惩防体系基本框架。按照“一岗双责”和实行党风廉政建设责任制的要求，对党风廉政建设工作任务进行细化分工，下发《2013年州交通运输局党风廉政建设和反腐败工作任务分工表》，分解落实工作任务，明确责任领导、责任科室和责任追究的要求。结合实际制定下发《凉山州交通大会战公路工程建设廉洁自律“十不准”的规定》，并在《凉山日报》上刊登，自觉接受社会监督；与所有工程项目业主、代理、代建、设计、施工、检测、质检等部门负责人签订了《工程建设廉政承诺书》。重点抓好改进工作作风，强化职能服务，精简会议文件，严格公务活动；开展为期一年的“能力素质建设、思想作风建设、基层组织建设”主题活动；开展“富民路·连心桥”以评促建活动；开展会员卡清退活动；巩固治理公路“三乱”工作成果；深化政务服务有效提高工作效率；抓好交通运输行政执法队伍建设；保持案件查办高压态势，突出“查案治本”八项工作。

【扶贫工作】 2013 年，凉山州交通运输局扶贫联系单位由雷波县斯古溪乡变更为雷波县一车乡。凉山州交通运输局坚持以主要领导负总责、分管领导具体抓、下派干部具体联系的原则，紧紧围绕通乡通村道路整修、推进农业产业发展、村民饮水工程、村办小学教育等诸方面进行帮扶，一车乡通乡油路工程已纳入计划，项目施工图评审已完成，待溪洛渡还建通往一车乡的桥梁通车后实施。走基层帮扶的一车乡瓦古村，已落实 9.3 千米通村通畅计划，预计投入资金 450 万元。直属单位也开展形式多样的帮扶活动，如州路政支队与州海事局积极响应“挂包帮”活动，坚持以做好帮扶为基础，促进农村发展为重点，多次深入到美姑依果觉乡调研，为帮户点累计捐款捐物 28 万元，协调资金 63 万元。

（审核：陈俭/撰稿：邹国胜）

公　路

【概况】 2013 年，凉山州公路管理局认真抓好工程建设、行业管理、公路养护和内部建设工作，紧紧围绕凉山“交通大会战”和《凉推方案》开展工作，全力以赴完成 108 国道示范工程建设等重点工程，认真开展“中国梦”主题教育、富民路·连心桥以评促建和走基层等各项活动。

【重点工程】 108 国道凉山段总里程 390.899 千米，起于冕宁县菩萨岗，止于会理县鱼鲊渡口。2013 年，凉山州科学规划、全力实施，围绕“一个中心，三个推进，五个提高”，总投资 10.9 亿元对境内的 108 国道进行全方位升级改造。改造内容涵盖升级改造、路面改造、大中修工程、预防性养护、养护中心、安保工程、灾害治理、危桥加固、停车区、改造平交、路域环境综合治理、交调站建设等。工程共分为 12 段和 1 座特大桥，其中 4 段为等级改造共 162 千米、2 段为路面改造共 56 千米、3 段为大中修共 75.5 千米、1 段为预防性养护 12 千米、2 段为路面正常养护完善标志共 86 千米。2013 年 11 月 29 日至 30 日，顺利通过交通运输部专家组对 108 国道凉山段现场检查验收。越西中所至喜德冕山公路改建工程全长 52.361 千米，工程划分 2 个标段，其中越西境内 27.018 千米、喜德境内 25.343 千米，建设工期 2 年，总投资 2.595 亿元。该工程成立局长赵勇为组长的工程领导小组，设立工程技术、计划合同、环保安全、财务、综合 5 个工作部门，完成招投标签订合同，工程于 2013 年年底开工。

【桥梁安全管理】 2013 年，州公路局对全州公路桥梁进行集中普查，全面掌握存在安全隐患的危桥，并按其危险程度进行分类，分别建立档案，实行“户籍式”管理，建立有效的危、病桥治理长效机制。下发《关于加强汛期桥梁养护管理的通知》及《关于立即关闭四、五类危病桥梁交通的紧急通知》，各县（市）进一步完善公路桥梁突发事件应急抢险预案，落实应急抢险资金和设备，组织精干的应急抢险队伍。落实桥梁工程师制度，加强对桥梁的监测、检查和评定，为桥梁技术管理做好支撑。2013 年年底，州公路局组织人员，根据普通国省干线公路桥梁定期检查、特殊检查、专项检查、隐患排查等具体情况，对所有在用公路桥梁的安全运行情况和养护情况进行评估。对昭觉县境内的四曲桥、庆恒桥、竹核桥、树坪桥和石灰窑桥，越西县境内的新民大桥，西昌市境内的海河桥，冕宁县境内的北一桥，喜德县境内大新桥的各业主单位下发督办通知，加快项目推进。

【抢险保通】 汛期来临前，州公路局扎实开展准备工作：重点巡查灾害隐患、危险路段和桥梁隧道，建好巡查台账；组织相关人员对本辖区内的公路、桥梁、涵洞、挡墙、边沟、房屋以及一切公路附属设施进行一次全面、系统的排查，有隐患的路段立即整改，五类桥梁必须封闭交通，并设置明显的标志标牌；做好路况信息报送，凡国、省干线公路及重要县道发生断道超过3小时的，要求路况信息员务必在1小时内按规定逐级上报灾害和通阻情况。2013年雨季，凉山州部分县（市）遭遇较高强度的降雨，导致山洪暴发、河水猛涨、山体滑坡、公路受损、路基垮塌、桥梁冲毁，全州公路水毁损失9842.95万元，其中，国、省干线6988.17万元。州公路局及时启动《公路防汛抢险应急预案》，安排精干力量分赴受灾较重的甘洛、喜德、普格、宁南、昭觉等地现场指导救灾抢险工作。各县（市）公路局职工不等不靠，在地方政府的大力支持下，积极投入抗洪抢险，最大限度缩短断道阻车时间，有效保障公路畅通。

【作风建设】 2013年，州公路局将作风建设作为工作之首抓紧抓好，局党政领导与各直属单位、局机关各科室负责人签订2013年党风廉政目标责任书，并认真贯彻执行中央“八项规定”和省、州“十项规定”，全局党员干部作风明显转变，“三公”经费大幅下降，其中：公务接待费较上年同期减少33.6%，公务车辆运行费较上年同期减少7.9%。取消“团年饭”“茶话会”等活动，制定节电、节水、节油、办公用品节支、差旅费管理办法等管理制度，改善机关作风。

（审核：赵勇/撰稿：陈静）

城乡规划建设住房保障

【概况】 2013年州城乡规划建设和住房保障局认真贯彻州委七届四次全会作出的战略部署，坚持“科学发展、加快发展”的工作基调，深入实施多点多极支撑发展战略，全面落实州委经济会议确定的工作目标，坚持民生优先，突出重点，强化措施，扎实推进新型城镇化、住房保障、城乡环境综合治理等重点工作，圆满完成2013年度工作任务。

【新型城镇化建设】 2013年，凉山州城乡规划建设和住房保障系统坚持以科学规划为引领，城乡规划取得新成果。《雷波县城市总体规划》已获得省政府批准实施。《普格县城市总体规划》通过省住建厅审查并报省政府待批。完成普格、甘洛、昭觉、喜德四县县域新村建设总体规划编制。积极推进彝家新寨、安宁河新村和藏区新村规划编制，完成雷波、喜德、甘洛、盐源、昭觉等县示范村规划，审查部分村庄建设规划。审查盐源县“两园一街”规划和美姑、普格县城控制性详细规划，指导美姑等县开展城市风貌设计。完成会东铅锌镇、喜德两河口镇、盐源金河乡等8个镇乡总规和控制性详细规划编制。积极开展“百镇建设试点行动”，有4个镇成功进入全省“百镇试点行动”行列，20个州级试点镇建设有序推进。西昌东部新城、西部新城建设项目扎实推进，越西、德昌、宁南、会理、会东、冕宁、雷波、盐源等县新区建设加快推进，全州城镇化率稳步提高，全年新增城市建成区面积5.8平方千米，完成全年目标任务的113.73%，全州城镇化率提高1.33个百分点，完成目标任务的123.15%。积极推进布拖、雷波、盐源、普格、喜德、昭觉、木里等7个县垃圾填埋场建设和宁南、德昌、冕宁3个县污水处理厂建设，会理县污水处理厂建成并投入使用。完成城市市政基础设施建设投资3.4亿元，占全年目标任务的113.3%；完成小城镇基础设施建设投资2.25亿元，占全年目标任务的112.5%；完成村庄基础设施建设投资4.55亿元，占全年目标任务的110.9%。

【建筑业和房地产市场】 2013年，凉山州城乡规划建设和住房保障系统进一步加强建筑业行业管理，全年实现建筑业产值72亿元，占全年目标任务的218.18%；大力推广散装水泥，全年共完成散装水泥推广16.5亿千克，占全年目标任务的101%，散装率达到43.09%。积极促进房地产市场健康发展，全年完成房地产开发投资23.5亿元，占全年目标任务的111.9%。

【保障性住房建设】 2013年，省政府下达凉山州保障性安居工程建设任务是新开工建设8500套（户）、基本建成6240套、竣工4770套。全年全州新开工建设各类保障性住房和棚户区改造8726套（户），完成目标任务的102.66%。基本建成8881套，完成全年目标任务的142.32%。同期竣工5669套，完成目标任务的118.85%。18822户农村危房改造全部开工建设并竣工，信息录入18822户，开工率100%，竣工率100%，信息录入率100%。

【园林绿化、城乡环境治理】 坚持以人为本，积极打造宜居宜业宜商城镇，大力推进城镇生态建设、绿色建设和绿色发展，加快园林城镇创建工作，建立完善城镇生态绿地系统，抓好重点生态项目建设，努力提升城镇品位和城市品牌创建工作。邛海湿地保护工程三、四期全面竣工，五、六期工程全面启动，现代化生态田园西昌建设取得重大进展；深入开展城乡环境综合治理“五十百千环境优美示范工程”建设，会理县和4个镇乡、45个村被省委、省政府授予“2012年度全省环境优美示范城镇乡村”称号。全年全州城乡风貌塑造目标51个，完成51个，完成率为100%。园林绿化稳步推行，全年人均绿地面积达到9平方米；建成区绿化覆盖率35%；建成区绿地率29%。

【机关党建】 2013年，州城乡规划建设和住房保障局机关党委认真贯彻落实党的十八大、十八届三中全会以及省第十次党代会、州第七次党代会精神，坚持服务中心、建设队伍，坚持求真务实、真抓实干，努力建设学习型、服务型、创新型机关党组织，不断提高机关党的建设科学化水平，进一步丰富学习内容，创新学习形式，完善学习机制。组织开展“多读书、读好书、乐读书”等系列活动，培养广大党员“终身学习、追求知识，崇尚科学、超越自我、与时俱进、开拓创新”的思想境界，提高素质、增强工作创新能力，努力营造学习工作化、工作学习化的浓厚氛围，创造良好的学习环境，在全体党员中确立“人人学习、处处学习、时时学习、终身学习”的学习意识，让学习成为常态，成为新的生活方式的重要组成部分，引导和增强广大党员干部自觉学习、主动学习，不断增强综合素质和服务科学发展的能力。认真贯彻落实中央《关于推进学习型党组织建设的意见》精神，健全制度、完善机制，丰富内容、创新方法，拓展载体、创建平台，把改进学风贯穿到学习型党组织建设的各个环节、各个方面。坚持每月学习不少于两个半天，全年党员领导干部集中学习14次，积极撰写并在各类刊物上发表理论文章、调研报告15篇。

【创先争优】 2013年，凉山州城乡规划建设和住房保障系统按照一名党员一面旗帜、一个支部一个堡垒、一名领导一根标杆要求，积极营造“拼干部、比工作、赛作风、争一流”良好氛围，机关党委在全体党员中继续开展共产党员示范行动，扎实抓好创先争优活动等重点工作，规划建设和住房保障局党委将开展“共产党员示范行动”纳入各站（室）目标考核和年度考核的重要内容，适时开展督促检查，严格考核管理，确保共产党员示范行动扎实推进。2013年评选表彰11名优秀党员和2名优秀党务工作者。机关党委获2011—2012年度创先争优先进基层党组织，3人获2011—2012年度创先争优优秀共产党员。深入推进机关行政效能建设和创先争优活动。窗口和服务单位的党员和干部，在工作岗位、橱窗、内部网上亮出身份、亮出承诺、“晒”出责任，接受群众监督，促进党员和干部自觉履诺。积极参加西昌市“十佳文明场所”创建活动，树立“规范文明、环境优美、秩序井然”的窗口形象。各级领导班子还通过民主评议、领导点评等方式，对承诺完成情况进行督查。严格落实“三项制度”，全年窗口办结各类行政审批事项278件，现场办结率、按时办结率、群众满意率均为100%。初步形成工作有承诺、服务有规范、上下有监督、有错及时纠的良好机制。

【组织建设】　认真落实“三会一课”制度和党员领导干部双重组织生活制度，落实党员承诺制度、党员民主评议制度和在职党员双重管理制度。积极稳妥地做好党员发展和入党积极分子教育培养工作。加大党员发展和入党积极分子教育培养工作力度，特别注意做好在基层一线发展党员的工作，抓好党员评议工作，实现党员评议工作规范化和正常化。认真落实党建工作目标责任制。年初，机关党委同州直工委签订党建工作目标责任书，机关党委与每个支部和总支也签订党建工作目标责任书。各支部严格按照党建工作目标考核责任制的具体要求，把党建工作放在重要位置，做到书记带头抓，成员具体抓，形成齐抓共管党建工作的格局。严格按照《规定》的比例收缴党费，及时根据党员收入变化，按照规定及时调整党费收缴数额，完成了党组织和党员信息库建设，全年召开党组会议专题研究党的建设二次。认真贯彻落实《四川省〈中国共产党党和国家机关基层组织工作条例〉实施细则》，围绕住房城乡建设工作实际，按照服务中心、建设队伍的要求，加强党的思想、组织、作风、制度和反腐倡廉建设，不断改进和完善基层党组织的活动方式和工作内容，促进基层党组织自身建设和工作能力的提高。并通过采取集中学习辅导、写心得、做测试题等方式创新学习方式，为推进住房城乡建设工作提供坚强有力的思想和组织保证。

【精神文明建设】　制定印发《2013年凉山州城乡规划建设和住房保障系统神文明建设工作意见的通知》（凉规建住党组〔2013〕7号），统一思想，提高认识，明确创建目标、工作内容、工作责任和工作要求，把各项具体工作落实到具体科室、具体人，建立“一把手亲自抓，分管领导重点抓，其他领导协助抓，局机关党委具体抓，一级抓一级，层层抓落实”的工作机制，形成党、政、青、工齐抓共管、干部职工齐创共建的工作格局，确保城乡建设和创建文明单位各项工作任务全面完成。把创建文明单位作为内强素质、外树形象、聚民心、鼓士气的大事纳入工作计划，结合开展“学雷锋树新风，倡导健康文明新生活”“四进四关爱”，“三优三创”“文明交通行动”“关爱自然、义务植树”等活动，把创建文明工作与城乡建设、住房保障工作一起部署，一起落实，一起检查，一起考核。2013年创建为西昌市精神文明标兵单位。积极组织机关干部职工参加第八届职工运动会，第十六届职工防艾禁毒长跑比赛活动，推动全局干部职工健身活动的深入开展，进一步活跃机关文化体育生活，增加机关的凝聚力和吸引力，培养机关全体干部职工健康向上的情操。认真贯彻落实中共凉山州直属机关工作委员会《关于2013年城乡环境综合治理“进机关”活动的工作意见》等精神，制定《关于城乡环境综合治理“进机关”活动工作方案》，保持各科室、机关办公场所和卫生责任区的大扫除大清理，共投资50余万元添置必要的环卫、绿化设施，放置盆景45盆，新建太阳能发电装置一套；集中开展机关和宿舍除“四害”活动；走出机关到公共场所开展4次公益活动，4次上街宣传和纠正乱扔乱吐、乱贴乱画等不文明行为、清除“牛皮癣”活动。每月组织一次离退休老干部活动，了解他们的生活、健康状况，及时帮助他们解决生活困难，让老干部们感到“老有所养”。真正从政治上尊重老干部、思想上关心老干部、生活上照顾老干部，让广大老干部老有所养、老有所乐、老有所为。

【党风廉政建设】　2013年，凉山州城乡规划建设和住房保障系统始终把加强党风廉政建设作为党建工作的重要方面来抓，组织全体党员认真学习和贯彻落实中央、省、州党风廉政建设和反腐败斗争的各项方针、政策和制度，认真推行党风廉政建设责任制，坚持从严治党，在解决机关全体党员和党员领导干部思想作风、领导作风、工作作风和生活作风方面狠下功夫。以理想信念教育和党性党风党纪教育为重点，多种途径开展示范教育、警示教育和岗位廉政教育，构筑了坚固的廉政道德防线。大力推进党员日常教育监督方式方法创新，认真落实对党员的苗头性问题早发现、早提醒、早纠正“三早”机制，不断增强教育监督的针对性和实效性。认真贯彻落实《党内监督条例》和《廉政准则》，严格遵守中央“八项规定”、省州“十项规定”党员和党员领导干部公开进行廉政承诺、自觉接受监督，形成廉洁自律的良好局面。认真执行党内监督条例，坚持开好民主生活会、开展述职述廉、诫勉谈话和函询等工作，认真落实党组成员开展党内询问和质询的制度，严格执行党员领导干部报告个人有关事项的规定，认真开展“行风热线”活动，积极发挥行政监察职能作用，有效地促进局领导班子成员和直属单位负责人按照法定权限和程序履行职责。2013 年，局党员和党员领导干部中未发现违法乱纪的情况。

【“挂包帮”与教育扶贫】 扎实开展“领导挂点、部门包村、干部帮户”活动，不断提高为群众服务的能力。每逢传统节日，机关党委和工、青、妇都要对离退休职工和困难职工进行慰问和探访，每逢干部职工和离退休老同志生病或住院，局领导和有关负责人均及时前去探望。深入布拖县拉果乡阿尔马之村宣讲党的十八大、十八届三中全会精神，与基层党员干部群众面对面交流，将精神带到基层，扎实开展“走基层、解难题、办实事、惠民生”活动。2013 年，机关干部职工与布拖县拉果乡阿尔马之村结对帮扶困难群众 37 户，捐赠过冬衣物 401 件、油 115 件、大衣 115 件、大米 1500 千克、被子 100 床，为拉果乡阿尔马之村中心小学在校学生捐赠价值 1 万余元的学习用品和体育生活用具；认真在对口乡镇开展“禁毒防艾”工作。2013 年，州规划建设住房保障局获全州十年扶贫开发工作先进集体、“挂包帮”活动及百乡教育扶贫工程先进集体。

【禁毒防艾】 2013 年，凉山州城乡规划建设和住房保障系统结合工作实际在全州建筑工地开展推广安全套预防艾滋病，保障建筑从业人员生命健康权活动。从 2013 年 11 月 18 日起所有建筑施工工地必须设置安全箱和宣传点，配置至少一个安全套免费领取点和一个艾滋病预防宣传点。安全套由建筑施工企业提供，且保证质量合格、数量充足。州城乡规划建设和住房保障局成立安全套进工地工作领导小组，制作 3 个不锈钢安全箱，3 条宣传横幅，到州艾工委办公室领取 1000 只安全套，2013 年 11 月 28 日在预防艾滋病工作领导小组副组长、机关党委书记、党组成员陈忠的带领，建管、质检部门的参与下，到凉山州地税局经适房、凉山州政法干部经济适用房及西昌学院实验大楼等 3 个建筑工地进行宣传，分别为三个工地配送安全箱、宣传标志及安全套，召集施工现场负责人及部门建筑从业人员进行交流。

（审核：陈忠/撰稿：杨术理）

住房公积金管理

【概况】 2013 年，凉山州住房公积金管理中心认真贯彻执行国务院《住房公积金管理条例》《四川省住房公积金缴存管理办法》《凉山州住房公积金贷款管理办法》《凉山州住房公积金提取管理办法》等住房公积金法规和政策。按照《中共中央关于全面深化改革若干重大问题的决定》提出的：“健全符合国情的住房保障和供应体系，建立公开规范的住房公积金制度，改进住房公积金提取、使用、监管机制”的要求，紧紧围绕凉山州加快推进新型城镇化工作为中心，以精细化管理、亲情化服务为抓手，以优化环境、扩大增量，规范信贷、确保安全为重点，充分发挥住房公积金在住房保障制度中的作用，扩大和规范缴存，尽力支持干部职工使用住房公积金解决基本住房困难问题，提取城市廉租住房建设补充金，支持州县市政府为城镇居民和务工人员建设廉租住房和公租房，超额完成州政府和省住建厅下达的各项工作目标任务。

【公积金缴存】 2013年，州公积金管理中心努力规范缴存、扩面增量，把维护干部职工住房公积金权益放到首位。制作住房公积金专题电视宣传片，在州市县电视台全年滚动播出；通过《凉山日报》刊载多篇文章，多专题多角度报道凉山州住房公积金支持住房保障和解决干部职工住房困难问题，广泛宣传住房公积金的社会效益和经济效益；制作住房公积金政策宣传册，宣传住房公积金法规和政策；通过广播电台《阳光政务》行风热线节目，宣传住房公积金服务范围、办理要求、便民惠民措施；通过“12329”电话咨询平台，凉山州住房公积金管理网站，广泛宣传住房公积金服务方式、解答职工咨询问题、提供住房公积金查询服务。及时通过简报、专题报告、工作动态和住房公积金年度公报向社会公布全州住房公积金缴存人数、缴存工资基数计算依据、缴存比例、年度归集金额，使用公积金数据，增值收益情况。全州实现住房公积金缴存比例按12%控制执行。规范收入分配制度，对全州住房公积金缴存单位和职工缴存情况进行控高保低清查和整改，对超过州统计部门公布的在岗职工月平均工资三倍的单位进行缴存金额上限按11868元控高，已将全州超限缴存1140名职工的年度缴存金额全部控制在范围以内，下限按凉山州政府规定最低工资标准800元，进行保低，规范住房公积金缴存。通过抓缴存、保增量、控高保低，规范缴存，推动2013年度住房公积金归集额增长。缴存人数较上年末新增4583人，增长2.73%，年度完成归集额22.25亿元，较上年增加23.61%，全州实现归集总额106.1亿元，余额72.62亿元。

【公积金使用】 2013年，州住房公积金管理中心加大住房公积金提取和贷款业务办理。经州住房公积金管委会审议，州政府批准修订《凉山州住房公积金提取管理办法》，结合凉山州实际调整部分提取政策，积极支持职工在购买、建造住房、离退休、终止劳动合同关系、出境定居、偿还贷款、支付房租、重大疾病或遭遇重大灾难事故造成家庭生活严重困难等条件下提取使用住房公积金，维护职工使用住房公积金的合法权益。2013年度全州共提取住房公积金9.63亿元，较上年同期增长11.33%，累计提取总额为33.53亿元。严格执行国家信贷调控政策规定的“查房”“查贷”规定，住房公积金贷款使用向购买首套住房的职工倾斜，对购买第二套改善居住的普通自住住房贷款，实行差别首付和差别利率，停止向第三套住房的职工发放住房公积金贷款。根据凉山州各县市房价实际，经州住房公积金管委会审议、州政府批准，修订《凉山州住房公积金贷款管理办法》有关条款：将在西昌市及州外购房职工的住房公积金贷款额度由每户30万元调增至35万元；将在德昌、会理、会东、冕宁、宁南、木里、雷波等县购房职工的住房公积金贷款额度由每户15万元调增至20万元。购买首套自住住房的职工，全额支付房款后办理住房公积金贷款的，贷款可以直接划入借款人银行联名卡账户。经州政府批准，三家担保公司承担住房公积金贷款担保业务，解决购房职工因无抵押物不能贷款的问题。增加健全贷款风险分类登记，明确逾期催收方式，呆滞呆账贷款处理，贷款档案管理条款。全年发放住房公积金贷款3.97亿元。全州贷款总额43.4亿元，余额19.5亿元。

【公积金管理】 2013年年初州政府州长与各县市长签订住房公积金管理工作责任书，将住房公积金缴存、管理、使用、监管、审计、资金安全责任落实到各级人民政府。州住房公积金管理中心也将年度工作任务分解到各县市分支机构，纳入年度工作目标进行考核。州住房公积金管理中心领导班子组织各县市分支机构和州住房公积金管中心科室负责人学习中央关于改进工作作风、密切联系群众“八项规定”，省委、省政府、州委、州政府“十项规定”；学习《领导干部廉洁从政准则》《建设部、财政部、监察部、审计署、国务院纠风办、人行、银监会关于住房公积金廉政风险防控工作通知》和《人社部关于事业工作人员处分暂行规定》，制定《凉山州住房公积金管理中心关于落实改进工作作风、密切联系群众有关规定的意见》《凉山州住房公积金廉政风险防控责任制》，将改进工作作风，密切联系群众，廉政风险防控等工作，健全管理制度，落实管理责任。完善住房公积金业务和监管系统软件，新系统使用较好地保证住房公积金业务电算化和监管工作的运作。监管系统运行正常，按时向省厅报送报表及统计资料，向人民银行及时更新报送个人征信数据。经州住房公积金管理委员会审议，州政府批准印发《凉山州住房公积金内部稽核审计办法》，实行制定年度审计目标、审计方案，建立审计结果、审批成果、审计问题整改回访报告制度。按照住房公积金归集、提取、贷款、财务核算、数据、资金、印章及重要凭证管理风险点的特点，制定片区联系负责制，通过报表、数据、总结、内网动态实时监督审计，采取定期或不定期对政策法规执行、业务管理、操作流程、风险控制、制度建设进行检查，针对存在问题进行认真整改。2013 年全州住房公积金管理未发生一起重大经济违法犯罪案件，未发生一笔挪用挤占住房公积金行为，未使用住房公积金进行任何投资，未使用风险准备金核销一笔呆滞和呆账贷款，经州政府安排审计部门对 17 个分支机构进行住房公积金运作管理资金全面审计。审计认为，凉山州住房公积金管理操作规范，资金安全完整，效益显著。住房公积金贷款逾期在可控指标以内。全年全州增值收益 1.45 亿元，较上年增加 1827 万元，增值收益率 2%，上缴州财政城市廉租住房建设补充金 9000 万元。

（审核：陈德琳／撰稿：李光杰）

环境保护

【概况】 2013 年的凉山州环境保护工作，深入贯彻落实党的十八大精神，坚持在保护中发展，在发展中保护，切实解决影响科学发展和损害群众健康的突出环境问题，以生态州建设为载体，以环境保护为主阵地，以主要污染物总量减排为重要抓手，强化环评审批源头控制，加强环境污染综合防治，严格环境监察末端管理，认真落实《中共凉山州委、凉山州人民政府关于“十二五”环保工作的意见》（凉委发〔2012〕4 号）、《凉山州“十二五”主要污染物总量减排工作方案》（凉府办发〔2012〕16 号）和州政府与各县市政府签订的凉山州 2013 年度环境保护工作综合目标责任书，有力保障了全州环境安全，切实维护了群众环境合法权益，大力推进了工业强州、生态立州、开放兴州，生态文明水平实现全域、全面、全新发展和提高，为顺利完成凉山州“十二五”环保目标任务打下了坚实的工作基础。

【环境宣传教育】 州委宣传部、州教育局、州环保局共同开展全州中小学生“共建生态文明、共享美丽凉山”演讲比赛；州委宣传部、州环保局、凉山日报社联合组织“坚持生态立州、建设美丽凉山”征文大赛活动；举办了全州企业法人代表环保法制培训会，宣传最高人民法院、最高人民检察院《关于办理环境污染刑事案件适用法律若干问题的解释》；与凉山日报社、凉山电视台、凉山人民广播电台等州内主流新闻媒体加强合作，创办了环保专栏、专刊；坚持以群众喜闻乐见的方式，开展声势浩大、形式多样的“6·5”世界环境日宣传活动，社会反响效果好，提高凉山各族人民的环境保护意识。9 月 30 日，四川省环保厅对 2012 年度全省环境宣教工作绩效评估结果进行了通报，凉山州荣获优秀等级，排名全省第二。

【主要污染物总量控制】 全年共减排化学需氧量380万千克、氨氮210万千克、二氧化硫430万千克、氮氧化物49万千克。结构减排：上报水污染物结构减排项目13个、大气污染物结构减排项目11个。工程减排：大气污染物工程减排项目5个（水泥脱硝项目4个、烧结脱硫项目1个）、水污染物工程减排14个（污水处理厂3个、淀粉厂3个、乡镇污水处理站8个）。畜禽养殖工程减排：上报98个畜禽养殖水污染物工程减排项目。监管减排：加强环境监察巡查执法，督促排污企业环保设施正常运转，污染物稳定达标排放，安装重点企业污染源在线监控系统，实施污染治理设施电表单设。机动车尾气减排：机动车环保检测机构建设工作，已通过公开招投标的方式，确定中标单位，共核发机动车环保标志62612个，其中新车22470个、在用车40142个。污水处理厂（站）建设：7个纳入国务院和省政府减排目标责任书的污水处理工程减排项目已全部建成。

【生态州建设】 西昌市成功创建为省级生态市，德昌县和宁南县于2013年8月已完成省厅组织的技术核查。16个国家级生态乡镇创建，已于2013年7月通过省级预验收。全面开展了58个省级生态乡镇创建、430个州级生态村创建及4400个县级生态家园创建、52个农村饮用水源地立标、2个农村面源污染治理项目。完善了全州“十二五”农村环境综合整治项目库的建设，储备项目675个，申报资金59743.5万元；申报省级农村环保专项资金项目11个、申报资金1047万元；省级农村环境“以奖代补”项目16个，申报资金320万元；州级农村环境保护资金项目9个，申报资金164.83万元。

【环境污染综合防治】 2个省政府民生工程：按时完成并验收了会东县鑫联矿业有限责任公司、会理县马鞍坪矿山废石综合利用有限责任公司的重金属污染综合整治项目。9家工业污染限期治理企业：有8家全部完成，其中废气污染治理项目3家，重金属污染综合整治项目5家，均通过验收，越西县索玛有限公司污水处理及锌浸出渣堆放场整治项目已经启动，从《四川省重金属污染综合防治“十二五”规划》要求该公司于2015年前完成整治任务，预计2014年年底完成整治任务。清洁生产审核工作开展情况：全州涉重企业已有67家完成了清洁生产审核的编制工作，53家重点企业的中高费方案通过了省厅的审核并进行了公示，国控、省控重金属企业完成率为61.6%。饮用水水源保护：根据《四川省饮用水源保护管理条例》规定，各县市环保局按照规划编制大纲要求编制完成了饮用水源保护与发展规划，完成了西昌市经久工业园区城市集中式饮用水水源保护区的划定工作，西昌市邛海集中式饮用水水源保护区的调整工作，完成《全国城市饮用水水源地环境保护规划》（2008—2020年）实施情况评估工作。面源污染防治：对饮用水源地、自然保护区、有机食品生产基地等环境污染敏感地区的面源污染防治，加强了使用农药、化肥、农膜等的统一监督管理工作，防止因过度使用而造成面源污染。重点行业企业环保核查：实施挂牌整治和限期治理目标责任考核制度，对照16个方面的核查内容开展辖区内的稀土、铅酸蓄电池、钢铁、重金属企业的现场核查，宁南三鑫公司、甘洛县新锐电池公司、康西铜业有限责任公司、江铜集团漫水湾冶炼分离厂已按省厅要求完成了限期整改任务，并通过省厅核查。项目库建设和专项资金项目申报工作：积极组织工业企业进行了申报，建立了56个工业污染源项目库。申报2013年中央重金属污染防治项目，共申报重金属治理项目4个，申报四川省2013年度省级环保专项资金工业污染防治项目，共申报项目5个，省厅批复建议支持的项目3个。

【重金属污染综合防治】 重金属环境管理目标完成情况：全州列入国控的56家重金属重点防控企业中，除34家不具备监测条件的企业外（3家已关闭、24家因故全年停产、7家企业闭路循环不外排），2013年度实际开展监督性监测的36家均全部达标排放，重金属重点企业达标率为100%，达到年度目标要求。环境质量目标完成情况：全州3个地表水省控例行监测断面、西昌市5个省控集中式饮用水源地地表水水质、16个县政府所在地集中式饮用水源地水质、安宁河、金沙江两个地表水重金属监测，以及5个重点防控区域地表水和企业周边大气环境监测，均没有出现铅、汞、铬、镉、砷等重金属指标超标现象，5种重金属指标环境质量达标率100%，达到年度目标要求。

【危险废物管理及化学品调查】 对危险废物产生及经营单位开展了专项整治，督促指导企业建立危险废物管理台账、制定危险废物管理计划和应急预案，杜绝了危险废物交给无资质的单位运输和处理，按照省厅大气污染规划实施方案要求关闭淘汰了西昌市垃圾焚烧炉；完成了西昌合力锌业有限公司等10家企业汞污染调查工作、全州西昌新钢业有限公司等12家企业持久性有机（POPS）污染物调查工作、西昌明源林化工等15家企业化学品调查工作，建立了化学品调查数据库。

【核与辐射管理工作】 对15家申请新进行射线装置的单位办理初审程序，全年共新进射线装置52枚。对X光和放射性同位素等核技术利用单位进行检查，针对存在的问题对州一医院、州二医院、州血库、解放军519医院、重钢集团西昌矿业公司5家下达限期整改通知，确保环境安全。对辖区内的核技术利用单位和电磁辐射污染源单位进行了申报登记。完成153家核技术利用单位的申报登记。

【建设项目管理和环境审批】 稳步推进规划环评，德昌工业园区规划环评、西昌成凉工业园区规划环评编制完成并通过技术评估，冕宁稀土高新产业园区在完成规划调整后，也及时签订了编制合同，开展园区规划环评，2013年，凉山州环保局审批项目218个，其中报告书项目27个、报告表项目105个、登记表项目86个，总投资95.9亿元，环保投资3.9亿元，环保投资占总投资的4%；省环保厅审批凉山州项目27个，总投资52.7亿元，环保投资1.9亿元，其中环保投资占总投资的3.6%；环保竣工验收项目13个，总投资5.6亿元，环保投资0.45亿元，其中环保投资占总投资的8%，环评率、三同时执行率均为100%。2013年1月至11月接件362件，无超期件。办结率为100%，满意率100%，投诉件为零。州内审批项目无未批先建、越权审批、违规审批现象。

【环境监察执法】 环保专项行动：州、县环保局、发改委、经信委、安监局、工商局、司法局通力合作，严格按照“六个一律整治、两个一律否决”的要求，集中开展了整治违法排污企业保障群众健康环保专项行动，严查群众反映强烈的大气污染和废水污染地下水的环境违法问题，涉重金属排放企业“回头看”、医药制造行业专项检查、信访投诉处理。全州共出动2400余人次，执法车辆620余台次，检查企业760余家次。对违法环境保护相关法规的1家企业进行了行政处罚，针对违法行为下发了限期整改，并进行了处罚，处罚金35856.6元；向企业下发限期整改通知132份，有力打击了企业的环境违法行为。环境行政处罚：2013年全州共取缔关闭企业4家；对18家环境违法企业进行了立案查处，累计处罚金额74.17万元；其中州本级立案查处2家企业，处罚金额25万元，有力打击了企业的环境违法行为。污染治理设施电表单设工作：推进企业污染治理设施电表单设工作，州环保局共投入15万元资金补助安装企业，全州234台（套）应单设电表的污染源治理电表已全部安装完毕。污染源自动监控：对纳入省环保厅和州政府目标任务的在线自动监控系统安装任务的27家企业安装工作进行了督办，其中10家企业不具备安装条件，9家企业正在安装调试阶段，8家企业的在线自动监控设施已经完成现场端安装验收，并稳定运行，通过了省总队对凉山州在线自动监控设施运行数据有效性审核的检查考核，完成了环保部对国控重点污染源废水、废气等污染物排放情况的审核工作。排污费征收：截至11月30日，全州已实现排污费征收入库3639万元。环境信访投诉处理：及时掌控网络舆情，强化“12369”环保举报热线电话值守工作，适时开展行政执法后督察，全年全州接到各类信访投诉共计177件，其中：来信投诉24件，电子邮件投诉10件，电话投诉89件，群众来访54批（137人次）；水污染投诉33件；大气污染投诉54件；噪声污染投诉69件；固废污染投诉7件；“三产”污染投诉8件；咨询类信访6件。所有信访件都做到按时办结，办结率100%。川滇联合监察执法工作：对白鹤滩、乌东德2个在建水电站开展了8次联合监察，就两个项目“三通一平”工程的环境保护工作落实情况进行了现场检查，并有针对性地提出工作要求，使项目建设中的环境和生态保护工作得到了有效落实。

【环境监测及环境质量控制】 全面开展环境质量监测、地表水重金属监测、重点污染源监督性监测、土壤环境质量例行监测、城镇集中式饮用水水源地监测。根据四川省环保厅下发的国控、省控重金属名单，全州共有国控重金属、“十二五”规划重金属污染企业60家，省控重金属10家，凉山州环境监测中心站每月一期对凉山州国控重金属污染企业进行了监测，对省控重金属污染企业进行每季度监测，按时编制凉山州国控暨省控重金属污染企业监督性监测专题报告上报省总站，编报数据800余个。共完成凉山州17个县市588个乡镇集中式饮用水水源地的监测27986频次，17个县市所在地有机污染物监测2904次。加强建设项目竣工环境保护验收监测和环评现状监测工作，并按期开展建设项目限期治理验收监测工作，全年共完成环境质量现状监测268个，各类验收监测40个，排污现状监测46个，送检来样监测35个。

【机构队伍建设】 县市环保局单列：17个县市中已有15个县市环保局单列，只有布拖、昭觉环保局尚未单列。监测体系建设：按照《中共凉山州机构编制委员会关于变更凉山州环境监测站机构编制事宜的批复》（凉编委〔2013〕97号），撤销原凉山州环境监测站，设立凉山州环境监测中心站，原凉山州环境监测站人员编制整体划入凉山州环境监测中心站；凉山州环境监测中心站领导职数为站长1名（按副县级配备）、副站长3名（按正科级配备）；下达10名编制，面向社会公开招考专业技术人员。县级环境监测站领导职数为站长1名（按副科级配备）、副站长2名，10~15名编制已经全面下达各县市委编委。监测能力建设：8月，州环境监测中心站顺利通过资质认定现场评审，10月取得由四川省质量技术监督局颁发的“资质认定计量认证证书”，已建西昌、会理、冕宁、宁南4个县级环境监测站和州国控重点污染源自动监控中心，正在建设会东、甘洛、盐源、美姑4个县级环境监测站，其余9个县级环境监测站在筹建中。环境监察标准化建设：州环境监察执法支队努力达标准建设新二级标准条件，西昌、会理、会东、冕宁、德昌、越西6个县市环境监察执法大队，已符合标准化建设达新三级标准条件，其余12个县环境监察执法大队已逐步开展达标建设。环境监管用房建设：会理、越西已建成；西昌、宁南、甘洛、布拖、普格已动工建设；其余10个县未动工。环境信息与统计能力建设：对全州专网进行升级改造，州本级网络链路由原来的2M扩展至4M，州至县链路由原来的1M升级为2M，并配合省环保厅完成省至市州视频会议的验收工作。

【档案管理和政务信息】 州环保局成立档案管理领导小组，对全部现存档案资料进行彻底清查，重点是2006年1月1日至2012年12月31日期间，各科、室和局属各直属单位，严格按照《环境保护档案管理办法》《环境保护档案著录细则》《环境保护档案分类表》等有关规定和要求，收集整理文档资料，拟定案卷标题，划定保管期限，填写卷内目录、备考表，移交档案室装订成册，加盖归档章，集中统一管理。2013年，共发布政务信息921条，其中州本级信息88条、县市环保信息484条、环境监测信息349条。

【自身建设】 改进工作作风、密切联系群众：为贯彻落实十八届中央政治局《关于改进工作作风、密切联系群众的八项规定》，省委、省政府《关于改进工作作风、密切联系群众的十项规定》，州委、州政府《关于改进工作作风、密切联系群众的规定》，以及《四川省环境保护厅党组贯彻落实〈关于改进工作作风、密切联系群众的规定〉的实施意见》，经局党组研究结合环保工作实际，制定了《中共凉山州环境保护局党组贯彻落实〈关于改进工作作风、密切联系群众的规定〉的实施意见》。“实现伟大中国梦、建设美丽繁荣和谐四川”主题教育活动：全局党员干部和群众深入学习贯彻党的十八大精神，深刻领会习近平同志提出的“中国梦”的丰富内涵，坚持中国道路、弘扬中国精神、凝聚中国力量，用中国梦统一思想、凝聚共识；认真学习《党章》践行入党誓词，强化宗旨意识，坚定理想信念，爱岗敬业、履职尽责、勤奋工作。落实“五个一”联系服务群众，局党组成员对全州17个县市进行分片联系，负责推进片区县市内的所有责任书上的污水处理项目建设，帮扶片区内的一个乡、一个村，帮扶布拖县补尔乡菲联乌村的一个入学的贫困户子女读书。

【党风廉政建设】 局党组按照“标本兼治、综合治理、惩防并举、注重预防”的方针，把党风廉政建设和反腐败工作列入重要的议事日程，作为保障环保事业不断发展的大事来抓，深入践行“四始终、四检验”，认真学习贯彻了《党内监督条例》《廉政准则》，抓好领导干部述职述廉、民主生活会、“三项谈话”制度，个人重大事项报告制度的执行，出台了《凉山州环保局2013年反腐倡廉工作要点》，签订了党风廉政建设承诺书。局党组专题组织学习，中心组集中学习，开展了中国特色社会主义理论体系、党性、党风、党纪教育，对容易出现腐败问题的重点岗位人员进行了示范教育、警示教育和岗位廉政教育，进一步提高了全局党员干部拒腐防变意识和能力。同时，紧扣行政审批、环境执法、环保专项资金的使用和管理等重点工作环节，认真落实党风廉政建设责任制，建立健全惩治和预防腐败工作体系，有力保障了全局干部职工无违法违纪行为发生。

（审核：罗萍/撰稿：周正才）

邮政管理

【概况】 根据国务院办公厅《关于完善省级以下邮政监管体制的通知》（国办发〔2012〕6号）文件及四川省邮政管理局《关于成立凉山州邮政管理局的通知》（川邮管〔2012〕61号）文件精神，凉山州邮政管理局于2012年9月20日成立，于11月14日正式挂牌。凉山州邮政管理局是凉山州邮政业（邮政、各快递企业）的行政监管部门，国家公务员行政编制，属于中央和地方双重管理的政府行政执法部门，设行政编制数8名，局领导一正一副，另下设两个科室，分别为办公室和行业管理（机要通信）科。凉山州邮政管理局的主要职责是：贯彻执行国家邮政法律法规、方针政策和邮政服务标准，研究拟订本地区邮政发展规划，监督管理本地区邮政市场及邮政普遍服务和机要通信等特殊服务的实施，负责行业安全生产监管、统计等工作，保障邮政通信与信息安全，承办上级邮政管理部门和地方人民政府交办的其他事项。

【行业发展】 凉山州邮政业包括凉山州邮政分公司及其下辖的17个县（市）邮政企业、邮政EMS、各快递企业。截至2013年年底，全州经营快递业务的法人企业有9家，分别是：申通快递、圆通快递、中通快递、国通快递、汇通快递、天天快递、速尔快递、西昌韵达、德昌韵达；下设分公司49家，分布在凉山17县（市）；直营企业两家，分别是邮政速递物流公司（EMS）、顺丰快递。2013年，全州邮政行业业务总量累计完成1.48亿元，同比增长28.77%，占全省业务总量的1.77%，排名全省第17位；邮政行业业务收入完成1.69亿元，同比增长 26.32%，排名全省第 17 位。其中：快递业务量累计完成 203.81 万件，同比增长 107.21%，占全省快递业务量的 0.84%，排名第 13 位；快递业务收入累计 3253.77 万元，同比增长 70.46%，占全省快递业务收入的 1.07%，排名第 17 位。

【基础工作】 2013 年，凉山邮政管理局完成内设科室负责人的推荐、考察和任免工作，科室建设基本成型，制度得到进一步完善，工作开展更加有力。11 月，重新完善凉山州邮政管理局机关工作制度并最终确定 18 项工作制度用以规范各项工作的开展。加强信息工程和网络建设建设，确保信息畅通。一方面根据国家邮政局、省邮政管理局安排做好机房建设，顺利完成设备安装和网络调测，并开通国家邮政局办公系统、RTX 系统和邮件系统；另一方面积极与凉山州委机要局和凉山州人民政府信息中心联系，开通了党政内外网，保持与地方党委政府的信息畅通。加强信息收集、整理和报送工作。截至 2013 年年底，凉山州邮政管理局已经向省邮政管理局报送政务信息近 70 期，被国家邮政局信息网站采用 10 篇，并按月向省邮政管理局报送月度工作报告，从多方面反映凉山邮政管理工作开展的情况，取得一定的成绩。严格执行国家有关定员定额规定，严禁扩大开支范围和提高开支标准，细化项目支出，严格执行预算批准的用途和进度，统筹使用运算资金，提升资金管理的科学化和精细化水平，不断提升资金的使用效率；厉行节约，严禁“三公”经费和会议费支出；加强各项资产管理，建章立制、责任到人。对各项资产登记发放使用，确保不发生资产流失。

【服务监管】 2013 年，凉山州邮政管理局开展调查摸底，全面掌握全州邮政普遍服务工作现状，为开展监督管理打好基础。2013 年 3 月开始，对邮政普遍服务开展有针对性的调研工作。三个月时间，共调研县邮政企业 5 个、网点 15 个，参与人数达 105 人次，充分掌握各邮政企业网点邮政普遍服务和特殊服务业务情况以及规范化经营情况，为下一步开展监督管理工作打开了思路。组织州邮政企业召开普遍服务联席会议，加强邮政企业普遍服务工作。4 月 19 日，凉山州邮政管理局组织邮政企业召开了邮政普遍服务联席会议，认真传达全省邮政普遍服务工作会议精神，并就开展全州邮政基础设施普查工作、法定业务开办专项治理工作、机要通信监督检查工作和邮票市场发行监督管理工作进行重点安排。4 月 22 日，还组织全州邮政企业召开《邮政法》宣传培训会议，并购买一批《邮政法》读本，免费发放给企业，提升企业依法经营的法律意识。积极与地方建设部门对接，推进信报箱建设工作。信报箱是有效保障公民通信权利、保障邮政普遍服务的基础设施，为有效推进凉山州城镇居民信报箱建设，凉山州邮政管理局积极与规划建设和住房保障局衔接，于 5 月 10 日联合行文，对加快凉山州城镇住宅楼信报箱建设工作进行了细致的安排：对 2013 年 7 月 1 日以后新建、改建、扩建的城镇规划区范围内的居民住宅建设工程，必须将信报箱建设作为建筑工程的一部分进行统一规划、设计施工、验收，并与建筑工程同时投入使用；对 2013 年 7 月 1 日前建设的住宅楼，尚无信报箱建设内容的，要根据进度，在设计、施工各个环节增加信报箱建设内容。强有力的措施推动信报箱建设工作的开展。10 月 10 日，公园 2018 小区信报箱建设竣工。积极与发改部门对接，推动空白乡镇邮政局所补建工作的开展。2010 年，国家正式启动了空白乡镇邮政局所补建工作，全省空白乡镇邮政局所补建任务为 1406 个，凉山州为 476 个，补建任务占全省 34%，是全省补建数量最多、任务最重的一个市州。由于特殊的地理环境，造成空白乡镇邮政局所分散，点多、面广，建设难度大，进展缓慢，为有效的行使邮政管理局在空白乡镇邮政局所补建、业务开办中的监督职能，凉山州邮政管理局积极与凉山州发改委对接，及时掌握全州空白乡镇邮政局所补建的情况。经过和州发改委协商，由州发改委向州政府汇报补建工作，得到了州政府的大力支持，为加快补建工作，使此项工作不在全省落后，6 月 26

日，州政府办公室以凉府办函〔2013〕211号文向全州各县市人民政府和州级有关部门下发了《关于加快推进全州空白乡镇邮政局所补建项目工程建设的通知》，要求各县市在2013年年底完工项目要达到目标任务的90%以上。政府文件的出台，对空白乡镇邮政局所补建工作起到了推动作用。开展生肖票和抗震救灾邮票发行监管工作，根据省邮政管理局安排，凉山州邮政管理局安排人员，到邮政企业现场对生肖票和抗震救灾邮票发行情况进行现场监管，对邮票发行的合法性、公开性和透明度进行了检查，确保邮票发行符合相关要求，并得到社会的认可。联合州“扫黄打非办”对报刊销售渠道进行检查。9月24日，凉山州邮政管理局联合凉山州扫黄打非办组成联合执法检查小组，对邮政报刊销售渠道进行联合检查。杜绝涉黄、涉爆及反宣传等非法物品通过报刊销售渠道传播。开展全州机要服务通信安全工作检查工作。9月24日，凉山州邮政管理局对凉山州邮政机要分局机要通信安全服务工作进行检查。对辖区近年机要工作开展情况进行了了解。对不符合规范的地方和安全隐患，要求其进行整改完善。完善社会监督机制，充分发挥监督员在普遍服务监督中的作用。根据省邮政管理局的安排，对凉山州社会监督员按照地域，进行合理的调整，以适应凉山邮政监督管理的需要，调动监督员的积极性，满足对邮政普遍服务监督管理工作的要求。

【快递行业监管】 加强快递行业安全监督管理，促进行业健康发展。协调公安、国安，达成监管共识，在重大节假日和重大政治活动期间对邮政业的安全进行检查。1月29日，州公安、州国安、州邮政管理局联合召开“全州邮政业寄递安全工作”，会上和邮政企业及各速递行业负责人签订安全责任书，确保春节和“两会”期间寄递渠道的安全。采取“三措施”确保“两会”寄递渠道安全。在全国“两会”召开前夕，凉山州邮政管理局采取“三措施”确保“两会”寄递渠道安全：第一，对企业行文要求企业精心组织，加强管理，完善预案和值班制度，切实做好“两会”期间邮政行业平稳运行和寄递渠道安全畅通。第二，联合州公安局和州国家安全局于2月27日对辖区邮政企业和快递企业进行了抽查，对抽查发现的问题要求企业即时进行整改。第三，落实“两会”期间值班人员和24小时值班电话，并将值班电话印发给邮政企业和快递企业，确保能够及时、有效处置邮政、快递服务或安全方面的突发事件。开展禁寄物品突袭检查。端午节前夕对州内12家快递企业收寄验视、禁限寄物品、保障信息安全制度执行情况和企业开展安全教育和应急措施落实情况进行一次综合检查。针对检查中发现的各类安全隐患，做到及时发现、及时排除、及时整改。联合州消防支队进行消防安全检查。火把节前夕，为确保邮政企业和快递业消防安全，凉山州邮政管理局联合州消防支队对邮政企业和快递行业邮件生产现场进行邮件消防安全检查，对存在的消防安全隐患进行现场整治和按期整改，并指导正确使用消防器材。使邮政业管理人员和生产人员加强对消防安全的认识，把火灾隐患消灭在萌芽状态之中。开展快递业务经营许可现场核查工作。受省邮政管理局委托，凉山州邮政管理局于7月分别对德昌县圆达速递有限责任公司经营国内快递业务和成都宅急送快运有限公司在西昌设立分支机构经营国内快递业务进行核查。按照《邮政法》《快递业务经营许可条件审核规范》的要求经过现场核查和对从业人员进行询问，德昌县圆达速递有限责任公司符合国内快递业务开办条件，建议省局准予通过；成都宅急送快运有限公司在西昌设立分支机构不符合要求，建议省局不予通过，要求其认真整改后重新申请。8月10日—12日，凉山州邮政管理局在普格县开展以“规范快递服务行为、促进快递行业发展”为宗旨的快递市场清理整顿工作，对县城快递公司网点进行全面清理。普格县城内共有四家快递企业，虽然有两家证照件齐全，但存在不规范现象，管理局当场指出并要求马上整改，企业负责人表态，将积极配合凉山州邮政管理局努力提高服务水平。另外两家未办理快递业务经营许可证或进行备案，涉嫌无照经营，凉山州邮政管理局工作人员为此进行严肃批评和教育，并责问私自授权给他们快递业务的上级法人企业，责令两家未备案分支机构的企业马上停止经营快递业务，并立即办理申请办理分支机构的备案登记。成立全州寄递渠道治安管理和信息安全协调领导小组并开展工作。8月份，在州政府的重视下，州政府成立了以州政府副州长肖春为组长，由凉山州邮政管理局、州国安局、州经信委、州商务局、州工商局、州公安局组成的凉山州寄递渠道治安管理及信息安全协调领导小组，10月初启用领导小组办公室公章，并于17日行文开展工作。11月8日，凉山州寄递渠道治安管理与信息安全工作协调领导小组召开第一次寄递渠道治安管理与信息安全工作会议，16家邮政快递企业的近40名从业人员参加了此次会议。会议安排部署寄递渠道治安管理与信息安全工作。《四川日报》等媒体也对此次会议进行专门宣传报道。至此，由政府牵头，相关部门参与的凉山寄递渠道治安管理与信息安全联合执法机制正式形成。凉山州邮政管理局制定并下发《快递业务旺季服务保障工作实施方案》，对全州快递企业旺季服务工作进行指导和规范，确保“双十一”“双十二”等业务旺季快递服务保障工作。10月份，凉山州保护消费者权益委员会举行第六届委员会暨换届会议，凉山州邮政管理局纳入成员单位。召开快递市场法规培训会，提升快递行业从业人员法律意识，并组织人员进行普法考试，参考人员270人，合格率100%。

【快递、电商合作】 11月15日，凉山州商务局、凉山州民宗委与凉山州邮政管理局联合组织凉山州内的快递企业和电商召开促进快递行业与电商协同发展座谈会。凉山州内航飞苦荞、正中食品、众为电子商务公司及宏林农产品流通配送等近十家电商与邮政EMS、中通、申通、顺丰等十余家快递企业参会。由政府搭台，企业唱戏，联合把凉山的土特产品推销出去，会议促成部分电商与快递企业达成初步合作意向。

【党务工作】 加强党组织建设，推动纪检监察和廉政建设工作的开展。随着人员逐步到位，党建、纪检监察和廉政建设工作逐步进入正轨，根据省局《关于在市州局设立党组纪检组的意见》及地方党委的相关要求，凉山州委组织部和纪委同意管理局成立党组和纪检组。加强公务人员党性教育、思想道德教育和业务教育，努力提升行政执法水平和能力。组织开展党的十八大精神宣贯会，认真组织学习党的十八大精神和习总书记重要讲话精神，组织开展“实现伟大中国梦，建设美丽繁荣和谐四川”主题教育活动，将主题教育活动与中国特色社会主义宣传教育相结合，与抗震救灾和灾后恢复重建、实施多点多极支撑发展战略、促进社会和谐稳定等工作相结合，与全年目标任务相结合，做到“两手抓、两不误、两促进”；组织学习“八项规定”相关文件，进一步改进机关工作作风；组织开展行政执法业务知识培训学习，努力提升执法水平，重点学习《邮政法》《邮政行政执法程序规定》等法律法规相关内容，同时还组织学习邮政普遍服务管理办法、快递市场管理办法、集邮市场管理办法等专业知识，拟把凉山邮政行政执法队伍打造成一支知识丰富、水平过硬、懂法律的行政执法队伍。

（审核：毛健鸿/撰稿：张曼妮）

中国电信凉山分公司

【概况】 2013年，中国电信凉山分公司承接落实国家信息化发展战略和集团“新三者”战略定位，在抢抓黄金机遇、加快规模效益发展的总体思路下，更加注重向可持续发展的方式转变。以生存突围和超常跨越的战略勇气，坚持以规模效益为根本，团结带领全体干部员工拼搏奋进，实现全年经营收入预算和收入份额提升的目标。公司连续8年超额完成省公司下达的收入目标任务，主要经营指标、业绩效益、关键排名等明显提升，企业经营质量和价值创造能力不断攀升，员工收益有较大提高，企业文化、队伍建设、士气干劲、创新活力得到明显增强，企业进入加速规模效益发展、加快转型攻坚突破、价值效益持续增长、竞争实力跳变增强的快车道。公司荣获中国电信集团表彰的全集团先进集体称号，连续多年保持省级最佳文明单位、四川最佳诚信企业、四川省安康杯竞赛优胜单位等荣誉称号。

【经营发展】 2013年，公司经营发展保持稳定较快增长，强化优化用户质量和收入结构性调整，渠道规模拓展上量翻番。全年公司超收3100万元，收入增幅达19.18%。2013年，公司以提升市场份额和有质量的规模发展为原则，及时调整经营策略，以聚焦3G智能手机和光网宽带为牵引，加速转变发展方式，提升发展质量，确保移动用户市场份额、全业务收入份额双提升；公司持续提升销售服务能力，市场竞争力进一步增强。宽带用户市场份额保持在86%以上。同时，以信息化为引领，政企行业突破取得显著成效，以重点产品及行业应用为切入点，大力拓展政企客户市场。高举智慧城市大旗，主导引领行业信息化，聚集政企中高端客户需求，针对重点行业市场，以核心的融合产品、应用及解决方案，有效拉动规模增长。2013年，中国电信凉山分公司成为全州发展最快的企业之一。

【网络建设】 2013年，公司3G和光纤网络规模、网络质量快速提升，4M以上宽带用户占比超过75%，所辖各市县主城区和郊区覆盖率达90%；全州已完成107个卫星接入乡镇、49个光缆接入乡镇点位的开通，建成121个信息村、32个宽带信息镇、43个宽带信息村。3G网络在城区、国道省道、高速、农村乡镇等场景覆盖广度已处行业领先；实现城市3G网络全覆盖，城市光网基本覆盖，核心城市实现20~100M的光纤入户，农村乡镇光纤宽带得到快速发展。同时，不断加大网络投入优化与信息平台建设，使信息化建设成为凉山经济发展新的增长点。同时，按照集约、高效、规范的原则，完善纵向一体网络维护服务支撑体系，充分发挥运维和服务协同效应，支撑服务效率得到提高。重点加强了业务管理规范、改善支撑模式、光网维护人才队伍建设、装维支撑帮扶等几方面工作，优化完善“按单计酬、按质论价”装维薪酬分配模型，提升装维基础管理水平，FTTH装维效率得到明显提升。

【智慧城市】 2013年，公司加快全面实施“智慧城市·光网凉山”信息化发展战略步伐，持续提升企业综合竞争力和品牌影响力，主动融入地方社会经济发展大局，全面助力经济和社会信息化发展方面进展显著。凉山“智慧城市”、信息化建设已经遍及各行各业：智慧城市门户、智慧政务、智慧产业、智慧校园、智慧医疗、智慧小区、农村信息化乡村等。

【服务质量】 2013年，公司以客户为中心，狠抓服务质量，强化服务能力，重视装维、渠道服务体系的完善和监督执行，细化完善ITV、流量、信息化等新兴业务的服务管理支撑细则，建立农村服务执行规范，补齐客户服务短板。坚持“用户至上、用心服务”的服务理念，持续推进落实“五个一”服务举措。完善全州服务品质管理团队，将服务事后结果管控转变为包括生产运营全过程的管理，贯彻基于“六全”的客户服务要求，快速提升服务品质。2013年，公司以聚焦服务达标为主线，以营造服务文化、强化协作配合、调动一线积极性为着力点，多维度加强服务管理和引导工作取得显著成效。客户综合满意度持续提升，VIP客户满意率、移动中高端客户保有率、3G智能终端渗透率均达到目标要求。通过多管齐下深入推进全业务服务监督工作，创新开展凉山客户俱乐部特色活动。重点解决服务短板问题，组织开展装维明星班组竞赛活动，激发一线积极性，提升装维服务能力，系统搭建凉山服务专业综合评价体系，营造比赶超服务氛围。

【文化建设】 2013年，公司党委围绕进一步统一思想抓好发展、进一步凝聚力量团结奋斗、进一步转变作风服务群众、进一步推动工作再上台阶，安排并务实开展工作。组织干部员工深入学习贯彻党的十八大精神，深刻领会“中国梦”的丰富内涵，紧密联系企业实际，紧密联系干部、党员、员工群众每个人的实际，以推进实施“一去两化新三者”战略，谱写中国梦的电信篇章为主题，抓住中国梦这条红线，统一思想、凝聚力量，奋力推进公司创新和服务双领先、规模与效益双提升，在全州追赶跨越发展、推进全面小康、加快建设美丽富饶文明和谐新凉山中继续发挥通信主导企业和信息化主力军作用，为谱写中国梦凉山篇章聚集正能量。一是提高服务质量和水平，深入开展为民服务活动，为地方经济发展重点项目提供信息化支撑，展示国有企业情系群众、诚实守信、服务优质的形象；二是党员领导干部要自觉把企业梦融入中国梦，增强大局意识，提高领导企业科学发展的素质与能力，全心全意依靠员工群众办企业，以新思路、新举措、新形象带领员工群众推进企业的改革发展稳定，做大做强做优企业；三是党员员工要增强党员意识，提高思想政治素质和岗位工作技能，在本职岗位上发挥先锋模范作用，影响和带动员工群众做好企业改革发展稳定工作；四是员工群众重点要增强主人翁意识，自觉把个人理想融入企业梦、中国梦，努力工作，发奋图强，牢固树立社会主义核心价值观，自觉遵守社会公德，维护企业和社会的和谐稳定。公司重点突出“三项教育”、做到“三个服务”，开展主题教育活动，重点围绕开展科学发展、加快发展教育，服务企业发展大局做贡献。深入学习中国电信优秀企业文化传统内涵、国内外企业文化建设成功案例、“身边人讲身边事”典型案例等，找到企业核心价值观在各单位落地，成为管理者与员工的行动轨迹，增强企业的凝聚力与战斗力。学习抗震救灾先进典型团队和个人的先进事迹，学习“帮助他人、成就自己”志愿实践活动的经验和方法，推广先进典型的价值理念和工作经验，充分激发员工立足岗位感恩奋进的内在动力。

（审核：柳国云/撰稿：戴卫平）

中国移动凉山分公司

【概况】　中国移动通信集团四川有限公司凉山分公司（以下简称凉山移动）自1999年7月至2013年年底，公司从无到有，从弱到强，运营收入从6468万元增长到13亿元，上网用户数从1.67万户增加到233万户。公司拥有“全球通”“神州行”“动感地带”三大品牌，号段有134、135、136、137、138、139、150、151、152、157、158、159、147、182、183、187、188。

【网络建设】　为圆满完成“运营提升年”的各项工作任务，凉山移动不断夯实2G网络基础，加快3G网络建设，着手4G网络资源储备，加强网络维护优化管理，做好通信保障工作，全面启动信息化项目，致力于打造全社会公认的卓越网络。2013年年底公司基站数增至2866个，载频增至28059块，传输光缆增至3.1万皮长千米。公司始终履行“创无线通信世界，做信息社会栋梁”的企业使命，坚定不移推进村通工程，实现全州606个乡镇、3745个行政村移动网络100%覆盖。公司通过搭建各级党政网、统计专网、凉山快讯、惠农通、烟草在线等信息化平台，助力全州信息化建设，服务地方经济社会发展。2013年为卫星发射、重大节假日、大中型水电站建设施工提供通信保障，通信实力再次获得社会各界肯定。

【客户服务】　2013年，凉山移动倡导“卓越服务，追求无止境”的服务理念，新推2013用心服务新举措，同时全面开启“榜样服务随手拍”活动，提升服务质量，维护消费者权益，用行动成就卓越，用责任铸就辉煌。公司致力为全社会提供卓越服务，新增“多点触控多媒体显示设备”，引导用户感受移动信息化应用；与四川省机场有限公司合作，建立“青山机场机票订购移动客户体验厅”，针对移动中高端用户，提供个性化增值服务。同时，公司不断优化“火车站、飞机场VIP贵宾厅”服务团队，规范服务技能，完善贵宾厅管理，推行差异化服务理念，以更加高效、更加优质、更加人性化的服务，为移动用户提供更加便捷、更加满意、更加贴心的移动信息生活。

【党建工作】 2013年是全面深入贯彻落实党的十八大精神的开局之年，是实施“十二五”规划承前启后的关键一年，是四川移动的“运营提升年”，也是凉山移动持续发展的一年。凉山移动党委认真学习贯彻党的十八大精神，以邓小平理论、“三个代表”重要思想和科学发展观为指导，坚持围绕中心，服务大局的方针，认真贯彻落实省公司年度工作会精神，以学习贯彻党的十八大和十八届三中全会精神为主线，全面提升党员干部的政治理论素养；以落实中央“八项规定”和开展党的群众路线教育实践活动为主要内容，不断加强领导班子建设和党员干部队伍建设；以开办道德讲堂为载体，积极开展敬老文明号创建工作，进一步强化内宣能力打造“光荣之家”；以创建学习型党组织为目标，不断加强基层党组织自身建设，切实加强领导，狠抓工作落实，有力地推动了企业各项工作的开展，取得了优异成绩。同时，公司坚持开展纪检监察队伍建设，不断推进“惩防体系”建设，落实“双廉责任制”“三重一大”决策制度，推动集体科学决策，健全反腐倡廉制度，推进惩防体系建设。连续多年，公司党委被州国资委评为“党风廉政先进集体”。

【社会责任】 凉山移动积极承担社会责任，倾情倾力回报社会。公司积极响应国家号召，推行“绿色服务”，拓展电子化营销服务渠道，推进基站节能试点项目，贯彻落实节能减排工作。14年来，公司坚持开展以“军民鱼水一家亲”为主题的慰问活动，不计得失为驻西昌演习部队提供优质网络通信服务，不断巩固发展“同呼吸，共命运，心连心”的军民关系；坚持开展对“大兴乡敬老院”的定点帮扶活动，定期慰问贫困老党员、困难群众；长期开展捐资助学活动，支持民族地区教育事业发展，组织撰写并推荐《关注教育信息建设，搭建凉山素质教育云平台》及《弘扬敬老美德，传递责任力量，以实际行动打造受人尊敬企业形象》两个案例参加省公司2013年度四川移动优秀企业社会责任实践评选，全部获得年度CSR十佳实践奖。截至2013年，公司共获得国家级、部委级、集团公司荣誉15项、省级荣誉57项、州级荣誉62项、市级荣誉21项，先后受到中国国防邮电工委、信产部、中华全国总工会、中华全国妇女联合会、国务院国资委、中央文明委的表彰，连续十二年六次被四川移动评为“先进单位”。

（审核：周荷英/撰稿：宋寒）

中国联通凉山分公司

【概况】 中国联合网络通信有限公司（简称“中国联通”）是2009年1月6日经国务院批准在原中国网通和原中国联通的基础上合并成立的国有控股的特大型电信企业。在全国31个省（自治区、直辖市）和境外多个国家和地区设有分支机构，控股公司是中国唯一一家在香港、纽约、上海三地上市的电信运营企业。2013年中国联通在“世界500强”中国企业中位列第34位，在“全球企业500强”中排名第258位，较2012年上升75位。中国联通拥有覆盖全国、通达世界的现代通信网络，具备固定通信，移动通信，国内、国际通信设施服务，卫星通信、数据通信、综合网络接入和各类电信增值业务，与通信信息业务相关的系统集成业务等。2013年12月，中国联通获得FDD-LTE制式的4G牌照。正致力于向移动宽带和互联网业务领先的运营商迈进。中国联通拥有的WCDMA制式3G和FDD-LTE制式4G牌照，是当前世界上采用的国家及地区最广泛、最成熟、网络速率最快、终端种类最丰富的一种移动宽带业务标准。中国联合网络通信有限公司凉山州分公司（简称“凉山联通”）是中国联通在四川省凉山州的分支机构，下设17个县（分公司）业务部，在全州各乡、镇、村设有营销网络。截至2013年，资产规模达到9.2亿元人民币，员工总数350人，移动用户21.3万户，固网用户近6万户。同时，在全州建有上千个移动通信基站，光缆累计达1.1万皮长千米，移动网络覆盖全州17个县市，县城覆盖率97%，乡镇点覆盖率70%以上，经济发达和重要乡镇点覆盖率达100%，省级以上旅游名胜点覆盖率达100%。完成全州17个县市3G网络建设，主要覆盖县城、风景区、高速、A类、B类重点乡镇；3G弱覆盖区域为县城内及周边、风景区及部分乡镇。凉山联通充分发挥WCDMA技术优势和全业务经营优势，面向政府、金融、媒体、大中小型企业提供包括移动办公、物联网、监测监控、位置服务和电子商务五大类行业应用。移动办公、移动执法、汽车信息化、智能公交、股票机、远程定损、无线抄表、位置服务、无线数传、监测监控、集团炫铃、集团短信、集团V网、云计算等信息化解决方案广泛应用于各行各业，为广大集团行业用户提供优质、快捷、安全、高效的服务。凉山联通秉承“以客户为中心，用服务促发展”的服务理念，以及“建设凉山、服务凉山”的企业承诺，为广大凉山用户、外来投资企业做好通信服务保障，不断提升客户感知、提升达标水平、提升服务效能。坚持以发展为目标，以管理为基础，以创新为动力，以市场为导向，以经营为龙头，以客户为中心，以效益为根本的发展战略，在推动信息基础设施建设的同时努力实现企业“三分天下有其一”的战略目标。

【基础管理】　2013年，凉山联通紧围“扩份额、提能力、强管理、激活力”的工作部署，以“强化规模效益，提升综合实力”为中心，以“夯实基础、深化创新、注重效率、增强价值、突破规模、提升效益”为主线，深化“销售模式、产品业务、支撑模式、服务模式、运营管理模式、商业模式”六大转型，全力实现公司规模效益发展的新突破。以党的十八大精神为指引，强化基础管理，修订各项标准、制度、流程，做好内控体系建设，完善物资管理，严格成本管控，强化绩效管理，规范后台管理，从而夯实基础管理，提升公司运营效率和执行力。坚持低碳绿色，绩效导向的发展理念，探索成本低、实效好的信息化发展模式，推进节能降耗，持续提高信息化的绩效，高度重视信息安全和诚信体系的建议，防范各种新技术、新应用所带来的新问题和新挑战，建立可信的发展环境。抓抢机遇，奋发图强，聚焦市场谋发展，注重效率提效益，实现公司规模效益发展和综合实力全面提升。

【网络建设】　2013年，公司在注重业务发展的同时，以满足客户需求、促进客户感知为目标，不断提升网络支撑能力。2013年凉山联通移动网总共涉及6个项目的建设，分别为：2013年中国联通四川WCDMA无线网扩容工程、2013年中国联通四川移动网配套扩容工程（一期）、2013年中国联通四川WCDMA无线网扩容工程（二期）、2013年四川联通WCDMA网络配套二期工程、2013年中国联通四川省公司WCDMA900MHz扩大试验项目和2013年中国联通四川WCDMA900MHz扩大试验基站配套工程。工程建设总投资4100万元，新建站点220个。2013年传输工程包括8个项目：1. 2013年中国联通四川WCDMA移动基站传输接入新建工程（一期），建设规模：GYTA-24芯650千米，复合光缆30千米，华为分组设备ATN 910设备15套，华为分组设备ATN 950设备40套，华为分组设备ATN 950B设备296套；2. 2013年中国联通四川本地传送网工程，建设规模：华为分组设备CX600-X3设备21套；3. 2013年中国联通四川本地主干光缆工程，建设规模：GYTA-144芯12千米，GYTA-96芯19千米，GYTA-24芯35千米，光缆交接箱576芯新建17，扩容原有288光缆交接箱8个；4. 2013年中国联通四川省分公司WCDMA900MHz扩大试验移动基站传输接入新建工程，建设规模：GYTA-24芯1150千米，华为分组设备ATN 950B设备80套；5. 2013年中国联通四川省内干线传输网工程，建设规模：华为业务处理板3，2路10G支路业务处理板2，40Gbit/s线路业务处理板7，8路任意速率业务处理板3，2路10G支路业务处理板2；6. 2013年中国联通四川室内覆盖配套传输工程，建设规模：华为分组设备ATN 950B设备34套；7. 2013年中国联通四川通信电源系统新建工程，建设规模：阀控式铅酸蓄电池组2V 1000Ah 48V 2套，室内开关电源组合式600A 400A普通2套，室内开关电源、室内开关电源配件组合开关电源系统的低电压切断功能（二次下电）；8. 2013年中国联通四川基础设施综合空调系统新建工程，建设规模：5P空调2套。

【建设成果及维护】 2013年，凉山网络通信能力进一步增强：京昆高速凉山段的2G、3G网络达到良好的覆盖水平；凉山发达乡镇的3G网络覆盖进一步提高；首次完成西昌驾考三科目的无线网络覆盖，能够满足西昌驾考三科目的视频监控的使用；第一张WCDMA 900MHz试验网在凉山建设，基站的开通弥补凉山几个偏远县的无网络信号覆盖区域。全年未发生重大故障，各项考核指标均达标，其中作业计划完成率≥98%，实际为100%；大客户业务考核响应及时率≥99%，实际为100%；考核电路开通及时率≥99%，实际为100%。

【行业发展】 2013年，公司打造“智慧凉山”，加快实现基础设施智能化。大力提升基本资源、交通、生态环境、人口、市政市容、公共安全数字化管理水平，逐步实现基础设施智能化，城市管理精细化，社会服务网格化，构建支撑领导科学决策的网络体系，满足市民在医疗、卫生、缴费等基本生活方面的数字化需求。凉山联通积极联系州政府签订《共建“智慧凉山”暨“十二五”信息化战略合作框架协议》，全力打造“智慧凉山”。在智慧项目中烟草行业、校园市场、公交系统上实现“会理智慧烟草”“冕宁智慧校园一卡通”“盐源智慧公交”突破。

【客户服务】 2013年，分公司全年服务质量KPI考核排名全省第四，未发生被集团、省分通报的零容忍典型案件，客户向工信部申诉企责率为零。客服工作始终围绕服务质量提升，加快一个体系建设，深化两项监督机制，严控三类重点投诉，夯实四项基础管理，聚焦存量客户经营工作，实现VIP客户流量与价值双提升开展工作。积极配合和协助省实践大服务体系工作，全面推进VIP精细化维系方案实施、强化存量维系管理，提升执行力，转变工作作风。截至12月，3G合约客户累计续约率为48%，存量3G中高端用户保有率74.56%，高于全省均值2.5个百分点，同比提升13.3%，排全省前列。积极排除生产经营过程存在的服务隐患，通过服务自评自愈、把投诉消灭在预防状态，彻底解决服务短板和客户诉求，实现客户、管理双办结。2013年积极开展36个项目与案例的服务问题传递与解决，12个被省评为全省优秀项目，问题解决率达80%。截至12月，客户投诉解决满意率99.87%，同比上升0.13%；全业务投诉率39.03次/万户，低于全省44.98次/万户的均值，同比下降4.8%。截至12月，分公司全渠道满意率90.91%；营业厅满意率95%，同比上升1.41%；客服热线满意率87.63%；VIP客户经理满意率100%，同比上升8%；网厅满意率50%；投诉用户满意率90.11%，同比上升3.11%。持续推广手机营业厅，提升服务渗透率，截至12月渗透率达25%，同比上升7%。利用万粉认证微博正面评价分公司服务、业务等方面工作，提升客户感知。截至12月，发送正面评价微博1870条，超额完成省下达任务。

【文明单位建设】 2013年，分公司坚持以科学发展观为指导，以市场为导向，以客户为中心，以有效发展和提升效益为目标，通过体制机制创新、管理创新、业务技术创新来促进发展，开创发展新局面；力促和谐，推动发展，以建设学习型、发展型党组织为引领，引导广大党员在执行和落实中走前列、作表率、当标兵，团结和带领周围的人员积极投入到公司改革发展中来。凉山联通以创建“四好”领导班子活动为载体，加强各级干部队伍建设；以争创“四强”党组织为载体，加强党建、党风廉政建设；以争当“四优”党员为载体，发挥党员先锋模范作用；以“教育扶贫”活动为载体，加强与地方的沟通与互动。2013年，分公司成立“实现伟大中国梦、建设美丽繁荣和谐凉山”主题教育活动组织机构并开展系列活动。全年深入开展党的群众路线教育实践活动，制定分公司纪委书记下基层实施方案并实行；对雷波县谷米乡岩峰村进行帮扶，并制定2013—2015年帮扶规划，下派帮扶干部；拟定创先争优长效机制；成立分公司渠道管理效能监察工作机构并制定实施方案开展效能监察工作；全面开展“关爱员工”专项活动，建立分公司职工重大疾病帮扶机制、设立帮扶基金，同时发放十六个县小食堂建设补助，建设成立七家县级业务部小食堂。落实党风廉政建设责任制、继续深化反腐倡廉教育、圆满完成省公司“三重一大”检查；全面完成党委、纪委年度思想政治、党建工作，创四好班子、党风廉政建设工作，受到州国资委好评。

（审核：陈刚/撰稿：何静）

西昌车务段

【概况】 2013年，西昌车务段管辖北起沙马拉达站，南至攀枝花站，连接一条货物支线（渡口支线），共42个车站、1个乘务车间、1个装卸车间。货运办理站22个，客运办理站9个，区编站3个，段管内战略装车点9个。营业里程355千米，其中成昆正线313.071千米，渡口支线41.929千米。主要承担成昆线中南段凉山州境内5县1市及攀枝花市境内2县1市的旅客、货物运输及军、专、特运任务。段设10个职能科室、12个车间，在职职工2201人，固定资产1.79亿元。根据《成都铁路局、成都铁路局党委关于公布货运组织改革机构调整方案的通知》（成铁劳卫〔2013〕312号）文件精神，自2013年6月1日起，车务段新增物流营销部、装卸车间，原客货运科重设为客运营销科、货运管理部。

【安全管理】 2013年，西昌车务段按照“提升管理、管控风险、盯控关键、落实责任”的思路，从强化安全风险意识抓起，建立典型事故案例教育机制，安全教育初步实现常态化、制度化；坚持以盯控现场、卡控过程为重点，持续加强安全监督检查，进一步增强安全管控能力；加大安全问题整改力度，针对突出问题、惯性问题“逐站逐项”追踪复查，有效解决安全隐患；深入推进安全风险管理年建设，不断完善安全风险管理体系，重大及严重安全风险总体受控；以成昆线新一轮“三标”“三线”及安全生产标准化建设为载体，持续规范安全基础管理，着力提升标准化作业水平，不断优化安全生产职场环境，加强安全基础设施建设。避免C类及以上事故发生，取得近三年安全生产最好成绩，被评为全局安全优质站段；年初拟定下发《西昌车务段2013年加强安全生产的决定》，经职代会讨论通过，形成2013年1号文件，明晰2013年安全管理思路，明确安全管理目标，制定安全卡控重点、关键，确定贯彻落实措施，对全年安全生产工作作统一安排部署；全年召开安全会3次，召开季度安委会4次，召开月度安全分析会8次，及时研究并解决安全问题；大力推进安全风险管理工作，共排查54个安全风险点，深入开展百日安全生产、安全大检查、“安康杯”劳动安全百日专项整治、安全生产月、劳动安全专项整治、“强、灭、严、保”活动、安全大检查回头看、渡口执行红光带专项整治等安全活动，查找安全生产中存在的隐患和漏洞，制定切实可行的控制措施，牢把阶段性安全重点。11月14日，第二个百安目标顺利实现。全年段管内共计完成军列运输144列、二级整列运输3列、三级整列运输4列、完成“140”产品运输6列、“301”“303”产品运输60批次，完成T8869三级包车1批次；完成超限专列6批次12列计24台，确保军专特运的绝对安全正点，万无一失；全年完成停时16.0小时/车、中时6.9小时/车，同比分别压缩0.3小时/车、0.1小时/车。截至12月31日18：00，全段实现无责任一般A类事故及以上事故8599天，无责任一般B类事故4519天，无责任一般C类事故553天，无责任一般D类事故68天。

【客货运输】 2013年，车务段通过优化经营产品、打好节日运输、提高异地票及联程票销售等多种措施，积极应对高速公路分流带来的挑战，全年旅客发送423.49万人，实现客运收入5.49亿元；抓住货运组织改革契机，加强营销能力建设，优化货源组织机制，着力提升装卸能力，实现运输大幅上量。全年日均装车1653辆、日均卸车1017辆，同比分别增加11.27%、12.42%，完成货运收入45.68亿元，超年计划3.16亿元，同比增长27.08%。2013年，全段完成运输收入51.16亿元，首次突破51亿元大关，其他业务收入完成8557.07万元，各主办集经企业总体盈亏平衡，全段运输经营迈上历史新台阶。2013年全段日均办理车辆数14805辆，同比增加827辆；直达装车比重由44.07%提高到47.6%，并通过积极开行480万千克大列、组织绕行等方式，不断突破通过能力限制，在既有条件下保证运量大幅增长的需要；经久站、青杠站扩能改造顺利完成，密地站货场整体改造加快推进，巴关河物流园区建设正在实施，随着各项扩能改造工程逐步启用，全段运输能力将实现更大提升。

【自身建设】 2013年，车务段从提升综合素质和管理能力入手，按照每两年全覆盖轮训一次的思路，组织首批105名管理人员及后备人才参加专题培训；全年交流调整管理人员41人次，形成管理队伍合理流动、有序竞争的局面；全年针对调车安全、施工安全等重点工作组织集中培训44期，3936人次参加培训；积极促进岗位成才，为优秀职工提供发展平台，2013年有45名职工获得提职任用，41名管理人员晋级晋职，3人取得技师资格，全段聘用工人技师达到30名，7名技能人才通过“以考代评”考试，全段人才队伍进一步充实。全年投入资金314.11万元对全段职工食堂进行补贴，行政和工会为现场增发防暑降温专项资金146万元，组织全段2196名职工进行健康体检，安排51名职工参加路局健康休养，全年发放助医、助困、助学等各项帮扶助困资金达到72.32万元。在路局支持下，瓦祖、新凉、喜德等11个车站新建职工单身宿舍，极大改善车站职工、特别是小站职工住宿条件；按照“公开、公平、公正”原则，西昌地区28套旧房分配落实到户，解决部分职工住房困难问题；筹措资金175万元对青杠、经久等12个车站职工食堂进行改扩建及设备补强，基本解决车站食堂功能不完善的问题；路局投入1818万元对车务段运输生产设备进行全面更新改造。

【荣誉】 2013年，西昌车务段荣获2013年度安全优质站（段）称号，西昌车务段工会获得铁路局建家先进集体“先进职工之家”、西昌车务段攀枝花车间桐子林车站工会小组获得“模范职工小家”称号；西昌车务段漫水湾车站工会小组获得“全国铁路模范职工小家”称号；西昌车务段技术信息科、货运管理部、漫水湾车站、德昌车站获得2013年度军交运输工作先进单位称号。

（审核：韩霞/撰稿：李小莉）

西昌青山机场

【生产情况】 2013年共保障航班运输起降3658架次，专机飞行2架次，航空护林106架次，航空摄影26架次，外航运星8架次，军航14架次，校飞4架次，本场训练46架次，人工降雨6架次，公务6架次。完成旅客吞吐量31.8万人次。完成货邮行吞吐量150.29万千克。全年未发生责任原因造成的飞行事故、空防事故、航空地面事故，航班放行正常率100%，飞行保障率100%。

【安全管理】 2013年，机场以安全管理“3+

1”模式（同计划、同部署、同推进融为一体的精细化管理），提高安全管理水平，积极推进安全文化建设，转变全员安全理念，不断提升安全管理软实力。同时层层分解战略目标，与各部门签订安全和绩效责任书。对机场安全检查情况进行整改，并组织开展集中安全大检，认真组织学习贯彻，积极动员和部署，制定下发《西昌青山机场关于开展安全大检查的通知》和《西昌青山机场关于下发安全大检查方案的通知》结合航空安全特点和上级安全大检查要求全面开展工作。以推进质量体系建设为全年工作重点，建立并完善《质量管理手册》，此次质量管理体系建设工作共完善和制定26个程序文件，69个管理文件，130个质量记录文件，同时将航空保安审计、安全审计、航空管制和机务安全管理等单项体系文件，全部纳入质量管理体系文件，于9月通过国际质量标准认证。

【市场开拓】 2013年，机场坚持“服务、服从地方经济社会发展”的宗旨，主动与地方政府联络沟通，积极争取地方政府航线补贴，保障航空公司收益，实现引进多家航空公司开通新航线。2013年，新开通西昌—广州航线，同时积极与西南空管局联系，申请临时新航线的常态化运行，达到缩短飞行时间，降低航空公司成本支出，让利于广大旅客。继续围绕集团打造“成都—西昌快巴”加密西昌—成都航线。推行“全员营销”制度，增强开发市场的力量，同时和地方政府共同赴上海、北京、成都等地，参与城市间航空市场营销，加大市场营销力度，积极争取旅游团队。2013年，机场积极参与地方政府及民航系统组织的各项活动，成立航空旅游协会。

【经营管理】 2013年，机场不断丰富服务品牌内涵，积极学习双流机场贵宾服务专业管理模式及服务理念，全面推进“索玛花服务品牌”建设。机场确立贵宾服务专业化发展方向，工作流程、服务理念及服务文化。同时继续推进“月城安检卫士服务品牌”不断提高员工主动的服务意识和职业技能，优化业务流程，推出更多细致特别的举措。2013年8月1日起在交通运输业实行营业税改增值税，在集团公司财务部统一安排下，顺利地完成税制改革的平稳过渡。机场根据市场变化情况，调整客货市场经营工作方式，让客货公司充分参与市场竞争，有效扭转客货公司亏损增加的趋势。同时进一步采取有力措施，收款落实到责任人，加强应收账款的催收，防止坏账的发生。完成《零星用工管理暂行办法》《资产管理暂行规定》等制度的制定工作，全年节约费用8万元。进一步加大内控管理力度，与各部门签订费用承包协议，严格执行机构《采购管理规定》，全年节约10万元。充分利用税收优惠政策，利用业务外包等多种形式节约税费11万元。在航空主业上，通过谈判，提高公务包机和通用飞行收费标准。并重新梳理业务，挖掘潜力，分别在广告业务、市区商铺租赁业务，候机楼租赁等增加非航空性收入。

（审核：曹飞/撰稿：戴婧）

企 业

Enterprises

国网凉山供电公司

【概况】　国网凉山供电公司是国网四川省电力公司直属的特一型供电企业。下设 13 个职能部门、7 个业务支撑和实施机构。管辖 12 个县供电公司，其中：直供直管县供电公司 1 个，国网四川省电力公司凉山州安宁供电分公司；全资县供电公司 1 个，国网四川木里县供电有限责任公司；控股县供电公司 8 个，代管县电力公司 2 个。管理全资、控股、代管单位各类员工 4114 人。凉山电网是四川主网与攀西电网的连接枢纽和川电外送的骨干通道，覆盖凉山州 15 县（市），承担着凉山州 9 县 1 市的工农业生产及人民群众生产生活用电任务，担负着西昌卫星发射中心、成昆电铁凉山段、国家重点工程——锦屏一、二级电站等的安全供电保障任务，在国家航空航天事业、四川电力发展和凉山经济社会发展中具有举足轻重的地位。

【经营业绩】　截至 2013 年年底，公司拥有固定资产原值 40.74 亿元，同比增长 13.8%。拥有 220 千伏变电站 11 座，110 千伏变电站（开关站）14 座，35 千伏变电站 12 座。变电总容量 361.74 万千伏安，拥有 220 千伏线路 26 条、1480.98 千米；110 千伏线路 57 条、973.99 千米；35 千伏线路 17 条、196.60 千米。初步形成了以 220 千伏电网为骨干、110 千伏及以下各电压等级电网协调发展的格局。

【人力资源】　2013 年，公司管理全资、控股单位各类员工共计 4114 人，其中：直供直管全民职工 539 人，直供直管全民职工中具有高级职称 45 人、中级职称 140 人、初级职称 204 人，分别占直供直管全民职工总数的 8.35%、25.97%、37.85%；高级技师 29 人、技师 76 人、高级工 74 人、中级工 40 人、初级工 6 人；研究生 24 人、本科 302 人、大专 142 人、中等职业教育 42 人、高中 13 人、初中及以下 16 人；有国网四川省电力公司专家人才 11 人，地（市）公司专家人才 23 人。2013 年，公司（含全资、控股单位）全员劳动生产率 52.26 万元/人·年，较 2012 年 43.57 万元/人·年增长 19.94%。

【电网建设与发展】　2013 年，新开工 110 千伏及以上线路 98.4 千米、变电容量 64 万千伏安。投产 110 千伏及以上线路 268.4 千米、变电容量 60 万千伏安。完成西昌南等 12 个输变电工程的预结算挂国网平台工作，暂估入账 4.94 亿元。凉山美姑河至布拖 110 千伏线路新建工程荣获“国网四川省电力公司线路工程安全管理流动红旗”。通安 110 千伏输变电工程全过程造价管理荣获“中国建设工程造价管理协会 2013 年度电力工程造价一等奖”。2013 年，公司取得 110~220 千伏项目路条 9 个、项目核准8个。配合国网四川省电力公司完成了110~220千伏电网项目可研初审11个。完成了2013年凉山电网发展图表编制、西昌市城网规划、2013—2020年配电网滚动规划、凉山州无电地区电力建设电网规划、木里藏族自治县电网滚动规划、配网供电分区图表编制、凉山州电网发展诊断等工作。受理电源接入项目共计26个，其中水电13个、风电8个、太阳能光伏发电4个、垃圾焚烧发电1个。受理、批复用户间隔使用申请14份。

【经营管理】 2013年，公司全年全口径售电量完成70.68亿千瓦时（不含甘洛县、会东县和木里县电力公司售电量），同比增长25.43%，增速位居国网四川省电力公司系统第二位，销售收入完成35.03亿元（不含税、不含基金），税收完成6.17亿元。线损率完成5.31%，同比下降了0.41个百分点。其中，母公司售电量完成60.87亿千瓦时，同比增长27.50%，销售收入完成26.16亿元（不含税、不含基金），同比增长17.20%；税收完成4.87亿元，同比增长17.63%。固定资产原值达到40.74亿元，比2012年增加4.94亿元。线损率完成2.28%，同比下降了0.09个百分点。

【安全生产】 2013年，公司以国家电网公司、国网四川省电力公司“安全管理提升”活动为主线，深入开展“四个专项”行动，加强电网、设备隐患排查治理，强化风险管控，有效预防各类事故的发生。一是严格按照国网四川省电力公司“安全管理提升”活动的要求和部署，确定2013年安全工作思路、目标和任务，层层签订安全生产责任书，传递压力，落实责任。二是编制公司安全工作重点工作月历“二十四节气表”，分析风险，强化计划管理和风险管控。三是组织开展安全生产大检查。对查出的隐患（114条）及时通报、预警（发出通报5期，预警通知书6份），制定整改措施限期整改，跟踪督促整改进展。四是完善应急体系建设，提高应急处置能力。修编公司突发事件总体应急预案。完成了德昌、会理、喜德、越西、宁南、雷波6个县级应急指挥中心建设，实现了国网四川省电力公司—地市公司—县公司三级应急指挥中心互联互通。完善应急救援协调联动机制，与国网攀枝花供电公司签订了《应急救援协调联动协议书》。五是加强供用电、交通、消防安全管理。对发现的问题督促整改（发出《用电检查结果通知书》95份）。查找交通安全管理工作中存在的不足，开展“三个百日安全”行车竞赛活动，坚持车辆“三检、三查”，做好车辆的日常保养、检查和维护工作，保障车况良好。开展消防隐患排查治理工作（查出隐患70起，整改70起）。全面完成变电站无人值班改造，无人值班率从43%提高到100%。完成“两会”、春节、嫦娥三号卫星发射等重大保电任务。完成喜德、木里受损变电设施的恢复重建工作。截至2013年12月31日，公司实现连续安全运行1785天，荣获“国网四川省电力公司2013年度安全生产先进单位”荣誉称号。

【科技与信息化工作】 2013年，该公司结合凉山实际开展的“复杂地形防雷综合治理”课题获得国网四川省电力公司科技进步一等奖，编写的《供电企业信息与通信专业有机融合的实践》获得四川省企业管理优秀论文二等奖、国网四川省电力公司管理创新一等奖。大力加强信息化工作，率先在全省地市公司完成了信息通信运维监控中心的建设。建立信息安全情况实时发布系统，在企业门户首页以弹出窗口的形式对影响安全运行的指标情况进行通报、提示、整改。实现了信息工作桌面终端管控覆盖率、终端准入管控覆盖率、杀毒软件安装率、不使用弱口令“四个百分之百”。

【市场服务】 加强业扩报装管理，提高业务办理效率。高效完成了四川西昌合力锌业股份有限公司、德昌县宏鑫科技有限公司等大中型工业用户的业务办理工作。2013年，该公司全年新装增容客户4873户，新增用电容量6.06万千伏安，新增并网电厂13个（累计108个），新增并网装机容量52.03万千瓦（累计352.8

万千瓦)。严格执行留存电量政策，落实丰水期富余电量消纳方案，及时对相关用户丰水期用电意愿进行摸底分析，提出应对措施和建议。加强留存电量用户管理，引导高耗能用户在丰水期多开炉、多生产，消纳丰水期富余电量，最大限度地发挥了留存电量政策在促进公司售电量增长方面的突出作用。2013年，公司完成留存电量14.023亿千瓦时，同比增长66.94%，超额完成2013年初四川省发改委下达的14亿千瓦时的留存电量目标任务。

【自身建设】 以深入贯彻党的十八大、十八届三中全会精神为主线，创新性提出“三有四化”党建工作机制，围绕“月度检查布置、季度点评逗硬、年度考评总结”的制度化、规范化、精益化要求，做实、做细、做强、做精党建工作，实现党建工作从粗放型管理向精益化管理的有效转变。扎实做好党的群众路线教育实践活动热身准备，开展“心桥工程”主题活动，架起与客户、与员工之间的“连心桥”。加大马背上的供电所、殷显树及线路团队事迹宣传力度，国网品牌影响力持续提升。2013年，公司在新华网、人民网、《工人日报》等省级以上新闻媒体刊发新闻1000余条。2014年春节前和春节期间，配合国网四川省电力公司和央视的无电地区电力建设“黄泥巴村蹲点日记”取得圆满成功，在央视《朝闻天下》和《一年又一年》播出9条次，《新闻联播》播出6条次，《经济信息联播》播出1条次，总时长超过100分钟，在社会上引起了很好的反响，得到了四川省委省政府、凉山州委州政府、国网公司、国网四川省电力公司的高度评价，为国网公司品牌传播做出贡献。先进典型殷显树先后荣获全国五一劳动奖章、四川省道德模范之爱岗敬业模范荣誉称号；牟杨被推荐为全国“三八红旗手”；何永祥被评为凉山州十大优秀企业家。严格执行中央“八项规定”、国网公司、国网四川省电力公司关于改进工作作风、密切联系群众的一系列文件和会议精神，切实增强领导干部改进作风、密切联系群众和廉洁从业的自觉性。深入开展车辆治理等活动，确保活动取得实效。深化民主管理，加强舆论宣传，保障离退休人员“两项待遇”，公司发展和谐稳定。

【无电地区电力建设】 国家电网公司、国网四川省电力公司高度重视无电地区电力建设，在公司供区内投资23.54亿元新建110千伏变电站1座，35千伏变电站20座，主变20台，容量85.6兆伏安，35千米线路521.78千米，10千伏线路3591.04千米，配变2621台，容量215.11兆伏安，低压线路8573.28千米，以彻底解决公司供区内无电户64811户、无电人口280490人的用电问题，无电地区电力建设扎实推进。

【国网凉山州安宁供电公司】 公司建于2003年10月9日，下设马道供电所等5个供电所，承担供电面积2485平方千米，35个乡（镇）、144个行政村的电力供应与维护管理。2013年，售电量完成60.87亿千瓦时，同比增长27.50%；销售收入完成27.66亿元，同比增长18.70%；线损率14.13%，同比下降0.75百分点。电费回收100%，应收电费余额为零。截至2013年12月31日，公司连续安全生产370天。

【国网喜德县供电公司】 公司建于2005年2月5日，下设光明、两河口、红莫等3个供电所，承担全县2206平方千米，24个乡（镇）、170个行政村的电力供应与维护管理。截至2013年年底，固定资产原值5581万元（净值2209万元）。拥有35千伏变电站8座，变电容量52.15兆伏安，线路9条，全长132.44千米；10千伏线路49条，全长729千米。2013年，售电量完成4.87亿千瓦时，同比增长295.47%；销售收入完成22162.19万元，同比增长373.75%；线损率3.88%，同比下降9.22百分点；购电均价（不含税）完成278.04元/千千瓦时，同比增加15%，较国网四川省电力公司计划277.89元/千千瓦时高0.15元/千千瓦时；售电均价完成530.12元/千千瓦时，较国网四川省电力公司计划450.4元/千千瓦时高

79.72元/千千瓦时；电费回收100%，应收电费余额为零，实现利润5173.29万元。截至2013年12月31日，公司连续安全生产1738天。

【国网越西县供电公司】 公司建于2007年12月28日公司，下设城关、新民、中所、普雄4个供电所，承担全县2256平方千米，40个乡（镇）、289个行政村及5个社区，总人口近33万人的电力供应与维护管理。截至2013年年底，固定资产原值1.17亿元（净值0.6亿元）。拥有110千伏变电站2座，变电容量70兆伏安；35千伏变电站4座，变电容量18.6兆伏安；发变电站3座，总装机容量5.5兆瓦。110千伏输电线路2条28.184千米；35千伏输电线路25条218千米；10千伏配电线路44条1167千米（10千伏线路630.3千米，400伏配电线路435.8千米）；10千伏配电台区627台，装接容量140兆伏安。2013年，售电量完成5.99亿千瓦时，同比增长152.3%；销售收入完成2.66亿元，同比增长257.15%；线损率3.75%，同比下降6.72个百分点；购电均价完成347.55元/千千瓦时，同比增长71.36%，较国网四川省电力公司计划188元/千千瓦时高159.55元/千千瓦时；售电均价完成441.64元/千千瓦时，较国网四川省电力公司计划550元/千千瓦时低108.36元/千千瓦时；电费回收100%，应收电费余额为零，实现利润1115万元。截至2013年12月31日，公司连续安全生产2195天。

【国网德昌县供电公司】 公司建于1969年10月，下设德州等6个供电所，承担全县22个乡（镇）、137个行政村的电力供应与维护管理。截至2013年年底，固定资产原值1.88亿元（净值0.52亿元）。拥有乐跃二级电站和狮子山电站两个径流式自备发电站（总装机容量8500千瓦）。供电线路北至西昌，南至米易，年供电量约3亿千瓦时。公司有110千伏变电站1座（容量为60000千伏安）、35千伏变电站8座（容量为69500千伏安）、110千伏输电线路6条126.9千米、35千伏输电线路8条192.24千米、10千伏及0.4千伏低压输配电线路6365千米。公司辖区内共有602个台区变压器（容量为72530千伏安）、系统内并网电站54座（机组121台，总装机容量11.02万千瓦）。2013年，售电量完成3.16亿千瓦时，同比增长10.28%；销售收入完成1.18亿元，同比增长16.92%；线损率9.95%，同比增长0.42个百分点；售电均价完成374.59元/千千瓦时，与同期售电均价相比上升6.01%；电费回收100%，应收电费余额为零；实现利润1047万元。截至2013年12月31日，公司连续安全生产2322天。

【国网会理县供电公司】 公司建于2007年4月26日，下设城区、红旗、鹿厂、通安、黎溪、益门、太平7个供电所，承担全县4527平方千米，50个乡（镇）、303个行政村的电力供应与维护管理。截至2013年年底，固定资产原值17756万元（净值555万元）；拥有110千伏变电站4座，线路10条，全长113.985千米；变电容量351.5兆伏安；35千伏变电站14座，变电容量161.1兆伏安，线路21条，全长327.19千米；10千伏线路65条，全长4157.94千米。2013年，售电量完成8.43亿千瓦时，同比增长8.29%；销售收入完成4.7亿元，同比增长9.92%；线损率12.03%，同比增长1.08百分点；购电均价完成347.14元/千千瓦时，同比增长10.36%，较国网四川省电力公司计划347.29元/千千瓦时低0.15元/千千瓦时；售电均价完成554.02元/千千瓦时，较国网四川省电力公司计划555.99元/千千瓦时低1.97元/千千瓦时；电费回收100%，应收电费余额为零，实现利润2506万元。截至2013年12月31日，公司连续安全生产1990天。

【国网雷波县供电公司】 公司建于1962年7月12日，未设供电所，承担全县2932.46平方千米，48个乡（镇）、281个行政村的电力供应与维护管理。截至2013年年底，固定资产原值1.20亿元（净值0.81834亿元）。拥有110千伏变电站1座，线路2条，全长34.91千米；变电容量100兆伏安；35千伏变电站4座，变电容量35.05兆伏安，线路7条，全长106.56千米；10千伏线路18条，全长366.87千米。2013年，售电量完成4.24亿千瓦时，同比增长62.91%；销售收入完成11645.24万元，同比增长75.97%；线损率4.97%，同比下降1.9个百分点。电费回收100%，应收电费余额为零，实现利润（亏损）1477.84万元。截至2013年12月31日，公司连续安全生产619天。

【国网宁南县供电公司】 公司建于2012年8月8日，下设5个供电所，承担全县1667平方千米，25个乡（镇）、124个行政村的电力供应与维护管理。截至2013年年底，固定资产原值1.64亿元（净值1.24亿元）。拥有110千伏变电站2座，变电容量90兆伏安，线路5条，全长155.53千米；35千伏变电站5座，变电容量53.6兆伏安，线路26条，全长222.83千米；10千伏线路41条，全长1242.74千米。2013年，售电量完成3.35亿千瓦时，同比增长62.14%；销售收入完成1.53亿元，同比增长105.72%；线损率7.74%，同比下降4.03个百分点；购电均价204.61元/千千瓦时，同比增长20.50%；售电均价457.60元/千千瓦时，同比增长26.86%；电费回收100%，应收电费余额为零，实现利润1663万元。截至2013年12月31日，公司连续安全生产511天。

【国网甘洛县供电公司】 公司建于2013年2月5日。下设新市坝供电所等7个供电所，承担全县2155.94平方千米，28个乡（镇）、229个行政村的电力供应与维护管理。截至2013年年底，固定资产原值6776.55万元（净值3636.67万元）。拥有110千伏变电站1座，变电容量90兆伏安，线路8条，全长139.39千米；35千伏变电站5座，变电容量53.05兆伏安，线路8条，全长64.06千米；10千伏线路25条，全长1018.12千米。2013年，售电量完成42452万千瓦时，同比增长35.11%；销售收入完成12094万元，同比增长18.27%；线损率10.33%，同比下降5.38个百分点；购电均价0.19元/千瓦时，同比增长3.45%；售电均价0.28元/千瓦时；电费回收100%，应收电费余额为零，实现利润（亏损）99万元。截至2013年12月31日，公司连续安全生产1450天。

【国网会东县供电公司】 公司始建于2013年10月24日，由原四川会东供电有限责任公司吸收合并会东县电力有限责任公司重组改制设立。公司下设参鱼等9个供电所，承担全县3226平方千米，44个乡（镇）、305个行政村的电力供应与维护管理。截至2013年年底，固定资产原值1.91亿元（净值1.23亿元）。拥有110千伏变电站3座，线路11条，全长49.29千米；变电容量121.5兆伏安；35千伏变电站9座，变电容量58.7兆伏安，线路19条，全长306.95千米；10千伏线路48条，全长1136.86千米。2013年，售电量完成3.24亿千瓦时，同比增长1.32%；销售收入完成1.40亿元，同比增长23.89%；线损率12.55%，同比下降0.63个百分点，电费回收100%，应收电费余额为零，实现利润229.17万元。截至2013年12月31日，公司连续安全生产4259天。

（审核：陈斌/撰稿：叶久德）

川烟公司西昌分厂

【概况】 四川烟草工业有限责任公司西昌分厂前身是成立于1985年的原西昌卷烟厂。2006年四川烟草工业有限责任公司成立，西昌卷烟厂更名为四川烟草工业有限责任公司西昌分厂，成为四川烟草工业有限责任公司的生产厂之一。企业占地面积20万平方米，拥有国产化制丝线1条、包装机10台（套）、卷烟机10（套）、联接装置10台（套），年卷烟生产能力150亿支（30万箱）。有从业人员658人。2013年，西昌分厂内设厂部办公室、人力资源科、财务科、企业管理办公室、政治工作办公室、审计办公室、生产科、卷包车间、制丝车间、动力车间、工艺质量检验科、设备信息科、纪检监察专卖办公室、物资管理科、安全管理科、工会办公室、内退退休职工管理办公室17个职能机构。

【生产经营】 2013年，分厂生产卷烟31万箱，合计155亿支，比2012年增长3.33%，生产的卷烟品牌有娇子、天下秀、五牛，其中：三类烟88.125亿支、四类烟62.425亿支、五类烟4.45亿支；实现划拨产值40.07亿元，同比增长37.7%；实现划拨税费17.4亿元，同比增长33.54%。全年万支卷烟综合能耗为2.5千克标煤，万元产值综合能耗为9.9千克标煤。烟叶消耗7.192千克/万支，同比下降0.088千克；咀棒消耗1671.8支/万支，同比下降2.2支；盘纸消耗618.2米/万支，同比减少9.2米；商标消耗501张/万支，同比下降0.6张；卷接设备运行效率95.63%，同比上升9.89%；包装设备运行效率86.7%，同比上升13.45%；水、电平均消耗分别为92千克/万支、6.886千瓦时/万支。

【技术改造】 2013年1月完成所有项目单项验收工作，全年主要开展项目资料收集整理并报送审计进行结算审计工作，共审计结算项目79项，总审定金额6.62亿元，于2013年12月全部完成。截至2013年12月31日，实际完成投资支付8.67亿元。

【企业管理】 2013年，西昌分厂持续优化目标管理，创新目标绩效层级构架，实行创优目标、关键目标、基础目标三层目标构架，强化目标跟踪和检查考核，搭建起针对性强、量化充分、重点突出、指标细化的目标体系。优化生产管控，夯实制造能力，针对生产运作进行流程再造，修订完善发布各项标准、制度，组织技术人员、操作人员以及设备维修人员深入总结提炼设备维修、保养和操作经验。优化质量工作，保证产品质量，通过梳理工作流程、竞赛活动等，集中攻克一系列质量短板问题，促进产品质量稳步提升。做实安全管理，积极推动安全生产标准化专业达标、岗位达标和安全生产标准化班组创建工作；积极创建国家级安全文化示范企业，分厂获得省安监局受理并上报国家安监总局，被公司评为2013年安全先进工厂。

【内部监管】 2013年，西昌分厂继续加强廉政教育，促进党风廉政建设和反腐败工作。贯彻落实廉洁从业有关政策和法规，严格执行领导干部重大事项报告制度、礼金礼品上交登记制度和领导干部述职述廉等监督制度，并严格按照制度规定开展具体监督工作。强化对党风廉政建设责任目标的管理和考核，严格执行问责，落实责任追究。加大廉政教育和纪检监察工作力度，推行党风廉政建设风险预警等级管理，促使各部门干部职工增强履责意识和风险意识，有效杜绝违纪、违规、违法问题发生。

【思想政治工作】 2013年，西昌分厂深入学习贯彻党的十八大精神，组织开展“实现伟大中国梦”主题宣讲、讨论、演讲、征文和摄影等系列活动，形成学习贯彻中共十八大的浓厚氛围；加快推进学习型、服务型、创新型和纯洁型“四型”党组织建设，健全完善《党委中心组学习制度》，强化对学习的专项督促和考核，确保学习见实效。狠抓宣传教育、群团工作、企业文化建设和精神文明建设，及时挖掘、宣传先进人物和事迹，有力弘扬敬业履责、务实创新的进取精神，全年新闻稿件刊发量达1149篇，较2012年增长27%。认真做好民主管理和维稳工作，落实办事公开、民主管理的有关要求，确保分厂的整体和谐稳定。

【队伍建设】 2013年，西昌分厂强化作风改进，按照中央八项规定和反“四风”要求，组织各级各线从改进文风会风、转变工作作风、厉行节约等方面认真贯彻落实，各项重点费用同比大幅下降，在分厂形成廉洁、务实、团结、高效的良好氛围。健全激励机制，通过实施岗位绩效管理，重点岗位管理，大力开展职工教育培训等工作，进一步增强职工队伍活力，部门之间、职工之间互帮共进，形成一种主动作为、主动担当、团结协作、互促互进的工作氛围。着力推进班组建设，开展劳动竞赛，助推做精制造上水平。

（审核：罗永杰/撰稿：庞军）

西昌电力股份公司

【概况】 2013年是公司进行组织机构改革和规范化建设的一年，在董事会的正确领导下，全体员工忠诚敬业、拼搏努力，各部门按照公司的统一部署，履职尽责，较好地完成各项目标任务。全年公司累计完成自发电量6.27亿千瓦时，同比增长20.78%；完成售电量14.55亿千瓦时，同比增长2.76%。全年实现营业收入6.53亿元，同比增长5.19%；实现营业利润6348.79万元，同比增长15.22%；实现归属于上市公司股东的净利润6687.53万元，同比下降6.87%。截至2013年12月31日，公司总资产18.75亿元，比年初增长0.40%；股东权益（归属于母公司）8.80亿元，比年初增长6.79%，截至2013年12月31日连续安全生产达3409天。

【改革创新】 2013年，公司在学习借鉴国网公司机构设置模式的基础上，结合公司实际工作需要，稳妥地进行机构改革。为理顺公司薪酬体系，公司从突出岗位价值、同工同酬、符合行业特点、成本可控等原则出发，经过多轮自上而下、自下而上的充分研究论证，历经职代会的合法程序，出台并实施新的工资体系。为选拔培养优秀人才，明确公司用人导向，铺就职业成长通道，鼓励员工队伍合理流动，年初开展13个管理岗位公开竞聘，结合公司机构改革10月又启动“全体起立、重新坐下”的全员公开竞聘上岗，全员竞聘过程总体做到公开公平选拔、重要职位轮岗、个人单位双向选择、总体平稳合理的目的，激发了全体员工干事创业的激情。

【制度建设】 2013年，公司在加强已下发制度的实施的同时，修订《公司员工招聘管理办法》，结合机构改革制定《公司岗位绩效工资制度管理办法》《公司待岗管理暂行办法》《公司劳动纪律管理暂行办法》《公司离退休管理办法》《关于干部离任、员工退休及待遇的规定》《公司消防应急预案》《公司防汛防地质灾害应急预案》等制度。结合机构改革和全员竞聘，对业务班组进行全面梳理，加强生产一线班组建设；实行车辆集中统一管理，降低维护成本；对大修更改项目，实行月度工作计划与实施情况月报制度，增强项目建设全过程管控力度；着力开展项目监察审计工作，变被动模式为事前、事中参与流程管理的主动模式；加强财务管理，增强预算管理观念，严控各项成本费用，降低公司财务费用，充分利用金融手段放大资金效用。

【生产调度】 2013年，公司各生产部门积极应对负荷需求，出台细化措施，全力做好负荷预测，加强实时运行监控，确保电网安全、优质、经济运行。抓住气候整体对公司有利条件，突破常规提前在5月陆续安排约8万千瓦高耗能负荷生产，增加销售电量，提升效益；发挥瓦都水库调节作用，大力挖掘发电设备潜力，畅通与省网的上下网电量交换，尽最大限度保障负荷供应；实施“计划检修”“错峰生产”“预付费管理”等客户端管理措施，在做好优质服务的基础上，实现电力营销效率和效益的协调；开展营销、农电专项排查整改，加强需求侧管理，杜绝偷漏电行为的发生，控制电费回收风险，对网内小轧厂用户进行负控装置改造，加大用电监察力度，全年共查处违章用电、窃电行为128起，追补电量95.84万千瓦时，追补电费57.38万元，收取违约使用电费7.07万元，查处故障隐患134起并全部下达书面整改通知。

【市场拓展】 2013年，公司供电负荷实现稳定增长，完成在西昌市政务中心增设城区营业窗口，城东新设东郊供电营业所，扩大业扩服务范围；完成甲米河二级电站、莫嘎拉吉电站的接入；完成各并网县电力公司的趸售电价核实确定工作。全年新装、换装表计4510只（其中智能电表2325只），新增高压用户及高压增容用户109户，低压用户554户，总共11.95万千瓦。其中，高压用户主要集中在：荞窝监狱工程（供电容量4000千伏安）、海门渔村拆迁安置工程（供电容量8800千伏安）、海河天街景区工程（供电容量2850千伏安）、达达春天工程（供电容量5440千伏）等大型商场建设、政府拆建及行政企事业单位修建经济适用房或办公楼等方面。

【电网建设】 两站一线取得核准批复，委托招标确定中介机构，进入招标准备阶段；为解决重大片区供电瓶颈而实施的漫水湾输变电技改工程、瑶山变电站技改工程、锅城城螺线技改工程在稳步推进；为解决盐源电量的送出，与省公司达成盐源、木里电网升压共识，投入5130万元开展相关配套工程建设，完成沙湾电站至固增送电线路新建、永盐线升压通信改造、盐源220千伏变电站加装电抗器等工程，其他配套工程在正常推进中；大修更改工程中电网改造完成进度资金1846.4万元，完成《2013—2016年城区电网规划》的地方政府评审及项目选址等前期工作，电网的规范化改造使全年城区非计划停电同比下降38.79%。

【电源点开发】 2013年9月，永宁河四级电站正式并网运行，缓解公司电网枯期下网电量过高的现象，正抓紧实施设备缺陷消除和进行评估、验收，完成结算。固增电站项目完成建设用地州级的转报，永宁河二级电站项目建设前期及有关报批工作也取得很大进展。

【解债攻坚和遗留问题】 2013年，公司坚持攻坚克难，彻底解决贵州万德福所购朝华集团对公司的追偿债权，避免7000多万元的诉讼风险；收回处置华西证券500万元股权，解决长期应收的呆账；佳信公司将所属的一宗地块作价1450万元转让给公司，转让价款清偿州商业银行债务，公司解除担保责任640万元，取得该宗地使用权；经州解债协调领导小组协调，追偿甘肃建新补偿款1500万元，累计实现追偿2000万元。充分调研国家、省、州关于离退休待遇相关政策的基础上，紧紧依靠全体员工责任意识，发挥集体聪明才智，多次反复研究论证，从为公司未来发展高度负责出发，出台《关于干部离任、员工退休及待遇的规定》，成功解决因历史原因形成的不符合国家相关法律、法规的退休人员统筹外待遇遗留问题，使公司离退休员工待遇符合国家规定，卸下公司发展不应该承担的包袱。

【抓队伍建设】 2013年，公司坚持以高标准、严要求来抓班子建设、按照州委、州政府、州国资委及公司内部运作要求，充分发挥党政班子的核心作用，全力争创“四好”领导班子。领导班子思想建设、能力建设、作风建设的具体做法在年度民主生活会上，得到州国资委考评组的充分肯定。坚持以整顿各级员工的行为规范为切入点，抓职工作作风建设，把重要环节、位低权重岗位作为重点，组织各级中层干部、相关人员到凉山监狱进行警示教育。坚持深入贯彻落实中央、省、州关于作风建设的各项规定，坚决反对“四风”。将腐败关进制度和流程的笼子里，完善工作监督流程，成立作风与效能建设巡查大队，实行中层干部年度述职述廉测评工作。规范总经理办公会、党政联席会、部门工作会、车间工作安排会等会议制度，实现重大决策部署、目标任务、工作压力的层层传递，直达基层，提升执行力和工作效率。加强业务培训，强化职工素质提升，生技、安监、发电、电网等部门针对员工的知识需要、实际操作、安全、应急应变能力等开展形式多样的岗位技能培训，多次组织业务技能知识竞赛、安全知识竞赛、各项预案演练等。全年公司共开展员工内部技能培训3011人次，外派管理培训87人次，外派技能培训36人次，新员工入职培训21人次，电网运检部送配电专业“师带徒”技术培训工作也探索出了许多好的成功经验。

（审核：肖铭　陈劲松／撰稿：陈康）

大桥水电开发公司

【概况】 2013年，总公司认真贯彻落实党的十八大、十八届二中、三中全会精神，深入开展“实现伟大中国梦，建设美丽富饶文明和谐新凉山”主题教育活动，不断建立健全各项规章制度，注重安全教育和培训，加强设备管理，坚持以人为本，科学管理。在安全生产上下功夫，在降本增效上做文章，继续发挥美丽富饶文明和谐安宁河谷建设生力军作用，在确保安宁河流域工农业及城镇用水的同时，总公司实现经济发展，企业壮大，职工增收，人心稳定，生产经营指标创历史新高。总公司（大桥电厂）全年实现上网电量3.51亿千瓦时，售电收入1.38亿元；漫水湾供水中心电厂完成上网电量1.19亿千瓦时，实现售电收入3400万元，供水水费征收630万元；上缴税金2819万元。

【水库运行及调水管理】 2013年，总公司按照“全面规划、综合防治、加强管理、注重实效”的方针，与冕宁县政府、公安、林业等部门联动，深入到库区村组对《凉山彝族自治州大桥水库工程管理条例》进行宣讲和发放宣传资料等形式，有效地增强水库周边群众的法制意识，形成“我爱水库、水库为我造福”的观念。公司全年新植柳树林20余公顷，水库库区生态保护林初具规模，并取得显著的生态效益、经济效益和社会效益。继续抓好库区船舶的安全规范管理，强化安全制度的落实，以定期检查与不定期抽查形式，依法依规打击“三无”船只、非法营运等行为，维护良好的水上交通秩序。组织人员对水面漂浮物进行清理打捞，继续深化水资源和水环境的保护工作，确保库区核心地域水质达二类饮用水标准。坚持“电调服从水调”原则，把统筹兼顾流域用水作为首要任务，针对2013年库区累计降雨量较多年平均值略偏低情况，为合理利用好水库的“一库水”，总公司相关部门密切配合，及时与省电力公司、州水务局协调，利用有限的水调空间，在确保下游灌溉的前提下，合理调整水调计划，实现社会效益和经济效益双丰收。

【灌区一期工程】 坚持民生水利理念，在确保流域农业灌溉用水需求的同时，合理调配有限的水资源，对城镇生活和工业用水实行错时段供水，确保了安宁河流域工农业生产、生活的供水需求。漫水湾供水中心通过建立灌区管理台账，对渠系建筑、高边坡和安全警示标志等进行登记，适时开展拉网式排查和重点检查，根据发现的隐患实行分级管理，根据不同级别制定相应的治理、监测、巡查制度，确保灌区一期工程安全运行。完成跃进堰、红旗堰等老灌渠工程改造并恢复通水，大桥水库灌区一期工程建设施工全面完成，达到竣工条件，并已基本完成工程竣工决算审计工作，竣工验收工作正在有序开展。2013年大桥水库工程为流域创造的社会效益达到3.29亿元（其中灌溉效益1.522亿元、环保效益1175万元、防洪效益2856万元、流域发电厂新增效益1.36亿元）。

【体制改革】 总公司组建经营性“发电公司”、公益性“供水公司”和综合经营性“实业公司”3个二级公司，实现集团化管理的模式已趋成熟。2013年形成《凉山州大桥水电开发总公司体制改革方案》和《大桥水库工程管理体制改革方案》，已分别报上级主管部门。总公司“三项制度”改革的基础性工作已经准备充分，为公司2014年全面实施体制改革打下基础。

【安全生产】 公司始终坚持安全就是效益方针，不断强化安全生产工作。2013年，总公司在不断健全安全管理机构和落实安全责任的同时，相继开展汛前、汛期、汛末安全检查和安全知识竞赛等活动。以排查、抽查的形式检查安全隐患，对发现的隐患根据重要程度采取即时消除和限期整改的方式确保安全生产工作；全年公司职工重伤、死亡事故为零，设备和消防重特大事故为零；截至2013年12月31日，大桥电厂累计安全运行4935天，连续实现49个百日安全长周期，漫水湾电厂累计安全运行3471天，连续实现34个百日安全长周期。

【党风廉政建设】 2013年，总公司按照党的十八大、中纪委十八届二中、三中全会会议精神，认真贯彻落实州委和州国资委党委的安排部署，充分发挥党组织政治核心作用，团结带领党员干部、职工紧紧围绕企业生产经营中心，继续深入开展“创优争先”“走基层、解难题、办实事、惠民生”和“中国梦”的主题教育活动。认真开展“三项制度建设”，深入贯彻落实中央“八项规定”，省、州“十项规定”，持续开展正风肃纪专项整治，以“四个强化”全面落实党风廉政建设责任制和追究制，补充和完善以“三重一大”为核心的20多个针对性强的规章制度，为总公司生产经营再创佳绩、体制改革平稳推进提供了政治和制度保证。

【精神文明建设】 总公司党委、行政高度重视扶贫工作，多次与大桥镇党委、政府研究、落实帮扶措施，将扶贫工作与“彝区新生活运动”和水库综合治理结合起来，明确将“挂包帮”工作与库区生态建设相结合的总体规划，让库区百姓通过扶贫产业逐步脱贫，有效推进库区生态建设，为实现大桥水库库区生态优美、人民富裕、经济发展、人水和谐奠定基础。2013年公司组织中层以上干部深入大桥镇店子村慰问，为20户困难户送去慰问金2.2万元和粮油食品，并确定种植药材、经果林等具有造血功能的脱贫项目。2013年，公司先后荣获西昌市“幸福家园”、全省水利系统“2013年水利宣传工作先进单位”等荣誉称号。继续保持全国“模范职工之家”和“市级文明单位标兵”称号；四川省“档案工作先进集体”、州、市“社会治安综合治理‘平安创建’工作先进单位”“人口与计划生育工作先进单位”“凉山州十佳卫生先进单位”“城管卫生先进单位”、大桥电厂保持“省级模范职工小家”称号；漫水湾供水中心保持“全国模范职工小家”称号。

（审核：邓邦辉/撰稿：周立学　吕厚宏）

州国投发展公司

【概况】 2013年，州国投发展公司按照科学发展、加快发展的指导思想，以提升融资能力，发挥好投融资主体职能为工作重点，加强与州内外金融机构合作，努力对接争取融资，助推全州经济社会发展。截至2013年12月，公司本部资产总额75.23亿元，较上年增加17.42亿元，同比增长30.13%；实现营运收入及投资收益2.31亿元，较上年同比增长120.43%；实现利润1.05亿元，较上年同比增长254.38%；国有资本保值增值率110.13%。公司合并会计报表资产总额126.72亿元，较上年增加29.12亿元，同比增长29.83%，公司迈入上百亿资产企业行列。

【公司建设】 2013年，公司认真贯彻州政府《关于深化投融资体制改革推进投融资平台建设的意见》（凉府发〔2009〕24号文）精神，切实加强投融资平台建设。继续做实做强做优投融资平台，积极探索国有资产（资本）整合，放大资产效应新路子，提升整体融资能力；不断创新投融资模式，在做好银行信贷、信托贷款、担保方式融资的同时，积极推进银行间交易商中期票据融资，启动私募债发行申报工作；努力拓展投融资渠道，广泛与州内外银行、券商、信托等金融机构开展多领域、多项目、多方位的融资合作；充分发挥投资平台主体职能作用，以公司投融资为纽带，开展投融资项目合作，为政府基础设施建设项目提供投融资支持，助推州属国企和县域经济发展；加强规范管理，以资产优良、债务合理及“现金流全覆盖”持续被确认为“一般类公司”，为提升公司投融资能力、发挥平台作用创造有利条件；拓展公司经营业务，实施“多元化”发展战略，为推进全州产权交易市场体系建设，与西南联合产权交易所共同组建西南联合交易所凉山分所，并于9月在西昌挂牌成立。

【融资工作】　2013年，公司在融资业务方面为全州基础设施建设、公益事业、州县属企业实现信贷、信托及担保融资33.49亿元，较上年增加21.5亿元，同比增长179.32%，在各项融资总额中信贷融资2.65亿元，信托性融资11.63亿元，提供担保融资19.21亿元；推进注册发行11亿元中期票据的各项具体工作；支持州内中小企业发展，以委托贷款方式向中小企业发放融资贷款1.32亿元；实行统借统还按期偿还金融债务本息4.92亿元，在各金融机构征信系统中长期保持良好记录，保证公司融资业务发展。

【项目投资】　2013年，公司实施项目投资2.57亿元，其中：完成政府项目投资1.67亿元，实施自有项目投资8949万元，自有项目投资较上年同比增长53.87%；截至2013年年底，公司长期股权投资余额为25.95亿元，项目涉及能源、矿产、旅游、金融、农业等行业领域，参控股企业33户，其中全资及控股企业18户。全年完成政府生产建设资金由州国投公司作为统一"出口"的资金管理2.88亿元。

【党建工作】　2013年，公司加强党在企业的组织建设工作，发挥党组织在深化国企改革、推动企业发展、构建和谐氛围、维护安定团结、强化企业管理、创建企业文化、加强精神文明建设中的核心主导作用。认真贯彻党的十八大精神，加强政治理论教育，提高员工政治理论水平；以科学发展观为指导，加强党建目标管理，落实工作责任制；认真学习和贯彻中央关于改进工作作风、密切联系群众的"八项规定"和省、州"十项规定"及州国资委"九项规定"，积极推进惩治和预防腐败体系建设；以思想政治工作为先导，增强员工的主人翁意识；积极倡导求真务实、克勤敬业精神，注重员工专业理论、业务知识和工作技能的培训，提高综合业务素质；继续开展创先争优活动，推进公司精神文明建设，构建良好的企业文化氛围。

【内部管理】　认真贯彻落实国有及国有控股企业"三重一大"集体决策制度，加强建章立制工作，健全国企权力运行监督机制；围绕经营目标，落实管理责任，推行效能监察；加强现代企业制度建设工作，健全并完善相关业务规范、风险防控、责任追究、激励奖惩等制度；强化执行力监督，严格制度管理，确保各项工作做到规范化和制度化。

（审核：胡伟/撰稿：窦林强）

雷波林业局

【概况】　2013年是深入贯彻落实党的十八大精神开局之年。在州委、州政府、州国资委、州林业局等上级主管部门的正确领导下，紧紧围绕"保民生、保发展、保稳定"的工作大局，坚持以生态文明建设为抓手，以认真开展现代林业建设和全力搞好"天保"二期工程为载体，以建设"四型"党组织为主线，在党的群众路线教育实践活动中深入开展"中国梦"和"走基层"活动。全局职工扎实工作，顺利完成了"天保"工程各项计划目标，工作取得了新的成绩，呈现出良好的发展态势。

【森林管护计划任务】　根据凉山州政府第88次常务会议安排部署全州天保二期工程建设工作，计划下达雷波林业局"二期"天保工程（2011—2020年）森林管护面积12.34万公顷（其中本局施业区3.38万公顷，木里管护区8.96万公顷）。按照州林业局统一安排，配合国家林业局西北林业设计院编制完成《雷波林业局天然林资源保护工程二期实施方案》。全年实施管护森林面积12.34万公顷。

【公益林建设】　根据凉发改农经〔2013〕1110号文下达2013年中央预算内投资计划，人工造林133.33公顷、封山育林400公顷。完成人工造林133.33公顷，造林地点盐源县双河乡，林种水土保持林，计划完成率100%；完成封山育林400公顷，计划完成率100%，建设地点在雷波林业局214林场，封育对象疏林地。

【项目实施】 凉财农〔2013〕138号文下达雷波林业局2013年中央财政造林补贴试点项目营造木本粮油经济林1000公顷，完成造林补贴试点项目人工造林核桃1000公顷，计划完成率100%，造林地点在盐源县树河镇石门坎村、德石乡摸鱼村和雷波县千万贯乡。中央财政森林抚育补贴：根据凉财农〔2013〕137号下达2013年中央财政森林抚育计划，国有中幼林抚育1333.33公顷，2014年2月中旬完成，抚育建设地点木里县俄亚林场。森林植被恢复项目：根据凉林函〔2013〕316号文下达2013年省级森林植被恢复项目计划，营造核桃林180公顷，完成180公顷，建设地点会理县龙泉乡，计划完成率100%。

【人工造林补植】 为确保造林成效合格，完成天保工程“一期”建设任务，按照州局安排部署，对“一期”天保人工造林受罕见旱灾和雨雪冰冻灾害损毁严重部分进行全面补植，截至2013年11月底，安排春季、秋季补植面积3753.33公顷。

【森林保险】 按照国家政策规定，完成管护区政策性森林保险工作，投保面积11.28万公顷，保费185620.25元（其中：公益林投保面积10.15万公顷，保费121773.12元；商品林投保面积11350.6公顷，保费63847.13元）。

【棚户区改造】 2013年是棚户区改造实施最后一年，改造工作有序推进。2012年下达棚户区改造任务是310户，改造总面积计17684.68平方米，当年完成150户，剩余160户计7724.65平方米的维修改造任务，2012年年底开工，2013年7月完成，完成中央预算内投资及省级配套资金775万元。从2009年实施棚户区改造工程开始，共完成改造任务983户，其中：新建404户，维修改造579户。经过改造，广大职工家属的居住条件得到了极大的改善。

【资源管理及安全生产】 2013年雷波林业局高度重视森林防火工作，按照“预防为主，积极消灭”的森林防火方针，认真制定防火预案，全年共发放宣传资料25000余份，张贴标语150幅，2013年管护区内未发生森林火灾，实现施业区连续44年无森林火灾的好成绩。同时配合林业公安严厉打击破坏森林资源、乱占林地、乱捕滥猎野生动物的违法行为，积极维持林区秩序稳定。认真组织“安全生产月”和“百日安全”活动，积极做好自然灾害预防工作，年初在职工代表大会上与基层各单位签订了2013安全生产责任书、防火责任书，将责任落实到人头，全面落实安全生产领导责任制，健全和完善安全生产责任体系，全年未发生任何安全伤亡事故。

【企业文化建设】 5—6月间，按照州委、州国资委安排分别进行了《关爱山川河流志愿服务》知识竞赛和“中国梦”主题教育活动知识竞赛。6月21日，召开了第七届五次职工代表大会，会议总结了过去五年的各项工作，审议新一年度各项工作安排，充分行使职工代表参政议政的民主权利。8月19日，雷波林业局党委制定了《雷波林业局“道德讲堂”建设活动的实施方案》，并于23日举办首期“道德讲堂”活动，机关全体管理人员和职工共同观看第三届全国道德模范杨善洲同志的先进事迹短片，弘扬杨善洲精神。

【产业发展】 挖掘潜力，充分利用林区丰富水能资源。2010年，经与雷波县人民政府签订雷波县中沙坪电站开发招商引资合作协议，获得中沙坪电站开发授权（装机容量1万千瓦）。其后，控股成立了雷波汇森水电开发有限公司，公司注册资金3000万元，按照《公司法》相关规定制定了雷波汇森水电开发有限公司章程、公司股东会出资协议、公司股东会决议，并进行了各项前期准备工作，2013年3月1日中沙坪电站开工建设，工程建设进展顺利。

【自身建设】 完善党建工作责任制。年初就将党建工作目标层层下达，建立了目标考核机制，党政一把手亲自抓，相关负责人具体抓，逐项抓落实，不定期地对全局各支部组织开展活动情况进行检查。进一步规范“三会一课”、党委中心学习组、民主生活会、保持党员纯洁性、联系服务职工群众等工作，进一步完善了党务公开制，增强党组织工作透明度，层层签订了党风廉政建设责任书。认真开展“四型”党组织创建活动。在全局广大党员中深入开展学习型、服务型、创新型、纯洁型“四型”党组织创建活动。于2013年7月5日制定了《中共雷波林业局委员会关于在党的群众路线教育实践活动中扎开展“四型”党组织创建活动的实施方案》，同时，局领导班子在2013年度被凉山州国资系统评为“四好班子”。深入贯彻中央精神，认真抓好“八项规定”。认真实施“送温暖工程”。根据实际情况，成立两个慰问工作组，对工亡、遗属、绝症病人、残疾人、生活困难退休职工、在岗困难职工、困难党员等95户进行走访慰问，共开支慰问金共计9000元；发帮扶金41500元（其中医疗救助10户、生活救助63户、助学救助10户）；金秋助学资助大学新生3户9000元。

（审核：杨培双/撰 稿：李成章）

木里林业局

【概况】 2013年，四川省木里林业局有在职职工574人，各类专业技术人员158人，离退休人员3997人，遗属抚恤人员921人；设有机关处室11个，下设6个营造管护处及中心苗圃、专业扑火队、林业调查规划设计队；多种经营项目有后勤管理服务中心、绿宝石大酒店和成都蜀光特种工程塑料厂。

【“天保”工程】 2013年，四川省木里林业局完成有效森林管护面积24.20万公顷；完成中幼龄森林抚育面积2233.33公顷；完成公益林建设封山育林面积533.33公顷；完成邛海及西昌城区周边植被恢复人工造林后期补植面积292.3公顷；完成盐源、雷波、金阳三县的2010年人工造林面积5000公顷；完成四川省木里林业局“十二五”中期规划评估报告。

【森林管护】 2013年，四川省木里林业局实行局长负总责，企业与林业局属各单位签订天保工程二期2013年目标责任书7份；落实各级行政一把手负责制，签订管护责任书和填写责任卡，把国有林、公益林管护责任落实到人头和山头地块；局级工作组深入到各管护处的水电开发、矿山开采、公路修建、输电线路等建设单位进行宣传、检查林政管理工作，对非法采矿非法占用林地、乱砍滥伐林木等不法行为现场制止并如实上报木里县森林公安局查处；做实巡山日志；加强森林管护综合质量考评工作，常年有效管护国有林。

【森林防火】 2013年，四川省木里林业局认真落实局长负责制，修改并完善《森林防火工作预案》。强化领导，落实责任，与营造管护处、划片包干工作组、职工签订责任书12份、15份、481份；与辖区乡镇召开联防会议13场次；防火警戒期在重点林区和远山区聘请协管35名；开展防火工作法律法规宣传、培训8场次；强化值班值守与督导巡查工作；完成辖区超短波通讯基站改造、更新工作；采取超短波、电话、飞信等方式发布短信600多条次，共出防火工作简报5期；加强扑火队伍的常规训练，着力提升科学扑救森林火灾的能力；加大重点项目工程建设，全年投资264.77万元完成重点森林火险综合治理三期工程；历时3个月，开展森林火灾隐患整治活动，顺利通过州防火指挥部的检查。全年共发生一般性森林火灾2起，产生火灾扑救费用55.7万元。森林火灾损失率在州级考核指标≤0.8‰的控制指标内。

【有害生物防治】 2013年，林业有害生物发生面积893.33公顷，完成防治面积866.67公顷，防治率97%，产地检疫率100%。经州林业局验收达到了省州森林病虫害防治目标管理责任的指标。

【野生动植物保护】 2013年，四川省木里林业局加强野生动植物保护工作的法律法规宣传，对不法事件，按程序向木里县森林公安局上报查处，强化措施、发动群众、寺庙僧人、野生动植物保护志愿者等力量，壮大了野生动植物保护队伍。

【森林保险】 2013年，林业企业续保森林面积共计23.28万公顷、保险额总计41.77万元。2013年4月，林业局水洛发生森林火灾面积103.4公顷，其火灾损失理赔金额25.27万元。

【工资收入与社会保险】 2013年，四川省木里林业局全年平均人数659人，开支总额2059.65万元，人均3.13万元/年，与2012年同比增资7.1%。在岗职工574人全员参加基本养老、医疗、失业、工伤、生育保险和住房公积金缴存。基本养老保险实缴435万元，缴费率100%；基本医疗保险实缴124万元，缴费率100%；失业保险实缴15万元，缴费率100%；工伤保险应缴22万元，实缴23万元，缴费率105%；生育保险应缴22万元，实缴12万元，缴费率55%。

【资金管理】 2013年，四川省木里林业局严格执行国家和省、州有关制度、规定，实行专账核算、专款专用；加强财务管理，建立内审内控制度，自觉接受各级财政审计业务主管部门对项目及资金的监督和检查，资金使用违规率为0。

【统计信息】 2013年，四川省木里林业局建立健全森林管护工程技术档案，充分发挥技术资料作用，制订信息管理制度，利用现代办公设备，建立数据档案和信息档案，专人负责天保、安全、财务报表上报工作；确保信息传递与反馈准确、快捷和实用，为各级政府和部门提供决算依据。

【安全生产】 2013年，四川省木里林业局强化目标管理，督促各单位切实做好2013年各项安全生产工作，企业法人代表与各单位负责人签订安全生产责任书、消防安全责任书、道路交通安全责任书。下、转发省、州、县安全生产文件、电视电话会议精神12份，张贴宣传标语20余条，印发宣传资料500余份，展览图片14幅，开展教育培训508人，观看《关爱生命、杜绝违章》等教育警示片，召开安全生产专题会议6次，开展安全生产工作检查8次。9月协助县政府针对原职工医院37家住户，责令搬离地质灾害隐患区，隐患整改率达100%。制订、完善事故应急预案，落实安全防范措施和责任，并列入年终考核指标。全年发生员工轻伤1起，道路交通轻微事故2起，经济损失约3000元，全年无重特大安全生产事故发生。

【党建和精神文明】 2013年，四川省木里林业局党委责任人与局属各总支、支部责任人签订党建工作目标责任书，并以此作为定期或不定期检查和年终考核的依据。认真开展“中国梦”、正风肃纪、走基层、践行党的十八大精神等主题活动，让职工树立正确的世界观、人生观、价值观，助推企业生态文明建设的新风尚，充分发挥优秀党员、先进工作者和劳模的示范作用，共建和谐新林区。

【国有资产】 2013年，企业派员到公路机械厂核对账务，催促其兑现企业经营时期的利润及各种费用；抓好绿宝石大酒店合规合法招租工作，大幅度提高租金；加强对八处及后勤管理中心的规费收缴；上报批复后将闲置资金1000万元拆借给母公司取得收益66万元/年；原一品餐厅重建后，成功对外招租，增收25万元/年。全年实现经营业绩减亏目标50万元，企业亏损总额控制在762.25万元以内。

【荣誉】 2013年12月，扑火二队二班被四川省劳动竞赛委员会评为五化五强班组。2013年4月，扑火二队被凉山州总工会评为工人先锋号。木里林业局工会荣获凉山州总工会2013年度工会工作目标考核先进单位一等奖。木里林业局荣获木里县人民政府2013年度统计工作先进集体。2013年8月，杨仁奎被全国总工会命名为全国优秀工会积极分子。

（审核：黄军/撰稿：蒲孝国）

川林五处

【概况】　四川省林业第五筑路工程处截至2013年年底有在职职工288人，离退休人员925人（其中：离休干部7人），救济抚恤人员211人；工程处下设3个管护队和驻木里办事处4个二级核算单位，实行工程处一级核算；凉山大自然绿化有限公司实行独立核算；处机关内设党办、行办、工会、人事、劳资、财务、天保、护办、多经、安全、保卫、总务共12个科室及部门。

【“天保”工程】　2013年，川林五处顺利完成常年森林管护任务5.14万公顷。完成封山育林面积666.67公顷，封山育林未解封面积300公顷，完成森林抚育面积2000公顷，完成川林五处管护区政策性森林保险工作，完成保险面积4.76万公顷（其中：公益林4.43万公顷，商品林3340.67公顷）。完成2013年天保工程的省级核查、州级抽查验收。

【森林防火】　2013年，工程处继续坚持防火责任金抵押制的森林防火工作制度，实行防火期领导带班制，成立专业扑火队伍，层层签订防火责任书，全面落实管护责任，坚持召开联防会议，发放签订护林防火户主通知书，宣传资料6500余份，防火手册200本，发手机短信116条，挂横幅6条，书写、刷新防火警示标语、碑牌，并与10余家施工单位延伸签订防火责任书，维护检修扑火设施设备及通信器材。林业有害生物成灾率为0，管护区内无大的林政案件发生。

【安全生产】　2013年，工程处深入贯彻实施《四川省安全生产条例》及《安全生产法》，以“治理隐患，防范事故”为主题，制定防洪、防灾、消防、护林防火等方面的应急预案。坚持实行全员安全责任抵押金制度和领导干部“一岗双责”制，与各管护队签订安全生产目标责任书，层层分解责任，实行定期和不定期安全检查整改制度，针对基层巡山安全、森林防火、扑火安全、行车安全、防洪等安全管理工作，以及对机关驻地采取多种形式深入细致地开展安全生产宣传和检查工作，对存在的安全隐患及时排查，制定有效可行的安全整改措施，做到安全工作“横向到边，纵向到底”，不留死角。完成州级下达的各项安全生产目标。

【劳资保险】　2013年，工程处严格按社会保险政策的规定，为职工申报和缴纳“五险一金”，为离退休人员缴纳医疗保险。定期对离退休人员和抚恤人员进行核查和年审，确保养老金和抚恤金的发放。按医保政策规定，对职工和离退休人员的门诊、住院和慢性病治疗费及时整理统计核销。

【经适房和棚改房】　花园路的304户经济适用房以及马坪坝的棚户区改造工程（2011年计划288套，2012年计划144套，2012年追加计划120套）正在建设之中，有12幢棚改房已封顶完成主体施工。

【党风廉政建设】　2013年，工程处认真贯彻落实州委和州国资委的安排部署，充分发挥党组织在推动企业发展、构建和谐氛围、维护企业职工安定团结、强化企业管理、创建企业文化、加强精神文明建设中的政治核心作用，团结带领党员干部、职工紧紧围绕“中国梦主题教育实践活动”通过讨论交流、撰写心得体会、基层调研等形式，全面提高党员素质，有效地激发和调动广大党员职工的爱党、爱国、爱岗热情。同处各党支部签订双廉责任书做到同部署、同落实、同检查、同考核。形成主要领导负总责，分管领导具体抓，一级抓一级，层层抓落实的工作有方向、有重点的党风廉政建设工作格局。加强党风廉政宣传教育，增强廉政意识；加强廉政风险防控机制建设；从源头上、制度上防止廉政风险发生，确保全处“企廉”工作落到实处。

（审核：张登荣/撰稿：徐建坤）

西昌汽车运输公司

【概况】 2013年，四川省西昌汽车运输（集团）有限责任公司（以下简称“西运集团公司”）通过调整产业结构、整合市场资源，狠抓安全生产和企业内部管理，全司员工团结一致，努力工作，按照年初董事会确认的工作计划和目标，既抓经营目标责任制的分解落实，又抓重点生产项目的经营管理；既抓经营结构调整又抓经营规模的发展。把安全生产的责任与各个岗位密切联系，做到安全生产一岗双责齐抓共管；把企业的经营结果与职工的收入联系起来，做到企业的兴衰与职工收入紧密相关。在企业进行基础设施建设的同时，努力抓好经适房等涉及改善职工生活条件用房的建设。在企业各项事业快速发展的同时，努力促进企业文化建设，做到企业和谐发展。全面完成2013年各项生产经营指标和工作目标，取得了较好的经济效益和社会效益。全年西运集团公司共完成旅客客运量1410.07万人，为年计划的106.9%，完成换算周转量1065.63亿千克千米，为年计划的111.35%，全面完成全年运输计划。完成营业收入2.61亿元，与上年相比增加18.44%；利润总额2243.18万元，与上年相比增加75.32%；实现净利润1358.16万元，与上年相比增加87.52%；固定资产年增加额973万元，企业净资产与上一年同期相比增加1280万元，增加幅度为20.41%，均全面完成年度计划，企业连续16年实现国有资产保值增值。汽车运输行业安全生产控制指标百万车千米肇事率、死亡率、受伤率、经济损失均在控制数内。

【公司营运】 2013年，西运集团公司认真抓好主营业务的管理和发展工作，全年新增车辆101辆，新增座位1919座，截至2013年年底西运集团公司拥有各类营运车辆1304辆，进一步增强了企业的市场占有率和调控能力。西运集团公司通过积极推进单车公司化经营和管理，大力推进公司化经营的方式；不断提高汽车站的经营管理水平，提高各汽车站处理突发事件和极端情况的应对能力；积极参与农村客运、城乡公交、出租运输等业务，努力拓展公司业务范围；做好参、控股公司的经营管理等相关工作增强了对运输市场的占有率和调控能力，市场竞争能力不断增强。

【安全管理】 西运集团公司始终坚持“安全第一、预防为先、综合治理”的安全宗旨，对涉及安全的每个要素、每个环节，集团公司都做到责任制度和人员落实，始终把安全生产放在企业经营管理的首要位置来抓。西运集团公司通过落实安全生产主体责任，做到安全生产的组织落实。通过抓好营运客车的升级换代，使车辆等级不断提高，结构更加合理。2013年新增和更新营运客车163辆。截至2013年年底，西运集团公司共有中级客车245辆、高一级客车243辆、高二级客车10辆、高三级客车23辆。通过加强车辆维修的规范管理，进一步加强营运车辆的动态监控；进一步严把驾驶员准入关，强化全司驾驶员“黑名单”制度的管理和驾驶员电子档案的管理和应用；进一步加强对安全生产各要素、各环节的检查等措施加强安全生产管理，控制安全风险，确保集团公司稳健发展。西运集团公司还通过进一步加强员工安全教育培训，开展各项安全教育活动，有力促进全司的安全工作。截至2013年年底，共有257人次参加省、州和集团公司举办的各项安全管理专项教育或培训，并广泛开展“安康杯”竞赛、“百日安全生产宣传月”“应急救援演练”等活动。

【基础设施建设】 西运集团公司认真做好生产基础设施建设工作，提高企业生产经营能力，同时又抓好职工经济适用房建设，努力改善职工生活条件。2013 年西运集团公司雷波汽车客运中心主体工程已经竣工，已进入功能设施完善和装修阶段，同时，西运集团公司按照省、州关于汽车站提升改造的要求以及各县的相关规划，已有西昌汽车客运中心、普格、木里、盐源、宁南等汽车站进入项目规划阶段。西运集团公司还充分利用资源，做好各类经营性资产的经营管理工作，改善经营性资产的管理水平，提高资产收益水平，保证企业利益。2013 年西运集团公司在建职工经济适用房 145 套，总建筑面积 1.3 万平方米。西昌汽车站电梯公寓已经竣工，进入验收、交付使用阶段。西昌二分公司经济适用房完成地勘，进入设计阶段，越西分公司棚户区改造经济适用房完成拆迁、地勘阶段，进入设计阶段。会理分公司棚户区改造经济适用房进入拆迁、地勘及设计阶段。

【党风廉政建设】 西运集团公司始终坚持党的领导，提高企业各项工作的领导力、执行力。2013 年西运集团公司党委认真组织学习党的十八大及十八届三中全会有关文件精神，并要求所属各单位组织干部、职工认真学习，将文件精神贯彻到基层。西运集团公司始终坚持党的领导是企业生存发展的保证，是企业克服困难走向胜利的基础，始终坚持党组织是企业的领导核心，充分发挥了党组织在企业管理中的核心作用。要求全司各级领导干部在企业的经营管理中，必须自觉接受党的领导，接受职工监督，做好司务公开的相关工作。认真按照党的十八届三中全会和中纪委对国有企业领导干部廉洁从政的若干规定要求廉洁从政。对企业经营中的“三重一大”严格执行民主决策制度，做好稳定带好队伍，实现企业又好又快发展。

【人才培养】 2013 年，西运集团公司做好人才引进和培养工作，制定人才引进配套措施和具体办法，公开招聘引进一批年富力强，具有专业知识技能的大中专毕业生，充实到企业工作一线的相关岗位，逐步解决企业员工老化，素质偏低的问题，以实现“人才强企”的战略目标。

【企业文化】 西运集团公司长期坚持内抓管理、外塑形象，努力抓好企业文化建设，树立企业良好形象，不断丰富企业文化，取得较好效果。2013 年度集团公司被凉山州人民政府评为“2012 年凉山州诚实守信模范企业”、被四川省企业家协会评为“2012 年四川优秀诚信企业”、被凉山州企业家协会评为“凉山州 50 强服务企业”。

（审核：彭建松/撰稿：徐瑞栋）

攀西高速公路开发公司

【概况】 2013 年，四川攀西高速公路开发股份有限公司深入开展党的群众路线教育实践活动，紧紧围绕收费中心工作，深入基层了解情况、创新思路破解难题，有效推进各项工作开展。全年公司共实现通行费收入 5.11 亿元，同比增长 3.86%。春节、清明、“五一”、国庆四个假日，公司实行全免小车通行费。

【收费管理】 2013 年，四川攀西高速公路开发股份有限公司紧紧围绕“堵漏增收”中心任务，打击偷逃重点案件，积极推进收费软硬件升级，逐步实现收费管理规范化。参与查出“8·17”偷逃案件。公司针对辖区内川 S 车辆换卡换牌日益猖獗情况，开展专项打击治理活动，成立以攀枝花市公安局主办，省交通运输厅公安处、成都市公安局、达州市公安局、四川高速公司、攀西高速公司参与的“8·17”联合专案组，初步查明有 200 余辆涉嫌车，逃费 600 余车次，累计偷逃通行费达 300 余万元，追回 260 余万元，公安机关成功将涉案的 9 名犯罪嫌疑人全部抓获归案。修订完善《公司收费员奖惩条例》，及时兑现有关奖励，大大激发一线职工堵漏增收积极性，全年公司共打击偷逃通行费车辆 4.76 万辆，系统内增收同比增长 130%，系统外增收同比增长 300%，共挽回通行费损失约311万元（不含“8·17”案件）。全年公司完成对收费主机、防冲关阻车器、费额显示器等收费系统进行升级改造，并分别于5月、8月、10月分批次更换静态秤24台，大大减少因称重不准给公司带来的通行费流失。

【养护工作】 2013年，公司提前部署迎国检相关工作，完善养护制度、规范养护行为，真正达到以检查促管理的目的。经过综合评定，所辖西攀路、攀田路、泸黄路全年MQI平均值为93.59，评定等级为优，优良率为95.08%。在2013年度川高系统营运公路养护管理工作检查中，公司内外业综合得分972.1。全年公司各管理处养护科与养护施工单位轮流每天至少进行一次全面巡查，公司养护部对重点部位进行不定期巡查，及时了解路况信息。加大对养护施工现场质量管理和考核。成立日常养护工程验收领导小组，制定实施《日常养护维修质量考评办法》，每月定期对各养护施工单位进行量化考核，提高日常维修养护工程质量。组织相关人员参加桥梁养护工程师培训、公路沥青路面实用养护技术培训等方面的培训学习，提高养护管理人员的业务综合素质。重点开展泸黄路路面严重病害集中处治和三、四类桥梁处置工程，消除四类桥。全年公司共投入养护资金1897.26万元，占全年包干经费的100%。

【竣工验收工作】 2013年，公司积极加强与有关部门的沟通协调，积极推进项目竣工验收工作。完成西攀路德昌境全线勘界现场签认工作；补充完善西攀路施工图设计与环评报告相关技术文件；完成西攀路审计及对各合同段尾款审核、支付工作；完成西攀路五座施工便桥移交工作，腊鹅、关门、倒水岩桥移交德昌县人民政府，昔街、丙海桥移交米易县人民政府；完成攀田路各合同段的档案收集整理工作，并通过四川省审计厅投资处条件符合检查，攀田路审计工作7月上旬正式开展。

【安全管理】 2013年，公司积极完善各项安全制度、理顺安全管理体制，全年公司未发生源头责任事故，所辖路段事故率明显下降，总体安全形势稳定，公司“两项建设”顺利通过省安监局安全标准化二级达标验收。坚持“主动找问题、认真提措施、切实抓整改”的原则。注重安全检查与长效监管相结合，采取专项检查、日常巡查、领导督查等方式，层层布置、层层落实，认真开展安全隐患大检查、大排查，特殊时期及时加强对全线隧道、桥梁、涵洞、高边坡、防护工程等重点构造物的监控，出现险情及时上报，通过设置警示标志标牌、利用电子显示屏发布道路信息、提醒进站车辆危险路段车辆减速慢行等方式及向社会告知道路交通信息。加强对施工单位的施工作业现场监管，落实公司、管理处、路产管护队三级管理模式，对违反施工安全规定的行为发出安全整改通知，督促施工单位限期整改，直至符合安全要求，对发生事故的单位严格落实事故处理“四不放过”原则，确保路段施工安全和道路安全畅通。对发现的施工安全隐患，全部进行整改规范，整改合格率达100%。牢牢抓住“建立机构、完善档案、编制预案、开展演练、有效救援”五个环节，各管理处根据辖区实际情况，开展针对不同情况下的应急救援演练，注重加强平时监控预防，切实加强事故防范和应急救援处置能力。全年开展各项安全培训9次，接受教育的有公司各岗位人员、施工单位以及安全相关方近500人次，提高全员安全意识和安全管理水平。共出动宣传车120多台次，人员300多人次，悬挂宣传横幅100多条，发放宣传单10万余份，提高各交通参与者安全意识。严格落实24小时巡逻制度和特殊气候条件下与执法支队和高速交警大队联勤巡逻方式，加大对道路的管控。全年公司路产管护队累计巡逻里程达69.86万千米，排除安全隐患2.35万处，比上年同期减少7%；救助司乘人员1435次，比上年同期增加10%；查处侵权案件121处，比上年同期增加16%；事故死亡12人，与上年同期相等，处理遗留案件32起，比上年同期减少18%；处理路损补偿9起，比上年同期增加125%；逃逸案件71起，比上年同期减少21%。

（审核：商祥平/撰稿：商祥平）

邮 政

【概况】 2013年，凉山邮政紧扣“科学发展、加快发展”工作基调，深入贯彻落实党的十八大精神，进一步坚定信心，鼓足干劲，坚持“转型升级、重质提效”发展主题，把握地方经济发展机遇，乘势而上，圆满完成2013年的各项工作。

【经营管理】 2013年，凉山邮政业务收入完成省公司预算目标的106.55%，同比增长10.3%，在全省继续保持为二类局。在人力资源管理方面强化人才队伍建设，提高员工队伍素质，加大少数民族干部培养，创新选人用人机制，建立科学规范的邮政企业领导班子后备人员储备制度；深化薪酬制度改革；完善用工制度，加强工时管理；加大用工结构调整；积极做好教育培训工作，有计划地开展在职学历教育，全州邮政研究生在读1人，本专科学历在读50人，毕业68人，员工队伍文化素质和学历层次进一步提升；积极开展技能鉴定，全年鉴定470人次，学员正考合格率75%，补考合格率95%。这些举措都为进一步提高企业从业人员整体素质，为实现“富民强邮”战略提供人才支撑。在财务管理方面科学编制下达2013年成本费用及收支差、业务总量预算；进一步加强资金管理，规范会计基础工作；加强资产管理，清理规范全州的房屋出租情况，提升资产使用效益；加强会计检查工作，强化基础管理，规范企业财务行为。

【服务民生】 进一步落实两岗履职，加强检查力度，落实各项规章制度，强化两岗人员履职检查。完善基础管理、规范操作行为，提升服务技能、提高管理水平。加强员工学习培训及基础设施投入，进一步提高邮政生产服务能力。创新成果《以均等化为目标保障少数民族地区邮政服务的实践》被中国交通企业管理协会评为“2013年全国交通运输企业管理现代化创新成果二等奖”及中国邮政集团公司创新成果一等奖。

【网路运行】 打破邮运区域界限，提高实物传递效率。雷波邮路经乐山局接转，金阳邮路实行外包，实现西昌到金阳邮路逐日班，加快两个县的邮件传递时限。2013年，全州所有支局网点安装办公网系统，强化支局网点与县市局的沟通渠道；完成全州13台自助金融设备的新增上线工作。完成中心机房配套设备升级工作，有效提高中心机房的安全运行情况。基本完成凉山州66台IC读卡器的安装工作，正在各网点测试使用情况。完成即将上线的OA系统的基础数据准备录入工作。

【安全】 加强领导、落实责任，层层签订安全责任书；开展“代理金融网点风险等级评价活动”“代理金融安全达标评估”，切实查找各业务、各环节、各岗位影响业务操作和资金安全的突出问题和薄弱环节，量化风险程度，实事求是进行评价，计算评价结果，确定风险等级。2013年，全州无一级风险等级网点、二级风险等级网点32个、三级风险等级网点31个、四级风险等级网点3个，同时针对查出的问题，制定措施，限期整改；增强防范意识，开展应急处置预案演练，全年组织防抢演练、消防演练38次，参加职工1000多人次；加大安防设施、设备的建设投入，改造金库，增加电视监控投入，新增运钞车。

【企业文化】 全州邮政职工重病医疗互助工作全面开展，第一期全州邮政职工入会工作已经完成，建立互助会职工数据库，全州申请重病和住院补助金已发放到职工。进一步扩展“职工小家”建家内涵，促进基层职工生产生活条件全面改善，2013年年底，除木里邮政局因场地限制还未完成建设外，其他各县市邮政局均已建成；巩固劳务工保险参保工作，劳务工基本养老保险参保率和住房公积金办理率均保持100%；保障职工正常的休假权利，强力推进第二轮职工疗休工作；加强人文关怀，深化服务职工，全州邮政持续广泛开展送温暖活动，对外勤职工发放降暑药品，并以提供免费绿豆汤的方式开展“送清凉”活动。坚持开展“金秋助学”活动，实现建档困难职工子女就学全覆盖；积极组织开展全州邮政职工摄影及羽毛球比赛；提供员工培训机会，为员工个人成长提供有效的平台支撑；大力促进企业各项业务大发展，不断提高各类员工的劳动报酬；继续开展对口扶贫工作，重点联系而觉西乡中心学校；信访维稳化解矛盾纠纷，保障企业稳定和谐环境。

【党风廉政建设】 2013 年，州邮政局党委高度重视党风廉政建设和反腐败工作，强化从源头预防和治理腐败。签订 2013 年度党风廉政建设责任书及 2013 年度国有企业“双廉”责任书；深入贯彻落实中央“八项规定”和省邮政公司党组关于改进工作作风、密切联系群众的实施意见以及省、州“十项规定”和国资委“九项要求”，进一步改进全州邮政的会风、文风和工作作风，本着节俭务实、有利工作的原则，结合凉山邮政实际新制定《凉山州邮政局会议管理办法》等 7 个办法下发全州贯彻执行；积极组织开展专题讲座、知识竞赛、考试测试、警示教育等党风廉政宣传教育活动，强化廉洁自律意识，推动领导干部作风不断好转。

【党务工作】 以开展“四型”党组织创建活动为抓手，进一步加强党建工作；全面开展“实现伟大中国梦、建设幸福和谐凉山邮政”主题教育活动；进一步加强组织建设，严格执行各项党建制度。

（审核：王进/撰稿：莫婷婷）

四川盐业凉山分公司

【概况】 2013 年，凉山盐业分公司实现营业总收入 6925 万元，较上年同比增加 486 万元；实现利润约 558 万元，超额完成 145 万元，增幅 35%。实现盐品销售 3963.6 万千克，完成计划的 106.03%，同比增加 183.2 万千克，增长 4.84%。食盐销售 3152.9 万千克，完成计划的 98.78%，同比上年增加 44.9 万千克，增长 1.44%。其中：小包装食盐销售 1602.5 万千克，完成计划的 76.06%，同比减少 363.5 万千克，下降 18.49%；大袋散碘食盐销售 1546.2 万千克，同比增加 408.4 万千克，增长 35.76%；工业盐销售 814.9 万千克，同比增加 138.3 万千克，增长 20.44%。实现多种经营销售 1603 万元，完成全年计划的 100%。其中：酒类产品 95 万元、日化产品 393 万元、味精产品 347 万元、食用油 118 万元、农副产品 650 万元。实现物业租赁收入 187 万元，超额完成目标任务 10 万元，完成年计划的 105.6%。

【食盐调运】 2013 年，在面临二季度云南一平浪盐矿因季节性缺水而停产检修，三季度起云南盐化因调整生产、销售小袋盐品种导致一平浪盐矿产能大幅下降，不能满足全州调运计划及市场需求，调运计划经常落空和全州盐源县大量加工鲜海椒，为保证市场供应，从南充顺城调入食盐 396 万千克，其中：小袋盐 240 万千克。在普及 320 克铝膜袋食盐的基础上，成功推出新 500 克和 1000 克铝膜袋食盐，并从 9 月起在西昌城区全面销售 350 克绿标小袋食盐和其他多品种盐。

【食盐管理】 2013 年，报经省盐务局批准，新增 5 名执法人员，及时补充盐政执法力量。同时，开展盐政执法培训，统一盐政执法文书，细化执法环节和步骤，规范调查取证程序、盐政执法程序。同时，公司认真清理无证经营行为，整合调整零售网点，及时更换办理食盐零售经营许可证，建立健全用户档案，实行网络化管理及电话访销制度。盐政稽查处印发《关于开展第二十届防治碘缺乏病日活动的通知》，各盐政所在当地政府的统一领导下，积极会同卫生、疾控等有关部门，组织盐政人员和共产党员服务队深入广场、社区、街道和大中小学校开展“5·15”宣传活动，介绍食盐专营政策、碘盐常识、盐业法律法规、行业管理政策和科学用盐知识，现场解答热心听众提出的问题，发放各类宣传资料、纪念品4万余份。3月和6月，州盐政稽查处共抽调12名盐政执法人员奔赴自贡和乐山两地开展驻厂监控。9至12月，州处先后安排6批30余人次在会理、会东与云南接壤地区进行驻点检查。2013年5月8日，会理县人民法院对贩运私盐一案进行依法判决，被告人犯非法经营罪，判处有期徒刑6个月，缓刑1年，并处罚金2万元，没收非法经营盐产品1.37万千克。2013年12月3日，会东县人民法院对贩运私盐一案进行依法判决，被告人犯非法经营罪，判处有期徒刑1年，并处罚金人民币1万元。全年全州处共查办盐业违法案件16起，查获私盐4.24万千克，罚款1.36万元。

【财务管理】 2013年，公司进一步完善绩效考核管理办法，建立内退职工生活补贴实施办法，出台廉政风险防控机制建设实施意见、改进工作作风密切联系群众实施意见、公车使用管理办法等。进一步强化财务基础工作，确保财务数据准确、真实，提高会计信息质量。对13个基建维修项目和多种经营进行内部审计，基建审计金额约38.5万元。对资产进行认真核算，准确核算出年末流动资产2653万元、固定资产净额543万元、无形资产56万元、负债总额1148万元、所有者权益3142万元。

【自身建设】 2013年，公司面向社会招聘6名新职工，为公司注入新生力量和新鲜血液。加强干部职工教育培训，进一步建立健全职工教育培训制度，鼓励干部职工积极参加业务培训和学历再教育。2013年，公司1人参加西南交大MBA研究班学习，2人攻读本科学历。

【主题教育活动】 2013年，公司积极开展“实现伟大中国梦”主题教育实践活动，领导干部带头深入基层职工中上党课、作宣讲、作报告，引导干部职工正确把握国家梦、企业梦和个人梦，凝聚正能量。积极开展“道德讲堂”建设、“纪委书记下基层”活动、“走基层、解难题、办实事、惠民生”活动，建立了帮扶机制，完善了三本台账，切实帮助基层支公司、基层职工解决最关心、最直接的实际问题。

【党风廉政】 2013年，公司认真落实党风廉政建设责任制。自上而下与州国资委党委签订了党风廉政建设责任书，与各支公司签订“双廉”目标管理责任书。召开正风肃纪廉政专题会议，坚决反对“四风”问题，切实转变工作作风，营造风清气正的工作环境。全年共计节约六大费用开支28万元，其中：业务费节约12万元，较上年下降21%；会议费节约13万元，较上年下降35%。大力开展廉政风险防控机制建设，全面深入排查领导干部、重要岗位、重要部门风险，建立风险台账，制定有效措施。并成立了廉政风险防控机制建设领导小组，“一把手”为第一责任人，形成了纵横到位、上下贯通、“一岗双责”的责任网络体系，全年，分公司没发生一起违反“八项规定”“六项禁令”的行为。

【社会责任】 2013年，公司积极主动践行社会责任，树立盐业良好社会形象。号召干部职工积极参与州委共青团组织的“幸福凉山·暖冬关爱”大型公益活动，帮助7个偏远山区的孩子实现愿望。积极为雅安芦山“4·20”地震受灾群众捐款，共计捐款3.29万元，其中职工个人捐款1.29万元；积极参与西昌市创建文明城市和卫生城市活动，组织干部职工在红绿灯斑马线处进行文明劝导；大力开展扶贫工作，共筹集资金4.22万元帮助布拖县洛古乡中心校学生和阿宝村村民解决实际困难。

（审核：张晋文/撰稿：褚远谋　高翔乾）

县市概况

Counties & Cities

西昌市

【概况】 2013年，全市辖区面积2655平方千米。辖37个乡（镇）、6个街道办事处。年末户籍总人口64.56万人，其中农业人口44.31万人，占总人口的68.63%，非农业人口20.25万人，占总人口的31.37%。男性人口32.77万人，占总人口的50.76%。男女性别比为103.08（以女性人口为100）。少数民族人口14.77万人，占总人口的22.88%。

【城市建设】 围绕“川滇综合枢纽、绿色钒钛之都、国际山水名城”总体定位，按照产城一体、宜居、宜商、宜业理念，完成《现代生态田园城市规划》等4个城市总规编制。开展《西昌市中心城区海河南山片区、河东片区、城东南片区控制性详细规划和城市设计》等5个控规编制，推动控制性详规全覆盖。开展《西昌市现代服务业发展与空间布局规划》等一批专项规划编制。组织修编15个乡镇15个村的新农村建设规划。形成城市总规、土地利用总规和产业规划“三规统一”，覆盖全域、层级密切衔接的城乡规划体系。完成东河东路、一环路区间11条连接道路、邛海北岸道路工程。改造健康路，打通一批城市断头路。完成城区14个路口渠化处理。建成海河刘家桥等桥梁。启动一批人行过街天桥前期工作。城市市政道路里程达80千米。完成《“十二五”期间城市供排水规划》编制，全市管网总长度增加25.7千米，排水管道总长度达118千米。新建西昌新区供水新建扩建工程，建成海河两岸截污干管和雨、污排水管道，完成邛海污水处理厂等一批排污设施改扩建、新建工程前期工作。争取国家电网资金8.13亿元启动西昌城市电网改造工程，改造城区10千伏及以下配电网络。投入1086万元启动经久、高枧、安宁、小庙、北山等变电站农村电网改造升级。

【工业转型提质】 实现第二产业增加值198亿元，增长19.9%。工业园区规划建设全面推进。经久园区被省政府纳入“51025”重点产业发展规划，评为“四川省新型化产业示范基地”，园区服务中心基本建成，给水和污水处理等基础设施项目加快推进，21亿千克冷轧、10亿千克高细微粉、300万千克钒氮合金等项目正抓紧建设；成凉园区评为“省级成长型特色产业园区”，总投资5亿元的农产品物流园、总投资8.8亿元的食品工业园已开工建设，入驻企业13家；太和园区总体规划、产业规划、环评规划编制工作加快推进，投资1.5亿元的重钢西昌矿业20亿千克表外矿项目建成投产。26家企业获省科技型中小企业认定。投资2.2亿元的攀钢西昌钢钒烟羽治理脱硫环保改造项目第一套设备已建成投产；新钢业及新太平关停进入倒计时，关停低小散涉水企业5家，非法洗选企业11家；关停结构减排项目3个，重金属减排削减量大于15%，全面完成省州下达目标任务。

【农业转型增收】 荣获省“三农”工作先进县、农民增收先进县称号。实现农业增加值37.2亿元，增长5%，粮食总产量2.8亿千克、肉类总产量5700万千克、蔬菜总产量5.7亿千克、烤烟560万千克（11.2万担）、蚕茧115万千克（2.3万担）。农田水利建设持续加强，投入3.18亿元，新增、恢复灌面2933.33公顷，新增节水灌面1600公顷，建成高标准农田3800公顷，新解决农村安全饮水1万余人。建成设施蔬菜基地333.33公顷，花卉温室大棚24万平方米。乡村旅游不断壮大，全年举办19个乡村旅游节，接待游客430万人次，旅游收入2.65亿元。专业合作组织量增质提，新增专业合作社70家，工商注册的农民专合组织达到213个，其中纳入统计的45家合作社农产品购销额4.5亿元，服务带动农户5600多户；评为国家级示范合作社1个，省级示范社13个。劳务经济快速增长，开展农民技能培训1.2万人，转移农村剩余劳动力8.5万人次，劳务收入10.8亿元，荣获省级新型职业农民培育试点县称号。拥有农产品品牌82个、国家级农业标准化示范区3个，洋葱、小香葱获国家地理标志产品认证，民胜“清泓”核桃入选“天府七珍”，“大凉山”农产品品牌使用率达90%以上。

【第三产业】 第三产业实现增加值138.4亿元，增长4.1%。美丽阳光五星级酒店投入营业，邛海湾酒店二期、西昌天光月影酒店等一批星级酒店开工建设，全市宾馆酒店接待床位数达到4万张；海门渔村大凉山南红玛瑙城荣获“四川特色旅游商品开放示范基地”称号；高标准建成西昌国际汽车旅游中心、邛海滨湖休闲度假营地等4个自驾车营地，成功举办第四届中国国际自驾游交易博览会；邛海湿地之旅、冬春阳光之旅、火把节风情之旅、乡村旅游之旅等旅游品牌魅力日益彰显，全年游客突破1800万人次，旅游收入突破100亿元，评为全省旅游经济十强县。达达春天建成投用，州五交化银河商贸中心主体封顶，月城广场核心商圈基本形成。金融、保险、信息、中介等新型服务业迅速发展，浦发银行、攀枝花商业银行入驻西昌，驻西昌银行总数达到17家，小额贷款公司达到11家。会展经济成效初显。承接全国风景名胜区信息宣传工作会等国家级会议3次、全省百镇建设暨重点旅游项目推进现场会等省级会议26次。

【优化生态环境】 2013年，完成邛海湿地五期、六期恢复工程拆迁工作，自2009年启动的环邛海周边控制区内五乡一镇村民9000余户、3万余人已全部搬迁完毕；探索建立生态补偿机制，统一流转川兴、海南邛海湿地生态恢复规划范围土地466.67公顷。完成海河西邛渠节制闸至鲁溪桥段整治工程，新建堤防5.7千米；完成108国道安宁至月华段、城西教育园区和一批乡村道路、安置小区绿化工程；礼州、太和等13个乡镇顺利通过国家级生态乡镇技术核查，全市国家级生态乡镇达到19个。建成州级生态村41个，市级生态家园868户。

【交通建设】 全年投入交通基础设施建设资金4.02亿元，新建改造道路358千米，新建大桥3座，建设波形防护栏85千米。实施一批国省道路改造工程。国道108线西溪至黄水段、省道212线缸窑段改造工程加快建设；四袁公路、省道307线川兴段改造工程即将开工；绕城环线公路，项目预工可已编制完成，正式纳入四川省干线公路联网畅通工程。投入1.36亿元，新建农村村道水泥路310.5千米。完成安宁—樟木箐通乡公路、礼州花卉园区道路、四合桥重建工程；银厂通乡油路、马道—裕隆安宁河大桥、大兴乡烟草技术中心试验基地桥梁工程正抓紧建设；胜利大桥重建、经久工业园区专用道路、环海路改造工程前期工作全面完成，即将开工建设。

【民生投入】 十项民生工程项目共投入资金

11.97 亿元，其中，市财政投入 5.42 亿元，上级补助资金 6.55 亿元。创业就业不断扩大。全市新增各类企业 522 户，城镇新增就业 3182 人，登记失业率控制在 3.8%以内。社会保障能力明显提升。社会保险覆盖面进一步扩大，城镇职工基本养老保险、城乡居民养老保险人数达到 29.2 万人；新农合参合人数 41.3 万人，参合率超过 98%；城镇职工和居民医疗保险最高支付限额分别上调至 25 万元、12 万元；城乡最低生活保障、农村五保户待遇全面提高；实施城乡医疗救助 2.85 万人次，发放医疗救助金 638.6 万元。投入 1090 万元，实施安宁河谷地区两个彝家新寨建设项目；投入 3280 万元，实施黄联关镇哈土村、民胜乡麻塘村等 7 个新村扶贫工程。建成宁远桥廉租房、宁远桥限价商品房、城北公租房等保障性住房 1671 套，13.4 万平方米。筹集资金 1200 万余元，开展“暖冬”慰问活动，惠及城乡群体 4.2 万余户。

【社会事业】 2013 年，实施教育基建项目 27 个，“七个一”工程、薄弱学校维修改造、校安工程、农村教师周转房等项目相继完成，市民中和 13 个少数民族乡镇学校全部完成标准化建设；全面实施义务教育“两免一补”和“农村学生营养改善计划”。推进医疗卫生普惠发展。新建村级卫生室 17 个，市医院海河分院项目初步建成；公立医院改革稳步推进，3 所公立医院全部启动实行药品按进价销售；基层医疗卫生服务体系进一步完善，国家基本药物制度全面实施。推进文化体育健康发展。市文体中心主体完工，装修工作正加快推进；完成 20 个乡镇综合文化站建设，实施 28 个村级文化活动室建设工程，完成 33 个行政村农民体育健身工程建设及器材安装。

【社会建设和治理】 全面推进第九届村（居）委会换届选举工作。“大调解”工作体系进一步完善，在西昌门户网站开设市长信箱，来访事项办结率 100%；受理群众来信来访 504 批 5236 人次，办结率 100%；梳理排查信访积案 40 件，化解结案 35 件。依托天网系统、流动警务站，整合力量，形成网格化立体治安巡防体系，全年聚众斗殴、寻衅滋事、两抢一盗案件分别下降 39%、29%、21%；刑事案件数下降 14%。创新社会治理机制。跻身全省首批网格化试点县，建成网格化管理指挥中心和城区 7 个分中心、30 个工作站、393 个网格，已录入全市信息 108 万条。全国文明城市创建工作顺利通过省级验收。

【改革开放】 以招大引强为抓手，推动西昌全面开明开放。坚持招大引强。借力火把节、西博会等节庆活动平台，成功签约万达文化秀、兴澜洲际五星级酒店等 24 个项目，与丹麦嘉士伯集团、鞍钢集团、北京大德鑫集团、重钢集团 4 家企业签订合作协议。完成年度招商引资落地资金 80.3 亿元。扩大对外交流。与汶川县、九寨沟县、邛崃市、金堂县和牟平区等地缔结为友好县市，友好城市总量达到 52 个。实现快速通达。新开辟西昌至泸州、西昌至乐山、西昌至重庆高速公路客运直达班车；新开通西昌至昆明、广州航线。

【领导人】 市委书记：李俊；市人大常委会主任：罗开莲（彝族，女）；市政府市长：马廷贵；市政协主席：李永华。

（审核：赖文江/撰稿：王勇）

德昌县

【概况】 2013 年，县委县政府团结带领全县各族人民，坚持“科学发展、加快发展”，着力“转方式、调结构、稳增长、惠民生”，狠抓“工业跨越、农业提升、旅游突破、城镇做精、投资拉动、管理创新、环境创优”，推进“三个统筹”“两化”互动、“三化”联动、“四化”同步，求真务实、攻坚克难，完成了十五届人大二次会议确定的目标任务，全县经济社会持续健康发展，人民群众安居乐业，社会大局和谐稳定。

【综合经济】 2013年，全县地区生产总值58.09亿元，比上年增长13.9%，增速比上年下降1.4个百分点。其中：第一产业增加值14.28亿元，增长4.7%，增长速度和上年持平；第二产业增加值27.78亿元，增长23.0%，增速比上年下降2.2个百分点；第三产业增加值16.04亿元，增长6.6%，增速比上年下降6.6个百分点。从生产角度看，对国民经济发展的贡献率，第一产业为16.9%，比上年下降6.1个百分点；第二产业为60.8%，比上年提高4.4个百分点；第三产业为22.3%，比上年提高1.7个百分点。人均GDP达到2.77万元，比上年增加3241元，增长13.2%。经济结构略有调整，一、二、三产业占GDP的比重，由上年的25.4∶46.4∶28.2发展为24.6∶47.8∶27.6。全年非公有制经济实现增加值37.28亿元，增长16.3%；占GDP的比重为64.2%，比上年提高1.0个百分点；对经济增长的贡献率达73.7%，比上年提高8.2个百分点。非公有制经济全年完成税收总额1.02亿元，增长15.9%。全年公共财政总收入达6.26亿元，比上年增长12.6%，其中，地方公共财政收入4.84亿元，增长10.7%；人均地方公共财政收入2302元，比上年增加207元，增长9.9%。全年公共财政支出13.68亿元，比上年增长10.0%。全年居民消费价格总指数同比上涨2.8%，其中：服务项目价格指数上涨4.9%，消费品价格指数上涨5.1%，食品类上涨7.6%，居住类上涨1.5%，医疗保健和个人用品类上涨4.6%，烟酒及用品类上涨7.6%，娱乐教育文化用品及服务类上涨2.1%，家庭设备用品及维修服务类下降2.2%，衣着类和上年持平，交通和通信类下降9.7%。

【农业】 2013年，全年农林牧渔服务业总产值（现价）达到23.56亿元，比上年增加1.52亿元，增长6.9%。其中：农业产值13.80亿元，增加1.11亿元，增长8.8%；林业产值5517万元，增加200万元，增长3.8%；畜牧业产值8.24亿元，增加2870万元，增长3.6%；渔业产值5952万元，增加666万元，增长12.6%；服务产值3681万元，增加306万元，增长9.1%。粮食作物播种面积达1.61万公顷，减少96公顷；粮食总产9038.5万千克，增加384.7万千克，增长4.4%；其他主要农作物产量中，油料产量85.2万千克，增长8.3%；水果种植2440公顷，产量1444万千克，增长21.8%，收入5.1亿元；产烟1547.5万千克（30.95万担），收入4.16亿元；蔬菜复种6700公顷，收入3.73亿元；新植核桃、板栗等干果4000公顷，新植花卉46.67公顷，收入1656万元；新增农业产业化龙头企业2户、专合组织26个。全年实施政策性森林保险16万公顷，管护公益林10.93万公顷，巩固退耕还林7333.33公顷，完成草原生态奖补，退牧还草6666.67公顷，森林覆盖率68.35%。全年出栏肉猪26.86万头，增长1.8%；羊出栏6.47万只，增长1.2%；牛出栏1.16万头，增长2.0%；家禽出栏224.2万羽，增长5.0%。全年肉类总产量达2393.1万千克，增长2.0%，其中：猪肉产量1773万千克，增长2.5%；羊肉产量113.5万千克，增速和上年持平；牛肉产量99.4万千克，增长2.4%；家禽肉产量371.9万千克，增长6.6%；牛奶产量12.6万千克，增速和上年持平；全年蚕桑产茧量176万千克（3.52万担）、桑葚600万千克，收入9150万元。全年水产品产量651.5万千克，增长3.8%。全县年末农田有效灌溉面积8865公顷，比上年增加805公顷，增长9.9%；全年化肥施用量（折纯）815.3万千克；年末农业机械总动力20.5万千瓦，较上年增长9.5%；农村用电量为3828万千瓦时，增长15.0%；全年农用塑料薄膜使用量达80.7万千克，地膜覆盖面积1.26万公顷。全年劳务输出人数达5.33万人，比上年增长16.8%，新增转移输出农村劳动力7700人；劳务总收入达6.85亿元，比上年增长18%。

【工业和建筑业】 2013年全社会工业总产值84.28亿元，比上年增长11.9%；其中规模以上工业企业完成产值75.59亿元，同比增长11.4%。全县34户规模以上工业企业全年实现营业收入71.09亿元，比上年增长16.2%；工业产品产销率98.4%，比上年增加0.2个百分点；全年实现工业增加值23.86亿元，增长20.0%；全年利税总额12.94亿元，增长23.1%，其中利润总额10.03亿元，增长24.2%。全社会建筑业生产完成增加值9.57亿元，比上年增长35.2%。

【固定资产投资】 2013年，全县500万元以上施工项目达到86个，全年全社会完成固定资产投资总额57.10亿元，比上年增长38.9%。其中：第一产业投资1.25亿元，同比下降73.8%，第二产业投资21.47亿元，同比下降5.3%，第三产业投资34.38亿元，同比增长151.4%。基本建设投资完成36.01亿元，增长55.6%；更新改造投资完成10.43亿元，同比下降5.1%；其他投资完成10.66亿元，增长53.0%。全年引进项目31个，到位资金36.4亿元，增长30.0%。

【国内贸易和对外经济】 2013年，全县社会消费品零售总额达18.17亿元，比上年增长10.8%。批发和零售业实现增加值3.29亿元，比上年增长19.6%；住宿和餐饮业实现增加值1.68亿元，比上年增长5.8%。城镇市场零售额12.49亿元，农村市场零售额5.68亿元，分别比上年增长9.8%、11.5%。全年出口总额（包括转口贸易）1885万美元，同比增长135.6%。

【交通运输】 2013年，全县公路旅客周转量2.79亿人千米，比上年增长20.1%；公路货物周转量7145.6亿千克千米，增长19.8%。年末全县公路通车里程达到1375千米，增长1.7%，其中等级公路通车里程928千米，增长1.2%，高速公路通车里程57千米。

【邮电】 2013年，全县邮电通讯企业全年完成主营业务收入1.1亿元，增长10.5%。年末国际互联网上网用户数1.0万户，增长11.5%；固定电话用户2.8万户，下降0.5%，移动电话用户17.4万户，增长18.8%。全县电话普及率达到66.7%，比上年提高4.0个百分点。

【旅游】 2013年，全县旅游总收入达3.80亿元，比上年增长50.7%，旅游人次达107万人次，比上年增长46.0%。

【金融和保险业】 2013年，全县金融机构各项存款年末余额48.15亿元，比年初增加4.96亿元，增长18.5%；各项贷款余额23.78亿元，比年初增加3.49亿元，增长21.0%。全年保险机构保费收入1.22亿元，比上年增长11.5%；全年处理各种赔案支付金额1946万元，比上年增长11.2%。

【教育】 继续实施义务教育“两免一补”“营养改善计划”扩面、贫困学生补助、中职学生补助、优学优教奖励等惠民工程；投入4500万元，新建教学楼、教师周转宿舍、学生宿舍、食堂2.7万平方米，拆除D级危房3020平方米；总投资5亿元、占地13.33公顷的12年制攀西绵阳南山国际学校落户德昌，新建乡镇中心幼儿园5所；小学、初中入学率分别达100 %、98.8 %。

【文化、体育和卫生】 2013年，全县推进科技创新和成果转化，申报科技项目6个，认定省级科技型中小企业20户；完成农技推广区域站改造，农村职业技能培训2161人，实用技术培训11万人次。健全完善城乡公共文化服务体系，“2131”电影放映1900场次，建成乡镇综合文化站18个，安装农村数字电视2641户，城区“光进铜退”网络改造32千米，新建光站70个、村级农民体育健身场所20个。积极推进医药卫生体制改革，巩固农村中医先进县成果，实施县级公立医院取消“以药补医”试点；改扩建乡镇卫生院2所，启动村级卫生室建设；新农合参合率98.5%，农村孕产妇住院分娩率94.1%，城乡居民健康档案电子建档率87.0%；全力推进艾滋病、结核病等重大疫病防治，完成血防阻断达标。年末全县有卫生机构29个（不含诊所），其中医院2个；卫生机构实有床位1004张，其中医院789张；卫生技术人员758人，其中执业医师和助理医师402人。

【环境保护】 2013年，全县内对34户企业工业污染排放及处理利用情况进行了监测，共有专职环保人员138人，34户企业全年工业废水排放量5.47亿千克；工业用水重复利用率达到86.4%。万元GDP综合能耗为888.2千克标煤，比上年下降7.1%，其中规模以上工业万元增加值综合能耗为1538.9千克标煤，下降12.0%。

【人口】 2013年，全县年末户籍人口21.01万人，增长0.7%。其中，少数民族人口为6.39万人，增长1.5%，占总人口的30.4%；傈僳族人口为6668人，增长1.5%，占总人口的3.2%。全年出生人口2856人，人口出生率12.7‰、自然增长率6.6‰，符合政策生育率95.4%。

【人民生活和社会保障】 2013年，全县城镇居民可支配收入21757元，比上年增长9.3%，增加1852元；农村居民年人均纯收入10155元，增长14.6%，增加1294元。城镇单位在岗职工年平均货币工资收入43990元，比上年增13.7%。城乡居民储蓄存款余额稳定增长，年末余额达31.33亿元，比年初余额增加1.03亿元，增长3.4%；年人均储蓄存款余额达1.49万元，比上年增加345元，增长2.4%。新建彝家新寨2个，扶贫解困5000人；新增城镇就业1398人，城镇登记失业率3.75%，城镇低保2830人、农村低保12177人实现动态管理下的应保尽保，城乡困难群众医疗救助1827人，五保老人集中供养率提高到29%。

【领导人】 县委书记：王顺云；县人大常委会主任：贾普祥；县政府县长：苏正清（彝族）；县政协主席：徐启萍（女）。

（审核：周雯/撰稿：李艳玲）

会理县

【政区人口】 2013年，全县辖区面积4527平方千米，辖6个工业（生态农业）园、50个乡镇。年末人口总数46.37万人。出生人口3158人，出生率6.82‰，同比上升0.58个千分点；死亡人口3010人，死亡率6.5‰，同比上升1.12个千分点。人口自然增长率0.32‰，同比下降0.54个千分点。

【经济概况】 2013年，全县实现地区生产总值205.67亿元，同比增长11.5%。其中：第一产业实现增加值34.82亿元，增长4.8%；第二产业实现增加值126.04亿元，增长15.5%；第三产业实现增加值44.82亿元，增长5.6%。产业结构日趋合理，三次产业比重由2012年的17.04∶61.14∶21.82调整到2013年的16.9∶61.3∶21.8，对经济增长的贡献率分别为6.9∶81.9∶11.2；二、三产业占GDP比重为83.1%，比2012年提高0.1个百分点。人均国内生产总值4.71万元，同比增加3255元，增长7.4%。

【农业及支柱产业】 2013年，全县实现农林牧渔业产值57.93亿元、增长4.9%，其中种植业32.54亿元，增长6.4%。粮食总产2.72亿千克，增长4%；烤烟产量2950万千克，下降10%；石榴总产3.38亿千克，增长10.8%。畜牧业产值21.3亿元，增长2.4%；肉类总产量7670万千克，增长5.8%；大牲畜存栏23.94万头，下降0.02%，生猪存栏65.5万头，羊存栏70.92万头。“四双”工程深入实施，造林1333.33公顷，巩固退耕还林5400公顷，森林病虫害防治1500公顷，18.94公顷集体公益林落实生态效益补偿。草原禁牧2.33万公顷，草畜平衡14.87万公顷，人工种草9080公顷。红旗水库水源环境保护植被恢复工程完工。林业产值2.7亿元，增长7%。

【工业强县】 2013 年，全县实现工业增加值 109.52 亿元，增长 12.9%，对 GDP 增长的贡献率 59.9%，拉动 GDP 增长 7.7 个百分点。规模以上工业企业实现总产值 262.8 亿元，增长 0.3%；实现主营业务收入 256.27 亿元，增长 0.7%；实现销售产值 247.2 亿元；产品销售率 94.1%。实现产品销售收入 256.27 亿元，增长 0.7%；实现利税总额 13.38 亿元；盈亏相抵后利润总额 10.87 亿元。规模以上工业增加值增长 13.2%。规模以上工业企业主要产品产量：铁矿石（成品矿）完成 535.76 亿千克，增长 12.1%；原煤完成 5.12 亿千克，下降 33.6%；铜选矿含铜 6500 万千克，增长 10.2%；铅选矿含铅 1200 万千克，增长 50%；锌选矿含锌 2800 万千克，下降 26.3%；发电量 4.6 亿千瓦时，下降 9.8%。

【商贸物流】 2013 年，全社会消费品零售总额实现 37.37 亿元，增长 10.6%。其中：批发业、零售业、住宿业、餐饮业增加值分别为 2.13 亿元、26.67 亿元、3000 万元、8.27 亿元，分别增长 12.8%、12.2%、5.7%、5.2%；城镇、乡村零售额分别增长 10.4%、11.1%。

【民营经济】 2013 年，实现非公有制经济增加值 124.44 亿元、增长 14.2%，增速高于公有制经济 2.7 个百分点，一、二、三产业实现非公有制经济增加值分别为 11.59 亿元、90.71 亿元、22.14 亿元，分别增长 5.1%、17.5%、6.1%。从所有制看，个体私营经济增加值 88.33 亿元，增长 16.6%；港澳台经济实现 36.11 亿元，增长 9.1%。非公有制经济增加值占 GDP 比重达 60.5%，同比提高 1 个百分点。

【招商引资、固定资产投资】 2013 年外来投资履约项目 34 个，其中新履约项目 21 个，累计到位资金 41.7 亿元，增长 12.7%。

【财政、金融、保险业】 2013 年，全县公共财政总收入 19.15 亿元，下降 11.2%。其中地方一般预算收入 14.01 亿元，下降 5.4%。截至 12 月末，全县金融机构存款余额 106.6 亿元，增长 9.5%；金融机构贷款余额 82.08 亿元，增长 61.9%。年末有保险机构 9 个，保险机构保费收入 2.16 亿元，增长 25.7%；各种赔案支付金额 5893 万元，增长 6.1%。

【交通运输、邮电、旅游】 2013 年，全县公路通车里程达 4363 千米，公路旅客周转量 3.05 亿人千米，同比增长 11.1%；公路货物周转量 5414.9 亿千克千米，增长 13.6%。全年邮电业务收入 1.73 亿元，增长 14%；邮政业务总收入 1164 万元，增长 10%。年末固定电话用户数 3.72 万户、移动电话用户数 29.62 万户、国际互联网用户 2.38 万户。编制会理古城创国家 4A 级景区工作方案，全年旅游人数 115 万人次、增长 16.1%，实现旅游产业收入 2.1 亿元、增长 20.1%。

【教育、科技】 2013 年，小学在校学生 3.22 万人，招收新生 5082 人，毕业 6389 人。小学学龄儿童净入学率 99.8%。在校生 1.91 万人，其中寄宿制学生 1.75 万人，少数民族学生 4614 人。新招收初中学生 6402 人，毕业生 6701 人。普通初中学龄人口净入学率 95.1%。全县高考本科上线 688 人，录取率 84.64%。稳步推进国家技术创新工程试点示范县创建工作，36 件专利申报被国家知识产权局受理，31 家规模以上企业通过省科技型中小企业认定，10 个项目获得省、州科技发展专项资金，4 项成果获得州科技奖。

【文化、卫生、体育】 2013 年，全县文化市场各项目经营户 104 户，其中网吧 17 户、音像零售及出租 22 户、图书零售及出租 20 户、印刷复印 29 户、歌舞娱乐场所 12 户、体育场馆 2 个、国家级标准文化馆 1 个、国家三级图书馆 1 个；有乡文化站 49 个；有线数字电视用户 3 万余户，全县广播覆盖率 90%，电视覆盖率 98%。舞蹈《弦舞飞歌》获全国中小学生艺术节一等奖，饶家地遗址考古研究完成，松坪关列入茶马古道川滇线成为县内首个国家重点文物保护点。继续开展新型农村合作医疗工作，参合人数39.54万人，参合率99.6%，19.89万人次获补偿1.27亿元；全县有卫生机构455个，其中医院、卫生院53个，村卫生室402个，有床位932张，卫生技术人员1341人，其中执业（助理）医师686人。县级医院全面取消“以药养医”，乡镇卫生院实现网上平台采购药品、配备使用国家基本药物、零差率销售三个100%。强化医疗质量管理，11类基本公共卫生服务项目全面开展，县中医院创“二甲”通过专家评审。建成农村体育健身工程58处，县体育中心接纳竞赛、健身人员53.8万人次，成功举办西南地区羽毛球、乒乓球邀请赛；州四运会获团体分第二、奖牌总数第二、金牌总数第四的历史最好成绩。

【就业和社会保障】 2013年，全县实现城镇新增就业3467人，再就业435人，企业集体合同、工资集体协商覆盖职工4.4万人次。29.19万人次参加各项社会保险，6.38万人次享受保险待遇，支付基金2.76亿元。3.02万人纳入低保，救济救助9.39万人次1611.77万元，为48名先心病、脑瘫儿童和800名白内障患者免费手术。发放住房租赁补贴208.5万元，西运司180户棚户区改造、100套经济适用房建设启动，高古城路160套公租房主体工程完工，147户林垦棚户区、135户农村D级危房改造完成。及时足额兑付各类惠民补贴1.45亿元，减少贫困人口6800人。

【领导人】 县委书记：李怀良；县人大常委会主任：花定明；县政府县长：王显晖；县政协主席：张顺银。

（审核：李美桦 刘承理/撰稿：张望）

会东县

【概况】 2013年年底，全县辖区面积3227平方千米，森林覆盖率42.5%。辖41个乡、6个镇共318个村、7个社区。年末总人口42.11万人，共有11.50万户，户平3.66人。其中男性224942人，占53.42%，女性196134人，占46.58%；在全县总人口中，农业人口39.11万人，占总人口的92.88%，非农业人口3.0万人，占总人口的7.12%。共有28个民族，其中汉族382955人占90.95%，彝族31601人占7.5%，傈僳族2955人占0.7%，布依族1736人占0.4%。全年实现地区生产总值113.46亿元，增长7.10%。其中：第一产业增加值33.76亿元，增长4.8%；第二产业增加值57.05亿元，增长7.9%；第三产业增加值22.65亿元，增长8.2%。一、二、三、产业经济结构比为29.8∶50.3∶19.9。

【农业】 2013年，全县农林牧渔业总产值达到55.56亿元，增长6.89%；农民人均纯收入达9765元，增加1229元，增长14.4%；农民人均现金收入达10865元，增加1288元，增长13.45%。全年粮食总产量达2.39亿千克，比上年增加442.1万千克，增长1.88%。烤烟产量达3059.5万千克（61.19万担），烟农收入达8.75亿元。全年实现农业产值31.53亿元，增长19.10%。年末“四畜”存栏达136.01万头（只），增长0.65%，“四畜”出栏94.41万头（只），增长1.56%，肉类总产量达4820万千克，增长4.34%，畜牧业产值达22.18亿元。全年蚕茧产量达511万千克（10.22万担），增加7.9万千克（1580担），蚕农收入1.78亿元。各种林产品产量实现稳步增长，助农增收效果明显，全年实现林业产值2.93亿元，增长14.88%。渔业生产稳定发展，全年水产品产量168.4万千克，渔业产值2833万元，增长9.89%。

【工商业】 2013年，全县规模以上工业实现增加值59.77亿元，同比下降5.23%，实现销售产值108.13亿元，下降7.24%；实现利润总额6.82亿元，下降11.68%。全年完成全社会固定资产投资57.13亿元，增长52.7%。全年实现社会消费品零售总额32.75亿元，增长

14.68%。其中，限额以上企业消费品零售总额达8.19亿元，同比增长38.5%。

【财税金融】 2013年，全县实现公共财政预算总收入10.98亿元，增长13.61%；地方公共财政预算收入达到8.56亿元，增长5.03%。公共财政预算支出达20.39亿元，增长0.69%。全年累计实现税收收入8.52亿元，增长31.65%，其中：国税收入2.75亿元，增长23.33%；地税收入5.77亿元，增长36.03%。年末金融机构各项存款余额61.36亿元，增长13.11%；年末金融机构各项贷款余额24.03亿元，增长42.29%。全县保险业全年保费收入6400万元，增长8.8 %；处理各种赔偿5524起，给付金额6300万元，增长365.4%。

【社会生活】 全年出生4703人，死亡2167人，人口出生率11.3‰，同比增长3.38个千分点；人口自然增长率6.09‰，同比增长2.96个千分点。年末全县有各级各类学校198所，在校中小学生64462人，在园幼儿9129人，教职工3293人；其中：专任教师2937人。学龄儿童入学率达99.87%。文化工作以完善公共文体服务体系为目标，以繁荣和丰富群众文体生活为重点，加强非物质文化遗产保护与传承，群众文体活动丰富多彩，全县文化、体育事业健康发展。2013年，会东县深入推进医药卫生体制改革，调体制、畅机制，全县新型农村合作医疗参合358256人，参合率达98.9%。

【社会保障】 2013年，全县征收养老保险金7876.61万元，实际参保人数6300人，征收城镇职工基本医疗保险基金3476.96万元，参保人数达2.58万人，工伤保险和生育保险参保人数分别达5900人和2900人。全年对纳入保障范围的9312名城镇低保对象发放低保金2340万元，对27775名农村低保对象发放低保金3256万元。对农村2450名五保供养对象应保尽保，并对858名五保人员实行集中供养，集中供养率达35%，发放农村五保供养金918万元。积极开展“就业促进行动”，以帮助困难人员就业再就业为重点，2013年城镇新增就业1750人，下岗失业人员和失地无业农民再就业320人，就业困难对象再就业110人，城镇登记失业率为1.85%。加强外出务工人员的职业技能培训工作，全年完成技能培训8500人次，注重劳务输出，促进劳务增收，全年劳务转移输出8.5万人，实现劳务收入11.8亿元。

【领导人】 县委书记：袁文林；县人大常委会主任：吴贤位；县政府县长：张伟；县政协主席：冯祥明。

（审核：马忠/供稿：钱雪燕）

宁南县

【概况】 2013年，全县辖区面积1670平方千米，辖25个乡镇、125个村、819个村民小组。年末总人口19.2万人，人口自然增长率控制在8‰以内。年平均气温19.5℃，降水量860.6毫米，日照时数2506.1小时。全年全县实现地区生产总值44.85亿元、增14.9%，其中：第一产业增加值12.34亿元、增4.9%，第二产业增加值20.33亿元、增24.5%，第三产业增加值12.18亿元、增长9.9%。全县社会固定资产完成投资55.2亿元、增49.1%；地方财政一般预算收入3.85亿元、增12.1%；社会消费品零售总额13.65亿元、增14.7%；城镇居民人均可支配收入19882元、增9.42%，农民人均纯收入9107元、增14.5%。居民消费品价格总水平（CPI）同比上涨2.7%。

【农村经济】 深入推进“五大富民工程”，加快农业规模化、标准化、品牌化、产业化发展进程，现代农业产业强县建设成效明显，宁南县被列为全省现代农业建设重点县、全省种粮农民直接补贴试点县、全州第一批林业产业强县培育县、全州现代畜牧业试点县。全年实现农林牧渔总产值20.6亿元、增4.94%，粮食总产7700万千克、增长5.2%。大力推进“千斤粮、万元钱”工程，全面推广“6215”大行桑套种冬季马铃薯、早市蔬菜等经济作物，加速构建沿金沙江、黑水河流域现代蚕业发展经济带，全年养蚕25.5万张、产茧1195万千克(23.9万担)，蚕农收入4.2亿元、增加6000万元，蚕茧总产、增产和蚕农收入均创历史新高，蚕茧总产、单产、人均产茧、蚕茧质量、蚕农收入五项指标连续13年蝉联全省第一。严格执行国家“双控”政策，烟叶生产规范化、标准化水平提档升级，全年种植烤烟5120公顷，收购烟叶929万千克（18.58万担）；烟农收入2.36亿元、增加3500万元。全年四大牲畜出栏92.1万头（只）、增长16.6%，肉类总产量2098.7万千克、增11.4%，畜牧业产值9亿元、增长5.4%。深入实施林业富民“三百万”工程，大力开展核桃品种改良，全年累计嫁接核桃153万穗，点播核桃种子10万千克，栽植核桃、杉树、华山松166万株；实现林业综合产值6.2亿元、增长148%。积极开展冬季马铃薯新品种引进栽培试验，在披砂、景星、华弹等乡镇建立冬季马铃薯核心示范区1433.33公顷；种植冬季马铃薯5533.33公顷，产量1.7亿千克、薯农收入3.5亿元。深入实施劳务开发“双百”工程，加强劳务技能培训，转移输出农村劳动力5.4万人，实现劳务收入9.1亿元。

【工业经济】 借助茧丝绸、矿产、建材、清洁能源等资源优势，以茧丝绸工业集中发展区为核心，以松新建材、西瑶黑色金属、跑马有色金属工业园区为依托，加快推进“五大产业集群”集聚集约发展，“一区四组团”工业园区建设初具雏形，实现工业增加值14.6亿元、增长26.6%，其中：27户规模以上工业增加值增长38%。茧丝绸工业集中发展区突破发展，银鸿丝业、谊兴丝业技改扩能全面完成，生产设备、工艺流程全国一流，生丝质量全国最优，全年茧丝行业实现综合效益27.1亿元、利税1.7亿元。南丝路集团荣登凉山企业50强，茧丝绸工业集中发展区被列为州级特色产业成长型工业园区，“大凉山·南丝路”系列产品荣获联合国基金会“绿色中国·2013环保成就奖”。

【现代服务业】 着力推进城区服务业网点分布统筹规划，完善网点布局，积极开展“名品、名店、名小吃、乡村特色农家乐”创建活动，全年实现服务业增加值12.2亿元、增长9.7%。充分利用全国春季糖酒交易会、香港茶展、西博会等会展平台，大力推介冬桑凉茶、冬桑茶等特色产品，冬桑凉茶成功进入成都、重庆等市场。金融机构支持地方经济建设的力度不断加大，全县金融机构存款余额36.6亿元、增加6.6亿元，贷款余额13亿元、增加1.7亿元。商业保险、政策性农业保险覆盖面不断扩大，全年实现保费收入4303万元、增长19.1%。

【城乡建设】 坚持产城一体、园城共融、宜居宜业的发展思路，围绕建设“10万人口规模城市”和现代化山区园林城市目标，不断增强城镇集聚产业、承载人口、带动区域发展的能力，全县城镇化率达到30.1%。全年投入城市建设资金4.5亿元，金沙大酒店、政务服务中心等一批公共服务设施全面建成，看守所、顺城南街等重点项目抓紧建设，新城丽景、春生国际等一批房地产开发项目建成投用，城市功能逐渐完善，城市品位和魅力进一步提升。深入推进“四川省第二轮新农村成片推进示范县”建设，坚持产村相融，突出“蜀风滇韵”和“彝家新寨”特色，整合各类资金4.6亿元，启动“幸福美丽乡村”建设2个，建成披砂码口、六铁增建等44个特色新村新寨，改造村道50千米，硬化入户路78千米，惠及13个乡镇27个村3.5万人。投入8541.9万元强化农业基础设施建设，整治长湾子、小垭口等6座病险水库，新建、整治沟渠73千米、微水工程118处，安装供水管道797千米；治理水土流失面积54.8平方千米，新增有效灌面90.67公顷；新建烤房200间。全年投入1亿余元，完成省道212线宁南段水毁应急、松新下坝段改建、松新大桥重建、白水河绕行公路等工程建设，促成省道212线升级为国道；松林、新建、石梨等通乡油路加紧建设，建成通村公路73.9千米。电力电信设施投资3.58亿元的杜家湾220千伏、松新110千伏输变电工程竣工投用，新城区配网工程及农网改造投入5369万元。

【社会事业】 坚持教育优先发展，深入推进“名生”“名师”“名校”三大工程建设，夯实教育发展基础，全年投资4600万元完成宁南中学改扩建、新村小学等学校建设。全面落实“两免一补”政策，免除义务教育阶段学生教科书费、学杂费1835万元，为寄宿制学生提供生活补助773.7万元。投入1220.4万元实施农村义务教育学生营养改善计划。进一步推进校长和教师队伍建设，强化教育教学目标考核管理，改善教育办学条件、提高办学质量，2013年高考硬上省本科线252人，高考升学率超出全州平均水平9.17个百分点，继续保持全州第二。到2013年年末，全县共有幼儿园99所，小学103所（含教学点），单设初中5所，九年一贯制学校2所，高级中学1所，职业技术学校1所；在园（班）幼儿5416人，在校中小学生2.77万人。深入实施“民族地区卫生事业发展十年行动计划”，加快推进医疗卫生基础设施和服务体系建设，总投资6500万元的中医院项目加紧建设，投入760万元完成华弹、竹寿中心卫生院和新华、红星等乡卫生院建设。推进新农合支付方式改革，新农合参合率99.6%。到2013年年底，全县卫生系统有政府举办的医疗卫生机构29个，业务用房使用面积4.83万平方米，专业技术人员577人，实际开放床位数776张。宁南县被列为全省唯一“中澳人权合作项目县”。大力实施农村广播电视“村村响”“村村通”工程，建成“村村响”“村村通”站点35个和无线基站6个，全县有线电视用户达1.5万户。“三馆一所”、乡镇文化站建设稳步推进，全州第一个县级国家三级图书馆建成开馆，建成农家书屋125个、乡镇文化站25个、乡镇固定电影放映点5个，累计放映农村公益电影1620场。

【改善民生】 劳动就业和社保体系逐渐完善，全年“五大保险”参保3.58万人次，征收保险基金1.05亿元；新型农村和城镇居民养老保险参保8.81万人，发放养老金1382.9万元；累计为2.07万人发放低保金2376.8万元，发放各类补助和救济金1061万元；新增就业岗位701个，实现再就业172人次；城镇登记失业率控制在4%以内。深入实施扶贫工程，投入585万元完成扶贫两资项目7个，投入2835.6万元完成农村危房改造2033户。大力开展保障性安居工程建设，全年交付使用的廉租房、限价商品房780套，基本竣工的廉租房494套，正在建设的廉租房120套。

【领导人】 县委书记：张硕；县人大常委会主任：吴同林；县政府县长：代兵；县政协主席：罗定山。

（审核：朱正英/撰稿：邹英）

普格县

【概况】 2013年，普格县辖区面积1918平方千米，其中耕地1.37万公顷。辖34个乡（镇）、153个行政村、8个居委会。年末总人口19.17万人，增7300人，增加4.0%；其中彝族人口15.86万人，比上年增加7451人，占全县总人口的82.7%，汉族人口3.19万人，比上年减少134人，占全县总人口的16.6%。全年气温接近常年平均值，降水量偏多，日照正常；雨季开始期正常，年内有重度的冬、春、夏三连旱；暴雨、洪涝天气明显重于往年。年平均气温17.1℃较历年上升0.4℃；年极端最高气温34.5℃较历年下降2.5℃；年极端最低气温-2.2℃较历年上升2.4℃；年总降水量986.9毫米较历年减少178.7毫米。年总日照时数2249.4小时较历年增加189.2小时。

【财政收入】 2013年，全县实现地区生产总值21.62亿元、增长9.3%。公共财政总收入2.03亿元，增长13.7%；地方公共财政收入

1.40亿元，增长10.0%。完成固定资产投资12.54亿元，增长25.3%。实现城镇居民人均可支配收入19331元，增长8.2%；农民人均纯收入5562元，增长14.3%。

【农业及农村经济】 2013年，全县实现农业总产值11.47亿元、增长4.9%，农业增加值7.03亿元、增长4.7%。粮食总产量7035.8万千克，增长3.4%。合同种烟5153.33公顷、减少10.1%，产烟929万千克（18.58万担）、增长34.2%，烟农收入2.26亿元、增长60.3%。养蚕1.64万张、增长0.6%，产茧45.73万千克（9146担）、增长10.1%，实现收购产值1499万元、增长21.9%。种植马铃薯8266.67公顷、减少0.5%，产量2.02亿千克、增长5.2%。新增特色干果产业1533.33公顷，实现林业总产值4747万元。实现畜牧总产值4.24亿元、增长5.2%，肉类总产量1140万千克、增长2.1%。输转农村劳动力3.92万人、增长28%，实现劳务收入3.13亿元、增长45%。三次产业比重调整为32.5∶36.3∶31.2。

【工业经济】 2013年，全县实现规模以上工业总产值20.37亿元、增长7.7%，工业增加值7.85亿元、增长20.6%，规模以上工业增加值增长1.3%。"两河流域"鲁溪河一级、团结等电站建设有序推进，完成苏家湾电站增容扩建，新增装机6400千瓦，全县总装机达到18.04万千瓦、增长3.8%。豪吉等企业生产能力有效提升，外贸出口势头强劲，出口鸡精2450万千克、增长4.8%，实现出口交货值2.60亿元、增长4.8%，外贸出口占全州出口额的75%。启动黄草坪工业集中区规划相关工作。

【招商引资】 立足资源优势，扩大招商领域，创新招商方式，搭建招商平台，围绕重点招商项目，主动上门洽谈，邀请客商实地考察，借助西博会、彝历年集中推介、签约项目，推动招商大突破，成功招引大唐海口风电、三峡光伏发电、螺髻山旅游综合配套项目、城镇管道燃气等9个项目。全年协议引资27.76亿元，到位资金10.25亿元、增长11.6%。

【第三产业】 2013年，实现第三产业增加值6.74亿元、增长1.6%。基本完成螺髻山索道提速改造，螺髻山、火把节、彝历年知名度得到进一步提高，旅游业发展势头强劲。全年接待游客278万人次、增长14%，实现旅游综合收入6.4亿元、增长52%。"万村千乡市场工程"深入推进，电子商务、通信器材等成为居民消费的新热点。完成社会消费品零售总额6.54亿元、增长10.2%。金融服务业健康发展，普基镇被评为州级信用乡镇，普基镇新农村、花山乡红星村被评为州级信用村。各项存款余额20.48亿元、增长15.4%，各项贷款余额4.97亿元、增长21.3%。

【基础建设】 2013年，县城总体规划、控制性详规、城南新区修建性详规等编制全面完成，县城旧城改造有序启动，城南新区土地征收和火把广场拆迁进展顺利，县城垃圾处理场、救灾仓库、环保综合楼等建设有力推进。整治乱搭乱建68处，清除城市"牛皮癣"2456处，清理杂物2451立方米。完成西巧路和普三路升级改造前期工作，大坪等4条通乡油路全面推进，完成菜子等7条通乡油路工程可评审，新建通村公路40.4千米。完成农业综合开发333.33公顷，烟基改土319.87公顷，新修、维修沟渠124千米，铺设管网237千米，新增有效灌面332公顷、节水灌面333.33公顷。新建智能密集型烤房858座。新建20处供水站。220伏输变电线路建设和熊家梁子至辉隆35千伏送变电工程有序推进，新架设农村输电线路1366千米，成为全州第二个消除无电村的县市。新建沼气池700口；安装太阳能800个；新建4个村通基站；开通7个C网基站；C网覆盖率78%，农村和边远地区通信、邮政服务不断改善。

【生态建设】 全面推进生态县创建，创建省级生态乡镇3个、州级生态村21个、县级生态家园3405户。完成中幼林抚育666.67公顷、退耕还林补植133.33公顷、封山育林333.33公顷，绿化彝家新寨1680户。加强森林草原管护，森林草原火灾率控制在0.5‰以下。实施集体公益林生态补偿4.01万公顷，完成9.64万公顷政策性森林保险，防治森林病虫害266.67公顷。草原生态补助奖励机制工作有序推进，保护草场7.57万公顷，退牧还草工程围栏草场6666.67公顷。

【环境保护】 环境保护和污染治理力度不断加强，关停铁马水泥厂机立窑生产线，建设项目环评率及“三同时”执行率达100%，二氧化硫等主要污染物约束性排放指标全面完成。

【地灾防治】 完成山洪灾害县级非工程措施建设、白水河滑坡应急排危整治和老鹰岩泥石流治理，完善姚家山等4个地灾点治理前期工作。避险搬迁安置农户138户，成功预警避让地质灾害3起，安全转移群众568人。

【社会事业】 2013年，全县开展各类科普培训270期，发放科普资料1.85万份，引进各类人才30名，推广先进实用技术20项，试验推广新品种6个，科技对经济增长的贡献率达到39%。继续巩固“两基”成果，教育方面累计投入2.24亿元。改扩建学校校舍33所，新建教师周转房82套，免除3.15万名义务教育阶段学生学杂费和书本费，义务教育阶段学校营养改善计划惠及3.13万名贫困学生，发放贫困大学生财政贴息贷款81.5万元。加强学校教育、督导、评估工作，加强师德师风建设，狠抓学生习惯养成教育，提升教学质量，高考、中考实现新突破。全县新农合参合率达98.16%。基本药物制度全覆盖，居民健康档案逐步完善，艾滋病、血吸虫病、地方病等防治工作有效推进，在全州率先通过消除疟疾达标验收。引入和补充卫生专业人员28名。新建3个乡镇卫生院和4个村卫生室。全面落实计划生育基本国策，人口自然增长率控制在8.98‰以内。大力开展文体活动，广泛开展全民健身活动，州运会取得团体总分第三的历史最好成绩。放映农村电影1884场，开通8000余户数字电视，安装1450套“村村通”直播卫星设备，新建8个图书服务网点，群众文化生活不断丰富。彝区健康文明新生活运动持续推进，精神文明创建深入开展，涌现出说谷支铁等先进模范人物。

【民生工程】 完善社会保障制度，“五大保险”覆盖2.2万人，新农保参保5.4万人。全面落实就业政策，发放就业困难人员补贴金88万元，新增就业725人，城镇登记失业率控制在2.9%。完善社会救助体系，救助特殊困难儿童1707名，发放城乡低保3891万元，医疗救助困难群众368万元。发放1900套彝家新生活“四件套”。全面启动200套保障性住房建设，住房补贴困难群众1490户，开展白内障复明手术72例，改造27户残疾人住房。及时兑现粮食直补、退耕还林、农机购置补贴等惠民资金6264万元，城乡居民收入持续增加。

【扶贫开发】 统筹推进“八大扶贫”，完成19个村1647户彝家新寨住房主体工程，易地移民安置483户，风貌塑造171户，扶贫解困3400人。深化与珠海市东西扶贫协作，新建洛乌沟中心卫生院和夹夹沟桥，完成红军树新村80户住房主体工程。

【依法行政】 加快推进便民服务中心建设，加强行政效能监察，延伸电子监察面，政务服务体系进一步完善。认真开展办公用房清理、公车编制管理、公务员津补贴规范工作。强化政府采购和工程招投标，节约财政资金312万元。强化审计监督，核减工程结算资金702万元。加强政府门户网站、行政权力运行平台建设，主动公开信息3560条。规范县政府常务会议事规则和会务规范，不断完善政府民主决策、科学决策程序。人大代表建议和政协委员提案办复率达100%。深入开展廉政建设，规范国家机关工作人员宴请行为，强化正风肃纪工作，问责单位12个，问责48人次，立案查处案件25起，给予纪律处分22人。

【领导人】 县委书记：刘长猛；县人大常委会主任：海来日古（彝族）；县政府县长：沙英（彝族，女）；县政协主席：张凌（女）。

（审核：王莉/撰稿：陈思洁）

布拖县

【概况】 2013年，县委、县政府团结带领全县各族人民，深入学习贯彻党的十八大、十八届三中全会精神，以邓小平理论、“三个代表”重要思想和科学发展观为指导，紧紧把握“加快发展、追赶跨越”的工作基调，始终坚持“规划先行、项目引领，投资拉动、产业支撑，改善民生、优化服务”的工作方针，锐意进取，扎实工作，较好地完成了全年目标任务，全县呈现出经济发展、民生改善、社会和谐稳定的良好局面。

【经济概况】 第一产业实现增加值6.0亿元，增长4.7%。全县粮食总产量达到6750万千克，增长3.9%。种植马铃薯1.31万公顷，产量达到2.79亿千克。新建拖觉农业科技示范园区353.33公顷，产值突破1000万元。建成畜牧科技示范园区4个。种草2.17万公顷。“四畜”存栏42.05万头（只），出栏23.65万头（只），肉类总产量为1087万千克。林业产业稳步发展，种植白杨320万株，青花椒50万株，核桃50万株。种植烤烟380公顷，产烟60.5万千克（1.21万担），实现烟农收入1528.3万元，户均收入1.29万元，县财政增收500余万元。种植附子166.67公顷，实现产值600万元，“布拖附子”地理标志产品保护通过国家质检总局认证，黑附片和白附片通过“第十一届四川名牌”专家评审。新建沼气池740口，发放四件套1600套。新增新型农机具130台（套），农机化作业水平不断提高。惠农政策全面落实，兑现粮食直补、良种补贴、农机购置补贴、能繁母猪及草原生态补奖、退耕还林等涉农政策性补贴6799万元。深入实施“大凉山”农特产品品牌战略。新建成农民专合组织8个，辐射带动农户3359户。多渠道组织培训农民工2万人次，有序转移农村富余劳动力4.62万人次，实现劳务收入2.74亿元。

【工业经济】 实现全部工业增加值12.78亿元，增长15.6%；规上工业增加值增速16.09%。县电力公司改制重组顺利推进。华电集团装机34万千瓦的西溪河流域梯级电站平稳运行。建茂食品公司年加工200万千克苦荞项目、玉龙矿业公司日处理300万千克石灰石项目建成投产。金江水电公司装机9600千瓦大田坝水电站项目、布拖—美姑河110千伏输变电工程基本完工。交际河流域装机3.8万千瓦梯级电站项目顺利推进。总投资4.95亿元，装机容量4.95万千瓦，年发电量1.15亿千瓦时的华能火烈风电项目一期工程开工，乐安、补尔风电项目前期工作有序推进。成宗矿业铅锌萤石探矿项目进展顺利，完成投资1.19亿元；坤宇矿业年产2.4亿千克生石灰项目，完成投资1973万元。十三届西博会签约的母蓄梁子铅锌矿综合开发项目完成投资773万元，足补铅锌矿综合开发项目完成投资1.4亿元，探矿工作有序进行。招商引资实际到位资金8.9亿元。十四届西博会成功签约3个项目总投资10亿元。木尔石灰石工业集中区通过县级评审，则洛食品药品工业集中区通过州级评审，并有坤宇、玉龙、安鸿、建茂4家企业入驻。

【第三产业】 第三产业增加值完成5.15亿元，增长7.5%。全年社会消费品零售总额完成3.18亿元，增长11.2%。接待游客24.82万人次，实现旅游收入2530万元，增长62.2%。《布拖县旅游总体规划》编制工作全面启动。年末金融机构各项存款余额达到17.49亿元，增长20.5%。成功引进平安保险落户布拖。投资5000万元集超市、宾馆一体的商贸中心建成营运。投资4500万元改造的县农贸市场投入使用。投资1000余万元建成布拖大酒店贵宾楼。六姐商贸配送中心启动营运。新增餐饮娱乐酒店服务企业18家，从业人员不断增多，服务能力不断提升。

【城镇化建设】 依托特殊的地理气候和浓郁的民族文化资源，整合城市功能区资源，以行政公务区、滨河新区、文化旅游区规划建设为突破，倾力打造大凉山“高原明珠”。城镇化水平逐步提高，城镇化率达19%，提高了1.6%。启动《布拖县城市总体规划》修编。完成滨河新区实物调查。政务中心综合楼、法院审判庭、检察院技侦业务用房、移动公司综合楼、诗书馆、青少年活动中心主体建筑完工。看守所、民兵训练基地建设有序推进。投入185万元实施城乡环境综合治理小微项目，对县城路灯进行全面修缮，实施都寨大道绿化，步行街、阿都街风貌塑造，亮化、美化县城人居环境。完成龙潭镇小城镇规划。完成拖觉镇街道风貌塑造、垃圾中转站、公共厕所等工程，小城镇功能更加完善。

【教育卫生事业】 投入资金2.09亿元，不断推动教育事业全面发展。严格执行“五长”责任制，着力抓好控辍保学，不断巩固“两基”成果。积极落实“两免一补”、营养改善计划、彝区“9+3”免费职教等教育惠民政策。建成以食堂供餐为主的营养改善计划模式省州示范县。整合各类资源，不断扩大寄宿制教育规模，全县寄宿制学生达14060人。考调和招考96名教师，调整充实教师队伍。积极争取校安工程、十年行动计划、农村薄弱学校食堂改造等项目，不断改善办学条件，推进学校标准化建设。建立和完善教育帮扶机制，推荐60名农村优秀学生就读州民中、会理中学高中重点班。大力推进基本公共卫生服务逐步均等化，建成58个村卫生室，改扩建7个乡镇卫生院。新农合参合人数14.86万人，参合率97.34%，比2012年上升1.08%。狠抓卫生人才队伍建设，招录各类医务人员45名。

【综合扶贫开发】 解决3700名绝对贫困人口的温饱问题和2.2万人安全饮水困难。投入6534.6万元，实施15个村1312户彝家新寨建设，修建水泥路11.2千米，入户路29千米，建设“1+N”活动中心7个，垃圾池16口。投入800万元实施8个村整村推进项目，惠及1267户4812人。认真编制世行贷款项目规划，确定6个乡镇29个村为项目区，规划总投资1亿元，覆盖7741户29385人。

【基础设施建设】 实施6个乡镇客运站、31个农村客运招呼站建设。完成龙潭、沙洛通乡油路5.9千米波形防护栏续建工程。实施通村通畅工程28条36.4千米，通村通达工程8条7.7千米，麻地湾滑坡复建公路4.7千米。启动G356布拖至三湾河段升级改造前期工作。建设高标准农田1853.33公顷，新增耕地66.67公顷，完成渠道清淤7.6千米，新增有效灌面66.67公顷、节水灌面66.67公顷，综合治理水土流失5平方千米，启动10个土地开发项目。完成龙潭镇堤防水毁修复工程，防汛抗灾能力得到巩固。投资400万元实施牛角湾、罗家坪烟基工程，新建沟渠9条，水池8口。实施无电地区电力建设工程，建设补洛—地洛、拖觉—乌依35千伏输变电工程，解决24个村2809户群众用电困难。

【社会保障】 城镇新增就业312人，城镇登记失业率控制在4%以内，“五大保险”参保人数达8.6万人，新农保参保人数77740人。发放4135名城镇低保保障金864.1万元，32166名农村低保保障金3087.9万元，1109名农村五保供养资金403.4万元。发放2482名特殊困难儿童生活保障金673.5万元，1245名孤儿生活保障金1083万元。发放城乡医疗救助金1022.7万元，下拨救灾资金160万元。完成2012年续建廉租住房300套，新开工建设100套，棚户区改造34套，发放廉租住房租赁补贴40.3万元。完成地质灾害防灾避险搬迁44户。建设补尔、采哈等乡206套基层周转房。

【文化体育事业】 建成2个乡镇综合文化站和34个农民体育健身工程，积极打造拉达乡省级示范乡镇综合文化站。新增无线数字电视用户

1729户，发放卫星直播设备1512套，放映农村公益电影2280场。文化馆、图书馆向社会免费开放。持续开展广场舞、太极拳等全民健身活动。成立彝学会，壮大彝族文化工作队伍。承办凉山州艺术家摄影协会成立大会。在州四运会上取得男子标枪金牌并在布拖县城成功协办了四运会桥牌比赛项目。

【禁毒防艾】 2013年，全县破获毒品违法犯罪案件472件，抓获违法犯罪嫌疑人491人，缴获毒品2.9万余克。举办“6·26”大型禁毒宣传、禁毒彝汉双语演讲、万人签名主题宣传活动。深入农村、学校宣传禁毒知识和法律法规，在特木里小学建立青少年禁毒教育基地。组织学生到戒毒所学习了解毒品危害和艾滋病防治知识。扎实推进国家“十二五”重大科研专项。开展形式多样的“12·1”世界艾滋病日系列宣传活动。举办电视讲座，宣讲艾滋病防治、高危行为识别等相关知识。针对返乡农民工开展以艾滋病防治为主的健康教育。大力加强重点及特殊人群的行为干预，全面落实“四免一关怀”政策。免费婚检1190对，美沙酮维持治疗累计3201人，纳入抗病毒治疗2392人，自愿咨询检测21084人。启动艾滋病感染者、病人相对集中管理模式试点工作。

【生态环境】 2013年完成退耕还林补植补造146.67公顷，“天保”工程常年森林管护面积8.1万公顷，白杨保存数2490万株，森林覆盖率达32%。乐安湿地自然保护区生态修复稳步开展，完成封山育林666.67公顷、人工造林333.33公顷。投入1600万元实施特木里河综合治理。

【政府自身建设】 自觉接受县人大及其常委会的依法监督和县政协的民主监督，高度重视代表、委员的议案、提案，办理人大代表议案、建议、批评和意见35件，县政协委员提案和建议66件。严格执行中央“八项规定”和省、州、县“十项规定”，着力解决“四风”问题，停止新建党政机关楼堂馆所和清理办公用房。深入推进惩治和预防腐败体系建设，加强审计监督和行政监察，进一步规范工程招投标、政府采购等制度，严肃查处违纪违法案件。按期完成政府性债务清理工作，清理规范行政权力4000件，政府公信力明显增强。第三次全国经济普查、第九届村（居）委会换届选举、“一标三实”等工作有序推进。安全生产形势总体平稳，食品药品监管体制改革稳步推进。深入开展大接访活动，受理群众来信来访129件（次）。国防动员、民兵预备役工作得到加强，民族宗教、人事、统计、物价、邮政、气象、救灾、档案、通信、老龄、地方志、残疾人、语言文字、妇女儿童、对台外事侨务、工商、质监等工作都取得了新成绩。

【领导人】 县委书记：沙文；县人大常委会主任：乃古科且；县政府县长：卢史体；县政协主席：王金秀。

（审核：谢勇/撰稿：姚仲华）

昭觉县

【概况】 2013年，全县辖区面积2699平方千米，辖47个乡（镇）、271个行政村、837个农牧服务社，年末总人口30.73万人，其中彝族占98.03%，人口自然增长率为9‰。全年全县地区生产总值21.45亿元，增长10.7%；社会固定资产投资15.57亿元，增长19.4%；公共财政总收入1.57亿元，增长17.1%，其中：地方公共财政收入1.15亿元，增长11.5%；城镇居民人均可支配收入18524元，增长8.8%；农民人均纯收入4919元，增长14.5%。第一产业增加值8.37亿元，增长4.7%，其中：农业增加值3.9亿元、牧业增加值3.82亿元。第二产业增加值5.92亿元，增长28.2%，其中：规模以上工业增加值增长19.2%。第三产业增加值7.16亿元，增长3.8%，社会消费品零售总额增长14.3%。年末金融机构各项存款余额25.41亿元、贷款余额4.03亿元。

【工业企业】 完成集磷化工、建材、农产品深加工于一体的综合园区前期规划；立项设计完成由华能风电投资装机14.85万千瓦的特口甲谷、洛尔、依达三期风电场，其中特口甲谷、洛尔风电场获国家发改委核准并开工建设，全年完成投资6.64亿元，超投资计划5800万元；总投资2920万元的金利毛纺织品有限公司建成投产；投资350万元的芝元农业科技开发有限公司重启；投资1500万元的奇奇尔舞山矿泉水第二期瓶装矿泉水生产线竣工。

【现代农业】 2013年，全县种植粮食作物1.86万公顷（其中：马铃薯1.51万公顷），粮食总产量1.01亿千克；栽植核桃300万株（8000公顷），成活率达85%以上；全县肉类总产量2170万千克；建成县级农产品质量安全检验检测站，同时建成高标准现代养殖小区12个，培育养殖大户2户；全县种植烤烟605公顷，烟叶产量114.5万千克（2.29万担），产值2085.4万元。

【旅游服务业】 积极打造高原避暑、温泉休闲度假、民俗民风观光以及乡村特色旅游线路，申报“谷克德”高原湿地公园前期规划，全面开工建设大坪坝汽车自驾游营地和万亩玫瑰观光园，依法实施南红玛瑙风险探矿，开展跨克物流中心、东五县汽车检测管理中心等项目前期工作。

【公路建设】 立足昭觉实际，加快公路网络建设，全力开展S307雷波坪头至昭觉大桥公路改建工程（境内长45.5千米）建设、S208庆恒至金阳县城公路改建工程（境内长31.8千米）建设、溪洛渡库区支莫路还复建工程建设，完成S307西昌川兴至昭觉县城公路改建工程（境内长85.06千米）项目前期工作、县城新区5.2千米主干道路工程设计变更和征地拆迁工作，编制初设布拖至昭觉三湾河公路改建工程和越西中所至昭觉马家院公路改建工程。完成40.6千米通乡公路工程、23.4千米通畅公路工程及14.5千米通达公路工程建设任务。

【农田水利建设】 2013年，全县加固修复城区堤防和库依堤防，清淤21条渠堰，新增有效灌面40公顷、节水灌面33.33公顷；完成47个村的农村饮水安全工程，建成山洪灾害防治指挥系统；建成566.67公顷烟叶生产基础设施和116间烤房，治理烟地65.33公顷。实施10个土地开发项目、城乡建设用地“增减挂钩”建设和高标准基本农田建设。

【生态环境建设】 2013年，全县扎实推进退耕还林、封山育林、核桃种植等林业重点工程，深入实施退牧还草、石漠化综合治理恢复、城乡绿化计划。全年完成天然林保护二期工程10.4万公顷、巩固退耕还林成果8033.33公顷、营造林9153.33公顷、退牧还草围栏1.33万公顷。成功避险搬迁安置地质灾害隐患农户254户。有效控制了单位GDP和工业增加值能耗。

【城乡规划建设】 2013年，聘请清华设计院编制《昭觉县新一轮城市总体规划》《昭觉县旅游业发展总体规划》《昭觉县谷克德国家湿地公园修建性详规》《昭觉县谷克德旅游概念规划》《昭觉县七里坝景区重要节点修建性详规》；聘请中国石油和化工设计院编制竹核工业集中区总体规划和产业规划。编制完成竹核等25个生态乡镇，普诗、洒拉地坡、城北3个省级生态文明乡规划。城市生活垃圾卫生填埋场（日处理5万千克）实现“三通一平”，铺设城市燃气管道3850米，立项申报县第二水厂项目，推进城区供水管网改造二期工程，开工建设新城镇污水处理站。12个乡镇卫生院建设项目的主体工程完工，初设环评东五县区域医疗中心，开工建设农村急救体系建设项目，新增城镇建成区面积2万平方米，城镇化率达19.95%。

【招商引资】 2013年协议引资23个项目，引进到位国内省外资金8.03亿元，增长14.7%；与2家银行业金融机构签订2.02亿元融资合作协议，企业获州内银行业金融机构授信2.28亿元。

【民生保障】　2013年，全县财政民生类支出4.99亿元，占总支出的40.0%；居民消费价格涨幅回落到1.8%；10个扶贫专题项目建设投资3.02亿元，全年减少贫困人口5500人；实现下岗失业人员和被征地农民就业107人，城镇登记失业率控制在4.0%；五大社会保险总参保人数达9.17万人次，共征收保险基金5931万元；6.9万新型农村人口和400名城镇居民参加养老保险；6.05万人纳入城乡居民最低生活保障，发放保障金6100万元；为3017名特殊困难儿童和1315名孤儿发放保障金1568.2万元，为1459名农村五保供养对象发放供养金525.2万元；城乡医疗救助7.1万人次，发放医疗救助资金1381.6万元；基本建成保障性住房288套，发放租赁补贴1320户、资金110.7万元，改造农村D级危房260户；安装配电变压器401台，受益农户1.47万户6.62万人。最低工资标准提高到每月1070元。

【社会文化事业】　2013年，完成县城幼儿园搬迁扩建项目，完成县民族中学玛增依乌分校的规划调整、地灾评估、水土保持和环境评估，完成普诗九年一贯制学校改扩建工程的整体规划，开展昭中塑胶跑道建设项目招投标，农村学校教师周转宿舍建设项目竣工，中小学校舍安全工程项目完成主体工程建设；营养午餐计划覆盖中小学181所，惠及学生4.12万人；全年通过公开招聘、特岗计划、人才引进、外县调入等方式，新增教师202人。县医院成功创建二级甲等医院，全县公开招聘医务人员42名充实到医疗队伍。建成乡镇文化站47个、农家书屋268个，彝族服饰和彝族“克西举尔”成功列入省级非物质文化遗产名录，申报彝族赛马习俗、“德古”习俗和彝族“克格”为省级非物质文化遗产。

【廉政建设】　加大反腐力度，强化监察和审计。全年监察查处24人，挽回经济损失53万余元；审计查出主要问题金额358万元，管理不规范资金2598万元，工程审减资金948万元。

【领导人】　县委书记：子克拉格；县人大常委会主任：贾尔体；县政府县长：杨昌林；县政协主席：吉觉古史。

（审核：王伟/撰稿：朱文峰）

金阳县

【概况】　2013年，全县辖区面积1588.23平方千米，其中耕地1.59万公顷，与2012年（下同）持平。辖4个镇、30个乡、179个村（居委会）、808个村（居）民小组。年末总人口20.07万人，增4.1%，其中：彝族16.31万人，占总人口（下同）的81.2%，增0.05%；汉族3.66万人，占18.3%，增0.01%；藏族、回族、满族、白族、苗族、羌族、侗族、布依族、景颇族等少数民族1011人，占0.5%，降0.01%。男性人口10.31万人，占51.37%，增0.04%；女性人口9.77万人，占48.63%，增0.04%；男女性别比106∶100。全年出生人口2657人，出生率15.72‰；死亡人口1046人，死亡率6.19‰；人口自然增长率9.53‰，降0.4个千分点。全年全县地区生产总值24.25亿元，同比增3.9%，其中：第一产业增加值5.65亿元，增4.4 %；第二产业增加值13.04亿元，增4.5%；第三产业增加值5.56亿元，增2.2%。三次产业对经济增长的贡献率分别为26.9%、59.8%和13.3%，一、二、三次产业占生产总值的比重由2012年的23.8∶54.5∶21.7调整为23.3∶53.8∶22.9。全县地方财政收入1.72亿元，下降26.2%，其中：县级一般预算收入（不含基金收入）1.26亿元，下降28.1%。县级财政支出10.42亿元，增2.9%，其中：农业支出1.61亿元，下降2.8%；教育支出2.13亿元，下降9.5%；住房保障支出2252万元，增37.1%；医疗卫生支出1.04亿元，增10.2%；节能环保支出6909万元，增61.5%。全年完成全社会固定资产投资13.20亿元，降7.3%。按投资构成分：建筑工程11.09亿元、降19.8%，安装工程5670万元、增81.6%，设备购置1.18亿元、增1242.7%，其他费用3559万元、增4522.1%；按产业分：第二产业投资4.09亿元、增25.4%、占总投资的31%，第三产业投资9.11亿元、降17%、占69%。城镇新增固定资产12.72亿元、增155.4%，投资对经济的增长贡献率呈负数，拉动GDP下降0.9个百分点。全县社会消费品零售总额4.83亿元、增3.7%，按经营地分：县消费品市场零售额2.76亿元、增4.1%，县以下消费品市场零售额2.07亿元、增3.2%；按行业结构分：批发零售业58.9万元、增24.3%，零售业4.53亿元、增4.9%，餐饮业2765.1万元、降13.1%，住宿业202.5万元、增12.6%。金融机构各项存款余额22.15亿余元，增4.9%，其中城乡居民储蓄存款余额10.79亿元，增44%；各项贷款余额2.92亿元，增9.8%。全县在岗职工年均工资5.06万元，增7.3%，城镇居民可支配收入1.91万元，增7.8%；年末城镇居民人均住房面积34.87平方米；农村居民人均纯收入4659元、增14.33%，农村居民人均可支配收入4609.54元，增14.7%。

【工业经济】 2013年，完成规模以上工业总产值16.08亿元，降15.4%；工业对全县国内生产总值的贡献率为82.2%，占GDP的比重为44.4%，拉动GDP增长3.2个百分点。全年规模以上工业销售收入16.08亿元，降15.4%；实现利润8987万元，降28.3%；工业产品产销率100%。

【民营经济】 2013年，全县民营经济从业人员3133人，增14.5%；注册资金1.59亿元，增16.2%。实现增加值10.49亿余元，增6.7%，其中：第一产业增加值2.04亿元，增4.4%；第二产业增加值6.22亿元，增7.6%；第三产业增加值2.26亿元，增6.6%。上缴税金3985万元，降46.0%。民营经济占GDP的比重为43.2%，对经济增长的贡献率达71.8%，拉动GDP增长2.8个百分点。

【农业及农村经济】 2013年，实现农林牧业总产值10.75亿元，增长6.9%；农村居民人均纯收入4659元，增14.33%。全县主要粮食作物产量保持稳定。粮食总产量6070万千克，降1.9%；油料产量19万千克、麻类产量1.4万千克、烟叶产量6.6万千克、魔芋产量503.6万千克，均分别与2012年持平；水果产量385.5万千克，增6.64%；蔬菜产量3800万千克，增2.57%；甘蔗产量748.3万千克，降16.8%。实现农业产值5.52亿元，增10.3%。牲畜出栏31.18万头（只），增1.51%，其中：肥猪14.03万头，增1.8%；肉牛1.08万头，增2.2%；羊16.07万只，增1.2%。全年肉类总产量1310万千克，增2.1%，其中：猪肉900万千克，增2.7%；牛肉88.9万千克，增2.2%；羊肉280.4万千克；禽肉产量45.6万千克，增3.9%；禽蛋产量74万千克，增1.4%；蚕茧产量2.1万千克，降70.8%；水产品2万千克，持平。养殖业产值4.49亿元，增4.1%。全年造林646.67公顷，降84.35%，四旁零星植树353万株，降33.75%。全年产核桃928万千克，增1.97%；花椒531万千克，增2.91%；生漆8.52万千克，板栗产量1.4万千克，分别与2012年持平。实现林业产值5360万元，增0.35%。

【交通、邮电】 2013年，全县34个乡镇、127个村（居）委会全部通公路。完成公路货物周转量485.8亿千克千米，增2.6%；公路旅客周转量5498万人千米，增2.8%。全年完成邮政业务总量319万元，增10.0%。年末固定电话用户4811户，降9.8%；移动电话用户5.68万户，增4.7%。实现邮电主营业务收入3662万元，增15.1%。

【社会事业】 2013年，继续实施“两免一补（免学费、免书本费、补助生活费）”和“四川省民族地区十年行动计划”以及普及九年义务教育政策。年末全县有各类学校46所，其中：小学39所，普通中学7所；专任教师1309人，其中：小学专任教师1024人，中学专任教师285人；在校生2.95万人，其中：小学在校生2.40万人，中学在校生5473人；学龄儿童入学率98.21%，其中：女童入学率95%。初中毕业生升学率18.77%，高中毕业生升学率76%。年末全县有乡镇卫生院及以上医疗机构35个、病床620张，医疗卫生技术人员381人，实际参加新型农村合作医疗的农民13.76万人。年末有调频发射机66部，电视转播发射台1座、电视发射机164部。有线广播电视用户3650户，552个自然村通广播电视，广播人口覆盖率73.13%，电视人口综合覆盖率87.14%。

【社会保障】 2013年，全县参加基本养老保险职工1928人，增2.3%；参加城镇基本医疗保险职工1.08万人，增3.3%；参加失业保险职工2536人，增4.1%。领取城镇居民最低生活保障人员2849人，同比持平；领取农村居民最低生活保障人员3.51万人，同比持平。

【领导人】 县委书记：阿比合几（彝族）；县人大常委会主任：勒尔伍哈（彝族，2013年8月病故）、黄格哈（彝族，2013年8月起）；县政府县长：毛正文（彝族）；县政协主席：谭福宣。

（审核：李江/撰稿：陈军　王健　杨平）

雷波县

【概况】 2013年，全县辖区面积2932平方千米，其中：耕地面积1.63万公顷，与上年同期持平；播种面积3.24万公顷，有林地面积11.90万公顷。辖45个乡，4个镇，8个社区，281个村，1230个村民小组。年末总人口26.59万人，比上年增加5027人，同比增长4.5‰。少数民族14.85万人，占总人口的55.8%。人口出生率17.5‰，死亡率5.0‰；自然增长率12.5‰。年平均气温为14.9℃，比上年增加0.9℃，年日照时数为1137.7小时，比上年增加294.1小时，年平均降水量1201.6毫米，比上年增加338.3毫米。全年全县生产总值完成45.5亿元，按可比价（下同）增长6.5%。地方公共财政收入4.2亿元，增长18.7%；固定资产投资85.1亿元，同比持平；社会消费品零售总额8.5亿元，增长10.2%。城镇居民可支配收入18591元，增长9%；农民人均纯收入5258元，增长14.5%。规上工业增加值增长25.6%，新增规上工业企业3户，总数达10户。银行业机构年末存款余额达37.6亿元，增长26.2%，贷款余额达7.7亿元，增长4.1%；保险业机构实现保费收入3100万元，增长29.2%。

【工业经济】 2013年，溪洛渡水电站大坝最低浇筑至605米，库区移民复建工作强力推进，实现按期下闸蓄水发电目标，已成功投产12台机组；互助、长河电站实现投产发电，装机6.3万千瓦，新开工中沙坪、西宁等4座电站，装机5.05万千瓦；县城至拉咪110千伏输变电项目建成投运。洋丰公司11亿千克磷铵项目正常生产，施可丰公司一期6亿千克长效缓释肥项目实现试生产，二期工程启动实施。凯瑞公司6000万千克黄磷项目完成征地和场平工作，正在开展厂房建设、设备安装。明信公司生态型磷化工综合利用项目与四川大学合作进行的湿法磷酸中试工作有序推进。兴达河南公司5亿千克磷矿洗选项目建成，磷矿除保证2户磷化工企业生产所需外，向外运销14.2亿千克。

【农业经济】 2013年，全县农业增加值完成9.45亿元，增长4.8%，粮食总产8710万千克，增长3.3%；产脐橙600万千克、白魔芋1450万千克、茶叶72.2万千克。培育现代林业核桃基地1606.67公顷，产青花椒（干）290万千克、核桃（干）780万千克、竹笋（干）160万千克。肉类总产量1660万千克，增长1.8%。农业产业化企业达14个，专合组织59家。规范使用“大凉山”品牌新包装26个；雷波脐橙在全国食品行业品牌价值活动中评估为36亿元，雷波县荣获“全国食品行业农产品品牌建设示范县”称号。全年培训农民工7000人次，转移输出农村劳动力5.98万人次，实现劳务收入6.6亿元。实现第三产业增加值9.65亿元，增长3.5%。

【旅游经济】　2013年，正式启动马湖景区创建国家AAAA级旅游景区工作，完成项目用地勘界和实物调查，长1025米的龙洞湾消防通道及亮化工程建成投入使用。《雷波县旅游发展规划（修编）》和《乐水湖海湾村乡村旅游景观工程修建性详规》通过专家评审，全县已纳入《乌蒙山片区旅游规划》大盘。全年接待游客51.3万人次，增长35%，实现旅游收入3.02亿元，增长51%。

【交通运输】　2013年，县内G353线金沙口至坪头段49.8千米复建公路建成投入使用，24千米的巴姑乡通乡水泥路启动建设，7条35.2千米的通村通达公路和6条19.2千米的通村通畅公路全面完工，开工建设15条共33.7千米的通村通达和21条65.7千米通村通畅公路；启动8个乡镇客运站和26个村级招呼站建设。溪洛渡库区县乡复建公路建设稳步推进，路基工程已基本完成，路面工程完成总量的45%，桥梁工程完成总量的56%，隧道工程完成总量的75%。凉山港雷波港区下河坝、回龙场等5个码头完成水下作业工程，金沙口等2个码头正在实施水下部分工程作业，岩脚、千万贯、卡哈洛等3个车渡码头加紧建设，已完成工程总量的65%。

【农业基础设施】　2013年，全县标准农田建设改土改良266.67公顷，新建和改建脐橙园66.67公顷，完成帕哈乡333.33公顷中低产田改造。完成渠道建设52.5千米，维修整治255千米，新增有效和节水灌面400公顷。彝家新寨和整村推进项目村新建通村通组道路137千米、入户路135千米，维修乡村道路73.2千米。

【电力通信】　无电地区电力建设一期工程全面启动，溪洛渡库区电力复建工程全面推进，元宝山、巴姑、上田坝等5个变电站综合楼已全面完工，110千伏和35千伏线路全面建成，10千伏线路完成工程总量的90%。全年扩容通信网络箱230个，建设完善通信盲区基站27处，实施光纤提速改造；溪洛渡库区通信基站恢复工程积极推进，部分基站建成启用。

【政企改革与发展】　2013年，全县清理行政权力，减少行政审批事项92项。农村集体土地所有权登记工作顺利完成。人事制度改革积极推进，财政预算管理、国库集中支付、支出绩效评价、投资评审、公务卡改革不断深化，“三公”经费减少10%，其他公务经费减少5%。事业单位分类改革稳妥推进，食品药品监督管理体制改革全面启动，完成食药监管局“三定”规定和职能划转工作。县医院全面取消以药补医，让利群众45.4万元。制定完善全县5户国有企业改制方案，率先启动物资公司改制。推进政企、政银和区域合作，与四川矿业集团就小沟磷矿开发签订战略合作协议，与国家民生银行就矿业开发融资签订意向协议，积极与宜宾市联系争取交通网络对接。利用十四届西博会等招商平台，签约项目9个，协议引资56.6亿元。民营经济加快发展，实现增加值27.5亿元，增长13%。

【生态环境】　2013年，全县治理水土流失6.1平方千米，坡改梯88公顷，建设沼气池800口；营造林1800公顷，退牧还草围栏1.2万公顷；建设生态乡镇3个，生态村31个；关闭污染较重的伍兴水泥厂机立窑生产线，保护集中式饮用水源17个。加强对溪洛渡、向家坝库区周边地质灾害隐患的监测，实施地质灾害应急排危项目10个，避险搬迁安置200户，成功避让地质灾害35起，避免经济损失770万元。重新布局建设新公墓和殡仪馆，完成新址征地32.87公顷；马道子垃圾填埋场工程开工建设，启动锦城污水处理站项目建设。城乡环境综合治理深入推进，有效治理“七乱”现象。

【城乡建设】 撤并南田乡、白铁坝乡建金沙镇获得省上批准。溪洛渡和向家坝水电站7个复建集镇整体搬迁基本完成，新型集镇雏形基本形成；外部供水、内部市政、管网、环保等公共设施正在完善；学校、医院、乡镇等公建房及移民安置房基本建成，大部分已投入使用。汶水镇马道子村、顺河乡干海村2个工业新村建设进展顺利，受益群众484户，其中干海村123户全部入住新居。彝家新寨农房建设指导服务到位，基本达到美观、适用、功能齐全和防震要求。县城新区建设一期工程15.94公顷征地基本完成，二期工程21.33公顷征地全面启动，海湾200套廉租房项目完成征地并启动建设。县城新区修建性详规、供排水、风貌设计等专项规划编制完成，开展黄琅镇蔡家堡修建性详规、金沙镇总体规划的编制。108套廉租房项目全面竣工，采取BT模式完成2492米县城部分道路的升级改造。

【民生和社会事业】 2013年，投资1.21亿元建设彝家新寨22个，整村推进17个，住房新建1487户，风貌打造439户，受益农户4000余户2万余人，贫困人口减少4800人。投资5.16亿元，同比增长51.8%的教育、医疗、就业培训、社会保障、安全饮水等十大民生工程年度建设任务全面完成。城镇新增就业918人，1361名残疾人实现居家灵活就业。城镇职工“五大保险”参保达3.43万人次；新型农村和城镇居民养老保险覆盖3.8万人，发放养老金1255万元。支付基本医疗保险费1500万元，城镇职工医保、补充医保和居民医保年度最高支付限额分别上调至43万元和12万元。城镇、农村低保实现应保尽保，月均补助分别提高到188元和83元。农村五保标准从2012年的150元/月提高到300元/月，发放270名孤儿生活补助194.4万元，发放938名特殊困难儿童生活保障金274.6万元，实行高龄老人生活补贴制度。“惠农保”试点覆盖15.7万人，提供风险保障100.7亿元。整合投入资金420万元，为5053名残疾人提供“量体裁衣”式个性化服务，为846名重度残疾人发放护理补贴52.2万元。城乡医疗救助4.2万人次，发放救助金450.9万元。发放贫困居民住房租赁补贴112.8万元；发放妇女小额信贷463万元。投入1600万元，解决农村4.03万人的安全饮水问题。溪洛渡和向家坝水电站移民搬迁安置全面完成，兑现后期扶持资金61.2万元，发放水库移民妇女发展扶持项目资金115万元。教育事业投入资金8380万元实施雷波中学示范高中建设和19所中小学“校安工程”，启动县第二幼儿园、黄琅镇幼儿园建设。教育“两免一补”政策惠及广大学生，9904名寄宿制学生享受生活补助1436万元，农村义务教育营养改善计划受益学生达3.60万人，启动实施《雷波县扶残助学暂行办法》。全县新农合参合率达98.1%，全年收回违规报销资金54.87万元；施行基本药物制度，基层医疗卫生机构药价平均下降20%以上；国家基本和公共卫生服务项目全面实施，县医院综合楼和妇幼保健站建成投入使用，妇幼保健、规划免疫积极实施，有力防控艾滋病、结核病等重点传染病。建设农家书屋110个，新组建的彝族民歌组合——“表哥表妹组合”参加在成都举办的民歌争霸2013中国民歌大赛，获前三甲。彝族月琴制作技艺、瓦岗服饰等7项申报为省级非物质文化遗产，在州四运会上获得1金4银3铜的成绩。全年完成“村村通”设备安装2004套，县城区有线电视网络数字化改造基本完成，用户看上高清电视节目。

【社会治安综合治理】 网格化社会服务试点工作顺利推进，第九届村（居）委会换届选举工作全面完成。启动新一轮“平安雷波”建设，“六五”普法、禁毒防艾工作深入推进，保持对各类违法犯罪打击的高压态势，刑事案件破案率上升10.8个百分点，其中破毒品案24件，破案率100%；治安案件查处率上升13.9个百分点，保持社会治安稳定。全年信访办结率达94%，有效应对处置卡坪移民信访维稳事件，确保在全国、省州“两会”，2013成都财富全球论坛，第十二届华商大会，十八届三中全会期间无赴省进京非访和集访事件发生。全年受理拖欠农民工工资案21件，为325名农民工追回工资222万元。加大安全生产监管力度，严厉打击非法客运，规范农村客运车辆466辆。彝区健康文明新生活运动持续开展，发放“四件套”1848套。精神文明创建深入开展，原大坪子乡中心校校长马剑霞荣获“全国青年五四奖章”。

【领导人】　县委书记：毛德忠（彝族）；县人大常委会主任：阿木布沙（彝族）；县政府县长：王荣华；县政协主席：杨光平（彝族）。

（审核：杨尔坡/撰稿：王巧奇）

美姑县

【概况】　2013年，美姑县辖36个乡（镇）和3个居民委员会，全县辖区面积2573平方千米，其中耕地面积1.85万公顷；森林覆盖率50.1%；年末总人口262162人，人口出生率12.8‰，死亡率4.3‰，自然增长率8.5‰。全年全县实现地区生产总值18.2亿元，同比增长4.3%。其中：第一产业增加值7.07亿元，同比增长4.8%；第二产业增加值5.39亿元，同比增长2.8%；第三产业增加值5.74亿元，同比增长5.2%。社会消费品零售总额3.9亿元，同比增长7.7%。全社会固定资产投资14亿元，同比增长16.2%。地方公共财政收入1.4亿元，同比增长8.5%。地方财政一般预算支出11.3亿元，同比增长5.7%。年末金融机构存款余额19.6亿元，同比增长13.95%。年末金融机构贷款余额3.9亿元，同比下降2.52%。城镇居民人均可支配收入18683元，同比增长9%。农民人均纯收入4556元，同比增长14.42%。

【工业经济】　2013年，实现工业总产值8.85亿元；开工建设拉马变电站；完成新佳源化工有限公司第一期5000万千克黄磷项目所需用地测绘。完成美姑化工有限公司总库区改建和峨美铁合金厂淘汰落后产能拆除矿热炉项目。

【农业产业】　2013年，全县实现粮食总产量7820万千克，农、林、牧、渔业总产值11.9亿元，四畜存栏73.33万头（只），肉类总产量2200万千克；推广良种马铃薯3333.33公顷、秋马铃薯133.33公顷，小春播种2333.33公顷；点播燕麦66.67公顷、荞麦3000公顷。收购烤烟110万千克（2.2万担）；建成马铃薯标准化生产基地1.23万公顷，马铃薯原种、一代良种基地1333.33公顷，苦荞麦生产基地2066.67公顷，莲花白基地333.33公顷，脐橙基地66.67公顷；新建核桃基地3333.33公顷、速丰林基地1333.33公顷；种植青花椒666.67公顷、板栗33.33公顷、香椿53.33公顷；完成轮换州级储备苦荞50万千克、大米17万千克；建成美姑山羊养殖基地12个、美姑岩鹰鸡养殖基地6个、生态黑猪标准化生产基地5个。

【招商引资】　2013年，招商引资到位资金10.19亿元，完成目标任务的127.4%；十四届西博会签约3个项目，总投资14.3亿元，完成目标任务的143%。

【品牌建设】　2013年，完成绿色马铃薯基地和美姑苦荞麦有机食品创建；扶持特色农副产品申请商标1件；成功注册美姑山羊、美姑岩鹰鸡商标，美姑山羊取得种羊经营许可证，美姑岩鹰鸡保种列入省财政扶持项目。

【民生工程】　2013年，实施“十大重点扶贫工程”，全县贫困人口减少1万人。完成14个村1230户彝家新寨和8个整村推进项目建设；完成“两项资金”项目“四小”工程8个、以工代赈项目4个。解决13个乡镇16个村1万人安全饮水问题；完成130户地质灾害避险搬迁任务和4个中小型地质灾害治理项目。

【教育卫生】　2013年，全面落实“两免一补”政策，投入经费3998万元，享受免杂费、免教科书费的学生3.74万人，3.54万名义务教育阶段学生享受营养餐。全县共有学校178所，学校占地面积41.7万平方米，全县共有专任教师 1660 人，全县在校学生 4.17 万人，比 2012 年增加 5860 人。全县青壮年人口总数 133604 人，非文盲人数 131744 人，非文盲率 98.61%。美姑县中学西昌校区正式开班办学。实施教育基建工程项目 25 个，其中 18 个校安工程项目完成建设；完成美姑县民生银行红丝带爱心学校建设用地征用工作；招聘中小学教师 103 名。全年完成婚前医学检查 5772 对；新农合参合人数 20.73 万人，参合率 99.36%；住院分娩率 55.04%；县医院创建“二级甲等医院”获省评审组肯定。

【民俗文化】 2013 年，成立中国美姑彝族文化博物馆；依果觉古拖村、四季吉村入选省级第一批、国家级第二批中国传统村落名录；申报第四批国家级非物质文化遗产代表性项目 3 项、省级非物质文化遗产名录项目 6 项，完成县级非物质文化遗产代表名录和代表性传承人登记、普查、上报；启动《中国四川彝族毕摩典籍大全》编撰工作；拍摄制作《美姑风光》《彝族婚俗》和微电影《毕惹》，微电影《毕惹》获全州三等奖。

【领导人】 县委书记：曲木克古；县人大常委会主任：熊志华；县政府县长：蔡光阳；县政协主席：吉古尔石。

（审核：孙学元　叶志高/撰稿：朱光钊）

甘洛县

【概况】 甘洛县地处四川省西南部、凉山彝族自治州北部，素有凉山“北大门”之称。东与乐山市金口河区、峨边县交界，南与美姑县、越西县接壤，西与雅安市石棉县毗邻，北临大渡河与雅安市汉源县相望。全县辖区面积 2156 平方千米，辖 28 个乡镇、227 个行政村、3 个居委会、839 个村民小组。县境内居住着彝族、汉族、藏族等多个民族，其中，彝族人口占总人口的 74.3%，是一个以彝族为主的民族聚居县。境内最高海拔 4288 米，最低海拔 570 米，年平均气温 16.2℃；有出境公路 3 条，成昆铁路由北向南纵贯县境 62.5 千米；县政府所在地新市坝镇，海拔 1061 米；全县森林覆盖率 57%。是国家扶贫开发工作重点县，中国黑苦荞之乡。2013 年末全县总人口 22.44 万人；人口出生率 16.48‰，自然增长率 9.65‰。

【农业经济】 2013 年，全县农林牧渔业总产值 9.18 亿元；农业产值 4.38 亿元；畜牧业产值 4.63 亿元。全年完成粮食播面 2.17 万公顷，其中大春播面 1.74 万公顷、小春播面 4333 公顷，总产量 7730 万千克，较上年增长 5.61%。肉类总产量 1440 万千克，增长 2.4%；出栏猪 18.37 万头、出栏牛 1.25 万头、出栏羊 9.65 万只、出栏家禽 24.87 万羽，分别较上年同期增长 2.48%、2.64%、2.49%、2.14%。种植马铃薯 6326.67 公顷，总产量 1.16 亿千克，增长 4.54%；种植烤烟 286.67 公顷，收购烟叶 46.5 万千克（9300 担）；种植黑苦荞 3333.33 公顷，产量 650 万千克；新栽种核桃 4333.33 公顷，全县核桃面积达到 2 万公顷，核桃产量 530.4 万千克、产值 8480 万元，其中黑马乌米籽核桃获得大凉山优质核桃银奖；转移输出劳务 3.76 万人次，实现劳务收入 3.58 亿元。

【工业经济】 2013 年，全部工业实现增加值 8.23 亿元，较上年同期下降 24.8%（可比价）。规上工业增加值增速降低 33.2%；发电量 16.77 亿千瓦时，较上年同期增长 12.5%；铅金属含量 3086 万千克，较上年同期下降 65.6%；锌金属含量 1836 万千克，较上年同期下降 68.5%；水泥产量 2738.3 万千克，较上年同期下降 33.6%；蓄电池 2.44 万千伏安时，较上年同期增长 77.9%。

【第三产业】 2013 年，全年社会消费品零售总额 6.67 亿元，增长 9.8%。加强“大凉山”农产品品牌建设，充分利用西博会等平台，提升海棠腊肉、黑苦荞酒、黑苦荞茶等特色商品知名度。积极推进旅游业发展，全年旅游接待游客18.7万人次，实现旅游收入3500万元；切实加强“星级农家乐”管理，农家乐经营管理更加规范化、标准化。不断健全金融服务，完善乡镇服务网点，提升助农发展成效。全县年末金融机构存款余额25.62亿元，比年初增长14.85%；贷款余额6.22亿元，增长9.7%。

【项目建设】 2013年，列入全县重大重点项目共32个，总投资31.56亿元，完成年度投资8.59亿元。全县共建成投产电站100座、总装机48万千瓦，在建（扩建）电站11座、总装机10万千瓦，全年发电总量达16.77亿千瓦时，增长112.5%。完成甘洛县2013—2017年重点项目规划，共规划项目151个，计划总投资120.55亿元。积极争取“4·20”芦山地震灾后恢复重建项目和资金，上报并审查通过城乡住房维修加固、地质灾害防治、殡葬服务中心新建、广播电视业务用房重建、灯光球场重建、恢复产业园区重建、普昌粮库改扩建、畜牧业恢复重建、核桃嫁接改良、水利设施重建、灌溉沟渠修建、蔬菜基地建设等12个灾后恢复重建项目，争取中央及省级财政资金2.32亿元、省慈善总会捐赠资金700万元、全州捐赠资金1268万元。12个灾后恢复重建项目已制定实施方案，正在组织实施。县城河东新区建设取得重大进展，新区实物调查和土地征收工作全面完成，征收土地38.71公顷，签订《土地征收补偿安置协议》741户；甘洛河一号桥、尼日河一号桥和阿尔铺子路网项目前期工作基本完成；土地报批和甘洛变电站搬迁新建工作有序推进。

【交通建设】 创新采取BT建设模式实施甘石公路水毁恢复和滑坡病害整治工程，总投资1.2亿元的乌金路县城至白沙河路面整治工程、乌史大桥建设工程等重大重点交通项目有效推进；总投资2000余万元的乌金路县城至大渡河段水毁恢复工程、玉田镇至嘎日乡通乡公路等一批地方交通项目建设全面完成；成昆铁路技改扩能工程在甘洛已设站点，选址工作全面展开；乌金路乌斯河至甘洛县城段公路改建工程已完成前期工作，取得立项批复和初设批复，甘洛至石棉公路改建工程已完成工可报告，以“两环一线”为重点的县内交通大循环逐渐形成。

【社会事业】 实施义务教育学生营养改善计划和“两免一补”政策，投入4390余万元，惠及学生6.6万人次；投资1085万元，大力推进5所学校食堂、2所学校教师周转房、海棠幼儿园等项目建设；2013年全县高考本科（含艺体生）上线人数达99名；投入资金343万元，建立县职业技术学校汽车运用与维修专业和烹饪与酒店专业实训基地。稳步推进公立医院改革试点，全面实施国家基本药物制度，实行药品零差率销售。县医院住院部综合大楼建设基本完成，县妇幼保健院和计生指导站综合大楼投入使用，乡村公共卫生基础条件和基本医疗服务体系不断健全。新型农村合作医疗参合率达99.91%、名列全州第一。大力推进卫生系统行风整治，医疗卫生行业服务水平明显提升。深入开展禁毒防艾人民战争，“四免一关怀”政策得到有效落实。完成科技富民强县专项行动任务；全面完成有线电视数字化改造工程，安装“村村通”4320余套，放映公益电影2886场次。全年共调处矛盾纠纷598件，调解成功587件，成功率98.2%；全年共立各类刑事案件249起，破案率93.57%；受理行政案件899起，查处率100%。认真做好非物质文化遗产申报工作，完成彝族刺绣技艺等5个国家级和4个省级“非遗”名录项目申报工作；“青溪峡古道”申报为第七批国家重点文物保护单位；举办群众性体育活动14次，建成农民健身场所35个；开展第二届“农民读书节”活动。

【改革开放】 稳妥推进事业单位改革和国有企业改制，完成县食品药品监督管理局机构改革和县矿产品开发总公司改制工作。集体林权制度改革全面完成，农村集体土地确权登记高效推进，完成5.2万公顷草场承包工作。进一步深化行政审批制度改革，简政放权，高效行政，全年累计受理各类行政审批事项1.42万件，办结率达100%；公共资源交易154次，节约资金3339万元。充分利用独特的矿业优势、电力优势、区位优势和生态环境容量优势，进一步创新招商引资机制，优化招商引资环境，丰富招商引资形式，不断提高招商引资的规模和质量。全年完成招商引资到位资金17.2亿元，完成年度目标任务的114.6%。

【民生工程】 认真组织实施就业促进、扶贫解困等“十项民生工程”，整合各类资金2400余万元，强力推进地质灾害避险搬迁和治理工程，总投资330万元的60套廉租房交付使用，总投资700万元的田坝敬老院项目主体工程基本完工。城乡社会救助体系进一步完善，基本实现应保尽保，累计发放城乡低保、五保供养、医疗救助、“三老”人员生活补助、特殊群体救助资金6650余万元。全面落实就业再就业政策，新增就业615人，下岗失业人员再就业168人，就业困难人员再就业99人；城镇登记失业率控制在3.5%以内。“五大保险”参保人数累计5.54万人，支付各类保险基金6800余万元。大力推进“八大扶贫工程”建设，高质量、有特色抓好总投资2.21亿元的20个彝家新寨、7个整村推进、1个民族团结新村、19个扶贫易地搬迁和以工代赈示范工程等扶贫工程建设。

【生态建设】 坚持生态立县，积极推进新市坝镇、吉米镇等14个乡镇省级生态乡镇创建工作；全面完成4258户生态家园、35个州级生态村命名工作；乐日沟矿区重金属污染区综合整治工程全面完成，九一五矿区重金属污染区综合整治工程完成95%工程量；10万公顷“天保”工程森林常年管护任务全面完成；巩固全县“天保”一期工程公益林建设2.7万公顷、退耕还林6200公顷，完成财政补贴造林733.33公顷，义务植树造林100余万株。大力实施草原生态补助奖励机制项目，发放补助补贴资金554.65万元，受补奖农户37725万户；完成草场禁牧6133.33公顷、草畜平衡4.33万公顷、人工种草4186.67公顷。全面完成草原确权承包工作，发放草原所有权证29本，草原使用权证210本，草场承包经营合同37725本。

【领导人】 县委书记：薛文贵（藏族）；县人大常委会主任：何廷云（彝族）；县政府县长：刘若尘；县政协主席：梁学祥。

（审核：邱古都　李学康/撰稿：鲁小东）

越西县

【概况】 2013年，全县辖区面积2256.56平方千米，辖40个乡镇、289个村、5个居委会、968个村民小组。总户数102038户，总人口346015人，比上年增加9930人。人口自然增长率9.9‰，生育率90.23‰。全年地区生产总值现价总量完成34.71亿元，可比价增速8.1%。城镇居民人均可支配收入实现18816元，增长8.57%；农民人均纯收入完成5213元，增长14.55%。固定资产投资完成22.54亿元，增长11.93%。地方公共财政收入实现2.31亿元，增长6%。社会消费品零售总额达到11.79亿元，增长9.34%，居民消费品价格指数控制在3%以内。各金融机构存款余额32.77亿元，贷款余额9.76亿元，分别增长12.58%、27.37%。保险业务取得新突破，各类保费达到2231万元。通信业务发展迅猛，家庭宽带用户明显增加。

【农业生产】 农业增加值实现10.05亿元，可比价增速4.8%；粮食总产量达到1.16亿千克，增长3.88%。全年种植烤烟3600公顷，收购烟叶673.5万千克（13.47万担），烟农现金收入1.63亿元；种植油菜1.2万公顷，产值1.8亿元；种植马铃薯1.14万公顷，产值2.8亿元；发展甜樱桃433.33公顷，产值1000万元。畜牧业总产值达到7.41亿元，增长13.12%；肉类总产量2420万千克，增长2.63%。农业产业化龙头企业发展到10家，实现利润897.8万元。创建“大凉山”越西特色农产品品牌9大类26个，新增农民专合组织2个。培训农民工7000人次，转移输出农村劳动力7.21万人次，实现劳务收入6.02亿元。

【工业建设】 全县规模以上工业企业总产值38.49亿元、增加值达到10.5亿元，分别增长4.69%、4%。总投资8.39亿元的漫滩电站和天生源、壮心公司技改扩能等12个重点工业项目加快推进，完成乃托水泥厂减排项目，索玛公司环境治理项目取得重大进展。第三产业增加值完成9.85亿元，可比价增速8.3%。

【基础设施建设】 2013年，全县城镇规划面积由7平方千米增加到15平方千米，县城规划面积达到10平方千米；县城控制性详细规划面积由3.9平方千米增加到8.2平方千米，建成区面积由1.7平方千米增加到4.5平方千米，城镇化率达28.3%。总投资23.75亿元的35个新区房地产开发、43.9万平方米的旧城区危旧房改造项目加快推进，总投资2亿元的驿道古风建设项目主体工程完工，依法拆除1300平方米违法建筑。投资2.62亿元的30个彝家新寨建设、投资7029万元的白沙河至中所路面整治工程、投资445万元的小流域生态修复项目按时竣工，投资3272万元建成通村通畅公路40.9千米，投资1413万元建成通村通达公路47.1千米。投资2341.15万元，完成普雄河、越西河重点河段治理。改造中低产田333.33公顷，新增有效灌面133.33公顷、节水灌面166.67公顷，解决2.5万人的饮水安全问题。投资4064万元的无电地区电力建设光伏独立供电项目基本结束。

【生态环境】 强化森林草原资源管护，8800公顷退耕还林和4.40万公顷国有林成效不断巩固，森林覆盖率提升至38%。实施土地开发131.07公顷，新增耕地96.33公顷，耕地保有量2.16万公顷，基本农田2.09万公顷。新建沼气池1600口，高效低排生物质炉4814户，全县沼气池保有量达到12663口。深入开展水源管理和环境治理，3户企业实施结构减排、2户企业实施工程减排，完成畜禽养殖减排5户，化学需氧量、氨氮排放量分别削减14.8%、2.03%，17个村获州级生态村命名，创建300户县级生态家园，单位生产总值综合能耗降低3.1%。

【扶贫开发】 捆绑投入5.9亿元财政资金，大力实施“十项民生工程”，完成6200人扶贫解困目标任务，完成19个乡镇30个村彝家新寨建设，2469户贫困群众喜迁新居。建立居民健康档案20.29万份，完成48套保障性住房建设和2481户农村危房改造任务。共建村道6.9公里，投入资金138万元；建桥梁2座，投入资金97万元；建灌溉渠道3600米，投入资金54万元；节能灶推广工程400户，投入资金80万元。解决1255户6011人行路困难问题；120户430人农业生产用水落后状况；改善400户生活能源困难问题。

【教育工作】 全县有中小学174所，其中：普通高中1所，县镇初中2所，农村初级中学4所，九年一贯制学校3所，职业技术学校1所，直属小学3所，乡镇中心小学39所，村级完全小学19所，村级小学37所，小学教学点65个；小学在校学生41651人，初中在校学生8388人，高中在校学生2256人，职业技术学校在校学生475人。有公立幼儿园1所，在园幼儿450人，民办幼儿园17所，在园幼儿2194人。有教师2275人（含服务期内特岗教师114人），其中，普通高中教师157人，职业高中教师44人，初中教师596人（含九年一贯初中部），小学教师1441人，公办幼儿园教师37人，另有临聘教师27人。小学适龄儿童净入学率99.4%，辍学率0.3%；初中适龄儿童净入学率91.5%，辍学率1.83%。考录了60名特岗教师（其中中学10名、小学50名），面向社会考录聘用了18名教师，完成了104名特岗教师的转正，107名教师的岗位晋升工作，123名教师、校长的岗位调整工作。报送了28名中学高级教师职称，98名中小学教师中级职称的材料（中学41名、小学57名），完成了“国培计划

(2013)”名师培训及短期集中培训42人次，省级培训53人次，州级培训62人次，县级培训1481人次。投资560万元，新建校舍3幢，4213平方米；投入资金3367万元，新建29幢食堂，18025平方米，投入补助义务教育阶段学校公用经费2939万元，补助9000名中小学寄宿制学生生活补助693万元，免除补助18605名中小学生作业本费57.9万元。共对703名家庭贫困、品学兼优的学生发放助学金105.45万元。投入资金402万元，新建教师周转房5幢，共11890平方米。为职中982名学生免学费202.33万元，为一、二年级591名学生发放助学金27.70万元。全县共有154所学校实行营养餐，享受人数49843人，营养餐覆盖所有学校。实行食堂供餐模式的学校28所（小学20所、中学8所），学生18427人（小学11039人、中学7388人）；实行牛奶加火腿肠学校126所（小学124所、中学2所），学生31416人（小学30466人、中学950人）。

【社会事业】 新农合筹款标准为340元/人，其中：国家、省、州、县为参合农民补助280元/人，参合农民缴纳60元/人。共有241513人参加新农合，参合率达97.41%。筹资总金额为8211.44万元。住院25131人次，产生费用7880.76万元，实际补偿5213.86万元，补偿比例为66%；门诊4538人次，产生费用22.46万元，实际补偿22.39万元，补偿比例为99.6%；全年共使用基金6662.37万元，结余基金1549.07万元，基金使用率为81 %。建立居民健康档案20.29万份，登记管理高血压病人3244人，登记管理Ⅱ型糖尿病患者531人，登记管理重性精神病人74人；登记管理65岁以上老年人11405人，0~36个月婴幼儿开展儿童系统管理1076人，新生儿访视1305人，孕期系统保健管理6619人，传染病报告3079例，开展卫生监督巡查665次。在289个村配置2名艾滋病防治信息员，全年艾滋病防治经费达150万元。丁山桥及零关题记成功申报为国家级文物保护单位。294个村（社区）实现农家书屋全覆盖，免费放映农村公益电影3748场，观众达43万人次。29个农民健身设施和785套“村村通”设备按时发放。参加凉山州2013年彝族火把节传统选美大赛，获银索玛奖2人，优秀奖2人。在凉山州中学生运动会上获2个第一名、4个第二名、3个第三名。中学生女子乒乓球队2013年升入甲组取得团体第七名的成绩。足球队获第二名。参加2013年全国青少年宫跆拳道锦标赛获2个冠军、1个亚军和1个个人体育道德风尚奖。参加2013年“体彩杯”成都市跆拳道传统校锦标赛获1个冠军、3个亚军、3个季军。参加凉山州第四届运动会14个项目中的田径、乒乓球、桥牌、举重、足球、跆拳道、摔跤比赛，共获得3枚银牌、8枚铜牌、5个第四名、9个第五名、2个第六名、4个第七名。获得男子摔跤团体总分第三名，跆拳道女子团体总分第五名、男子团体总分第六名，桥牌男子团体总分第五名，足球团体总分第五名，田径女子团体总分第六名，男子乒乓球团体总分第七名，举重团体总分第七名。乒乓球、举重、跆拳道获得单项体育道德风尚奖。越西代表团获得“体育道德风尚奖”。

【社会保障】 2013年，全县城镇新增就业1250人，城镇失业人员再就业200人，就业困难对象再就业75人，城镇登记失业率4.0%。城市低保人月均保障标准比上年提高40元，城市低保对象达3298户6322人；农村低保人月均保障标准较上年增加30元，农村低保对象达15671户44342人；改扩建县中心敬老院，拥有床位260张，“五保”集中供养率达28%，城乡群众临时生活困难得到及时救助。“五大保险”覆盖率进一步提升，“一站式”医疗救助深入实施，城镇困难群众医疗救助6870人次，农村困难群众医疗救助52699人次。

【招商引资】 2013年，与杭州市上城区、四川省梓潼县结为友好县（区）。总投资81.8亿元的78个重点项目全面推进。杭州“投资项目推介及招商引资说明会”“文昌故里·燃情火把”招商引资项目推介会和十四届西博会成果丰硕，矿业开发、城市建设等一批投资规模大、建设周期长、支撑发展强的项目相继落地，北京恩波、重庆港怡等企业入驻越西。全年协议引资47.28亿元，在建招商引资项目13个，实际到位资金16.94亿元。民营企业发展到197户，个体工商户增加到3434户，民营经济增加值达到21.05亿元，占地区生产总值的比重提升至60.65%。

【维稳工作】 2013年，全县接待群众来访457批1597人次；其中集体访71批1044人次；初访196批992人次；重访261批605人次；转部门办理104件，办结44件；办结率为44%；就地解决65件；处理来信33件，办结33件，办结率为100%。办理行政审批事项和便民服务事项67679项，按时办结率100%，群众满意率99.5%。充分听取社会各界人士的意见、建议，办理人民网网民留言11件、省长信箱15件、州长热线交办件30件和人大代表议案、建议、意见105件、政协委员提案32件。清理排查出各类矛盾纠纷268件，对其中最为突出的45件突出信访事项，确定了20名县级包案领导、28个化解稳控单位、28名化解稳控责任人、12个教育稳控单位、12名教育稳控责任人。已化解9件化解稳控事项、6件教育稳控事项，共化解15件县级领导包案信访事项。拨入特殊疑难信访问题专项资金73.9万元（其中省级特殊疑难专项资金12万元、县级财政配套专项资金61.9万元），化解积案15件，使用特殊疑难信访问题专项资金118万元，其中中央资金33.3万元、州级配套资金4.43万元、县财政和县级部门配套资金77.27万元、个人解决3万元。

【史志工作】 紧紧围绕《关于进一步加强和改进新形势下党史工作的意见》和地方志工作“两《条例》一《办法》”等法律法规，把史志工作作为官职、官责纳入重要议事日程。

到15个乡镇、28所中小学校、13个单位开展党史宣传和党史专题讲座，受教育师生、干部职工6859人次。为基层干部群众分送志书资料2675册。编纂出版《人大志》《政协志》《军事志》《公安志》《财政志》《发展计划志》《扶贫开发志》《人口与计划生育志》《教育志》《越西年鉴（2013）》《中共越西执政实录》《中共越西历史大事记》《越西县组织史资料汇编》《中共越西地下组织始末》《变迁》等书籍。为前来越西投资客商和各类人员提供县情资料和人文历史咨询服务367人次，为县级领导决策提供历史依据。为越西打造旅游景点、彝家新寨、展览馆建设，建言献策，提供了历史照片586张。所编撰出版的《红军长征过越西》《中共越西地下组织始末》《越西县志》《越西年鉴》《文昌故里·中国越西》等先后荣获“四川省第十五次地方志学科三等奖”“凉山州第十三次哲学社会科学三等奖”“凉山州五个一工程优秀奖”等荣誉称号。县史志办被评为“凉山州史志工作先进单位”。

【领导人】 县委书记：袁洪；县人大常委会主任：邹向志；县政府县长：肖正权（彝族）；县政协主席：谢宇光（彝族）。

（审核：马进臣/撰稿：王茂茜）

喜德县

【概况】 2013年，全县辖区面积2206平方千米，其中耕地2.32万公顷。森林覆盖率44.5%。辖24个乡镇、170个行政村、3个社区。年末总户数6.59万户，总人口为22.37万人，非农业人口1.98万人。少数民族20.31万人，其中彝族人口为20.26万人，占总人口的90.6%。人口出生率16.77‰，死亡率7.25‰，自然增长率9.52‰，计划生育率91.56%。全年财政收入18346万元，同比增长2.49%。其中一般预算收入1.09亿元，增长15.93%；财政总支出12.71亿元，同比增长7.18%。其中一般预算支出11.97亿元，同比增长2.73%。

【农业生产】 2013年，全年实现农业增加值5.67亿元，同比增长4.8%。粮食生产方面：全年粮食生产完成7554.3万千克，同比增长

5.3%。主要粮食作物播种面积及产量为水稻播种1412公顷，产量415.3万千克；小麦播种89公顷，产量31.2万千克；玉米播种3640公顷，产量1118万千克；其他谷物播种3398公顷，产量468.8万千克；马铃薯播种1.17万公顷，产量5491.6万千克（折粮）。其中，完成种薯基地建设333.33公顷，县级中心示范片133.33公顷，高产高效示范2080公顷，规范化种植1.07万公顷；烤烟种植1031公顷，产量189.3万千克；蔬菜产量2235.2万千克；水果产量1256.1万千克。林业产业方面：全年全县林业用地11.43万公顷，非林地10.64万公顷。完成核桃良种繁育基地建设20公顷，培养核桃苗30万株；实施森林管护8.56万公顷；实施退耕还林工程6720公顷，项目覆盖全县。畜牧业方面：全年肉类产量达1300.8万千克，同比增长1.8%。出栏肉猪14.75万头，产量896.2万千克，同比增长2.1%；羊出栏11.71万只，产量163.8万千克，与上年持平；牛出栏8290头，产量94.2万千克，增长2.2%；家禽出栏69.55万羽，产量123.6万千克，增长2.1%，其他牲畜2672头，增长2.1%；蚕茧产量4.5万千克，同比增长2.3%。农机化管理服务方面：全年检修拖拉机、耕整机等耕作机械1508台套；投入大中型拖拉机2157台次、微型耕整机和其他农业机械3870台次，完成机耕作业6706.67公顷、机收4026.67公顷、机电提水灌溉作业6100公顷；完成水稻机械化栽插和机播246.67公顷、机耕化秸秆还田466.67公顷、固定式机械脱粒2700万千克、粮食加工2950万千克、农机运输作业78亿千克千米（780万吨千米）、机械植保作业4333.33公顷；检查拖拉机380台次，制止违章客货混装35台次，强制年检55台，强制报废5台，查出无证驾驶人员15人，纠正违章25起，消除安全隐患19起；签订农机安全生产责任书426份、机手安全驾驶保证承诺书426份。

【工业经济】　全年全县工业实现增加值6.12亿元，同比增长4.0%，经济增长贡献率为13.1%，拉动经济增长1.4个百分点，占地区生产总值的30.90%。规模以上工业增加值增长1.9%。规模以上工业主要产品产量中，企业用电量1.7亿千瓦时，同比下降5.6%；铁矿石原矿产量6.75亿千克，同比下降9.2%；生铁产量3000万千克，同比下降44.4%；水泥产量9400万千克，同比下降1.1%；铁合金1000万千克，同比增长25.0%；酒和饮料100万千克，同比下降66.7%；产品销售率100.7%；建筑业完成增长值2.12亿元，同比增长102.3%，经济增长贡献率为63.1%，拉动经济增长6.6个百分点，占地区生产总值的10.7%；完成固定资产投资10.50亿元，同比增长82.5%。其中第一产业投资5391万元，第二产业投资5.95亿元，同比增长27.8%，占总投资的56.7%，第三产业投资4.01亿元，同比增长265.1%，占总投资的38.2%；基本建设投资5.26亿元，更新改造投资5.24亿元。

【旅游业】　2013年，以阳光温泉大酒店为龙头，加大旅游资源宣传力度。全年接待游客70万人次，旅游业总产值9100万元。

【扶贫开发】　2013年，各类扶贫投入资金1.22亿元，其中省财政投入扶贫资金8427.6万元、州财政投入扶贫资金1091.6万元、县财政投入扶贫资金1000万元、社会扶贫投入资金50万元、以工代赈资金203万元、其他资金1198.5万元、信贷资金260万元。全部资金用于种植业、养殖业、人畜饮水工程、社会事业、加工业、基础设施、扫盲、道路、林业等项目。到年末，全县年收入在2300元以下的贫困人口有3.70万人。

【基础设施】　2013年，完成农业综合开发项目改田333.33公顷；完成堤防工程2处65平方米；新建引水渠3条5.36千米，新建田间灌溉13条8.95千米，提高灌面100公顷，改善166.67公顷灌溉；新建提灌站2座，完成输水管道2.3千米，分水池2口；新建机耕道5条3.3千米，项目区机耕覆盖面达80%以上；沼气池建设700口，其中玻璃钢顶盖550个；完成6个村级沼气池服务网点建设；全县公路通车里程达1129千米。全县24个乡镇170个行政村的通村及专用公路747.58千米；有专业运输企业2户，三级汽车客运站1家，共有营运车辆920辆，总座位1906座；有汽车维修专业户30户，其中二类维修5户，专项修理2户，摩托车维修4户；国际互联网上网用户数3569户，增加584户；邮电固定电话用户3126户，同比下降1260户；村村通无线固定电话用户2320户，C网用户6892户；移动电话用户3.8万户，移动宽带用户200户；全县建有基站70座。

【社会事业】 2013年年底，全县有各级各类学校143所。其中幼儿园10所126个班，在校学生6064人，在职教师105人；1~6年级123所684个班，在校学生2.91万人，在职教师1331人；7~9年级共7所115个班，在校学生6459人，在职教师320人；高中2所44个班，在校学生2207人，在职教师80人；中等职业中学1所，在职教师10人，在校学生182人，毕（结）业118人。完成2011—2012年度全州科技进步考核工作，成果获得一等奖；完成必喜公司、火把液公司、相岭公司、中南矿业公司等8家科技型中小企业资格认定工作。全年累计出动车辆10台次，发放图书资料6500册、技术资料2.5万份，受益群众1万余人次；完成科技入户1850户。其中种植户870户，养殖户850户，培育农机手130人（户）。全县有图书馆1个，馆藏书量1.7万册；文化馆1个；乡镇文化站24个；有线电视用户6000户，电视综合人口覆盖率72.8%；广播人口覆盖率21.5%；建有地面广播电视无线数字发射站21个。全县共有卫生机构210个；其中：医院3个，基层医疗卫生机构202个，专业公共卫生机构3个，其他卫生机构2个；实有床位数498张；在职职工463人。在全州第四届运动会中，派出107名代表选手参加举重、摔跤、拳击、田径等8个项目比赛，共荣获11枚金牌、12枚银牌、19枚铜牌。代表团共获奖牌总数42块，为全州第三；在四川省青年锦标赛上，分别参加在广安、遂宁、乐山、宜宾等举办的举重、散打、摔跤等6个项目比赛，荣获2枚金牌、5枚银牌、1枚铜牌；成功举办庆祝建县60周年篮球运动会。参赛代表队共17支238人，共比赛80场次，观看群众累计达10万人次。城镇居民可支配收入17459元，增加1368元，增长8.5%，城乡居民储蓄余额10.57亿元，增长23.95%。农民人均纯收入4650元，比上年净增587元，增长14.4%，现金纯收入3180元，可支配收入4607元；参加养老保险人数3695人，养老金足额发放率和社会化发放率均保持100%；新农合参合人数15.36万人；职工、居民基本医疗保险参保人数1.50万人；失业保险参保人数3800人；城镇失业人口登记人数340人，已登记的失业率为4.0%；城镇纳入低保人数4388人次，共发放保障金956.4万元；城市医疗救助289人，发放救助金49万元；农村纳入低保人数4.25万人，发放保障金3878.7万元；农村医疗救助3043人次，发放救助金356.8万元；农村“五保户”供养901户901人，发放救助金324.36万元；抚恤定补对象322人，累计发放抚恤金163.7万元；按照孤儿认定细则，认定孤儿612名，发放孤儿基本生活费440.64万元；共有特殊困难儿童774人。其中城镇人口25人、农村人口749人，累计发放生活补助金187.56万元。

【领导人】 县委书记：曲木伍牛（彝族）；县人大常委会主任：杨开华（彝族）；县政府县长：卓雪梅（女）；县政协主席：宋国平。

（审核：尼里牟甘/撰稿：吉力有坡）

冕宁县

【概况】 2013年，全县辖区面积4421平方千米，其中耕地3.31万公顷，森林覆盖率54.3%。辖9镇29乡、232个村（社区）。年末总人口39.32万人，其中以彝族为主的少数民族人口占总人口的41.93%。人口自然增长率

7.32‰。荣获四川省小农水重点县优良县、四川省农田水利基本建设先进县称号。是“国家粮食生产大县”，国家级“生猪调出大县”，州烤烟生产、烟基“双先进县”，被评为州林业产业强县培育县；冕宁火腿、泸宁鸡通过国家地理标志产品复检，冕宁复兴樱桃示范区被纳入省第八批农业标准化示范区。

【现代农业】 2013年，农业增加值16.83亿元，同比增长4.7%，转移输出农村劳动力7.93万人，实现劳务收入8.13亿元，完成农村劳动力技能培训8556人。全年实施农业基础项目15个，投资5.9亿元。完成中央财政小型农田水利建设项目，开展烟基工程及密集式烤房建设；主要粮食作物耕种收综合农机化率达53.9%，着力打造“凉山·津巴布韦”烟草合作、香港元升集团油橄榄种植等外向型农业园区，壮大“源森林”农特产品加工，推进“利源”养殖项目建设。推进“西河示范片”“复兴示范片”等建设工作，完成新建新村18个、改扩建17个。回龙、石龙、彝海撤乡设镇，完成大垭口村、五一村等10个幸福美丽新村规划。

【工业经济】 2013年，全县完成投资22.7亿元实施重点工业项目51个。规模以上工业企业达36户，稀土、水能电冶、建材、黑色有色金属、农特产品加工等五大集群初具规模。产业园区纳入统计企业13户，全年完成投资10.8亿元，实现工业产值38.5亿元，吸纳就业人数3287人。2013年冕宁阴山稀土、泰和硅业、安宁电冶等技改项目顺利开工；江铜稀土牦牛坪矿山年度投资6.98亿元的综合开发项目顺利推进；万凯丰5亿安时贮氢电池二期工程、锦宁矿业大顶山技改扩能项目、佳能达4000万立方米大理石工程、后山220千伏输变电站以及总装机5万千瓦的坡洛、磨子沟、八一电站加快推进；富强水泥厂6亿千克水泥粉磨生产线、利丰实业年产12亿千克石灰石加工生产线顺利投产；蓝星化工液氢工程、江铜磁材400万千克钕铁硼薄片项目、锡成矿业涂布纸涂料基料生产线试运行；万凯丰铈磁体项目、江铜200万千克高性能钕铁硼永磁体项目、风电场建设、里庄110千伏变电站启动前期工作。

【招商引资】 2013年，全县招商项目到位资金37.51亿元，第十三届西博会7个签约项目履约率、开工率均达100%；第十四届西博会、“三大投资促进活动”签约项目6个，签约资金35亿元。成功创建四川省著名商标1个，四川省名牌产品1个；积极培育“大凉山”农业品牌，创建州级以上知名品牌6个，获“三品一标”农产品认证5个。

【基础设施建设】 2013年，全县在建工程项目70个，建筑面积39.77万平方米。23个重点城建项目顺利推进，全年完成投资6.39亿元；编制完成《城东南新区及泸沽镇旧城片区控制性详细规划》；复兴镇、漫水湾镇获省、州试点示范小城镇；廉租住房二、三期建设及县城北街、人民路、泸宁街等道路升级改造完成。

【旅游产业】 2013年，冕宁县积极创建省级旅游标准化示范县，全年实现旅游综合收入5.48亿元，同比增长59.8%。彝海灵山景区详细规划通过省建设厅评审，建设村和西河村创建国家AAA级景点工作启动。全年投资3.63亿元实施旅游发展项目6个，完成灵山寺庙配套工程、卫星基地参观平台和旅游公路改扩建工程，被评为五星级乡村酒店的彝栖酒店建成投入使用，“茶马古道”凉山段冕宁雅砻江古道列为全国重点文物保护单位。

【社会事业】 2013年，全面开展县级公立医院改革，实施基本药物制度，全面取消药品加价，乡镇卫生院药品总费用平均下降30%，冕宁县中医院成功创建为二级甲等中医院。全年全县发放各种民政救助金7572万元，帮助困难群众、城乡低保户、“三无”人员、五保老人、孤儿群体等5.7万人；为5212名残疾人制定8个类别70多个服务项目，帮助城乡残疾人灵活就业1561人，实现“量服”全覆盖；开展扶贫工程帮助6800人脱贫解困，实施“两资”扶贫项目9个；改造农村危房224户，竣工保障性安居工程238套，开工建设公租房80套、棚户区改造268套。

【科技文化】 2013年，争取省、州科技计划项目13项，完成30个科技成果鉴定、登记，四项成果获州科技进步三等奖，再次被评为全国科技进步先进县；图书馆、文化馆、文化站免费开放，冕宁县广播电视台新闻综合频道正式开通。

【领导人】 县委书记：赵勇；县人大常委会主任：郑国松；县政府县长：陈建生；县政协主席：吴拉布（彝族）。

（审核：王大钊/撰稿：胡绍丽）

盐源县

【概况】 盐源县位于青藏高原东南缘，雅砻江下游西岸，全县辖区面积8398平方千米，年末人口35.7万人。境内风光旖旎，物产丰富，气候宜人，民风淳厚。历史上曾以“南方丝绸之路”而兴盛，而今又以盐铁之利、山川之胜和泸沽湖摩梭人婚俗而远近闻名，有神秘“女儿国”之称。2013年，全县完成GDP 77.1亿元，增长5.5%；完成公共财政总收入12.09亿元，增长11.53%；完成地方公共财政收入8.61亿元（含上划州级9060万元），县级收入增长10%；规上工业增加值增速下降4.3%；完成社会固定资产投资37.02亿元，增长11.67%；实现农民人均纯收入6582元，增长14.4%。

【农业经济】 苹果、马铃薯、核桃、烤烟、辣椒等“八大基地，十大产业”助农增收，全年实现粮食总产量1.68亿千克，苹果总产量3.6亿千克、马铃薯4.75亿千克、蛋白玉米9450万千克、巨星辣椒1.5亿千克，烤烟1328万千克（26.56万担），四畜出栏61.54万头（只），肉类总产量3050万千克。盐源辣椒申报农产品“地理标志”经省农业厅审核通过，正向农业部申报；“省级优质核桃标准化示范区”创建成功，获得“四川核桃之乡”称号；盐源苹果“四川省著名商标”和“中国驰名商标”申报成功。积极参加第十四届西博会暨2013年四川农业博览会，与成都百果鲜水果连锁超市和舞东风超市成功对接。积极发展苹果冷链储藏产业，储藏能力达830万千克。加强与“一院四校四所”合作，组建科研团队进行攻关创新。全年实现农业增加值15.07亿元、增长4.7%，助农增收人均达600元以上。被评为“2013年度全省‘三农’工作先进县”。

【工业经济】 2013年，全县实现工业增加值35.59亿元，总量居全州第四位，全年新增规上工业企业6户，规上工业企业达31户。林板一体化、果品包装箱生产线等项目建成投产，马角石铜矿开发等矿冶项目进展迅速，协合太阳能光伏发电、华电集团风能开发等项目即将开建，煤炭产业兼并重组工作积极推进。园区建设进一步加快，工业集中区总体规划、盐木飞地产业园总体规划已编制完成，园区基础设施不断完善。加大招商引资力度，全年新签约项目8个，累计完成招商引资到位资金37.6亿元，省政府督办项目履约率、开工率均为100%。

【旅游及商贸】 2013年，全县总投资3580万元的泸沽湖景区基础设施建设项目进展顺利，泸沽湖创AAAAA、草海国际重要湿地申报等工作加快推进，“省级旅游标准化示范县”成功创建，四川泸沽湖被住建部纳入“中国国家自然与文化双遗产名录”。摩梭家园建设暨摩梭文化保护工程被纳入省委、省政府重点关注工作之一，并被省政府列入2013年“19件民生实事”范围，摩梭家园建设暨摩梭文化保护系列规划编制完成并通过省政府常务会议审议，摩梭家园建设暨摩梭文化保护工程进入全面实施阶段。全年全县共接待游客129.76万人次，同比增长23.6%，实现旅游总收入5.52亿元，同比增长44.5%。全年实现社会消费品零售总额14.83亿元，同比增长15%，增速居全州第二位，实现服务业增加值13.63亿元。

【城乡规划建设】 以规划为引领，同步推进新城建设和旧城改造。县城控制性详规正在优化完善，“两园一街”规划，金河、梅雨、博大3个乡镇详规和22个彝家新寨规划已编制完成。泸沽湖大道一期工程全线贯通，绿化亮化全面启动，二期工程已完成征地拆迁工作；润盐大道一期工程全面竣工；月湖公园棚户区改造规划设计方案通过评审。农贸市场改扩建工程已开工建设；“两园一街”已完成征地拆迁的实物量调查。

【道路交通建设】 2013年，全力实施交通大会战项目，强力推进综合交通网络建设。西香高速公路前期工作基本完成，成功申报列入国家高速路网规划，已开展两轮BOT招商未成功，拟启动新一轮招商。国道348线金河至平川段公路改建工程全面竣工，县城至泸沽湖段路面改造工程竣工在即。巫木通乡油路、公母山通村油路全面完工，老麦沟口至盐边界路面改造、平川镇至县城段路面改造、盐瓜公路建设项目已完成招投标。盐米公路、盐宁公路升级改造以及巴折、前所、藤桥、马鹿等通乡油路和坝区沿河油路工程前期工作进展顺利，盐灶村、菜园子村、鱼脊村、龙口河村通村通畅项目全面动工。

【农田水利建设】 积极开发土地资源，完成龙口河139.87公顷土地开发任务，新增耕地109.33公顷。农业综合开发土地治理项目通过省州验收，完成测土配方施肥面积4.33万公顷。龙塘水库工程项目建议书已经水利部部长办公会审查通过。沙坝水库全面动工，老沟水库完成投资1.7亿元。三道沟水库已完成招投标，即将开工建设。马鹿塘水库完成可研报告，有望列入2013年国家烟水配套工程。岔丘大堰维修整治工程明渠整治已基本完成，全年完成7座小（二）型病险水库除险加固，整治渠道103.95千米，新建烤房1280座。

【生态环境】 深入推进山清水秀工程，累计植树造林1175.93公顷，投放生态鱼苗19.8万尾。启动头道沟二道沟三道沟生态治理、百灵山水源涵养综合治理、泸沽湖湿地自然保护区二期工程，开展泸沽湖周边绿化、香山绿化等工程前期工作。县城生活垃圾填埋场即将竣工，关停伯特利焦化厂等污染超标企业，主要污染物总量控制等各项约束性指标基本完成。

【社会保障】 2013年，全县基本养老保险参保职工人数达6373人，新型农村养老保险参保14.5万人；供养和救助标准进一步提高，全年共发放五保供养资金、城乡低保、城乡医疗救助资金9953万元。“惠农保”自然灾害公众责任险实现农村人口全部参保。积极拓宽就业渠道，全年实现城镇新增就业1260人，城镇登记失业率控制在3.2%以内。进一步改革和完善农村医疗救助及“一站式服务”，严格执行“应保尽保、应退尽退”的动态管理机制，22个乡镇实现由金融机构代发民政资金的发放模式。

【民生工程】 “6·24”地震灾后重建取得重大胜利，灾区农房恢复重建、维修加固及集中安置点工程提前完成，灾区基础设施和公共设施重建工程加速推进，整个工程将于2014年6月底完成。涉及16个乡镇22个村的1875户彝家新寨建设任务全面完成，大堰沟生态田园民居二期工程已经启动。深入实施盖租、沃底等12个乡镇15个村的整村推进项目建设。深化高寒山区发展基金项目，投入1163万元在27个边远山区乡镇实施99个产业发展、基础设施、社会事业等扶持项目。全面启动无电地区电力建设。完成461户地质灾害避险搬迁安置任务，按时兑付移民后期扶持直发直补资金458.64万元，洼里、沃底、大坡3个集镇迁建工作有序推进。

【社会事业】 全年实施教育基础设施建设项

目75个，对30余所偏远学校进行维修改造。全面完成义务教育学生营养改善扩面计划，将县城14436名学生纳入计划，全县共惠及57997人。全县高考硬上省本科线人数达361人，稳居全州第三。全县参加新农合人数达31.5万人，参合率达99.69%，位居全州第二位。县中医院及金河乡、巴折乡、阿萨乡卫生院门诊综合楼投入使用，16个村卫生室建设项目竣工。县中医院成功创建“二级甲等”中医医院。从2012年10月1日起，县人民医院和中医院实行药品零差率销售，迈出取消以药养医的关键一步。食品药品监督管理体制改革基本完成。继续打击“两非”违法行为，整治流动人口违法生育和常住人口连续超生，巩固人口计生专项整治成果。摄制“盐源形象宣传片”“泸沽湖风光片”，完成《摩梭母系大家庭习俗》《泸沽湖转湖节》2个国家级非物质文化遗产项目申报工作。全民健身运动深入开展，精心筹备参加凉山州第四届运动会，取得金牌总数排名第二。

【社会建设】　2013年，全县247个村、5个社区圆满完成第九届村（居）民委员会换届选举工作。积极推进“大调解”工作体系建设，深入开展联动大接访，排查化解各类矛盾纠纷，有效解决一大批信访突出问题。深入开展社会治安专项整治，把打击的矛头对准群众反映强烈的“两抢一盗”、吸贩毒、赌博放水等突出问题上，大力推进“平安盐源”“法治盐源”建设。深入开展投资发展环境集中整治活动，处置影响投资发展环境各类案件114件，处理违规违法人员235人，泸沽湖景区“黑的”非法营运得到彻底遏制，锦屏库区抢建房屋被全部拆除，全面整治县城周边乱搭滥建行为，改善全县投资发展环境。全面加强安全生产监督管理，严厉打击各种非法违法生产经营建设行为，危险化学品、烟花爆竹、水上交通等高危行业实现零死亡，全县安全生产形势总体保持平稳。

【自身建设】　始终把建设人民群众真心拥护和满意的政府作为目标，深入推进政府职能转变，切实加强服务建设。认真执行人大及其常委会的各项决议、决定，人大代表建议和政协委员提案办复率达100%。积极为招商引资企业提供全方位服务，简化审批手续，缩短审批时限，行政审批按时办结率达100%。全面落实党风廉政建设责任制，进一步健全政府决策、行政审批、财政管理、国有资产监管、公务用车配备使用等机制。

【领导人】　县委书记：周乃祥；县人大常委会主任：郑德平；县政府县长：瓦西亚夫；县政协主席：刘联贵（2013.1—2013.9）。

（审核：罗朝蓉/撰稿：马金华）

木里县

【概况】　2013年，木里县辖3个镇，26个乡（含5个民族自治乡），113个行政村、1个居委会，县政府驻乔瓦镇，距凉山州府232千米。全年全县总人口138367人，比2012年增加708人，境内居住有汉族、藏族、彝族、苗族、蒙古族、纳西族、壮族、布依族、傈僳族、回族、白族、羌族、土家族、满族、布朗族、傣族、瑶族、朝鲜族、黎族、普米族、侗族21个民族，其中藏族45217人，占总人口的32.68%。出生人口1854人，出生率为13.89‰，死亡人口886人，死亡率6.64‰，人口自然增长率为7.25‰。

【经济发展】　2013年，木里县国民经济增长较快，实现国内生产总值（GDP）24.51亿元，同比增长11.3%；在全州17个县市排位中GDP总量居第十位，增速居第六位；其中：第一产业实现增加值4.94亿元，同比增长4.8%；第二产业实现增加值12.85亿元，同比增长18.9%（其中：工业增加值5.61亿元，同比增长46%）；第三产业实现增加值6.72亿元，同比增长2%。三次产业结构比为20.1∶52.4∶27.5。全年非公有制经济实现增加值11.12亿元，同比增长14.2%，占全县GDP的45.4%，非公有制经济增加值增速比全县GDP增速高2.9个百分点，对全县经济增长的贡献率为55.65%，拉动全县经济增长了6.3个百分点。

【“木里实践”】 2013年，木里县委、县政府坚持“抓发展创稳定、惠民生促和谐”，通过建立县、乡、村三级维稳联运机制、“两真两严”寺庙管理机制、“三三制”矛盾调解长效机制、维稳重点人员帮教机制、“三位一体”情报信息收集机制、“连心牵手”党员干部直接联系服务群众工作机制及灵敏快速应急处突机制等七项措施全面夯实执政根基，推进木里藏区跨越发展和长治久安；6月21—23日，省政法委书记刘玉顺到木里调研，对木里的七项机制确保木里藏区稳定给予充分的肯定，也得到省委、省政府充分肯定。

【基础设施建设】 2013年，全县建成通村公路179.4千米，完成331.4千米重点林区通道整治，依吉乡灾后重建道路整治工程竣工验收，全县共建成21个农村客运站。开展1373.33公顷高标准基本农田建设，完成俄亚乡四川坪子土地开发项目立项工作。新增有效灌面33.33公顷，节水灌面36.67公顷，恢复灌面26.67公顷；投资1000万元在28个乡（镇）41个村新建集中供水工程6处、分散供水工程555处，解决2万人的饮水安全问题。完成以经果林、水保林、水土保持及水资源涵养建设等相结合的生态功能区磨房沟及抬杠沟小流域综合治理工程，栽植水保林95公顷、经果林110公顷，封禁治理1391公顷，治理水土流失面积1596公顷，谷坊62座，河堤1750米。木里县新型城镇化项目正式开工；县城垃圾填埋场、城南停车场、污水处理工程完成；推进城市道路一期改造工程和城市供水改扩建及管网改造工程；县委党校、县幼儿园、县中学高中部、县城影剧院、县福利中心等重点项目竣工，启动乔瓦镇敬老院、木里县殡仪馆项目建设。

【现代农业】 2013年，木里县开展农业实用技术培训318期6.5万人次。规划种植中药材示范基地20公顷，全县中药材种植面积达440公顷，投产312公顷，产量28万千克，产值543万元。持续推进核桃花椒产业化发展，全县核桃花椒种植面积3.14万公顷，荣获“四川省核桃之乡”称号，瓦厂和茶布朗两镇被四川省森林食品基地认定委员会认定为“核桃森林食品基地”；康坞1号核桃，通过四川省林木品种审定委员会良种认定。新建生猪科技示范园区1个，建成肉羊标准化养殖小区1个、“藏乡鸡繁育基地”1个、“藏乡猪养殖专业户”10户。

【新型工业】 2013年，木里县新增规模以上工业企业1户，规模以上工业增加值增速达71.6%。全县已核准电站23个，总装机276.02万千瓦，已建成投产电站6个，装机容量63.88万千瓦。全年“一江三河”水电开发完成投资70.63亿元。东拉、固拉2座500千伏变电站及木西、水洛、乡水3条500千伏输变电线路建成投运，卡基娃500千伏输电线路建设顺利推进。盐木110千伏变电站迁复工程前期工作有序推进。羊棚子电站迁复建工程完成10千伏输电线路建设。开展水电开发协调服务工作，妥善处理60余起矛盾纠纷。2013年梭罗沟金矿技改项目全面完成；唐央金矿探矿权挂牌出让1.59亿元，地方财政实现收益7500万元；制发《木里藏族自治县矿产资源管理暂行办法》，2个采矿权顺利通过年检。

【项目工作】 2013年，木里县实施项目308个，总投资7.98亿元，其中政府投资项目282个，总投资4.79亿元，完成投资2.47亿元，已开工122个；藏区项目26个，总投资3.19亿元，到位资金2.17亿元，完成投资1.28亿元，已完工7个，占项目总数的26.9%；进一步完善藏区项目五年规划，编制《木里县贯彻落实〈省委省政府关于加快藏区经济发展促进社会和谐稳定意见〉支撑项目表》，项目涉及9大类263项，估算总投资465.33亿元。

【藏区新村】 2013年，全县投入2408.8万元完成藏区连片扶贫开发、整村推进等5个扶贫开发项目；投入4986.7万元，组织实施30个藏区新村（聚居点）建设，完成村落民居建设2636户、覆盖1.18万人；完成博科乡博科村、后所乡田坝村等22个新村的测绘编制以及下麦地乡棉布村、唐央乡同窝村等14个新村的规划编制。

【民生保障】 2013年，全县实现城镇新增就业213人，城镇登记失业率控制在4%以内。全年“十大民生工程”支出5.88亿元，比上年增长10.96%。全年全县对城镇1821户家庭发放最低生活保障金956.7万元，进行医疗救助2088人次，救助资金42.6万元；为1.22万户农村居民家庭发放最低生活保障金3564.2万元，直接进行医疗救助2189人次，救助资金452.4万元。全年参加基本医疗保险、养老保险和失业保险的职工人数分别为6937人、4808人、3000人；新农合参合人数11.6万人，参合率99.46%，连续多年参合率达95%以上；农村养老保险参保人数4.90万人，60岁以上当年领取养老保险金的1.04万人，累计发放养老金725.3万元；城镇居民医疗保险参保人数6800人。

【社会事业】 2013年，全县共有中学12所，在校学生6238人；普通小学校23所，在校学生1.39万人；幼儿园1所，在园幼儿595人。全县小学学龄儿童入学率100%，初中学生入学率98.51%。2013年继续实施“两免一补”政策，全年投入1583万元生均公用经费，惠及3.84万名学生；享受寄宿制生活补助学生1.75万人，补助资金1183万元；享受免费教科书4.94万人次，补助资金213.59万元；投入442万元资金用于近2万名学生的义务教育阶段营养改善。2013年藏区“9+3”免费职业教育计划继续实施，全年共招录575名“9+3”学生，同时面向“9+3”毕业生定向招录乡镇工作人员10名，“9+3”毕业生就业率达98%。建成13座藏传佛教寺庙书屋。全年全县拥有医疗卫生机构35个，床位405张，卫生技术人员390人。全年累计建立居民健康档案10.66万人份，占全县总人口的79.66%。成功试生产杜子阿龙、青里地麦等6个品种藏药制剂。

【领导人】 县委书记：张振国；县人大常委会主任：杨乔包（蒙古族）；县政府县长：伍松（藏族）；县政协主席：杨克祖（藏族）。

（审核：曾英奎/撰稿：田尚春）

附 录

Addendum

2013年凉山州州级领导名录

中共凉山州委

书　记：翟占一
副书记：罗凉清　赵世勇
　　　　苏嘎尔布
常　委：张　强（6月止）
　　　　滕中平　胡　坤
　　　　王阿呷　冯　斌
　　　　达久木甲　杨文泉
　　　　赵中书[1]（5月止）
　　　　龙　伟　倪　军[2]（5—11月）
　　　　张　力（6月起）
　　　　叶　佩（12月起）

凉山州人大常委会

主　任：王金铁
副主任：熊正林
　　　　刘建蓉（4月起）
　　　　刘明书[3]　钟承先　何绍忠
　　　　海来木呷　李　军　周　斌

凉山州人民政府

州　长：罗凉清
副州长：滕中平　杨　卉
　　　　唐　浩[4]（6月止）　周德文
　　　　施　遐　余　毅
　　　　白　云　肖　春
　　　　熊自力（3月起）
　　　　朱学雷（12月起）

凉山州政协

主　席：邓显祥
副主席：黄志富　刘建蓉（4月止）
　　　　香根·边玛仁青　熊仿秋
　　　　季晓静　蒋若枫　马　报
　　　　宋光明　杨洪清（4月起）
　　　　苏燕凌（4月起）
　　　　王　萌（4月起）

凉山军分区

司令员：倪　军（11月止）
　　　　申　玮（11月起）
政　委：赵中书（3月止）
　　　　叶　佩（3月起）

凉山州中级人民法院

院　长：李　俊

凉山州人民检察院

检察长：米　滨

---

① 赵中书：因涉嫌违纪，于2014年5月接受组织调查。
② 倪军：因涉嫌违纪，于2014年4月接受组织调查。
③ 刘明书：因涉嫌严重违纪违法，于2015年3月接受组织调查。
④ 唐浩：因涉嫌严重违纪违法，于2014年8月接受组织调查。

2013 年凉山州州直部门主要负责人名录

单位		负责人
州纪委监察局		李东明
州法院		李　俊
州检察院		米　滨
州委办	余　民（6 月止）	邓天友（6 月起）
州人大常委会办		王泽文
州政府办	邹学军（7 月止）	陈　军（7 月起）
州政协办		苏　彬
州委组织部		禄兴云
州委宣传部		陈甫林
州委统战部	鲁绒日丁（4 月止）	高旦珠（4 月起）
州委政法委		米色尔海
州委政研室		邱宝奎
州直机关工委		杨太荣
州委编办	苏燕凌（7 月止）	姚云成（12 月起）
州委老干部局		杨国敏
州烟草办		戚天福
州委台办		杨少波
州委农工委		宋福猛
州委群工局		阿力尔木
州委维稳办	邓天友（6 月止）	宋光明（6 月起）
州接待办		石　芳
州保密局		伍　斌
州委党建办		彭庶民（11 月止）
州委人才办	陈方勇（8 月止）	廖　虎（12 月起）
州精神文明办		李小雄
州委外宣办		陈甫林
州委机要局		陈有清
州委党校		卢　健
州委讲师团	胡　波（4 月止）	张晓文（4 月起）
州史志办		尹克发
凉山日报社		龙德华
州发改委		李宏伟①
州经信委		杨跃发

① 李宏伟：因涉嫌严重违纪违法，于 2014 年 8 月接受组织调查。

单　位		负责人
州教育局		谢　宁
州科技局		周大海
州民宗委		吉伍吉史
州公安局		余　毅
州民政局		罗剑平
州司法局		卢立武
州财政局		吴　闯
州人力资源和社会保障局		罗卫平
州国资委		蔡　军
州规划建设住房保障局		黄　凤
州交通运输局		沈鲁清
州水务局		马小林
州农业局		王　正
州林业局		黑吉木呷
州畜牧局		杨光富
州商务局	李怀良（7月止）	环江红（7月起）
州文化影视新闻出版局	付　荣（8月止）	陈方勇（8月起）
州卫生局		苏　杰
州人口计生委		贾巴尔土
州审计局		刘　斌
州环保局		吉伍木牛①
州体育局		吉觉作哈
州统计局		贺雪梅
州旅游局		游开军
州安监局		卢　强
州外侨办		姚云成
州移民局		康　曦
州国土局		张邛林
州扶贫办		黄玉超
州食品药品监管局		岳雄华
州政务中心	陈　东（8月止）	张秀林（8月起）
州邛泸管理局	马廷贵（7月止）	伍文江（7月起）
州法制办		艾裕双
州人防办		张国清
州金融办		曹吉奎
经久工业园区		宋廷军
州档案局		孙子拉约
州防震减灾局	环江红（7月止）	周仕伦（12月起）

① 吉伍木牛：因涉嫌严重违纪，于2015年4月接受组织调查。

单 位	负责人
州供销社	杨富勇
州语委	贾瓦盘加
州公路局	赵 勇（局长） 韩 丹（党委书记）
州投资促进局	李云会
州政府驻京联络处	周 毅
州政府驻蓉办	许维（9月止） 李世斌（9月起）
州公积金管理中心	陈德琳
州绿色家园管委会	宋 云
州总工会	王 英
团州委	黎 平（6月止） 何建梅（11月起）
州妇联	马燕灵
州科协	杨 康
州社科联	哈小华
州文联	倮伍拉且
州残联	张瓦哈（5月止） 张建英（12月起）
州红十字会	方 虹
州工商联	宋光明（主席） 陆开华（党组书记，5月止） 田 华（党组书记，5月起）
州国安局	刘 伟
国家统计局凉山调查队	李天寿
州工商局	罗 刚
州国税局	晏 飞
州地税局	张小力
州气象局	田 宏
州质监局	李世斌（8月止） 陈 东（8月起）
州监狱管理局	鲁 蓉
州邮政管理局	邵建洲
凉山烟草专卖局	杜如万
州邮政局	许 波
人行凉山州中心支行	吴 彬
凉山银监分局	谢 涛

州委州政府重要文件目录

一、2013 年中共凉山州委文件目录

序号	文件标题	文号	发文单位
1	中共凉山州委凉山州人民政府关于加快对外经济贸易发展的意见	凉委发〔2013〕1 号	中共凉山州委
2	中共凉山州委凉山州人民政府关于印发《关于改进工作作风、密切联系群众的规定》的通知	凉委发〔2013〕4 号	中共凉山州委
3	中共凉山州委凉山州人民政府关于印发《凉山彝族自治州农村扶贫开发规划（2011—2020）》的通知	凉委发〔2013〕5 号	中共凉山州委
4	中共凉山州委凉山州人民政府关于推进我州现代烟草农业工作的指导意见	凉委发〔2013〕6 号	中共凉山州委
5	中共凉山州委关于进一步加强政策研究与调查研究工作的意见	凉委发〔2013〕7 号	中共凉山州委
6	中共凉山州委凉山州人民政府关于加快现代农业发展增强农村发展活力促进农民增收的意见	凉委发〔2013〕8 号	中共凉山州委
7	中共凉山州委凉山州人民政府关于贯彻《中共四川省委　四川省人民政府关于进一步加强产村相融成片推进新农村建设的意见》的实施意见	凉委发〔2013〕9 号	中共凉山州委
8	中共凉山州委凉山州人民政府关于 2013 年党风廉政建设和反腐败工作的意见	凉委发〔2013〕10 号	中共凉山州委
9	中共凉山州委关于进一步加强和改进机关党的建设的意见	凉委发〔2013〕11 号	中共凉山州委
10	中共凉山州委印发《关于在全州广泛开展“实现伟大中国梦、建设美丽繁荣和谐四川”主题教育活动的实施方案》的通知	凉委发〔2013〕13 号	中共凉山州委
11	中共凉山州委关于深入贯彻落实党的十八大精神为与全国全省同步全面建成小康社会而奋斗的决定	凉委发〔2013〕14 号	中共凉山州委
12	中共凉山州委凉山州人民政府关于实施多点多极支撑发展战略推进全域凉山建设的意见	凉委发〔2013〕15 号	中共凉山州委
13	中共凉山州委凉山州人民政府关于深入实施创新驱动发展战略的意见	凉委发〔2013〕16 号	中共凉山州委
14	中共凉山州委凉山州人民政府关于贯彻落实《四川省民族地区教育发展十年行动计划（2011—2020 年）》的实施意见	凉委发〔2013〕17 号	中共凉山州委

续表

序号	文件标题	文号	发文单位
15	中共凉山州委关于贯彻省委《进一步加强和改进新时期工会、共青团、妇联工作的意见》的实施意见	凉委发〔2013〕18号	中共凉山州委
16	中共凉山州委凉山州人民政府关于推进民营经济又好又快发展的实施意见	凉委发〔2013〕19号	中共凉山州委
17	中共凉山州委凉山州人民政府关于加快推进新十年扶贫开发工作的意见	凉委发〔2013〕21号	中共凉山州委
18	中共凉山州委凉山州人民政府关于改革完善我州食品药品监督管理体制的实施意见	凉委发〔2013〕22号	中共凉山州委
19	中共凉山州委凉山州人民政府关于开展凉山交通大会战的实施意见	凉委发〔2013〕23号	中共凉山州委
20	中共凉山州委关于在党的群众路线教育实践活动中集中开展“走基层、解难题、办实事、惠民生”活动的实施意见	凉委发〔2013〕24号	中共凉山州委
21	中共凉山州委凉山州人民政府关于印发《凉山州重大决策社会稳定风险评估实施办法》的通知	凉委发〔2013〕25号	中共凉山州委

二、2013年凉山州人民政府文件目录

序号	文件标题	文号	发文单位
1	凉山州人民政府关于印发《凉山州人民政府工作规则》的通知	凉府发〔2013〕1号	凉山州人民政府
2	凉山州人民政府关于下达2013年重点建设项目计划的通知	凉府发〔2013〕2号	凉山州人民政府
3	凉山州人民政府关于颁发2010—2011年度凉山州科学技术奖的决定	凉府发〔2013〕3号	凉山州人民政府
4	凉山州人民政府关于开展第三次全国经济普查的通知	凉府发〔2013〕4号	凉山州人民政府
5	凉山州人民政府关于贯彻落实《四川省基本单位名录库管理办法》的意见	凉府发〔2013〕5号	凉山州人民政府
6	凉山州人民政府关于抓好2013年马铃薯产业发展的意见	凉府发〔2013〕6号	凉山州人民政府
7	凉山州人民政府关于支持喜德县“8·31”特大山洪灾害灾后恢复重建政策措施的意见	凉府发〔2013〕7号	凉山州人民政府
8	凉山州人民政府关于支持“6·24”盐源地震灾后恢复重建政策措施的意见	凉府发〔2013〕8号	凉山州人民政府
9	凉山州人民政府关于表彰2012年度商务工作先进单位的通报	凉府发〔2013〕9号	凉山州人民政府

续表

序号	文件标题	文号	发文单位
10	凉山州人民政府关于贯彻落实《四川省人民政府关于加快发展现代农业的意见》的意见	凉府发〔2013〕10号	凉山州人民政府
11	凉山州人民政府关于授予杨平等5名同志二等功的决定	凉府发〔2013〕11号	凉山州人民政府
12	凉山州人民政府关于印发《凉山州建设工程抗震设防要求管理办法》的通知	凉府发〔2013〕12号	凉山州人民政府
13	凉山州人民政府关于2013年安全生产工作的意见	凉府发〔2013〕13号	凉山州人民政府
14	凉山州人民政府关于加强重要工业品价格调节基金征收工作的通知	凉府发〔2013〕14号	凉山州人民政府
15	凉山州人民政府关于印发《凉山州人民政府办理人大代表建议和政协提案办法》的通知	凉府发〔2013〕15号	凉山州人民政府
16	凉山州人民政府关于下达“十二五”各县市碳强度下降目标的通知	凉府发〔2013〕16号	凉山州人民政府
17	凉山州人民政府关于落实《政府工作报告》重点工作部门分工的意见	凉府发〔2013〕17号	凉山州人民政府
18	凉山州人民政府关于加强食品安全工作的实施意见	凉府发〔2013〕18号	凉山州人民政府
19	凉山州人民政府关于认真做好退役士兵安置工作的通知	凉府发〔2013〕19号	凉山州人民政府
20	凉山州人民政府关于促进物流业健康发展的实施意见	凉府发〔2013〕20号	凉山州人民政府
21	凉山州人民政府关于下达2013年重点工业企业经济责任目标的通知	凉府发〔2013〕22号	凉山州人民政府
22	凉山州人民政府关于下达2013年全州工业经济责任目标的通知	凉府发〔2013〕23号	凉山州人民政府
23	凉山州人民政府关于下达2013年度要素保障部门经济责任目标的通知	凉府发〔2013〕24号	凉山州人民政府
24	凉山州人民政府转发四川省人民政府《关于加强企业技术改造的实施意见》的通知	凉府发〔2013〕25号	凉山州人民政府
25	凉山州人民政府关于进一步深化行政审批制度改革的实施意见	凉府发〔2013〕26号	凉山州人民政府
26	凉山州人民政府关于调整最低工资标准的通知	凉府发〔2013〕27号	凉山州人民政府
27	凉山州人民政府关于批准凉山州第七批学术和技术带头人及后备人选的决定	凉府发〔2013〕28号	凉山州人民政府

续表

序号	文件标题	文号	发文单位
28	凉山州人民政府关于2013年加快推进新型城镇化的意见	凉府发〔2013〕29号	凉山州人民政府
29	凉山州人民政府关于公布《凉山州第四批州级非物质文化遗产名录》的通知	凉府发〔2013〕30号	凉山州人民政府
30	凉山州人民政府关于加快无电地区电力建设的实施意见	凉府发〔2013〕31号	凉山州人民政府
31	凉山州人民政府关于进一步加强和改进最低生活保障工作的实施意见	凉府发〔2013〕32号	凉山州人民政府
32	凉山州人民政府关于印发《鼓励和支持民营经济又好又快发展若干政策措施》的通知	凉府发〔2013〕33号	凉山州人民政府
33	凉山州人民政府关于调整凉山州食品安全委员会组成人员的通知	凉府发〔2013〕34号	凉山州人民政府
34	凉山州人民政府关于印发《凉山州见义勇为人员权益保护工作实施细则（试行）》的通知	凉府发〔2013〕35号	凉山州人民政府

2010—2011 年度凉山州科技进步奖名录

序号	项目名称	完成单位	等级
1	急倾斜特厚煤层残煤复采研究应用	四川省凉山州益门煤矿	一
2	凉山州重大动物疫病综合防控技术研究及应用	凉山州动物疫病预防控制中心 西昌市畜牧局 凉山州畜牧兽医科学研究所 雷波县畜牧局 德昌县畜牧局	一
3	攀西地区容器控根育苗技术研究	凉山州林业科学研究所	一
4	适应产业化苦荞新品种“西荞 2 号”和“西荞 3 号”选育与推广应用	西昌学院	一
5	200t 钢包透气砖布置及炉后小平台吹氩制度研究	攀钢集团西昌钢钒有限公司	一
6	愈疡胶囊毒理作用研究	凉山州第二人民医院 成都医学院	一
7	高产优质抗病马铃薯新品种川凉薯 1 号、川凉薯 2 号选育与应用	凉山州西昌农业科学研究所 高山作物研究站	一
8	凉山州艾滋病防治综合管理模式研究	凉山州疾病预防控制中心 中国疾病预防控制中心性病艾滋病预防控制中心 四川省疾病预防控制中心 布拖县疾病预防控制中心	一
9	凉山清甜香优质烤烟综合标准体系的研究与编制	四川省烟草公司凉山州公司 凉山质量技术监督协会	二
10	民族地区教师培训有效模式研究	凉山州教育科学研究所 西昌学院继续教育学院 凉山州教师培训中心 西昌市教师进修学校	二
11	腹腔内热化疗在卵巢癌治疗中的应用	凉山州第一人民医院	二
12	凉山州适栽牧草品种筛选与生产技术推广	凉山州畜牧兽医科学研究所	二
13	提钒尾渣在炼钢中的应用研究	攀钢集团西昌钢钒有限公司 攀钢集团研究院有限公司 攀钢集团成都钢钒有限公司	二

续表

序号	项目名称	完成单位	等级
14	炭质铜矿浮选指标提升研究	会东县鑫联矿业有限责任公司	二
15	低品位钒钛磁铁矿综合利用研究	重钢西昌矿业有限公司	二
16	凉山州彝汉两民族公务人员慢性肾脏疾病发病情况及易患因素对比研究	凉山州第二人民医院	二
17	攀西地区何首乌产业化开发	凉山州亚热带作物研究所 四川平大生物制品有限公司 四川大学华西药学院 凉山州农业学校	二
18	烟叶初烤装备研发与流程优化	西昌新叶农业科技有限公司 四川省烟草公司凉山州公司 凉山州烟草公司普格县营销部	二
19	艾萨铜熔炼生产工艺技术应用研究	会理县昆鹏铜业有限责任公司	二
20	黑色冶金用高压辊磨机成套设备研制及工业应用	重钢西昌矿业有限公司	二
21	会东淌塘铜矿地质找矿技术研究	会东县鑫联矿业有限责任公司	二
22	耐寒棕榈植物引进、繁殖及生产应用	凉山州亚热带作物研究所	二
23	会东松子标准化体系建立与应用	会东县林业局	二
24	攀西地区麻疯树地理种源的遗传变异规律及种源区划研究	凉山州林业科学研究所	二
25	现代蚕业生产模式和技术创新研究与推广	宁南县蚕业局 宁南县南丝路集团公司 宁南县生产力促进中心	二
26	盐源优质苹果系列标准的研制与应用	盐源县经济作物管理站 盐源县苹果研究所 盐源县苹果办	二
27	高产抗病小麦新品种西昌 19 的选育及推广	凉山州西昌农业科学研究所	二
28	优质高产特香型粳糯新品种“粳香糯 1 号”选育及应用	凉山州西昌农业科学研究所 西昌市良种场 西昌市种子管理站 德昌县种子管理站	二
29	高效抗逆转录病毒疗法在布拖县艾滋病治疗中的应用与研究	布拖县人民医院 布拖县特木里镇卫生院 布拖县拖觉卫生院 布拖县西溪河卫生院	二

续表

序号	项目名称	完成单位	等级
30	凉山州成年妇女对子宫颈良恶性病变认知的影响因素分析	凉山州第一人民医院	二
31	凉山地区皮肤病流行病学研究及成果应用（二）	凉山州第一人民医院	二
32	TGF-β/Smads 信号通路介导的肺纤维化机制及补虚化瘀药靶向干预研究	德昌县人民医院	二
33	凉山州马铃薯深加工副产物综合利用研究开发	西昌学院 四川省农业机械研究设计院 盐源县世富农业有限公司 越西县润鑫薯业有限公司 西昌市科兴薯业有限公司	二
34	凉山现代畜牧科技示范园区奶牛及种猪配套技术研究示范与推广	凉山州畜牧兽医科学研究所	二
35	过程控制尾号铸坯自动识别追踪策略研发	攀钢集团西昌钢钒有限公司热轧厂	三
36	西昌钢钒有限公司关键技术标准研究	攀钢西昌钢钒有限公司技术质量部	三
37	双膜法+EDI 水处理技术在除盐水系统的应用研究	攀钢集团西昌钢钒有限公司能动中心	三
38	高效浓密机在选矿中的应用研究	重钢西昌矿业有限公司 奥图泰冶金设备技术有限公司	三
39	四川省会东县满银沟赤铁矿特征及找矿研究	四川省会东满银沟矿业集团有限公司 四川省地质矿产勘查开发局四〇四地质队	三
40	优化尾矿库排渗技术的应用研究	盐源县平川铁矿	三
41	四川锦宁矿业铁锡选矿工艺创新	四川锦宁矿业有限责任公司 昆明理工大学设计研究院 云南锡业公司设计研究院 江西理工大学设计研究院	三
42	中国石榴种质资源亲缘关系和遗传多样性分子研究	西昌学院	三
43	甜樱桃栽培技术研究及应用推广	越西县农业与科学技术局 西昌学院 四川东方农业发展有限公司越西分公司	三
44	早熟优质杏品种引进筛选及丰产栽培技术研究	凉山州亚热带作物研究所 冕宁县农业局 德昌县农业与科学技术局 西昌市月华乡新华油桃水果专业合作社	三

续表

序号	项目名称	完成单位	等级
45	昭觉县马铃薯高产综合技术示范推广	昭觉县农业和科学技术局	三
46	越西县马铃薯标准化生产技术集成与示范推广	越西县农业和科学技术局 西昌学院	三
47	德昌县“果—草—畜—沼”特色农业技术集成示范与推广	德昌富原农牧科技有限责任公司 德昌县生产力促进中心	三
48	烟田旋耕起垄机的示范推广	凉山州农牧机械研究所	三
49	凉山圆根品种选育与配套技术研究示范	凉山州畜牧兽医科学研究所 四川省金种燎原种业科技有限公司 昭觉县畜牧局 布拖县畜牧局 美姑县畜牧局	三
50	核桃良种选育及应用推广技术	盐源县核桃产业化技术协会 盐源县林业局营林股	三
51	安宁河流域种草养兔综合生产技术研究与应用	德昌县畜牧站 凉山畜牧兽医科学研究所 德昌县志刚养兔专业合作社	三
52	花椒新品种——灵山正路椒选育	冕宁县林业局产业站 四川省林业科学研究院 凉山州林业局产业站	三
53	凉山州人才资源检索系统开发应用	凉山州科技情报研究所	三
54	木里县天然草原退牧还草技术组装与应用	木里藏族自治县畜牧局	三
55	西昌市城区 0~4 岁儿童佝偻病现况调查	凉山州第一人民医院	三
56	凉山彝族自治州彝族城乡居民糖尿病及代谢综合征患病率调查及成果应用	凉山州第一人民医院	三
57	主动脉气囊反搏（IABP）治疗急性心肌梗死伴心源性休克的临床研究	凉山州第一人民医院	三
58	输尿管镜下尿道会师术治疗尿道损伤的临床应用研究	凉山州第二人民医院	三
59	局部浸润麻醉下包皮环扎术的临床应用研究	凉山州第二人民医院	三
60	水温对大鼠鼻黏膜的影响	凉山州第一人民医院	三
61	中医分期结合局部骨髓移植治疗兔桡骨骨折延迟愈合模型的实验研究	德昌县人民医院	三

续表

序号	项目名称	完成单位	等级
62	痔上黏膜环切吻合术（PPH 术）治疗痔病的临床应用研究	攀钢西昌医院	三
63	攀星牌农具机制生产技术研发与应用	会理县机具厂	三
64	实用新型苦荞产品的加工技术及开发利用研究	西昌市正中食品有限公司 成都大学生物产业学院	三
65	石榴酒专属酵母菌研究与应用	四川会理果果果业有限责任公司	三
66	核桃新品种——冕宁紫瓤 1 号选育及扩繁研究	冕宁县林业局产业站 四川省林业科学研究院 凉山州林业局种苗站	三
67	凉山州中蜂饲养管理技术研究与示范	凉山州绿野结晶蜂业有限公司	三
68	添加美洲大蠊和石榴加工副产物饲养优质生态阉鸡试验与示范研究	凉山州先科现代农业开发有限公司	三
69	优质 $5A^{50}$ 级生丝生产技术研究与应用	四川宁南谊兴丝业有限责任公司	三
70	卡托普利、美托洛尔治疗慢型克山病疗效研究	冕宁县疾病预防控制中心	三

资料来源：《凉山州人民政府关于颁发 2010—2011 年度凉山州科学技术奖的决定》（凉府发〔2013〕3 号）

凉山州 1—4 批国家省州级非物质文化遗产名录

一、凉山第 1—4 批国家级非物质文化遗产名录（共 18 项）

第一批				
序号	项目类别	项目编码	项目名称	申报地区或单位
1	民俗	Ⅸ—10	彝族火把节	凉山彝族自治州
第二批				
序号	项目类别	项目编码	项目名称	申报地区或单位
1	民间文学	Ⅰ—75	彝族克智	美姑县
2	传统音乐	Ⅱ—136	口弦音乐	布拖县
3	传统舞蹈	Ⅲ—67	甲搓	盐源县
4	传统技艺	Ⅷ—101	彝族毛纺织及擀制技艺	昭觉县
5		Ⅷ—128	彝族漆器髹饰技艺	喜德县
6		Ⅷ—40	彝族银饰制作技艺	布拖县
第三批				
序号	项目类别	项目编码	项目名称	申报地区或单位
1	传统音乐	Ⅱ—115	藏族民歌（藏族赶马调）	冕宁县
2	民俗	Ⅹ—129	彝族年	凉山彝族自治州
3		Ⅹ—139	婚俗（彝族传统婚俗）	美姑县
第四批				
序号	项目类别	项目编码	项目名称	申报地区或单位
1	民俗	Ⅰ—141	毕阿史拉则传说	金阳县文化馆
2		Ⅰ—152	玛牧	喜德县文化馆
3	传统音乐	Ⅱ—163	毕摩音乐	美姑县文化馆
4		Ⅱ—128	洞经音乐（邛都洞经音乐）	西昌市邛都洞经古乐艺术团
5	传统美术	Ⅶ—114	毕摩绘画	美姑县文化馆
6	传统技艺	Ⅷ—100	传统棉纺织技艺（傈僳族火草织布技艺）	德昌县文化馆
7	民俗	Ⅹ—156	彝族服饰	昭觉县文物管理所
8		Ⅹ—90	祭祖习俗（凉山彝族“尼木措毕”祭祀）	美姑县文化馆

二、凉山州1—4批省级非物质文化遗产名录（共96项）

第一批				
序号	项目类别	项目编码	项目名称	申报地区或单位
1	民间文学	Ⅰ—3	阿嫫妮惹	州语委
2		Ⅰ—4	支格阿龙	州民间文艺家协会
3		Ⅰ—8	彝族克智	美姑县人民政府
				喜德县人民政府
4	传统音乐	Ⅱ—18	彝族阿都高腔	布拖县人民政府
5		Ⅱ—19	朵乐荷	普格县人民政府
				布拖县人民政府
6		Ⅱ—25	义诺彝族民歌	雷波县文化体育局
7		Ⅱ—40	口弦	布拖县人民政府
8	传统舞蹈	Ⅲ—56	甲搓	盐源县人民政府
9	传统技艺	Ⅷ—103	凉山彝族毛纺织及擀制技艺	昭觉县人民政府
10		Ⅷ—129	凉山彝族漆器制作工艺	喜德县人民政府
11		Ⅷ—130	凉山彝族银饰手工技艺	布拖县人民政府
12	民俗	Ⅹ—166	火把节（彝族火把节）	凉山州文化局
13		Ⅹ—163	彝族年	凉山州文化局
14		Ⅹ—164	藏历年	木里县文化局
15		Ⅹ—179	泸沽湖摩梭人母系氏族习俗	盐源县人民政府
16		Ⅹ—187	凉山彝族“尼木措毕”祭祀	美姑县人民政府
第二批				
序号	项目类别	项目编码	项目名称	申报地区或单位
1	民间文学	Ⅰ—8	勒俄特依	喜德县文化馆
2		Ⅰ—9	玛牧特依	喜德县文化馆
3	传统音乐	Ⅱ—9	彝族挽歌	宁南县文化馆
4		Ⅱ—10	藏族赶马调	冕宁县文化馆
5		Ⅱ—11	彝族克西举尔	昭觉县文物管理所
6				雷波县文化馆
7		Ⅱ—12	彝族马布音乐	越西县广播电视文化体育局
8				昭觉县文物管理所
9		Ⅱ—13	彝族月琴音乐	普格县文化艺术馆
10		Ⅱ—14	毕摩音乐	美姑县文化旅游体育局
11		Ⅱ—15	大号唢呐	会理县文化馆
12		Ⅱ—12	川西藏族山歌（扩展）	木里县文化馆

续表

序号	项目类别	项目编码	项目名称	申报地区或单位
13	传统舞蹈	Ⅲ—11	木里藏族“嘎卓”舞	木里县文化馆
14		Ⅲ—13	傈僳族嘎且且撒勒舞	会东县文化馆
				德昌县文化馆
15		Ⅲ—14	彝族苏尼舞	布拖县文化馆
16		Ⅲ—15	躏脚舞	会理县文化馆
17		Ⅲ—16	藏族杜基嘎尔	木里县文化馆
18	传统体育、游艺与杂技	Ⅵ—7	彝族磨尔秋	甘洛县文化馆
19	传统美术	Ⅶ—5	毕摩绘画	美姑县文化旅游体育局
20		Ⅶ—6	彝文书法	盐源县文化馆
21	传统技艺	Ⅷ—2	酿造酒传统酿造技艺（彝族杆杆酒酿造技艺）	甘洛县文化馆
22		Ⅷ—28	民族乐器制作技艺（傈僳族葫芦笙制作技艺）	德昌县文化馆
23		Ⅷ—29	绿釉陶瓷品制作技艺	会理县文化馆
24		Ⅷ—30	红铜火锅制作技艺	会理县文化馆
25		Ⅷ—31	传统茶具制作技艺（藏式竹制茶具制作、藏式木制茶具制作、藏式烧制茶具制作技艺）	木里县文化馆
26	民俗	Ⅹ—15	彝族婚俗（彝族婚礼歌、彝族婚俗）	越西县广播电视文化体育局
				美姑县文化体育局
27		Ⅹ—16	傈僳族服饰	德昌县文化馆
28		Ⅹ—17	彝族服饰（彝族服饰、义诺彝族服饰、彝族奥索布迪服饰艺术）	昭觉县文物管理所
				美姑县文化旅游局
				会东县文化馆
29		Ⅹ—18	傈僳族阔时节	德昌县文化馆
30		Ⅹ—19	傈僳族婚俗	德昌县文化馆
31		Ⅹ—20	摩梭人成丁礼	盐源县文化馆
32		Ⅹ—21	彝族“阿依蒙格”儿童节	雷波县语委
33		Ⅹ—22	藏族尔苏射箭节	甘洛县文化馆
34		Ⅹ—24	摩梭人转湖节	盐源县文化馆
				木里县文化馆
第三批				
序号	项目类别	项目编码	项目名称	申报地区或单位
1	民间文学	Ⅰ—4	毕阿史拉则传说	金阳县文化馆
2		Ⅰ—5	傈僳族民间传说	德昌县文化馆
3		Ⅰ—7	阿都歌谣	布拖县文化馆
4		Ⅰ—8	什喜尼支嘿	布拖县文化馆

续表

序号	项目类别	项目编码	项目名称	申报地区或单位
5	传统音乐	Ⅱ—4	彝族“久觉合”	甘洛县文化馆
6		Ⅱ—5	木模拉格	越西县文化馆
7		Ⅱ—6	热打（“里惹尔”）	甘洛县文化馆
8		Ⅱ—7	阿古合	甘洛县文化馆
				越西县文化馆
9		Ⅱ—8	金江鼓乐	会东县文化馆
10		Ⅱ—11	阿惹妞	甘洛县文化馆
11		Ⅱ—18	四川洞经音乐（邛都洞经古乐）	西昌市邛都洞经古乐艺术团
12	传统舞蹈	Ⅲ—6	纳西族“金佐措”	木里县文化馆
13	传统美术	Ⅶ—2	彝族传统刺绣技艺	甘洛县彝族妇女刺绣协会
14		Ⅶ—3	傈僳族刺绣技艺（傈僳族刺绣技艺、新山傈僳族刺绣技艺）	德昌县文化馆
15	传统技艺	Ⅷ—6	藏族牛羊毛手工编织技艺（藏族毛纺织品编织技艺）	木里县文化馆
16		Ⅷ—9	傈僳族织布技艺（新山傈僳族织布技艺、傈僳族火草织布技艺）	德昌县文化馆
17		Ⅷ—10	彝族金属锻造技艺（喜德彝族叶形双耳腰刀制作技艺）	喜德县文化馆
18		Ⅷ—11	藏族手工皮制品制作技艺	木里县文化馆
19		Ⅷ—12	擦窝制作技艺	木里县文化馆
20		Ⅷ—13	饵块手工制作技艺	会理县文化馆
21		Ⅷ—28	民族乐器制作技艺（傈僳族口弦制作技艺、竹制口弦制作技艺）	布拖县文化馆
				德昌县文化馆
22	传统医药	Ⅸ—2	传统彝医药	西昌彝医药研究所
23	民俗	Ⅹ—12	彝族嘎库甘尔习俗	布拖县文化馆
24		Ⅹ—13	藏族服饰（尔苏藏族服饰）	甘洛县文化馆
25		Ⅹ—14	苗族服饰	木里县文化馆
26		Ⅹ—17	藏族服饰（呷咪服饰）	木里县文化馆
27		Ⅹ—22	还山鸡节（尔苏藏族还山鸡节）	甘洛县文化馆
第四批				
序号	项目类别	项目编码	项目名称	申报地区或单位
1	民间文学	Ⅰ—30	博葩（万物起源口头文学）	喜德县文化馆

续表

序号	项目类别	项目编码	项目名称	申报地区或单位
2	传统音乐	Ⅱ—65	傈僳族高腔	德昌县文化馆
3		Ⅱ—66	阿依阿芝（彝族女性叙事歌）	越西县文化馆
4		Ⅱ—67	牛牛合（“牛牛”调）	雷波县文化馆
5		Ⅱ—68	摩梭人阿哈巴拉调	盐源县文化馆
6	曲艺	Ⅴ—13	彝族克格（彝语相声）	昭觉县文管所
7	传统美术	Ⅶ—32	藏族尔苏图画文字	甘洛县文化馆
8	传统技艺	Ⅷ—117	彝族泥染	金阳县文化馆
9		Ⅷ—118	摩梭人苏里马酒的酿造技艺	盐源县文化馆
10		Ⅷ—119	摩梭人青娜油制作技艺	盐源县文化馆
11		Ⅷ—28	民族乐器制作技艺（彝族月琴制作技艺）	雷波县文化馆
12		Ⅷ—8	麻布制作技艺（木里麻布手工纺织技艺）	木里县文化馆
13		Ⅷ—20	传统民居营造技艺（木里藏族民居营造技艺）	木里县文化馆
14		Ⅷ—2	酿造酒传统酿造技艺（彝族燕麦酒古法酿造技艺）	会东县文化馆
15	民俗	Ⅹ—74	摩梭人“若哈舍”习俗	盐源县文化馆
16		Ⅹ—75	彝族剪羊毛节	金阳县文化馆
17		Ⅹ—76	摩梭人服饰	盐源县文化馆
18		Ⅹ—77	彝族赛马习俗	昭觉县文管所
19		Ⅹ—83	木里“桑股”头饰	木里县文化馆

三、凉山州1—4批州级非物质文化遗产名录（共214项）

第一批				
序号	项目类别	项目编码	项目名称	申报地区或单位
1	民间文学	Ⅰ—1	阿嫫尼惹	州语委
2		Ⅰ—2	支格阿尔	州民间文艺家协会
3		Ⅰ—3	彝族克智	美姑县人民政府 喜德县人民政府
4		Ⅰ—4	月亮女儿的传说	州民间文艺家协会
5		Ⅰ—5	甘嫫阿妞的传说	州民间文艺家协会
6		Ⅰ—6	勒俄特依	州语委
7		Ⅰ—7	玛木特依	州语委
8		Ⅰ—8	姿子里乍	州语委

续表

序号	项目类别	项目编码	项目名称	申报地区或单位
9	传统音乐	Ⅱ—1	彝族口弦	布拖县人民政府
10		Ⅱ—2	彝族阿都高腔调	布拖县人民政府
11		Ⅱ—3	朵乐荷	普格县人民政府 布拖县人民政府
12		Ⅱ—4	彝家哭嫁歌	越西县人民政府
13		Ⅱ—5	彝族竖笛	昭觉县人民政府
14		Ⅱ—6	彝族马布	昭觉县人民政府 越西县人民政府
15		Ⅱ—7	彝族长号	会理县人民政府
16		Ⅱ—8	义诺彝族民歌	雷波县人民政府
17		Ⅱ—9	毕摩音乐	美姑县人民政府
18		Ⅱ—10	冕宁汉族栽秧歌	冕宁县文化馆
19		Ⅱ—11	阿惹妞	州文化馆
20	传统舞蹈	Ⅲ—1	甲搓舞	盐源县人民政府
21		Ⅲ—2	彝族踊脚舞	会理县人民政府
22	传统美术	Ⅶ—1	毕摩绘画	美姑县人民政府
23	传统技艺	Ⅷ—1	彝族漆器	喜德县人民政府
24		Ⅷ—2	彝族银饰手工技艺	布拖县人民政府
25		Ⅷ—3	瓦拉手工技艺	昭觉县人民政府
26		Ⅷ—4	佳史手工技艺	昭觉县人民政府
27		Ⅷ—5	冕宁民间挑花手工技艺	冕宁县文化馆
28		Ⅷ—6	冕宁烙铁画、烙铁书法	冕宁县文化馆
29	民俗	Ⅹ—1	彝族婚礼	美姑县人民政府
30		Ⅹ—2	泸沽湖摩梭人习俗	盐源县人民政府
31		Ⅹ—3	俄亚纳西族习俗	木里县人民政府
32		Ⅹ—4	彝族年	州文化局
33		Ⅹ—5	藏历年	木里县人民政府
34		Ⅹ—6	彝族火把节	州文化局
35		Ⅹ—7	泸沽湖摩梭人转山转海节	盐源县人民政府
36		Ⅹ—8	凉山彝族“尼木措毕”祭祀	美姑县人民政府
37		Ⅹ—9	灵山寺祖师会	冕宁县文化馆

续表

第二批				
序号	项目类别	项目编码	项目名称	申报地区或单位
1	传统音乐	Ⅱ—1	彝族克西举尔音乐	雷波县文化局 昭觉县文化局
2		Ⅱ—2	傈僳族高腔	德昌县文化局
3		Ⅱ—3	藏族赶马调	冕宁县文化局
4		Ⅱ—4	彝族挽歌	宁南县文化局
5		Ⅱ—5	彝族月琴音乐	普格县文化局
6		Ⅱ—12	川西藏族山歌（扩展）	木里县文化馆
7	传统舞蹈	Ⅲ—1	傈僳族嘎且且撒勒舞	会东县文化局 德昌县文化局
8		Ⅲ—2	藏族杜基嘎尔	木里县文化局
9		Ⅲ—3	藏族嘎卓舞	木里县文化局
10		Ⅲ—4	彝族苏尼舞	布拖县文化局
11	传统戏剧	Ⅳ—1	马马灯	越西县文化局
12	传统体育、游艺与杂技	Ⅵ—1	彝族磨尔秋	甘洛县文化局
13	传统美术	Ⅶ—1	彝文书法	盐源县文化局
14	传统技艺	Ⅷ—1	红铜火锅制作技艺	会理县文化局
15		Ⅷ—2	绿釉陶瓷制作技艺	会理县文化局
16		Ⅷ—3	砂锅制作技艺	越西县文化局
17		Ⅷ—4	建昌板鸭制作技艺	德昌县文化局 西昌市文化局
18		Ⅷ—5	彝族杆杆酒酿造技艺	甘洛县文化局
19		Ⅷ—6	藏式烧制茶具制作技艺	木里县文化局
20		Ⅷ—7	藏式木制茶具制作技艺	木里县文化局
21		Ⅷ—8	藏式竹制茶具制作技艺	木里县文化局
22		Ⅷ—9	傈僳族葫芦笙制作技艺	德昌县文化局
23	民俗	Ⅹ—1	摩梭人成丁礼	盐源县文化局
24		Ⅹ—2	彝族阿依蒙格礼仪	雷波县文化局
25		Ⅹ—3	傈僳族阔时节	德昌县文化局
26		Ⅹ—4	傈僳族婚俗	德昌县文化局
27		Ⅹ—5	藏族尔苏射箭节	甘洛县文化局
28		Ⅹ—6	摩梭人达巴信仰	木里县文化局
29		Ⅹ—7	彝族服饰	昭觉县文化局

续表

序号	项目类别	项目编码	项目名称	申报地区或单位
30	民俗	X—8	彝族奥索布迪头饰	会东县文化局
31		X—9	傈僳族服饰	德昌县文化局
32		X—10	彝族德古调解习俗	昭觉县文化局
33		X—11	彝族义诺服饰	美姑县文化局
34		X—12	彝族十月太阳历	州彝学会
第三批				
序号	项目类别	项目编码	项目名称	申报地区或单位
1	民间文学	Ⅰ—1	毕阿史拉则传说	金阳县文化局
2		Ⅰ—2	文昌故里传说	越西县文化局
3		Ⅰ—3	阿都情歌	布拖县文化局
4		Ⅰ—4	什喜尼支嘿	布拖县文化局
5		Ⅰ—5	傈僳族红腰带传说	德昌县文化局
6		Ⅰ—6	傈僳族黄谷祖宗的传说	德昌县文化局
7		Ⅰ—7	傈僳族媒山菩萨的传说	德昌县文化局
8	传统音乐	Ⅱ—1	阿惹牛	甘洛县文化局
9		Ⅱ—2	博帕合	甘洛县文化局
10		Ⅱ—3	阿古合	甘洛县文化局 越西县文化局
11		Ⅱ—4	久觉合	甘洛县文化局
12		Ⅱ—5	热打	甘洛县文化局
13		Ⅱ—6	库史莫莫合	布拖县文化局
14		Ⅱ—7	卓强强	木里县文化局
15		Ⅱ—8	邛都洞经古乐	西昌市文化馆
16		Ⅱ—9	波哈妞妞	越西县文化局
17		Ⅱ—10	木莫拉格	越西县文化局
18		Ⅱ—11	阿苏巴底	金阳县文化局
19		Ⅱ—12	阿尔来嘎	金阳县文化局
20		Ⅱ—13	金江鼓乐	会东县文化局
21	传统舞蹈	Ⅲ—1	纳西族金佐措	木里县文化局
22	传统美术	Ⅶ—1	藏族尔苏图画文字	甘洛县文化局

续表

序号	项目类别	项目编码	项目名称	申报地区或单位
23	传统技艺	Ⅷ—1	饵块手工制作技艺	会理县文化局
24		Ⅷ—2	土法造纸技艺	会理县文化局
25		Ⅷ—3	彝族刺绣技艺	会理县文化局
				甘洛县文化局
26		Ⅷ—4	傈僳族刺绣技艺	德昌县文化局
27		Ⅷ—5	傈僳族火草织布技艺	德昌县文化局
28		Ⅷ—6	傈僳族口弦制作技艺	德昌县文化局
29		Ⅷ—7	藏族尔苏服饰技艺	甘洛县文化局
30		Ⅷ—8	苗族服饰制作工艺	木里县文化局
31		Ⅷ—9	藏族手工皮制品制作技艺	木里县文化局
32		Ⅷ—10	藏族毛制品编织技艺	木里县文化局
33		Ⅷ—11	喜德彝族腰刀制作技艺	喜德县文化局
34		Ⅷ—12	彝族泥染	金阳县文化局
35		Ⅷ—13	擦窝制作技艺	木里县文化局
36		Ⅷ—14	竹质口弦制作技艺	州曲艺家协会
				布拖县文化局
37	传统医药	Ⅸ—1	传统彝医药	西昌彝医药研究所
38	民俗	Ⅹ—1	彝族餐饮习俗	凉山映象酒楼
39		Ⅹ—2	彝族历算	普格火文化研究会
40		Ⅹ—3	藏族尔苏还山鸡节	甘洛县文化局
41		Ⅹ—4	释巴习俗	木里县文化局
42		Ⅹ—5	呷咪服饰	木里县文化局
43		Ⅹ—6	铁水花习俗	雷波县文化局
44		Ⅹ—7	摩梭人达巴习俗	盐源县文化局
45		Ⅹ—8	彝族嘎库甘尔习俗	布拖县文化局

第四批

序号	项目类别	项目名称	申报地区或单位
1	Ⅰ 民间文学	勒格斯惹的传说	西昌市文化馆
2		查尔木嘎故事	喜德县文化馆
3		阿依措平与阿斯木呷	昭觉县文化馆
4		斯都呐嘎体	普格县文化馆

续表

序号	项目类别	项目名称	申报地区或单位
5	Ⅰ 民间文学	孟获的传说	雷波县文化馆
6		博葩	喜德县文化馆
7		郭倮几毕的故事	普格县文化馆
8		摩梭人格姆女神的传说	盐源县文化馆
9		得布洛摩传说	越西县文化馆 甘洛县文化馆
10		谷玛嘎玛	布拖县文化馆
11		藏族尔苏人毛希滋尔般	甘洛县文化馆
12		藏族尔苏人略曼识	甘洛县文化馆
13		古莫阿支传说	金阳县文化馆
14	Ⅱ 传统音乐	阿吉姆惹	越西县文化馆
15		阿依阿芝	越西县文化馆
16		牛牛合	雷波县文化馆
17		彝族安灵歌	雷波县文化馆
18		摩梭人啊哈巴拉调	盐源县文化馆
19		摩梭人四季歌	盐源县文化馆
20		甘洛田坝彝族山歌	甘洛县文化馆
21		阿合阿嘎	西昌市文化馆
22		伙啰朵	雷波县文化馆
23		藏族尔苏阿佳曼拉阿佳嘎	甘洛县文化馆
24		藏族尔苏西嘎尔嘎	甘洛县文化馆
25		藏族尔苏哇哇嘎	甘洛县文化馆
26		藏族尔苏思底曼底嘎唱	甘洛县文化馆
27		藏族尔苏贵喂央	甘洛县文化馆
28		彝族葫芦笙音乐	凉山州文化馆
29		木里藏族“当歇”歌	木里县文化馆
30	Ⅴ曲艺	彝族克格	昭觉县文化馆
31	Ⅵ传统体育	彝族摔跤“格”技艺	美姑县文化馆
32	Ⅶ传统美术	摩梭达巴原始图符	盐源县文化馆
33		摩梭人绘画	盐源县文化馆
34		藏族尔苏人沙巴绘画	甘洛县文化馆
35		藏族尔苏人剪纸	甘洛县文化馆

续表

序号	项目类别	项目名称	申报地区或单位
36	Ⅷ传统技艺	彝族都沓制作技艺	甘洛县文化馆
37		彝族马尾蓑衣制作技艺	昭觉县文化馆
38		彝族羊皮大袄制作技艺	昭觉县文化馆
39		会东汉族挑花工艺	会东县文化馆
40		摩梭人青娜油的制作技艺	盐源县文化馆
41		摩梭人花花糖的制作技艺	盐源县文化馆
42		摩梭人苏里玛酒的酿造技艺	盐源县文化馆
43		摩梭人猪膘肉的制作技艺	盐源县文化馆
44		彝族月琴制作技艺	雷波县文化馆
45		彝族燕麦、苦荞蒸馏酒酿造技艺	昭觉县文化馆
			甘洛县文化馆
			会东县文化馆
46		彝族建筑技艺	美姑县文化馆
47		彝族皮胎漆器制作技艺	美姑县文化馆
48		彝族烟斗制作技艺	喜德县文化馆
49		彝族弩制作技艺	凉山州体校
50		彝族牛角铜花手镯制作技艺	西昌市文化馆
51		彝族马具制作技艺	昭觉县文化馆
52		彝族“伊玛尔布”编制技艺	昭觉县文化馆
53		藏族尔苏酒酿造技艺	甘洛县文化馆
54		金阳金沙江碗儿糖制作技艺	金阳县文化馆
55		会理踩缸菜制作技艺	会理县文化馆
56		会理土法制香制作技艺	会理县文化馆
57		龙灯制作技艺	会理县文化馆
58		德昌枕头粑制作技艺	德昌县文化馆
59		金沙江流域古法制作红糖技艺	会东县文化馆
60		金沙江大锅盐制作技艺	会东县文化馆
61		会东皮蛋制作技艺	会东县文化馆

续表

序号	项目类别	项目名称	申报地区或单位
62	Ⅷ传统技艺	甘洛田坝榨榨荞面制作技艺	甘洛县文化馆
63		甘洛海棠灰豆腐制作技艺	甘洛县文化馆
64		木里麻布手工纺织技艺	木里县文化馆
65		木里藏族“桑股”编制技艺	木里县文化馆
66		木里藏族高原牦牛奶加工技艺	木里县文化馆
67		木里“藏黄酒”酿造技艺	木里县文化馆
68		木里藏族民居建筑技艺	木里县文化馆
69	Ⅸ传统医药	摩梭人传统医药	盐源县文化馆
70		西昌刘氏中医药	西昌市文化馆
71	Ⅹ民俗	彝族尝新节	昭觉县文化馆
			甘洛县文化馆
72		彝族妇女凑粮节	昭觉县文化馆
73		彝族谱系习俗	美姑县文化馆
74		彝族剪羊毛节	美姑县文化馆
75		彝族丧葬礼仪	金阳县文化馆
76		万人“清明饭”风俗	会东县文化馆
77		彝族太阳运动观测习俗	普格县文化馆
78		摩梭人丧葬习俗	盐源县文化馆
79		摩梭人“若哈舍”习俗	盐源县文化馆
80		摩梭人“依善节”	盐源县文化馆
81		马湖大烛会	雷波县文化馆
82		泸山儒释道三教共存文化习俗	西昌市文化馆
83		傈僳族野蜂养殖习俗	德昌县文化馆
84		吉觉习俗	美姑县文化馆
85		彝族谷则尔则习俗	凉山州语委
86		彝族赛马习俗	昭觉县文化馆
			金阳县文化馆
87		莫作滋习俗	甘洛县文化馆
88		什拉罗习俗	金阳县文化馆
89		会理县端午节习俗	会理县文化馆
90		会理小黑箐白沙村彝族祭龙节	会理县文化馆
91		德昌傈僳族端午节药市	德昌县文化馆

续表

序号	项目类别	项目名称	申报地区或单位
92	X民俗	巴洞鱼洞寺草坝场习俗	德昌县文化馆
93		木里藏族呷咪婚俗	木里县文化馆
94		摩梭人服饰	盐源县文化馆
95		彝族瓦岗服饰	雷波县文化馆
96		木里明清土著服饰	木里县文化馆
97		木里藏族普咪服饰	木里县文化馆
98		木里藏族马背装饰习俗	木里县文化馆

凉山州农业产业化国家省级名牌名录

一、中国名牌产品

序号	品牌（产品）名称	创牌时间
1	“豪吉”牌鸡精	2005年9月

二、中国驰名商标

序号	品牌（产品）名称	创牌时间
1	“豪吉”牌鸡精	2005年11月
2	“好医生”系列药品	2010年10月
3	“環太 HUANTAI 及图”茶饮料	2012年4月
4	“会理石榴”	2012年4月
5	“南丝路”茧	2012年4月
6	“华记思奇香”肉、肉干	2012年12月
7	盐源苹果	2013年12月

三、四川省名牌产品

序号	品牌（产品）名称	创牌时间
1	“豪吉”牌鸡精	1997年
2	“南丝路”牌桑蚕茧	2008年2月
3	“金沙江”牌白砂糖	1997年12月
4	“好医生”牌石榴浓缩汁	2010年8月
5	“西部村寨”苦荞食品	2012年
6	“火把液”牌白酒	2012年
7	“彝家山寨”牌黑苦荞	2010年
8	“葆青”牌浓缩苹果清汁	2009年
9	“大凉山”清甜香烤烟	2011年
10	“环太”牌苦荞系列产品	2012年
11	“彝珍”牌野生菌	2012年
12	“华记思奇香”肉制品	2012年
13	“一品榴金”石榴酒	2012年
14	“南丝路”生丝	2012年2月

四、四川省著名商标

序号	品牌（产品）名称	创牌时间
1	“豪吉”牌鸡精	2001年
2	“南丝路”牌茧	2009年1月
3	“好医生”牌系列药品	2010年
4	“火把液”牌白酒	2012年12月
5	“天喜”牌花卉	2010年12月
6	“华记思奇香”肉制品	2012年12月
7	“三牧”乳品	2010年12月
8	“环太”牌系列产品	2010年1月
9	“会理石榴”	2008年1月
10	“芬柔”牌蚕丝被	2012年12月
11	“建昌及图”板鸭、腌腊肉	2012年
12	“华灵及图”蛋；皮蛋（松花蛋），咸蛋	2012年

五、国家地理标志保护农产品

序号	品牌（产品）名称	序号	品牌（产品）名称
1	金阳白魔芋	18	“美姑山羊”
2	会理石榴	19	“美姑岩鹰鸡”
3	凉山马铃薯	20	“会理黑山羊”
4	凉山清甜香烤烟	21	“雷波芭蕉芋猪”
5	越西甜樱桃	22	“喜德阉鸡”
6	凉山桑蚕茧	23	泸宁鸡
7	甘洛黑苦荞	24	冕宁火腿
8	凉山雷波脐橙	25	西昌高山黑猪
9	凉山苦荞麦	26	“凉山半细毛羊”
10	西昌洋葱	27	会东黑山羊
11	越西苹果	28	建昌鸭
12	盐源苹果	29	西昌钢鹅
13	西昌小香葱	30	金阳青花椒
14	大凉山苦荞茶	31	越西贡椒
15	大兴蒜薹	32	会东松子
16	马湖莼菜	33	会东菌块菌
17	布拖附子		

审核人撰稿人名单

供稿单位	审核人	撰稿人
凉山概况	尹克发　刘尧平	罗　艳
大事记	邓天友　骆国兴　尹克发	郑宏扬　詹金涛　肖元东
州委办	邓天友	何承萤
州纪委（监察局）	李东明	张国波
州委组织部	张　剑	张启琳
州委宣传部	陈甫林	宋兴龙
州委统战部	高旦珠	陈　敏
州直机关工委	杨太荣	王　佳
州委编办	姚云成	余　攀
州委政研室	马孝林	李文静
州保密局	伍　斌	刘　忠
州委群工局	杨成华	张志杨
州精神文明办	李小雄	宋海音　杨　斌
州委外宣办	陈甫林	阿俄小沙
州史志办	尹克发　刘尧平	肖元东　罗　艳
州委老干部局	杨国敏	王人伟
州委党校	卢　键	马尚萍
凉山日报社	龙德华	唐　刚
州关工委办	饶云一	邱　天
州人大常委会办	刘建蓉	赵忠恺
州政府办	骆国兴	詹金涛
州发改委	赵玉聪	王　宁
州民政局	杨洪忠	白祥巧
州人力资源和社会保障局	罗卫平	程　勇　沙马瓦作
州民宗委	吉克史俊	石一史军
州外侨办	贾　帅	王　团
州移民局	康　曦	李　俊
州扶贫办	黄玉超	董红兵
州安监局	卢　强	王德美

供稿单位	审核人	撰稿人
州语委	贾瓦盘加	林　燕
州委台办	杨少波	何　瑛
州档案局	杨　宏	梁永昭
州政务中心	王　蕾	王溢华
州接待办	王建蜀	樊飞雄
州信息中心	涂　刚	邹玉萍　郭　菲　史在玲
州政协办	邹学军	陈耿毅　蒲林恒
凉山军分区	申　玮　叶　佩	谭守平
武警凉山州支队	桂甲传	杨良刚
武警凉山州森林支队	张宏伟　刘永刚　魏寿高	施春福
州消防支队	李　响	罗　勇
州人防办	杨洪彬	刘国勇
民　革	肖　春	王才英　张　强
民　盟	杨培金	陈　征
民　建	王　萌	张武霞
九三学社	熊仿秋	于泽军
州工商联	宋光明	蒋定元
州总工会	王　英	周成鸿
团州委	邹启霖	黄晓波
州妇联	雷　琼	吴邦华
州科协	杨　康	宋永国
州文联	倮伍拉且	沈　英
州残联	张建英	杨　宓　王小健
州社科联	哈小华	吴　伟
州红十字会	方　虹	孙云华
州委政法委	米色尔海	徐华智
州公安局	梁小辉　杨　艰	古　浩
州检察院	米　滨	王昆梅　陈德刚
州法院	冯　成	张　黎
州司法局	卢立武	陈宗兴　段　炼
州法制办	艾裕双	孙　勇
州绿色家园管委会	宋　云	唐　斌
州国资委	蔡　军	霍明忠　杨本益
州经信委	杨跃发	蒋　卫

供稿单位	审核人	撰稿人
州工商局	罗　刚　丁跃兴	肖　燕
州国土局	谢云川　李梅漫	拉　鹏　吴朝祥
州审计局	伍皎辉	张保权
州统计局	贺雪梅	税洪昌
国家统计局凉山调查队	李天寿	李木比者
州质监局	陈　东	杨华安
州食品药品监管局	刘光超	欧阳南希
州商务局	柏　宇	宋心华
州投资促进局	徐　杰	张洪俊
州供销社	李　琳	雷　莉
凉山烟草专卖局	李坤忠	徐　莹
经久工业园区	宋廷军　赵　跃	孙旺宅
州委农工委	宋福猛	钟　健
州农业局（农业机械）	王天成	何　洋
州林业局	王维平	万　杨
州畜牧局	杨光富	罗　飚
州水务局	张之栋	吕庆昆
州烟草办	张　旭	陈玉芳
州财政局	高为民	邱禄宪　郑榜学
州国税局	陆亚丽	王荣群
州地税局	郭书川	徐　薇
州金融办	赵朝富	宋学刚
人行凉山州中心支行	宋　晓	李　惠
凉山银监分局	侯　丽	张正吉
农行凉山分行	刘毓东	田茂仙
工行凉山分行	王凤鸣	徐兴兵
建行凉山分行	廖国宏	邹　翔
农发行凉山分行	米才华	何　艺
州商业银行	卢宁远	谌李琼
州农村信用联社	冯宗连	黄　萌
邮储银行凉山分行	李　华	魏朝阳
中国人保财险凉山分公司	胡　山	姜　涛
中国人寿凉山分公司	和绍华	卢俊吉
中华联合财保凉山支公司	於　宏	耿虹欧

供稿单位	审核人	撰稿人
平安财保凉山支公司	刘华程	吴纪华
州旅游局	游开军	刘树源
州邛泸管理局	伍文江	沙宏伟
螺髻山景区管理局	日海补杰惹	曾尚文
泸沽湖景区管理局	须发旺	邓武军
州科技局	周大海	王永坚
州教育局	蒲　涛	陈燕美
西昌学院	陈小虎	黄　亮
州民干校	王林国	时长日黑
凉山卫校	张荆辉	朱　艳
凉山农校	李　涛	李　涛
凉山民族师范校	余建忠	杨　凯
州职业技校	高　勇	田成平
州民中	包晓华	陈虹舟
州文化影视新闻出版局	陈方勇	何明强
州卫生局	蔡寅宗	王公力
州一医院	曹力生	杨剑勇
州二医院	李　铭	王源凯
州中西医结合医院	朱　林	潘天齐
州人口计生委	尔古史体	沙马快吉
州体育局	吉觉作哈	赵　兴
州防震减灾局	周仕伦	陈思同
州气象局	王发荣	胥德梅
州交通运输局	陈　俭	邹国胜
州公路局	赵　勇	陈　静
州规划建设住房保障局	陈　忠	杨术理
州公积金管理中心	陈德琳	李光杰
州环保局	罗　萍	周正才
州邮政管理局	毛健鸿	张曼妮
中国电信凉山分公司	柳国云	戴卫平
中国移动凉山分公司	周荷英	宋　寒
中国联通凉山分公司	陈　刚	何　静
西昌车务段	韩　霞	李晓莉
西昌青山机场	曹　飞	戴　婧

供稿单位	审核人	撰稿人
国网凉山供电公司	陈　斌	叶久德
川烟公司西昌分厂	罗永杰	庞　军
西昌电力股份公司	肖　铭　陈劲松	陈　康
大桥水电开发公司	邓邦辉	周立学　吕厚宏
州国投发展公司	胡　伟	窦林强
雷波林业局	杨培双	李成章
木里林业局	黄　军	蒲孝国
川林五处	张登荣	徐建坤
西昌汽车运输公司	彭建松	徐瑞栋
攀西高速公路公司	商祥平	商祥平
州邮政局	王　进	莫婷婷
盐业凉山分公司	张晋文	褚远谋　高翔乾
西昌市	赖文江	王　勇
德昌县	周　雯	李艳玲
会理县	李美桦　刘承理	张　望
会东县	马　忠	钱雪燕
宁南县	朱正英	邹　英
普格县	王　莉	陈思洁
布拖县	谢　勇	姚仲华
昭觉县	王　伟	朱文峰
金阳县	李　江	陈　军　王　健　杨　平
雷波县	杨尔坡	王巧奇
美姑县	孙学元　叶志高	朱光钊
甘洛县	邱古都　李学康	鲁小东
越西县	马进臣	王茂茜
喜德县	尼里牟甘	吉力有坡
冕宁县	王大钊	胡绍丽
盐源县	罗朝蓉	马金华
木里县	曾英奎	田尚春

（领导调研图片由州“四大班子”办公室、凉山日报社和有关单位提供）

索 引

Index

本年鉴索引为目与子目索引，按汉语拼音字母顺序排列。外文字母和阿拉伯数字开头的条目集中排在最后。

A

B

C

D

F

G

H

J

K

L

M

N

P

Q

R

S

Y

Z

五道箐乡中心校

课外辅导

琴法练习

小学生营养餐

州民政局

2014 年 1 月 22 日，州民政局局长罗剑平在金阳县向困难群众发放衣被

组织开展减灾救灾应急能力训练

金阳县

州委常委、宣传部部长王阿呷在金阳县初级中学调研

州委常委、州委秘书长、州总工会主席龙伟在金阳县调研

州委常委、州纪委书记张力在金阳县调研

县委书记阿比合几、县长毛正文在省道208线调研交通建设

县委书记阿比合几、县政协主席谭福宣调研彝家新寨建设情况

题宣传教育活动启动仪

金阳县旅游发展总体规划编制启动仪式

金阳县严格“三公”经费管控工作会议
金阳人大

金阳县首届摄影家、作家、书法美术家协会代表大会暨成立
金阳人大

禁毒万人签名

金阳县初级中学

仓房电站

雷波县

省政府副省长曲木史哈在雷波县调研

国土资源部开发司副司长于庆和在雷波洋丰肥业公司调研

县委书记王荣华在顺河乡新集镇调研

县人大常委会主任阿木布沙作工作报告

县长王永贵作工作报告

县政协主席杨光平到坪头乡慰问困难群众

县委副书记赫绍洪与锦城镇城东村老党员李贵华亲切交谈

县委常委、常务副县长白史且在法院调研

县委、县政府领导在雷波中学调研

“大凉山·雷波脐橙”申报省级名牌产品

雷波县首届中老年健身运动会在县城锦屏广场隆重举行

雷波县“洋丰杯”川滇黔渝乒乓球邀请赛在县民族体育馆进行

溪洛渡水电站库区

2014 年 3 月 6 日 9 时 30 分，溪洛渡水电站大坝完成最后一仓浇筑，达到 610 米设计高度

雷波县省级风景名胜区——马湖

盐源县

2013 年 6 月 21 日，省委常委、政法委书记刘玉顺，省政协副主席、州委书记翟占一在盐源县调研

2013 年 2 月 27 日，省委常委、宣传部部长吴靖平在盐源县调研

2013 年 10 月 22 日，在十四届西博会上，省政协副主席、州委书记翟占一，州长罗凉清等领导在盐源展位指导参展工作

苹果深加工生产线

县城泸沽湖大道

泸沽湖摩梭博物馆

首批省级园林新村——盐源县卫城镇大堰沟村

木里县

省委常委、政法委书记刘玉顺，省政协副主席、州委书记翟占一在康坞大寺调研

县委书记张振国慰问治安卡点民警

县长伍松在卡拉乡学校调研

木里县招商引资集中签约仪式

2013年9月24日，木里县与相邻9县开展“1+9”边界区域党组织“携手共建”活动，成立32个跨县域边界乡镇联合党工委

2013年12月26日，省道216线升级改造项目集中开工仪式

纪念建党92周年歌咏比赛

木里县举行“实现中国梦建设新木里演讲比赛”

棉椏山吉祥塔

服饰表演

木里大寺强巴佛大殿

俄公堡电站大坝

县城达瓦小区廉租房

乔瓦镇上核桃湾藏区新村

乔瓦镇下核桃湾新村建设全景

美姑县

省政协副主席、州委书记翟占一在美姑县委书记曲木克古的陪同下调研洛俄依甘乡

州政府州长罗凉清在美姑县委书记曲木克古、县长蔡光阳的陪同下调研阿作挖屋村彝家新寨建设

美姑县惠农补贴资金发放仪式

美姑县乐约乡树窝村彝家新寨

西昌市航天大道

德昌县麻栗新村建设

会理县南街

会东县三鑫大道

宁南县音乐公园

州农业局

州政府副州长白云调研抗旱工作

凉山花卉——仙客来

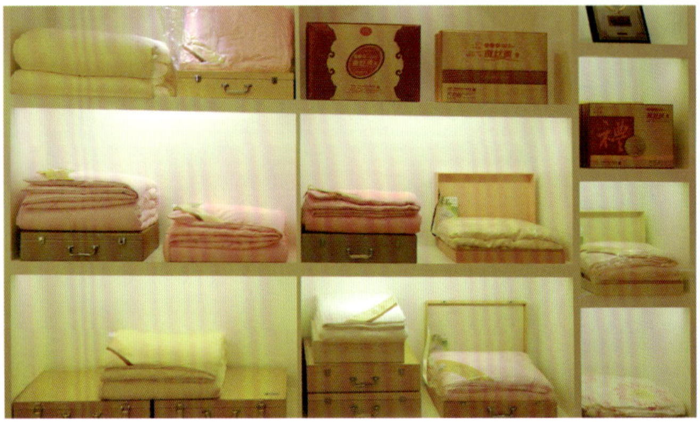

高级蚕丝被

凉山马铃薯

州住房公积金管理中心

州住房公积金管理中心领导会同越西县直工委领导访问贫困户

州住房公积金管理中心领导在西昌电力公司调研住房公积金管理使用情况

州住房公积金管理中心领导在越西县铁西乡与村干部研究投资 26 万元建设村小学校

州住房公积金管理中心党支部组织党员和职工在会理皎平渡参观革命遗址

州住房公积金管理中心工作人员在房地产开发企业推进住房公积金贷款业务

州住房公积金管理中心工作组在布拖县与合作单位人员洽谈

2014 年 5 月 20 日，州住房公积金中心在西昌市月城广场开展住房公积金法规政策宣传活动

州住房公积金缴存服务大厅业务办理

州住房公积金中心工作人员宣传住房公积金贷款政策

州住房公积金中心支持教育事业

州住房公积金中心召开党的群众路线教育实践活动征求意见座谈会

农业银行凉山分行

农行凉山分行冠名支持的“农行杯”“大凉山”特色农产品包装集中展示活动

农行凉山分行反假货币宣传队走进校园

农行凉山分行集中开展为客户兑换小额及破损人民币活动

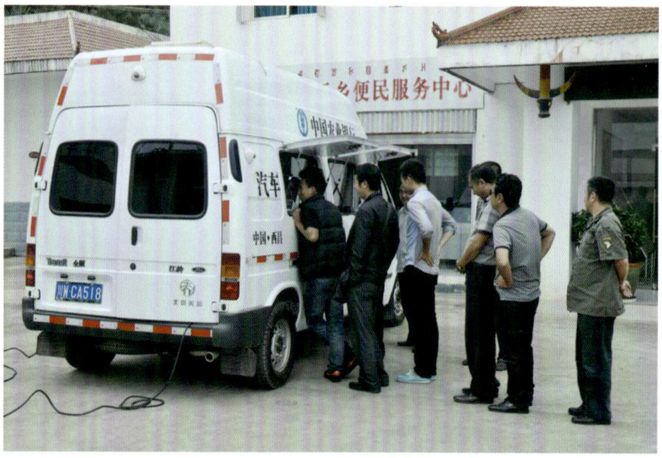

农行凉山分行流动服务车开进乡村开展便民服务

州商业银行

州商业银行与国家开发银行四川省分行签订微贷款业务合作协议

州商业银行办公大楼

银行贷款 3000 万元支持建设的索玛集团

银行贷款 5500 万元支持建设的合力锌业股份有限公司

州烟草专卖局

2013年9月7日至9日，国家审计署驻成都特派员办事处特派员张瑞民和省烟草专卖局（公司）局长、总经理、党组书记胡存忠一行在凉山调研“挂包帮”和现代烟草农业工作

2013年7月11日至13日，省烟草专卖局（公司）局长、总经理、党组书记胡存忠一行在凉山调研

2013年8月13日，省烟草学会2013年度凉山学术研讨会在西昌召开

2013年5月14日，州烟草专卖局、州公安局在西昌联合召开“彝州之剑”烟草市场专项整治行动总结表彰会

冕宁县回坪乡“凉山—津巴布韦”烟草合作园区

2013年全州收购烟叶263.58万担，烟农现金收入36.37亿元

专卖稽查人员向消费者介绍真假烟鉴别知识

四川省烟草专卖局（公司）与凉山州委、州政府在成都举行现代烟草产业发展座谈会

州第一人民医院

2013 年 3 月 20 日，省卫生厅副厅长张祖芸在州第一人民医院调研

组织医务人员参加“4·20”芦山地震救援

三甲医院复审检查

青年医师论坛

2013 年 4 月 1 日，组织医生到昭觉县龙沟乡开展走基层送健康义诊活动

新建康复中心

风雨长廊

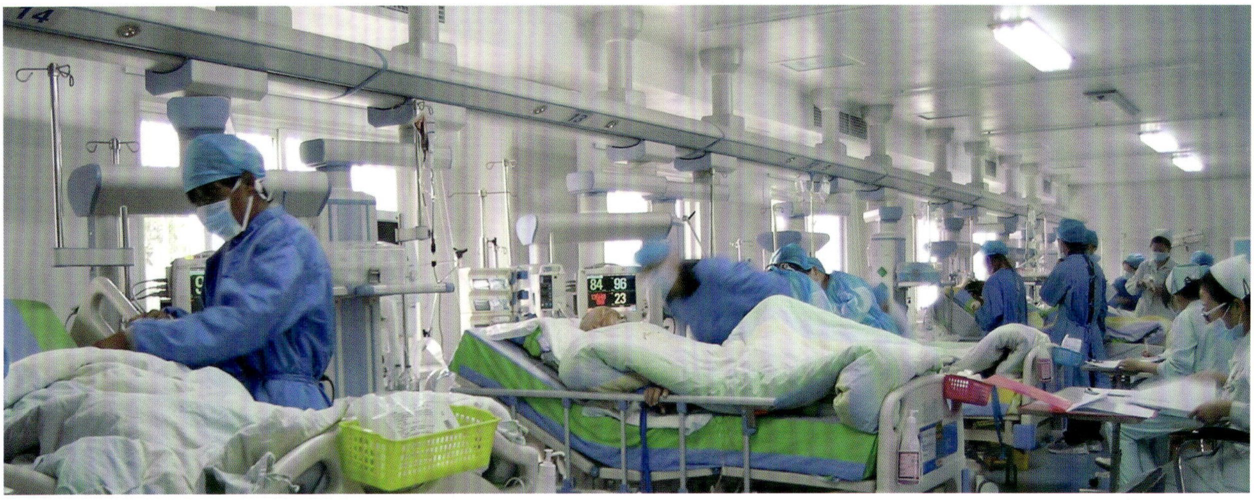

ICU 监护室

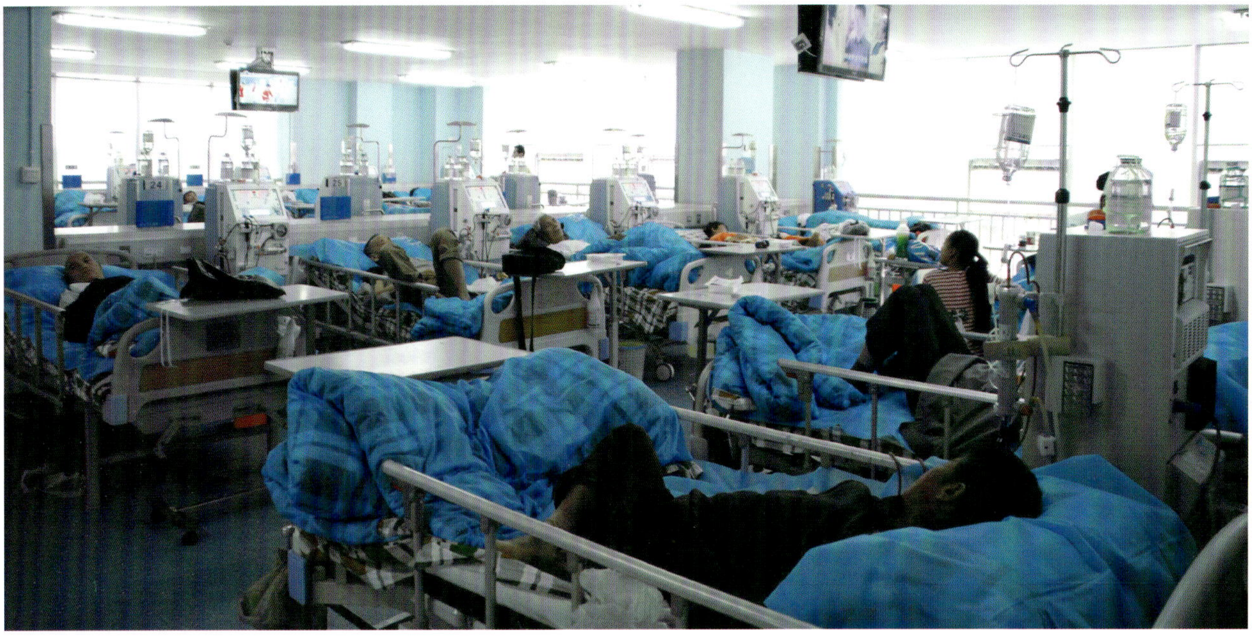

血透室

州农村信用联社

2013年12月25日，省政府副省长甘霖在州农村信用联社航天信用社微贷中心调研

2013年9月3日，省信用联社主任张远国在凉山参加捐资助学活动

2013年10月15日，州农村信用联社董事长冯宗连在信贷支持企业调研

送金融知识下乡

州农村信用联社领导在基层调研

中国电信凉山分公司

2014 年 9 月 23 日，中国电信集团董事长王晓初一行在凉山分公司营业厅检查指导工作

2013 年 9 月 23 日，中国电信集团董事长王晓初一行在西昌市小区检查光网城市建设情况

2013 年 11 月 15 日，州政府副州长肖春参加中国电信凉山分公司 100 兆宽带进家庭发布会启动仪式

2013 年 2 月 16 日，中国电信四川公司总经理赵麦庆在凉山电信营业厅检查指导工作

2014年2月8日，中国电信凉山分公司总经理柳国云一行慰问驻昌部队

中国电信凉山分公司在雷波县召开"宽带乡村"试点工程启动会

应急通信保障队伍

中国人保财险凉山分公司

公司党委书记、总经理胡山率工作人员在海拔4200米牧场开展政策性农险服务回访工作

成立白鹤滩电站人保财险服务部

公司荣誉

全州首笔自然灾害公众责任险赔款

中国人保财险总公司为凉山州三农保险服务站配备首批服务车

人民保险服务人民，人民支持人民保险

四川嘉华锦屏特种水泥有限责任公司

公司大门

公司年产 200 万吨水泥生产线

公司年终总结暨表彰大会

公司党支部开展“自查自纠”讨论会

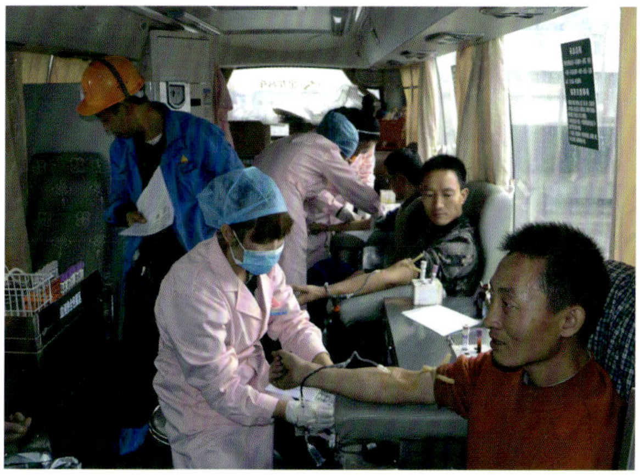

公司员工献血献爱心

援建冕宁县彝海小学捐赠仪式

丰富多彩的文体活动

会理县实验中学

校长张正铭为“新华杯”获奖学生颁奖

加拿大福慧基金理事与学校班子为高中福慧班同学颁发奖助学金

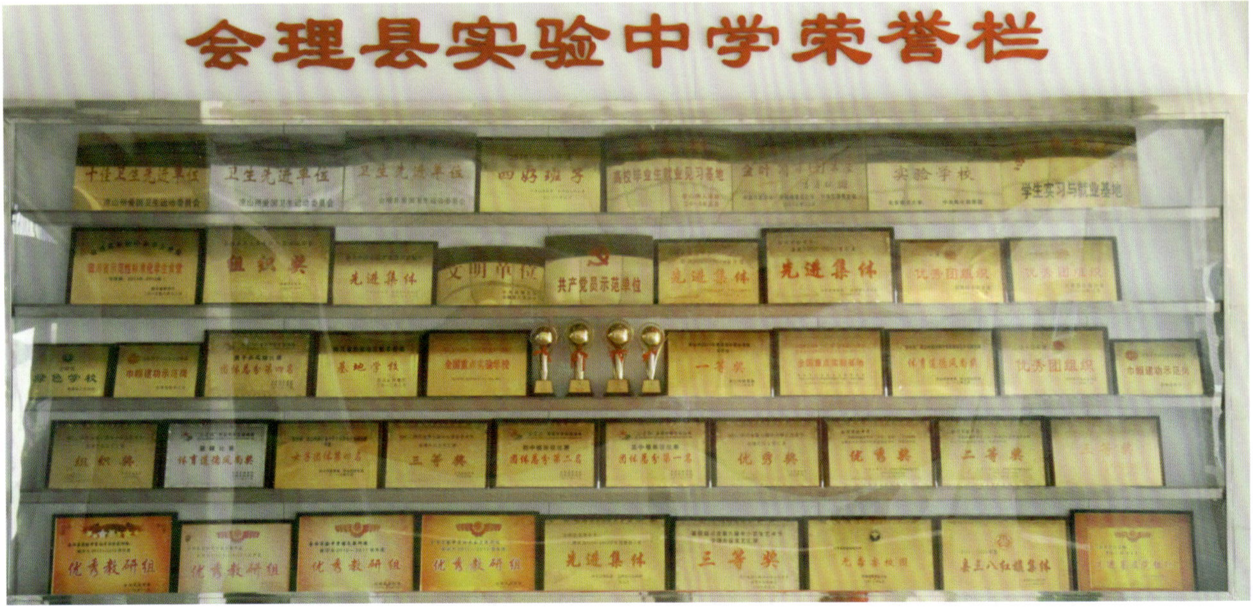

实验中学荣誉栏

教学楼

科技综合楼

塑胶操场

学生宿舍

州民族中学

校友吉克隽逸为学校捐款

文化墙

学生宿舍

凉山州民族中学北校区鸟瞰图

2013 年 6 月 4 日，省政协副主席、州委书记翟占一在学校调研

2014 年 11 月 1 日，珠海市委副书记、市纪委书记王衍诗，副市长刘嘉文一行在州委副书记苏嘎尔布等州领导陪同下在学校参加援助启动仪式

2014 年 10 月 21 日，荷兰弗里斯兰省副省长 Kramer 一行在副州长杨卉陪同下参观学校非遗传承基地建设工地

凉山州非物质文化遗产传承基地

凉山州移民培训中心

州级机关第一幼儿园

州委常委、宣传部部长王阿呷“六一”儿童节在一幼

鞠萍姐姐在一幼

小主持们好神气

传统文化教育展演剧照

礼仪教育展演活动

参加少儿频道慰问卫星基地演出

喝酒就是要
“PK一下”
火把液
PK一下
PK一下 • 火把液
气魄的象征，更是生活的姿态。
四川火把液酒业有限责任公司
SI CHUAN HUOBAYE DISTILLERY CO,.LTD

协办单位及名誉委员

凉山州第一人民医院	院　长	曹力生
中国电信凉山分公司	总经理	柳国云
凉山州农村信用联社股份有限公司	董事长	冯宗连

鸣谢单位

凉山矿业股份有限公司

CALENDAR

2015

January

MON	TUE	WED	THU	FRI	SAT	SUN
			1	2	3	4
5	6	7	8	9	10	11
12	13	14	15	16	17	18
19	20	21	22	23	24	25
26	27	28	29	30	31	

February

MON	TUE	WED	THU	FRI	SAT	SUN
						1
2	3	4	5	6	7	8
9	10	11	12	13	14	15
16	17	18	19	20	21	22
23	24	25	26	27	28	

March

MON	TUE	WED	THU	FRI	SAT	SUN
						1
2	3	4	5	6	7	8
9	10	11	12	13	14	15
16	17	18	19	20	21	22
23/30	24/31	25	26	27	28	29

April

MON	TUE	WED	THU	FRI	SAT	SUN
		1	2	3	4	5
6	7	8	9	10	11	12
13	14	15	16	17	18	19
20	21	22	23	24	25	26
27	28	29	30			

May

MON	TUE	WED	THU	FRI	SAT	SUN
				1	2	3
4	5	6	7	8	9	10
11	12	13	14	15	16	17
18	19	20	21	22	23	24
25	26	27	28	29	30	31

June

MON	TUE	WED	THU	FRI	SAT	SUN
1	2	3	4	5	6	7
8	9	10	11	12	13	14
15	16	17	18	19	20	21
22	23	24	25	26	27	28
29	30					

July

MON	TUE	WED	THU	FRI	SAT	SUN
		1	2	3	4	5
6	7	8	9	10	11	12
13	14	15	16	17	18	19
20	21	22	23	24	25	26
27	28	29	30	31		

August

MON	TUE	WED	THU	FRI	SAT	SUN
					1	2
3	4	5	6	7	8	9
10	11	12	13	14	15	16
17	18	19	20	21	22	23
24/31	25	26	27	28	29	30

September

MON	TUE	WED	THU	FRI	SAT	SUN
	1	2	3	4	5	6
7	8	9	10	11	12	13
14	15	16	17	18	19	20
21	22	23	24	25	26	27
28	29	30				

October

MON	TUE	WED	THU	FRI	SAT	SUN
			1	2	3	4
5	6	7	8	9	10	11
12	13	14	15	16	17	18
19	20	21	22	23	24	25
26	27	28	29	30	31	

November

MON	TUE	WED	THU	FRI	SAT	SUN
						1
2	3	4	5	6	7	8
9	10	11	12	13	14	15
16	17	18	19	20	21	22
23/30	24	25	26	27	28	29

December

MON	TUE	WED	THU	FRI	SAT	SUN
	1	2	3	4	5	6
7	8	9	10	11	12	13
14	15	16	17	18	19	20
21	22	23	24	25	26	27
28	29	30	31